本书出版得到

国家重点文物保护专项补助经费

资　助

蚌埠禹会村

中国社会科学院考古研究所
安徽省蚌埠市博物馆 编著

科学出版社
北京

内 容 简 介

本书报道了安徽省蚌埠市禹会村遗址2006年勘察、钻探和2007～2011年发掘的全部资料，并公布了多学科测试研究的最新成果。禹会村遗址是淮河中游地区龙山文化阶段发掘规模大、研究领域广泛的考古发掘和研究报告。遗址以特征明显的祭祀遗迹和遗物，显现了这处龙山文化晚期遗存的重要学术价值。遗址中经过人工堆筑铺垫的大型祭祀台基、专属的祭祀通道、不同类型的祭祀坑、简易式工棚建筑和特征明显的祭祀器具等，对考证具有地域之争的涂山地望、解读“禹会诸侯”事件有一定的意义。禹会村遗址的考古资料，不仅填补了龙山文化的地域性空白，而且，确立了龙山文化一个新的地方类型——禹会村类型。同时，对龙山文化中晚期阶段南北文化的交流、碰撞和融合，有了更详尽的了解。

本书适合于考古学、历史地理学、文献学、博物馆学、文化遗产保护工作者及大专院校相关的专业人员和文物爱好者阅读、参考。

图书在版编目（CIP）数据

蚌埠禹会村 / 中国社会科学院考古研究所，安徽省蚌埠市博物馆编著. —北京：科学出版社，2013.11

ISBN 978-7-03-039196-4

Ⅰ.①蚌…　Ⅱ.①中…　②安…　Ⅲ.①龙山文化－文化遗址－发掘报告－蚌埠市
Ⅳ.①K878.05

中国版本图书馆CIP数据核字（2013）第278831号

责任编辑：宋小军　雷　英 / 责任校对：包志虹
责任印制：钱玉芬 / 封面设计：美光制版

科学出版社 出版

北京东黄城根北街16号
邮政编码：100717
http://www.sciencep.com

中国科学院印刷厂 印刷

科学出版社发行　各地新华书店经销

*

2013年11月第　一　版　开本：787×1092 1/16
2018年12月第二次印刷　印张：32　插页：56
字数：730 000

定价：280.00元

目　录

插图目录

插表目录

彩版目录

图版目录

第一章 绪 论

淮河流域作为田野考古发掘和研究的重要区域，却属于一个起步比较晚的地区。20世纪80年代以前，北方的黄河流域、南方的长江流域以及相关的边远地区，都较早地并且普遍地开展了考古调查、发掘和研究，获得了可喜的成果。但位于我国中间地带的淮河流域还属于未曾得到考古界高度关注的地区，原因之一，就是淮河水患给人们留下了根深蒂固的印象。自古代起，淮河流域就是经常被水淹没的区域，这里在远古时期是否有人类的活动，地下是否埋藏有古文化遗址，也许是学术界经常思索或被困扰的问题。20世纪中叶，安徽省文物考古研究所和地方的文物部门曾经在江淮地区做过一些相关的调查和发掘工作，但没有形成一定的规模，加上资料报道得较少，从研究的角度来说显得较为薄弱，与黄河、长江流域相比，不能不承认处于滞后状态。

20世纪80年代以后，学术界开始关注黄淮、江淮地区的考古发掘和研究，为此，提出了“苏、鲁、豫、皖四省交界地区考古学研究大课题”，研究者的目光也逐渐聚焦到这块似乎被考古界遗忘了的角落。80年代末，随着大课题的确立，对黄淮和江淮地区的田野调查和发掘也被列入重要的议事日程。国家和地方文物部门随后开始了有计划、有步骤的田野调查及发掘工作，与此同时，中国社会科学院考古研究所安徽工作队首先在淮河以北的安徽境内开展了广泛的田野调查①获得了初步成果。此后，该地区的田野考古工作相继开展起来，由安徽省文物考古研究所发掘的安徽濉溪石山子新石器时代较早期遗址②、蚌埠双墩新石器时代较早期遗址③、定远侯家寨遗址④，中国社会科学院考古研究所发掘的小山口和古台寺新石器时代较早期遗址⑤、蒙城尉迟寺大

① 中国社会科学院考古研究所安徽工作队．安徽淮北地区新石器时代遗址调查．考古，1993，（11）．

② 安徽省文物考古研究所．安徽濉溪石山子新石器时代遗址．考古，1992，（3）．

③ 安徽省文物考古研究所，蚌埠市博物馆．蚌埠双墩——新石器时代遗址发掘报告．北京：科学出版社，2008.

④ 安徽省文物考古研究所．定远县侯家寨新石器时代遗址发掘简报．文物研究（第五辑）．合肥：黄山书社，1989.

⑤ 中国社会科学院考古研究所安徽工作队．安徽宿县小山口和古台寺遗址试掘简报．考古，1993，（12）．

汶口文化晚期大型聚落遗址[①]，等等，证实了淮河先民自古代起就开始创造灿烂的文明了。这些遗址的发现，为学术界认识淮河流域史前文化提供了崭新的资料，也从此拉开了淮河流域考古研究的序幕。而以蚌埠双墩新石器时代遗址和尉迟寺大型聚落遗址的发掘为契机，又把对这一地区史前文化的研究工作推向了一个新的阶段。

进入20世纪以后，淮河流域的考古工作异常活跃，新的考古资料层出不穷，对全面了解该地区的史前文化面貌，有了一个全新的认识。特别是获得了时处“大禹治水”时期的龙山文化晚期的考古资料，使学术界改变了以前的看法，其中，蚌埠禹会村遗址就充分地显示出了龙山文化晚期的特殊面貌和文化内涵，对认识该地区的文明化进展程度提供了重要的学术支撑。

淮河流域拥有特殊的区域性地理环境，这一地区古代文明的发展，对整个中华文明进程具有一定的贡献，很多学者对古代淮河文化发展的脉络和迁徙演化，特别是对淮河流域龙山文化兴衰环境背景的研究方面，开展了大量的工作。

考古资料证实，淮河流域是中华文明的主要发祥地之一，正因为它以纽带和桥梁的作用连接着黄河、长江两大文化传统，所以，才在形成与发展的历史进程中具有非常重要的地位。

“中华文明探源工程”是继国家九五重点科技攻关项目“夏、商、周断代工程”之后，又一项由国家支持的多学科结合、综合研究中国历史与古代文化的重大科研项目。“工程”实施以来，学术界在中国古代文明起源研究和探索方面异常活跃，由于国家给予了很大的投入力度，先期的考古工作，在国内许多地区都取得了丰硕成果，进展明显，其中把公元前3500～前1500年的龙山时代作为考察、发掘、研究的重点，并开展了一系列工作。因为从龙山时代到夏、商、周时期，是中国古代文明起源与早期国家发展的时期，也是我国古代王权产生和初步发展的时期。

在古代文献记载中，一般把中华文明开化的时期定位于黄帝、炎帝时代，但文献中对黄帝和炎帝乃至尧、舜、禹时期的记载很少，仅凭记载远远还不能满足于研究的需要。因此，用考古学的手段探索黄帝、炎帝时期至夏、商、周时期文化的发展与社会进步，是势在必行的途径。同时，我们可以仅有的相关文献记载为线索，通过考古发掘去考证黄帝、炎帝和尧、舜、禹活动的相关地域，考察该区域、该时期考古学文化的面貌及社会发展状况，研究该文化与周边地区各考古学文化的关系，探讨这一时期生态环境的变迁与人们生活方式及文明演进的过程。

考古学上的龙山文化时期和古史传说中的五帝时期，就是中国文明和国家形成及诞生的时期，因为这种考古学文化的时代和分布范围恰恰与传说中的“五帝”时代及

① 中国社会科学院考古研究所．蒙城尉迟寺．北京：科学出版社，2001；中国社会科学院考古研究所，安徽蒙城县文化局．蒙城尉迟寺（第二部）．北京：科学出版社，2007.

其历史活动范围一致，这就给我们提出了一个明确的思路和设想，即探索的年代范围，主要在公元前3500～前1500年，即考古学上的龙山文化时代和五帝时代。

近几年的考古发现也正日渐清晰地提示出古史传说中“五帝”时期活动的社会背景，尤其是“五帝”时代后半段的尧、舜、禹时期。这一时期有着许多重要的可考事件（如洪水与治水）。由于古籍记载的局限，我们只能将考古文化与古史传说有机结合，进而研究史前聚落形态演变和中国文明起源。

不能不说，中华文明探源工程的实施，又给这一地区提出了新的课题和要求：从时间上来说，要把握在公元前3500～前1500年的年代范畴内，进行“中华文明形成与早期发展阶段的社会与精神文化研究”。从考古学上来说，即属于龙山文化中、晚期。

中华文明探源工程在全国境内共有数十个项目同时展开，以寻找中华文明“多元一体”的发展脉络，这些项目却多分布在黄河流域、长江流域以及相关的边远地区，位于中间地带的淮河流域，因没有相应的遗址又出现了地域性资料的空缺。

我们在先期的工作中，虽然在淮河以北的皖北境内，调查发现了50多处新石器时代遗址①，但多与大汶口文化、龙山文化或更晚期的遗存共存，有的遗址保存较差，从遗址的规模和单纯的文化性质方面又与中华文明探源工程不契合。

2005年11月，在蚌埠市召开的“安徽蚌埠双墩遗址暨双墩文化学术研讨会”期间，在获知蚌埠西郊的涂山脚下禹会村遗址的信息之后，于2006年春季对该遗址开展了初步的工作，在蚌埠市博物馆的配合下，进行了详细的实地勘察。

禹会村遗址是经过再三的实地勘测和钻探后被确定并符合这一课题要求的遗址。除具备单纯的龙山文化性质外，还有一个重要的因素，就是与文献记载和民间传说的“大禹治水”中的重要事件“禹会诸侯”有着密切的关系。在史书上 “禹合（会）诸侯于涂山，执玉帛者万国”②的记载，便确立了大禹事件与涂山的内在联系。

应该说，考证大禹事件，首先，要找到与大禹有密切关系的涂山所在地；其次，要找到与大禹事件密切相关的地下禹迹，这样，才有希望找到夏王朝文明的发源或文献记载的相关迹象。然而，涂山之所在自古以来就被历代史学家所争论。唐代苏鹗所撰《苏氏演义》，记载涂山分别在现今的绍兴、重庆、皖南当涂和蚌埠怀远（今属蚌埠）。《辞海》（1979年版）经筛选后还剩三处：第一处在今安徽蚌埠市西淮河东岸；第二处在今浙江绍兴西北；第三处在今重庆市东。20世纪80年代以来，专家们经过认真论证，一致认为史书中记载的涂山，应在今蚌埠市境内。目前国内专家也普遍认为涂山应在淮河流域的蚌埠。

---

① 中国社会科学院考古研究所安徽工作队．安徽淮北地区新石器时代遗址调查．考古，1993，（11）．

② 左传·哀公七年．

确定涂山是“禹会诸侯”之地的最直接证据，就是涂山脚下的禹迹。禹会村遗址的存在，为考证大禹事件提供了线索和希望。因此，发掘禹会村遗址，一是为考证与大禹治水相关的传说事件提供一定的证据，二是为中华文明探源工程增加新的资料。

大课题要求我们要研究中国古代文明的起源与发展过程，探讨其背景、契机及其演进规律，这不仅对复原中国古代历史具有重要的意义，而且对于研究世界文明的产生及其发展变化规律也具有不可替代的作用。

从中国古代历史的发展来看，龙山时代（公元前3500～前1500年）到夏、商、周时期，是中国古代文明起源与早期发展的时期，也是中国古代王权和国家产生和初步发展的时期。中国古代的政治制度、官僚体制、工艺技术、宗教信仰、社会结构等各个方面都在这一时期奠定了基础，因此，开展文明起源与早期发展的研究，对于认识中国古代政治、经济、意识形态领域与社会发展历程是十分有用的。

在中国古代文献中，一般是把黄帝、炎帝作为中华文明开化的肇始，国内外华人也都将黄帝和炎帝作为中华民族的祖先。但文献中对于黄帝和炎帝乃至尧、舜、禹时期的记载非常简略，目前，尚难以将其视为信史。因此，从考古学上探索黄帝、炎帝时期乃至尧、舜、禹时期的发展与社会的进步，也具有非常重要的意义。

2011年，禹会村遗址的发掘与研究又被列入了“创新工程”的项目之中，目的是以禹会村遗址的发掘为契机，开展对淮河流域史前聚落的研究，并树立起在“创新”中打造“精品”的意识。

近几年来，禹会村遗址的发掘成果引起了学术界的广泛关注，在探索这一课题的过程中，通过禹会村遗址所获得的最新的考古资料，为了解这一地区龙山时期的文化面貌，乃至与其他地区同时期文化的关系具有重要意义。禹会村遗址在文化内涵方面具有鲜明的时代特点，遗迹现象又相当复杂和独特，因而，在“创新工程”项目中，在对发掘成果的研究方面，应该突出“创新”二字，对呈现出的各类遗迹现象和对具有别类的器物组合现象，力争在宏观和微观方面进行深入研究，在利用传统的考古学研究的同时，更注重多学科的研究方法。

近年来，由于环境考古学在测试手段和研究方法上更加成熟，因此，通过此手段去探讨自然环境变化对人类活动的影响和人类活动对周围环境的改造过程具有积极意义。

禹会村遗址，在环境考古、地层土壤分析、正构烷烃在地层中的分布特征、植物考古学和孢粉测试以及陶器成分及产地分析、陶器物源及烧成温度测试等方面，获取了大量用肉眼看不到的资料，取得了传统考古学无法替代的研究成果，得以从不同的角度获知禹会村遗址所蕴含的各种信息，对诠释遗址的文化现象具有积极的意义。

龙山文化是我国发展史上的关键时期，从社会文明的发展进程来看，是一个非常大的转折，尤其是到了龙山文化后期，许多重大事件孕育和发生，对社会向着更加文明的时代过渡起到了重要作用，因此，对传说和文献记载不够详尽的历史和事件，只能通过考古学和多学科研究找出答案。

多年的考古发掘资料证实，禹会村遗址在淮河流域乃至在江淮地区的文明探源研究中，起到了重要的支撑作用。因此，开展禹会村遗址的发掘工作，是考古研究的需要，是多学科研究的需要，是解释地域性文明发展程度的需要。

聚落形态的研究是一个全新的课题，然而，对一个区域的研究来说，仅仅凭借现有的考古资料，对于全方位获知史前人类的生产规模、生活方式、居住形态和社会结构等方面的问题，只能是提供一个基础性的平台。随着日后考古工作的进一步扩展，资料会更加丰富，研究手段会更加全面，对一个区域、一定时期的文化面貌的研究也会获得全新的认识。

禹会村遗址在2006年第一次试掘后，便从2007～2011年进行了5次规模性的发掘，在每次发掘之后都进行了初步的整理，并将发掘的最新成果及时地在相关刊物和考古网上进行了报道。同时，对发掘收获和初步研究成果也发表了讨论性文章，主要有：

（1）王吉怀：《解读禹会村（上、下）》，《中国文物报》2010年1月29日第3版、2010年2月12日第3版。

（2）王吉怀、赵兰会：《禹会村遗址的发掘收获及学术意义》，《东南文化》2008年第1期。

（3）张莉、赵兰会、王吉怀：《禹会遗址2010年春季发掘的新收获》，《中国文物报》2010年10月8日第4版。

（4）王吉怀：《“大禹治水”之“禹会诸侯”考》，《蚌埠学院学报》2012年第1期。

（5）王吉怀：《安徽蚌埠禹会村遗址2011年春季发掘新收获》，《中国文物报》2011年10月21日第4版。

（6）王吉怀：《禹会遗址相关迹象的考古学观察》，《安徽文博》2011年第7辑。

（7）赵兰会、张振忠、王吉怀：《安徽蚌埠禹会村考古发掘获得重大收获》，《中国文物报》2007年7月20日第2版。

（8）王吉怀：《江淮之间区域性聚落考古研究的新进展》，《中国社会科学院古代文明研究中心通讯》第15期，2008年。

（9）王吉怀、赵兰会、张振忠：《蚌埠禹会村遗址2008年春季发掘有重大成果》，《中国文物报》2008年8月29日第5版。

（10）张广胜：《安徽蚌埠禹会村遗址4.5-4.0KaBP龙山文化的环境考古》，《地理学报》2009年第7期。

（11）王吉怀：《论禹墟发掘对探索文明起源的重大意义》，《蚌埠学院学报》

2008年第5期。

（12）王吉怀、张莉、赵兰会：《蚌埠禹会村遗址揭露出大型礼仪性基址》，《中国文物报》2010年1月22日第6版。

（13）张莉、赵兰会、王吉怀：《禹会遗址2009～2010年发掘的新收获和对相关问题的思考》，《中国社会科学院古代文明研究中心通讯》第20期，2010年。

（14）张莉、赵兰会、王吉怀：《禹会遗址2010年春季发掘的新收获》，《中国文物报》2010年10月8日。

（15）王吉怀：《穿越时空，走近大禹》，《大禹文化》2011年总第七期。

（16）钱仁发、王吉怀：《从禹会遗址的考古资料看淮河中游地区文明化进程》，《东南文化》2012年第3期。

（17）ZHANG Guangsheng， ZHU Cheng， WANG Jihuai, *et al*. Environmental archaeology on Longshan Culture（4500-4000aB.P.）at Yuhuicun Site in Bengbu， Anhui Province. Journal of Geographical Sciences， 2010， 20（3）: 455-468.

（18）中国社会科学院考古研究所安徽工作队、蚌埠市博物馆：《安徽蚌埠市禹会龙山文化遗址祭祀台基发掘简报》，《考古》2013年第1期。

（19）王海港、金正耀、谢治、范安川、闫立峰、朱炳泉、王吉怀：《新石器晚期祭祀彩石的多种谱学方法研究》，《光谱学与光谱分析》第33卷第9期，2013年。

第二章　蚌埠历史沿革

蚌埠，位于安徽省东北部，坐落于淮河中游，既是京沪、淮南铁路交点，又是中国南北分水岭，承东启西，联络南北。蚌埠地貌区划以淮河为界，分为两部分，淮河以北为淮北平原区，淮河以南为江淮丘陵区，呈现出北部开阔平坦、南部岗丘起伏之泾渭分明的地貌景观。蚌埠历史文化源远流长，作为淮河流域古代文化的中心，蚌埠是华夏文明发源地之一。

蚌埠地区地势最高处为涂山顶峰，海拔338.2米，最低处为淮河河漫滩，海拔15.3米，淮河成为最大的自然地表水。

蚌埠属温暖带半湿润气候区，南北气候交汇带，四季分明，气候温和，年平均气温16.4℃，日照时数为1880.5～2025小时。降水量为1310.8毫米。现占地面积5952平方公里，人口358万。

史前时期的蚌埠（含市区及所辖怀远、五河、固镇三县）地域，为淮夷族聚居区。传说大禹治水南下淮泗，在今怀远县境涂山娶涂山氏女为妻，并生启（公元前21世纪，启建立夏朝，为华夏第一代帝王）。

蚌埠，是淮河文化的重要地区，尤其是与大禹文化相关的内容，给这座城市留下了令人骄傲的历史和厚重的文化符号。

蚌埠群山环抱，淮水穿城而过，依山傍水，山静水动，拥有皖北难得一见的秀丽景色。蚌埠同时也是安徽省的重要工商业城市，属于淮河流域水陆交通与物资集散中心和省内重要的科教文化中心。市东龙子湖风景区湖光山色；西郊荆涂二山隔河相对，相传大禹在治水期间曾会诸侯于涂山。长期以来，人们把“禹会怀古”“荆涂揽胜”“垓下凭吊”“新城夜色”“龙湖风光”“淮畔观柳”“珠园晨光”“张公山麓”“沱湖品蟹”“蚌山夕照”视为蚌埠十景。尤其是“禹会怀古”，是蚌埠最为古远的人文景点之一，它蕴含着惊天动地而又不为人知的感人故事。

这里又有“古涂氏国”之称，是华夏发祥地之源头，相传在距今4000年前后，如今的遗址所在地，是大禹在治水期间诏会“万国”诸侯的地点，古籍中“禹合诸侯于涂山，执玉帛者万国”[①]的记载，再现着朝拜大禹宏大而神圣的场面。“合”即有“会

① 左传·哀公七年.

集”之意，后来便逐渐演变为“禹会诸侯于涂山”。“诸侯”，即指各地部落首领。“执玉帛者万国”，这里的“万”，应为约数，有“上万”或“为数极多”的意思，“万国”，即指前来参加的各地部落首领人数众多。“玉帛”，即指作为贵重物品的玉器和丝绸，“执玉帛”，意指手持贵重物品前来朝拜大禹。短短两句话，即概括了大禹召开诸侯会议的规格与规模。

这里是有史记载的第一次各路诸侯集会之处。相传大禹治水南下淮泗，在今蚌埠西郊涂山（原属怀远县，今属蚌埠市）娶涂山氏女为妻，并生启，因此，这里传说是大禹之子、华夏第一王——启的故乡。

如今的涂山，山水秀丽，峰峦叠翠，榴林似海，绿树掩映，芳草如茵，涡、淮两水在此交汇，水绕山环，林幽泉清，是远近闻名的天然佳境。涂山上的禹王宫、望夫石、桑台等遗迹，都记录着与大禹治水有着密切的关系。相传汉高祖刘邦过涂山，命立禹庙以镇涂山，命立启庙以镇荆山。山上众多的名胜古迹和山脚下的禹会遗址，曾引来历代文人墨客登临怀古，吟诗作赋。这里一直传颂着大禹治水三过家门而不入等许多动人故事。每年三月二十八日的涂山庙会，既是纪念大禹的盛大节日。涂山庙会是淮河流域最大的庙会，十里八乡的群众扶老携幼涌向涂山，馨香祷祝，祈求风调雨顺，五谷丰登，是一种纪念大禹最质朴的民间风情。

涂山禹王宫始建于汉高祖十二年（公元前195年）。当年刘邦统军到淮南镇压英布，路经此山，参观了涂山台桑石、禹会村、卧仙石等遗迹，回顾大禹的治水功绩，为报功崇德，使后人永远缅怀禹功，下令在涂山绝顶建座禹宫，荆山之顶建座启庙。

查涂山禹王宫旧貌，前后殿宇连中厅共有五进，气势不凡，规模宏壮，大小殿宇共有九处：禹王殿、启母殿、泰山殿、观音殿、玄武殿、三清殿、邱祖殿、吕祖殿和灵宫殿。

建庙之后，汉武帝刘彻到过涂山。三国曹操父子由淮南古寿春到亳县，都路经此山，并留有遗迹。唐朝有柳宗元作《涂山铭》及胡曾的诗。又看到碑记所载：唐朝大臣狄梁公，天下正人也，当时毁全国各地淫祀两千七百余所，唯有禹宫巍然独存。宋朝除重修碑刻以外，又有黄庭坚、苏氏父子等题诗。如今，涂山顶上的禹王宫内还留有宋代诗人苏东坡“川锁支祁水尚浑，地理汪罔骨应存，樵苏已入黄熊庙，乌鹊犹朝禹会村”的诗句。明朝有武宗正德九年（1514年）一次翻修，怀远县官高永年监修，并且扩大了建筑规模，增添钟、鼓两亭。明神宗万历二十四年（1596年）又一次维修增加了香亭，虽然这次维修工程不大，可是庙外石壁上石刻较多，木刻、墨迹更多，因长期保护不善，除石刻尚有残迹外，其他皆荡然无存。清朝末年的不少石刻、木刻和墨迹，如近代的康有为、章太炎、邓石如、柏文蔚、张树侯、高慰农等人的书画墨迹、石刻，除乾隆二十九年（1764年）重修碑外，还有怀远县官周成章监修碑；木刻联对有二十余副，大都是悬挂在禹宫、中厅和吕祖殿内的墙壁上；另外还有木刻大匾八块，都是近代书法名家所撰书。

涂山一带是古代典籍记载大禹活动的重要地区，涂山周长23公里，高338.20米，“作镇南邦，雄势五岳，莅神圣而集冠裳”为“古淮南道名山也”，山势雄伟，淮水环绕，天然的地理环境，清幽宜人，是淮河岸边著名的古迹名胜。

但涂山所在地一直存有争议，据唐代苏鹗《苏氏演义》载：“涂山有四，一会稽，二渝州，三濠州，四当涂，其处皆有禹迹。”但哪处涂山是大禹婚娶之地和朝会天下诸侯之所，历来众说不一。复旦大学已故著名历史地理学家谭其骧教授认为，“前人释涂山地望，众说纷纭，唯此今怀远县东南淮水南岸一说合于汉晋之旧，宜以为正。上举数条，即此说所本。又，唐柳宗元、宋苏轼之《涂山铭》与诗，亦指此山”①。在2011年，在蚌埠召开的“涂山·淮河流域历史文明研讨会暨中国先秦史学会第七届年会”上，众多专家也倾向于这一说法②。同时，有的学者以“当涂驳义、渝州驳义、会稽质疑和濠州正名”的笔法，认为“当涂”系指今安徽南陵县北一带；“渝州”系指今四川巴县一带，即今重庆市东；“会稽”则是今浙江绍兴。而真正的“涂山”应为现在的蚌埠怀远涂山③。

《通典》载：濠州，春秋末钟离子之国，昔禹会诸侯于涂山，即其地也。徐旭生曾在《中国古史的传说时代》中认为：禹会诸侯于涂山，涂山为今安徽省怀远县东南淮河南岸的一座小山④。《太康地志》载：涂山，古当涂国，夏禹所娶也，山西南又有禹会村，盖禹会诸侯之地。《康熙凤阳府志》也载：涂山在县（应指怀远县）东南八里，高二百十三丈，周四十六里，……《左传》“禹会诸侯于涂山”即此，今山巅有禹庙……山前有禹会村。《春秋传》也有“禹会诸侯于涂山……山下有禹墟及禹会村”的记载。据查证，在我国叫“禹会”的地名或村名少之甚少，可见，如今“禹会”的来历是具有一定的历史渊源的。

但是，时至今日，还曾经有不少人认为蚌埠没有太久的历史，只是借助于京沪铁路的开通，才使蚌埠发展起来。如今，随着考古工作的进展，人们逐渐改变了蚌埠是“火车拉出来的城市”的看法。

蚌埠原本是淮河岸边的一个渔港村，自古以来，因境内淮河段盛产河蚌而得名。

---

① 谭其骧．论涂山地望．中国的历史文化名山“涂山”（蚌埠文史资料选辑）．蚌埠：蚌埠市红旗印刷厂，1996，18：50．

② 《蚌埠涂山与华夏文明》编纂委员会．（中国先秦史学会论文丛书之五）蚌埠涂山，华夏文明．合肥：黄山书社，2002．

③ 汤万象，王明康，于雷．涂山考．安徽文博，1983，3．

④ 徐旭生．中国古史的传说时代．北京：文物出版社，1985：147．

据《凤阳府志》记载，蚌埠乃“古采珠之地”，以捕蚌产珠为生，故享有“珠城”或“珍珠城”之美称。船舶聚集曰埠头，“蚌埠”的称谓由此而来。

在这片神奇又富饶的土地上，既有北方的古朴豪放，又有南方的秀丽婉约。京沪铁路的全线贯通，使这座城市有了飞跃的发展，蚌埠已成为中国南北分界线上淮河岸边一颗耀眼的明珠，绽放光彩。

第三章　蚌埠地区史前遗址的调查与勘探

现属于蚌埠境内的一市（蚌埠市）三县（怀远县、固镇县、五河县），其地下遗址的平均分布量，并不亚于黄河、长江流域。历年考古调查和发掘证明，蚌埠的确不是火车拉出来的城市，依据当地文物普查提供的信息，在蚌埠境内的史前遗存，其分布是相当密集的，说明自远古时代起，人类就劳动、生息、繁衍在这块土地上。据蚌埠市博物馆2010年第三次全国文物普查资料显示，目前蚌埠市一市三县辖区内共调查登记不可移动文物855处，其中：新发现624处，复查231处；登记消失文物点61处；市辖区共登记不可移动文物145处，怀远县187处，五河县135处，固镇县388处；属于史前时代的遗址就有58处。

当“中华文明探源工程”在全国实施后，为配合这一工作在淮河流域的开展，2006年3月，由中国社会科学院考古研究所王吉怀、安徽省文物考古研究所阚绪航、蚌埠市博物馆徐大立和高和平等先期在蚌埠范围内有选择地对现隶属于蚌埠的禹会村、怀远龙王庙、固镇南城孜等，就龙山文化或含有龙山文化的遗存进行实地调查，并进行了相应的钻探，对遗址的现存情况获得了初步认识。现将有关遗址的调查钻探情况报道如下。

（一）龙王庙遗址

位于怀远县河溜镇葛圩村南，遗址坐落于淮河支流茨河中的一个孤岛上，基本四面环水，仅有一条小路通往外界，面积10万多平方米（彩版一，1）。遗址地表有少量的陶片分布，位于东南部的断崖处可见厚厚的红烧土堆积（彩版一，2）。1990年前后，因当地农民在遗址之上曾不断发现玉器而进行了疯狂的盗掘，在长达三年之内，整个遗址被破坏得相当严重，后被当地文物部门发现，加以制止并保护。

调查钻探的目的，一是了解遗址的文化性质，二是掌握地层堆积情况。首先在10万平方米的范围内进行了普遍钻探（图版一，1）、物探和电探（图版一，2）。探测表明，遗址的南部地势略高，有较厚的红烧土堆积，剖面亦能看出文化层堆积情况和红烧土现象，北部地势略低，有较浅的文化层堆积，地表偶有陶片发现。由于遗址之上树木成林，为此，我们在不同的地点有选择的、以探沟的形式进行了试掘。共试掘探沟七条，即：第一条为2米×30米、第二条为2米×60米、第三条为2米×5米、第四条为2米×6米、第五条为2米×9米、第六条为2米×20米、第七条为2米×6米，总揭露面积为272平方米（图一；图版二，1、2）。七条探沟所显示的地层关系基本一致，即第一层为耕土层，平均厚度为0.2米；第二层为扰土层，平均厚度为0.1米；第三层为文化层，为0.2～0.6米，以下为生土。

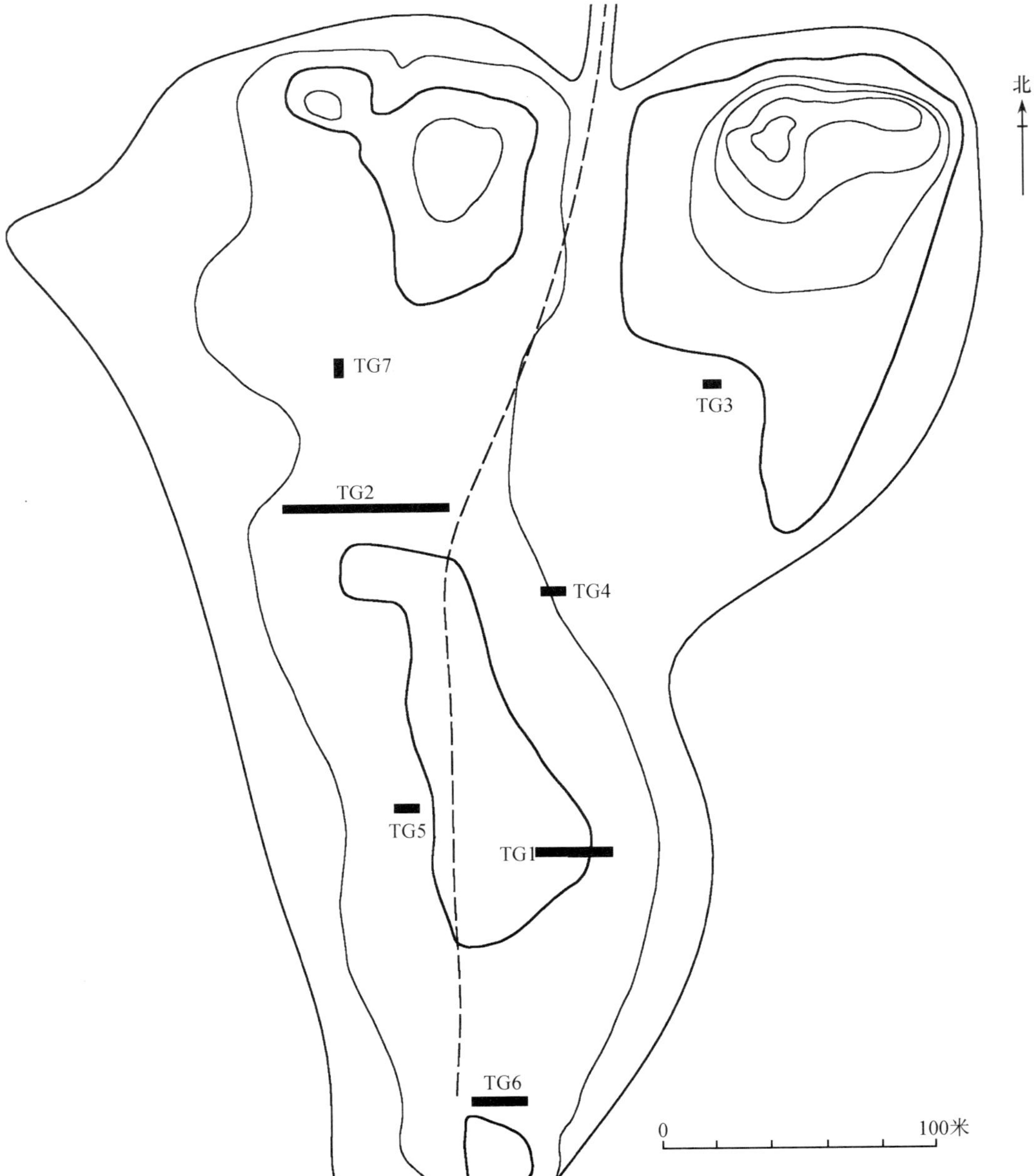

图一　龙王庙遗址探沟位置图

陶片均出自探沟第三层，以夹砂陶为主，其次为泥质陶，夹砂陶陶质松软，又以红陶和红褐陶为主，另有少量黑陶，其中，红褐陶约占陶片总数的35%，红陶占30%，夹砂黑陶占30%，泥质黑陶和灰陶仅占4%和1%。在上述陶片中，泥质黑陶较硬，内外表较光滑，夹砂黑陶多为夹炭，极为松软。

素面陶占80%，而20%的仅饰有简单的横置弦纹。所出陶片均没有完整器形，能分辨的有鼎类器、高柄杯、镂空器、“T”字形鼎足、扁体形长三角鼎足、鬼脸式鼎足等，从不能识别器形的部分残片看，个体均较大。

从地形地貌来看，龙王庙遗址的东南部及中部地势较高，东南部位置除断崖处暴露有红烧土堆积外，较大范围内的钻探也提示该地点分布有大面积的红烧土堆积，以此判断遗址南部可能是居住遗迹分布区，北部可能是墓葬分布区。

据说，遗址在被盗掘期间，曾出土有相当数量的玉器标本，但多数已经流散，现存于蚌埠市博物馆和怀远县博物馆的为数甚少，从标本的特征看，其造型和所表现的文化风格，既有龙山文化的一般特点，更具有良渚文化的诸多因素。尤其是“T”字形鼎足的出土，更进一步证明了该遗址与良渚文化的密切关系。

（二）南城孜遗址

南城孜遗址位于固镇县湖沟镇马楼村西南部，南侧紧邻澥河，北部靠方前公路，东部有一条宽约4米的水沟绕过，西部为农耕地。20世纪80年代以前由固镇县调查发现，周围地势较为平坦，仅遗址中部地势起伏不平，较高处与周围落差1～2米，地表暴露大量鼎足、鬲足、陶片等，陶色以红陶为主，也有黑、灰陶，多为素面，纹饰主要为篮纹，有些鼎足内侧有刻划纹。

2006年春季，我们首先对遗址进行了实地勘察，并在遗址分布的范围内进行了详细钻探（图版三，1），得知遗址面积约25万平方米。由于常年耕作的原因，地表遗留有丰富的大汶口文化的陶器残片、龙山文化的鬼脸式鼎足以及白陶鬶残片和红烧土建筑构块等遗物。

遗址基本为圆形分布，钻探时发现，在遗址内的西北部位置，存在一处呈南北向布局的长条状梯形夯土遗迹，宽度为2～8米，每层夯土厚4厘米左右，由于当时有蔬菜大棚，没有钻探到该夯土遗迹的实际长度。遗址中的文化层厚度一般在1～2米，并在中心部位存在一大型环状围壕。根据不同部位的钻探可知，围壕最窄处为10米，最宽处为20米，深约4米，围壕内面积可达15万平方米余，围壕的范围明显，界限清楚，壕沟内土色灰黑，底部呈淤泥状（图版三，2），填土内包含有较多的陶片。遗址东部较高处地表50厘米以下钻探出纯正的红烧土遗迹。其他部位，由于耕作原因，地表也有较多的红烧土建筑构块，可能与红烧土建筑有关。

由于常年耕作，地表遗留有丰富的大汶口文化陶器残片、龙山文化的鬼脸式鼎足以及白陶鬶残片和红烧土建筑构块等遗物，陶片以夹砂红陶、褐陶为主，其次为泥质灰陶，胎质较硬，火候较高。陶器以素面较多，纹饰主要有弦纹、附加堆纹和少量的镂空装饰，有些鼎足内侧有刻划纹。能看出器形的有鼎、鬶、豆、罐、杯、壶等，鼎足的样式较多，有鸭嘴形、宽扁长方形、扁凿形（图二）。从红烧土建筑构块的特点看，与蒙城尉迟寺遗址红烧土排房的红烧土残块非常一致①，应是一处大汶口文化—龙山文化时期的大型围壕式聚落遗址，目前遗址保存较好。

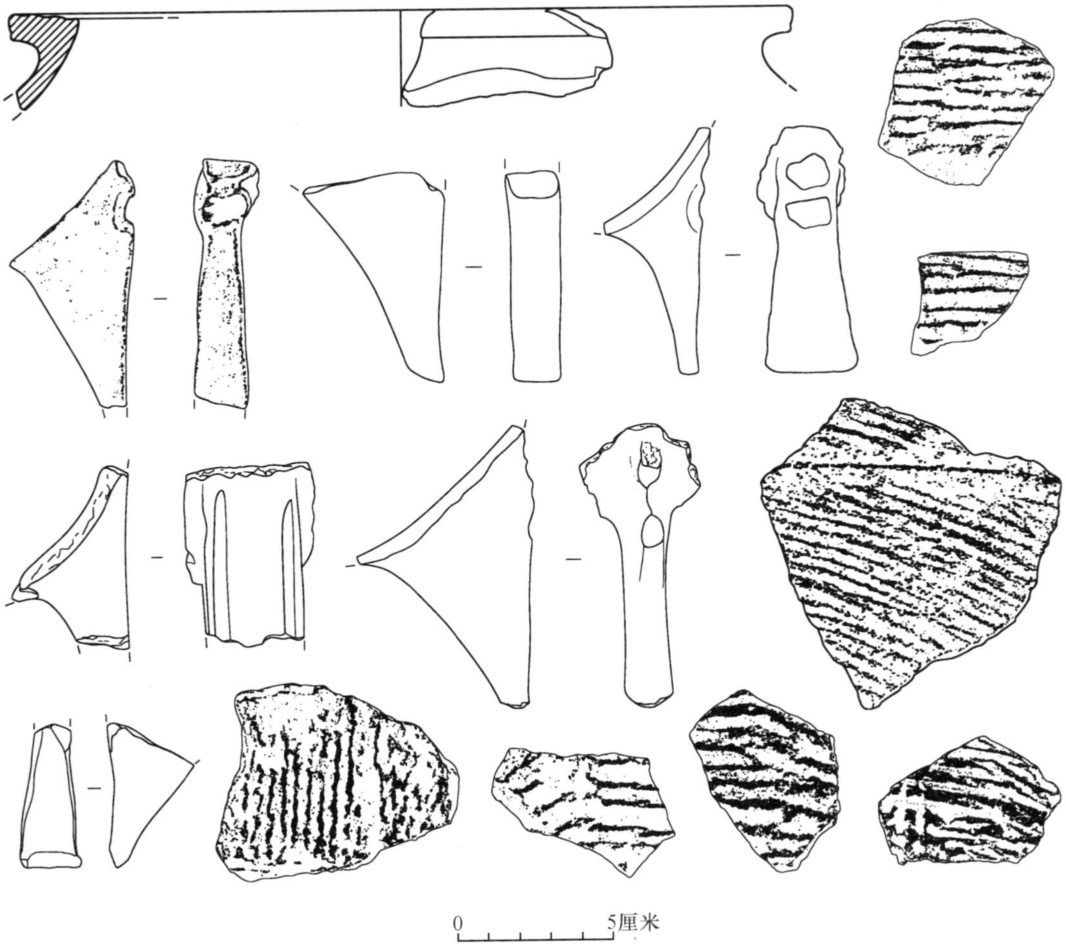

图二　南城孜遗址采集标本

① 中国社会科学院考古研究所. 蒙城尉迟寺. 北京：科学出版社，2001；中国社会科学院考古研究所，安徽蒙城县文化局. 蒙城尉迟寺（第二部）. 北京：科学出版社，2007.

（三）钓鱼台遗址

钓鱼台遗址位于蚌埠市南郊禹会区钓鱼台街道及蚌山区施徐村交接地带内，张公山公园东侧约600米，西侧紧邻席家沟。遗址内主要分布有4个形状相同、大小不等的高土墩，涨水时不曾被水淹没，立于墩上，似可钓鱼，故当地人称钓鱼台。钓鱼台遗址中的四个高墩分别被称为大陈迹、二陈迹、三陈迹和四陈迹。其中二陈迹、三陈迹和四陈迹因历史原因现被居民建房占用或完全覆盖，破坏较甚，而位于居民区之中的大陈迹，仅在顶部保存有大约2000平方米的面积。1982年，蚌埠市人民政府核定公布钓鱼台遗址为市级文物保护单位。2006年春季，我们对大陈迹进行了调查和钻探（图版四，1），钻探得知，该遗址的地层堆积厚度达6米以上。据蚌埠市博物馆介绍，历年来，在大陈迹之上或断崖处不断发现有石镰、石斧、陶碗、陶纺轮等遗物，在我们后来多次的现场调查中，易见商、周时期文化遗物（图三）。根据现存遗物看，钓鱼台遗址应该是一处商周—龙山文化的遗存。2012年7月，安徽省文物考古研究所为配合蚌埠市涉及钓鱼台遗址区域的城市大建设工程而进行的考古钻探结果显示，钓鱼台遗址文化层的分布范围以现存的四个高台为主，呈四个相邻而互不连接的文化层分布区域。

（四）丁家庙遗址

丁家庙遗址位于蚌埠市龙子湖区长淮镇蚌埠监狱东侧，为北纬32°55′19.6″，东经117°28′23.7″，海拔20米。距淮河南岸约6公里。该遗址中心部位明显，地势呈中间略微隆起形，龟背状。遗址中心部位高出地面约2米。表面为灰褐色土壤，地表有少量新石器时代鼎足及大量商周时期遗物等。如鬲足、红陶、灰陶、印纹陶片等，还有很多明代早期瓷片（图四），可见遗存延续的时间较长。该遗址由于被现代建筑破坏，仅做过地面调查，对文化层堆积和所包含的遗迹现象尚不清楚，但地表采集的遗物，为研究商周时期的历史提供了实物资料。1998年丁家庙遗址被评为区级文物保护单位。

（五）梅堌堆遗址

该遗址位于禹会区长青乡郑郢村西约300米处，为北纬32°55′56.7″，东经117°17′40.9″，海拔17米。北距淮河约200米。梅堌堆遗址地势平坦，周围地势较低洼，是一处新石器时代至商周时期的典型台地遗址。遗址呈不规则圆形，高出周围地面约5米，遗址地表遗物较丰富，除少量新石器时代晚期的夹砂红陶鼎足、腹片外，其余多

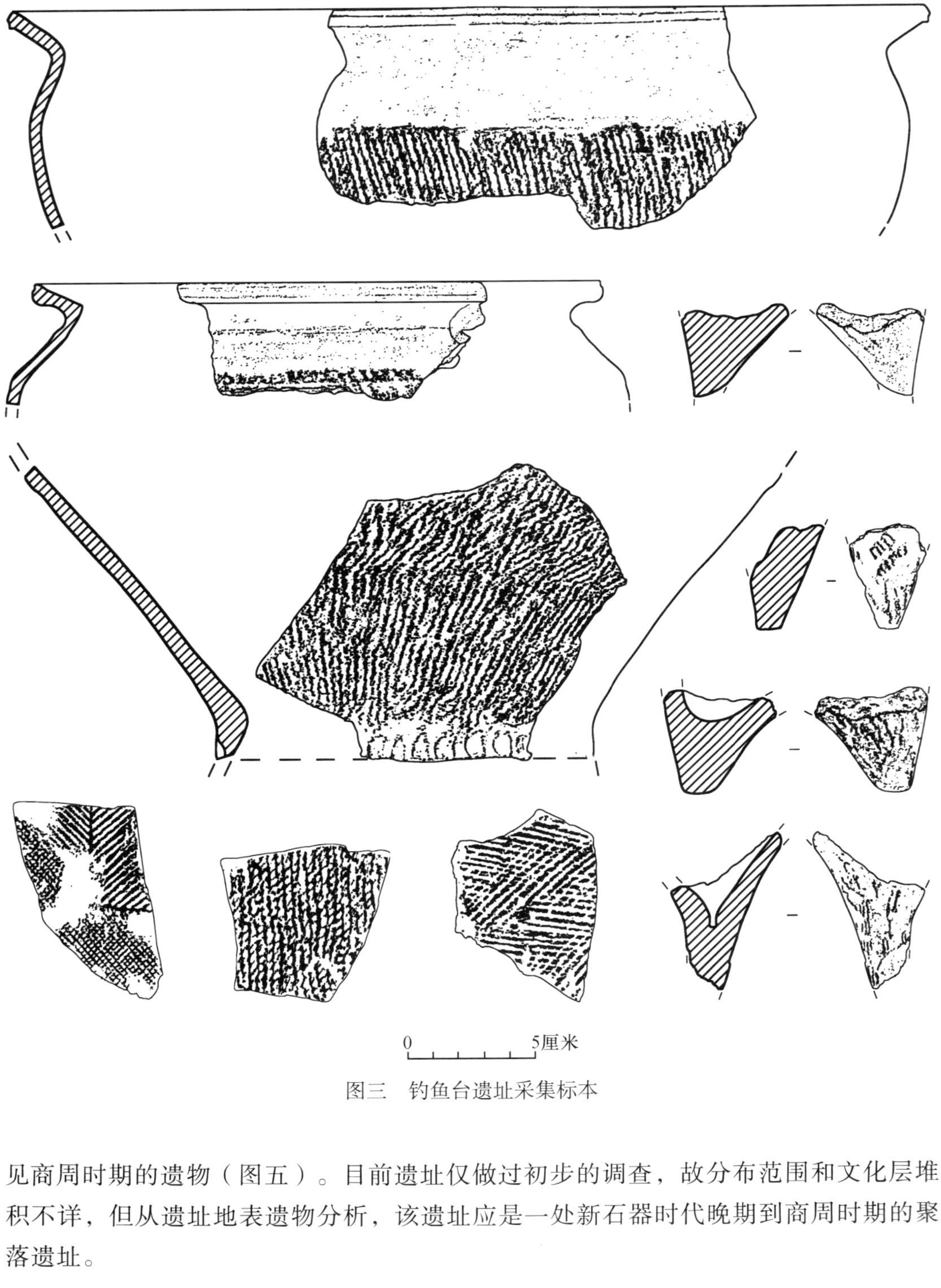

图三　钓鱼台遗址采集标本

见商周时期的遗物（图五）。目前遗址仅做过初步的调查，故分布范围和文化层堆积不详，但从遗址地表遗物分析，该遗址应是一处新石器时代晚期到商周时期的聚落遗址。

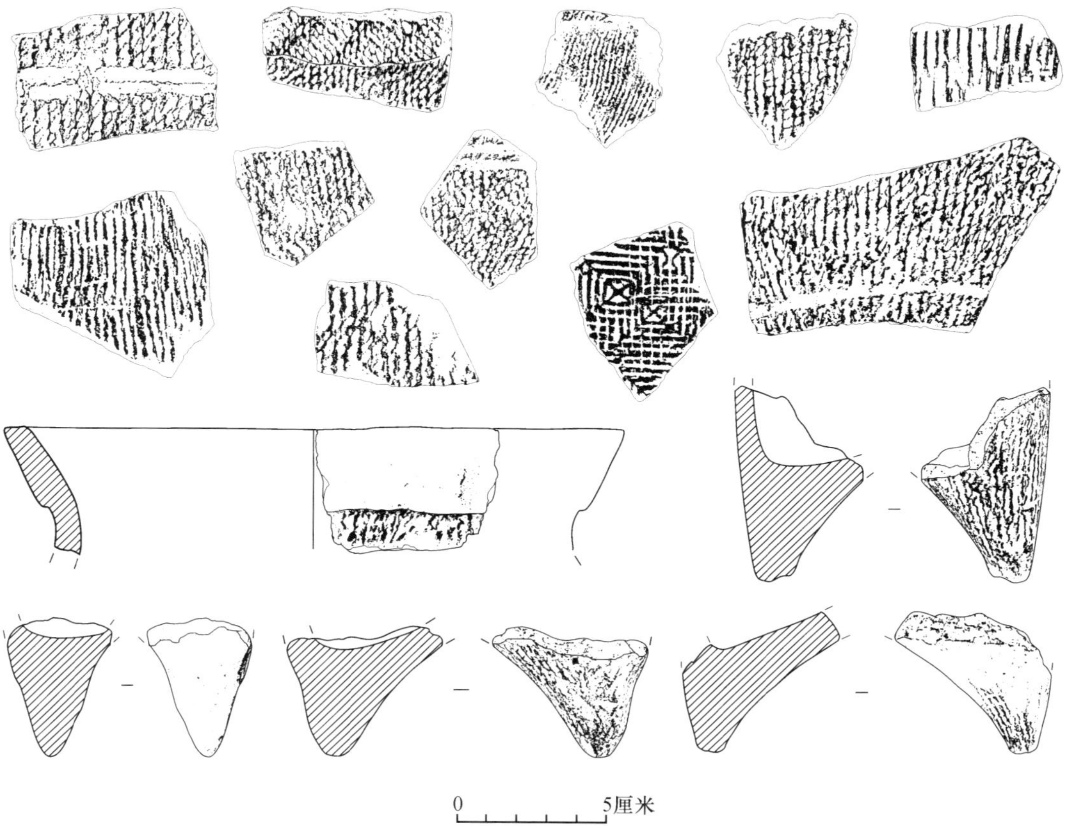

图四　丁家庙遗址采集标本

（六）老墩子遗址

位于蚌埠市龙子湖区李楼乡张巷村下王庄东北约150米处，西距京沪铁路线约300米。北纬32°51′17.5″，东经117°26′59.5″，海拔19米，属于江淮丘陵地带。遗址呈圆形台地状，高出周边约4米，地表易见绳纹陶片、鼎足、鬲足等遗物，由于未进行详细的钻探，故遗址的实际面积和文化层堆积不详，根据采集的遗物看，应是一处新石器时代晚期至商周时期的聚落遗址。

（七）禹会村遗址

禹会村遗址，是在20世纪80年代后期，由蚌埠市博物馆在文物普查时发现。2001年7月，蚌埠市人民政府公布其为市级文物保护单位。当时在遗址地面散布有较多的陶片，初步判定为龙山文化遗址，但分布范围及地下堆积情况不详。在随后的数年中，蚌埠市博物馆又多次在遗址地面采集到鬼脸式鼎足及陶片，由于遗址位于淮河岸边，河水冲刷，地面经常有裸露的陶片，但对该遗址没有进行具体的工作，故而对遗址的

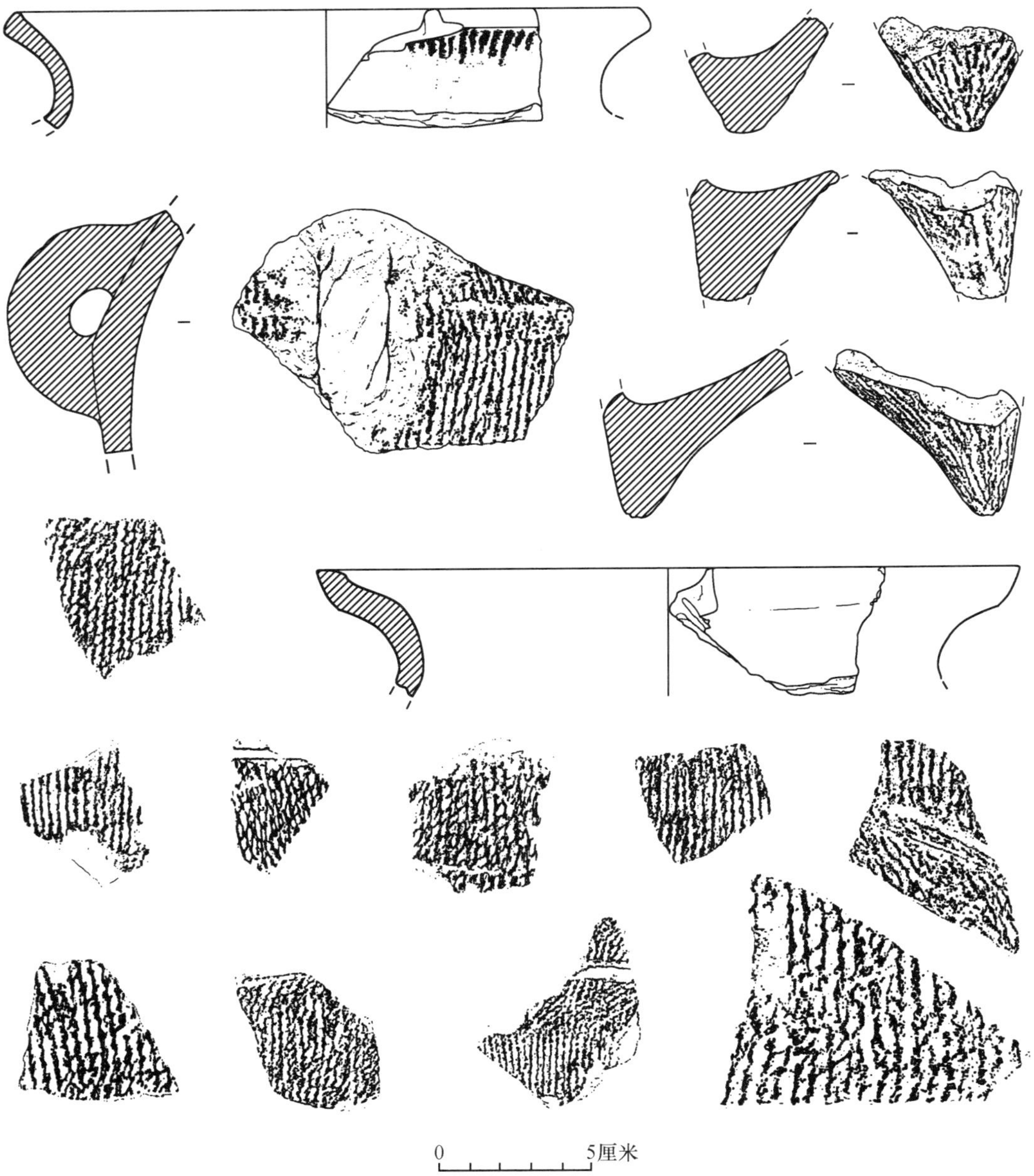

图五　梅堌堆遗址采集标本

性质和分布范围还缺少详细的了解。

2005年11月，在蚌埠市召开的“安徽蚌埠双墩遗址暨双墩文化学术研讨会”期间，蚌埠市博物馆提供了禹会村遗址的线索，引起了中国社会科学院考古研究所所长王巍的关注。他首先考虑到，在我国正在实施的“中华文明探源”工程中，作为淮河流域的考古工作仍然处于薄弱环节，从相关地区的考古资料来说，还是个空白，应该说，淮河岸边存在有像禹会村这样的遗址或说有符合于“文明探源”研究范围的遗址是非常值得重视的，应该做进一步的调查和发掘。但这处具有龙山文化典型特征的禹会村遗址究竟有多大？文化层堆积情况如何？还不得而知。为此，中国社会科学院考古研究所组织力量，于2006年春季进行了实地勘测和钻探，通过初步工作获得了如下收获。

第一，探明禹会村遗址是淮河岸边一处面积较大的龙山文化遗址，它呈长条状分布于淮河东岸，呈南北长、东西窄的分布形式，总面积至少有50万平方米（图版四，2）；

第二，从采集的遗物看，禹会村遗址具有非常独特的文化现象，既可见黄河下游龙山文化的鬼脸式鼎足，又常见中原地区龙山文化的侧三角按窝式鼎足，同时，还与苏北和长江流域、江汉平原等地的同期文化有着一定的联系，具有十分复杂的现象；

第三，钻探证明，遗址东北部存在有一处大型的经人类堆筑、铺垫的公众性场所，面积较大，并且具有一定的形状，可能其中蕴藏着复杂的内涵；

第四，遗址名称“禹会”的由来与文献《左传·哀公七年》记载“禹合（会）诸侯于涂山，执玉帛者万国”和民间传说的大禹治水中“禹会诸侯”事件有密切的关系。

由于遗址近距淮河岸边，多年的治淮工程和堆筑河堤取土，使遗址受到严重破坏，致使遗址的文化层堆积呈不连接现象，由于淮河治理的原因，使原本一处重要遗址遭受了无法挽回的破坏，因此，该遗址储存的文化信息也大量减少。

在遗址的分布区内，除被历年的治淮工程破坏外，还有相当大的部分被压在现在的村庄（前郢村）之下，而村庄南部的遗址分布区又多被现在的水泥板厂所覆盖，有的地点又被池塘所破坏。为了解文化内涵，就遗址的现存情况，首先有选择地进行了详细的钻探，初步了解了遗址现存的分布情况和文化层堆积。同时，又对遗址进行了小面积试掘，同样获得了预想不到的收获。

遗址的文化内涵是单纯的，但所表现的文化现象又是复杂的。为了进一步认识禹会村遗址的文化内涵，根据试掘出土的实物标本，我们又相继考察了与禹会村相关的河南王油坊遗址，江苏兴化南荡遗址、高邮周邶墩遗址、南京牛头岗遗址，上海松江广富林遗址和浙江相关的良渚文化出土器物，其中都能找到相同的文化因素。为此，我们对进一步发掘禹会村遗址有了足够的信心和底气。根据遗址显现的资料，我们得出如下认识。

（1）复杂的文化内涵显现了遗址的重要意义。

通过对遗址的试掘，所表现的文化面貌呈现出了较为复杂的现象，河南龙山文化、山东龙山文化在遗址中共存，分别占有不同的比例。同时，苏北、上海等地的同类文化又表现了影响和被影响的关系。

（2）遗址的时代处于文明起源的关键时期。

中华文明探源工程第二阶段关于中华文明形成与早期发展阶段的社会与精神文化研究，限定于公元前3500～前1500年间，这一阶段也正处于龙山文化从鼎盛到衰落的时期。禹会村遗址的文化特征正属于龙山文化中、晚期这一重要阶段，显示出了它在中华文明探源中的重要意义。

（3）遗址的规模较大。

禹会村遗址，是根据淮河的走向呈南北向分布的，遗址西侧紧邻淮河，前期淮河故道的改变、治淮工程的实施和现在村庄的叠压，都已经对遗址造成了很大程度的破坏，使我们无法准确地把握遗址的最初面积，从现存的分布范围看，尚属于淮河流域龙山文化遗址面积之最。

（4）特殊的地理位置将会对考证大禹文化提供有力的佐证。

遗址与历史事件中的大禹治水密切相关：第一，“禹会”二字，即来源于史书中记载的“禹会（合）诸侯于涂山”，可见禹会的存在是由来已久的。第二，只因禹会村遗址本身内含禹迹，故又有“禹墟”之称。相传，早在20世纪50年代以前，遗址的东北部曾有一个高出周围地面约3米的大堌堆，堌堆之上曾建有禹王庙。同时，禹墟又与涂山紧密相连，从而使遗址和有争议的涂山之说拉近了距离。因为在我国尽管名为“涂山”之地较多，但同时含有禹迹和涂山的地点尚属罕见。在史书记载中，禹墟的称谓在北魏时郦道元的《水经注》中“禹墟在（涂）山西南”里得到确指，这正与蚌埠西南郊的涂山、禹墟相吻合。

经过比较分析，我们认为禹会村遗址即是淮河流域一处关键时期的关键遗址，对该遗址的发掘和研究，应该能够起到填补龙山文化区域类型空白的意义，也是填补淮河流域考古研究之举，并为“中华文明探源”增添新的资料。

第四章　禹会村遗址的发掘

第一节　位置和现状

禹会村遗址位于安徽省蚌埠市西郊18公里处涂山南麓的禹会村（前郢）南，东邻天河约1公里，北距涂山为4公里。为北纬30°53′07.5″，东经117°11′50.6″，平均海拔32米（图六）。

禹会村旧时分别有“禹会”“禹村岗”“禹帝庙”“禹会古台”之称。古时岗上原有大庙一座，地方志记载为禹帝行祠，建于南宋宝祐六年（1258年），民国年间倒塌后仅剩土堆。20世纪50年代因修淮河河堤和蚌（埠）淮（南）公路取土而削低了土岗高度，后因长年耕作和水土流失，使土岗面积又大幅度减小。

遗址呈南北长条形分布于淮河东岸，南北长约2500米，东西宽约200米，总面积约50万平方米（图七）。根据遗址现状和钻探所获得的信息，在遗址分布的范围内，破坏的原因有三。

（1）遗址北部被现在的村庄（前郢村）所覆盖，现在也在不断扩建。

（2）村庄之南没有民房的部位，却被一片片的水泥板场覆盖，由于水泥板厂的起建，严重破坏了遗址上层的文化堆积，另有人工池塘也破坏了遗址的大部分面积。

（3）遗址紧邻淮河东岸，淮河大堤和蚌（埠）—淮（南）公路在遗址中部大约占去100多米宽的范围，尤其是淮河大堤的修筑用土，使遗址文化层的土层大量流失，原来文化堆积较厚的地方，现大部分已仅留底部，文化层浅的地方，现在已不复存在，前郢村村南有厚 1 米左右的文化堆积，而在河堤之西的大面积部位，仅仅剩下了不足20厘米的文化层，同时，在遗址包括的范围内，由于地层缺失的程度不同，也出现文化堆积不连接的现象。所以，不仅给我们详细了解遗址的本来面貌带来了相当大的难度，同时，能够进行考古发掘的部位也实为有限。

据蚌埠市博物馆的业务人员介绍，在以往的考古调查中，曾在淮河的西岸采集到与禹会村遗址相同的龙山文化陶片。这就给我们提供了一个重要信息，如果说禹会村遗址真的分布到了淮河西岸，就会具有更加重要的意义，一是可以使我们了解淮河故

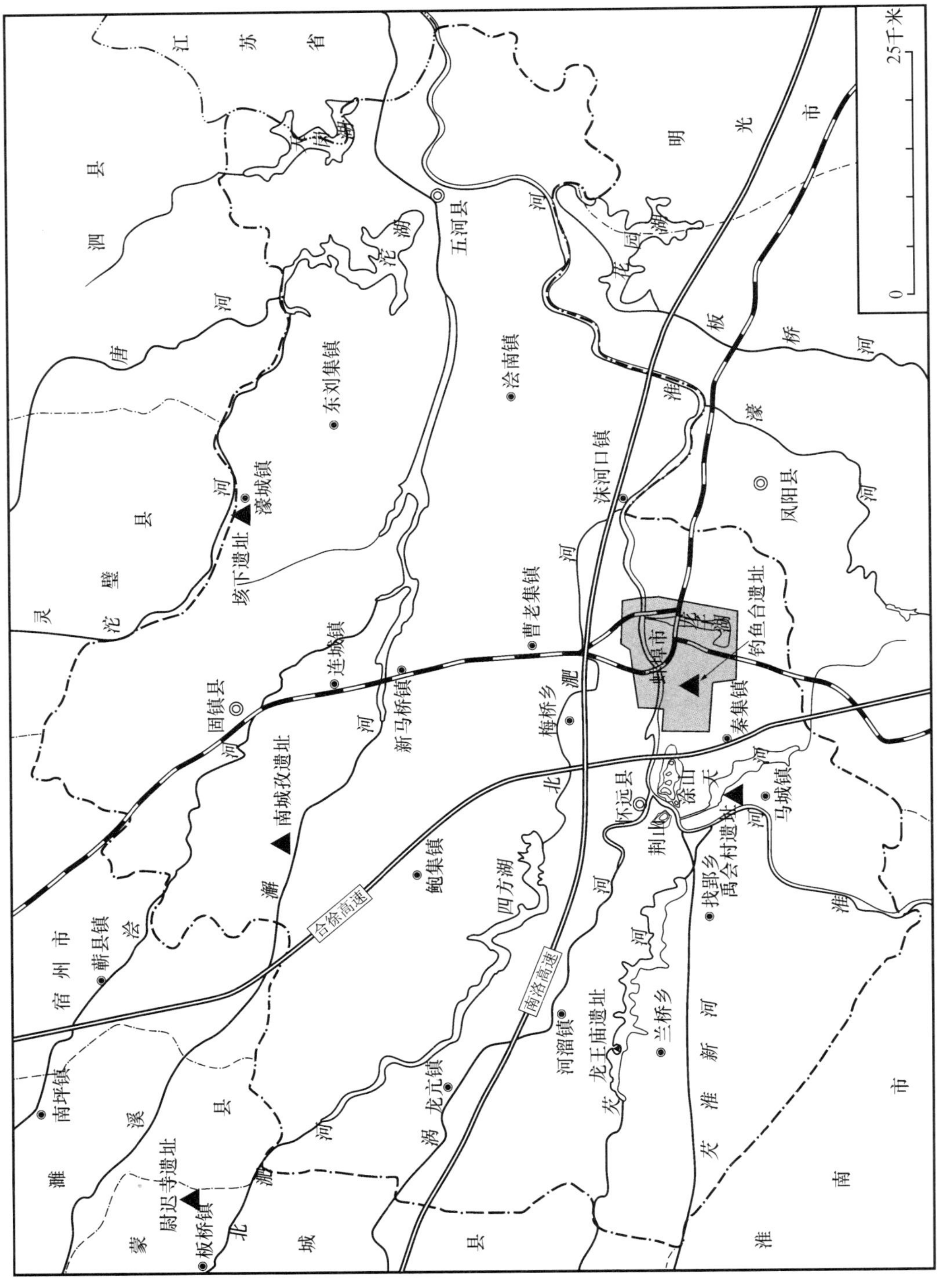

江苏省
泗县
灵璧县
宿州市
濉溪县
蒙城县
淮南市
明光市
凤阳县
五河县
固镇县
怀远县
蚌埠市
东刘集镇
浍南镇
沫河口镇
濠城镇
垓下遗址
曹老集镇
连城镇
新马桥镇
梅桥乡
南城孜遗址
鲍集镇
蕲县镇
南坪镇
尉迟寺遗址
板桥镇
龙亢镇
河溜镇
龙王庙遗址
兰桥乡
找郢乡
禹会村遗址
马城镇
秦集镇
钓鱼台遗址
荆山
涂山
四方湖
沱湖
合徐高速
南洛高速
唐河
沱河
北淝河
澥河
浍河
涡河
茨淮新河
天河
淮河
濠河
板桥河
花园湖
25千米

图六　禹会村遗址位置图

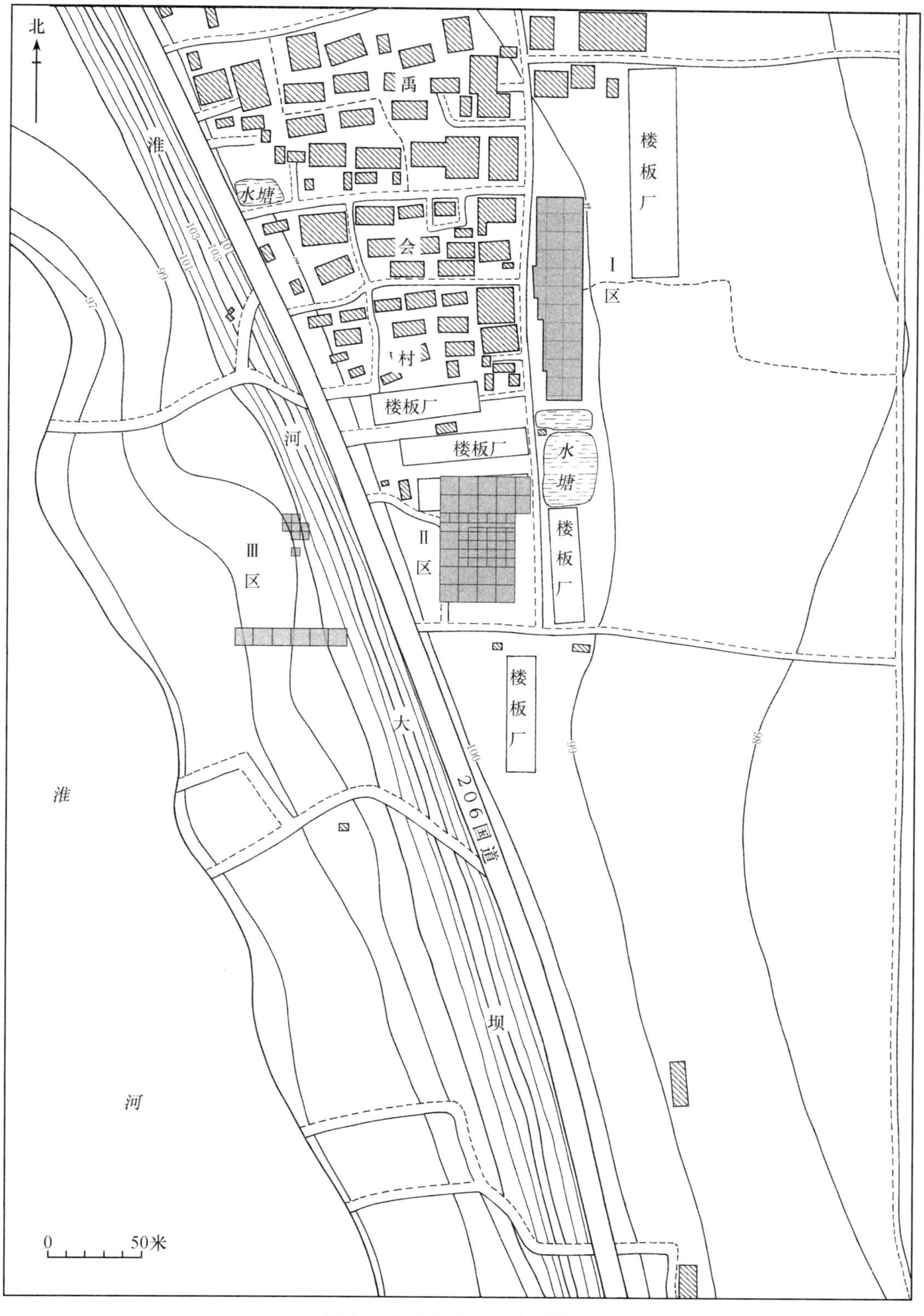

图七　禹会村遗址地形测绘图

道的形成和改变；二是使我们对遗址原来的分布面积有一个重新的认识。为此，我们在淮河西岸进行了相当大面积的密探，但地表下均为厚厚的流沙，从河岸边辐射到较大的范围内，地表不见陶片，地下也不见有文化堆积现象。

通过钻探得出如下结论：一是禹会村遗址当初并没有分布到淮河东岸；二是淮河故道在早期阶段，确切地说在战、汉以前其河道应该偏西，因为我们在淮河东岸（Ⅲ区）发掘时，在近距河水的部位，曾有不少战国时期和汉代的墓葬出现，应该说，现在的河道是从战国、汉代以后逐步东移。就是说，在战、汉时，淮河故道还保持在距墓葬较远的以西位置，因为当时的人们不会把墓葬安置在淮河边。可以认为，淮河故道的东移，或许对遗址西部有一定程度的破坏，而使遗址的面积有缩小的可能。

第二节　发掘目的

为什么要发掘禹会村？禹会村在考古学和历史学方面有何意义？成了学术界关注的焦点。近几十年的考古发掘和研究表明，位于黄河与长江之间的淮河流域东到大海，西至中原腹地，其文化面貌表现出特有的多元性、过渡性和开放性。河南舞阳贾湖遗址①、安徽濉溪石山子遗址②、宿州小山口和古台寺遗址③、蚌埠双墩遗址④、定远侯家寨遗址⑤、蒙城尉迟寺遗址⑥等新石器时代较早期或中晚期重要文化遗址的考古发现，证明西起中原、东至大海的淮河流域与黄河流域、长江流域一样，都是中华文明的源头之一，在中国古代文明进程中占有重要地位，有关中国古代文明起源的“多源一体”说，得到学术界的公认。前期的考古资料也证实了淮河流域的龙山文化兼具豫、鲁龙山文化和太湖良渚文化的特征，说明淮河流域的古代文明是黄河流域和长江流域碰撞、交融的结果，既有自身的特点，又有共性存在。

---

① 河南省文物考古研究所．舞阳贾湖．北京：科学出版社，1999．

② 安徽省文物考古研究所．安徽濉溪石山子新石器时代遗址．考古，1992，（3）．

③ 中国社会科学院考古研究所安徽工作队．安徽宿县小山口和古台寺遗址试掘简报．考古，1993，（12）．

④ 安徽省文物考古研究所，蚌埠市博物馆．蚌埠双墩——新石器时代遗址发掘报告．北京：科学出版社，2008．

⑤ 安徽省文物考古研究所．定远县侯家寨新石器时代遗址发掘简报．文物研究（第五辑）．合肥：黄山书社，1989．

⑥ 中国社会科学院考古研究所．蒙城尉迟寺．北京：科学出版社，2001；中国社会科学院考古研究所，安徽蒙城县文化局．蒙城尉迟寺（第二部）．北京：科学出版社，2007．

中国在商、周以后的历史脉络通过考古得到了确认，也并为国际学术界所公认，但对商代以前特别是传说中的五帝时期（公元前2500～前2000年），即考古学上所称的龙山文化晚期，还有诸多悬疑无法验证，它也正是中国古代（即夏王朝）国家形成的关键时期。

前些年，我国在完成“夏、商、周断代工程”以后，便于2000年启动了“中华文明探源工程”，力图通过汇集多区域、多领域、多学科的研究成果，论证这一时期的文明起源与发展进程。这就需要我们通过考古的手段进行资源调查、科学发掘和多学科研究来提供实物佐证。如果仅以传统考古学的方法，则很难获取所需要的信息，以满足研究的需要。

中华文明探源工程实施以来，在北方的黄河流域和南方的长江流域做了大量的田野调查和发掘工作，并取得了阶段性成果，为文明探源提供了区域性资料。相比之下，黄淮或江淮地区的工作就显得有些薄弱。尤其是淮河流域符合做文明探源考古的遗址发掘得较少，因此，在我国考古遗址分布的版图上，作为南北两区分界线上的淮河流域似乎成了空白。尽管当地的文物部门也做过相应的调查，或说掌握了一定的资料，但遗址多未经过钻探和发掘，仅仅知道遗址的存在是不够的。

在中国考古和历史学界，黄河流域和长江流域的文化研究起步早、成果多，黄河流域和长江流域被确认为中国文化起源的重要区域。从20世纪80年代开始，学术界对淮河流域的关注越来越多，最近几年提出了“淮系文化”的观点，从已发掘的贾湖遗址、双墩遗址到稍晚些的凌家滩遗址看，“淮系文化”发达得比较早且比较繁荣，是中华文明形成的重要组成部分。

在中华文明探源工程第二阶段的实施中，把公元前3500～前1500年中华文明形成与早期发展阶段的社会与精神文化研究，作为一项宏观课题。禹会村作为淮河流域一处唯一而又单纯的龙山文化遗址，被列入了中华文明探源工程第二阶段的议事日程，以“江淮之间地区区域聚落形态研究”为题，开展了有计划的发掘和研究工作。目的是通过禹会村遗址的发掘和研究成果，揭开该地区龙山文化面貌，建立或完善淮河流域史前文化发展的框架，探讨淮河文明起源和发展的轨迹，积累文明探源的地域性资料，填补该地区文明探源研究的空白，为中华文明探源提供年代、类型、文化特征等方面的考古依据。

由于禹会村遗址的特殊性，在探索文明起源或发展的工作中，我们感到仅靠一种学科手段是难以完成的，必须以考古学为基础，多学科、多角度、多层次、全方位地综合研究。所以，在我们进行考古发掘和研究的同时，与自然科学联手，运用了包括^{14}C、孢粉、地球化学、地层分析等多种先进科学手段，尤其是从环境考古学方面来测定并获取了禹会村遗址所包含的各种信息，进行了自然环境的演变与文明演进关系的研究。

禹会村遗址经过我们多次的现场勘测、钻探和试掘，给我们提供了如下认识：①遗址的分布面积较大。就龙山文化阶段的遗址来说，与黄河、长江流域相比，还不能说禹会村遗址具有面积上的优势，但在淮河流域来说，应是目前发现的最大的较单纯的龙山文化遗址。②文化时代特征较复杂，既具有明显不同地域、不同类型的龙山文化特征，又体现了黄河流域和长江流域碰撞、交融的文化现象，就是说，禹会村遗址既有北方龙山文化时期的特点，又融入了南方龙山文化的诸多因素。据此判断，淮河流域早在4000多年前，很可能就是北方文明和南方文明交汇碰撞的地方。正因为这种碰撞，可能使此处产生最为全面、最为精彩的地方类型的龙山文化，这些现象也许能够说明淮河流域是中华文明的源头之一。③遗址的存在与民间神话般的传说和文献记载并流传至今的“大禹治水”或“禹会诸侯”事件密切相关。介于以上几点因素，该遗迹也正是考古界在文明探源工作中苦苦寻找的。

根据文献记载和现有的考古材料推断，大禹生活的年代正是中国国家形成的关键时期，当在龙山文化中晚期。大禹的英雄史迹在多部古代典籍中都有记载，并多次提到了“禹会诸侯于涂山，执玉帛者万国”或“夏之兴，源于涂山”。可以说，传说及文献记载的大禹事件和禹会村遗址时代相吻合，因此，发掘禹会村遗址，揭秘淮河流域龙山时期的文化面貌，探究古代文明关键时期的发展脉络，对解读大禹传说、揭开历史悬疑，为历史学家判定涂山地望、研究夏代前期历史等，都有望提供有力的佐证。

同时，遗址自古至今不断被淮河洪水淹没和冲袭，不同的堆积层也给我们留下了不同时期的信息，因此，发掘禹会村遗址是探究该地区文明化发展程度的需要。

第三节　遗址的分区和探方编号

由于遗址的分布为南北狭长形，南北跨度较大，文化分布情况不一，北部还有相当大的面积被现在的村庄（前郢村南部）所叠压，在暴露的遗址中，文化堆积情况也不尽相同，因此，为方便遗迹的发掘和对不同部位遗迹现象的比较以及认识它们之间的内在联系和相互关系，我们将禹会村遗址分为三个区域。

Ⅰ区：位于遗址的东北部，发掘前为高出地面1米许的堌堆形堆积，据了解，早年该部位曾高出周围3米许，而且堌堆的范围较大，几乎覆盖了Ⅰ区的大部分面积。相传

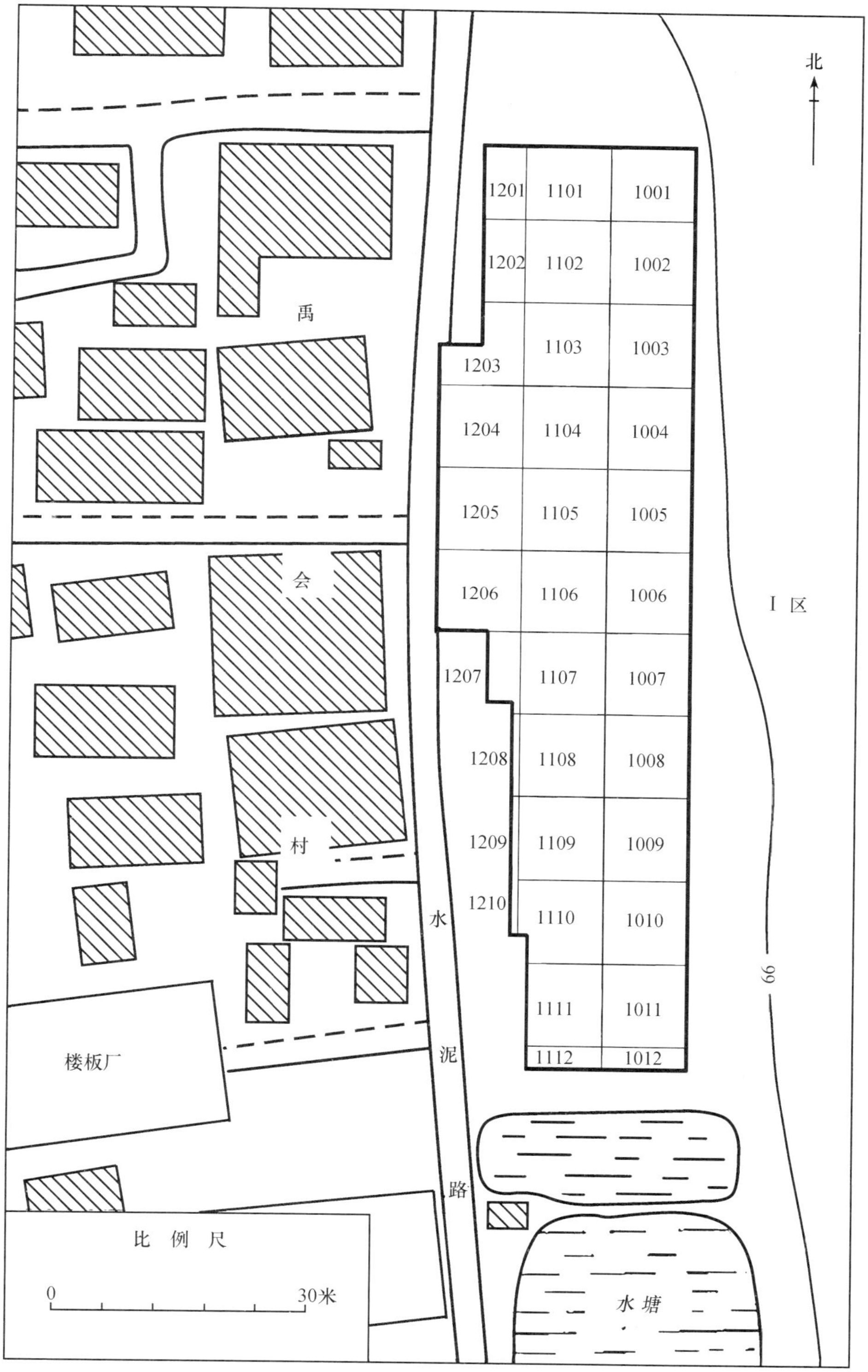
北
1201
1101
1001
1202
1102
1002
1203
1103
1003
1204
1104
1004
1205
1105
1005
1206
1106
1006
1207
1107
1007
1208
1108
1008
1209
1109
1009
1210
1110
1010
1111
1011
1112
1012
禹
会
村
水
泥
路
楼板厂
Ⅰ区
99
水 塘
比 例 尺
0
30米

图八　Ⅰ区探方布局图

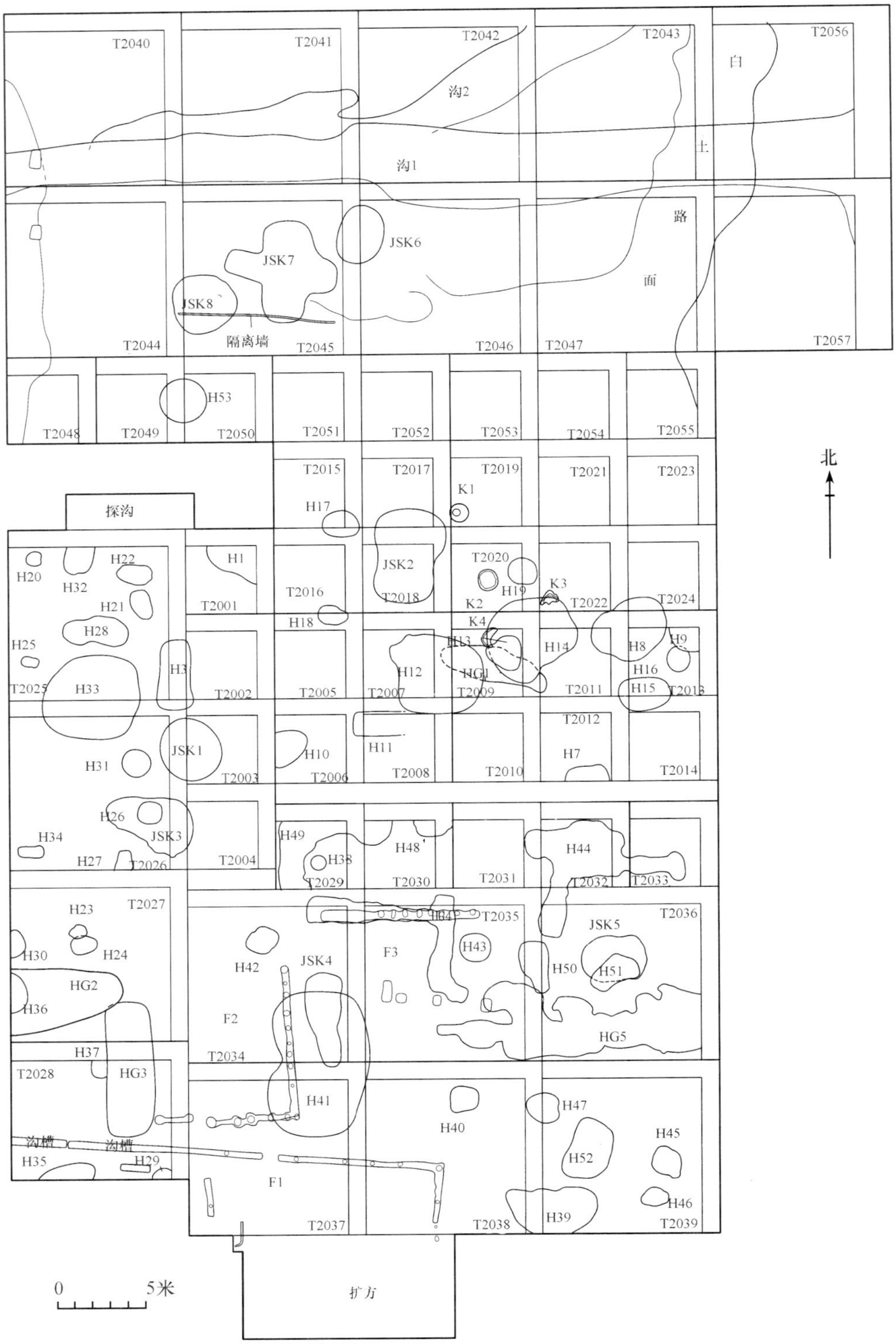

图九　Ⅱ区探方布局及遗迹分布图

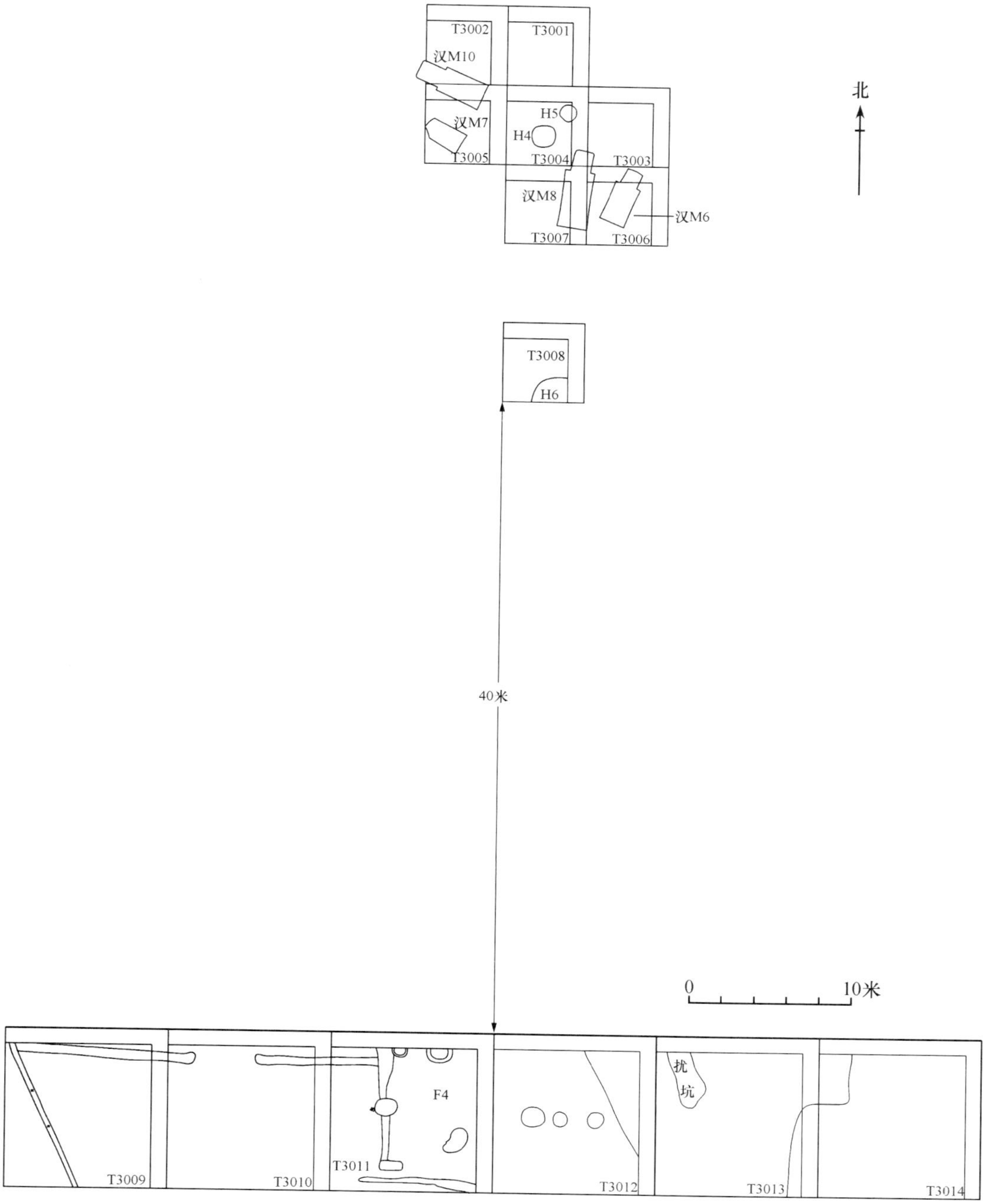
T3002
T3001
汉M10
北
H5
汉M7
H4
T3005
T3004
T3003
汉M8
汉M6
T3007
T3006
T3008
H6
40米
0
10米
F4
扰
坑
T3011
T3009
T3010
T3012
T3013
T3014

图一〇　Ⅲ区探方布局图

以前曾在堌堆之上建有纪念大禹的寺庙和相关建筑，20世纪60年代后已不复存在，加上后来的水土流失、淮河筑堤用土和平整土地、使堌堆的高度渐低，范围渐小。现存的Ⅰ区部位为南—北长方形布局，呈中部略凸起，南北两端较为平坦的地势。

依据钻探，我们对地下遗迹的分布情况有了初步的了解，为了方便清理地下的遗迹现象，发掘前采用了全面布方的方式，根据地势该区多采用10米×10米的探方布局，共开探方22个（T1001～T1011，T1101～T1111）；而西部有7个探方T1201～T1207，由于祭祀沟坐落于Ⅰ区的西侧，又紧邻水泥路和民房，故有的探方为10米×5米（T1201、T1202、T1203、T1207），其中，T1204～T1206为祭祀沟所占部位；而南部西侧的T1208、T1209、T1210仅为探方的小部分。另南部的T1012和T1112两个探方，根据地势仅为10米×3米（图八）。

Ⅰ区能够发掘的地点仅限于人类堆筑遗迹之上的部位，其西侧与水泥路和民房相距咫尺，南部为池塘，北部为树林和民房建筑，东部为低于发掘位置1米许的农田，实际能够揭露的面积仅限于此。

Ⅱ区：位于遗址中部的前郢村之南和淮河河堤之东，该地点地势较为平坦，是遗址中保存较好的部位。但由于蚌（蚌埠）淮（淮南）公路和壕沟、农村道路及路沟以及水泥板场的覆盖，已经占据了该地点相当大的面积。实际上，能够发掘的范围多数被菜地和水泥板厂所占据。该地点的上层土层，由于河堤筑堤用土和水泥板场的实施，有一定程度的破坏或流失。该区域发掘的部位先期在中部，后扩展到南部和北部。该区域的南部为农田和菜地，中部和北部为水泥板场，因此，现存的文化层堆积厚度也不尽相同。

探方编号从T2001开始，以此类推。需要说明的是，先期发掘均按5米×5米的探方布局，后期则按10米×10米的探方布局，个别部位由于水井、水泥板场看护房和现代墓的缘故而出现空缺（图九）。

Ⅲ区：位于遗址西部的淮河至河堤之间，即东邻河堤，西接淮河，略呈东高西低状。该地点虽然面积广阔，但属于被破坏最为严重的地点。治淮工程使大部分文化堆积层不复存在，有的地点仅存有遗迹（灰坑或建筑）的底部，所以，Ⅲ区是有选择地点地布方，探方编号为T3001～T3014（图一〇）。

第四节　工作概况

课题确立后，为全面了解遗址的分布情况，2006年春季，首先对遗址进行了实地勘察和普探，并确定了遗址现存的分布范围。首次获得的信息是：①遗址呈南北狭长形分布于淮河东岸的前郢村以南，遗址北部被压在前郢村下。②在河堤与淮河之间为面积较大的开阔地带，文化层缺失严重，并呈不连接现象。Ⅱ区部位平坦，地层堆积保存尚好。③掌握了在遗址东北部（Ⅰ区）存在有一处略呈“甲”字形或不规则“T”字形并为白土铺垫的人类堆筑遗迹。

为进一步了解地层堆积，首先在前郢村之南（Ⅱ区）进行了3米×8米的探沟试掘，同时，在Ⅰ区堆筑台基中间部位的东侧进行了2米×7米的地层解剖。对不同部位地层堆积情况有了初步了解。

根据发现的遗物判断，该遗址的文化性质属于龙山文化晚期，而遗址中存在的迹象表明，大型堆筑台基可能与传说中的大禹治水中的“禹会诸侯”事件有着一定的联系，这是一个令人振奋的发现！这为了解淮河流域文明化进程提供了重要线索，同时，为进一步发掘增强了信心和底气。

在第一次试掘期间，中国社会科学院考古研究所所长王巍等到现场考察、论证，仔细考察了遗址出土的陶片，他认为，禹会村遗址的年代应属于新石器时代晚期，大约在公元前2300～前2000年，并指出：“涂山一带是古代典籍记载大禹活动的重要地区，大禹在涂山会诸侯正好是夏王朝成立的前期，这一时期应该是中国古代王朝形成的最关键时期，发现关键时期的关键遗址很令人鼓舞，这对文明探源工程研究意义重大。”

该遗址的考古发现将为求证大禹治水史绩、探索中国古代文明起源和发展提供重要线索。第一次试掘成果就显示了禹会村遗址作为我国中间地带的文化特征——兼具豫中和鲁西南地区龙山文化遗存的特点，并将南北文化紧密地联系在了一起。在确定了该遗址的发掘意义后，我们制定了进一步的工作计划，随后即进行了连续性发掘。

由于Ⅰ区能发掘的部位仅限于人类堆积，而对整个迹象的了解又只限于钻探和局部的地层解剖。由于面积较大，地层单纯，出土遗物较少，故在发掘前，将该区统一布方、编号并逐步进行揭露。

1. 第一次发掘

2007年4～6月，发掘部位为Ⅰ区及Ⅱ区部分。Ⅰ区：祭祀台基北部东侧，发掘探方为（10米×10米）：T1001～T1004，计400平方米。Ⅱ区：生活居住区部位，发掘探方为（5米×5米）：T2001～T2004，计100平方米。本次总揭露面积500平方米。

参加人员：中国社会科学院考古研究所王吉怀、技工毕道传，蚌埠市博物馆赵兰会，怀远县文物管理所张振忠，蒙城县文物局张莉、鹿鹏，安徽大学考古学系研究生沈薇、闫凤女、赵敏、王磊、凡晓琴、谢华顶、吴家智、陈亮、张海滨。

发掘收获：本次发掘只是对Ⅰ区的祭祀台基部位进行了局部揭露，显示了祭祀台基面局部分布的范围，并证实了祭祀台基部位为人类有意识挖槽、堆筑、铺垫的专门场所，从下至上分别为灰土堆筑、黄土铺垫、白土覆盖而成；Ⅱ区部位发现了人为的由黄、白土堆筑的圆圈遗迹4处（圆圈1～圆圈4）和祭祀坑1座（JSK1）。

发掘期间，中国社会科学院考古研究所组成十多人的专家组，由傅宪国带队，梁中合、贾笑冰、何努、金英熙、黄卫东、张雪莲、叶茂林、赵春青、李新伟、朱延平、刘景芝、徐良高及山东大学栾丰实、南京大学水涛等参加了发掘现场考察（图版四，1；图版七，1）。同时，江苏省文物考古研究所所长林留根一行也到现场进行了考察。发掘期间，中国科学技术大学孙立广教授带学生到发掘现场采集了土样标本以作龙山文化时期的环境考古测试和研究。

2. 第二次发掘

2008年4～6月，发掘部位为Ⅰ、Ⅱ、Ⅲ区部分。Ⅰ区：为保持Ⅰ区祭祀台基面的完整性，重新揭露了上次发掘的部位，又发掘探方T1101～T1105、T1201～T1205、T1008、T1108、T1012、T1112，计1100平方米（图一一）；Ⅱ区：发掘探方为：T2005～T2024，计500平方米（图一二）。Ⅲ区：发掘探方为：T3001～T3008，计200平方米（图一三），本次总揭露面积为1800平方米。

参加人员：中国社会科学院考古研究所王吉怀、技工毕道传，蚌埠市博物馆赵兰会，怀远县文物管理所张振忠，蒙城县文物局张莉、鹿鹏，山东大学考古学系研究生张小雷、林明昊，安徽大学考古学系研究生凡晓琴、闫凤女、解华顶、吴家智，中国科学技术大学科技史与科技考古系教授张居中、研究生陈华锋、李瑞亮、姚凌。发掘的同时，中国科学技术大学科技史与科技考古系采集了地层剖面土样，分析了正构烷烃在地层中的分布特征。

发掘收获：Ⅰ区的祭祀台基北部被全面揭露出来，并展现了在该处台基面之上分布有柱洞、凹槽、烧祭面等迹象。Ⅱ区新发现了具有祭祀性质的祭祀坑（JSK2）和相关的遗迹。由于雨季的关系，新发现的祭祀坑没有清理完毕，进行了临时性回填。Ⅲ区的发掘，使我们了解了处于河堤和淮河之间地带的地层情况。

发掘期间，中国社会科学院考古研究所组织专家团，傅宪国、许宏、梁中合、何努、叶茂林、王学荣、王小庆、徐良高8人来发掘现场考察（图版七，2），并仔细地考察了出土标本（图版八，1、2）。同时，南京大学地理与海洋科学学院朱诚教授带研究生、蚌埠学院人文社会科学部朱光耀教授来发掘现场采集了土样作铷（Rb）和锶（Sr）地球化学测试分析。

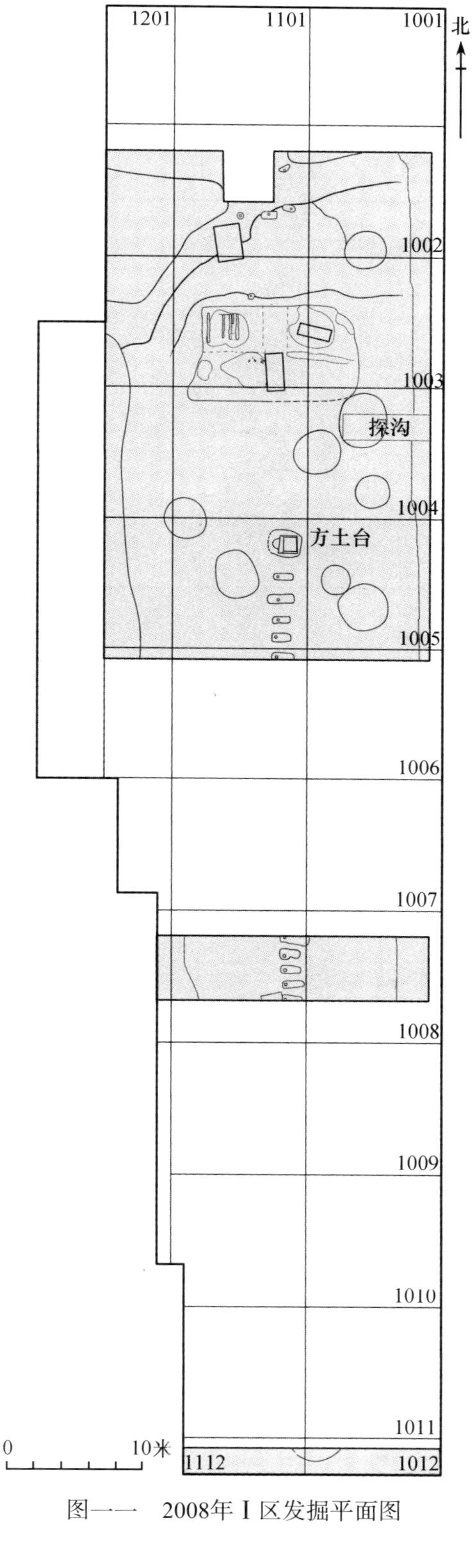

图一一　2008年Ⅰ区发掘平面图

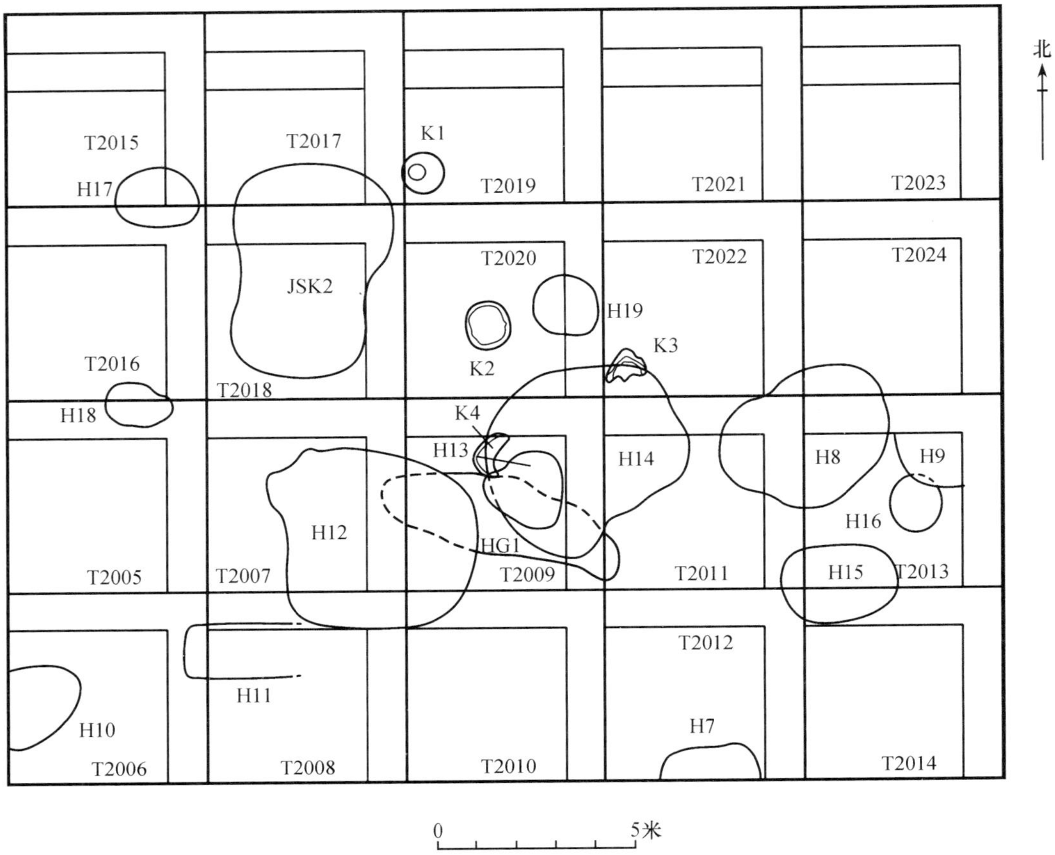

图一二　2008年Ⅱ区发掘平面图

3. 第三次发掘

2009年10月～2010年1月，Ⅰ区除重新揭露前两次的发掘部位外，又新揭露探方（10米×10米）：T1005～T1008；T1010、T1012、T1105～T1108、T1110、T1112、T1205～T1210，同时进行了部分扩方，本次Ⅰ区发掘面积为1800平方米（见图八；图版九，1）。届时，Ⅰ区祭祀台基部位全面揭露，完整地显现出了祭祀台基的全貌。Ⅱ区发掘探方为（10米×10米）：T2025、T2026、T2027、T2028，计400平方米（图一四），同时对第二次发掘时没有清理完的祭祀坑（JSK2）又重新揭露100平方米，进行重新清理，本次Ⅱ区揭露面积为500平方米。Ⅲ区发掘探方为（10米×10米）：T3009、T3010、T3011、T3012、T3013、T3014，计600平方米（图一五；图版九，2），至此，Ⅲ区发掘面积为800平方米。本年度总揭露面积为2900平方米。

本次是发掘面积最大的一次。参加人员：中国社会科学院考古研究所王吉怀、技工毕道传，蚌埠市博物馆赵兰会，蒙城县文物局张莉、鹿鹏，中国科学技术大学科技

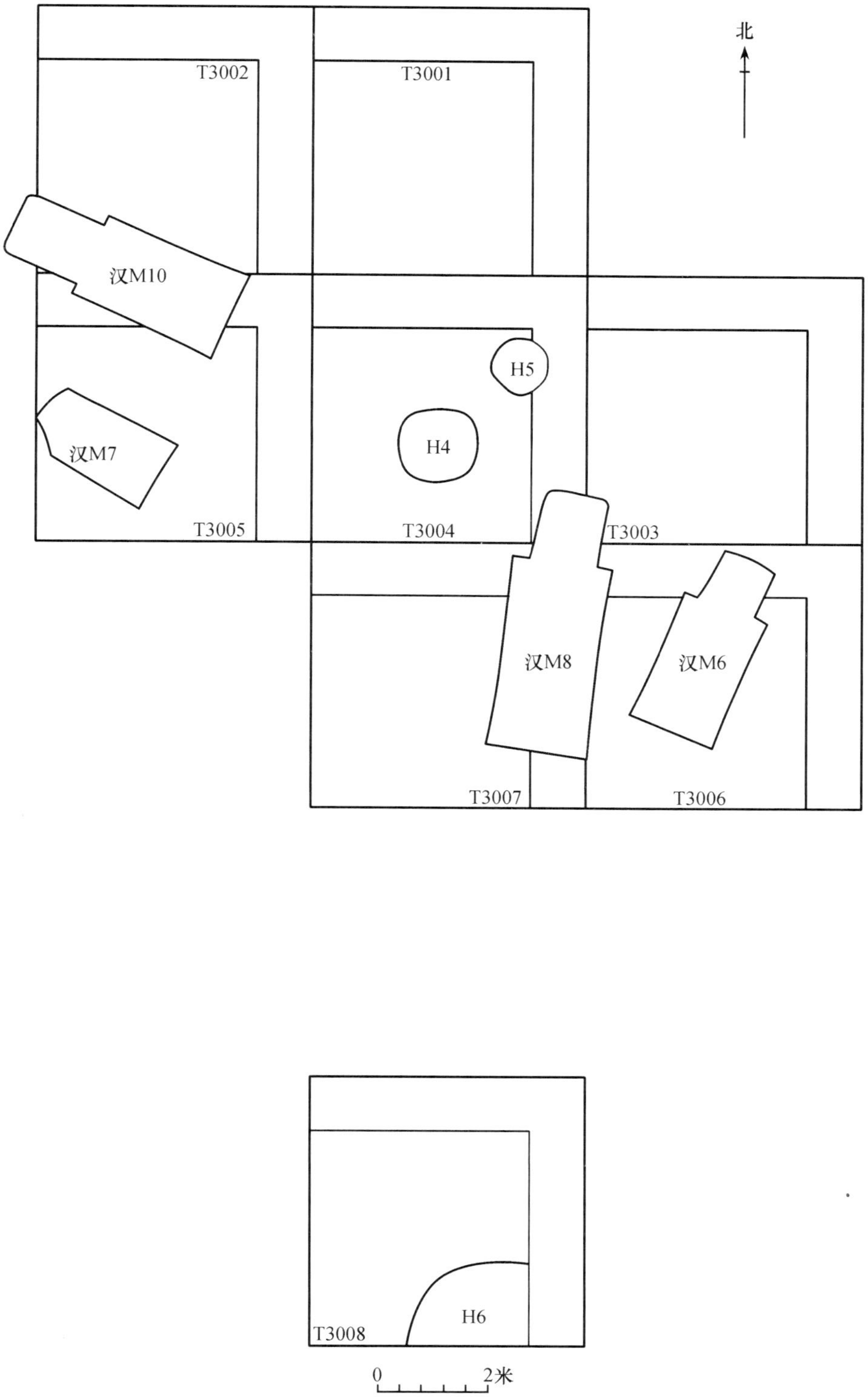

图一三　2008年Ⅲ区发掘平面图

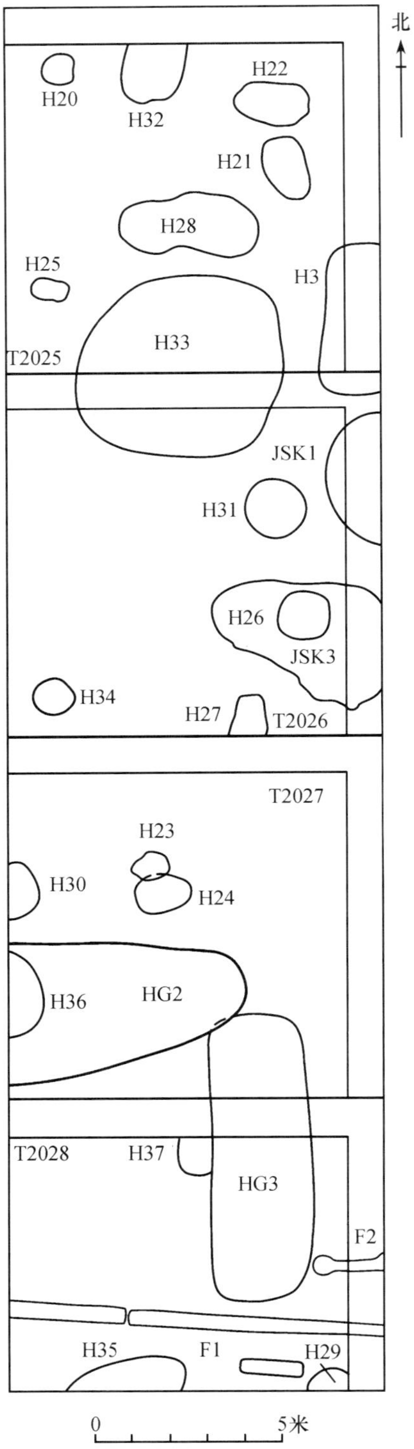

图一四　2009年Ⅱ区发掘平面图

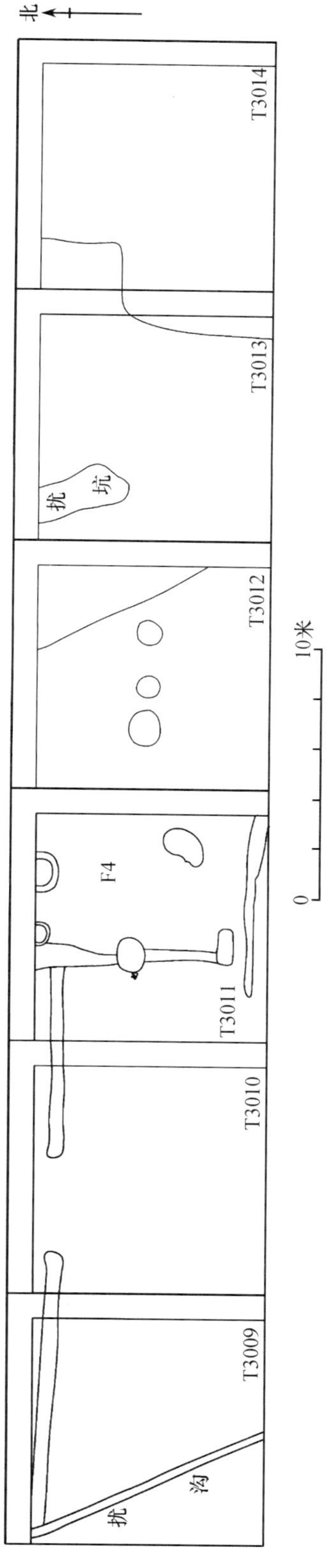

图一五　2009年Ⅲ区发掘平面图

史与科技考古系教授张居中、研究生方方、贾世杰、胡飞、张永辉、张晓晨、周昱君、张兴香、黄凰、朱永健、程至杰（图版六，1），日本学生久保田慎二，中国社会科学院考古研究所科技考古中心研究生吴传仁、尹达同时对土样进行了浮选。

工作之前，蚌埠市禹会区在遗址举行了隆重的欢迎考古队进驻仪式。

发掘收获：Ⅰ区全面揭露出了大型的祭祀台基，对该台基面的布局和台基面上的相关设施全面呈现，并在台基西侧新发现一个大型祭祀沟，由于该沟大部分被压在水泥路之下，本次仅清理了一部分。Ⅱ区新发现了不同形式的祭祀坑（JSK3），Ⅲ区发现了人类活动或居住的残迹。

发掘期间，中国社会科学院考古研究所组织专家团来遗址现场考察研究，由中国社会科学院考古研究所王巍、傅宪国、梁中合、何努、贾笑冰、李新伟、赵春青、张雪莲，山东大学栾丰实，山东省文物考古研究所郑同修，江苏省文物考古研究所林留根，上海博物馆考古部宋建，中国科学技术大学张居中，安徽省社会科学院陆勤毅，安徽省文化厅李修松，安徽省文物局杨立新，安徽省文物考古研究所李虹等来发掘现场考察出土遗迹和遗物（图版五，2；图版一〇，1），并在锦江宾馆召开了“安徽省蚌埠市禹会村遗址考古发掘专家座谈会”（图版六，2；图版一〇）。专家团经过现场考察，被禹会村遗址的特殊遗迹现象所征服，大家一致认为，禹会村遗址是一处大型的礼仪性建筑遗存。

4. 第四次发掘

2010年4～6月，Ⅰ区部位主要清理祭祀台基西侧的祭祀沟，起取水泥路面，根据祭祀沟分布的范围，揭露面积为南北长50米，东西宽8米，计400平方米，此次发掘对祭祀台基面西侧的祭祀沟全部清理完毕。Ⅱ区发掘探方为（5米×5米）：T2029～T2033，计125平方米；（10米×10米）探方为：T2034～T2039，计600平方米（图一六）。由于新发现简易式工棚式建筑，故又扩方80平方米，计Ⅱ区新揭露805平方米。本次总揭露面积为1205平方米（彩版二，1；图版一一，1）。

参加人员：中国社会科学院考古研究所王吉怀、科技考古中心尹达、技工毕道传，蚌埠市博物馆赵兰会，蒙城县文物局鹿鹏、张莉，日本学生久保田慎二，同时，河南探工对瓦碴园遗址及禹会村遗址周边迹象进行了钻探。

发掘收获：全面清理了Ⅰ区的祭祀沟，并出土了与祭祀有密切关系的各种器皿。Ⅱ区新发现不同类型的祭祀坑（JSK4、JSK5）和数量众多的灰坑、灰沟，并新发现了三处大型的简易式工棚式建筑（F1、F2、F3）。发掘的同时，中国社会科学院考古研究所科技中心尹达对土样进行全面浮选。

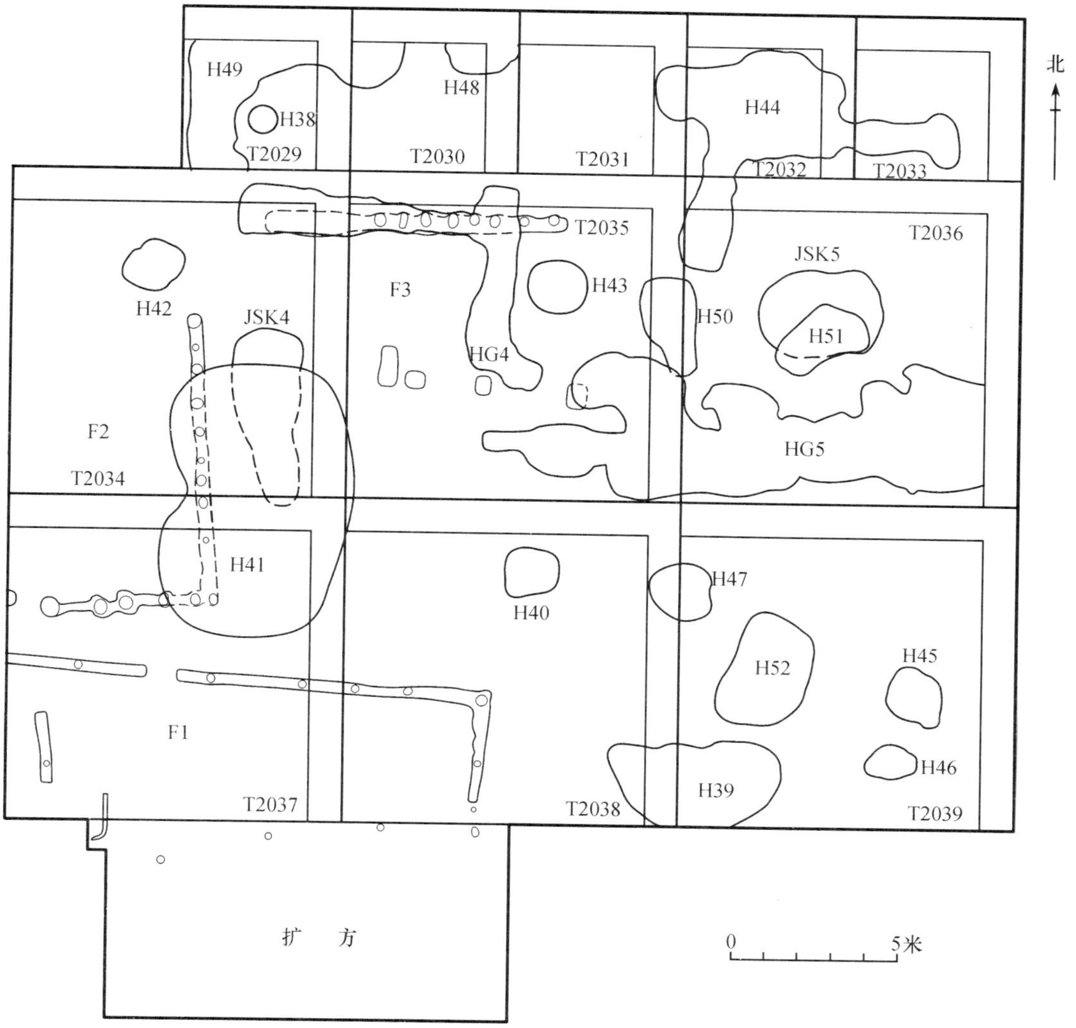

图一六　2010年Ⅱ区发掘平面图

5. 第五次发掘

2011年4～6月，发掘部位：Ⅱ区中部的水泥板场之下，开方T2040～T2057，先期根据可发掘部位全面布方为5米×5米（彩版二，2；图版一一，2），进入文化层后根据地势分别改为5米×5米（T2048～T2055）和10米×10米（T2040～T2047；T2056、T2057）（图一七），本次揭露面积1200平方米。

发掘目的：一是进一步了解Ⅱ区遗迹分布现象，充实遗址考古发掘资料；二是寻找禹会村遗址更加丰富的文化内容；三是出于对遗址保护的需要，因为遗址核心区南部的水泥板场和逐年增加的民房建筑对遗址有一定的破坏，如果再不发掘，相对保存较好的区域就可能不复存在了。

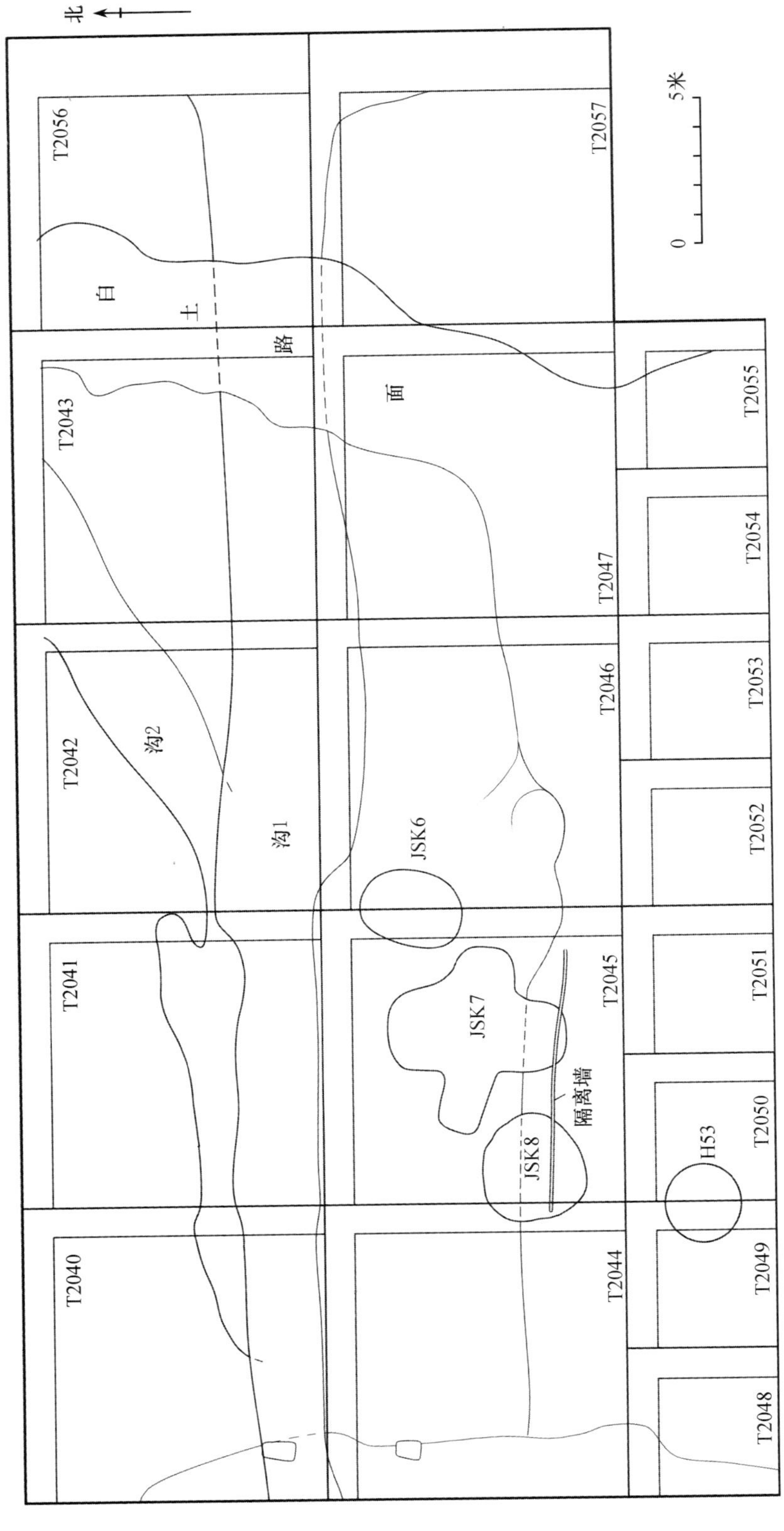

图一七　2011年Ⅱ区发掘平面图

参加人员：中国社会科学院考古研究所王吉怀、技工毕道传，蚌埠市博物馆赵兰会，蒙城县文物局张莉、鹿鹏。

发掘收获：①新发现一处约500平方米的大型人工取土场所；②发现了取土坑与活动场所的隔离墙；③新发现三个祭祀坑（JSK6、JSK7、JSK8）；④新发现由Ⅱ区（生活居住区）通往Ⅰ区（祭祀区）的通道。

第5次发掘证实，祭祀坑在Ⅱ区从南向北均有存在，说明遗址当时的祭祀规模颇为壮观，同时，遗址的完整性得到进一步的确认。尤其是由Ⅱ区通往Ⅰ区祭祀台基部位的人工通道，进一步证实了祭祀台基的专一性功能和所具备的严格的进出场程序。

在发掘禹会村遗址的同时，我们对与遗址相距3里的瓦碴园（汉代）遗址进行了试掘。该遗址面积大，地势较平坦，地表遗有丰富的汉代陶片。先期，我们认为，如果该遗址之下有龙山文化的遗迹存在，将会对禹会村遗址的性质和面貌提供更加丰富的研究空间。在钻探后又在不同的地点以3米×50米的两条探沟进行了发掘，证明了该遗址均为汉代堆积，地层中遗留有砖铺的下水道和瓦当等遗物（图版一二，1、2），未见龙山文化的遗物和相关迹象。

禹会村遗址历时5次的发掘，总揭露面积7605平方米，不包括重新揭开的面积。

第五节　文化堆积

所划分的三个区域，由于自然现象或人为的原因，其地形、地貌、文化层堆积厚度及遗迹保存情况，都具有一定的差异，尤其是Ⅲ区，基本不见完整遗迹，见表一。

一、Ⅰ区地层情况

Ⅰ区探方为保存遗迹的完整性，均以清理到祭祀台基面为止，为了了解该地点的地层堆积情况，我们选择了台基面东侧，以探沟的形式作了解剖，探沟为东—西长7米，南—北宽2米。现以探沟北壁剖面为例，介绍地层如下：

第1层：表土层。

第2层：扰土层。厚0.13～0.27米。含较多的砖瓦碎块并伴出有鼎足、陶片。该层是相关建筑毁坏以后而形成的堆积。本层扰土叠压于祭祀台基的中部位置，边远地带较薄或不存在。

第3层：文化层（龙山文化）。厚0.2米～0.35米。土质略硬，灰土中夹杂有灰白色土块，包括有少量的红烧土粒和少量无法辨认器形的陶片。

表一　禹会村遗址各区地层对应表

Ⅰ区层位及现象			Ⅱ区层位及现象			Ⅲ区层位及现象			所属段
1层	耕土层	桃树林及农田	1层	耕土层	农作物及蔬菜种植	1层	耕土层	农田层	
2层	扰土层	原寺庙毁坏层	2层	扰土层	农耕形成	2层	扰土层	农耕形成	
3层	文化层	无遗迹	3层	文化层	灰坑、灰沟	修筑河堤取土缺失			三段
4层	文化层	祭祀台基、祭祀沟、通道	4层	文化层	祭祀坑、简易式建筑、通道、隔离墙、取土坑、部分灰坑	3层	文化层	仅存灰坑及房基残迹	二段
5层	生土层		5层	文化层	无遗迹	4层	文化层	无遗迹	一段
			6层	生土层		5层	生土层		

第4层：文化层（龙山文化）。厚0.4米。土质稍硬，为浅褐色，多呈块状，内涵包括红烧土颗粒和数量较少的碎小陶片。祭祀台基的白土覆盖面暴露于该层层面。

以下为生土（图一八）。

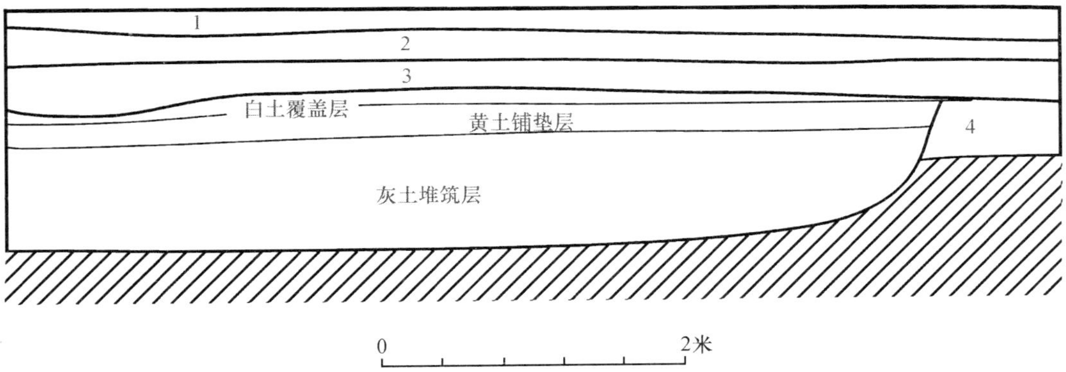

图一八　Ⅰ区探沟北壁剖面图

二、Ⅱ区地层情况

Ⅱ区的南部为农田和菜地，中部至北部为水泥板场，根据揭露的现象看，该地点的上部文化层有一定程度的缺失，平均厚度为1米左右。由于破坏的程度不同，其文化堆积厚度也不尽相同。从整个遗址的堆积情况来看，Ⅱ区是保存相对完整的区域。

现以T2025和T2026东壁为例，介绍如下：

第1层：耕土层。平均厚度0.2米。

第2层：扰土层。由于种植农作物和蔬菜的原因，其堆积厚度一般在0.1米左右。

第3层：文化层（龙山文化）。厚度0.4～0.8米。浅褐色土，土质略松软，该层堆积中除含有细小的红烧土颗粒和炭屑外没有更多的包含物，偶见能分辨出器形的陶片。大部分灰坑和灰沟开口于3层下。

第4层：文化层（龙山文化）。深灰色土，土质稍硬，有的地方呈块状，该层的堆积厚度没有较大的差别，平均厚度为0.2～0.4米。地层中除包含有红烧土颗粒、木炭屑和自然石块外，也有一定量的陶片，并伴有磨石、颜料石和具有文化特征的鬼脸式陶足、扁体形长三角陶足出土。不同类型的祭祀坑、圆圈迹象、隔离墙、个别灰坑、简易式工棚建筑、取土坑、通道等，均开口于该层层面。

第5层：文化层（龙山文化）。褐色土，土质较硬，有一定的黏度，多呈块状，平均厚度为0.15米。地层中仅见细小的烧土颗粒，不见相关遗迹（图一九）。

三、Ⅲ区地层情况

Ⅲ区所占面积较大，基本包括淮河至河堤之间的全部地段，由于该区域的特殊性，除个别的遗迹如灰坑和可能与建筑有关的沟槽等仅存底部外，文化层已基本不复存在。

现以T3004东壁为例，介绍如下：

第1层：耕土层。平均厚度0.18米。

第2层：扰土层。平均厚度0.12米。

第3层：文化层（龙山文化）。褐色土，土质较硬，多呈块状。平均厚度0.17米。由于该区域地层的缺失，文化层的厚薄不均，层内包含的陶片、烧土颗粒等比Ⅱ区明显减少。该层分布有少量灰坑，并见呈一定形状的沟槽底部。

第4层：文化层（龙山文化）。褐色土，土质较硬，有一定的黏度，多呈块状。地层中仅见细小的烧土颗粒，不见相关遗迹。从层位关系来看，此层为该遗址中早期人类留下的短期活动堆积（图二〇）。

我们已经提到该区段的文化层堆积现象，有的地方，在清理完耕土层和扰土层后，即暴露出残存的迹象，由于仅存底部，无法复原其本来面貌，根据遗迹现象的现状和布局，应该与Ⅱ区4层的同类遗存相同，可能属于简易式工棚建筑的残存。

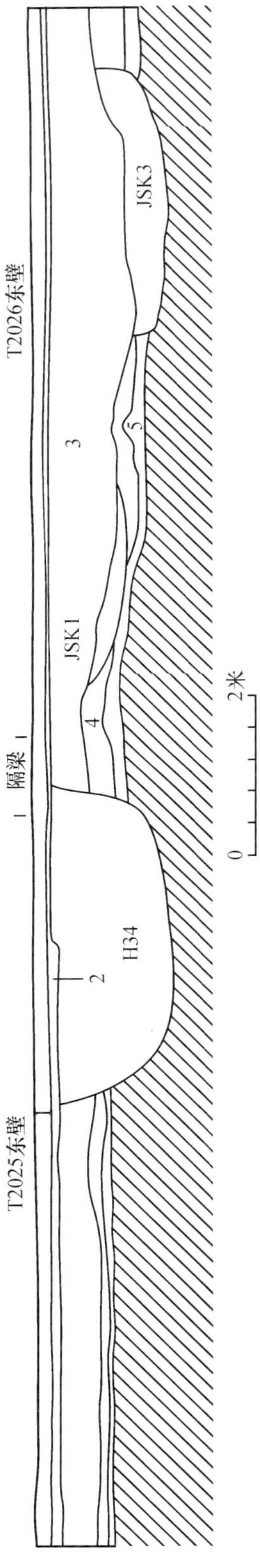

图一九　T2025、T2026东壁剖面图

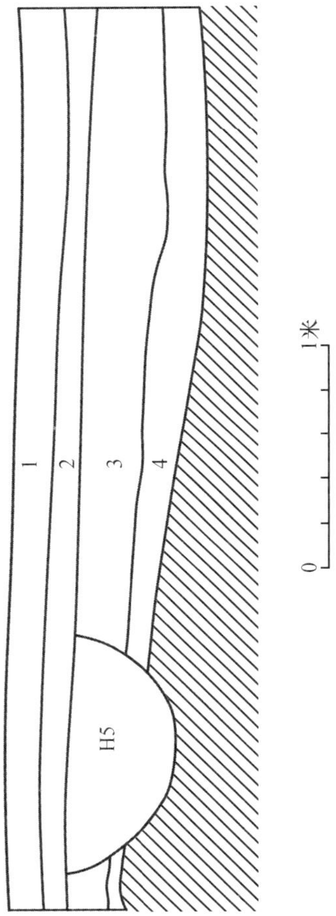

图二〇　T3004东壁剖面图

第五章 遗 迹

禹会村遗址的遗迹现象出土层位明确，其中Ⅰ区第4层主要有祭祀性质的遗迹单位，如祭祀台基和相关设施、祭祀沟；Ⅱ区第3层有灰坑、灰沟等，第4层包含祭祀坑、圆圈遗迹、个别灰坑、隔离墙、人工取土坑、通道等；Ⅲ区第3层有灰坑和残存沟槽。

第一节 祭祀遗迹

一、祭祀台基及台基面上的相关设施

祭祀台基面基本为白土覆盖的范围，呈南—北向布局，周边不甚规则，但范围比较清楚，白土层覆盖了T1001～T1012、T1101～1112、T1201～T1206共30个探方，形成了一片大的白土覆盖面。整体呈北宽南窄的形状，其宽部和窄部在南北长度中基本等分。白土覆盖的范围为南北长108、北部东西宽23.5、南部东西宽13米，正南北方向，总面积近2000平方米（图二一；彩版三），其表层除烧祭面和凸棱部位略高外，其他部位基本为一个平整的层面，白土面覆盖的范围也保存着尚好的完整性，除部分被汉代、明清时期的墓葬打破外，也有后期的诸多扰坑。

（一）堆筑及铺垫层

依据探沟提供的剖面确认该遗迹为槽式堆筑而成，即：先在原址按设计的形状挖出坑槽，坑槽开口于第4层层面，打破第4层和生土层，然后逐层自下而上按灰土堆筑、黄土铺垫、白土覆盖，最后形成一个具有一定形状的白土覆盖面。自下而上共有3层组成，层次分明（彩版四，1）。

灰土堆筑。土质较硬，较纯净，厚度为0.8米。偶有碎小陶片出现，从探沟清理的现象看，该层的形成均为小面积堆筑而成。土层中未发现夯层、夯面及夯窝，但有小面积的堆筑面，多呈倾斜状互相交错或叠压，能明显地看出土层有一定的密度和硬度，是人们在挖坑后进行施工的第一道程序。

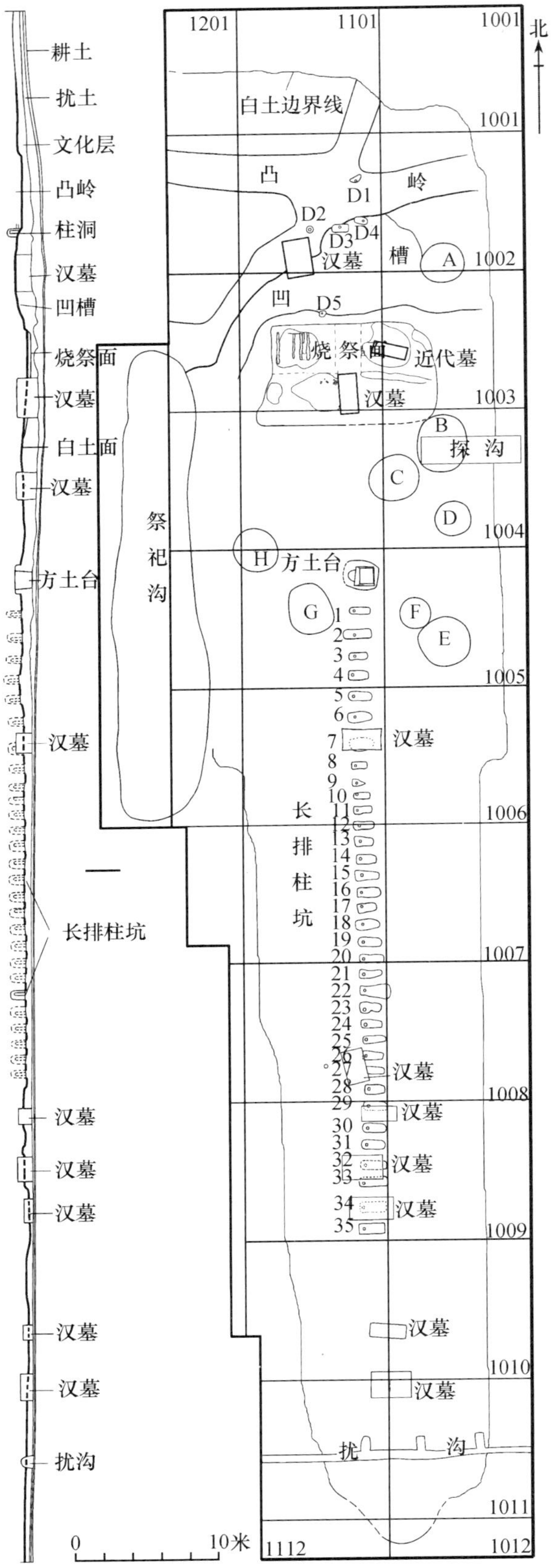

图二一　祭祀台基平、剖面图

黄土铺垫。土色较纯净，略有一定的硬度和密度，一般厚度为0.15～0.2米。由于南北跨度较大，其黄土的厚度也不尽相同，根据不同部位晚期墓葬提供的剖面看，北部的黄土铺垫层厚于南部。作为施工中的第二道程序，显然注重该台基中部以北部位的铺垫。

白土覆盖。土质细腻，纯净，刚暴露时非常鲜明（彩版四，2；图版一三，1），几次揭露证明，长时间暴露或风干后不发裂，其覆盖的厚度与黄土层近似。作为施工中的第三道程序，也和黄土层一样，注重了中部以北的部位，可以看出是按规划设计进行严格操作的。从不同部位的剖面看，北部白土厚度为0.3米（彩版五，1），中部为0.1米（彩版五，2），南部为0.03～0.05米（彩版六，1）。层内不见包含物，但层面遗留有少量的陶器碎片和足尖带按窝的鼎足以及鬼脸式鼎足，未发现完整器形（图二二）。

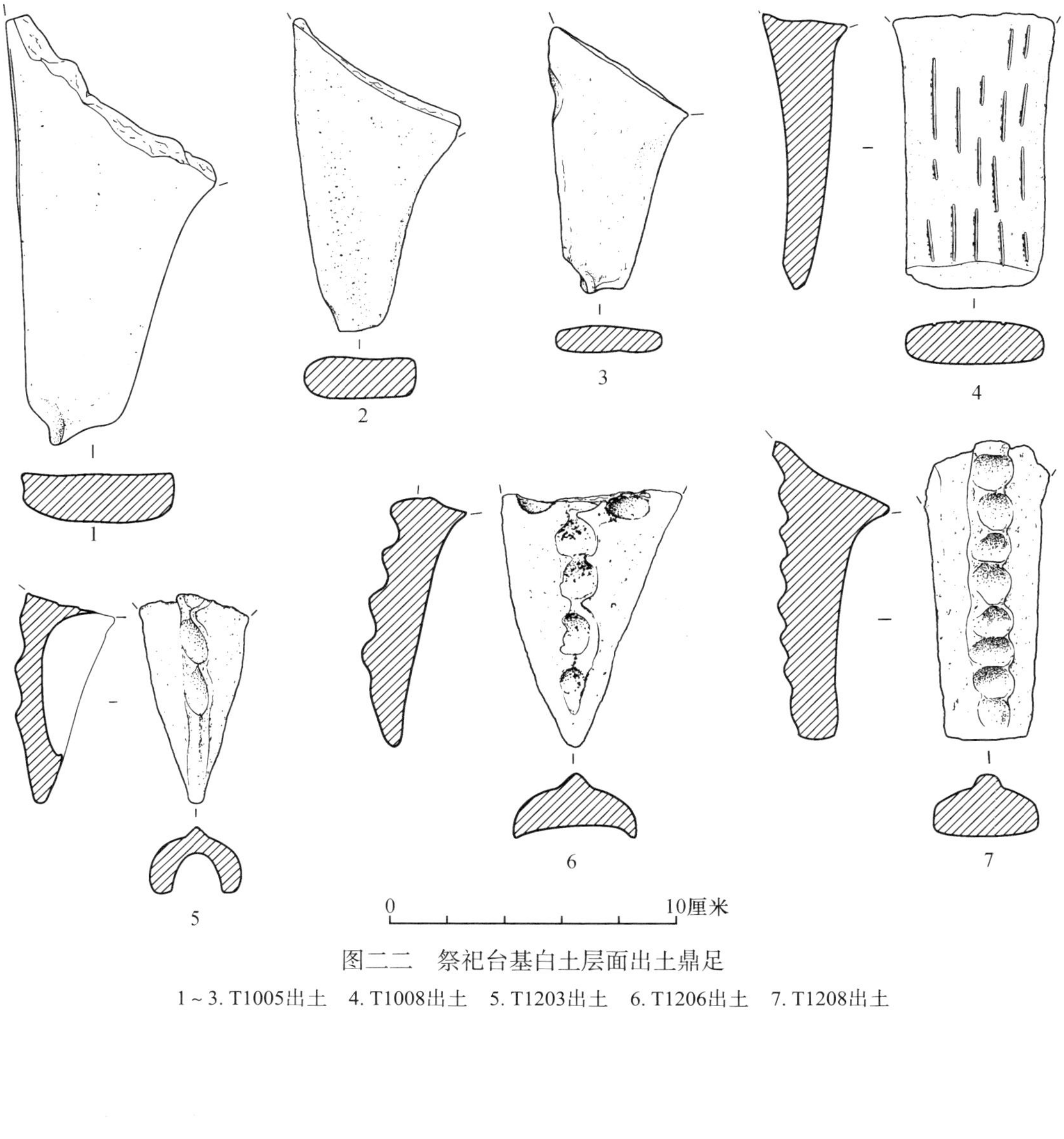

图二二　祭祀台基白土层面出土鼎足

1～3. T1005出土　4. T1008出土　5. T1203出土　6. T1206出土　7. T1208出土

在如此大的祭祀台基面之上，位于中轴部位分布着几种不同类型的遗迹现象，从北往南依次排列有凸岭、柱洞、凹槽、烧祭面、方土台、长排柱坑和圆形圜底坑等，这些迹象和大型祭祀台基面组成一个不可分割的整体，应该说，不同的遗迹现象都必定具有固定的意义，分述如下。

（二）凸岭

位于祭祀台面的最北端，分布于T1002、T1101、T1102、T1202、T1203探方内，呈不规则交叉形布局，即东—西和东北—西南相交叉，整体呈不规则“X”状（图二三）。西部因叠压于水泥路和民房之下而未清理到头，该迹象往西是否还有更大面

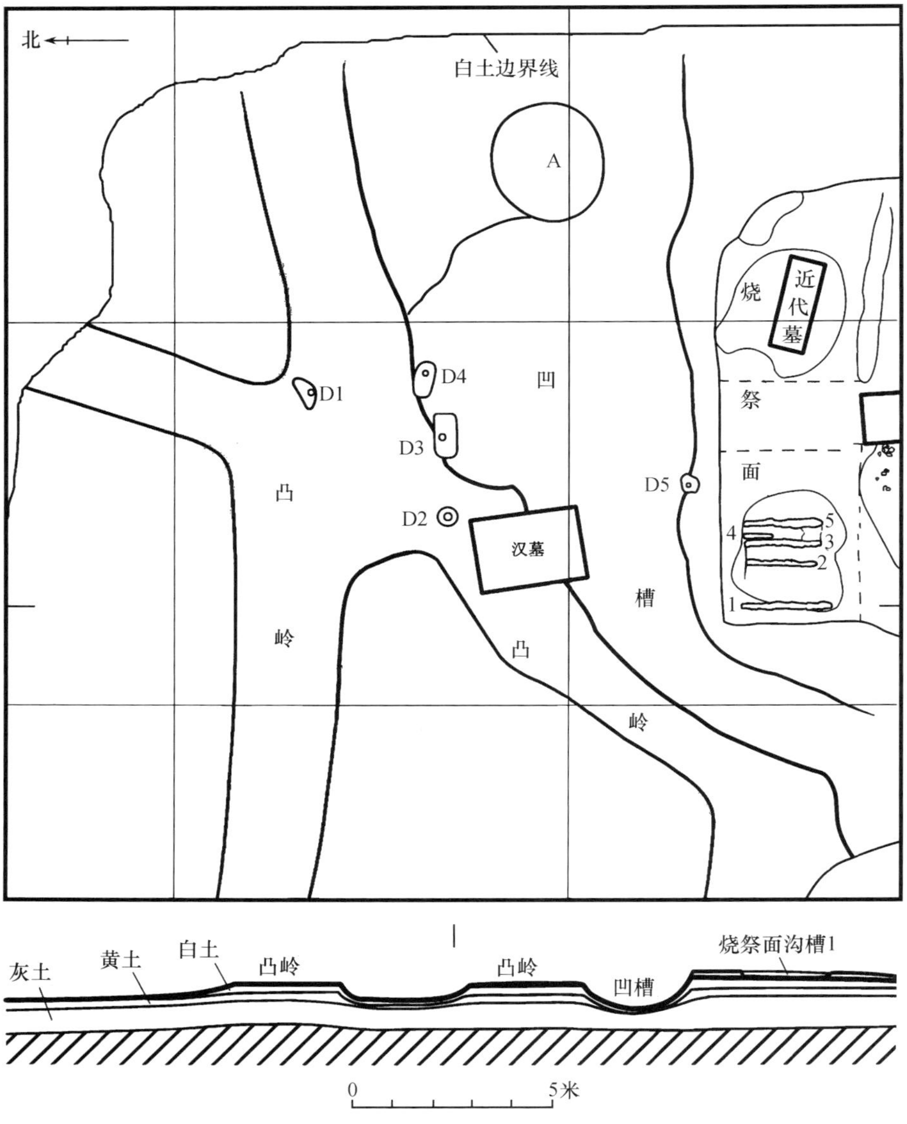

图二三　凸岭及柱洞平、剖面图

积的分布，不得而知。该凸岭除明显高出周围白土面外，凸岭之上还形成了一个类似于道路的平面。现暴露的迹象为东—西长22.4、东宽2.6、西宽2.4米；东北—西南长23.7、北宽2.1、南宽1.6米。该凸岭与南部凹槽相连，其铺垫和覆盖的黄土层、白土层都是依据设计的地形并按照台基面的施工方法，使整个遗迹层面连成一体。

（三）柱洞

共发现5个。均在祭祀台基面的最北部，主要分布于T1102和T1103内。编号为D1～D5（见图二三），5个柱洞的分布成曲尺形，其施工程序均分为两步：首先在白土面上挖出长方形、半圆形、圆形和不规则形的土坑，土坑的形状显示了挖制时的随意性，然后再在土坑的中间或略偏的位置栽入木柱，土坑和柱洞直接打破白土覆盖层、黄土铺垫层和灰土堆筑层。5个柱洞有2个（D3、D4）位于凸岭的南部边缘，有2个（D1、D2）位于凸岭之上，1个（D5）则位于烧祭面北侧边缘，整体布局由于缺少规律性的排列，与建筑遗存似无一定的联系，因为柱洞是打破白土面的一种遗迹，周围又没有其他扰坑或后期破坏的现象，故不能构成一定的形状，尽管柱洞大小近似，但柱洞内均不见包含物和腐朽物，洞底也不见铺垫物。该地点为何出现排列无规律的柱洞？它和其他遗迹有何内在的联系？还有待于进一步研究。柱洞的详细情况见表二。

表二　柱洞统计表

柱洞号	所在探方	土坑形状	土坑口径（米）	柱洞直径（米）	柱洞深（米）
D1	T1102	上口为半圆形	0.45～0.9	0.15	0.8
D2	T1102	上口为不规则长方形	0.53～1.05	0.3	0.8
D3	T1102	上口为长方形	0.57～1.18	0.16	0.75
D4	T1102	上口为长方形	0.52～0.92	0.15	0.85
D5	T1103	上口为不规则圆形	0.45	0.12	0.5

（四）凹槽

凹槽位于凸岭之南，呈不规则形，共分布于T1002、T1003、T1102、T1103和T1203探方内，略呈东北—西南走向，东部较宽，为8.35米，往西南渐窄，为1.7米。由于凹槽北与凸岭相连，南与烧祭面相连，故其凹槽的壁和底，均为依据地形在灰土堆筑以后又铺垫黄土和覆盖白土，整体类似一条不规则形河流。实际上，凹槽是凸岭和烧祭面之间的低洼带，因此，底部形成一定的落差，但从白土的覆盖现象看，又与南北遗迹单位和整个祭祀台基面构成相连的整体（图版一三，2）。

（五）烧祭面

烧祭面位于凹槽之南，主要分布在T1003和T1103探方内，T1004和T1104有少部分分布。为不规则圆角长方形，其东南部稍有破坏，东—西长12.6、南—北宽7.1米，总面积为89.46平方米（图二四；彩版六，2）。

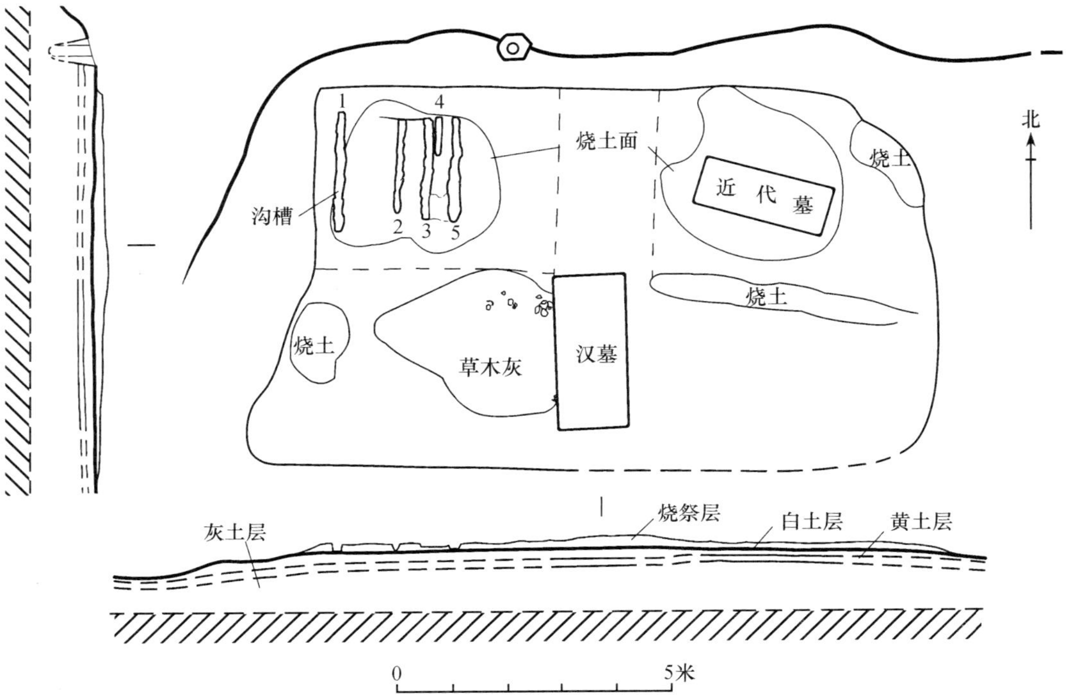

图二四　烧祭面平、剖面图

烧祭面的形成，是在白土覆盖之后又形成的一道程序，即在此部位的白土面之上，又用灰土进行适当的铺垫，然后加工整平，再进行烧祭（燎祭）活动，从局部剖面即可看出在白土面之上又进行铺垫的现象（彩版七，1）。

该处烧祭面除整体经过烧烤外，又根据烧烤的不同程度分为东西两个不规则的圆形部位，其面积也基本近似，即东部烧面为东—西长3.3、南—北宽2.8米，烧面较为平整、光滑、坚硬，能明显看出经过较大强度或较长时间的烧烤而形成的现象。西端直径为2.9～3.12米。其烧烤程度略次于东部。值得提出的是，烧祭面西部存在有5条呈南—北向布局的沟槽，从西往东依次编号为G1～G5号（彩版七，2）。清理中显示，每条沟槽的壁和底，都是烧后留下的硬面，都有明显的圆木印痕，有的沟槽内遗留有已经炭化的木痕。详细情况见表三。

表三 沟槽情况统计表

沟槽编号	长（米）	宽（米）	深（米）	备注
G1	2.3	0.14	0.07	土质灰色，包含有碎小陶片和碎木炭屑
G2	1.8	0.15	0.08	土质灰黑，包含有零星木炭
G3	1.93	0.15	0.14	包含有较大的木炭块，并紧附于沟槽底部，伴有陶片
G4	0.74	0.13	0.07	土质松软，不见包含物，但沟壁及沟底清晰
G5	2	0.15～0.22	0.08	土质灰黑，土质松软，有较大的木炭颗粒，沟壁局部有灰黑现象

在烧祭面东侧南部，复原出陶甗和杯各1件。同时，在烧祭面东北部，遗留有磨石3件，并伴有被火烧过的碎小动物骨渣。烧祭面的面积虽然较大，但不见灰烬遗留现象。

（六）方土台

方土台位于烧祭面之南的祭祀台基面中部，分布于T1105探方内。发掘过程中，探方壁剖面显露的迹象非常明显（彩版八，1）。

土台略呈正方形，上部东侧稍有破坏，实际高度不详，现底部东西长1.85、南北宽1.4、顶部南北长1.1、东西宽1.1米，现存高度1.25米。从清理的情况可以看出，该土台是在白土面覆盖完毕以后，又根据规划的方位进行挖槽堆筑或夯筑而成，从平面能明显看出挖槽并打破白土面的现象（图二五；彩版八，2；图版一四，1）。

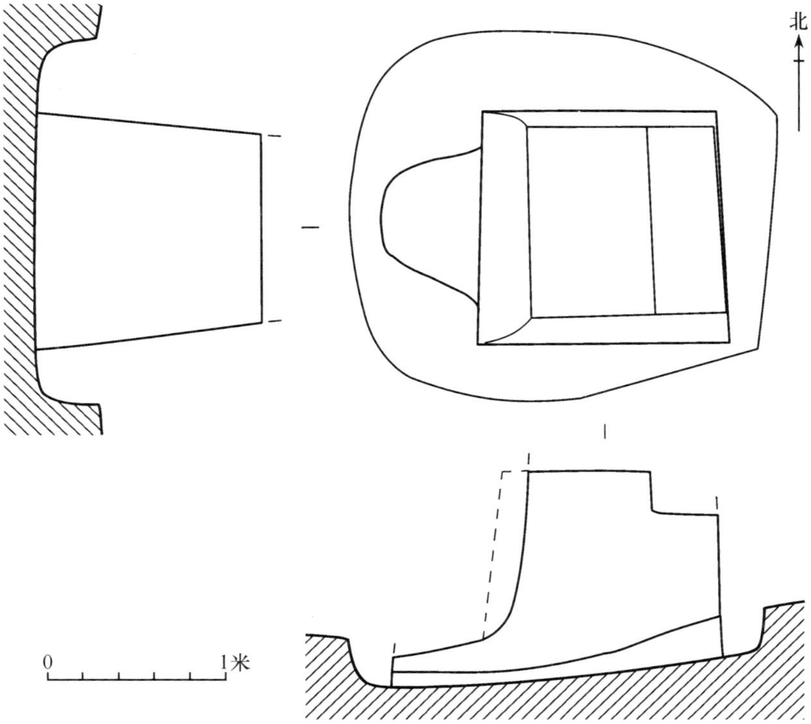

图二五 方土台平、剖面图

坑槽为椭圆形，长2.45、宽2.1、深0.3米，坑边不甚规整，土台周边的填土为灰白色土质，应该是在挖槽堆筑土台之后的回填土，不见包含物，与祭祀台基的土质相比，略显松软。

土台为黄褐色土，具有一定的硬度、密度和纯度，不见包含物。该土台应为版筑或夯筑而成，但清理过程中未发现有版筑的痕迹或明显的夯层，只是在底部的局部位置发现土质有起层的现象，应该与版筑用力有一定的关系（图版一四，2）。从坑槽的形状来看，在堆筑方土台的设施中，首先注重了固定的方位和土台的大小及高度，但坑槽的挖制具有一定的随意性。

（七）长排柱坑

长排柱坑位于方土台之南的祭祀台基面南部，该组遗迹由长方形土坑和柱洞组成，呈南北向依次排列，分布于T1105～T1109五个探方内，土坑呈东—西向长方形，长短有别，宽窄近似，间距均在1米左右（图二六；彩版九，1、2；图版一五，1）。我们能清晰地看到，坑的西端基本在一条直线上，而东端则错落不齐（图版一五，2）。该组遗迹是在白土面覆盖完成以后，又重新挖出坑穴，并在规划的部位再入木柱。在揭露出白土覆盖层面以后，长方形土坑的迹象非常明显（图版一六，1），酷像一座儿童土坑墓，待清理到距坑口0.2米时，即在坑的西端显露出柱洞迹象。

该排柱坑，间距相等，大小近似，排列有序，但长短略有差异。南—北长达45.3米，共分布有35个，编号为K1～K35。据统计，长方形土坑有21个，占总数的60%；不规则长方形土坑有5个，占14%；不规则形土坑6个，占17%；梯形土坑2个，占6%；不明形状的土坑有1个，占3%。其中的K34，完全被汉墓打破，应该也为长方形。详细情况见表四。

在所有的土坑中，柱洞的位置均在西端，个别位置稍有偏差，其深度基本一致（图二七）。柱洞的大小形状与周边土质界限明显，土质较纯净，均不见腐朽物，底部也未见铺垫物。

（八）圆形圜底坑

圆形圜底坑分布于T1002、T1003、T1004、T1005、T1104、T1105探方内，是方土台周围的一种独立迹象（图二八）。

圜底坑共发现8个，编号为A～H。由于祭祀台基面的面积比较大，坐落于平面之上的圜底坑，因从坑口到坑底的白土覆盖面连为一体，故平面现象不甚明显。坑的大小略有区别，形状基本相同，均为圆形圜底状。详细情况见表五。

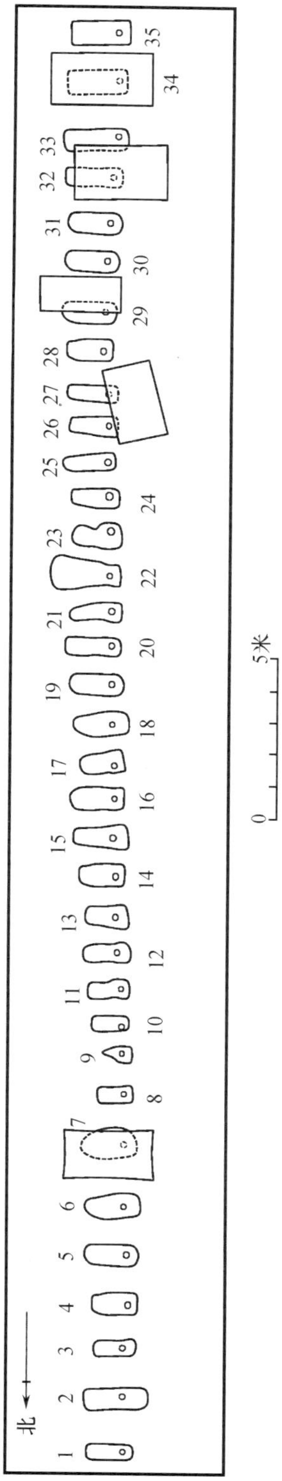

图二六　长排柱坑平面分布图

表四　带柱洞的长方形土坑统计表

坑号	形状	土坑尺寸（长×宽—深）米	柱洞尺寸（直径）米	备注
K1	长方形	1.5×0.5—0.8	0.18	保存完好
K2	长方形	2×0.7—1	0.2	保存完好
K3	长方形	1.3×0.5—0.7	0.2	南壁欠规则
K4	长方形	1.4×0.7—0.8	0.2～0.25	东端略窄
K5	长方形	1.65×0.7—0.6	0.2	保存完好
K6	不规则长方形	1.7×0.8—0.7	0.18	保存完好
K7	不规则形	被汉墓破坏	被汉墓破坏	大部分被汉墓打破
K8	长方形	1.0×0.55—0.85	0.18	保存完好
K9	不规则形	0.95×0.5—0.75	0.15～0.18	东部残缺，似被破坏
K10	长方形	1.26×0.5—0.7	0.2	保存完好
K11	不规则长方形	1.3×0.6—0.75	0.18	南北两壁曲直
K12	不规则长方形	1.5×0.65—0.7	0.2	保存完好
K13	梯形	1.35×0.75—0.65	0.2	西端略宽
K14	长方形	1.4×0.7—0.75	0.2	保存完好
K15	梯形	1.73×0.8—0.8	0.2	保存完好
K16	长方形	1.65×0.75—0.7	0.18	保存完好
K17	不规则长方形	1.4×0.75—0.75	0.19	保存完好
K18	不规则形	1.72×0.75—0.7	0.17	保存完好
K19	长方形	1.65×0.65—0.8	0.2	保存完好
K20	长方形	1.7×0.6—0.7	0.2	保存完好
K21	不规则形	1.58×0.62—0.75	0.2	保存完好
K22	不规则形	2.2×0.68～1.1—0.85	0.19	东部略宽
K23	不规则形	1.53×0.82—0.65	0.23	南壁被破坏
K24	长方形	1.58×0.63—0.75	0.24	北壁略外弧
K25	长方形	1.63×0.55—0.7	0.2	保存完好
K26	长方形	残长1.45×0.65—0.75	0.15～0.2	东端被汉墓打破
K27	长方形	残长1.26×0.53—0.75	柱洞被破坏	东端被汉墓打破
K28	不规则长方形	1.4×0.72—0.7	0.2	保存完好
K29	长方形	1.65×约0.65—0.68	残径约0.2	南部被汉墓打破
K30	长方形	1.65×0.7—0.75	1.9	保存完好
K31	长方形	1.68×0.68—0.7	0.2	保存完好
K32	长方形	被汉墓破坏	被汉墓破坏	大部分被汉墓打破
K33	长方形	2.05×0.73—0.68	0.18	北部被汉墓打破
K34	被汉墓破坏	被汉墓破坏	被汉墓破坏	整体被汉墓打破
K35	长方形	1.85×0.73—0.7	0.2	保存完好

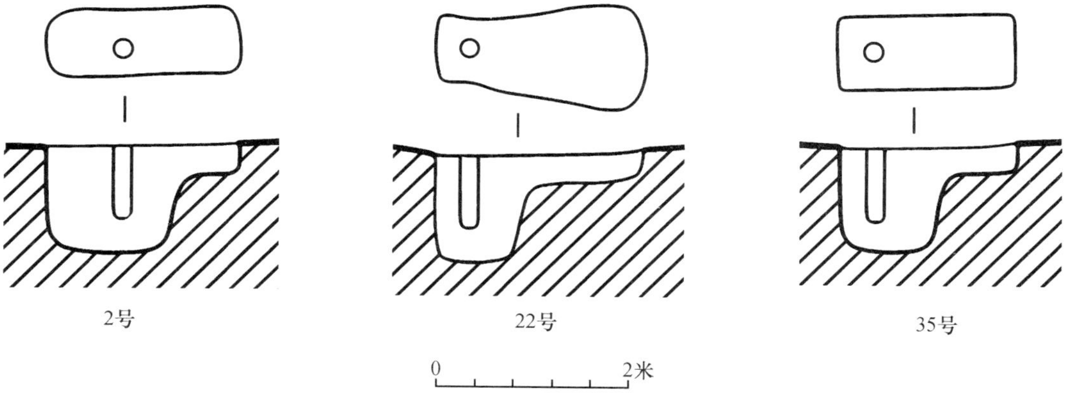

图二七　柱坑及柱洞平、剖面图

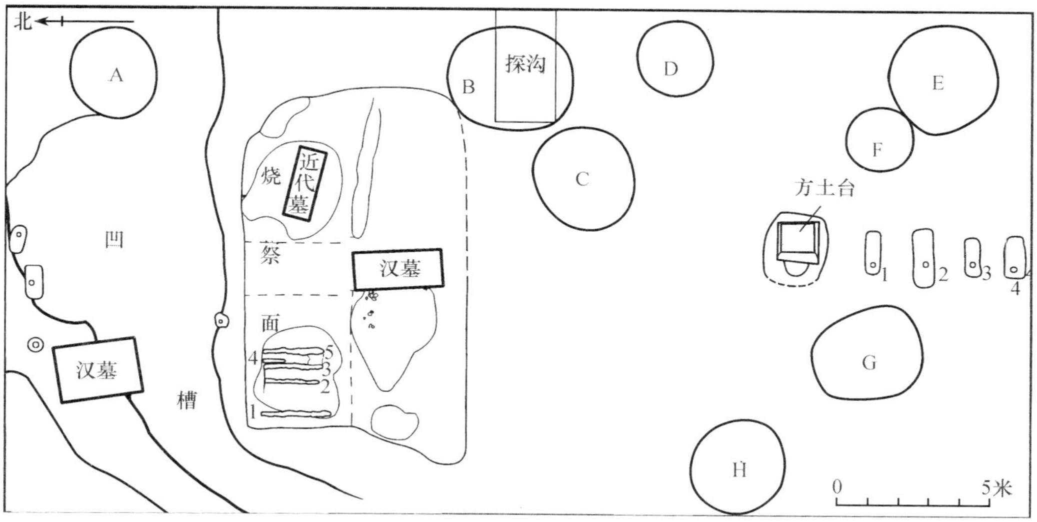

图二八　圆形圜底坑分布图

表五　圆形圜底坑统计表

坑号	所在探方	口径（米）	深（米）	备注
A	主要在T1002探方内，T1003有少部分分布	2.8	0.5	较规则
B	T1004	4.1	0.6	不甚规则
C	T1004和T1104之间	3.4	0.65	不甚规则
D	T1004	2.4	0.56	较规则
E	T1005	2.25	0.6	较规则
F	T1005	3.65	0.55	不甚规则
G	T1104、T1105、T1204和T1205之间	2.45	0.65	较规则
H	T1205	0.40	0.58	较规则

在清理过程中，我们曾考虑到该种迹象是否因后期的破坏或地基的塌陷而形成，但在我们对祭祀台基面进行解剖时，有意选择了B的位置，即发现其铺垫和覆盖的黄土层、白土层的厚度均与平面相连接的现象，尽管分布没有一定的规律，但也应属于一种人为的迹象，说明该圆形圜底坑具有特定的用途。

二、祭　祀　沟

祭祀沟是与祭祀台基密切相关的一个遗迹单位，位于祭祀台面的西侧，主要分布于T1203、T1204、T1205、T1206探方内。

2009年秋季，在清理祭祀台基面西侧地层时，首先发现了祭祀沟的东侧边缘，由于当时祭祀沟的大部分面积被压在水泥路之下，仅清理了一部分，但沟内的堆积土和包含物蕴含着极其丰富的信息。2010年春季，为全面清理祭祀沟，在当地政府的支持下，起取了水泥路面，对祭祀沟进行了全面的清理（彩版一〇，1；图版一六，2）。

坑口与祭祀台基面为一个平面，与白土覆盖的部位相距1米许，祭祀沟是依据整个祭祀台基面的布局，也呈南—北向。长35.7、宽5.4 ~ 7.3、深0.8米。该沟上部有一层扰土，局部破坏了沟内的上层堆积，沟内的自身堆积厚度为0.4 ~ 0.6米。南北两端较浅，中部位置较厚，沟内的包含物也多集中在中部位置。从整体来看，底部基本呈圜底近平的形状，沟边不甚规则，但沟壁有明显人为挖制的痕迹。

该沟开口于第4层层面，打破第4层和生土层，沟内堆积并无明显的层位，只是清理时按包含物自然暴露的现象自上而下分为4层。

第1层：厚0.2米，堆积土为黑灰色，含有大量的草木灰、炭屑，可能被扰土层破坏的缘故，层内包含物较少，且以不成形或看不出器形的陶片为主。

第2层：厚0.2米，堆积较为丰富，土质黑灰、松软，包含物主要为大量陶片，另有磨石、卢山绿石块、被火烧过的兽骨等（图二九）。在破碎的陶片中，有个别单件器物破碎于原位，能看出器形的有假腹簋、鼎、凹底罐、甑、长颈壶和大型缸等器形（图三〇）。

第3层：厚0.2米，土质、土色和包含物在沟内分布的情况与上层相同，该层中破碎陶器的蕴藏量非常丰富（图版一七，1），并且能看到像罐、假腹簋等器形原地破碎的现象（图版一七，2）。第3层出土器物明显多于上层，但不见大型缸，新出现大型平底盘、陶璧形器，主要器物组合有圈足壶、长颈壶、鼎、器盖、盉等（图三一；彩版一〇，2）

第4层：厚0.2米，土色呈浅黑灰色，土质比上层略硬，堆积层的草木灰和炭屑现象明显较少，从陶片散落的现象和范围来看，也比上层偏少，仅存于沟内中部较小的范

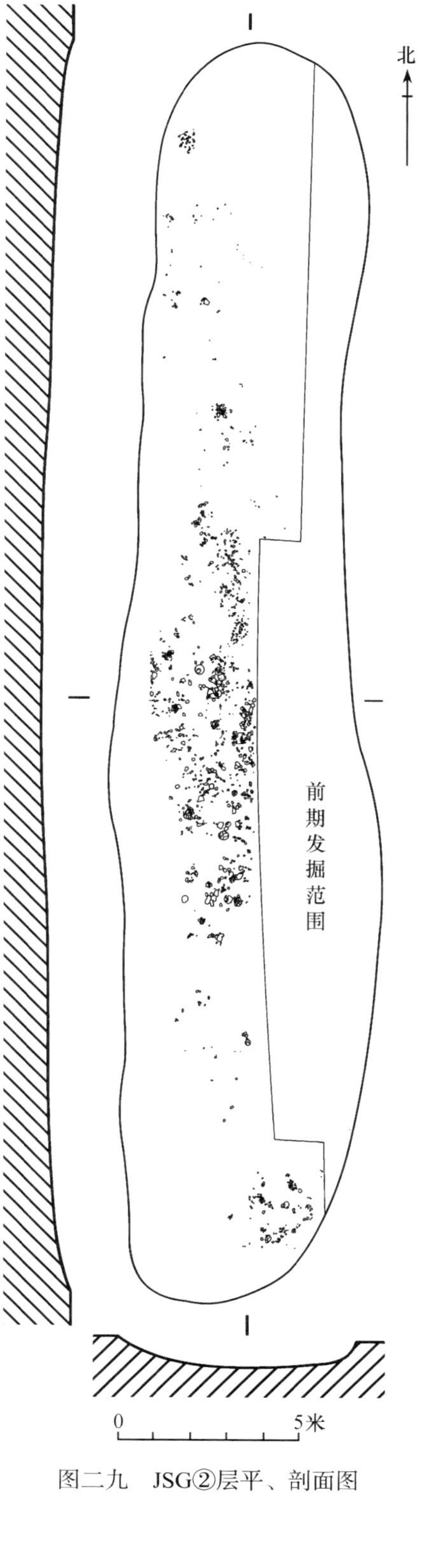

图二九 JSG②层平、剖面图

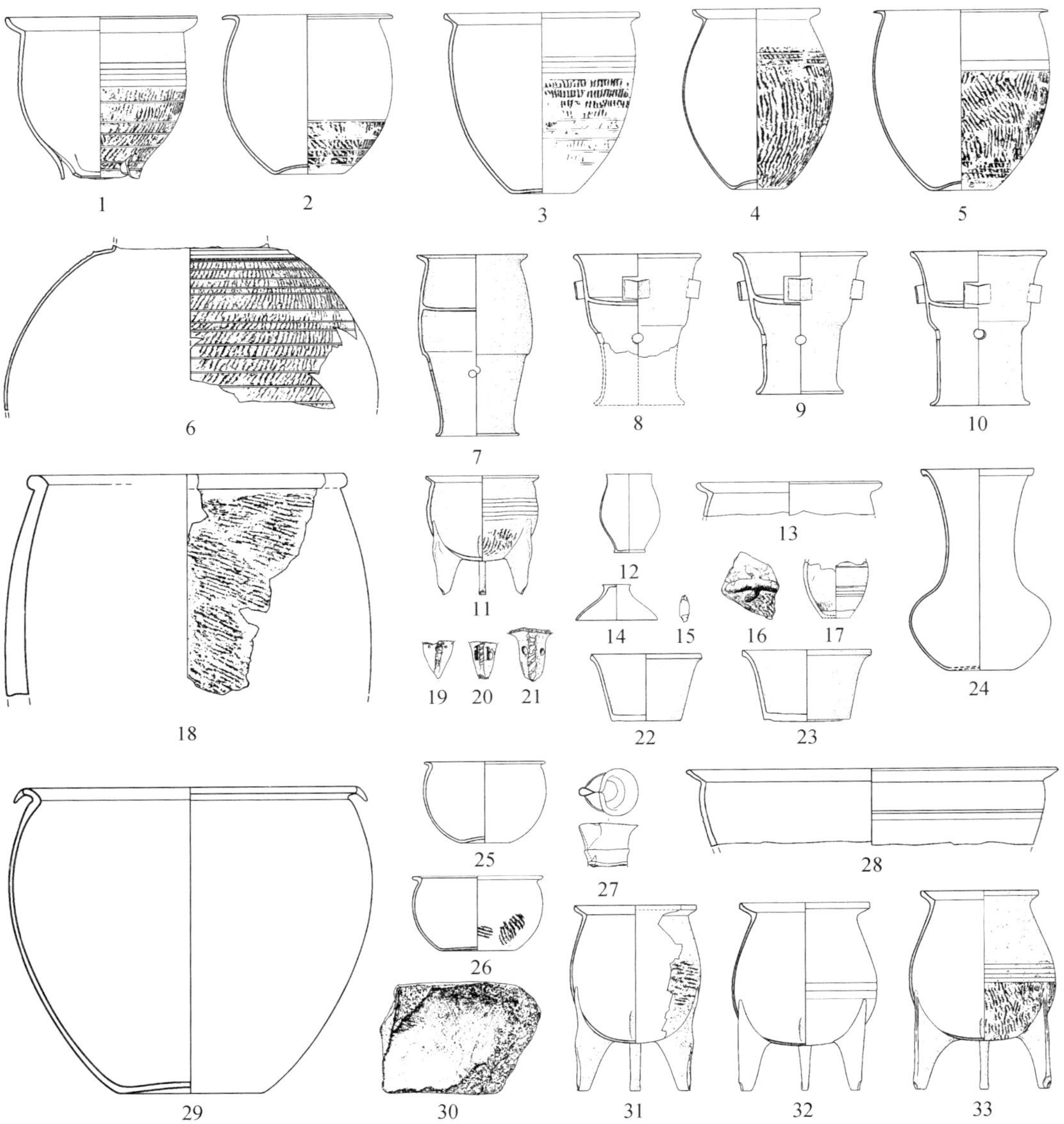

图三〇　JSG②层主要器物组合图

1. AⅠ式甑（JSG：17）　2. B型大口罐（JSG：13）　3、13. AⅠ式大口罐（JSG：11、JSG：34）　4. AⅡ式深腹罐（JSG：5）　5. B型深腹罐（JSG：4）　6. B型瓮（JSG：31）　7. A型假腹簋（JSG：1）　8、9. BⅡ式假腹簋（JSG：14、JSG：8）　10. BⅠ式假腹簋（JSG：13）　11. AⅠ式鼓腹鼎（JSG：2）　12. B型杯（JSG：23）　14. AⅠ式器盖（JSG：21）　15. A型陶镞（JSG：19）　16. 陶塑（JSG：20）　17. A型杯（JSG：10）　18. A型缸（JSG：42）　19～21. 鼎足　22、23. A型钵（JSG：37、JSG：36）　24. B型长颈壶（JSG：15）　25、26. BⅢ式钵（JSG：24、JSG：6）　27. BⅠ式盉（JSG：38）　28. CⅡ式缸（JSG：43）　29. CⅠ式缸（JSG：12）　30. A型磨石（JSG：9）　31. AⅡ式深腹鼎（JSG：27）　32. AⅡ式垂腹鼎（JSG：7）　33. B型垂腹鼎（JSG：16）

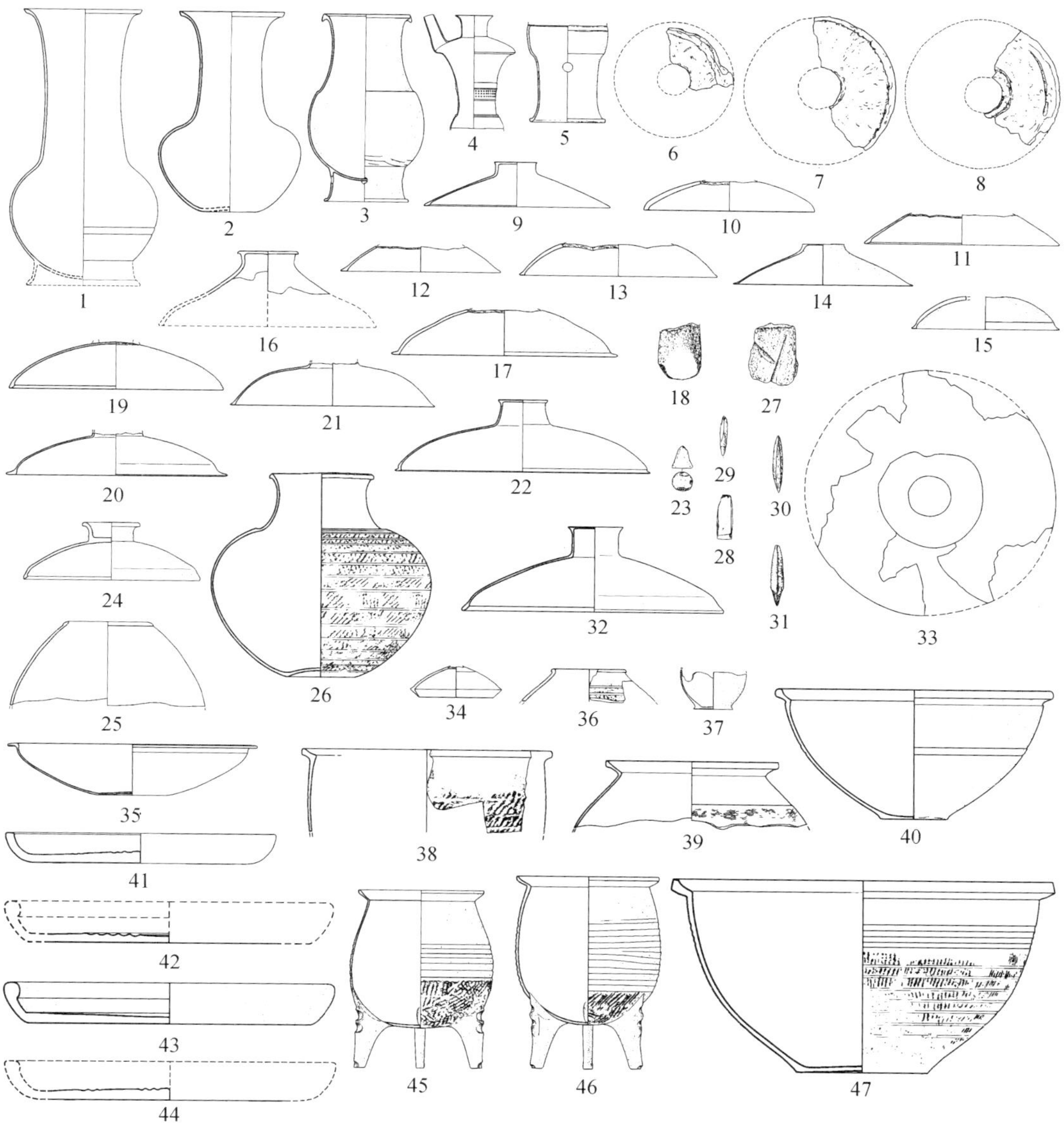

图三一　JSG③层主要器物组合图

1. BⅠ式圈足壶（JSG：6）　2. B型长颈壶（JSG：1）　3. BⅡ式圈壶（JSG：25）　4. 壶（JSG：26）　5. BⅠ式假腹簋（JSG：27）　6～8、33. 陶璧形器（JSG：58、JSG：57、JSG：59、JSG：56）　9、14、15、17、20～22、32. CⅠ式器盖（JSG：60、JSG：19、JSG：64、JSG：71、JSG：10、JSG：22、JSG：14、JSG：12）　10. AⅠ式器盖（JSG：66）　11～13、16. BⅠ式器盖（JSG：69、JSG：62、JSG：67、JSG：70）　18. A型石楔器（JSG：34）　19. AⅠ式器盖（JSG：20）　23. 陶支钉（JSG：37）　24. CⅡ式器盖（JSG：15）　25、36. A型敛口罐（JSG：68、JSG：65）　26. AⅠ式鼓腹罐（JSG：72）　27. C型磨石（JSG：29）　28. A型石凿（JSG：18）　29. B型石镞（JSG：16）　30. AⅠ式石镞（JSG：24）　31. AⅡ式石镞（JSG：17）　34. AⅡ式器盖（JSG：63）　35. AⅠ式浅腹盆（JSG：2）　37. C型碗（JSG：23）　38. CⅡ式缸（JSG：41）　39. BⅠ式鼓腹罐（JSG：40）　40、47. BⅠ式深腹盆（JSG：13、JSG：35）　41、42、44. B型平底盘（JSG：9、JSG：73、JSG：61）　43. A型平底盘（JSG：5）　45. BⅡ式深腹鼎（JSG：3）　46. BⅠ式深腹鼎（JSG：4）

围内。包含物以破碎的陶片为主，很少有能看出器形的器物。

我们对沟内的填土进行了全部采集并浮选，先期获得了粟、稻和小麦等农作物。在后期的室内观察中又发现了大麦遗存，显现了重要的农业结构现象。

沟内包含物　沟内自上而下的堆积土内均含有大量的草木灰和炭屑等物，我们对沟内堆积土进行了全部的采集并浮选（详见第八章第五节）。同时，包含物中伴有很多被火烧过的哺乳类动物碎骨，能够鉴定的有猪和羊，而更多碎渣却无法鉴定。可见当时杀牲祭祀的成分之大。

祭祀沟内陶片（包括2009年秋季发掘在内）出土量巨大，根据分层提取摆放，可以看出居于中部堆积层的2、3层陶片出土量较多，而居于上下的第1层和第4层陶片出土量较少，且不见完整破碎的器物，也很少能复原成完整器形。

根据对陶片的拼合，发现该祭祀沟内的堆积物并不存在较明显的时间隔断，因为在散落的陶片中，分别能在第3层和第4层中找到同一个个体。

由此可见，沟内的包含物是在很短的时间内堆积形成的。因此，我们把沟内出土的全部陶片进行统一整理。

陶片共计17 879块。均为出土时的自然破碎片，可分为夹砂红褐陶、泥质红陶、泥质灰陶、泥质灰褐陶和夹砂白陶五种。据统计：

夹砂红褐陶9809片，占陶片总数的55%，其中，又有厚陶片和薄陶片之分，分别为1916片和7893片，各占20%和80%。在厚陶片中，除残片（28%）、口沿（41%）、器底（14%）、把手（3%）外，最多见的是侧三角鼎足（13%），鬼脸式鼎足较少（1%）。在薄陶片类中，以器身残片最多，口沿部分较少，分别占97%和3%。

泥质红陶4103片，占陶片总数的23%，仅见残片（3797片）和口沿（306片），分别占93%和7%。

泥质灰陶2157片，占陶片总数的12%，仅有器身残片、口沿、器底和侧三角鼎足，各占86%、11%、2%和1%。

泥质灰褐陶1804片，占陶片总数的10%，仅有残片和口沿，各占96%和4%。

夹砂白陶仅6片，占陶片总数的0.03%，均为残片（详见表六）。

祭祀沟内出土陶片的数量巨大，尽管祭祀沟不存在时间的隔断，我们还是根据清理时的情况将陶器出土的情况作了详细的统计。从肉眼观察到的现象看，低温陶片占有较大的比例，多数具有胎壁厚、陶胎酥松的特点，尽管如此，仍竭尽全力地拼对，但在修复成形的器物中，很难以全部的器形展现出来，尤其是数量较多的大型器口沿，是盆，是罐还是鼎，也难以确认，在修复的不完整器类中，暂列入罐类器中。

从已经修复成形的器物看，祭祀沟内以盘、器盖、盆、甑、壶、鼎、假腹簋、长颈壶、圈足壶、鬶、罐、平底钵等器形构成基本的器物组合。尽管沟内的上下堆积有

表六 祭祀沟陶片统计表

祭祀沟出土陶片（17 879片）								
	数量	百分比	数量	百分比	类别	数量	百分比	总百分比
夹砂红褐陶	9809	55%	厚陶片1916	20%	残片	544	28%	100%
					口沿	794	41%	
					底片	251	14%	
					錾手	56	3%	
					鬼脸式鼎足	24	1%	
					侧三角鼎足	247	13%	
			薄陶片7893	80%	残片	7674	97%	100%
					口沿	219	3%	
泥质红陶	4103	23%			残片	3797	93%	100%
					口沿	306	7%	
泥质灰陶	2157	12%			残片	1860	86%	100%
					口沿	232	11%	
					器底	44	2%	
					侧三角鼎足	21	1%	
泥质灰褐陶	1804	10%			残片	1734	96%	100%
					口沿	70	4%	
夹砂白陶	6	0.03%			残片	6	100%	

细微的变化，但不存在明显差异，均属于一个时段的遗物。而沟内出土的鼎足数量众多，除侧三角鼎足占有一定的比例外，鬼脸式鼎足也具有复杂的形式（图三二），但修复成形者甚少。

三、祭 祀 坑

祭祀坑是禹会村遗址中的重要遗迹现象之一，也是能反映祭祀内容和祭祀形式的遗迹单位。祭祀坑的开口层位明确，人为迹象清楚，坑边界限明显、坑壁非常规则，有的留有明显的人工挖制的痕迹，同时，坑内的器物，无论是通过什么方式埋入，都具有一定的规律，显然是人们有意识的活动行为，这也是与灰坑的最基本的区别。

祭祀坑主要分布于Ⅱ区，根据遗址现状，Ⅲ区应该也存在有类似的遗迹单位，但Ⅲ区的文化层已被破坏，有些遗迹如灰坑仅存在于底部，甚至有些遗迹不复存在。在Ⅱ区发掘的范围内，共清理祭祀坑8座（图三三），均开口于第4文化层层面。根据坑的形状和坑内器物的掩埋情况，可分为五种类型。

1. 第一种类型：竖穴深坑上下叠压埋藏器物

1座。

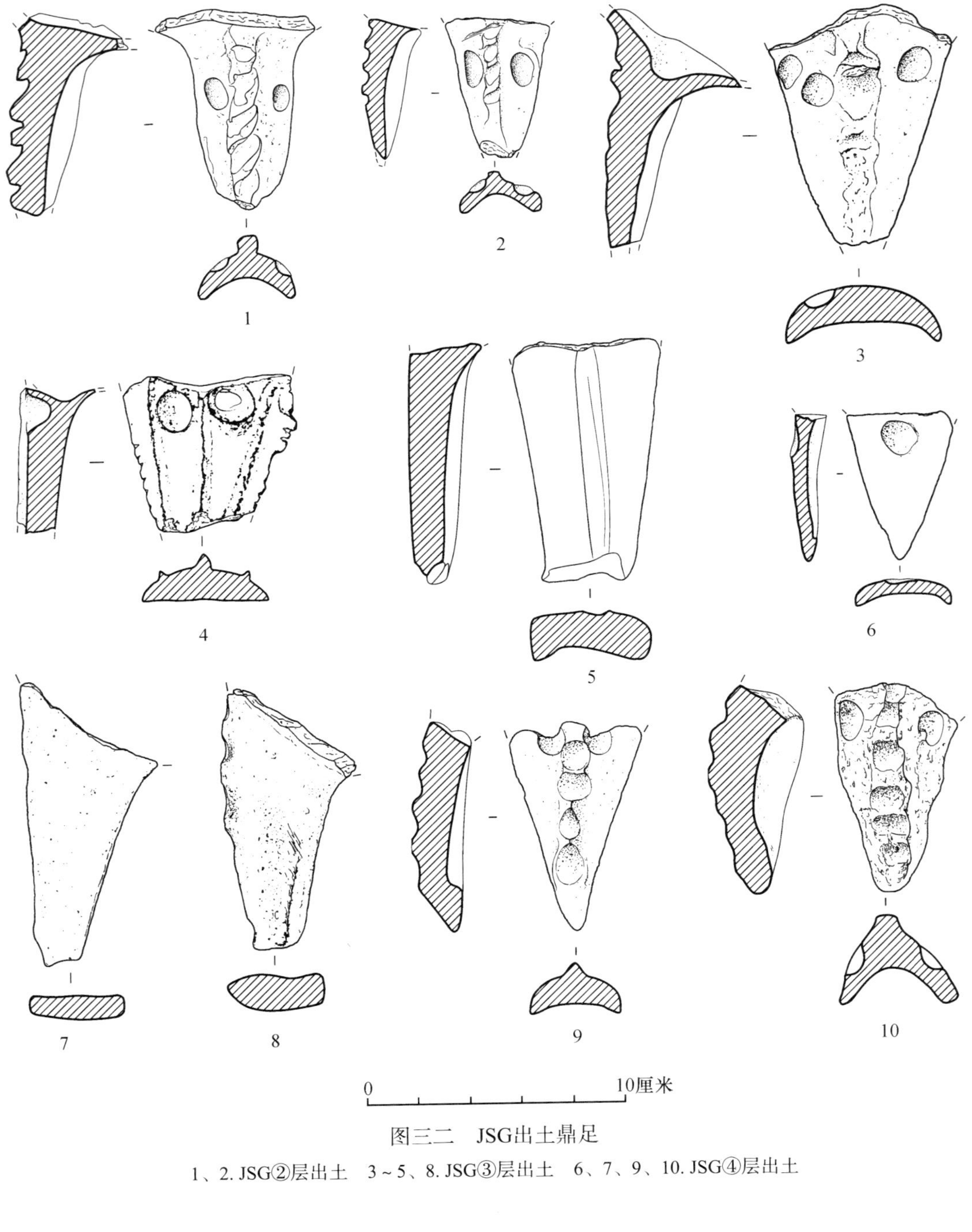

图三二　JSG出土鼎足

1、2. JSG②层出土　3～5、8. JSG③层出土　6、7、9、10. JSG④层出土

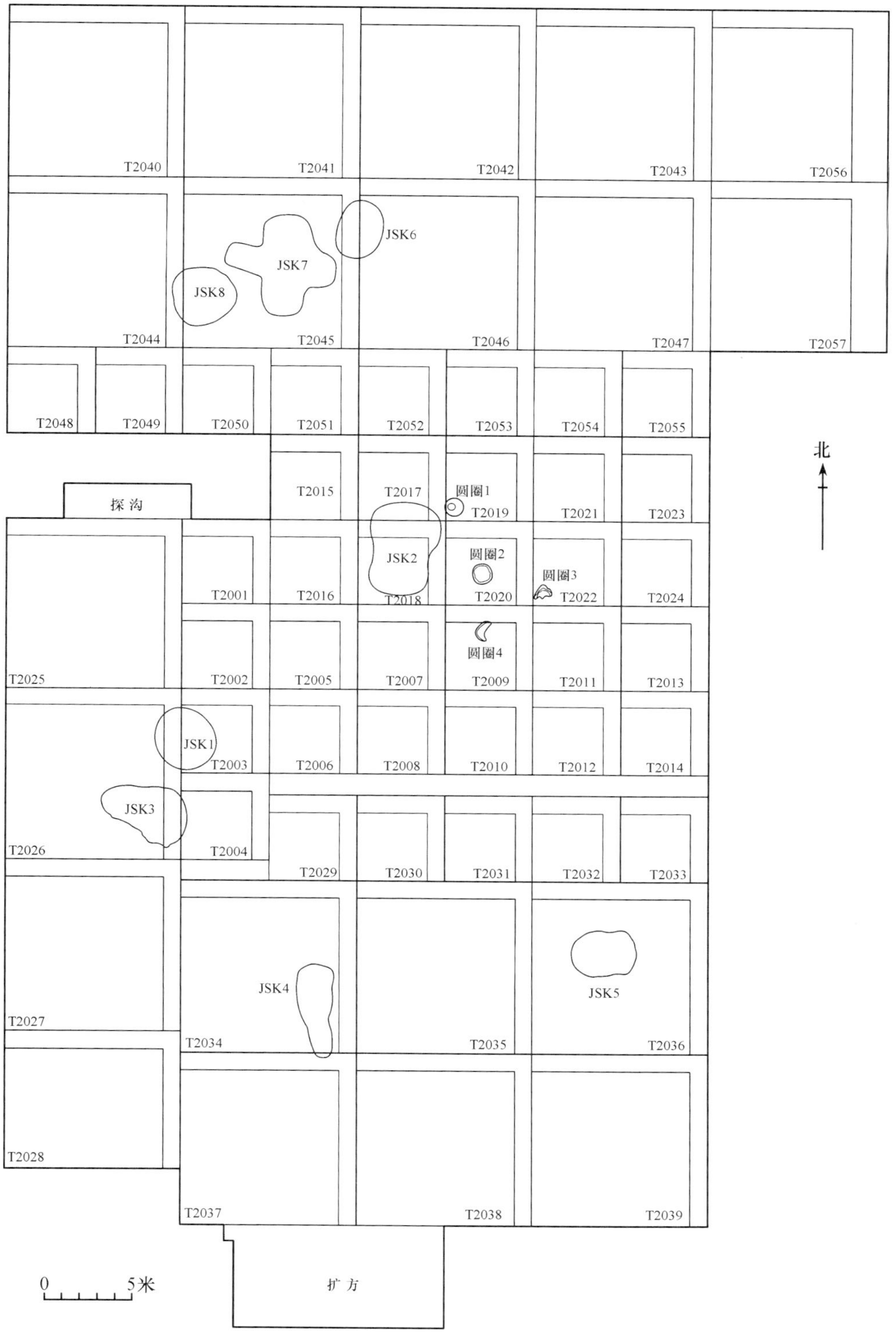

图三三　Ⅱ区祭祀坑和圆圈分布图

JSK1，位于T2003探方西部。开口于第4层层面，打破第4层、第5层和生土层。平面近似圆形，剖面呈口大底小状。东西长3.6、南北宽3.4、深3.8米。该坑内填土的上部有0.5米厚的深灰色土，其内包含物较少。距地表0.5～0.9米为黄褐色填土，并夹杂有灰白色土质，为一次性堆积而成。坑内包含物丰富，上部主要包含有残陶片和木炭等，在距坑口1米处，可见有较完整的鼎、鬶、罐等器形。同时，包含物中还有大量的被火烧过的兽骨。在距地表2.5米处，填土中似白膏泥的土质含量增加，土质稍硬。从2.5米以下，出土有较完整的凹底黑陶罐、盆、鬶等（图三四）。坑内器物上下叠压，偏底部完整者居多，类似于器物储藏坑。

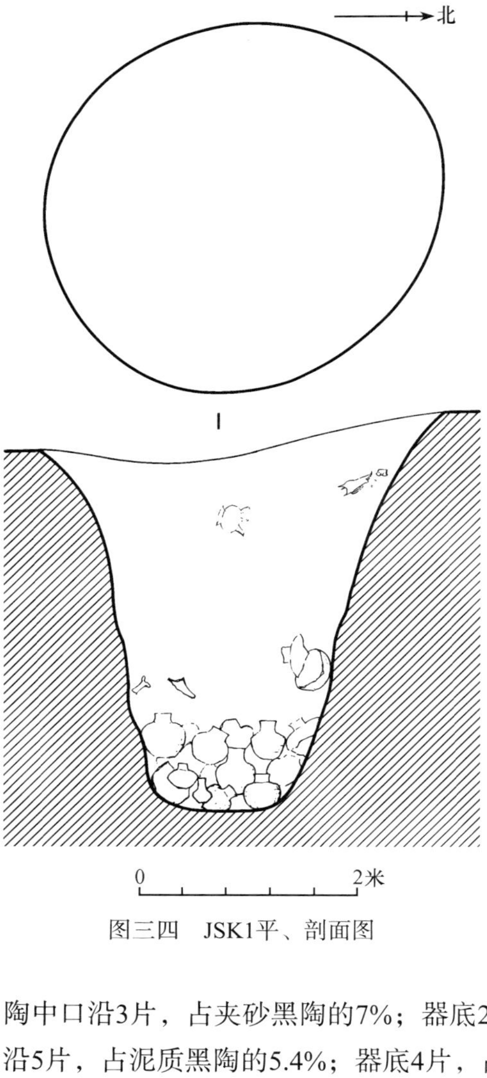

图三四　JSK1平、剖面图

JSK1除出土有可复原或较完整的陶器外，还有大量的碎陶片，据统计479片，基本可分为红陶、灰陶和黑陶三类。其中夹砂红褐陶154片，占总量的32%，其中口沿4片，占3%；器足20片，占13%；残片130片，占84%。残片中饰篮纹11片，占残片的8.5%；绳纹3片，占2.3%；弦纹3片，占2.3%；素面113片，占86.9%。泥质红陶84片，占总量的18%，其中口沿7片，占8%；器足4个，占5%；残片73片，占87%。残片中饰篮纹4片，占残片的5.5%；饰弦纹1片，占1.4%；划纹2片，占2.7%；素面66片，占90.4%。泥质灰陶57片，占总量的12%，其中口沿4片，占7%；器足1个，占2%；残片51片，占91%。在残片中，篮纹11片，占残片的21%；弦纹1片，占2%；素面40片，占77%。夹砂灰陶49片，占总量的10%，其中口沿5片，占10%；器足1个，占2%；残片43片，占88%。残片中，饰篮纹的2片，占残片的4.7%；弦纹1片，占2.3%；素面40片，占93%。黑陶135片，占总量的28%，其中夹砂黑陶43片，占黑陶的32%；泥质黑陶92片，占黑陶的68%。夹砂黑陶中口沿3片，占夹砂黑陶的7%；器底2片，占5%；残片38片，占88%。泥质黑陶中口沿5片，占泥质黑陶的5.4%；器底4片，占4.3%；残片83片，占90.3%。

2. 第二种类型：圜底深坑分层抛弃埋藏器物

1座。

JSK2，大部分位于T2018探方中，原编号为H2，平面显露的现象面积较大，并且烧痕的范围十分明显（彩版一一，1），清理后根据坑内的埋藏现象编为JSK2。开口于第4层层面，打破第4层、第5层和生土层。平面呈不规则亚腰状。坑口距地表0.9米，坑口直径南北5.4、东西4.2、深1.1米，总面积为22.68平方米（图版一八，1），呈瓢形圜底状，经过三次烧制、三次堆积和掩埋而成。根据坑内的堆积现象可以看出从挖制坑穴到掩埋完成的不同过程。

第一步：在原地挖制出一个固定形状的坑穴，坑壁至今仍清晰可见人工挖制时的规则坑边（图版一八，2）和上下用力的痕迹（图版一九，1），之后填入约10厘米厚的土，进行烧烤，整个坑壁和坑底均为红烧土硬痕，硬痕之上遗有草木灰土和木炭灰痕，灰土之上为一层破碎后的陶器碎片，从散落的现象看，应是从坑外扔入坑中的。虽然陶片破碎，但从不同陶质、陶色散落的范围可以看出一件器物破碎后的个体。

第二步：在器物碎片之上又填入10～20厘米的灰土，整体呈坑状。坑壁和底部还是形成红烧土硬痕，硬痕之上遗有木炭灰痕和灰土，灰土之上为一层破碎后的器物碎片，形成过程和现象与第一步相同。

第三步：在器物碎片之上又进行填土，中间形成一个直径约80厘米的圜底小坑，然后进行烧烤，该层堆积中不见包含物，但烧土迹象十分明显。

坑内的包含物主要存在于坑中两个堆积层里：

第1层：散落的主要是陶器碎片，器形有鼎，从口沿和鼎足部位可以看出器形的大小不尽相同。陶鬶，胎壁薄、器形复杂，胎壁酥松。蛋壳陶器破碎严重，基本无法修复，同时，还有少部分罐类器形（图三五）。

第1层包含器物有大口罐、鼓腹罐、深腹罐、鼎、器盖、陶箅子、石刀等（图三六）。

第2层：陶器碎片散落的数量比第1层增多，面积与第1层相等（图三七；彩版一一，2），酥松陶器占有一定比例，主要见有白陶鬶、黑陶鬶、陶盉、陶鼎、陶鬶、陶罐、陶甗、陶盆、陶豆、磨光黑陶杯、长钮器盖、陶篦子、陶璧形器，石镞、磨石、石楔、石坯件等（图三八）。

在第2层的灰痕面和填土中仍有较多的木炭灰和被烧过的兽骨碎渣和兽牙（图版一九，2），有的还存在有较大的炭屑（图版二〇，1），经过对木炭的鉴定与初步

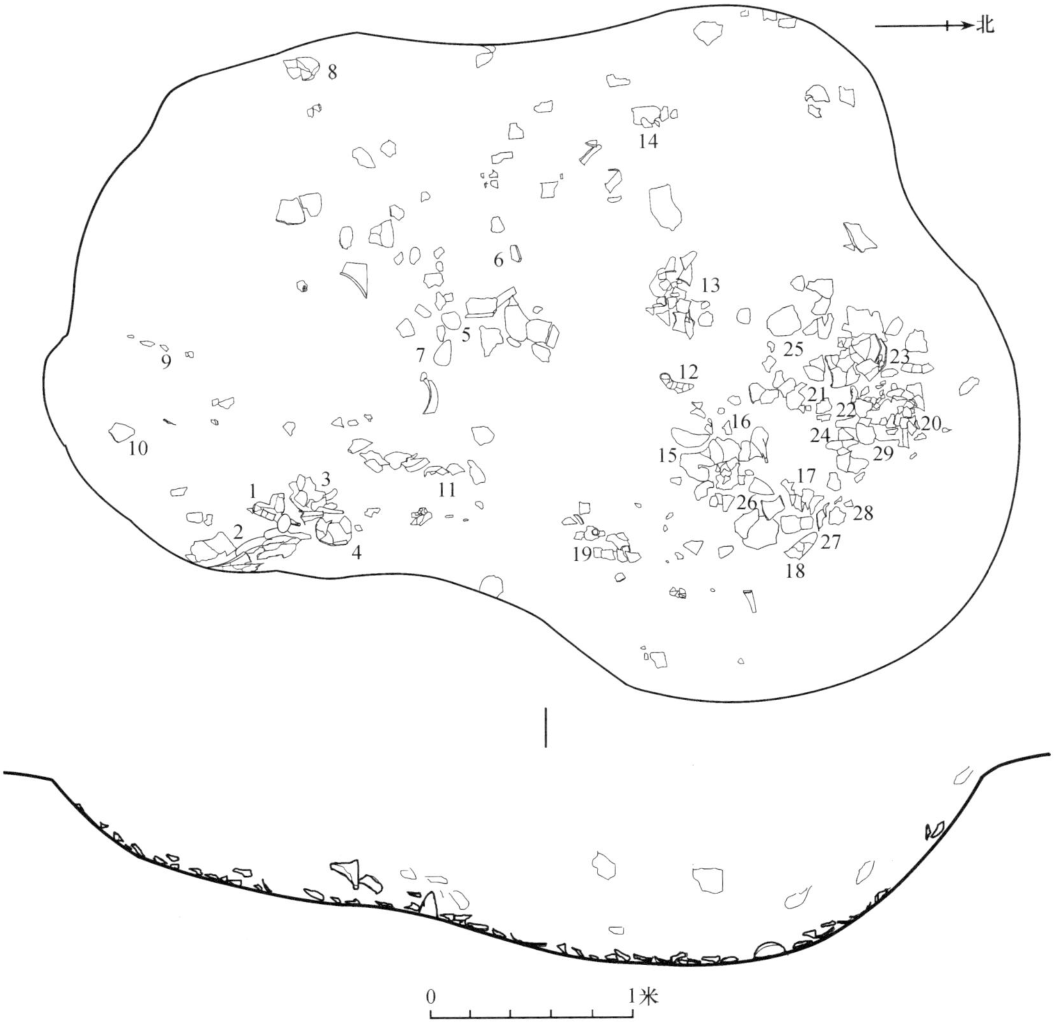

图三五　JSK2①层平、剖面图及出土器物

1. C型鼓腹鼎　2、4. AⅠ式鼓腹鼎　3. 垂腹罐　5. CⅢ式器盖　6. AⅠ式大口罐　7. AⅠ式鼓腹罐　8. BⅠ式器盖　9. A型陶箅子　10. 圈足罐（残）　11、23. AⅠ式鼓腹罐（残）　12. B型浅腹盆（残）　13. BⅠ式深腹罐（残）　14. BⅡ式深腹盆（残）　15. AⅡ式深腹罐（残）　16. E型大口罐（残）　17. A型高领罐（残）　18. B型高领罐（残）　19. C型鼓腹罐　20. BⅠ式鼓腹罐（残）　21. CⅠ式深腹鼎　22. AⅡ式高柄杯（残）　24. AⅡ式深腹罐（残）　25、26. A型磨石　27. BⅠ式深腹罐（残）　28. 石坯料　29. 石刀（残）

分析，可以断定出有阔叶树种、栎属、硬木松、麻栎等几个树种（详见第八章第六节），被烧过的兽骨由于过于破碎，多数仅鉴定为哺乳类动物骨骼，个别牙齿部位保存尚好，经安徽博物院郑龙亭教授鉴定为牛和猪的遗骸。

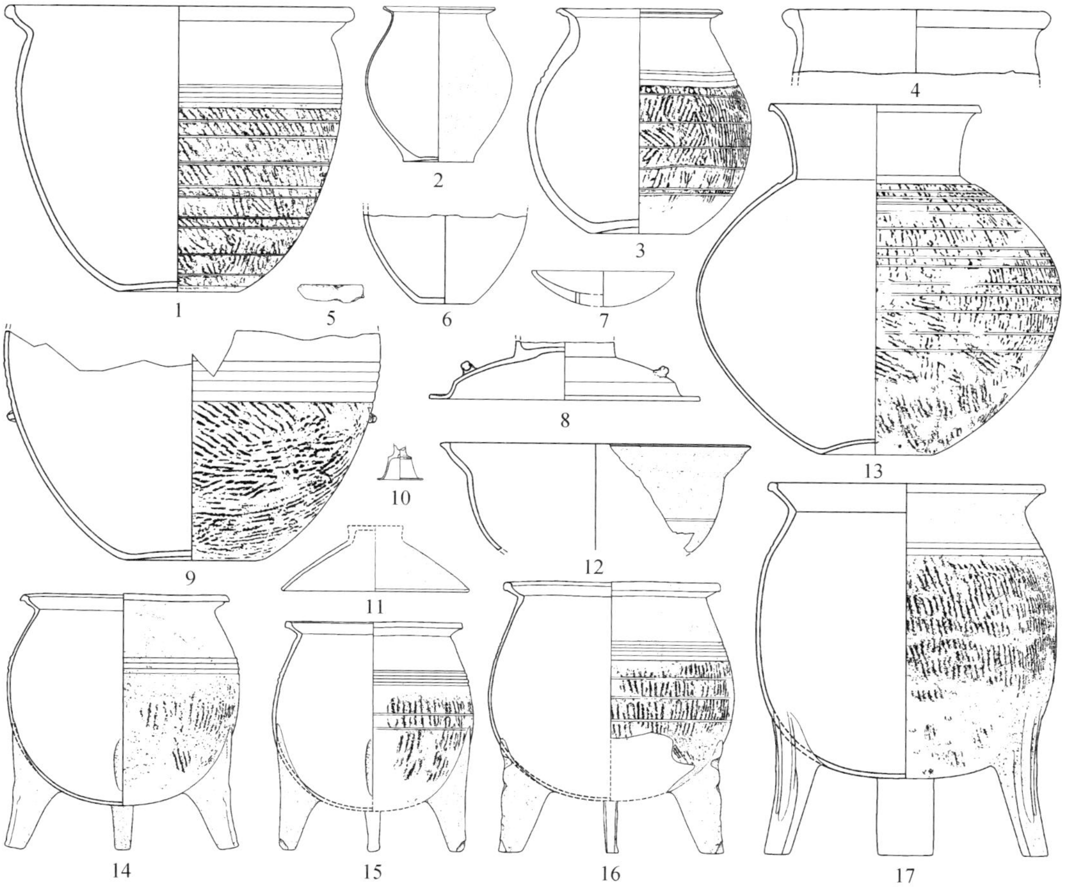

图三六 JSK2①层主要器物组合图

1. AⅠ式大口罐（JSK2①：6） 2. C型鼓腹罐（JSK2①：19） 3. 垂腹罐（JSK2①：3） 4. E型大口罐（JSK2①：16） 5. 石刀（JSK2①：29） 6. BⅠ式深腹罐（JSK2①：13） 7. A型陶箅子（JSK2①：9） 8. CⅢ式器盖（JSK2①：5） 9. AⅡ式深腹罐（JSK2①：15） 10. AⅡ式高柄杯（JSK2①：22） 11. BⅠ式器盖（JSK2①：8） 12. BⅡ式深腹盆（JSK2①：14） 13. AⅠ式鼓腹罐（JSK2①：7） 14、15. AⅠ式鼓腹鼎（JSK2①：4、JSK2①：2） 16. C型鼓腹鼎（JSK2①：1） 17. CⅠ式深腹鼎（JSK2①：21）

每层陶片的散落虽然凌乱，但均能看出每件器物散落后所分布的范围，应是从坑外抛弃散落而成。从坑的形状和陶器碎片散落的现象看，陶器被抛弃于坑内后，又似乎被适当地整理了，致使碎片的分布比较均匀（图版二〇，2）。

坑内两层堆积的叠压现象非常明显，且下层的包含物比上层更为丰富（图三九）。但是，尽管每层陶器散落的个体数明显，而因为有些陶器的质地酥松，无法修复，所以，修复后的完整个体却不是坑内原有的数量。

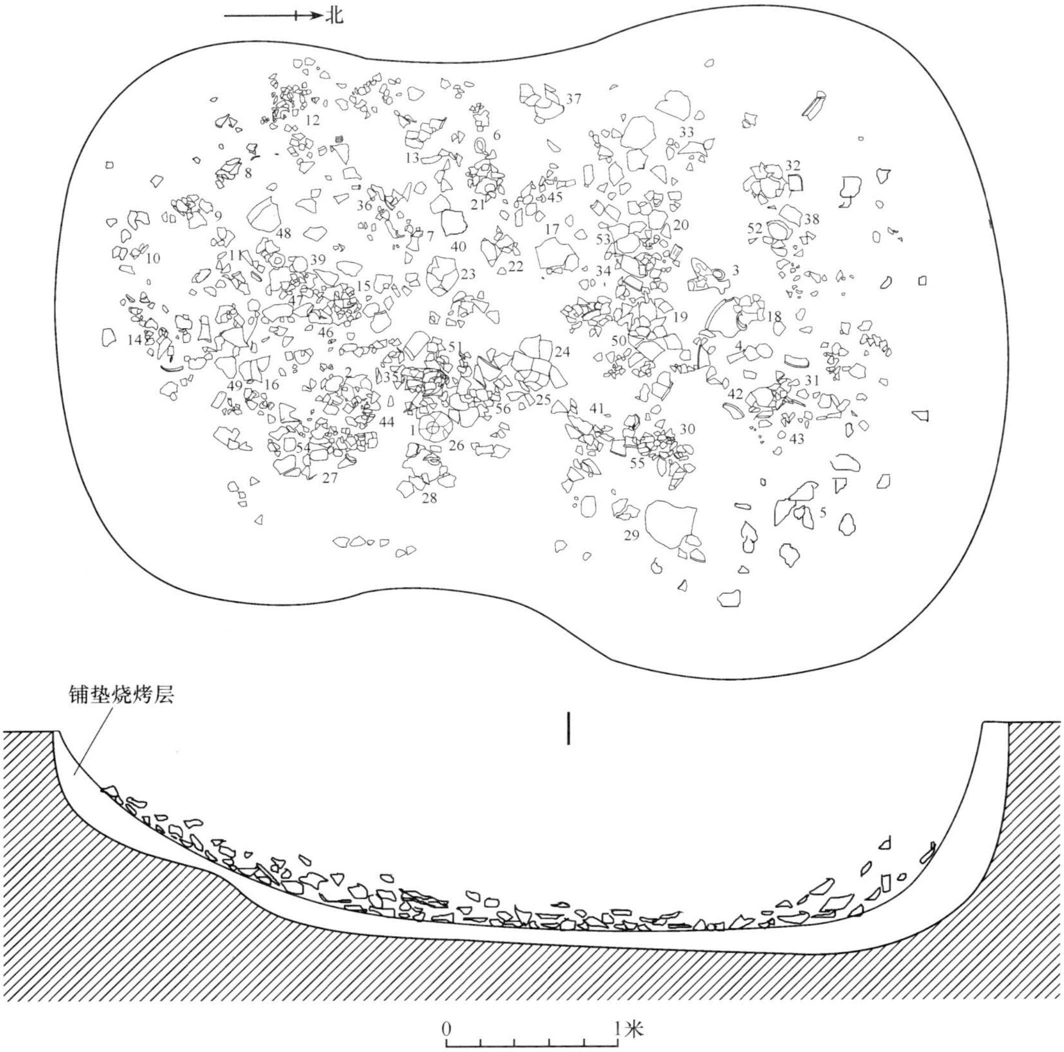

图三七　JSK2②层平、剖面图及出土器物

1. AⅠ式器盖　2、12、14. C型鼓腹鼎　3、38. BⅠ式盉　4. BⅡ式盉　5. BⅠ式鼓腹鼎　6. 双耳罐　7、22. AⅠ式碗　8. A型深腹盆　9、24. B型浅腹盆　10. A型甗（残）　11. A型鋬手带流罐　13. C型垂腹鼎　15. A型圈足壶　16. CⅠ式深腹鼎　17. AⅠ式鼓腹罐　18. BⅡ式器盖　19. AⅠ式大口罐　20、21. D型高柄器盖　23. AⅠ式深腹罐　25. A型石斧　26、40、41. B型磨石　27. CⅢ式石镞　28. D型石镞　29. 骨笄　30. AⅡ式深腹罐　31. AⅠ式高柄杯　32. AⅢ式鼓腹罐　33. B型甗（残）　34. B型石凿　35. AⅡ式白陶鬶　36、47、55、56. AⅠ式鼓腹罐（残）　37、48. CⅡ式缸（残）　39. B型陶箅子　42. B型石楔子　43. 石坯料　44、54. BⅠ式深腹罐（残）　45. B型高柄杯（残）　46. AⅡ式深腹罐　49、50. AⅠ式大口罐（残）　51. AⅡ式大口带鋬罐　52. B型器座　53. B型豆（盘）

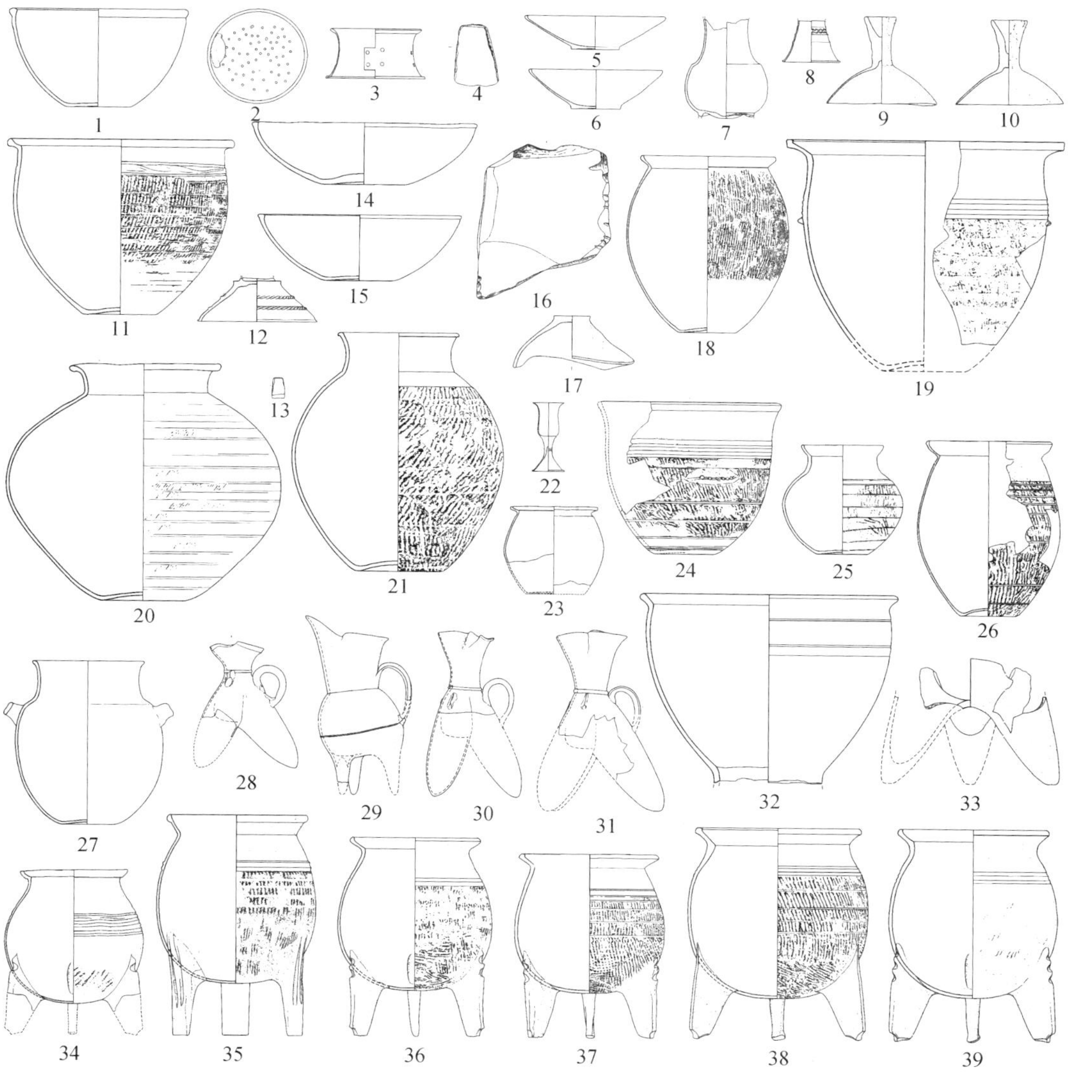

图三八 JSK2②层主要器物组合图

1. A型深腹盆（JSK2②：8） 2. B型陶箅子（JSK2②：39） 3. B型器座（JSK2②：52） 4. A型石斧（JSK2②：25） 5、6. AⅠ式碗（JSK2②：22、JSK2②：7） 7. A型圈足壶（JSK2②：15） 8. B型高柄杯（JSK2②：45） 9、10. D型高柄器盖（JSK2②：20、JSK2②：21） 11、23. AⅠ式大口罐（JSK2②：50、JSK2②：19） 12. BⅡ式器盖（JSK2②：18） 13. B型豆盘（JSK2②：53） 14、15. B型浅腹盆（JSK2②：24、JSK2②：9） 16. B型磨石（JSK2②：40） 17. AⅠ式器盖（JSK2②：1） 18. AⅡ式深腹罐（JSK2②：46） 19. AⅡ式大口带鋬罐（JSK2②：51） 20. AⅠ式鼓腹罐（JSK2②：17） 21. AⅠ式深腹罐（JSK2②：23） 22. AⅠ式高柄杯（JSK2②：31） 24. A型鋬手带流罐（JSK2②：11） 25. AⅢ式鼓腹罐（JSK2②：32） 26. AⅡ式深腹罐（JSK2②：30） 27. 双耳罐（JSK2②：6） 28、31. BⅠ式盉（JSK2②：3、JSK2②：38） 29. AⅡ式白陶鬶（JSK2②：35） 30. BⅡ式盉（JSK2②：4） 32. B型甗（JSK2②：33） 33. A型甗（JSK2②：10） 34. C型垂腹鼎（JSK2②：13） 35. CⅠ式深腹鼎（JSK2②：16） 36、37、39. C型鼓腹鼎（JSK2②：14、JSK2②：12、JSK2②：2） 38. BⅠ式鼓腹鼎（JSK2②：5）

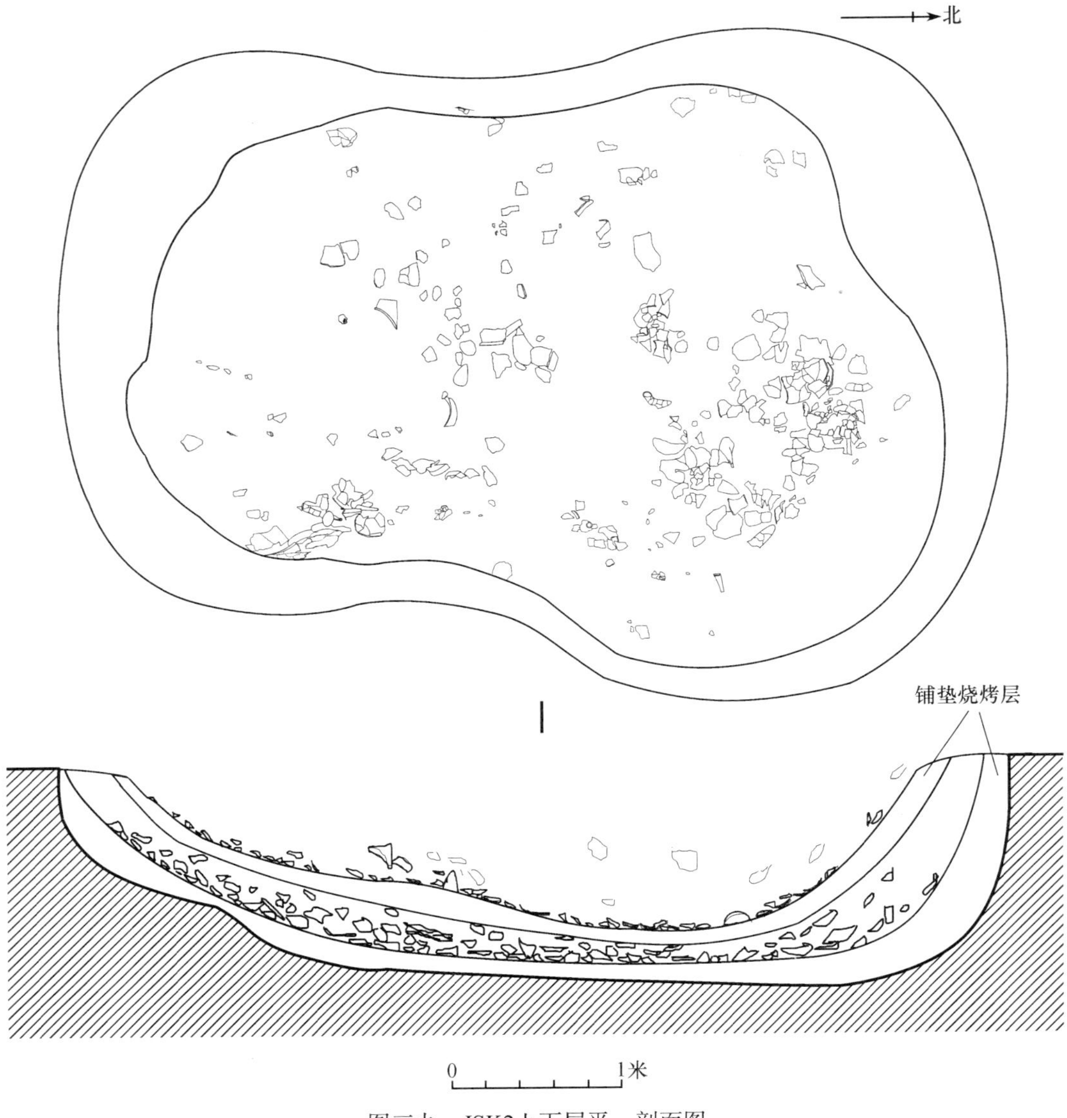

图三九　JSK2上下层平、剖面图

该祭祀坑的现象比较特殊，应该是在一定时期、不同阶段的祭祀活动所形成的堆积。从出土的陶片、器物形式看，该坑堆积的时间相隔不长，其中，除较多的酥松陶片外，部分陶片也有一定的硬度，同时，质量高的陶器碎片如黑光亮的蛋壳陶，有的柄部呈竹节形，但多不易复原。所出土的器物基本以鼎为主，器形较大。从特征看，一种在足尖处有按窝，另一种足面较宽，有竖向凹槽。均为褐陶。陶鬶、陶盉之类的器形别致，胎壁薄，应不具备生活中的实用性功能；罐的数量较多，从破碎的口沿看，器形较大，形制也不尽相同。该类陶器有夹炭现象，显得陶器非常酥松。坑内出土的大型陶盘、陶壁形器等器物，是龙山文化中的新器形，特别是在第2层出土有红陶盉、白陶鬶、黑陶鬶等器形，也是非常罕见的。

3. 第三种类型：平底浅坑单层埋藏器物

1座。

JSK3，位于T2026探方的东南部，开口于第4层层面，打破第4层。为一层堆积。呈不规则形，东部紧邻2008年发掘的探方隔梁。东—西长4.6、最宽处3.4、深0.3米～0.4米，总面积为15.64平方米（图四〇；彩版一二，1；图版二一，1）。范围明显，坑

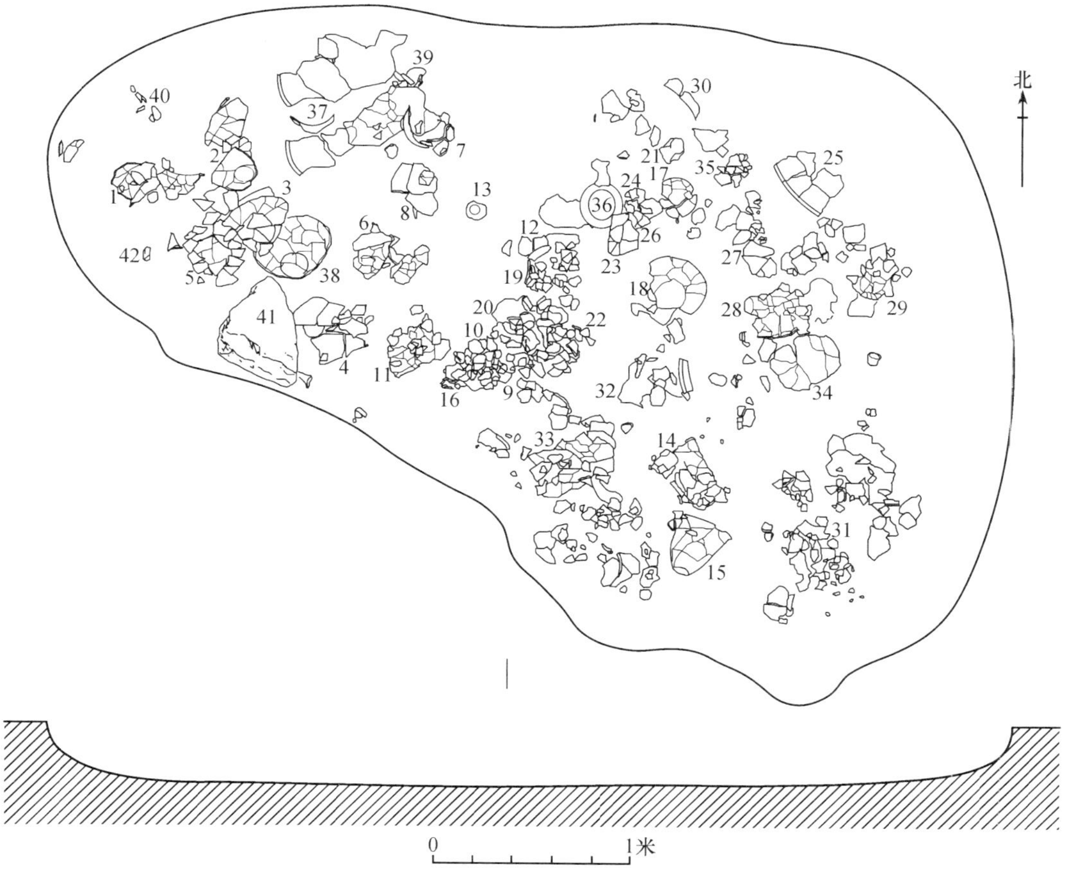

图四〇　JSK3平、剖面图及出土器物

1. BⅡ式钵　2、30、33. BⅠ式深腹罐　3. D型鼓腹罐　4. AⅠ式鬶　5. 石钺（残）　6、7. C型鼓腹鼎　8. AⅡ式鼓腹鼎　9、13、17. BⅠ式器盖　10、32. BⅡ式深腹罐（残）　11. B型高领罐（残）　12. BⅡ式鼓腹鼎　14、27、28. BⅠ式鼓腹鼎　15. CⅡ式大口罐　16. BⅠ式深腹罐（残）　18、23. B型浅腹盆　19. BⅠ式陶纺轮　20、22. AⅡ式深腹罐　21. AⅠ式大口罐（残）　24. AⅠ式鼓腹鼎　25. AⅡ式瓮　26. AⅡ式垂腹鼎　29. A型筒形罐　31. AⅡ式甑　34. BⅠ式假腹簋　35. C型鼓腹鼎（残）　36. 石料　37. B型缸（残）　38. BⅠ式鼓腹罐　39. B型甗（残）　40. 石料　41、42. A型磨石

壁清楚，坑内为一层堆积，土色黑灰，含有较多的草木灰，也有少部分被火烧过的兽骨，坑内在一个平面上均匀地分布着数十件不同类型的陶器，从散落的情况看，似为原地摆放后的破碎现象（彩版一二，2；图版二一，2），清理时可以看出的器形有陶鼎、陶碗、陶鬶、大口尊、陶盆、器盖、磨石、石钺、石料等40余个个体（图四一）。

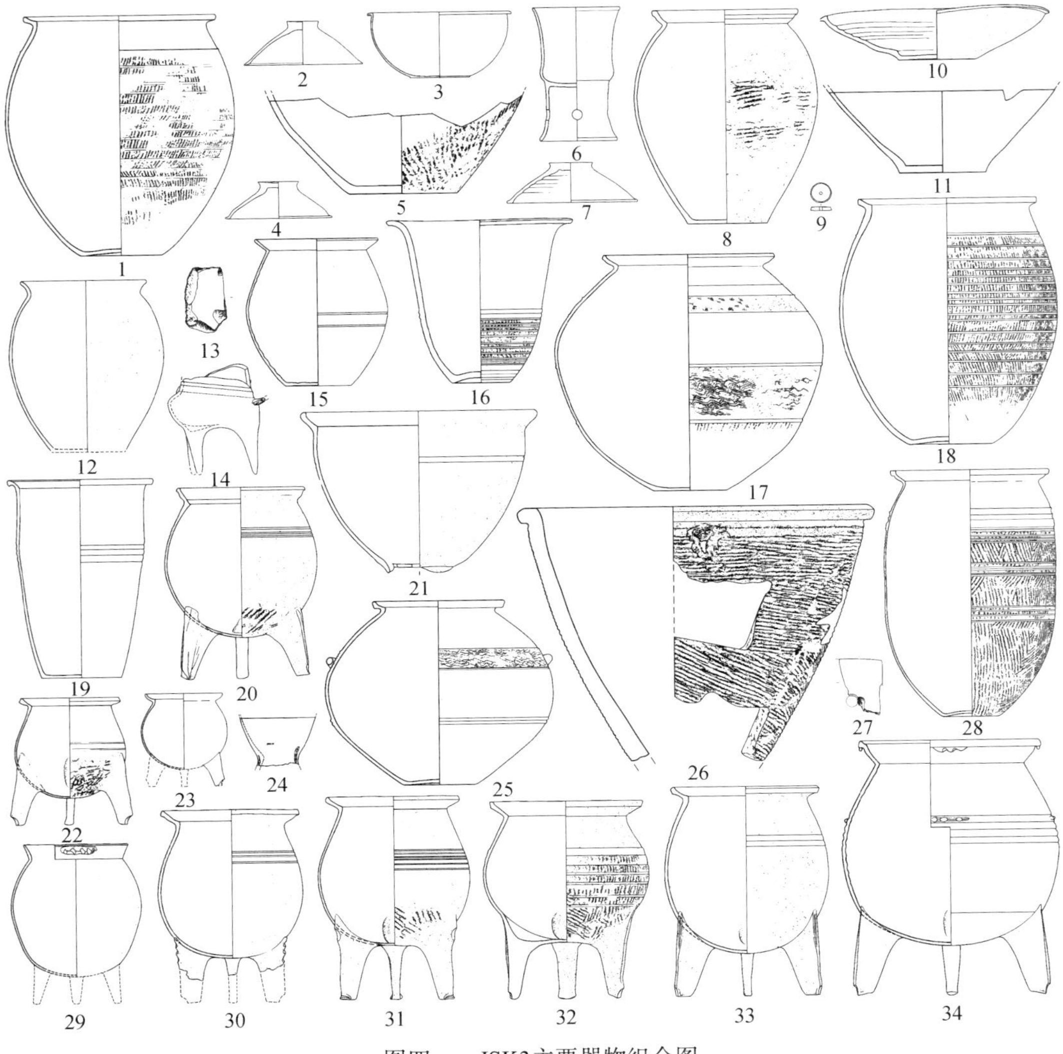

图四一　JSK3主要器物组合图

1、18. AⅡ式深腹罐（JSK3：22、JSK3：20）　2、4、7. BⅠ式器盖（JSK3：13、JSK3：9、JSK3：17）　3. BⅡ式钵（JSK3：1）　5、11. BⅡ式深腹罐（JSK3：32、JSK3：10）　6. BⅠ式假腹簋（JSK3：34）　8、12、15. BⅠ式深腹罐（JSK3：33、JSK3：2、JSK3：30）　9. BⅠ式陶纺轮（JSK3：19）　10. B型浅腹盆（JSK3：18）　13. A型磨石（JSK3：42）　14. AⅠ式鬶（JSK3：4）　16. CⅡ式大口罐（JSK3：15）　17. BⅠ式鼓腹罐（JSK3：38）　19. A型筒形罐（JSK3：29）　20、32、33. BⅠ式鼓腹鼎（JSK3：28、JSK3：14、JSK3：27）　21. AⅡ式甑（JSK3：31）　22. AⅡ式垂腹鼎（JSK3：26）　23. AⅠ式鼓腹鼎（JSK3：24）　24. B型甗（JSK3：39）　25. D型鼓腹罐（JSK3：3）　26. B型缸（JSK3：37）　27. 石钺（JSK3：5）　28. AⅡ式瓮（JSK3：25）　29. AⅡ式鼓腹鼎（JSK3：8）　30、31. C型鼓腹鼎（JSK3：6、JSK3：7）　34. BⅡ式鼓腹鼎（JSK3：12）

陶器基本为破碎的整体，但多数陶质酥松，仅有个别陶质较好，坑内器物应是一次性掩埋而成，每件器物破碎后基本保持了原来的位置。只是有的残缺，特别是有的器物陶质极为酥松，清理时即能看出器形特征，但无法提取和修复。

应该说，该坑与某种形式的祭祀活动有一定的关系，是当时在举行活动期间或之后一次性丢入的。从修复的陶器器形看，较大型器物和低温陶器占有一定的比例，且多数有变形现象，应该视为专门为祭祀活动而烧制的陶器。

4. 第四种类型：平底深坑单层埋藏完整器物

1座。

JSK4，位于T2034的东南部。开口于第4层层面，打破第4层、第5层和生土层，长条形，东西1～1.6、南北4.4米，底径南北4.2、东西1～1.3米，深0.8米，总面积约5.3平方米（图四二；图版二二，1）。该坑南部有一斜坡，从坑口向北伸到坑底。上面被H41叠压。坑内为一层堆积，土层没有变化，土质较坚硬，有黏性、较细腻，含有细沙。土色呈灰白色，包含有少量的陶片及红烧土块、木炭块、兽骨、兽牙等。

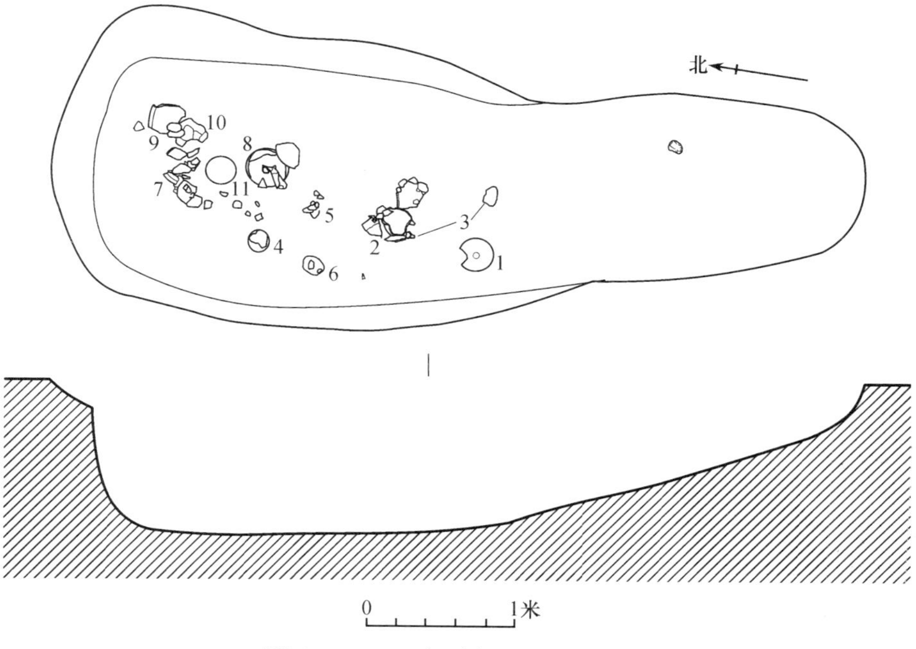

图四二　JSK4平、剖面图及出土器物

1. BⅠ式器盖　2. AⅠ式鼓腹鼎　3. AⅠ式碗　4、9. CⅠ式大口罐　5. CⅠ式磨石　6. B型石斧　7. B型甑　8. CⅠ式深腹鼎　10. C型高领罐　11. B型磨石

共清理出陶片105片，其中夹砂红褐陶13片，占总量的12.4%，其口沿6片，占46%；鼎足1片，占8%；残片6片，占46%。残片中饰划纹2片，占残片的33.3%；弦纹2片，占33.3%；素面2片，占33.4%。泥质红陶6片，占总量的5.7%，其中口沿4片，占66.7%；残片2片，占33.3%。残片中饰绳纹1片，占残片的50%；素面1片，占50%。泥质灰陶16片，占总量的15.2%，其中口沿2片，占13%；残片14片，占87%。残片皆素面，未见纹饰。夹砂灰陶14片，占总量的13.3%，皆素面残片，未见可辨器形及纹饰。黑陶56片，占总量的53.4%，其中黑皮陶50片，占黑陶的89%；泥质黑陶6片，占黑陶的11%。黑皮陶中饰绳纹34片，占黑皮陶的68%；素面16片，占32%。泥质黑陶中未见纹饰及可辨器形。

该坑底部陶器碎片较为集中，能看出每件陶器破碎的个体，其中有陶鼎、陶罐、器盖、陶盉，磨光黑陶器，罐圈足器，兽骨1件，还有看不出器形的残陶器等（图四三）。

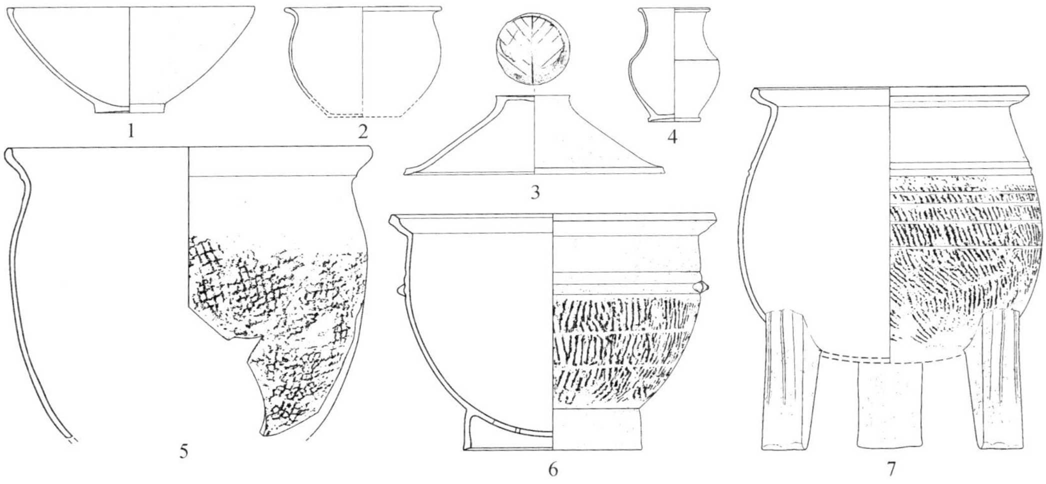

图四三　JSK4主要器物组合图

1. AⅠ式碗（JSK4：3）　2、5. CⅠ式大口罐（JSK4：4、JSK4：9）　3. BⅠ式器盖（JSK4：1）　4. C型高领罐（JSK4：10）　6. B型甑（JSK4：7）　7. CⅠ式深腹鼎（JSK4：8）

5. 第五种类型：圜底深坑单层抛弃埋藏器物

4座。

JSK5，位于T2036的中部，开口于第4层层面，打破第4、第5层和生土层。椭圆形，口径1.7～2.52、深0.46米，总面积为4.28平方米（图四四；图版二二，2）。坑口的中部及南部被H51打破。根据坑内土质、土色及包含物情况可以分为两层堆积。

第1层：黄土层。该层土质松软，厚0～32厘米，包含物较少，只有少量的红烧土颗粒、木炭块。

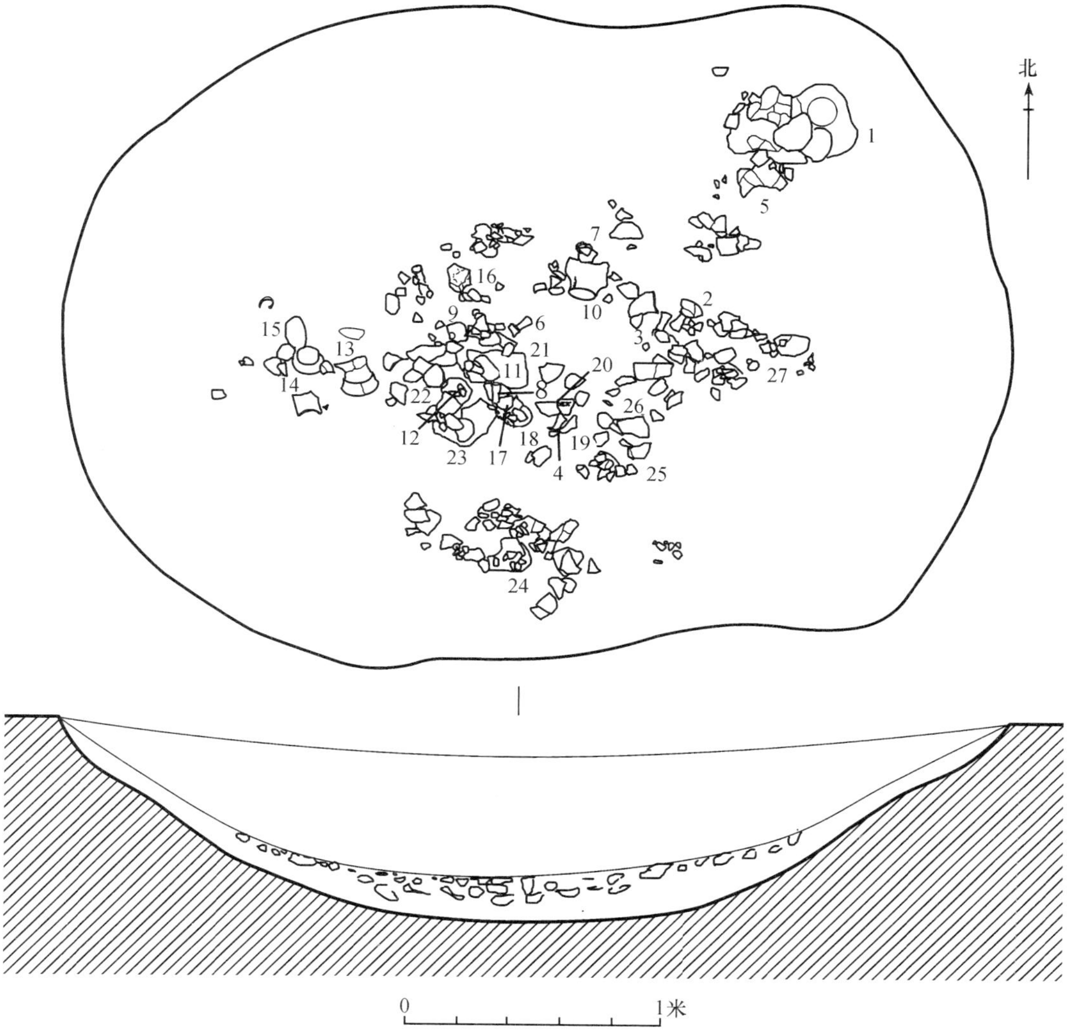

图四四　JSK5平、剖面图及出土器物

1. AⅠ式盉　2～4、6、8、9、11、12、17～20、23. D型器盖　5. AⅠ式器盖　7、16. B型磨石　10、13、21、22. A型磨石　14、26、27. AⅠ式鼓腹罐（残）　15. AⅠ式器盖　24. AⅠ式大口罐　25. AⅠ式鼓腹罐

第2层：黑褐土层。该层土质松软，厚0～12厘米，包含有大量的草木灰、木炭块、红烧土块及少量陶片。

共清理出陶片150片，其中夹砂红褐陶27片，占总量的18%，其中口沿15片，占55.6%；残片12片，占44.4%。在残片中饰弦纹2片，占17%；素面10片，占83%。泥质红陶7片，占总量的4.7%，其中口沿5片，占71%；残片2片，占29%。残片中未见纹饰。泥质灰陶40片，占总量的26.7%，其中口沿4片，占10%；残片36片，占90%。残片中未见纹饰。夹砂灰陶41片，占总量的27.3%，其中口沿6片，占15%；器底3个，占7%；残片

32片，占78%。残片中饰绳纹的15片，占47%；弦纹2片，占6%；素面15片，占47%。黑陶35片，占总量的23.3%，均为泥质黑陶，皆素面，未见可辨器形及纹饰。

在JSK5的底部清理出27件器物，多数较完整，计有罐、高柄器盖、鬶、磨石、残陶器等（图四五）。其中，该坑中出土13件高柄器盖，大小、形制相同，是非常罕见的现象。

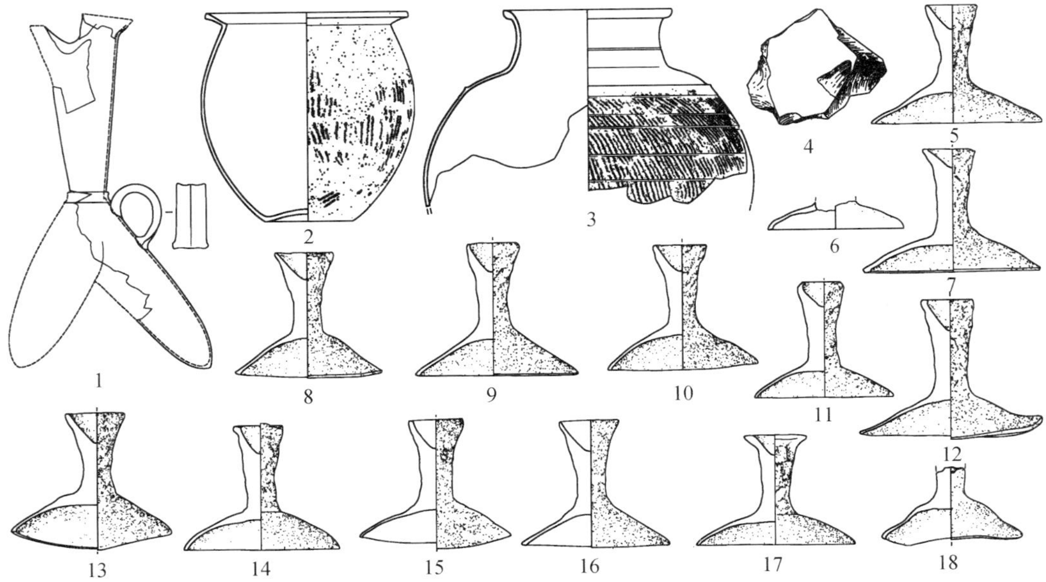

图四五　JSK5主要器物组合图

1. AⅠ式盉（JSK5：1）　2. AⅠ式大口罐（JSK5：24）　3. AⅠ式鼓腹罐（JSK5：27）　4. B型磨石（JSK5：16）　5、7～18. D型器盖（JSK5：2、JSK5：11、JSK5：4、JSK5：3、JSK5：8、JSK5：18、JSK5：9、JSK5：17、JSK5：23、JSK5：19、JSK5：20、JSK5：6、JSK5：12）　6. AⅠ式器盖（JSK5：5）

JSK6，位于T2046的西部，大部分压在T2045的东隔梁下，椭圆形。口径东西3.2、南北2.4米，深0.45米，总面积为7.68平方米（图四六；图版二三，1）。坑内为一层堆积，该层堆积土质松软，土色呈黑褐色，包含有大量的草木灰、木炭块、红烧土块、陶片及少量的兽骨、石块。

共清理出陶片779片，包括夹砂红褐陶254片，占总量的33%，其中口沿14片，占6%；鼎足54个，占21%；器底5个，占2%；残片181片，占71%。残片中饰绳纹的79片，占残片的44%；划纹17片，占9%；素面85片，占47%。泥质红陶24片，占总量的3%，其中口沿3片，占13%；器底1个，占4%；鼎足2个，占8%；残片18片，占75%。残片中饰绳纹的4片，占残片的22%；饰划纹2片，占11%；素面12片，占67%。泥质灰陶222片，占总量的28%，其中口沿33片，占15%；残片189片，占85%。残片中饰绳纹76片，占残片的40%；饰弦纹30片，占16%；素面83片，占44%。夹砂灰陶146片，占总量的19%，其中口沿32片，占22%；器底8个，占5%；残片106片，占73%。残片

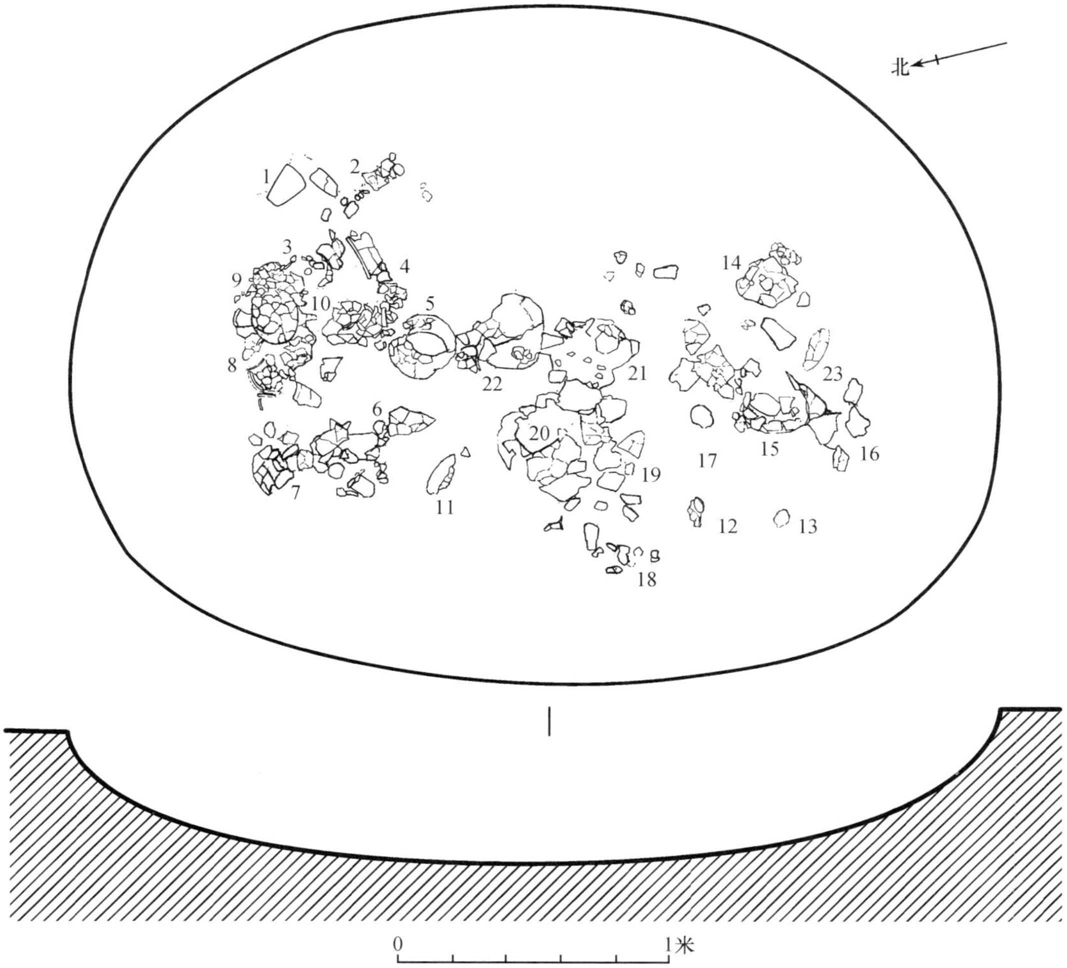

图四六　JSK6平、剖面图及出土器物

1. AⅡ式垂腹鼎　2. AⅠ式深腹鼎　3、6、8～12、14、17、23. B型磨石　4. AⅠ式深腹罐　5. A型磨石　7. AⅠ式大口罐　13、21、22. 石料　15. AⅠ式鼓腹罐　16. AⅠ式器盖　18. 圈足（残）　19. AⅡ式深腹罐（残）　20. BⅠ式深腹罐（残）

中饰绳纹35片，占残片的33%；弦纹12片，占11%；划纹12片，占11%；素面47片，占45%。黑陶131片，占总量的16.7%，其中黑皮陶104片，占黑陶的79%；泥质黑陶27片，占黑陶的21%，皆残片，未见可辨器形及纹饰。白陶片2片，占总量的0.3%，皆残片，未见可辨器形及纹饰。

器物全部位于底部，计有鼎、罐等共23件器物（图四七）。磨石多达11件，是一种非常罕见的现象。

JSK7，位于T2045的中部。开口于第4层层面，打破第4、第5层和生土层。呈“十”字形。口径东西5.2、南北4.8米，深0.4～1.17米，总面积为24.96平方米，坑底较平缓，坑底东北部较深（图四八；图版二三，2）。

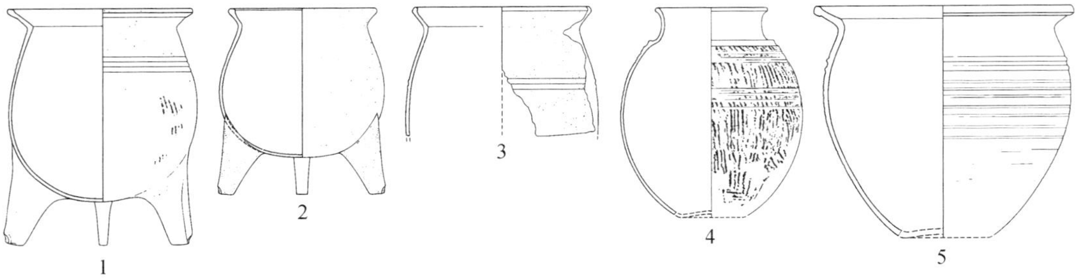

图四七　JSK6主要器物组合图

1. AⅠ式深腹鼎（JSK6：2）　2. AⅡ式垂腹鼎（JSK6：1）　3. BⅠ式深腹罐（JSK6：20）　4. AⅠ式深腹罐（JSK6：4）　5. AⅠ式大口罐（JSK6：7）

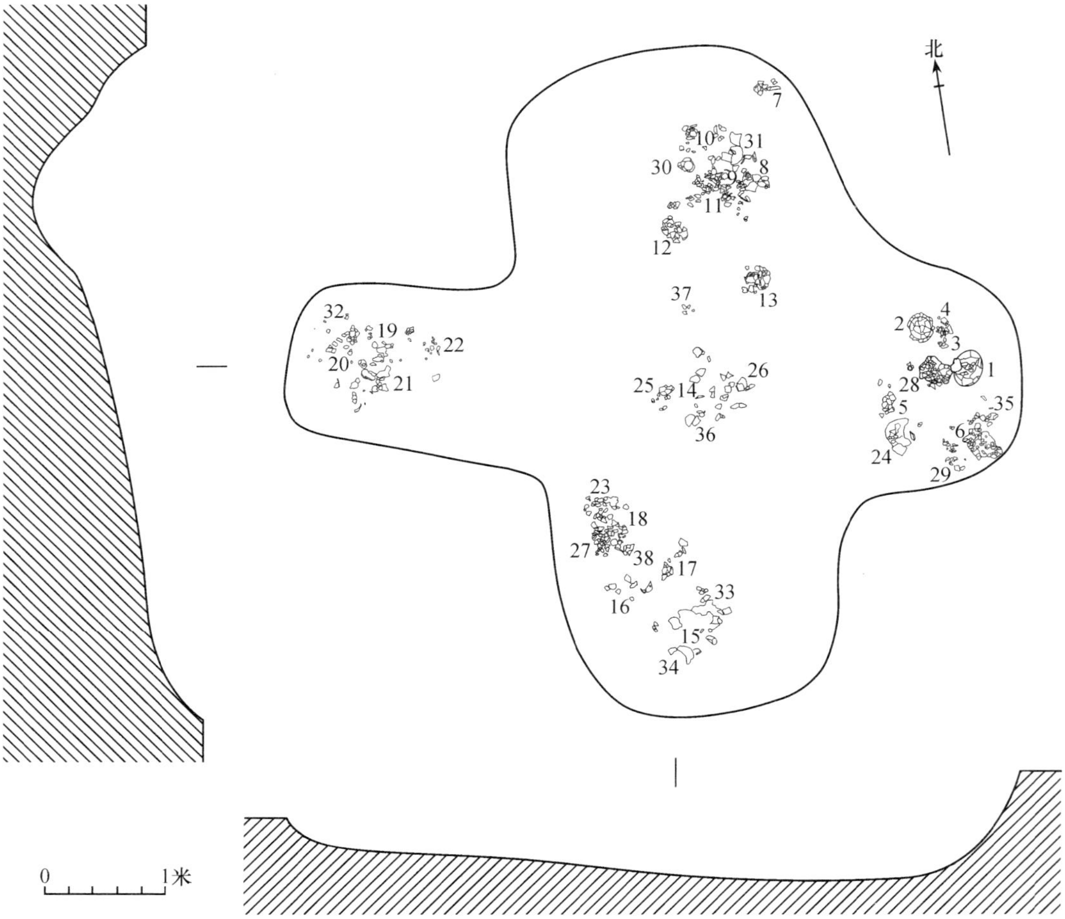

图四八　JSK7平、剖面图及出土器物

1. AⅠ式鼓腹罐　2. A型豆　3. AⅠ式鼓腹鼎　4. C型浅腹盆　5. 圈足（残）　6～8、10、12、18. AⅠ式鼓腹罐（残）　9. AⅠ式浅腹盆（残）　11. 垂腹罐（残）　13. CⅠ式大口罐（残）　14. BⅠ式鼓腹罐（残）　15～17、20、22、25～27、30、31. A型磨石　19. 石料　21. B型石斧　23、24. AⅡ式石镞　28. AⅢ式石镞　29、32、33、35～37. B型磨石　34. B型石锛　38. 石料

坑内为一层堆积，土质松软，土色呈黑褐色，包含有大量草木灰、木炭块、陶片、兽骨、磨石及少量的红烧土块、颜料石、石料。

共清理出陶片911片，包括夹砂红褐陶600片，占总量的66%，其中口沿55片，占9%；鼎足100个，占17%；器底17个，占3%；残片428片，占71%。其中饰绳纹121片，占残片的28%；弦纹72片，占17%；附加堆纹43片，占10%；素面192片，占45%。泥质红陶43片，占总量的5.5%，其中口沿2片，占5%；器底1个，占2%；残片40片，占93%。残片皆素面，未见纹饰。泥质灰陶12片，占总量的1.3%，其中口沿2片，占17 %；器底1个，占7%；残片9片，占76%。残片中饰绳纹的4片，占残片的44%；弦纹1片，占12%；素面4片，占44%。夹砂灰陶104片，占总量的11%，其中口沿11片，占10.5%；器底11个，占10.5%；残片82片，占79%。残片中饰绳纹的32片，占残片的39%；划纹3片，占4%；素面47片，占57%。黑陶150片，占总量的16%，其中黑皮陶128片，占黑陶的85%；泥质黑陶22片，占黑陶的15%，未见可辨器形。由于大部分陶片表皮严重脱落，看不见纹饰。白陶2片，占总量的0.2%，皆残片，未见可辨器形及纹饰。

清理过程中发现有大量的磨石和石料、颜料石，坑的中心部位器物和陶片较少，坑内器物自然分放5组，坑底有大量的木炭块及轻微的火烧痕迹。

共清理出38件器物（图四九）。其中，罐类器多数为残件，磨石占有较大的比例。

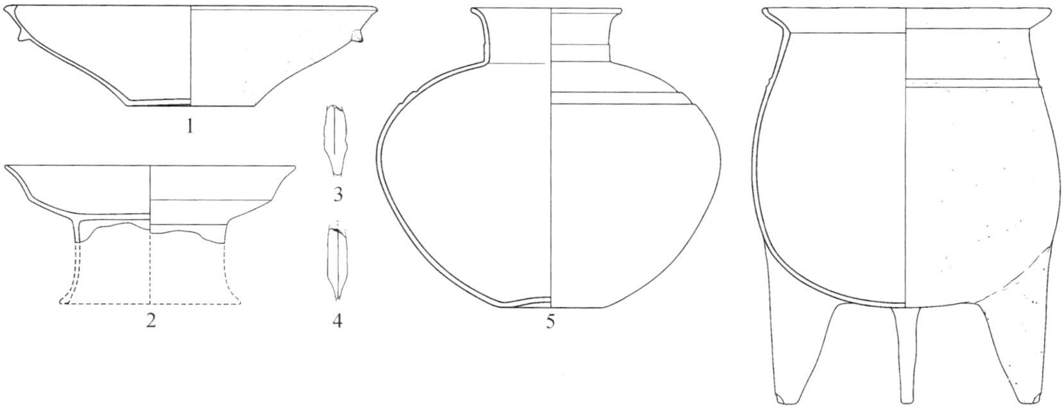

图四九 JSK7主要器物组合图

1. C型浅腹盆（JSK7：4） 2. A型豆（JSK7：2） 3. AⅢ式石镞（JSK7：28） 4. AⅡ式石镞（JSK7：23） 5. AⅠ式鼓腹罐（JSK7：1） 6. AⅠ式鼓腹鼎（JSK7：3）

JSK8，位于T2045的中部偏西，开口于第4层层面，打破第4、第5层和生土层。部分延伸到T2044内。椭圆形。口径东西1.73、南北1.54米，深0.2米，总面积为2.66平方米，坑底较平缓（图五〇；图版二四，1）。

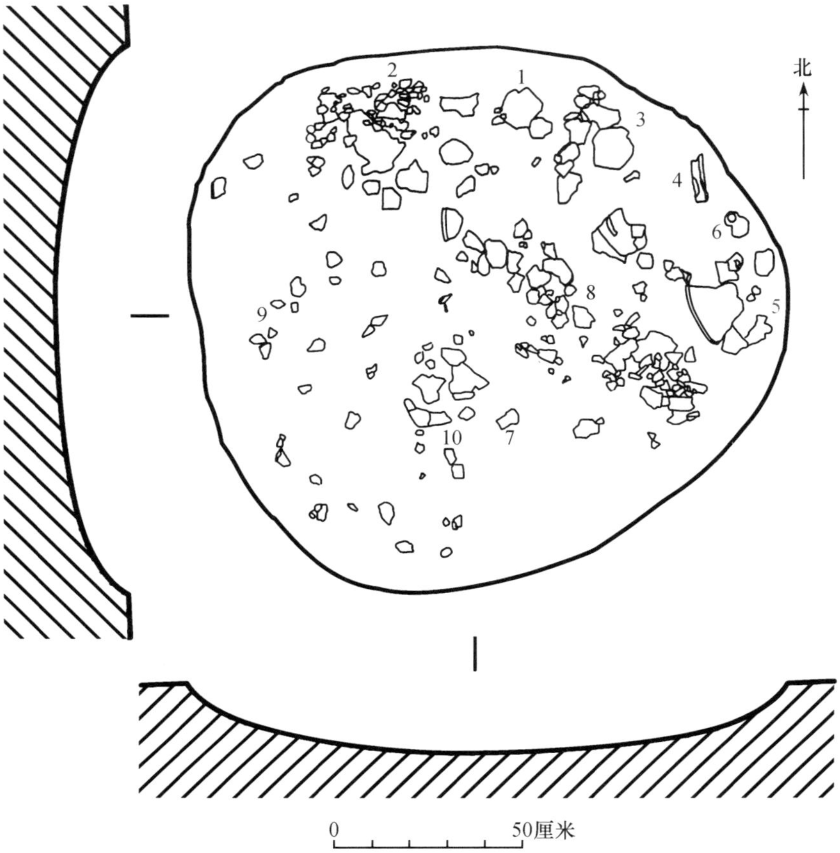

图五〇　JSK8平、剖面图及出土器物

1. A型豆　2. A型石楔器　3. B型磨石　4. 石料　5. 鬼脸式鼎足　6. BⅡ式深腹罐（残）　7. AⅡ式深腹罐（残）　8. BⅠ式鼓腹罐（残）　9. BⅡ式深腹盆（残）　10. AⅠ式鼓腹罐

该坑为一层堆积，坑内堆积高出坑口10厘米，呈堌堆状，堆积土质松软，较黏，土色呈灰黑色，填土中包含有大量的草木灰、木炭块、被烧过的兽骨及少量的红烧土块，底部分布有陶片和石料。

共清理出陶片896片，其中夹砂红褐陶482片，占总量的54%，其中口沿72片，占15%；鼎足36个，占7%；器底23个，占5%；残片351片，占73%。残片中饰绳纹173片，占残片的49%；弦纹20片，占6%；素面158片，占45%。泥质红陶101片，占总量的11%，其中口沿7片，占7%；器底6个，占6%；残片88片，占87%。残片中饰绳纹23片，占残片的26%；饰弦纹11片，占13%；素面54片，占61%。泥质灰陶16片，占总量的1.8%，其中口沿2片，占12.5%；器底2个，占12.5%；残片12片，占75%。残片中未见纹饰。夹砂灰陶40片，占总量的4.2%，其中口沿5片，占12%；残片35片，占88%。残片中饰绳纹11片，占残片的31%；素面24片，占69%。黑陶150片，占总量的17%，其中黑皮陶133片，占黑陶的89%。泥质黑陶17片，占黑陶的11%。黑陶中未见可辨器形及纹饰。白陶107片，占总量的12%，皆残片，未见可辨器形及纹饰。

该坑的上部基本以破碎的陶片为主，底部陶片较大，但不见完整器形，共清理出10件器物，除石器外，陶器均为残件（图五一）。

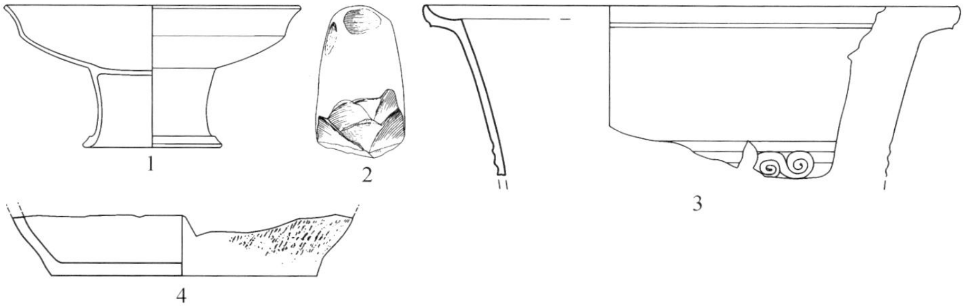

图五一　JSK8主要器物组合图

1. A型豆（JSK8：1）　2. A型石楔器（JSK8：2）　3. BⅡ式深腹盆（JSK8：9）　4. BⅡ式深腹罐（JSK8：6）

8座祭祀坑均发现于Ⅱ区，尤其是JSK1～JSK5，均位于Ⅱ区南部，相距较近，应该属于一个固定时段的遗存。我们在整理过程中也发现了一个特殊现象，即在不同单位的祭祀坑中能修复成形一件器物，如罐（编号JSK4：10），分别是由JSK4和JSK5的陶片修复成形；甑（编号JSK4：7），分别是由JSK4和JSK5的陶片修复成形（见表一四）。这种现象和祭祀沟的情况相同，说明在埋藏过程的时空距离较短，或为同时无规律的埋入。

四、圆圈遗迹

圆圈遗迹共发现4处，分布于二区的T2019、T2020、T2009、T2022这4个探方内（见图三三；彩版一三，1），均开口于第4层的同一层面上，周边探方的相关地层中尚未发现有相同的迹象。4个圆圈的分布略呈曲尺形，除个别被破坏外，每个圆圈的形状、大小和结构的形成均一致（图版二四，2），除后来因破坏使有的圆圈不甚完整外，没有打破和叠压现象。为了详细了解这种特殊迹象的构成，我们特选择了稍被破坏的圆圈4进行解剖，显示了该迹象的形成具有以下步骤：①先在原地即第4层层面挖出一个圆形土坑；②在坑内填充黄土以形成圆形坑的形状；③在黄土之内的圆心部位再填充白土，最后形成一个同心圆的形状（彩版一三，2）。实际上，该迹象的大小是以黄土的直径为最大径，每个圆圈遗迹中的黄土和白土都不见任何包含物，其土质土色细致而纯净，与祭祀台基的铺垫土完全一致，与周围共存的同层遗迹仅有祭祀坑2。

圆圈1，位于T2019探方西南侧，圆形，最后一道程序的白土填充范围较小，而且其中心较偏离，总直径为1.05米，面积为0.87平方米，其中黄土宽0.14～0.5米，白土为圆形，直径为0.45、坑深0.22米（图五二，1）。

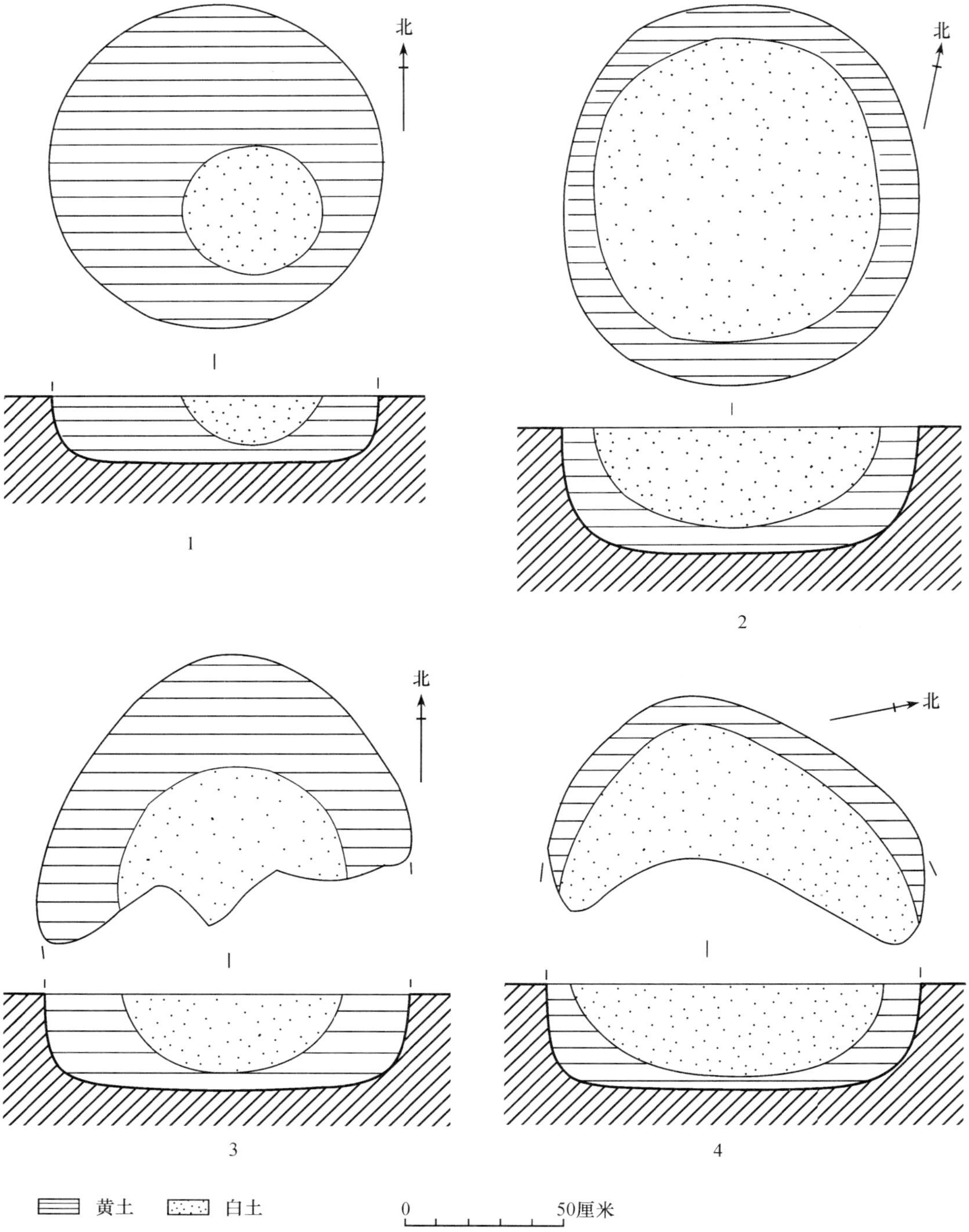

图五二　圆圈遗迹平、剖面图
1. 圆圈1　2. 圆圈2　3. 圆圈3　4. 圆圈4

圆圈2，位于T2020探方内，基本为圆形，中间白土的填充范围较大，呈圆角方形，而使周边的黄土部分成为环形带状。总直径为1.12～1.24米，面积为1.1平方米，黄土宽0.12、白土直径0.89～0.98、坑深0.41米（图五二，2）。

圆圈3，位于T2022西南角，由于被破坏，现呈不规则半椭圆形。该迹象内的黄土填充不甚规则，但白土的填充基本为圆形，现存总直径为1.25米，面积为0.62平方米，其中，黄土宽0.22、白土直径0.7、坑深0.3米（图五二，3）。

圆圈4，位于T2009探方北部，保存不甚完整，现存为不规则形，直径为1.2米，面积约0.65平方米，黄土呈半圆形带状，宽0.12米，白土略呈弯月形，直径0.85、坑深0.35米（图五二，4）。圆圈遗迹的详细情况见表七。

表七　圆圈迹象情况统计表

圆圈编号	所属探方	形状	总直径（米）	黄土宽（米）	白土直径（米）	备注
1	T2019	圆形	1.05	0.14～0.5	0.45	保存完整
2	T2020	基本为圆形	1.12～1.24	0.12	0.89～0.98	保存完整
3	T2022	不规则形	1.25	0.22	0.7	保存较差
4	T2009	不规则形	1.2	0.12	0.85	保存较差

圆圈遗迹作为一种特殊的遗迹现象，也应该富含有深层的意义，因为圆圈的形成完全是人们有意识的行为，根据思维模式将其堆筑成固定的形状，无论是祭天、祭地或祭祀日月星辰，都映射出意识形态里的深刻含义。

第二节　建筑遗迹

建筑布局、结构及其类型

（一）布局

由于大面积文化层的缺失和河堤、公路的覆盖，造成了遗址中建筑遗迹的不完整，应该说，在我们发掘的范围内，所揭露的聚落遗存仅是禹会村遗址的局部，因此，现暴露的迹象还不能全面地显现出遗址中房址的数量和聚落的规模。根据历次发掘所清理的遗迹分布情况，相关的建筑遗存应主要分布在Ⅱ区和Ⅲ区内，由于河堤和公路的原因，我们无法把两个区域连为一个整体，从中获取其全部的有关建筑方面的资料。根据Ⅱ区揭露的房基看，我们有充足的理由相信，禹会村遗址的Ⅱ区、Ⅲ区包括河堤、公路之下，应该存在有更大或更加特殊的建筑遗存，如现已暴露的F1，往西已被覆盖于公路和河堤之下，究竟有多长，面积有多大，不得而知。Ⅲ区发掘时，也曾经在T3009和T3010中暴露有20余米长的建筑沟槽，应该是简易式建筑的残存，可见，作为居住和日常活动的区域应在Ⅱ区和Ⅲ区范围内，所占的范围也相当大。

房址的现存布局没有一定的规律，形状也欠规则，显然不是在统一规划下实施的。虽然面积大小有别，但建筑形式近似，显示的是一种简易的工棚式建筑。

Ⅱ区揭露的三处较完整的房址，分布比较集中，主要分布于T2027、T2028、T2034、T2035、T2037、T2038中，局部延伸到T2037、T2038以外（图五三）。而Ⅲ区虽然仅发现房址的残存基槽，显示的面积很大，但还看不出整体的布局情况。

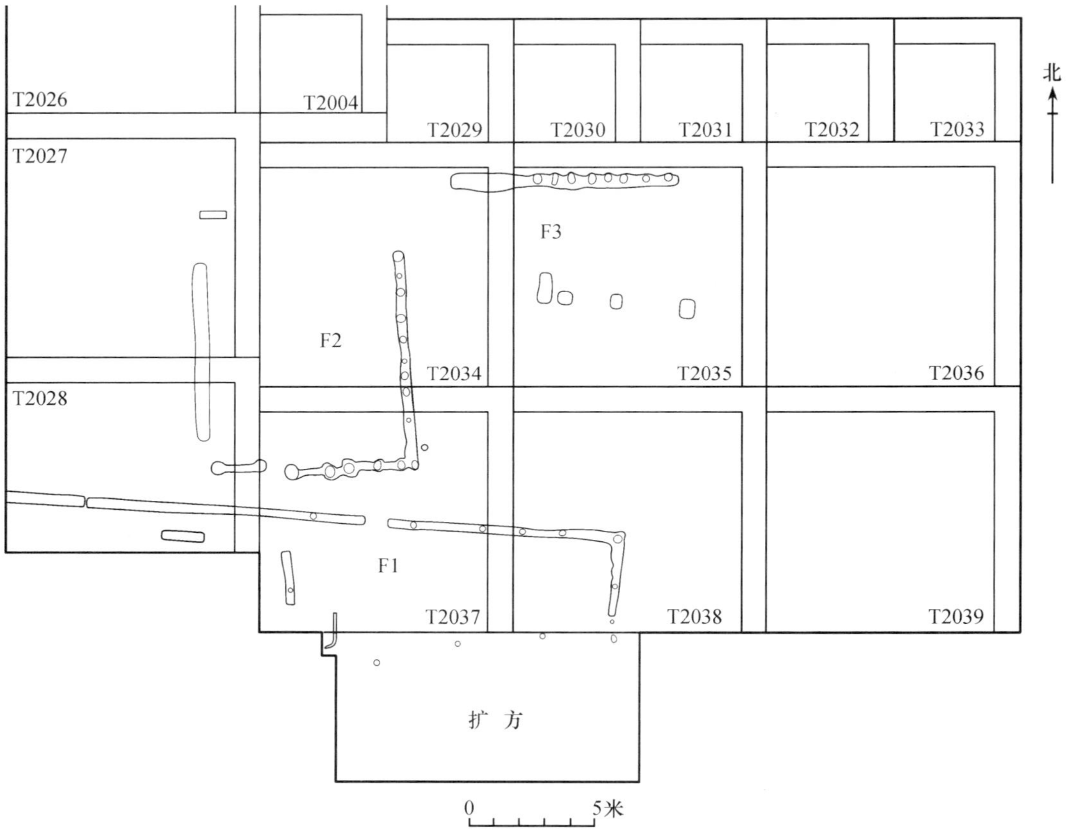

图五三　Ⅱ区房址平面布局图

（二）结构

该建筑分别由墙基槽、柱洞和居住面组成，显示的是极为简单的建筑形式。

1. 墙基槽

墙基槽位于房址的一侧或两侧，没有固定的形式，但都是作为房子的主墙以起到一定的承重作用。墙基槽在文化层面显露的现象非常明显，待墙基槽清理至20厘米时，即显露出柱洞的迹象，但作为房址的主体部分，却没有使整个墙基槽连为一个整体，仅仅是在一侧挖槽立柱，以构成房址的主体建筑框架。

2. 柱洞

柱洞分布于墙基槽的对应部位，一般为一排墙基槽和一排柱洞构成一处房址的完整格局。柱洞分为两种类型：一是柱洞较密集地排列于墙基槽内，柱洞的直径又多数超出了墙基槽的宽度，或超出墙基槽的一侧边缘，显示了立柱的粗大。二是与墙基槽对应的一侧，是直接在平地立柱，排列没有等距的规律，似乎以副墙的作用起到相应的支撑效果。每处房址中的柱洞大小、间距和立柱的粗细或数量，都不尽相同，显示了简单的营造方法。

3. 居住面

每间房内的居住面都非常平整，所铺垫的土质也较纯净，但没有明显的踩踏面痕迹，也没有经过刻意的加工，也不见因生活而留下的如灶址或用具之类的遗迹和遗物，从而可以看出对房子的使用时间较短。

每间房址均没有固定的门道，有的墙基槽中部有一隔段，有的一侧既没有墙基槽，也没有柱洞排列，呈敞开的形式，即可能作为临时性通道的作用。

（三）房址

实际上，每处房址均以长方形或方形的建筑格局为特点，并有东—西向和南—北向之分，大小有别，形状近似。平面暴露的现象即是墙基槽的位置（彩版一四，1；图版二五，1），槽基槽清理后即见柱洞痕迹（彩版一四，2；图版二五，2）。迹象表明，该建筑采用的是先挖槽，后立柱的建筑形式。墙基槽主要设在东部和北部，由四段组成，柱洞也多分布于东部基槽内。

1. F1

主要位于Ⅱ区的T2037、T2038探方中部，往西延伸到T2028探方内，尚未到尽头，开口于第4文化层。整体结构为东—西向呈长方形布局，暴露的迹象可分东、西两部分，以中部南北槽基为界，东部形成完整的近似于长方形的房子结构；而往西延伸到公路及河堤方向，至于还有多大面积尚不清楚。现存东西长36.35、南北宽3.3米，暴露面积约为120平方米（图五四）。

该房址为四段墙基槽和柱洞组成。

一段墙基槽由南北向和东西向构成曲尺形，位于房址东北部，总长9.45、宽

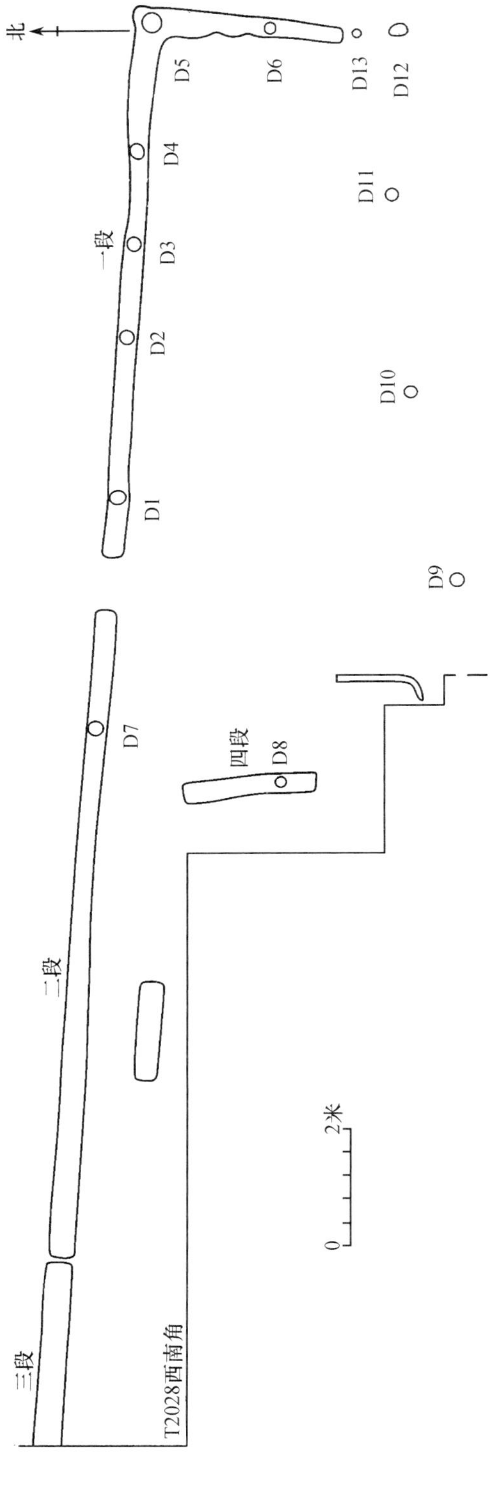
北
一段
二段
三段
四段
D1
D2
D3
D4
D5
D6
D7
D8
D9
D10
D11
D12
D13
T2028西南角
0
2米

图五四　F1平面图

0.3～0.5、深0.3～0.5米。共由6个柱洞构成，编号为D1～D6。槽内堆积土内含有一定量的红烧土颗粒和黄花土、木炭屑及少量碎陶片，土质较松软。

二段墙基槽为东西向，位于北部中段，与一段有0.55米宽的隔断，长3.1、宽0.4、深0.5米。仅有一个柱洞，编号为D7，槽内填土与一段相同。

三段墙基槽为东西向，位于北墙西部，与二段有0.07米宽的隔断，往西未到尽头，现存长0.8、宽0.45米，没有柱洞。槽内填土以灰褐色土为主，不见碎陶片遗物。

四段墙基槽为南北向，位于房址中间，似隔墙，仅有一个柱洞，编号为D8。长3.5、宽0.3～0.5、深0.13～0.15米。槽内堆积是含大量红烧土颗粒的黄花土、木炭屑、红烧土颗粒及少量碎陶片。

另外，房址南部没有墙基槽，仅在地面发现一排间距基本相等的东—西向柱洞，共5个，编号为D9～D13，该组柱洞的大小与墙基槽内的柱洞相等，见表八。

表八　F1各段墙基槽柱洞统计表

墙基槽	柱洞编号	形状	直径（厘米）	深（厘米）	备注
一段	D1	圆形	25	16	平底
	D2	圆形	24	23	平底
	D3	圆形	24	13	圜底
	D4	圆形	22～27	25	平底
	D5	圆形	34	28	平底
	D6	圆形	20	30	平底
二段	D7	椭圆形	24	35	圜底
三段	无柱洞				
四段	D8	圆形	18	23	圜底
无墙基槽柱洞	D9	圆形	23	13	圜底
	D10	圆形	20	25	平底
	D11	圆形	20	28	平底
	D12	圆形	22～30	30	圜底
	D13	圆形	15	40	圜底

从房址的整体构成来看，呈东窄西宽状，建筑形式非常简单，居住面较平整，但未经过有意的加工，室内未见灶址和相关的生活设施及生活用具，门向不清。

2. F2

位于Ⅱ区的T2034、T2037和T2027、T2028探方东部。开口于第4层层面，整体呈南北向长方形。为南—北长9、东—西宽8.5米，面积为76.5平方米（图五五）。

该房址分别由四段墙基槽构成一个近长方形的布局形式，一段为房址的西墙基槽，呈南—北向，长7.3、宽0.6米，未见柱洞。二段位于房址的西南角，呈东—西向，长2.16、宽0.3米，仅为基槽。三段为房址的南主墙，东—西向，长5.24、宽0.35米，槽

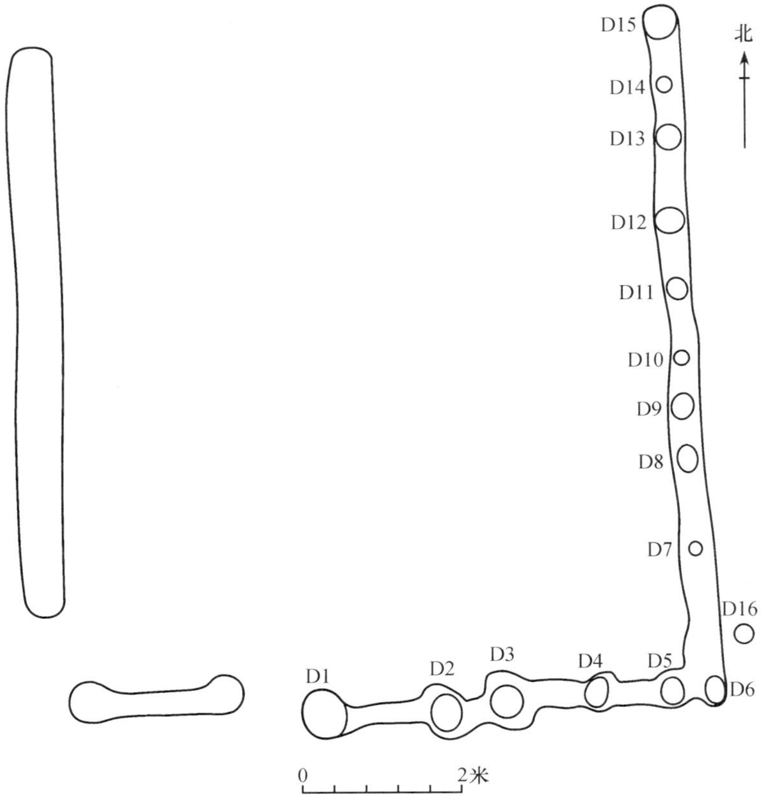

图五五　F2平面图

内堆积含大量红烧土颗粒的黄花土、木炭屑、红烧土颗粒、少量碎陶片。基槽内分布有6个柱洞由西向东排列，编号为D1～D6，而大部分柱洞的直径都超越了墙基槽的宽度。在二段和三段之间，存在一个宽0.75米的缺口。四段是该房址的东主墙，南—北向，长9、宽3.8米。槽内堆积是含大量红烧土颗粒的黄花土、木炭屑、红烧土颗粒、少量碎陶片。底部有9个柱洞，由南往北依次编号为D7～D15。柱洞的直径虽然有大有小，但基本没有超越墙基槽的宽度。北部为敞开的形式。可以看出，该房址采用的是先挖槽后立柱的建筑方法，由基槽和柱洞构成一个房址的整体。

另外，东南部拐角处的墙基槽之外，发现一个柱洞，编号为D16。详细情况见表九。

该房址的柱洞有些特殊，有的直径较小，而多数柱洞的直径大于墙基槽的宽度，北部又为敞开式格局，形成了一个开放的建筑形式。室内居住面较平整，但没有经过进一步加工，同时，室内未发现与生活居住相关的灶址和相应的生活用具等迹象。而在房址外围却分布有较多的坑状遗迹，坑内有简单的烧面、木炭、兽骨和原地破碎的器物以及伴有大量的石料、磨石等现象。

表九　F2各段墙基槽柱洞统计表

墙基槽	柱洞编号	形状	直径（厘米）	深（厘米）	备注
一段	仅为墙基槽				
二段	仅为墙基槽				
三段	D1	圆形	50	20	平底
	D2	圆形	55	30	平底
	D3	圆形	48	30	平底
	D4	不规则圆形	30	25	平底
	D5	圆形	30	28	平底
	D6	椭圆形	26	30	圜底
四段	D7	圆形	22	22	圜底
	D8	椭圆形	30～38	20	平底
	D9	圆形	38	26	平底
	D10	圆形	20	20	平底
	D11	圆形	34	20	平底
	D12	椭圆形	39	20	平底
	D13	圆形	35	20	平底
	D14	圆形	23	28	圜底
	D15	圆形	45	20	圜底
东南角墙外	D16	圆形	34	20	平底

3. F3

位于Ⅱ区的T2035探方内，北部沟槽西侧少部分延伸到T2034探方内。墙基槽开口于第4层，打破生土层，整体呈东西向长方形，东西长6.5、南北宽6米，面积为39平方米（图五六）。该房址仅由北部墙基槽、柱洞和南部柱洞构成简易的建筑形式。基槽呈长条形，东—西长6.5、宽0.5、深0.2米。基槽内土质微硬、呈块状，有黏性，土色呈灰白色，基槽内土壤包含物较少，仅有少量的炭化颗粒。基槽底部清理出8个柱洞，由西往东编号为D1～D8，南部由东—西向4个柱坑构成，由东往西编号D9～D12（表一〇）。

墙基槽内的8个柱洞排列密集，而且多数又超出了沟槽的宽度范围，南部的4个柱洞形制较大，显得非常特殊排列欠规则，北部墙基槽内的8个柱洞中都具有一个普遍现象，即土呈黄色，土质较硬，有黏性，包含物较少，只有少量的红烧土颗粒夹杂其中。由于东西两侧没有柱洞和墙基槽，整体结构类似于通道式建筑，更加显示了该房址的临时性功能。

该房基的面积较大，但仅保留了残存的墙基槽，并可以看出是由隔墙组成的较大型的居住空间。

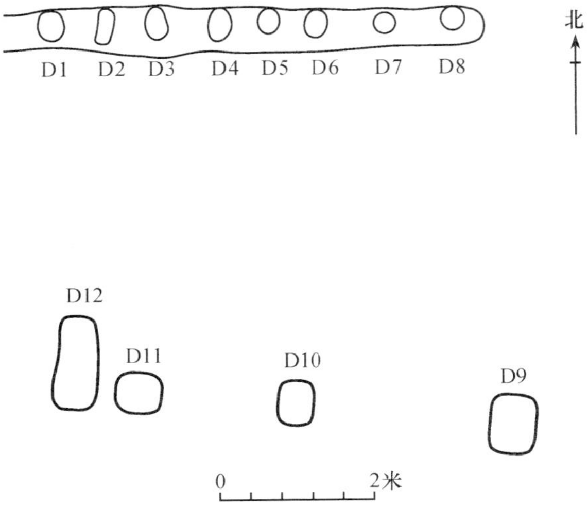

图五六　F3平面图

表一〇　F3墙基槽柱洞统计表

墙基槽	柱洞编号	形状	直径（厘米）	深（厘米）	备注
北部基槽	D1	椭圆形	34	35	圜底
	D2	长方形	22 ~ 46	32	平底
	D3	不规则圆形	36	42	圜底
	D4	椭圆形	36	30	平底
	D5	圆形	32	30	圜底
	D6	圆形	31	32	圜底
	D7	圆形	27	41	平底
	D8	圆形	29	40	平底
南部柱洞	D9	长方形	60 ~ 76	35	平底
	D10	长方形	47 ~ 60	35	圜底
	D11	方形	55	25	圜底
	D12	长方形	55 ~ 125	30 ~ 55	圜底

4. F4

位于Ⅲ区的T3009 ~ T3011探方内，呈东—西布局，该地点由于地层的缺失，暴露的迹象仅有墙基槽和少部分柱洞或叫柱坑构成一个不完整的居住空间。墙基槽共由四段组成：一段位于北墙的西端，长11.1、宽0.65米。二段位于北墙的东部，长7.6、宽0.5米。在一、二段之间，有一个3.7米宽的缺口。三段位于东部，呈南—北向，长7.65、宽0.4 ~ 0.7米。基槽中部和南部，分别有一个圆形和长方形大型柱洞（编号D3、D4）。该基槽往北尚未到尽头，四段位于东南部，呈东—西向，长7.2、宽0.3 ~ 0.6米，四段与二段的跨度为7米，而又与三段南部形成一个0.5米的隔断。四段基槽往东尚

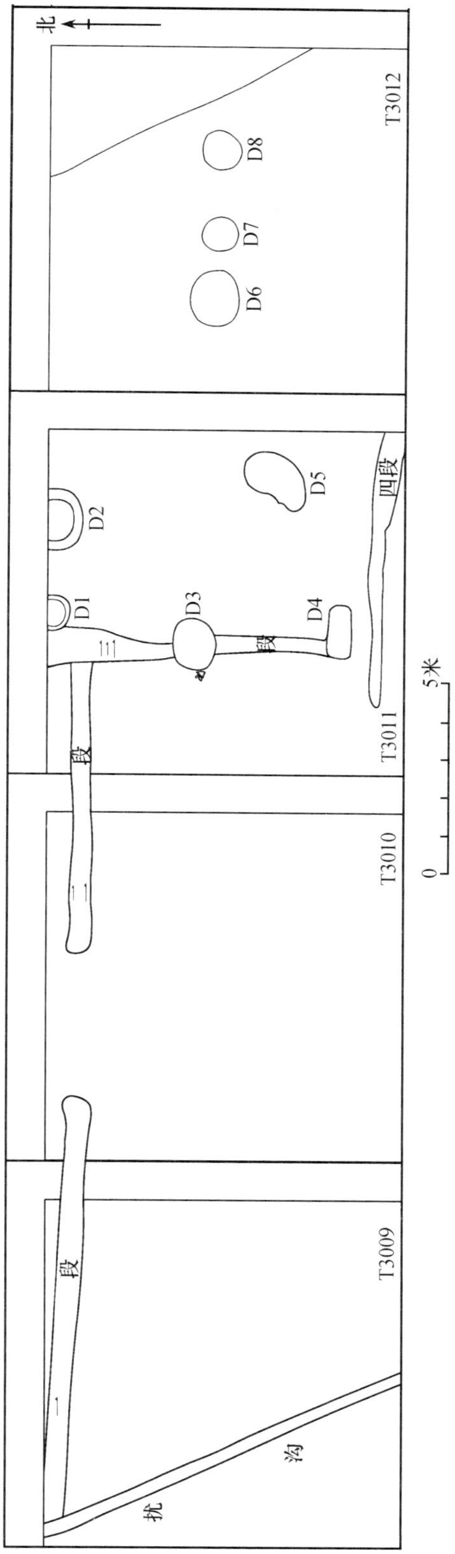

图五七 F4平面图

未到尽头，而在三段的东侧和四段的北侧有6个大型柱洞（编号D1、D2、D5～D8），似乎三段、四段和D1、D2、D5～D8，构成了另一个居住空间，而整体成为排房式的格局形式，但由于被破坏得非常严重，暂按一座房址记录。该房址的西侧又被扰沟打破，故无法计算F4的实际面积（图五七）。柱洞情况见表一一。

表一一　F4柱洞统计表

柱洞编号	形状	直径（厘米）	深（厘米）	备注
D1	圆形	97	30	圜底
D2	圆形	160	25	平底
D3	椭圆形	112～140	15	圜底
D4	圆角长方形	60～145	20	平底
D5	椭圆形	110～186	16	圜底
D6	椭圆形	125～142	14	圜底
D7	圆形	88	15	平底
D8	圆形	100	21	平底

第三节　其他遗迹

一、隔　离　墙

隔离墙位于Ⅱ区的T2045探方中南部，少部分压在T2044东隔梁下。暴露于第4层，呈东—西向布局，现存长度为8.7米，剖面暴露的高度为0.1、宽0.11～0.13米（彩版一五，1；图版二六，1）。剖面显示的基槽底部近似圆锥形，一边坡度较陡直，一边呈弧度弯曲状，底部较尖（图版二六，2）。

该迹象的形成过程，是经过挖槽后，又在槽内堆筑花白土并高出地面，成为一个独立的遗迹单位，从基槽的剖面可以看出，先期在挖槽的过程中，并没有经过一定的规划或设计，基槽底部显示了一定的随意性，但基槽内的筑土，具有一定的密度和硬度，白土欠纯净，包含有灰土颗粒。基槽和堆筑土内未发现柱洞，与该基槽相邻的较大范围内，未曾发现与此相关的迹象，仅表现出北与取土坑相距1米，南距祭祀坑10余米，与工棚式建筑相距30余米。从遗迹现象本身判断，该迹象应该与建筑无关，因为没有形成与建筑相关的格局，况且该迹象不具备一定的宽度，难以起到承重的作用，可能作为一个区域的局部界限。

二、取 土 坑

取土坑位于Ⅱ区的T2040、T2041、T2042、T2043、T2044、T2045、T2046探方内，暴露的面积约500多平方米。在所分布的七个探方内，分别由大小不一、深浅有别的坑状迹象连为一片，大体呈东西长30、南北宽17米。其底部呈高低起伏、坑洼不平状。由于坑状遗迹的密集分布，故在坑内和坑口以上的堆积，形成黄色淤土、花白色淤土、黑色淤土、纯黄色淤土等不同现象的淤积层（图五八）。淤积层内包含有一定量的破碎陶片，局部有整体破碎的陶器，从多层的淤积现象可以看出，在取土坑形成以后的一段时期内，该地点曾经经历过洪水的袭击。无论坑大坑小，但坑壁和坑底都较规则，留下了明显的人工挖制的迹象（彩版一五，2；图版二七，1）。

取土坑北部，由于被水泥板场所覆盖，目前所揭露的迹象并不是取土坑的全部，探方内的现象显示，往北应该还有一定面积的延续，所以，取土坑的实际分布范围尚不清楚，往西为蚌—淮公路和淮河大堤，故取土坑的西部区域也未到尽头，往东则是由Ⅱ区活动区域通往Ⅰ区祭祀台基的通道部位，而与南部各类祭祀坑和工棚式建筑相距不足30米。从暴露的迹象看，取土坑往北、往西还应有一定的分布面积。

该坑的形成可能与建筑用土或制陶用土有直接的关系，或许还具有别的用途。取土坑作为特殊的遗迹单位，是禹会村遗址中不可分割的一部分，而不同堆积的淤积层，层次明显，根据包含物判断，相隔时间并不长，间接地证明了当时的自然环境曾经发生过与气候变化有关的极端事件。

三、通 道

发现于Ⅱ区东北部的T2046、T2047、T2043、T2056、T2056探方内，暴露于第4层，为南—北向布局，在探方暴露的南—北长度为20余米，宽2.5～2.8米（图版二七，2），往北直通Ⅰ区的祭祀台基西侧北部位置，但通往祭祀台基的具体入口，由于民房和水泥路的覆盖尚不清楚，依据通道在Ⅱ区的暴露部位和祭祀台基中部的长度，可知通道的南北长度至少为100多米。

通道边缘不甚规则，但路面比较平整，土质较纯，具有一定的硬度和密度，但与长期所形成的路土踩踏现象相比，还有一定的差异，路土面尚未形成“页状”叠压现象。为了详细了解通道形成的铺设过程，我们选择了局部解剖的方法，清楚地显示了该通道是经过挖槽后又堆筑灰白土而筑成路基和路面（图版二八，1）。沟槽呈口大底小状，底部较平坦，深0.7～0.9、底宽1.8米。

2006年，我们首次对遗址进行钻探时，曾在Ⅰ区祭祀台基的西侧边缘探出呈南—

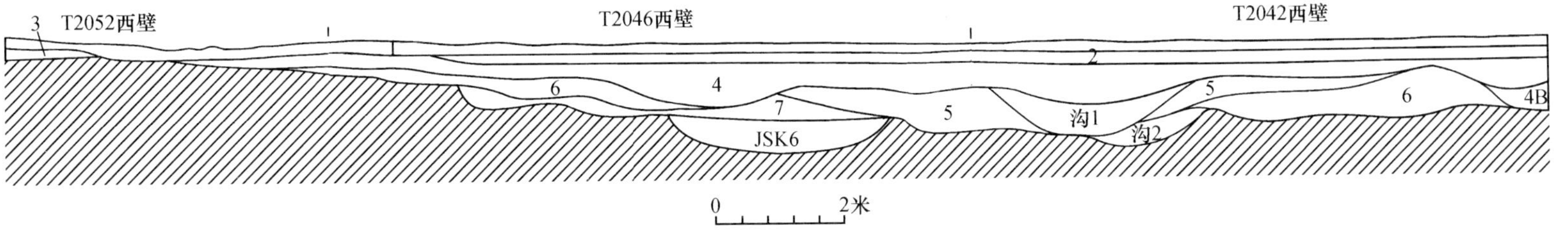

图五八　T2042、T2046、T2052（取土坑现象）西壁剖面图

1. 耕土　2. 黄色淤土　3. 汉代堆土　4. 白花淤土　5. 黑色淤土　6. 黄花淤土　7. 深灰色文化堆积　（7层下为纯黄色淤土）

北向的类似于路土的迹象，由于水泥路和民房的原因而不能发掘，2010年在揭露祭祀台基西侧的祭祀沟时，因仅限于祭祀沟的实际范围起取水泥路面，故无法揭露通道现象。2011年在Ⅱ区北侧发掘时，则发现了通道的部位和走向，从而证实了与2006年钻探时所获取的信息是完全吻合的。

迹象表明，通道是为在祭祀台基活动的人群专门铺设的，具有专一的功能，或说具有“神道”的意义。它的出现，进一步证实了Ⅰ区的祭祀台基是当时重要而又神秘的场所，是一处非常独立而又呈封闭式的祭祀场地，在活动期间或活动过程中，具有非常严格的进出场途径和严密的礼仪制度，同时也表明了祭祀过程中的宏大场面和繁杂程序。

四、灰沟（HG）

灰沟共发现5个，主要分布在T2009（HG1）、T2007（HG2）、T2008（HG3）、T2035（HG4）、T2036（HG5）的第3层（图五九）。

1. HG1

位于T2009的东北部，打破第3文化层。近似长条形。东西长6.3、南北宽2.4、深0.25米（图六〇）。

沟内为一层堆积，土质较松软，有一定的黏性，土色呈灰褐色，填土内包含有少量被火烧过的兽骨碎渣以及石块、木炭渣、草木灰、红烧土块等。出土有器盖、石磨盘、石镞等器形。

该灰沟平面迹象明显，除一些碎小的陶片外，还有石镞3件，器盖2件，磨盘1件。

2. HG2

位于T2027探方西南部，打破第3文化层，上部被H36打破，局部打破HG3，一部分叠压在探方的西壁下。平面呈半部椭圆形长6.35、宽3.9、深1.8米（图六一）。

该沟中包含有少量动物骨渣、贝壳、较多木炭、红烧土和陶片，其中以出土陶片为主。

共清理出陶片735片，夹砂红褐陶220片，占总量的30%，其中口沿11片，占5%；鼎足22个，占10%；器底1个，占0.5%；残片186片，占84.5%。残片中饰篮纹的7片，占残片的3.8%；弦纹3片，占1.6%；素面176片，占94.6%。泥质红陶2片，占总量的0.3%，皆残片，未见可辨器形及纹饰。泥质灰陶83片，占总量的11%，其中口沿

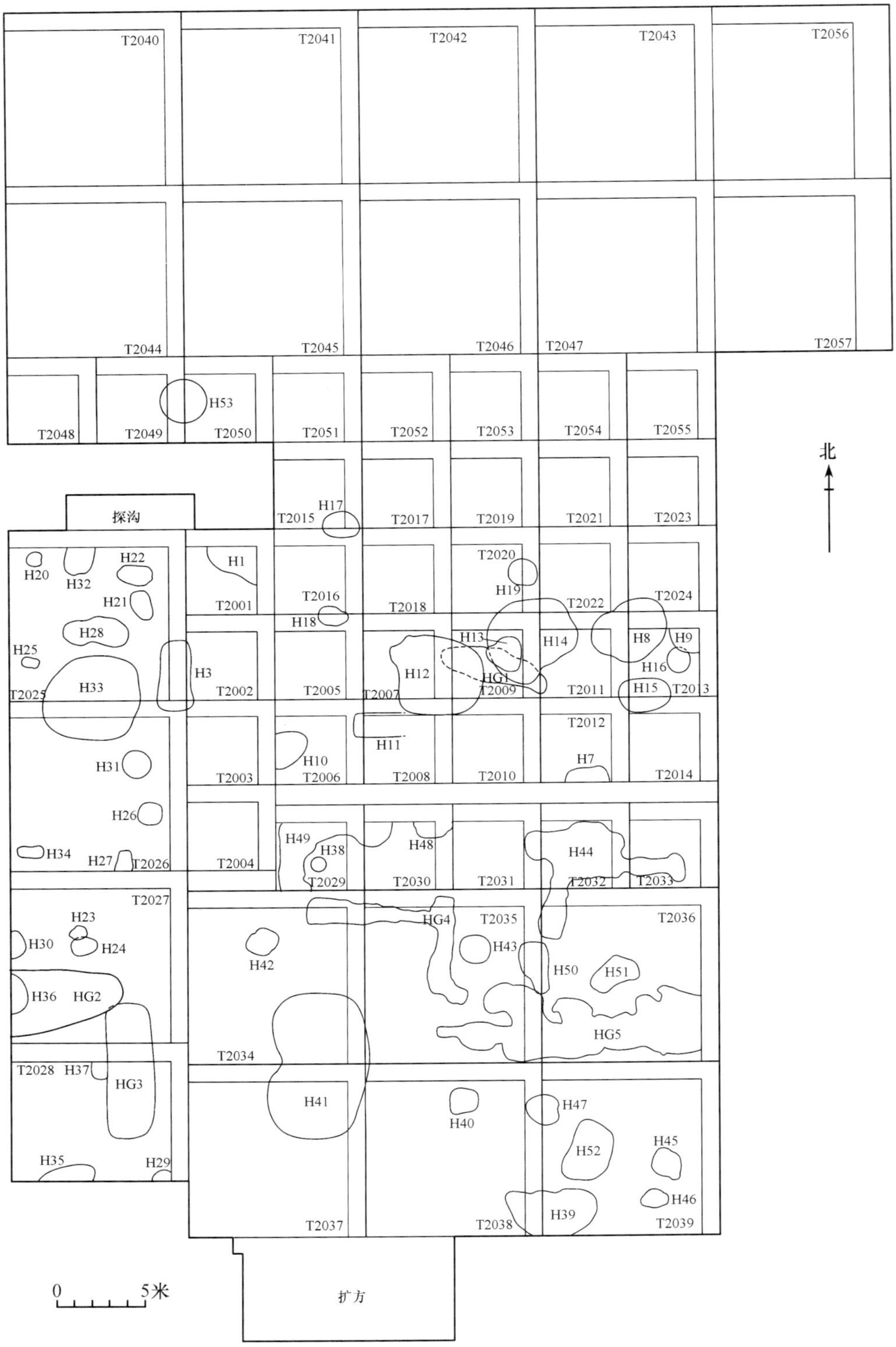

图五九　Ⅱ区灰坑（H）、灰沟（HG）分布图

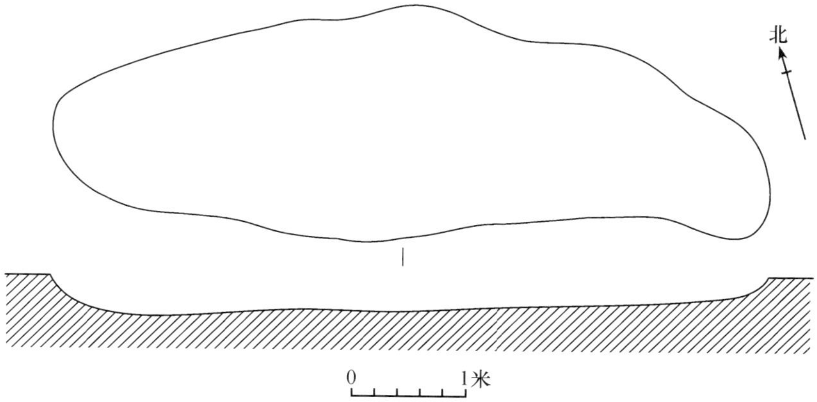

图六〇 HG1平、剖面图

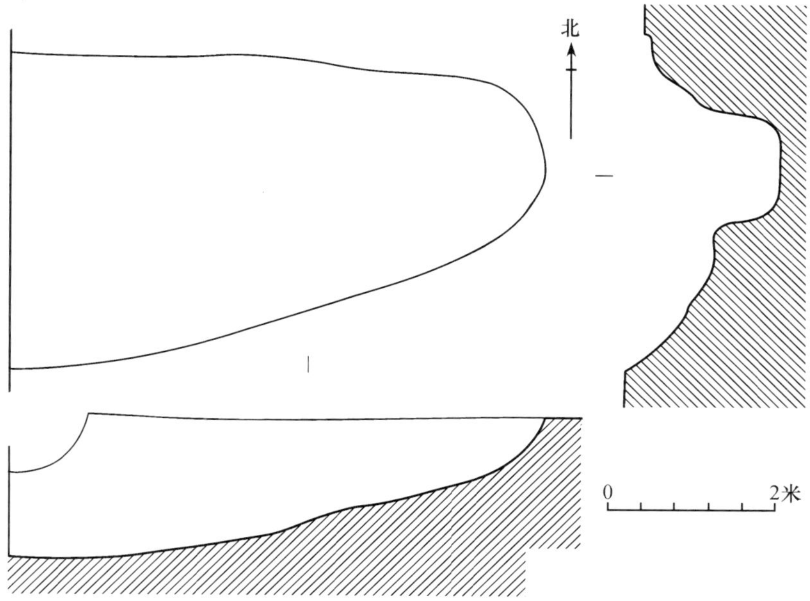

图六一 HG2平、剖面图

10片，占12%；器底1个，占1.2%；残片72片，占86.8%。残片中饰篮纹的15片，占20.8%；弦纹2片，占2.8%；素面55片，占76.4%。夹砂灰陶366片，占总量的50%，其中口沿26片，占7%；鼎足10个，占2.7%；器底1个，占0.3%；残片329片，占90%。残片中饰篮纹的36片，占残片的11%；弦纹9片，占2.7%；绳纹1片，占0.3%；素面283片，占86%。黑陶64片，占总量的8.7%，其中夹砂黑陶17片，占黑陶的11%；泥质黑陶53片，占黑陶的83%。夹砂黑陶中口沿1片，占夹砂黑陶的9%；残片10片，占91%。泥质黑陶中口沿1片，占泥质黑陶的1.9%；器底1片，占1.9%；残片51片，占96.2%。

3. HG3

分布于T2027和T2028探方内，平面呈圆角长方形，南—北长7.9、东—西宽2.7、深0.8米（图六二）。沟的平面范围明显，沟内填土为黑灰色土，较松软，与地层形成较大的区别。

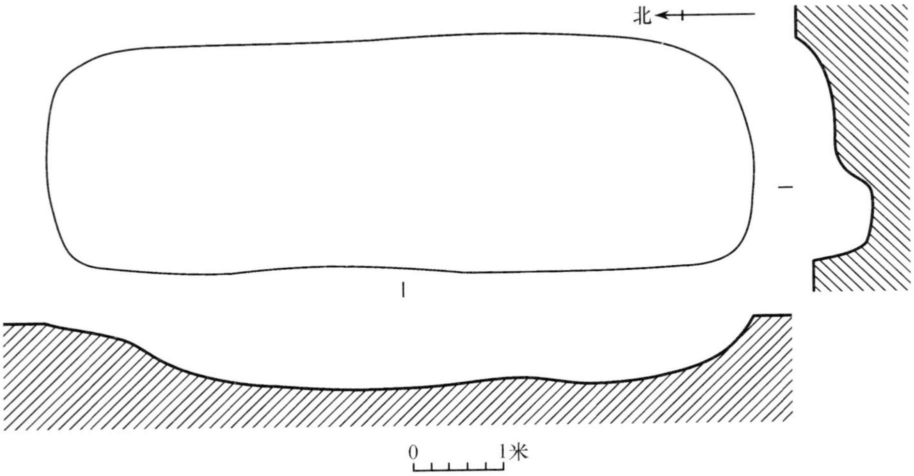

图六二　HG3平、剖面图

共清理出陶片1092片，夹砂红褐陶589片，占总量的54%，其中口沿50片，占8%；鼎足41个，占7%；残片498片，占85%。残片中饰绳纹的42片，占残片的8%；弦纹11片，占2%；附加堆纹7片，占1.4%；方格纹2片，占0.6%；素面436片，占88%；泥质红陶297片，占总量的27%，其中口沿30片，占10%；残片267片，占90%。残片中饰划纹的4片，占1%；素面263片，占99%。泥质灰陶41片，占总量的4%，其中口沿4片，占10%；残片37片，占90%。残片中未见纹饰，皆素面。夹砂灰陶129片，占总量的12%，其中口沿10片，占8%；器底3个，占2%；残片116片，占90%。残片中饰绳纹的20片，占残片的16%；弦纹4片，占4%；划纹2片，占2%；素面90片，占78%。黑陶36片，占总量的3%，其中黑皮陶30片，占黑陶的83%；泥质黑陶6片，占黑陶的17%。皆残片，未见可辨器形及纹饰。

4. HG4

位于T2035探方北部，平面呈不规则曲尺形（图六三；彩版一六，1；图版二八，2）。沟内堆积根据土质、土色的变化可以划为2层。

第1层：土质较松软，有黏性。土色呈黑褐色。厚度0～0.3米。土壤包含有大量的草木灰、红烧土颗粒、木炭块及陶片。

清理出陶片1054片，夹砂红褐陶370片，占总量的35%，其中口沿69片，占19%；

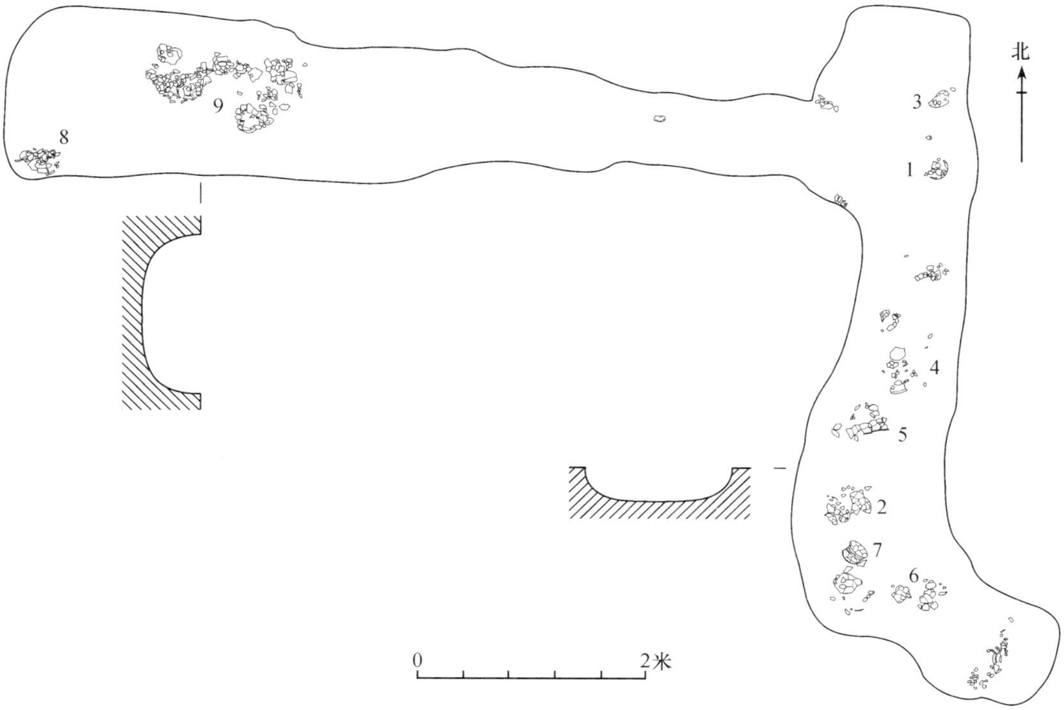

图六三　HG4平、剖面图及出土器物

1、4. CⅡ式器盖　2. B型陶鬶　3. BⅠ式器盖　5. AⅠ式大口罐　6. 尊　7. 圈足　8. CⅡ式缸（残）　9. AⅠ式鼓腹罐（残）

鼎足42片，占11%；器底4个，占1%；残片255片，占69%。残片中饰绳纹的56片，占残片的22%；弦纹20片，占8%；附加堆纹4片，占1.3%；乳钉纹2片，占0.7%；素面173片，占68%。泥质红陶379片，占总量的39%，其中口沿20片，占5%；器底3个，占1%；残片356片，占94%。残片中饰绳纹的40片，占残片的11%；素面316片，占89%。夹砂灰陶82片，占总量的7.8%，其中口沿4片，占5%；器底1个，占1%；残片77片，占94%。残片中饰绳纹的11片，占残片的14%；弦纹2片，占3%；素面64片，占83%。泥质灰陶56片，占总量的5%，皆素面，未见可辨器形及纹饰。黑陶165片，占总量的16%，其中磨光黑陶10片，占黑陶的6%；黑皮陶90片，占黑陶的55%。泥质黑陶65片，占黑陶的39%。黑陶皆残片，未见纹饰及可辨器形。白陶2片，占总量的0.2%，皆残片，未见可辨器形及纹饰。

第2层：土质微硬、呈块状。土色黄、白土相间，厚0.2～1米。本层土壤包含有少量的红烧土块、木炭块及大量的陶片。

本层共清理出陶片1541片，夹砂红褐陶736片，占总量的47.5%，其中口沿100片，占14%；鼎足50片，占7%；器底7个，占1%；残片572片，占78%。残片中饰绳纹的

90片，占残片的15%；弦纹10片，占2%；附加堆纹5片，占1%；划纹12片，占2%；素面455片，占80%。泥质红陶348片，占总量的23%，其中口沿70片，占20%；残片278片，占80%。残片中饰绳纹20片，占残片的7%；弦纹17片，占6%；素面241片，占87%。泥质灰陶110片，占总量的7%，其中口沿7片，占6%；残片103片，占94%，残片中未见可辨器形及纹饰。夹砂灰陶123片，占总量的8%，其中口沿23片，占19%；器底2个，占1%；残片98片，占80%。残片中饰绳纹的7片，占残片的7%；划纹2片，占2%；素面89片，占91%。黑陶224片，占总量的14.5%，其中黑皮陶200片，占黑陶的89%；泥质黑陶20片，占黑陶的9%；磨光黑陶4片，占2%。黑陶皆残片，未见可辨器形及纹饰。

尽管HG4有层位上的区别，但包含物没有时间段的差异，应是在非常短的时间内所形成，但是，该沟内复原成形的器物基本为残件，计有器盖、陶鬶、大口罐、尊、圈足器、缸、鼓腹罐等器形（图六四）。

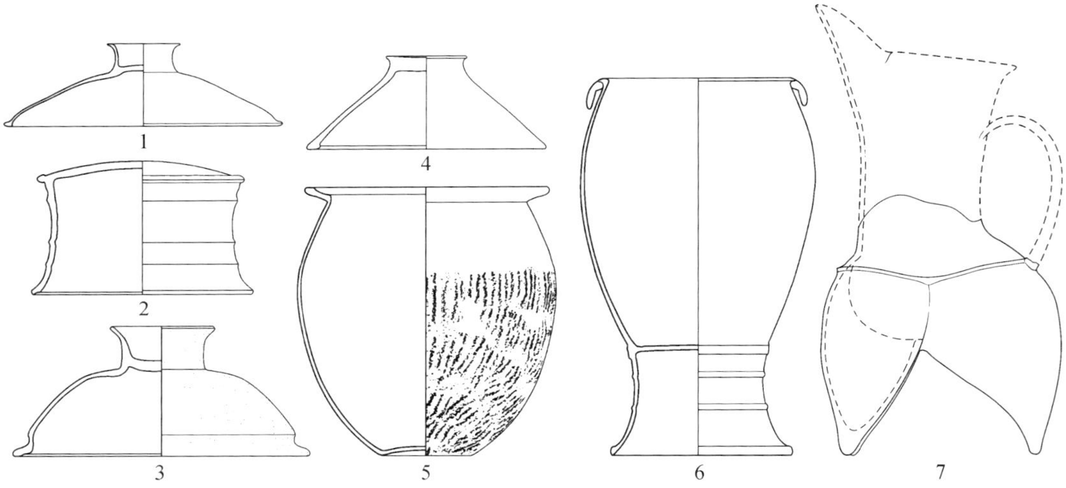

图六四　HG4主要器物组合图

1、3. CⅡ式器盖（HG 4 ：1、HG 4 ：4）　2. 圈足（HG4：7）　4. BⅠ式器盖（HG4：3）　5. AⅠ式大口罐（HG4：5）　6. 尊（HG4：6）　7. B型陶鬶（HG4：2）

5. HG5

分布于T2036的南部，并向西延伸到T2035的东南部，部分压在东隔梁下，整体分布面积较大，呈不规则形，沟口像2个不规则的坑，沟底呈条状，清理范围东西长16、沟上口宽0～3、底部0.4～2.4、深0.25～1米（图六五；图版二九，1）。

HG4开口于第3层，打破第3层、第4层及生土层。沟内堆积为一层堆积，土质较松软，有黏性，土色呈灰褐色，土壤包含有少量的兽骨、石块、木炭块及大量的陶片、草木灰、红烧土块。

图六五 HG5平、剖面图及出土器物

1. B型刻槽筒形罐 2. AⅡ式盉 3. C型鼓腹鼎 4. B型磨石 5. B型碗 6. AⅠ式大口罐 7. AⅡ式盉（残） 8. BⅡ式盉 9. A型磨石 10. AⅠ式瓮 11. D型大口罐 12. AⅠ式鼓腹鼎 13. AⅡ式垂腹鼎 14、19、20. AⅡ式深腹罐 15、30. AⅠ式垂腹鼎 16. B型磨石 17. A型陶镞 18、28. A型高领罐（残） 21. B型浅腹盆 22. B型豆 23. CⅠ式器盖（残） 24. C型平底盘 25. 圈足 26. AⅠ式大口罐（残） 27. AⅠ式鼓腹罐（残） 29. BⅠ式鼓腹罐（残） 31. CⅡ式缸

共清理出陶片616片，夹砂红褐陶302片，占总量的49%，其中口沿35片，占11.5%；器耳1个，占0.3%；器底16个占5.4%；鼎足56个，占18.5%；圈足1个，占0.3%；残片193片，占64%。残片中饰篮纹的12片，占残片的6%；弦纹18片，占9%；绳纹1片，占0.5%；划纹1片，占0.5%；素面161片，占84%。泥质红陶63片，占总量的10%，其中口沿21片，占33.3%；器底1个，占1.6%；器柄8个，占12.7%；器足3个，占4.8%；器盖1个，占1.6%；残片29片，占46%。残片中饰篮纹的2片，占残片的7%；弦纹4片，占14%；素面23片，占79%。泥质灰陶30片，占总量的5%，其中口沿7片，占23%；器底2个，占7%；残片21片，占70%。残片中饰弦纹的4片，占残片的19%；篮纹3片，占14%；素面14片，占67%。夹砂灰陶105片，占总量的17%，其中口沿23片，占21.9%；器足1个，占1%；器柄1个，占1%；器底9个，占8.6%；残片71片，占67.5%。残片中，饰篮纹的5片，占残片的7%；弦纹17片，占24%；素面49片，占69%。黑陶116片，占总量的19%，其中夹砂黑陶95片，占黑陶的82%；泥质黑陶21片，占黑陶的18%。夹砂黑陶中口沿13片，占夹砂黑陶的14%；器底21片，占22%；残片61片，占64%。泥质黑陶中口沿3片，占泥质黑陶14%；残片18片，占86%。

HG5中除包含有丰富的陶器碎片外，还复原有盉、鼎、碗、大口罐、深腹罐以及罕见的刻槽筒形罐等30余件（图六六）。

五、灰　　坑

（一）分布

共清理灰坑53个，编号H1～H53，其中，H2后归为祭祀坑JSK2。灰坑主要分布在Ⅱ区的第3层（见图五九），该层中由于灰坑和灰沟属于一个时段，有的地点迹象分布比较密集（彩版一六，2；图版二九，2）。Ⅰ区没有发现灰坑，而Ⅲ区的耕土层下仅发现三座（H4～H6），Ⅲ区地层的缺失，是导致遗迹现象较少的主要原因。

该遗址清理的灰坑，主要从形状（坑壁和底部）、包含物等现象观察，基本看不出人工加工的痕迹，应是人们利用自然坑所形成的现象，这也是与祭祀坑最基本的区别。

（二）类型

灰坑主要分布于Ⅱ区，Ⅲ区有少量分布，除少部分被战国、汉代墓葬打破外，还有少数被叠压在探方外。多数保存完整，编号H1～H53，其中，原编号H2者，后归为JSK2。根据平面形状可分为A型（圆形、不规则圆形）、B型（椭圆形、不规则椭圆形）、C型（长方形、圆角长方形）、D型（不规则形、不规则三角形）四种类型。

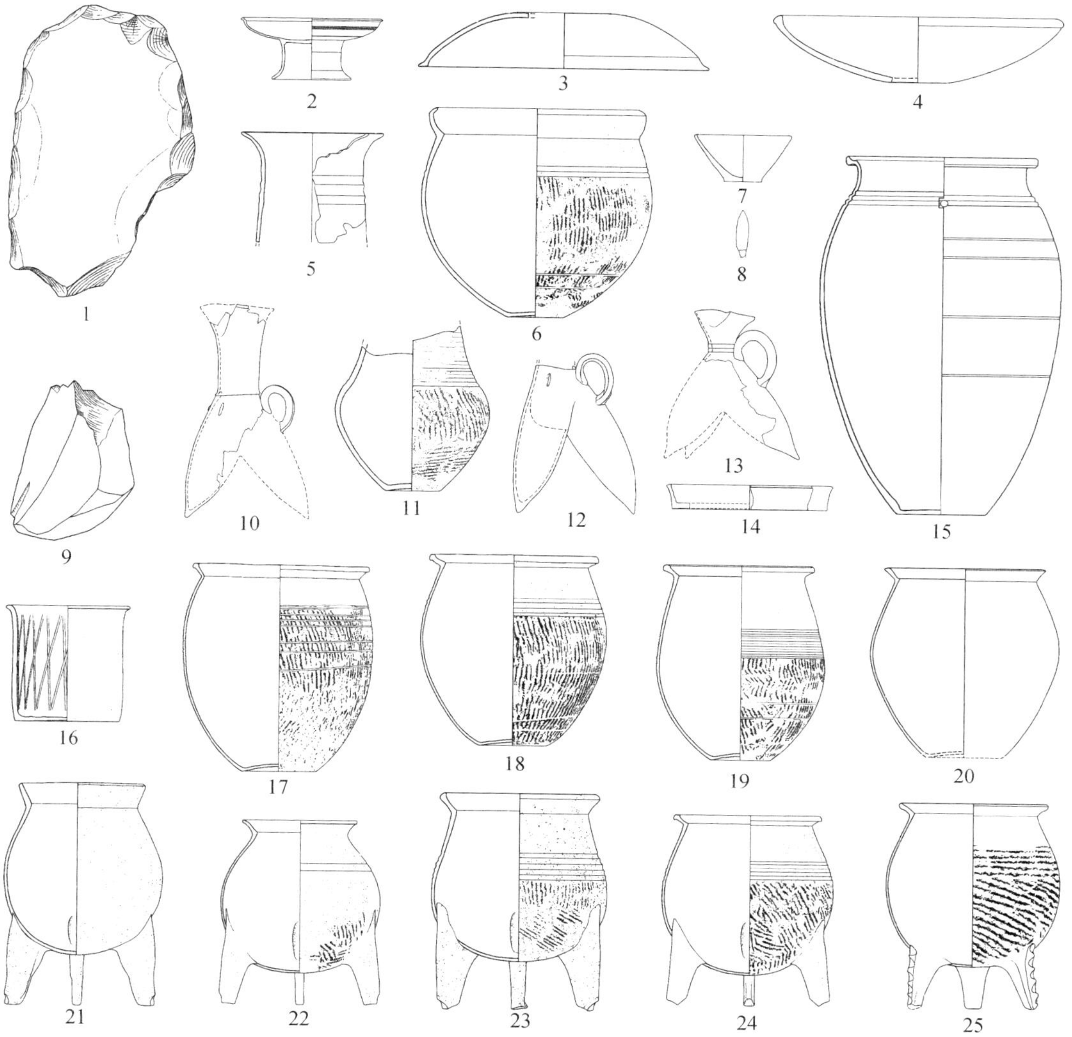

图六六 HG5主要器物组合图

1. A型磨石（HG5：9） 2. B型豆（HG5：22） 3. CⅠ式器盖（HG5：23） 4. B型浅腹盆（HG5：21） 5、11. A型高领罐（HG5：28、HG5：18） 6. D型大口罐（HG5：11） 7. B型碗（HG5：5） 8. A型陶镞（HG5：17） 9. B型磨石（HG5：4） 10、12. AⅡ式盉（HG5：2、HG5：7） 13. BⅡ式盉（HG5：8） 14. C型平底盘（HG5：24） 15. AⅠ式瓮（HG5：10） 16. B型刻槽筒形罐（HG5：1） 17. AⅠ式大口罐（HG5：6） 18～20. AⅡ式深腹罐（HG5：20、HG5：19、HG5：14） 21、22. AⅠ式垂腹鼎（HG5：30、HG5：15） 23. AⅡ式垂腹鼎（HG5：13） 24. AⅠ式鼓腹鼎（HG5：12） 25. C型鼓腹鼎（HG5：3）

1. A型

圆形、不规则圆形坑 25个。

H4，位于T3004的东部，开口于第3层层面，平面近似圆形，剖面呈“U”字形。坑口东西长1.45、南北宽1.35、深1米（图六七）。

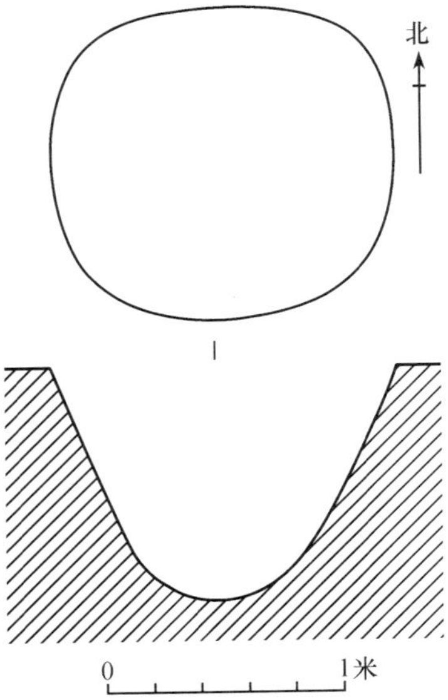

图六七　H4平、剖面图

坑内填土为红烧花土，为一次性堆积，共清理出陶片115片，夹砂红褐陶34片，占总量的30%，其中口沿2片，占6%；鼎足2个，占6%；残片30片，占88%。残片中饰弦纹8片，占27%；素面22片，占73%。泥质红陶26片，占总量的23%，其中口沿4片，占15%；鬶足3个，占12%；残片19片，占73%。残片皆素面，未见纹饰。泥质灰陶4片，占总量的3%，皆残片，未见可辨器形。残片中饰弦纹3片，占75%；素面1片，占25%。夹砂灰陶8片，占总量的7%，其中器底1个，占12%；残片7片，占88%；残片中饰弦纹的4片，占57%；素面3片，占43%。黑陶43片，占总量的37%，其中黑皮陶16片，占黑陶的37%；泥质黑陶27片，占黑陶的63%，皆残片，未见可辨器形及纹饰。

H26，位于T2026东南部，开口于3层下。近似圆形，底较平。坑口直径1.2、深0.5米（图六八）。坑内堆土为灰褐色，有黏性，包含有较多的陶片。

据统计，H26共清理出陶片141片，夹砂红褐陶30片，占总量的21.3%，其中口沿5片，占16.7%；残片25片，占83.3%。残片中饰篮纹的7片，占残片的28%；弦纹1片，占4%；素面17片，占68%。泥质红陶27片，占总量的19.1%，其中口沿5片，占18.5%；鼎足2个，占7.4%；器底2个，占7.4%；残片18片，占66.7%。残片中饰弦纹的2片，占11%；素面18片，占89%。夹砂灰陶7片，占总量的5%，皆残片，未见可辨器形及纹饰。黑陶77片，占总量的54.6%，其中夹砂黑陶43片，占黑陶的55.8%；泥质黑陶34片，占黑陶的44.2%。夹砂黑陶中口沿6片，占夹砂黑陶的14%；残片37片，占86%。泥质黑陶中口沿7片，占泥质黑陶20.5%；残片27片，占79.5%。

H16，位于T2013中部偏西，局部被H9打破，开口于3层下。平面近似圆形，剖面呈锅底状，坑口直径1.3～1.5、深0.3米（图六九）。坑内填土为深灰褐色土，一次性堆积。包含有少量陶片、动物牙齿骨骼等（图版三〇，1）。

共清理出陶片74片，夹砂红褐陶45片，占总量的60.8%，其中口沿7片，占16%；器足8个，占18%；器底1个，占2%；残片29片，占64%。残片中饰篮纹的3片，占残片的10%；弦纹4片，占14%；划纹1片，占3%；素面21片，占73%。泥质红陶4片，占总量的5.5%，其中口沿1片，占25%；器耳1个，占25%；残片2片，占50%，残片皆素面，未见纹饰。泥质灰陶7片，占总量的9.5%，其中口沿3片，占43%；残片4片，占57%。残片中饰弦纹的4片，占100%。夹砂灰陶5片，占总量的6.8%，皆残片，未见可辨器形。残片中饰篮纹的1片，占残片的20%；弦纹1片，占20%；素面3片，占60%。

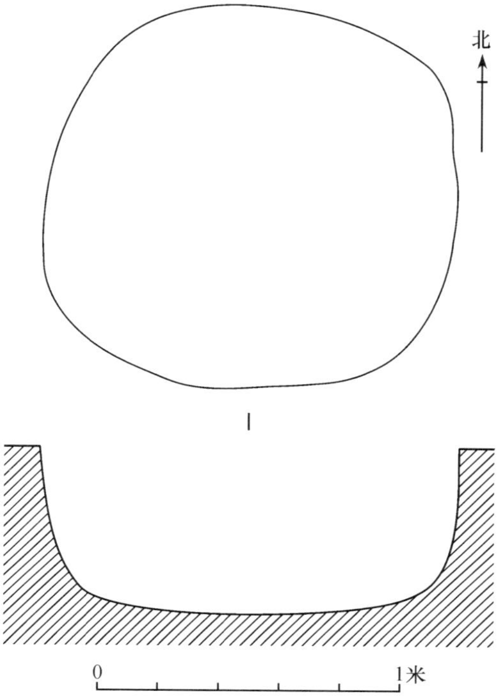

图六八　H26平、剖面图

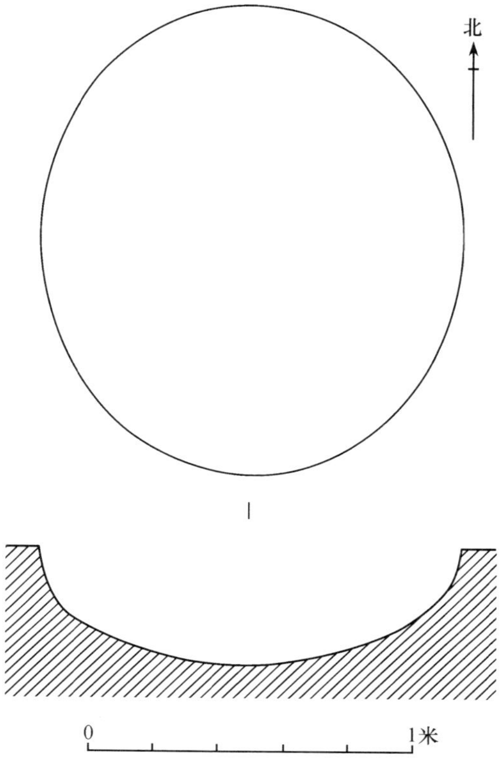

图六九　H16平、剖面图

黑陶13片，占总量的17.4%，其中夹砂黑陶4片，占黑陶的31%；泥质黑陶9片，占黑陶的69%。皆残片，未见可辨器形及纹饰。

H53，位于T2049、T2050交接的中部，开口于4层，打破生土层。为圆形圜底浅坑。直径2.75、深0.15米（图七〇）。坑内为一层堆积，土质灰黑，包含物除少量的陶片外，还有红烧土块、红烧土颗粒和木炭灰。可辨器形为1件泥质灰褐陶残罐。

2. B型

椭圆形及不规则椭圆形坑　14个。

H15，大部分分布于T2013西南角，一部分位于T2014北隔梁下，开口于3层。平面近似椭圆形，剖面呈锅底状。坑口东西长2.92、南北宽2、深为0.82米（图七一）。坑内填土较硬，为浅黑褐色土，一次性堆积。包含有较多的陶片、石器及动物牙齿骨骼残骸等。

H15共清理出陶片303片，夹砂红褐陶153片，占总量的50%，其中口沿15片，占10%；鼎足20个，占13%；器底2个，占1%；残片116片占76%。残片中饰篮纹的17片，占残片的14.5%；弦纹7片，占6%；划纹17片，占14.5%；素面75片，占65%。泥

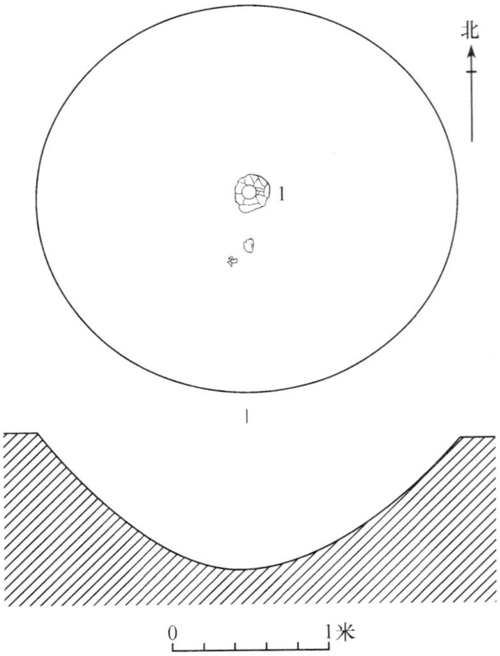

图七〇　H53平、剖面图及出土器物
1. AⅠ式鼓腹罐（残）

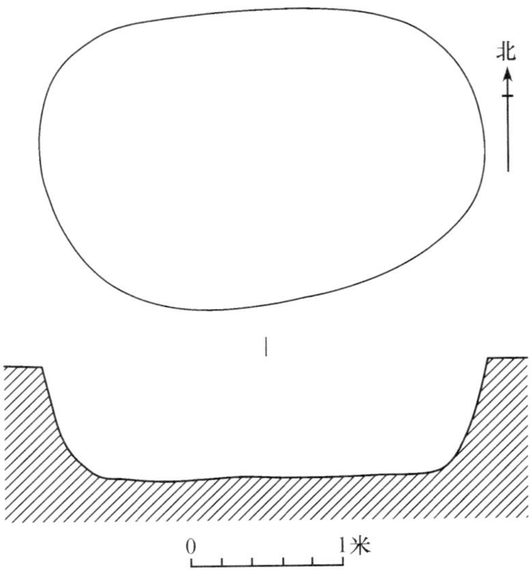

图七一　H15平、剖面图

质红陶34片，占总量的11%，其中口沿11片，占32%；器足3个，占9%；残片20片，占59%。残片中饰篮纹的3片，占残片的15%；弦纹6片，占30%；素面11片，占55%。泥质灰陶38片，占总量的13%，其中口沿5片，占13%；器底2个，占5%；残片31片，占82%。残片中饰弦纹的11片，占残片的35.5%；篮纹4片，占13%；划纹2片，占6.5%；素面14片，占45%。夹砂灰陶37片，占总量的12%，其中口沿5片，占14%；鼎足2个，占5%；残片30片，占81%。残片中饰篮纹的4片，占残片的13%；弦纹4片，占13%；素面22片，占74%。黑陶41片，占总量的14%，其中黑皮陶14片，占黑陶的34%；泥质黑陶27片，占黑陶的66%。皆残片，未见可辨器形及纹饰。

H39，位于T2038探方东南角，大部分在T2039内，开口于3层，打破生土层。平面近似椭圆形。东西长5.5、宽2.5、深0.4米（图七二；图版三〇，2）。H39为一层堆积，坑内土质灰黑，包含物以陶片为主，并有少量红烧土块、红烧土颗粒和木炭灰。残陶片散乱分布在灰坑底部。

H39共清理出陶片379片，夹砂红褐陶143片，占总量的38%，其中口沿3片，占2%；鼎足16个，占11%；器底4个，占3%；残片120片，占84%。残片中饰绳纹的4片，占残片的3%；素面116片，占97%。泥质红陶55片，占总量的15%，其中口沿5片，占9%；残片50片，占91%。残片中饰绳纹的2片，占4%；素面48片，占96%。夹砂灰陶17片，占总量的4%，其中鼎足5个，占9%；残片12片，占71%；残片中饰绳纹的2

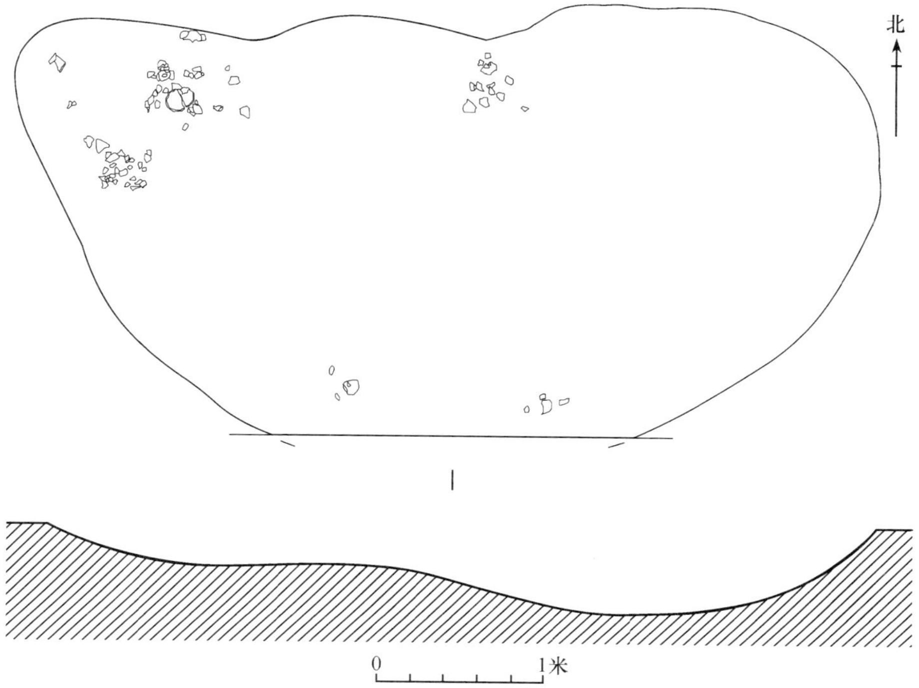

图七二　H39平、剖面图

片，占残片的17%；素面10片，占83%。泥质灰陶8片，占总量的2%，其中口沿1片，占12%；残片7片，占88%。残片中饰绳纹的1片，占残片的14%；素面6片，占86%。夹砂黑陶7片，占总量的2%，皆残片，未见可辨器形。残片中饰篮纹3片，占43%；素面4片，占57%。泥质黑陶70片，占总量的18%，其中口沿4片，占6%；残片66片，占94%，残片皆素面，未见纹饰。夹砂灰褐陶30片，占总量的8%，其中可辨器形有口沿5片，占17%；器盖3个，占10%；器耳1个，占3%；残片21片，占70%。残片中绳纹3片，占残片的14%；素面18片，占残片的86%。泥质灰褐陶45片，占总量的12%，其中口沿4片，占泥质灰褐陶的9%；残片41片，饰绳纹6片，占残片的15%；素面35片，占85%。夹砂白陶4片，占总量的1%，其中可辨器形有器耳1个，占25%；残片3片，占75%，残片皆素面，未见纹饰。

H52，位于探方T2039西部中间，中部被汉M19打破。开口于3层，打破生土层。平面呈不规则椭圆形，长径3.6、短径2.4、深0.4米（图七三）。坑内为一层堆积，土质灰黑，包含物以陶片为主，并有少量红烧土块、红烧土颗粒、木炭灰、兽骨。

H52共清理出陶片183片，泥质红褐陶片31片，占总量的17%，皆残片，未见可辨器形，其中饰篮纹的7片，占残片的23%；素面24片，占77%。夹砂红陶10片，占总量的5.5%，其中口沿2片，占20%；残片8片，占80%，残片中未见纹饰。泥质灰陶8片，占总量的4.5%，其中口沿1片，占12.5%；残片7片，占87.5%。残片中饰弦纹的1片，占

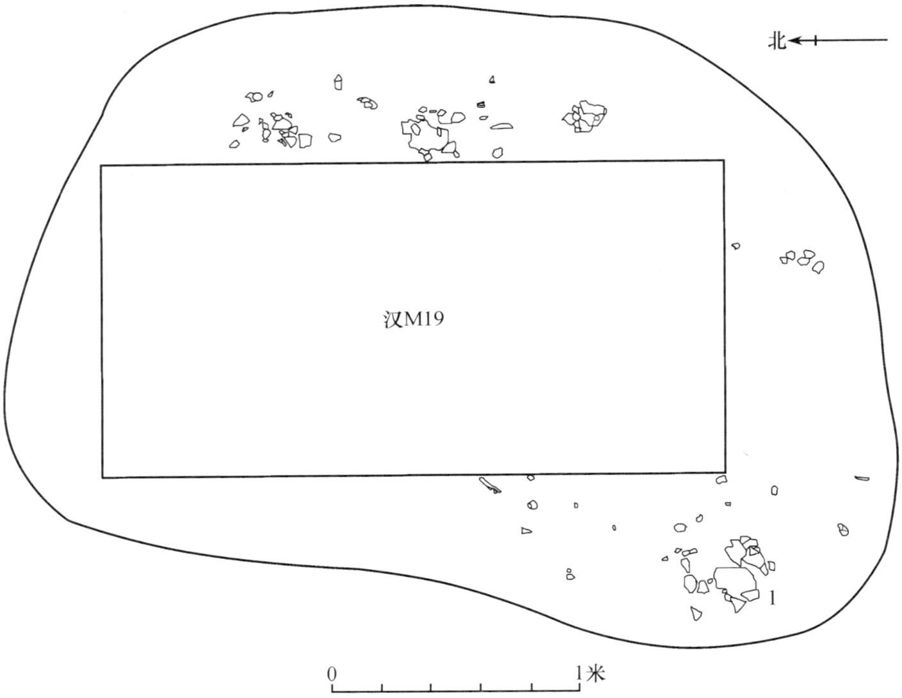

图七三　H52平面图及出土器物
1. BⅠ式器盖

14%；素面6片，占86%。泥质黑陶118片，占总量的64%，其中可辨器形有口沿8片，占6.8%；器底1个，占0.8%；鼎足1个，占0.8%；残片108片，占91.6%。残片中饰绳纹的3片，占残片的2.8%；弦纹4片，占残片的3.7%；素面101片，占残片的93.5%。夹砂灰褐陶16片，占总量的9%，其中口沿4片，占25%；鼎足1个，占6%；器足1个，占6%；残片10片，占63%。残片中饰篮纹的5片，占残片的50%；素面5片，占50%。该坑仅复原出器盖1件。

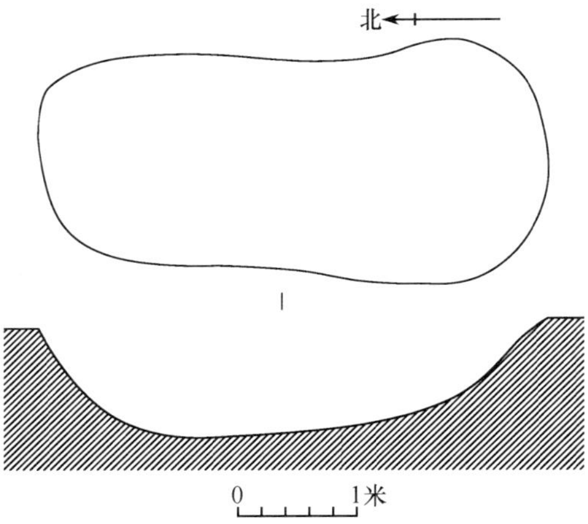

图七四　H34平、剖面图

3. C型

长方形及不规则长方形坑　8个。

H34，位于T2026西南角，大部分压在隔梁下。开口于3层下，平面为圆角长方形。坑口长为3.6、宽0.7、深1米（图七四）。坑内堆土为灰褐色，有黏性，包含少量陶片和少量红烧土块、碎骨、木炭。

H34共清理出陶片206片，夹砂红褐陶71片，占总量的34.4%，其中口沿3片，占

4.2%；鼎足9个，占13%；器耳1个，占1.4%；器底3个，占4.2%；残片55片，占77%。残片中饰篮纹的3片，占残片的5.5%；弦纹4片，占7.2%；素面48片，占87.3%。泥质红褐陶60片，占总量的29%，其中口沿2片，占3.3%；鼎足5个，占8.4%；器底3个，占5%；残片50片，占83.3%。残片中饰弦纹的10片，占20%；素面40片，占80%。泥质灰陶15片，占总量的7.3%，其中口沿2片，占13%；残片13片，占87%，在残片中未见纹饰，皆素面。夹砂灰陶45片，占总量的22%，其中口沿3片，占7%；器底5个，占11%，残片37片，占82%。残片中饰篮纹的3片，占残片的8%；绳纹4片，占11%；素面30片，占81%。黑陶15片，占总量的7.3%，均为泥质黑陶，皆残片，未见可辨器形及纹饰。

H51，位于T2036的中部，平面呈不规则长方形，开口于3层，打破JSK5及生土层。口径长3.2、宽1.6、深0.22米（图七五）。坑内堆积为一层堆积，土质较松软，呈块状，土色呈黑褐色，土壤包含有大量的木炭灰、红烧土颗粒及少量的陶片、木炭块（图版三一，1）。

H51共清理出陶片229片，夹砂红褐陶102片，占总量的44.5%，其中口沿10片，占10%；鼎足7个，占7%；器底3个，占3%；残片82片，占80%。残片中饰绳纹的22片，占残片的26.8%；弦纹2片，占2.4%；附加堆纹1片，占1.2%；划纹1片，占1.2%；素

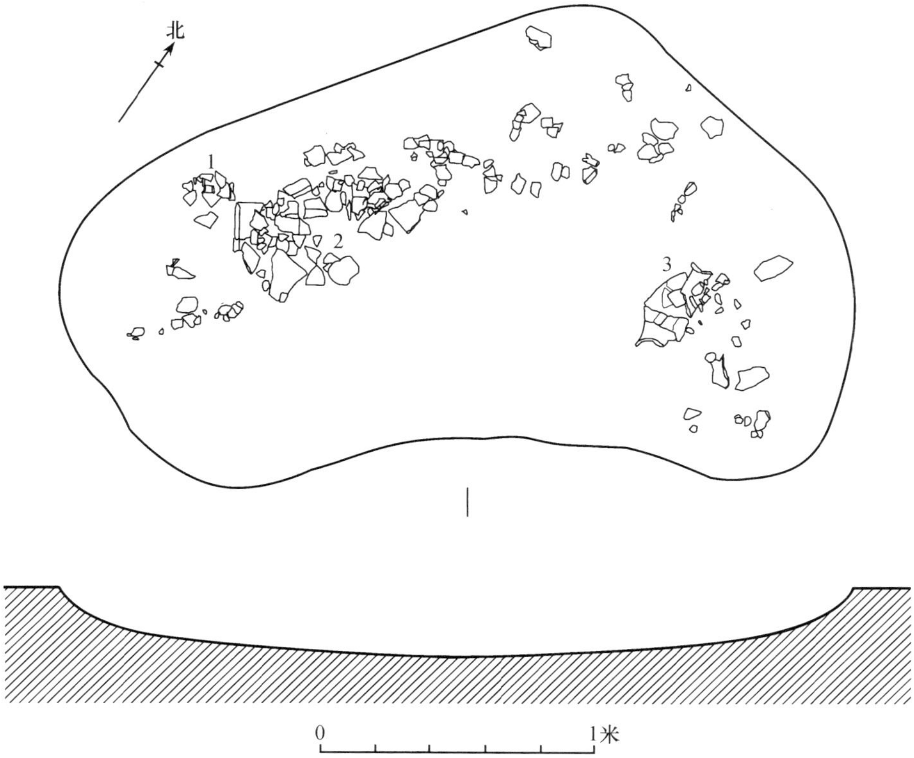

图七五　H51平、剖面图及出土器物

1. A型陶箅子　2. A型高领罐　3. 垂腹罐

面56片，占68.4%。泥质红陶43片，占总量的18.8%，其中口沿5片，占12%；残片38片，占88%，残片皆素面，未见纹饰。泥质灰陶22片，占总量的9.6%，其中口沿4片，占18%；残片18片，占82%。残片中饰弦纹的3片，占17%的素面15片，占83%。黑陶62片，占总量的27.1%，其中泥质黑陶32片，占黑陶的53.3%；黑皮陶30片，占黑陶的46.7%。黑陶皆残片，未见可辨器形及纹饰。

4. D型

不规则形及不规则三角形坑　5个。

H45，位于T2039东部中间，开口于3层，打破4层和生土层。最长径为1.4、深0.4米（图七六；图版三一，2）。坑内为一层堆积，土质灰黑，较松软，包含物以陶片为

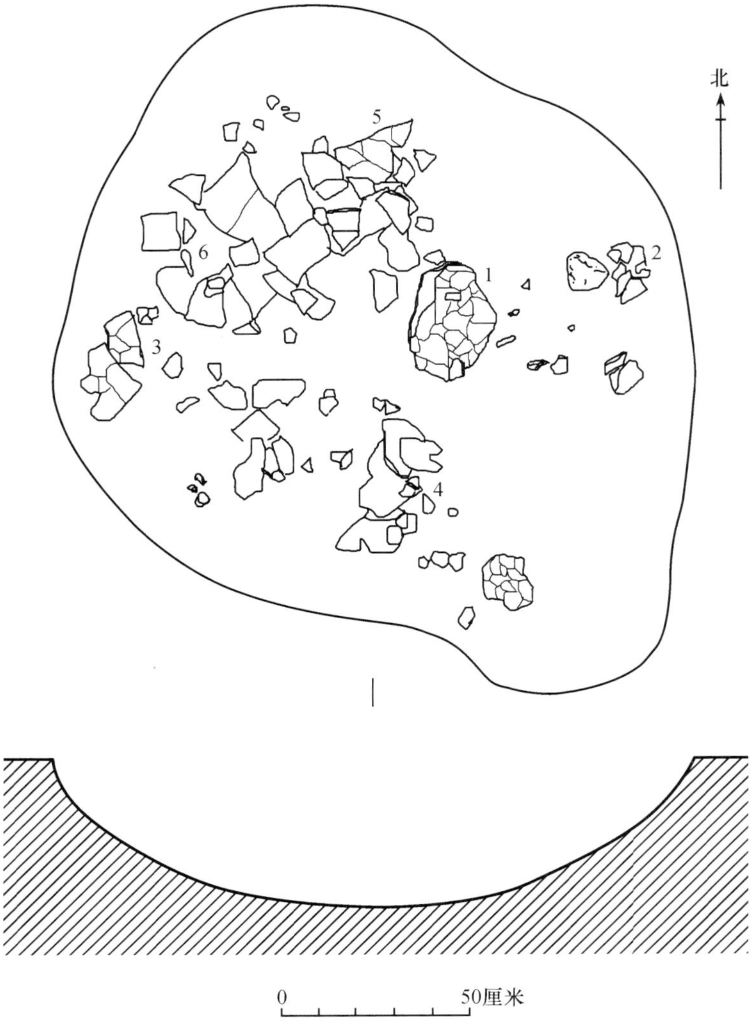

图七六　H45平、剖面图及出土器物

1. C型垂腹鼎　2. AⅢ式浅腹盆　3. BⅠ式鼓腹罐（残）　4. AⅠ式鼓腹罐　5. D型缸（残）　6. A型圈足盘

主，共计186片。数量最多的夹砂红陶53片，占陶片总数的28%；其次分别是夹砂黑陶46片，占陶片总数的25%；夹砂红褐陶25片，占陶片总数的13%；夹砂灰褐陶18片，占陶片总数的10%；泥质红陶17片，占陶片总数的9%；泥质黑陶12片，占陶片总数的6%；泥质红褐陶7片，占陶片总数的4%；泥质灰褐陶7片，占陶片总数的4%；最少的是夹砂白陶1片，占陶片总数的1%。

与陶片共存的有少量红烧土块、红烧土颗粒和木炭灰。该坑修复成形的器物有垂腹鼎、盆、圈足盘、缸、罐等器形（图七七）。

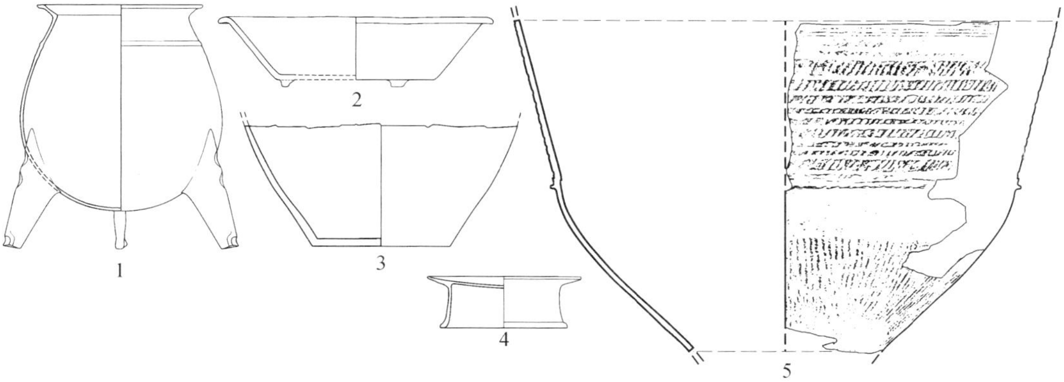

图七七　H45主要器物组合图

1. C型垂腹鼎（H45：1）　2. AⅢ式浅腹盆（H45：2）　3. BⅠ式鼓腹罐（H45：3）　4. A型圈足盘（H45：6）　5. D型缸（H45：5）

H44，主要分布在T2032探方内，往东、往南分布延伸到T2033和T2036探方中，往西叠压在T2031东隔梁下。平面呈不规则坑状和沟状连体形，横剖面近似“U”形。开口于第3层，打破第4、第5层及生土层。由于南部伸出呈沟状迹象，故南北长6.8米，北部呈坑状，东西宽10、深1.6米（图七八；图版三二，1）。

该坑面积较大，堆积丰富，所包含的陶片上下叠压，根据后期修复的情况看，H44中陶片从上层和下层中均能修复成形一个个体。但每个层位的陶片破碎程度又不尽相同，就是说，上层陶片较破碎，往下可见完整或较完整者增多，根据上下不同土质和包含物暴露的现象，可以将坑内堆积分为5层，以此观察包含物的分布现象。

第1层：形状不规则，浅褐色土，土质较硬，该层堆积厚20厘米左右，底部有15厘米的垫土。基本涵盖了坑的分布范围。该层包含大量陶片、红烧土粒、木炭屑及石料、经火烧烤过的兽骨等，从包含的陶片中，能看出的器物有圈足盘、鼎、盆、鬶、器盖、罐类器及磨石、石料等（图七九）。其中在该层堆积的东端出土一堆变形陶片，并呈现出灰红色氧化现象，从陶片本身看，烧制时的温度较高，该类陶器未见完整器形。

H44①层共清理出陶片1870片，夹砂红褐陶1036片，占总量的55.4%，其中口沿48

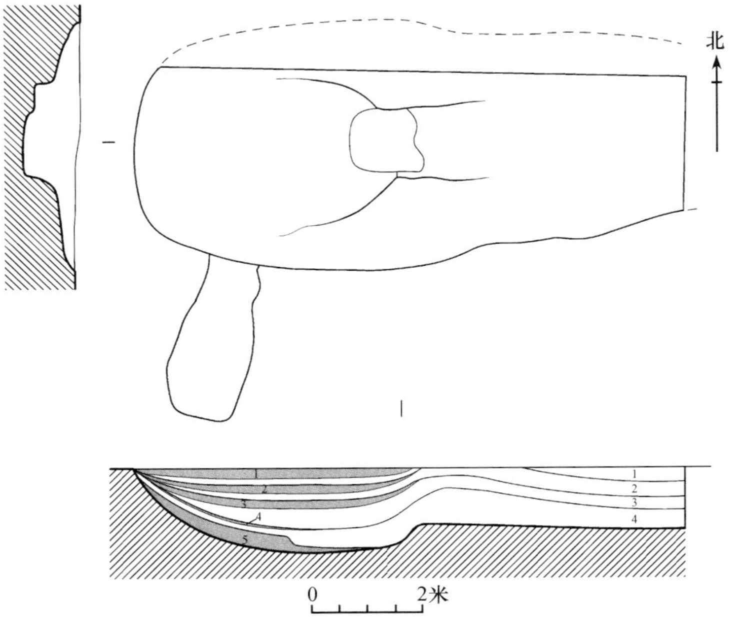

图七八　H44平、剖面图

图七九　H44①层平面图及出土器物

1. B型圈足盘　2. A型圈足壶　3、5、6、18. B型磨石　4. 刻槽盆　7. A型石锛　8. 石料　9. CⅢ式石镞　10、11. AⅡ式石镞　12、16. A型磨石　13. A型石锛（残）　14. C型圈足豆　15. A型纺轮　17. C型盉（残）　19. BⅡ式纺轮　20. A型石楔器

片，占4.6%；鼎足91个，占8.8%；残片897片，占86.6%。残片中饰绳纹的19片，占残片的2.1%；弦纹5片，占0.6%；附加堆纹3片，占0.3%；素面870片，占97%。泥质红褐陶174片，占总量的9.3%，其中口沿8片，占4.6%；器底7个，占4%；器耳1片，占0.6%；鼎足8个，占4.6%；残片150片，占86.2%。残片中饰弦纹的4片，占2.7%；方格纹2片，占1.3%；素面144片，占96%。泥质灰陶110片，占总量的5.9%，其中口沿6片，占5.5%；器耳3个，占2.7%；残片101片，占91.8%。残片中饰弦纹的4片，占4%；素面97片，占96%。夹砂灰陶32片，占总量的1.7%，其中口沿7片，占22%；器底6个，占19%；器耳3片，占9%；残片16片，占50%，残片皆素面，未见纹饰。黑陶518片，占总量的27.7%，其中黑皮陶437片，占黑陶的84.4%；泥质黑陶78片，占黑陶的15%；磨光黑陶3片，占黑陶的0.6%。黑陶皆残片，未见可辨器形及纹饰。

第2层：坑的形状和土质土色与上层相同，土质比上层略加松软，其堆积厚15～20厘米，底部有15厘米的垫土。在陶片的分布上比上层有所不同，大型陶片和个体器物破碎后的器物出现，种类也有所变化。在该层堆积内清理出来的陶片能辨认器形的有鼎、罐、盆、甗、假腹簋、鬶、器盖等（图八〇），不见上层的变形陶片。从数量上看，比上层有一定数量的减少。

本层共清理出陶片2051片，夹砂红褐陶1045片，占总量的51%，其中口沿32片，占3%；鼎足48个，占4%；器底14个，占1%；器耳10个，占1%，残片941片，占91%。残片中饰绳纹的21片，占残片的2.3%；弦纹7片，占0.7%；附加堆纹2片，占残片的0.2%；素面911片，占96.8%。泥质红褐陶204片，占总量的10%，其中口沿7片，占3.4%；鼎足2个，占1%；器底1个，占0.5%；残片194片，占95.1%。残片中饰绳纹的15片，占残片的7.7%；波浪纹1片，占0.5%；素面178片，占91.8%。

泥质灰陶186片，占总量的9%，其中口沿19片，占10%；器底1个，占0.5%；器耳2个，占1%；残片164片，占88.5%。残片中饰绳纹的12片，占残片的7.3%；篮纹3片，占1.8%；弦纹8片，占4.9%；素面141片，占86%。夹砂灰陶120片，占总量的6%，其中口沿6片，占5%；鼎足3个，占2.5%；器底1个，占0.8%；残片110片，占91.7%；残片中饰绳纹的29片，占残片的26.4%；弦纹13片，占11.8%；附加堆纹1片，占0.9%；素面67片，占60.9%。黑陶496片，占总量的24%，其中黑皮陶165片，占黑陶的33.3%；泥质黑陶329片，占黑陶的66.3%；磨光黑陶2片，占黑陶的0.4%。黑陶皆残片，未见可辨器形及纹饰。

第3层：其坑的形状基本保持了原来所分布的范围，但土质比上层明显松软，呈灰色，包含大量木炭烧土块，其中一块木炭较大，直径约12厘米（参见图版二七，2）。该层堆积厚16～22厘米，底部有厚25厘米的垫土，陶片分布得比较凌乱，包含物比上层又有所减少，但大型陶片和能看出完整器形的比较明显。坑的北部和边缘部位陶片减少，出现空缺（图八一）。包含物中的碎片占有一定的比例。

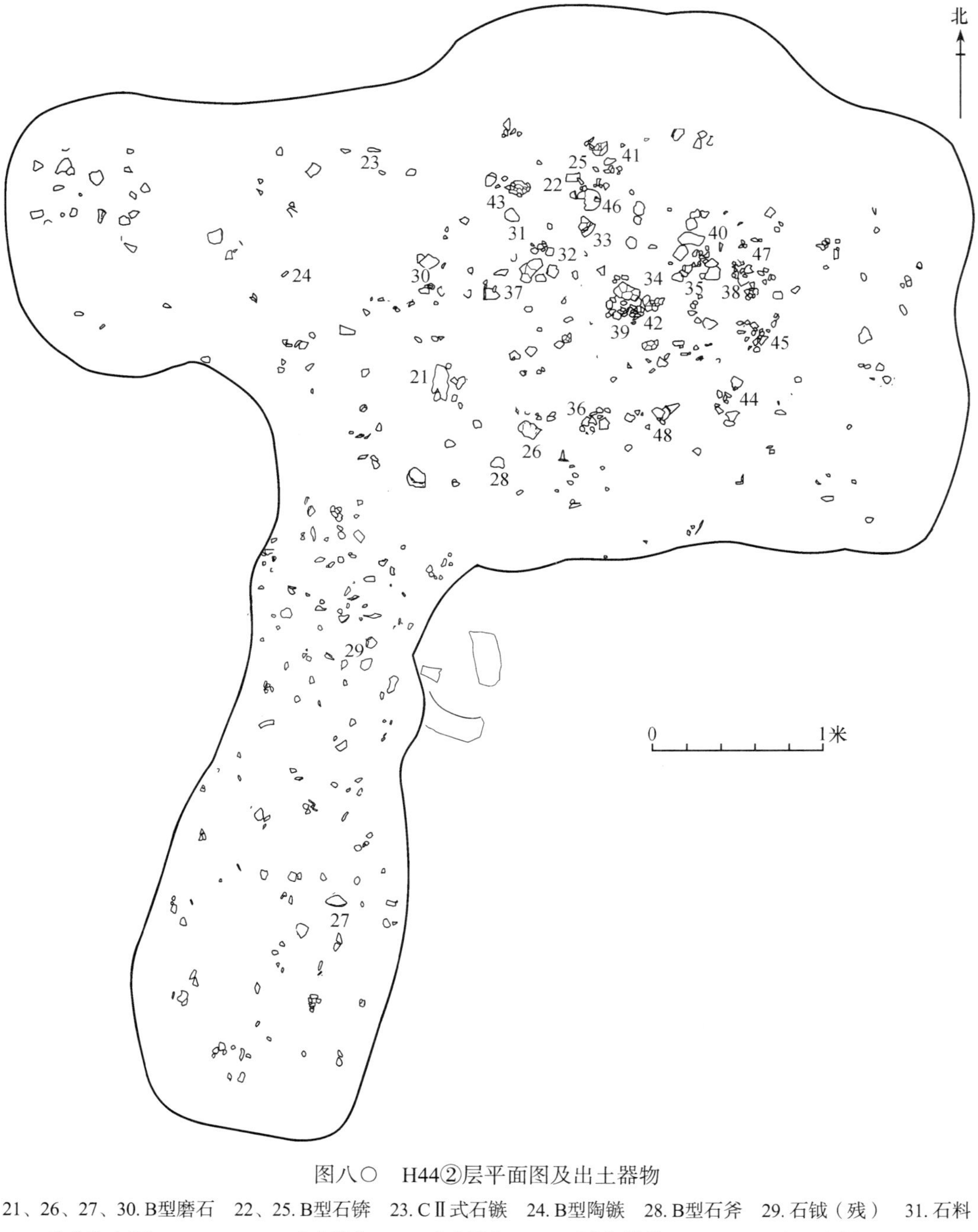

图八〇　H44②层平面图及出土器物

21、26、27、30. B型磨石　22、25. B型石锛　23. CⅡ式石镞　24. B型陶镞　28. B型石斧　29. 石钺（残）　31. 石料　32. BⅡ式盉（残）　33、36、37. BⅠ式器盖　34. CⅠ式器盖　35. D型高柄器盖　38～40. AⅡ式盉（残）　41. AⅠ式盉（残）　42. AⅣ式鬶（残）　43. A型甗（残）　44. AⅡ式浅腹盆　45. BⅠ式鼓腹罐（底）　46. B型垂腹鼎　47. AⅢ式鬶（残）　48. BⅠ式鼓腹鼎

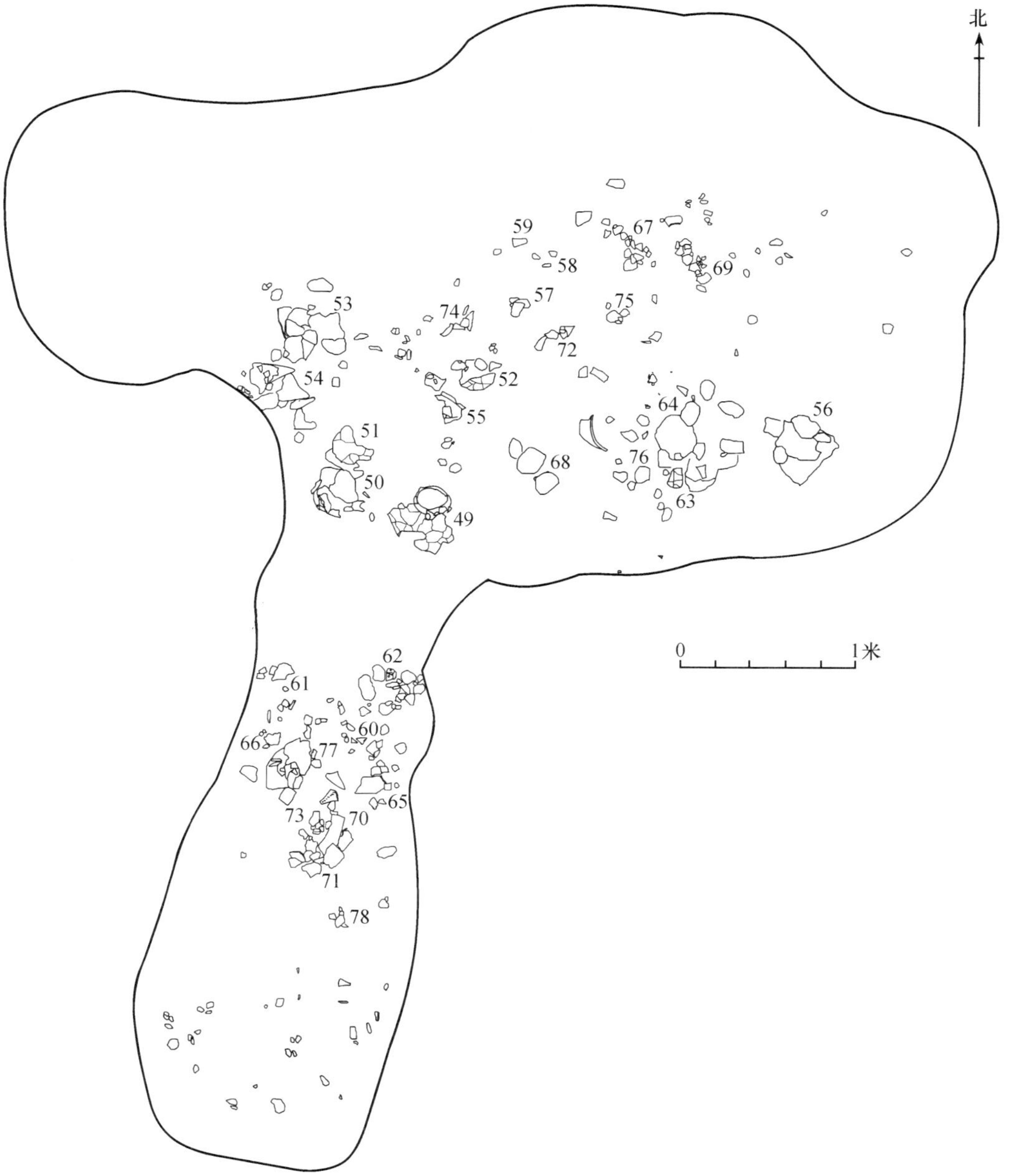

图八一 H44③层平面图及出土器物

49. C型垂腹鼎 50、51. CⅡ式深腹鼎 52. BⅡ式鼓腹罐 53. AⅡ式深腹罐 54. BⅠ式假腹簋 55. C型深腹罐（残） 56. BⅢ式鼓腹罐 57. BⅠ式钵 58. AⅡ式石镞 59. 石钺（残） 60～62. AⅠ式鼓腹罐（残） 63. BⅠ式鼓腹罐（残） 64. B型高领罐（残） 65. AⅠ式鼓腹罐 66. A型敛口罐（残） 67. B型长颈壶（残） 68. BⅡ式深腹罐（残） 69. B型大口罐（残） 70. BⅡ式深腹罐（残） 71. A型缸（残） 72. AⅠ式器盖（残） 73. C型深腹盆（残） 74. AⅠ式鼓腹罐（残） 75. 垂腹罐（残） 76. AⅠ式深腹罐（残） 77. CⅡ式缸（残） 78. BⅠ式器盖（残）

本层共清理出陶片712片，夹砂红褐陶226片，占总量的31.7%，其中口沿1片，占0.4%；鼎足11个，占4.9%；残片214片，占94.7%。残片中饰篮纹的3片，占残片的1.4%；绳纹6片，占2.8%；弦纹12片，占5.6%；素面193片，占90.2%。泥质红褐陶194片，占总量的27.3%，其中口沿5片，占2.6%；器足3个，占1.5%；残片186片，占95.5%。残片中饰篮纹的4片，占残片的2.2%；弦纹8片，占4.3%；素面174片，占93.5%。泥质灰陶61片，占总量的8.6%，其中口沿3片，占4.9%；器耳2个，占3.3%；残片56片，占91.8%。残片中饰附加堆纹的1片，占残片的1.8%；篮纹2片，占3.6%；弦纹4片，占7.1%；波浪纹2片，占3.6%；素面47片，占83.9%。

夹砂灰陶10片，占总量的1.4%，其中口沿2片，占20%；残片8片，占80%。残片中饰绳纹的2片，占残片的25%；弦纹3片，占37.5%；篮纹1片，占12.5%；素面2片，占25%。黑陶221片，占总量的31%；其中黑皮陶38片，占黑陶的17.2%；泥质黑陶180片，占黑陶的81.4%；磨光黑陶3片，占黑陶的1.4%。黑陶皆残片，未见可辨器形及纹饰。H44包含物丰富，除破碎陶片外，能修复成形的有圈足盘、圈足壶、刻槽盆、器盖、盆、鼎、罐、假腹簋以及盉、鬶形器和石器等。

第4层：堆积范围略往西移，坑的范围也有所减小，堆积厚度仅5厘米，土质较松，深灰色，包含大量的草木灰和木炭碎屑，该层下部有约10厘米厚的垫土。陶片很少，包含物以看不出器形的破碎陶片为主。

本层共清理出陶片190片，夹砂红褐陶44片，占总量的23.2%，其中，口沿7片，占16%；器足3个，占6.8%；器底1个，占2.2%；残片33片，占75%。残片中饰篮纹的2片，占残片的6.1%；绳纹5片，占15.2%；素面26片，占78.7%。泥质红褐陶22片，占总量的11.5%，其中器底2个，占9%；残片20片，占91%，残片皆素面，未见纹饰。泥质灰陶8片，占总量的4.2%，皆残片，未见可辨器形。残片中饰篮纹加弦纹的陶片1片，占残片的12.5%；素面7片，占87.5%。夹砂灰陶52片，占总量的27.4%，其中口沿11片，占21%；器足1个，占2%；残片40片，占77%。残片中饰绳纹加弦纹的4片，占10%。素面36片，占90%； 黑陶56片，占总量的29.5%，其中黑皮陶30片，占黑陶的53.6%；泥质黑陶26片，占黑陶的46.4%。黑陶中未见可辨器形及纹饰。白陶8片，占总量的4.2%，皆残片，未见可辨器形及纹饰，未见完整器形。

第5层：为最底层堆积，中心最厚约30厘米，黑灰色，有黏性，包含大量木炭烧土，在堆积表面靠近中心位置散落有看不出器形的陶器残片，该层堆积可以看出堆积土集中在坑的西半部，东部均为垫土。

本层共清理出陶片351片，夹砂红褐陶137片，占总量的39%，其中口沿7片，占5.1%；器足4个，占2.9%；器底2个占1.5%；残片124片，占90.5%。残片中饰篮纹的3片，占残片的2.4%；弦纹3片，占2.4%；素面118片，占95.2%。泥质红褐陶36片，占总量的10.3%，其中口沿1片，占2.8%；器足3个，占8.3%；残片32片，占88.9%。残

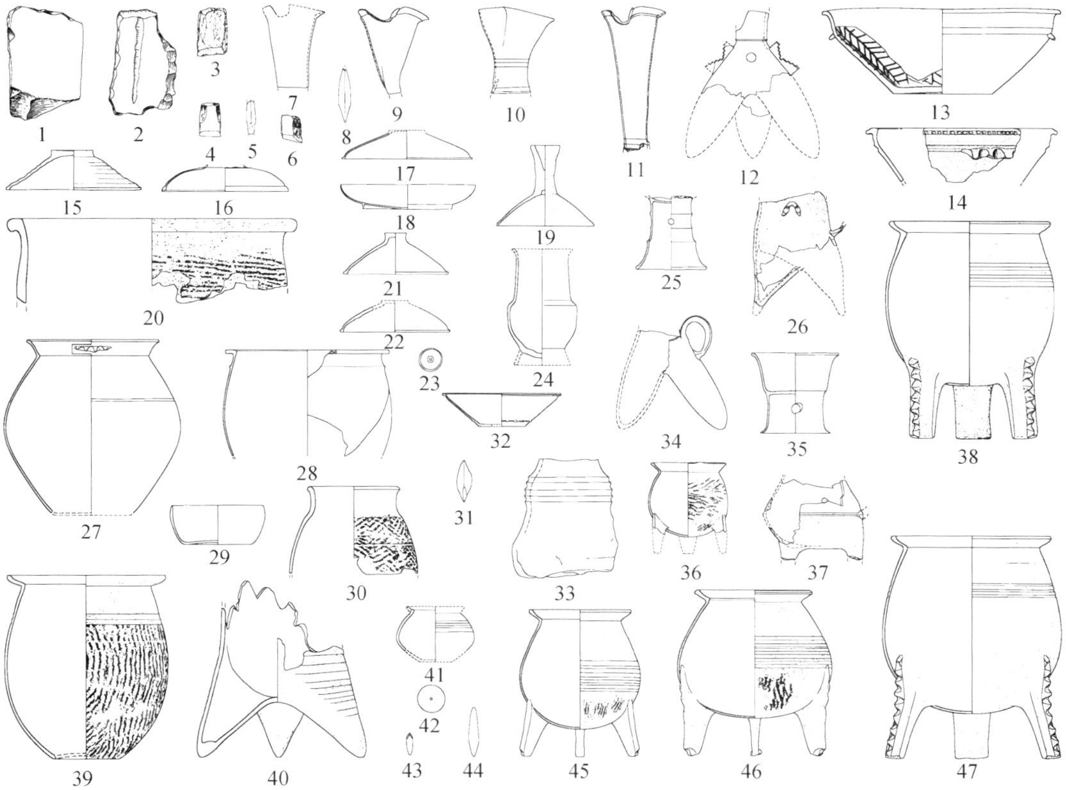

图八二　H44主要器物组合图

1、2. A型磨石（H44：16、H44：12）　3、4. B型石锛（H44：22、H44：25）　5. B型陶镞（H44：24）　6. B型石斧（H44：28）　7. AⅠ式盉（H44：41）　8. AⅡ式石镞（H44：11）　9～11. AⅡ式盉（H44：38、H44：40、H44：39）　12. C型盉（H44：17）　13. 刻槽盆（H44：4）　14. C型深腹盆（H44：73）　15. BⅠ式器盖（H44：37）　16. AⅠ式器盖（H44：72）　17. CⅠ式器盖（H44：34）　18. B型圈足盘（H44：1）　19. D型高柄器盖（H44：35）　20. A型缸（H44：71）　21、22. BⅠ式器盖（H44：33、H44：36）　23. BⅡ式纺轮（H44：19）　24. A型圈足壶（H44：2）　25. C型圈足豆（H44：14）　26. AⅣ式鬶（H44：42）　27. BⅡ式鼓腹罐（H44：52）　28. B型大口罐（H44：69）　29. BⅠ式钵（H44：57）　30. AⅠ式深腹罐（H44：76）　31. AⅡ式石镞（H44：10）　32. AⅡ式浅腹盆（H44：44）　33. C型深腹罐（H44：55）　34. BⅡ式盉（H44：32）　35. BⅠ式假腹簋（H44：54）　36. BⅠ式鼓腹鼎（H44：48）　37. AⅢ式鬶（H44：47）　38、47. CⅡ式深腹鼎（H44：51、H44：50）　39. AⅡ式深腹罐（H44：53）　40. A型甗（H44：43）　41. BⅢ式鼓腹罐（H44：56）　42. A型纺轮（H44：15）　43. CⅢ式石镞（H44：9）　44. CⅡ式石镞（H44：23）　45. B型垂腹鼎（H44：46）　46. C型垂腹鼎（H44：49）

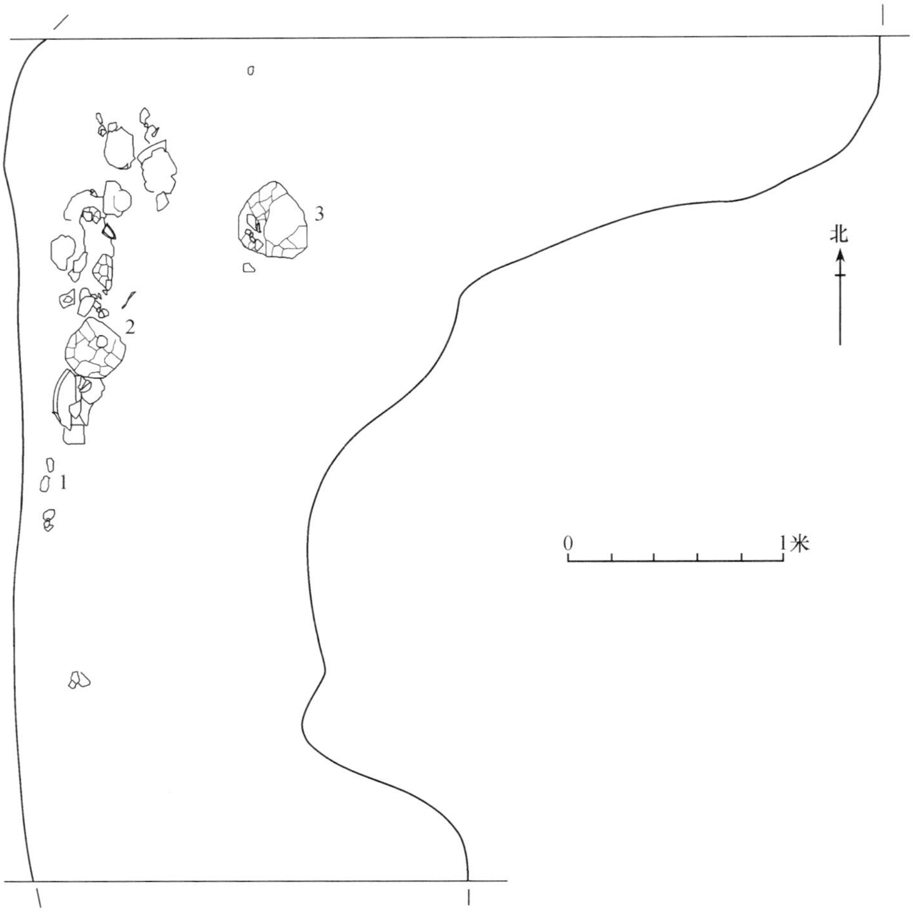

图八三　H48平面图及出土器物

1. A型磨石　2. AⅡ式大口罐　3. BⅠ式鼓腹罐（残）

片中饰绳纹的2片，占残片的6.25%；素面30片，占93.75%。泥质灰陶16片，占总量的4.6%，其中口沿1片，占6.25%；残片15片，占93.75%。残片中饰篮纹的3片，占残片的20%；弦纹1片，占6.7%；素面11片，占73.3%。夹砂灰陶53片，占总量的15.1%，其中口沿2片，占3.8%；器足2个，占3.8%；残片49片，占92.4%。残片中饰篮纹的1片，占残片的2%；绳纹2片，占4.2%；附加堆纹1片，占2%；素面11片，占91.8%。黑陶109片，占总量的31%，其中泥质黑陶45片，占黑陶的41.3%；黑皮陶64片，占黑陶的58.7%。黑陶皆残片，未见可辨器形及纹饰。该层中也有较多的变形陶片。

根据堆积情况与周围遗迹分布观察，初步推测该坑可能与简陋的烧陶有关，从堆积层和铺垫层可以看出，在使用过程中进行过简单的整理。虽然有的坑内根据土质的不同形成不同的堆积层位，但不存在明显或长时间的时空间隔，应是在相应较短的时期内堆积形成的。该坑包含物比较丰富，器物数量多，器形种类齐全，修复成形者均出现在第1层至第3层，共计78件（图八二）。在整理修复中发现，在3个层位中均能拼接成一个完整的器物，下层陶器的数量要多于上层，而上层的石器或石料占有一定的比例。

H48，位于T2030东北部，南北两端分别压在隔梁下，开口于3层，打破4层及生土层。暴露面积为南北长4米，东西宽3.85米（图八三；图版三二，2）。

H48为二层堆积，上层堆积，土质黄褐色，较硬，包含大量红烧土块、红烧土颗粒，少量木炭灰、炭屑、兽骨、兽牙等。经过对该坑木炭屑的测试，共发现了麻栎、栎属、硬木松等树种（详见第八章第六节）。残陶器散乱地分布于灰坑内，可见器形有陶罐、陶鬶残片等；下层堆积为花白色土质，包含的红烧土颗粒相对比上层少，土质较为纯净，陶器残片不规则分布在灰坑底部。陶片多数体大胎薄，少量陶片有外红内黑现象，有的陶片薄厚不均，土质酥松，具有低温陶的特点。

H48共清理出陶片330片，夹砂红褐陶211片，占总量的63.9%，其中口沿4片，占1.9%；鼎足1个，占0.5%；残片206片占97.6%。残片中饰篮纹的11片，占残片的5.3%；弦纹3片，占1.5%；素面192片，占93.2%。泥质红陶35片，占总量的10.6%，其中口沿1片，占3%；残片34片，占97%。残片中未见纹饰。泥质灰陶50片，占总量的15.2%，其中口沿5片，占10%；残片45片，占90%。残片皆素面，未见纹饰。夹砂灰陶8片，占总量的2.4%，其中口沿4片，占50%；器足1个，占12.5%；残片3片，占37.5%；残片皆素面，未见纹饰。黑陶26片，占总量的7.9%，均为夹砂黑陶，未见可辨器形，皆残片。残片中饰绳纹的1片，占3.8%；素面25片，占96.2%。

禹会村遗址的灰坑，只因文化层保存的原因，仅在Ⅱ区发现比较集中，实际上，应该还有更广泛的分布，只因遗址的现状，使我们无法获得全部的资料。

第六章　出土遗物

出土遗物中最多的是陶器，其次是石器中的磨石，表现在与生产活动相关的器物少见，罕见骨器，不见蚌器，显示了较单调的器物组合。器物除主要出土于祭祀沟、祭祀坑、灰坑、灰沟中外，相关探方地层也有少量出土。一区的祭祀台基部位，仅在白土面之上有少量的陶片和鼎足（见图二二）。在祭祀沟、祭祀坑、灰坑、灰沟等遗迹单位中，所包含的器物数量较多，器物的种类也趋于复杂化。

第一节　陶　　器

陶质　陶器依据质料可分为夹砂和泥质两大类，以夹砂陶所占的比例较大。夹砂陶又有夹粗砂和细砂之分，一般而言，较大型器物如厚壁、圆唇的缸、瓮类，中小型器物高柄器盖类和部分大型陶盘等，以夹粗砂为主，中小型器物中的假腹簋、鼎、罐类多以夹细砂为主。同时，在鼎类器形中，也有夹细砂和泥质现象，而盉、黑陶高柄杯、壶、长颈壶、圈足壶、大器盖以泥质陶为特点。在罐类器物中，夹砂陶和泥质陶共存。

大型器物的陶质表现出火候低，陶质松软，并存在着严重的变形现象。小型器物如陶杯之类，火候高，制作较精致，陶胎的厚度明显薄于其他陶质，基本接近蛋壳陶，但与山东地区龙山文化的蛋壳陶还有一定的差异，因此，可以称之为薄胎陶。泥质类灰陶器形较规整，器形大，胎壁薄，制作工艺较为讲究。禹会村遗址出土的白陶鬶，制作较为粗糙，而黑陶盉较为精致，应为禹会村遗址中的精品，也是一种具有礼器性质的器物。

陶色　多为红褐色或红色，分别占总数的60%和10%，夹砂红褐陶陶色不纯，普遍存在氧化现象，而红陶陶色鲜艳，灰陶数量较少，能占9.8%，同时，存在有少量的黑皮陶和白陶，分别占10%和0.1%。磨光黑陶占0.1%。也有一部分呈土黄色陶器，约占到10%。

器形　尽管禹会村的陶器一部分用于祭祀，但陶器的造型仍以生活实用器所常见的种类为主，但这类陶器都具有一个明显的特点，制作粗糙。一般而言，罐类器比较规整，三足器，特别是鼎类器反差明显，除具有粗糙的制作工艺外，多数出现变形或器形不对称现象。

应该说，龙山文化是中国制陶史上的顶峰时期，所表现的陶器特征应该是火候高、质量精等特点，但禹会村遗址所表现的陶器特点和所属的时代有很大的反差。清理时多数都能清楚地看出器物个体破碎后的整体特征，但由于陶质酥松而起取不出来，有的取出也只有少部分可修复成形，从而形成了龙山文化时期陶器中一种特殊的文化现象。这种现象，已经超出了我们对龙山文化的正常理解和认识。

纹饰　比较单调，素面陶或因陶皮脱落模糊不清的约占10%，绳纹、篮纹夹弦纹陶约占30%，纯绳纹陶和纯弦纹陶分别占30%左右。从Ⅰ区至Ⅲ区出土的陶片纹饰，无论是地层，还是灰坑、灰沟或祭祀坑，都具有较大的一致性，多数陶器，即使有纹饰也显示了较大的随意性，一般以不规则的篮纹、绳纹、弦纹、波浪纹和附加堆纹为主（图八四），篮纹、绳纹均有粗、细之分，多数是在绳纹或篮纹之上再加饰数周不规则凹弦纹，方格纹较少见（图八五）。

陶器类中以大型的器皿为主，从形制看，生活类器物占绝大多数，如日常生活中所常见的器皿都比较齐全。非生活类器物占有一定的比例，如不同类型的假腹簋、陶壁形器、大型陶盘和软质陶器。尤其是数量较多的低温陶器，在遗址中占据相当大的比例，应该与专为祭祀而作有着密切的关系。同时，具有礼器性质的器物也占有一定的数量，如蛋壳陶杯、不同类型的陶盉、白陶鬶等。未曾发现制陶工具和烧陶遗迹，陶器大部分为手制，有慢轮修整的痕迹。主要器形有鼎、罐、鬶、长颈壶、陶盘、假腹簋、盉、大型器盖、高柄器盖、豆、盆、甑、甗以及大量的磨石等。在前期工作中，我们以简报的形式先期报道了祭祀台基和祭祀沟的发掘收获[①]，在本报告中所用的器物标本有重复或形式不同者，均以本报告为准。

在这里还要说明的是，遗迹和地层中的器物除破碎严重外，也有少部分器物较完整或完整地破碎于原地，为全面提取信息，我们特地将器物内的土样采集标本，由中国社会科学院考古研究所科技中心赵春燕教授进行测试和研究（详见第八章第七节）。这些器物内的残留物，对考证祭祀过程中的具体内容具有重要意义。

陶器残片的出土量很大，但由于一部分器物质地酥松，有的在发掘现场亦能看出器形特征，但不易提取，因此，无法修复和展现器物本来的种类和特有的造型。禹会村遗址共修复成形和能看出器形特征的陶器共计416件。

鼎　49件，根据器形可分为鼓腹鼎、盆形鼎、垂腹鼎、深腹鼎等几种。

鼓腹鼎　23件。多为夹砂陶，个别为泥质陶，手制，慢轮修整。依据整体特征可

---

① 中国社会科学院考古研究所安徽工作队，蚌埠市博物馆. 安徽蚌埠市禹会龙山文化遗址祭祀台基发掘简报. 考古，2013（1）.

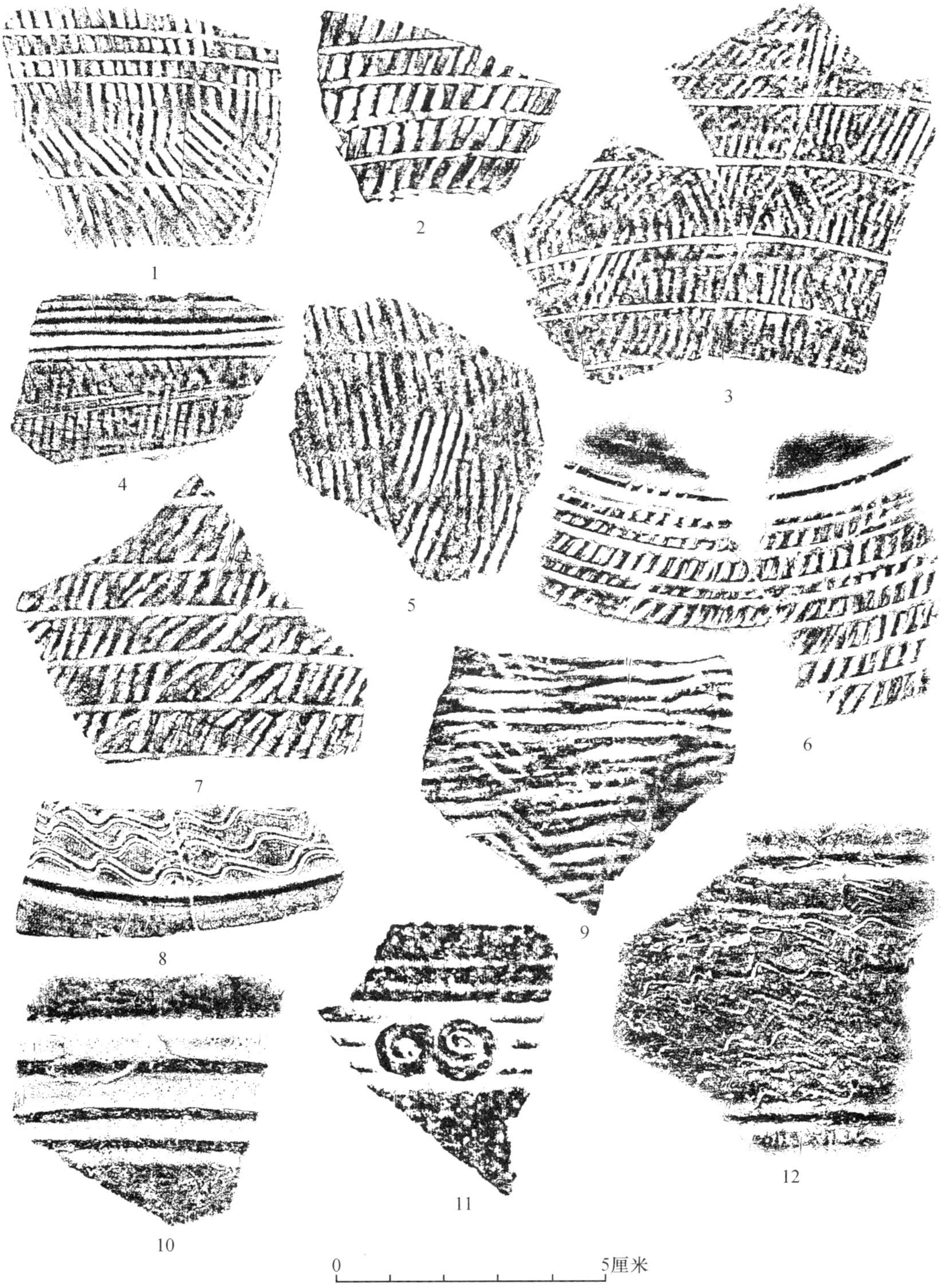

图八四　纹饰拓片

1~7. JSK2①　8~10. JSK2②　11. T2025③　12. JSK3

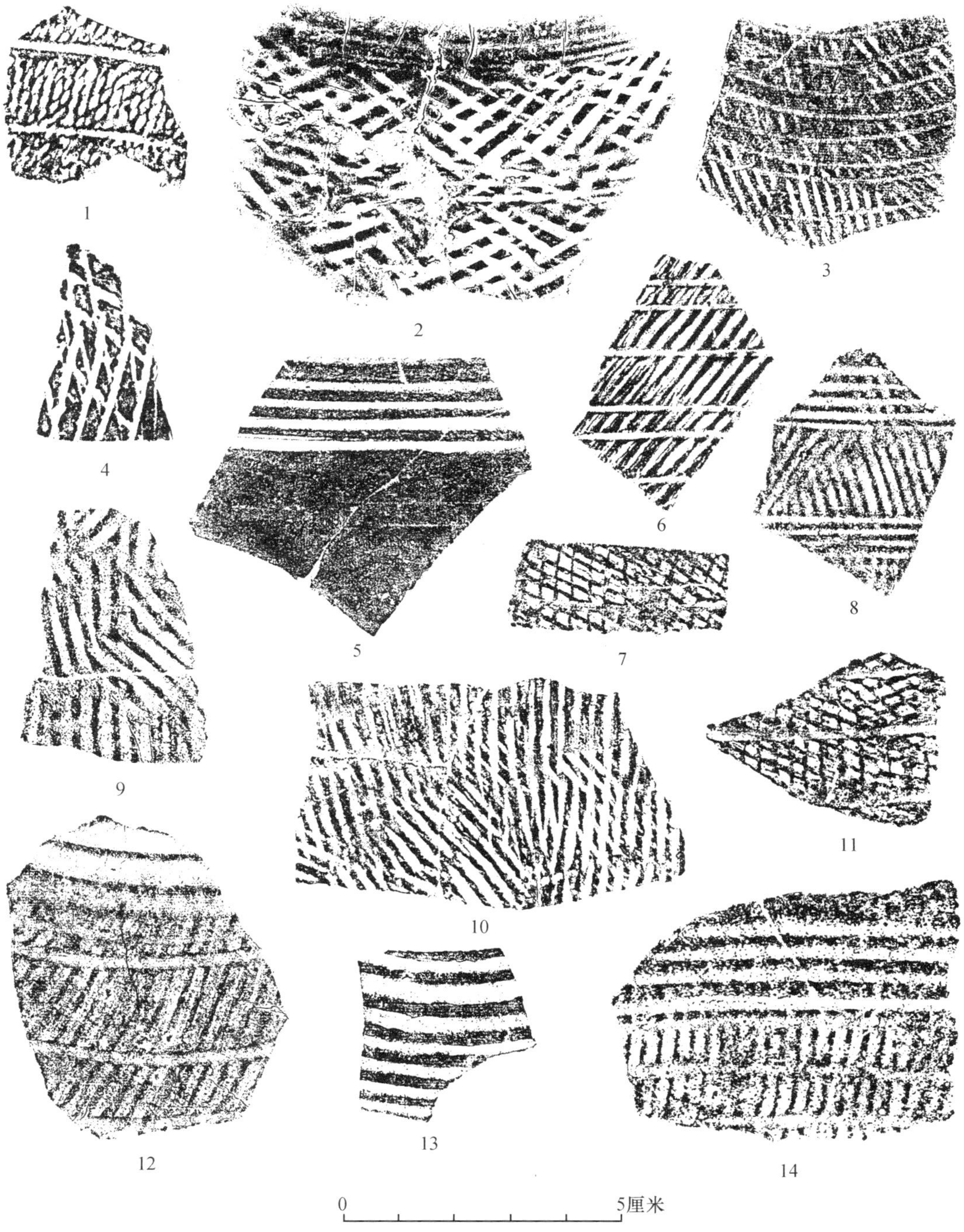

图八五 纹饰拓片

1、2. H44 3、7、11 ~ 14. JSG 4. H52 5、9、10. HG4 6. JSK2② 8. H48

分为三型。

A型　9件。扁体形长三角足，足尖处饰轻微按痕。依据足和底部特征分三式。

Ⅰ式：7件。圜底，足体扁薄，无足面。JSK3：24，泥质灰黑陶，尖唇，侈口，折沿，沿面内凹，圆弧腹，圜底，下附三个扁体形侧三角足，足尖外侧饰一按痕，素面，器形较小。口径11.7、高14.5厘米（图八六，2；彩版一七，1；图版三三，1）。JSK7：3，泥质红褐陶，近灰色，圆唇，侈口，折沿，唇沿微内敛，斜肩，圆弧腹，圜底，最大径在下腹部，肩部饰两周凸弦纹，下附三个扁体形侧三角足，足尖外侧饰一轻微按痕，器形较大，陶质酥松，器表粗糙。口径24.6、高34.4厘米（图八六，3；彩版一七，2；图版三三，2）。JSK2①：4，方圆唇，矮折沿，束颈，溜肩，圆弧腹，圜底，肩部饰两周凹弦纹，腹中部饰不清晰竖向绳纹，底部拍印右斜向绳纹，下附三个扁体状侧三角足，器形欠规整。口径20、高25.3厘米（图八六，4；彩版一七，3；图版三三，3）。JSK2①：2，圆唇，矮折沿，沿面微内凹，束颈，圆弧腹，圜底，肩部饰四周凹弦纹，下腹部饰竖向不清晰绳纹，绳纹之上又饰数周不规则凹弦纹，下附三个扁体形侧三角足，足尖外侧饰有明显按痕。口径17、高22.8厘米（图八六，6；彩版一七，4；图版三三，4）。HG5：12，夹砂红褐陶，方唇，唇沿凸出，矮折沿，沿面微内凹，颈微束，溜肩，弧腹，圜底，下附三个扁体形侧三角足，足尖外侧和内侧各饰有按痕，形成对捏现象。肩下部饰数周不清晰凹弦纹，腹及底部饰右斜向绳纹，器表有黑陶衣脱落现象，三足不甚对称。口径18.6、高24.6厘米（图八六，1；彩版一七，5；图版三三，5）。JSK4：2，夹砂灰陶，方圆唇，口外侈，内沿微敛，唇沿凸出，束颈，腹及底部呈圆弧状，下附三个扁体形侧三角足，足尖外侧加饰轻微按痕，上腹部饰两周不规则弦纹，下腹部饰竖向绳纹，底部饰右斜向绳纹。整体器形欠规整。口径19、高25.6厘米（图八六，7；彩版一七，6；图版三三，6）。JSG②：2，夹砂红褐陶，尖圆唇，外卷沿，束颈，圆弧腹，底近平。器身上部饰三周不明显凹弦纹，中下部饰有不清晰竖向绳纹，下附三个长三角扁体形足，足面中部微凹，足尖外侧又饰按痕。陶质酥松，器形欠规整。口径16.5、高17.8厘米（图八六，5；图版三四，1）。

Ⅱ式：1件。圜底，锥形足。JSK3：8，夹细砂红褐陶，尖唇，侈口，折沿，不规则圆弧腹，圜底，沿外侧饰两个对称形横置鸡冠状鋬手，器表较粗糙。口径15.7、高24.4厘米（图八六，8；图版三四，2）。

Ⅲ式：1件。平底。T2028④：1，泥质灰黑陶，有红褐色氧化现象，尖唇，折沿，沿面内凹，沿边呈一周小平沿状，颈微束，圆鼓腹，平底，下附三个扁体形板状足，足尖外侧饰一按痕，三足微呈内曲状，素面，器表较粗糙。口径16.9、高21.6厘米（图八六，9；图版三四，3）。

B型　6件。足体厚重，窄平足面。依据足面和口部特征分为二式。

Ⅰ式：5件。圆唇，侈口，扁体形长三角足，足面较宽。JSK3：28，夹砂红陶，

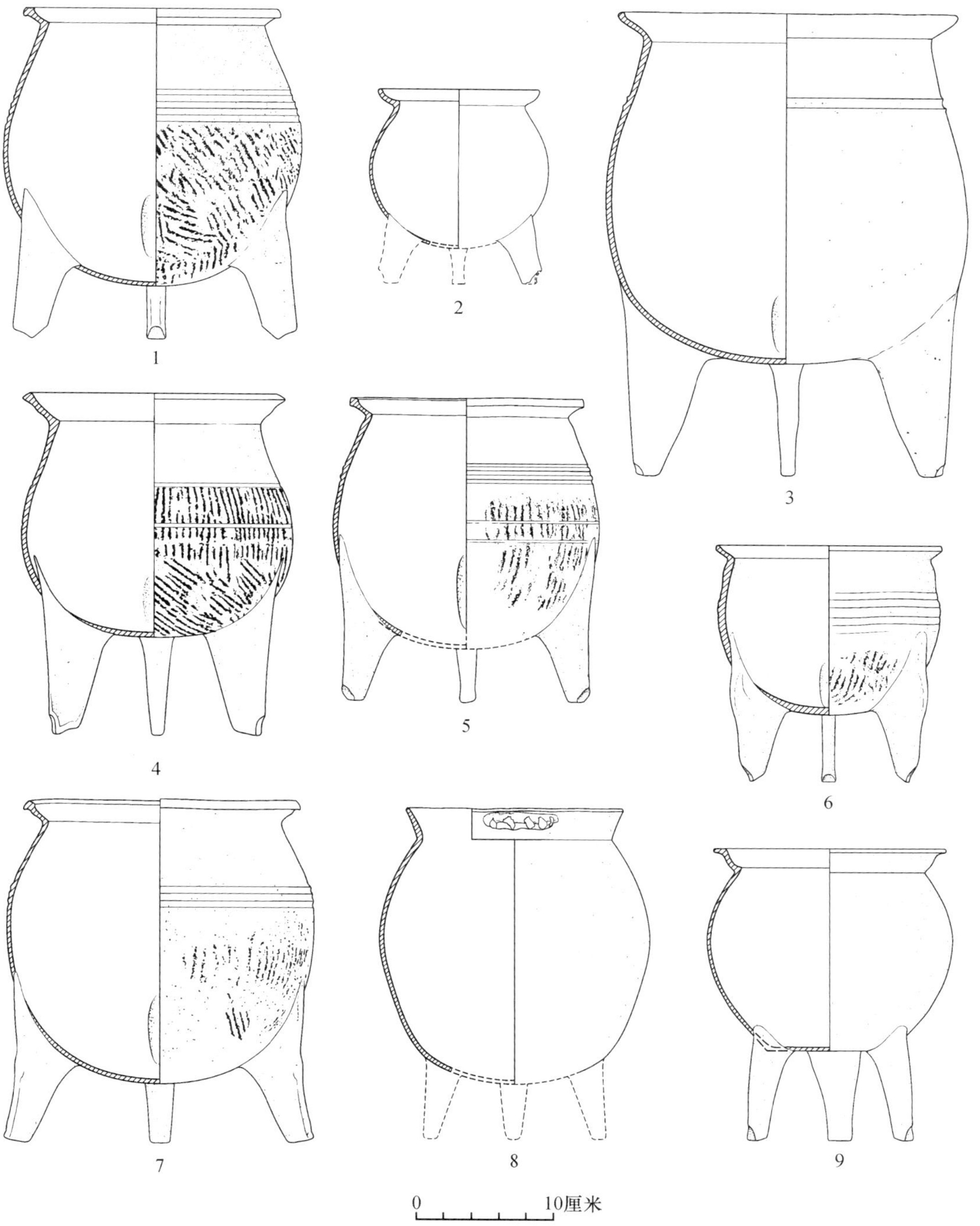

图八六　A型鼓腹鼎

1～7. Ⅰ式（HG5：12、JSK3：24、JSK7：3、JSK2①：4、JSG②：2、JSK2①：2、JSK4：2）
8. Ⅱ式（JSK3：8）　9. Ⅲ式（T2028④：1）

矮折沿，内沿面斜直，外沿面曲形，圆弧腹，圜底，肩部饰三周凹弦纹，器表原有细绳纹，陶皮脱落，纹饰不存在，底部残存有左斜绳纹。下附三个扁体形侧三角足，足面各饰一道竖向凹槽，足尖外侧饰一按痕（图八七，2；彩版一八，1；图版三四，4）。JSK3：27，夹砂红褐陶，方圆唇，侈口，外折沿，沿面内凹，圆弧腹，圜底，上腹部饰有不清晰弦纹，下附三个扁体形侧三角足，足尖外侧饰一轻微按痕，腹较深，素面，器表较粗糙。口径22.2、高32厘米（图八七，1；图版三四，5）。JSK3：14，夹砂红褐陶，尖圆唇，敞口，折沿，束颈，溜肩，鼓腹，圜底近平。腹部饰有竖向绳纹，肩下部至腹部又饰数周不明显凹弦纹，下腹部至底部饰交错形绳纹，下附三个近

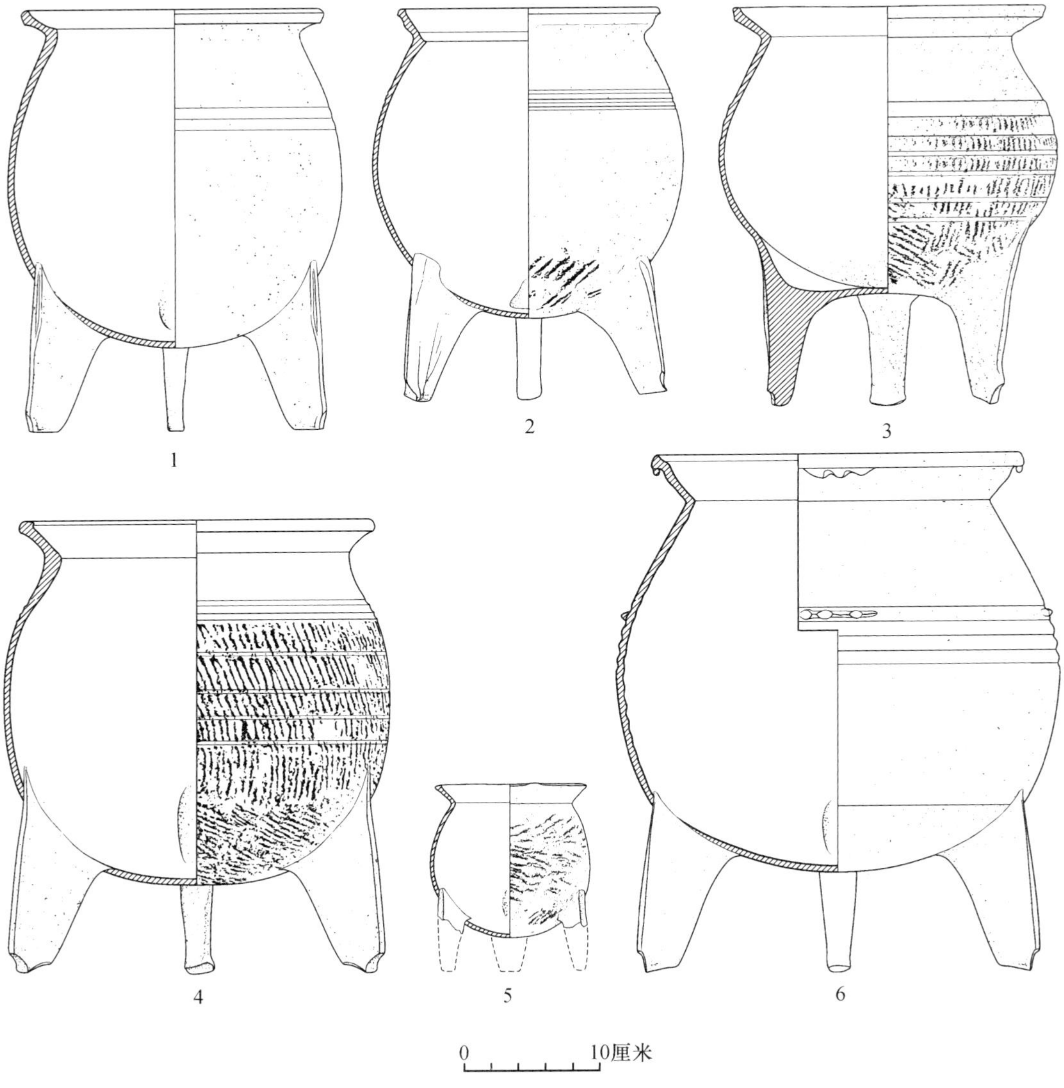

图八七　B型鼓腹鼎

1～5. BⅠ式（JSK3：27、JSK3：28、JSK3：14、JSK2②：5、H44：48）　6. BⅡ式（JSK3：12）

方形柱状足，足根内壁呈浅袋足状，足面各饰一道竖向不规则形凹槽，足尖外侧饰一按痕。口径23、高30.3厘米（图八七，3；图版三四，6）。JSK2②：5，夹砂灰陶，圆唇，外折沿，唇沿微凸出，沿面斜直，束颈，圆弧腹，圜底，下附三个扁体侧三角足，足面较平直，并饰一道竖向凹槽，足尖内、外侧形成对捏现象，肩部饰三周凹弦纹，腹部分段拍印右斜篮纹，底部拍印交错形绳纹。口径26.2、高34.2厘米（图八七，4；图版三五，1）。H44：48，泥质红褐陶，方唇，外折沿，束颈，圆弧腹，圜底。下附三个扁体形板状足，足面加工出一道竖向宽凹槽，器表饰有不清晰右及左斜向绳纹，口沿有变形现象。器形较小。口径11.2、高14.1厘米（图八七，5；图版三五，2）。

Ⅱ式：1件。方圆唇，外折沿，唇沿外侧饰四个对称形横直鸡冠状鋬手。JSK3：12，夹细砂灰褐陶，器表有氧化斑块。沿上部外侧微凸出，并饰有四个等距离横直鸡冠状附加堆状饰，束颈，溜肩，鼓腹，圜底，上腹部也饰4个与沿外侧对应的四个横直鸡冠状附加堆状饰，腹中部饰四周凹弦纹，底部附加3个扁体形侧三角足，足面各饰一道竖向凹槽，足尖外侧又加饰一按痕，器形较大。口径27.5、高39.1厘米（图八七，6；图版三五，3）。

C型　8件。方圆唇，沿面内凹，足上部均饰有按窝。JSK2②：12，夹细砂灰褐陶，矮折沿，唇沿内侧凸出，束颈，圆弧壁，略呈下垂状，圜底近平，下附三个扁体状侧三角足，足与器身交界处各饰两个按窝，足尖外侧饰一轻微按痕，肩部以下饰数周不规则凹弦纹，腹及底部拍印竖向绳纹，绳纹之上又分段加饰凹弦纹，器表有黑陶衣脱落现象。口径22、高29.6厘米（图八八，2；图版三五，4）。JSK2①：1，夹砂红褐陶，圆唇，矮折沿，沿面内凹，束颈，溜肩，圆弧腹，圜底，下附三个扁体形侧三角足，足上部饰有两个按窝，足尖外侧饰一按痕，肩下部饰数周轻细凹弦纹，腹部饰竖向不清晰绳纹，绳纹之上又饰不清晰弦纹。口径20.8、高26.9厘米（图八八，3；图版三五，5）。JSK2②：14，夹砂红褐陶，方圆唇，外折沿，内沿面微凹，束颈，溜肩，圆弧腹，圜底近平，下附三个扁体侧三角足，足根处各饰两个按窝，足尖外侧又各饰一按痕，肩下部饰两周不清晰凹弦纹，腹部及底部拍印交错形绳纹。口径20.5、高32厘米（图八八，6；图版三五，6）。JSK3：7，夹砂红褐陶，器表附有黑陶皮，圆唇，敞口，折沿，沿面微内凹，圆弧腹，圜底近平。上腹部饰数周不规则凹弦纹，下腹及底部饰右斜不清晰篮纹，底附三个扁体形侧三角足，足根处饰一轻微按窝，足尖外侧饰按痕。口径20.1、高30.9厘米（图八八，5；图版三六，1）。HG5：3，泥质灰褐陶，圆唇，矮折沿，颈微束，溜肩，圆弧腹，圜底近平，下附三个扁体形长三角板状足，足面又附加竖向齿状堆纹，器表饰横向和右斜绳纹，并有黑陶衣脱落现象。口径18.9、高26.5厘米（图八八，1；图版三六，2）。JSK2②：2，夹砂红陶，土黄色，方唇，沿外侈，沿内面微凹，束颈，斜弧腹，圜底，最大径在腹下部，肩部饰三周不清晰弦纹，下附三个长三角形扁体状足，足根处饰三个上下排列的按窝，足尖外

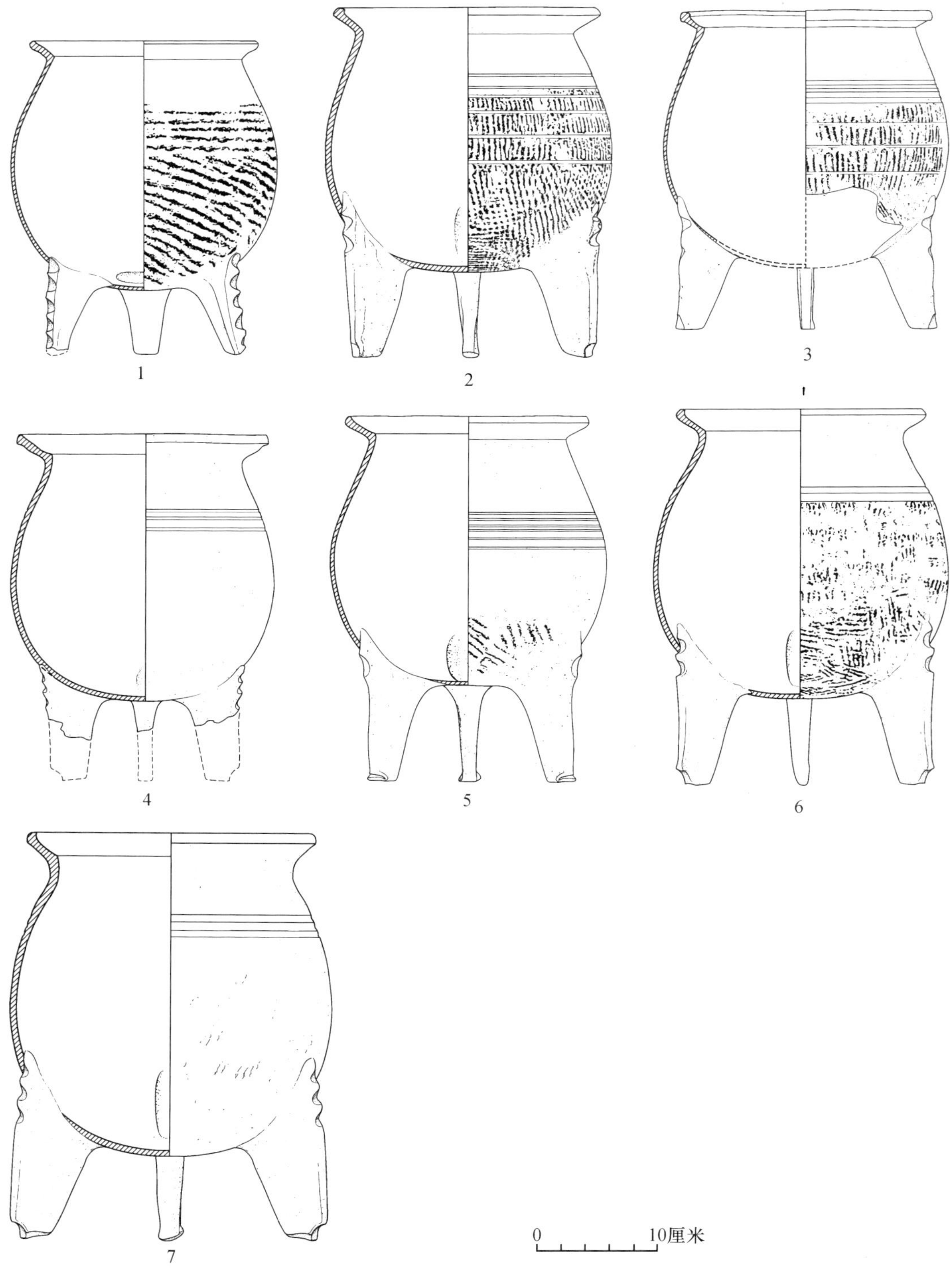

图八八　C型鼓腹鼎

1. HG5：3　2. JSK2②：12　3. JSK2①：1　4. JSK3：6　5. JSK3：7　6. JSK2②：14　7. JSK2②：2

侧饰一按痕。口径23.8、高34.5厘米（图八八，7；图版三六，3）。JSK3：6，夹砂灰黑陶，方唇，侈口，外折沿，圆弧腹，圜底，肩部饰三周凹弦纹，下附三个扁体形侧三角足，足根处加饰三个按窝，足下部残，器表较粗糙。口径20.9、高29.6厘米（图八八，4；图版三六，4）。

垂腹鼎　15件。多为夹砂陶质，个别有泥质陶，在陶质、陶色方面有一定的区别。手制，慢轮修整。依据足和口的变化可分四型。

A型　6件。为扁体状长三角形足，无足面。依据口部特征可分为二式。

Ⅰ式：2件。方唇，沿面斜直。HG5：30，夹砂红褐陶，外折沿，束颈，溜肩，圆弧腹，圜底，最大径在下腹部，下附三个扁体形侧三角足，足尖外侧饰一按痕，器表粗糙，器形欠规整。口径16、高28.7厘米（图八九，1；图版三六，5）。HG5：15，夹细砂红褐陶，方圆唇，侈口，束颈，溜肩，鼓腹，圜底。下附三个扁体形侧三角足，足尖外侧饰一按痕，肩下部饰两周不规则凹弦纹，器表有黑陶衣脱落现象。器表较粗糙，器形欠规整。口径14.5、高23.8厘米（图八九，3；图版三六，6）。

Ⅱ式：4件。方圆唇，沿面微内凹。HG5：13，夹砂黄褐陶，外折沿，大口，斜直肩，圆弧腹圜底。下附三个扁体形侧三角足，足尖内、外侧饰有按痕，形成对捏现象，肩下部饰五周凹弦纹，下腹部及底部分别饰有不清晰竖向和右斜向绳纹。口径20.2、高27.8厘米（图八九，2；图版三七，1）。JSK3：26，夹细砂红褐陶，方唇，侈口，唇面饰一周不明显凹槽，折沿，上腹斜直，下腹圆弧，圜底，最大径在下腹部，下附三个扁体形侧三角足，足尖外侧饰一按痕。口径14.6、高19厘米（图八九，4；图版三七，2）。JSG②：7，夹细砂红陶，方唇侈口，沿面内凹，束颈，溜肩，斜弧腹，圜底近平，下附三个对称形长三角扁体形足，足尖外侧各饰一按痕，器表有脱皮现象，整体器形欠规整。口径19、高27.8厘米（图八九，6；图版三七，3）。JSK6：1，泥质灰陶，圆唇，侈口，外卷沿，沿面内凹，圆弧腹，圜底，最大径在下腹部，下附三个扁体形侧三角足，足尖外侧饰一按痕，陶质酥松，器表粗糙，素面。口径17.9、高23.2厘米（图八九，5；图版三七，4）。

B型　3件。尖圆唇，侈口，扁体状长三角形足，足面较宽。H44：46，夹细砂红褐陶，尖圆唇，折沿，束颈，溜肩，最大径在下腹部，圜底，器表有黑色氧化斑块。下附三个扁体形侧三角足，足尖外侧饰有按痕，下腹部饰数周不规则凹弦纹，底部饰有不清晰绳纹。口径15.2、高22.7厘米（图八九，8；图版三七，5）。JSG②：16，夹砂红陶，尖圆唇，侈口，矮折沿，束颈，溜肩，垂腹，圆弧底，下附三个扁体侧三角足，足面饰一道竖向凹槽，足尖外侧饰一按痕。腹中部饰四周不明显弦纹，下腹部饰交错形绳纹。口径17.2、高29.5厘米（图八九，7；彩版一八，2；图版三七，6）。H20：2，夹砂红褐陶，方唇，矮折沿，沿面内凹，溜肩，垂腹，圜底，最大径在腹下部。下腹部饰数周不规则凹弦纹，局部有陶皮脱落现象。底部附三个扁体形侧三角外

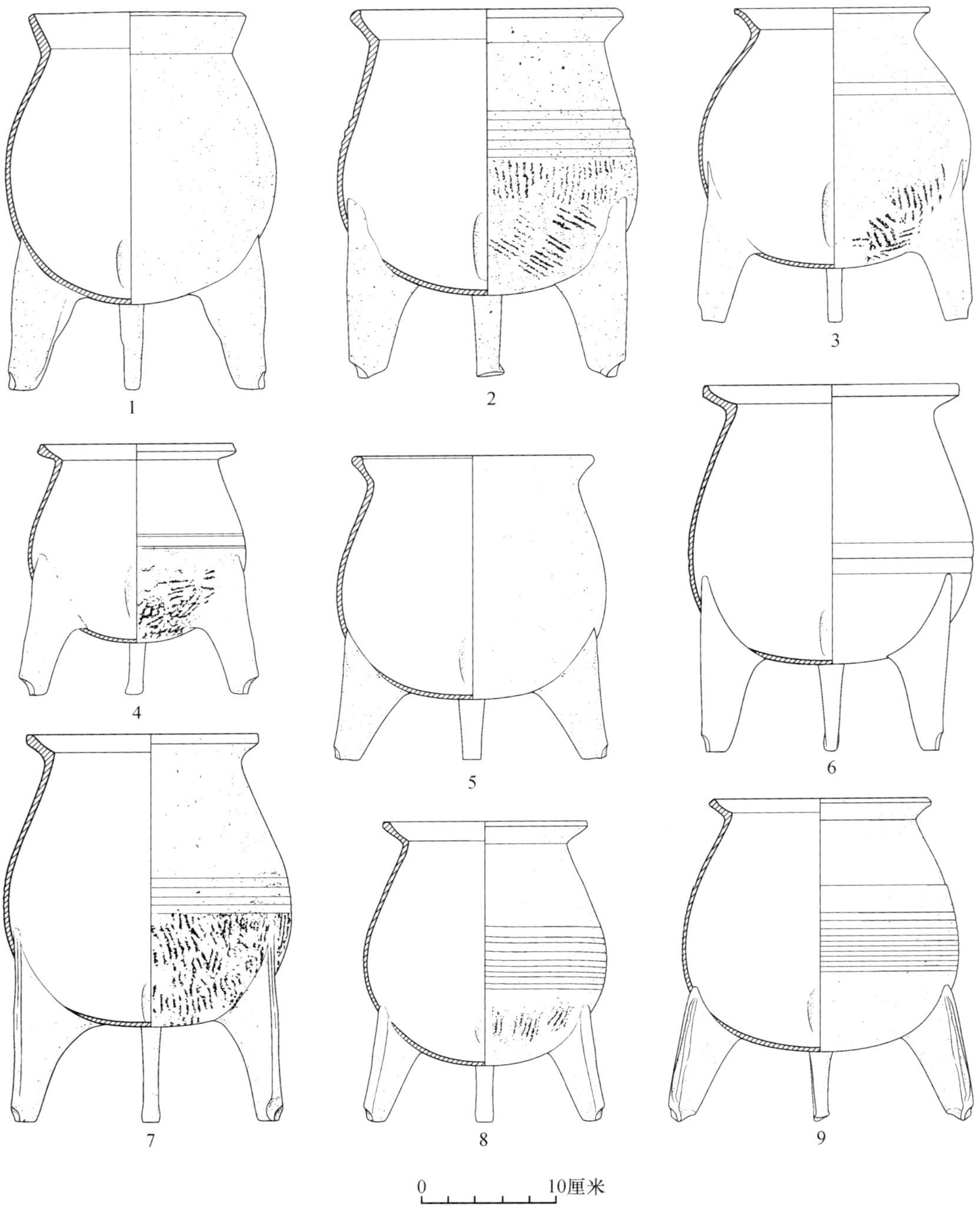

图八九　A型、B型垂腹鼎

1、3. AⅠ式（HG5：30、HG5：15）　2、4～6. AⅡ式（HG5：13、JSK3：26、JSK6：1、JSG②：7）

7～9. B型（JSG②：16、H44：46、H20：2）

撇形足，足面饰一道竖向凸棱，足尖内、外侧均有加饰的按痕，形成对捏现象，器表粗糙，器形欠规整。口径16.5、高24.3厘米（图八九，9；彩版一八，3；图版三八，1）。

C型　5件。尖圆唇，矮折沿，沿面微内凹，扁体状长三角足，无足面，均在足根处饰有按窝。H45：1，夹砂红陶，唇沿较平，束颈，斜肩，下腹圆弧，圜底。下附三个扁体状侧三角外撇形足，足上部饰两个轻微按窝，足尖外侧饰一按痕。素面。口径16.7、高25.3厘米（图九○，3；彩版一八，4；图版三八，2）。H44：49，夹砂红褐陶，方唇，外折沿，束颈，溜肩，腹圆弧，最大径在下腹部，圜底，下附三个扁体形侧三角足，足上部有三个轻微按窝，足尖外侧饰有明显按痕，腹中部饰有数周间距密集的凹弦纹，下腹局部饰有不规则绳纹，器表较粗糙。口径17.5、高25.6厘米（图九○，2；图版三八，3）。T2026④：1，泥质红陶，方圆唇，外折沿，沿面内凹，沿外侧又加工出一周凹槽，呈曲沿状，溜肩，圆弧腹下垂，最大径在下腹部，圜底近平，下附三个扁体形侧三角足，足上部饰三个上下排列的按窝，足尖外侧饰有轻微按痕，腹上部饰三周不清晰的凹弦纹，底部饰有不规则绳纹，陶质较酥松。口径21、高25.8厘米（图九○，5；彩版一八，5；图版三八，4）。H28：1，夹砂红褐陶，尖圆唇，外折沿，溜肩，鼓腹，圜底，最大径在下腹部，腹上部饰竖向绳纹，底部饰交错形绳纹，下附三个扁体形板状足，足面较宽，中部饰有竖向凸棱，足上部又加饰一按窝，足下部残，器形欠规整。口径18.4、高24.3厘米（图九○，1；图版三八，5）。JSK2②：13，夹细砂灰褐陶，方唇，矮折沿，沿面内凹，束颈，溜肩，圜底，下附加三个扁体侧三角足，足与器身交界处饰一按窝，足下部残，上腹部饰数周不规则凹弦纹。口径16.9、高26.5厘米（图九○，4；图版三八，6）。

D型　1件。板状足。H5：2，夹细砂红褐陶，圆唇，侈口，折沿，沿面微内凹，圆弧腹，圜底，底部附三个扁体形板状足，足面上部饰有圆形按窝，素面。口径21、高25.6厘米（图九○，6；彩版一八，6；图版三九，1）。

盆形鼎　2件。夹细砂红陶，手制，慢轮修整，器形近同。H38：1，尖圆唇，矮折沿，圆弧腹，平底，沿下外侧饰对称形横直鸡冠状鋬手，下附三个“鬼脸式”足，足呈倒三角形，足正面圆弧状，中间饰竖向附加堆纹，堆纹之上又经压印，足上部两侧饰不对称圆形凹窝，足背面内凹，三足呈不对称形，陶质酥松，器表粗糙，素面，器形较大。口径36.4、高33.8厘米（图九○，8；彩版一九，1；图版三九，3）。T2013④：1，夹砂红褐陶，手制。直口，平沿，内外沿缘均凸出，弧腹，圜底近平，唇沿内外又加工成齿状花边，尖部附加三个等距离横直桥形钮，腹中部饰数周不规则凹弦纹，下附三个“鬼脸式”足，足呈倒三角形，足正面凸起，中部附加竖向齿状堆纹，正面上端两侧饰有圆形圆窝，足背面内凹，器形欠规整。口径28.6、高21.6厘米（图九○，7；彩版一九，2；图版三九，4）。

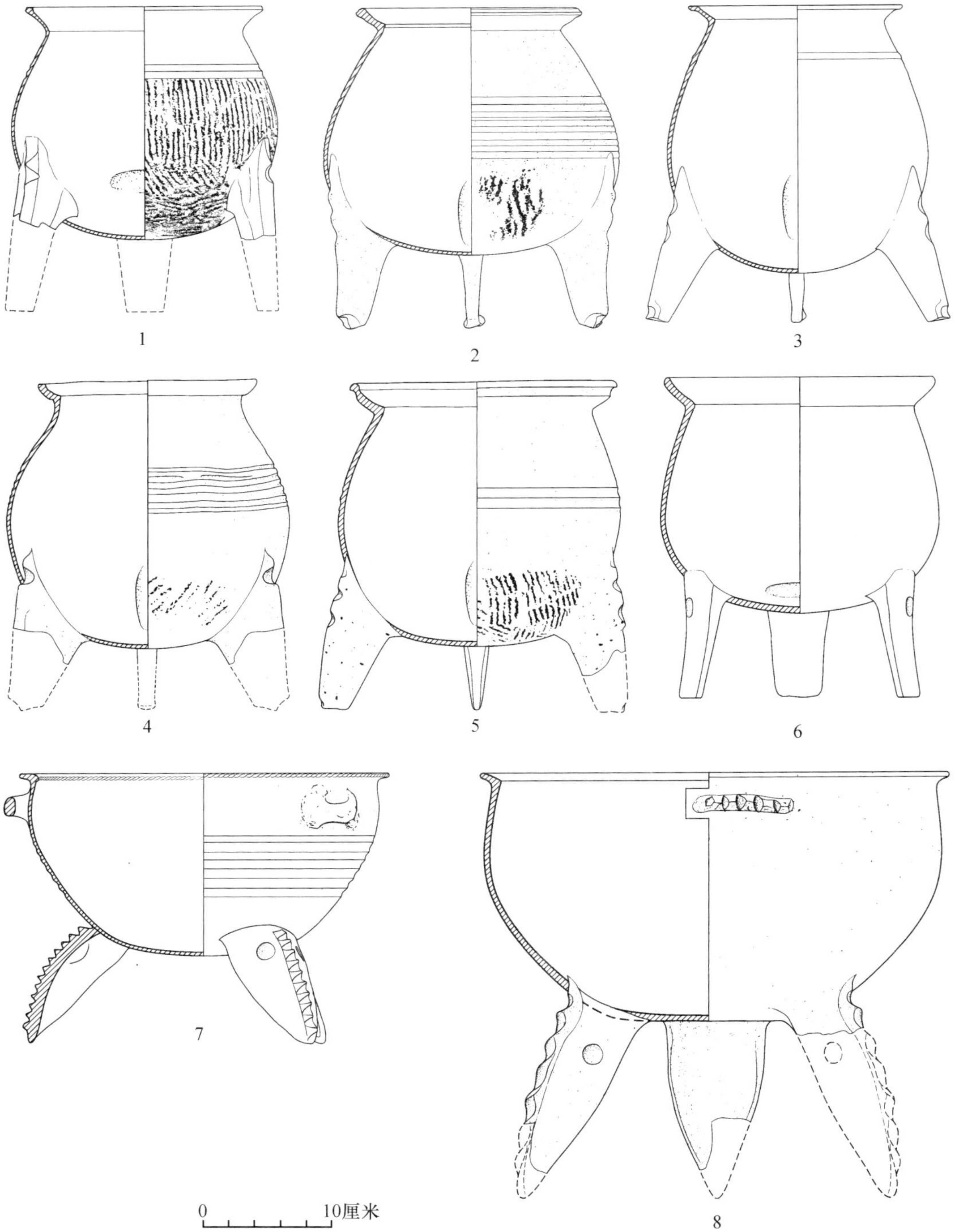

图九〇　垂腹鼎和盆形鼎

1～5. C型垂腹鼎（H28：1、H44：49、H45：1、JSK2②：13、T2026④：1）　6. D型垂腹鼎（H5：2）　7、8. 盆形鼎（T2013④：1、H38：1）

深腹鼎　9件。多为夹砂陶，个别为泥质陶，在陶质、陶色方面存在一定的区别，依据腹、底部及足部特征可分为三型。

A型　2件。斜弧腹，圜底，侧三角形足较厚重，有足面。依据口部特征分为二式。

Ⅰ式：1件。圆唇，侈口。JSK6：2，泥质灰褐陶，折沿，沿面斜直，上腹斜弧，下腹圆弧，圜底，最大径在腹中部，肩下部饰三周不清晰凹弦纹，腹部也隐约可见右斜绳纹，足尖外侧饰一按痕，陶质酥松，器表极为粗糙。口径22.4、高29.3厘米（图九一，1；图版三九，2）。

Ⅱ式：1件。尖唇，折沿。JSG②：27，夹细砂红褐陶，沿面微内敛，弧腹，圜底，体形微窄长，底部附三个扁体长三角足，足面呈曲线形，足尖外侧加饰一轻微按痕，腹中部饰不清晰横向绳纹。口径17.8、高27.5厘米（图九一，2；图版三九，5）。

B型　2件。圜底，近平，侧三角形足，无足面。依据口沿的特征分为二式。

Ⅰ式：1件。尖唇，外卷沿。JSG③：4，夹砂红陶，内沿面微凹，斜弧腹，圜底，下附三个侧三角扁体形足，足根处加饰两个按窝，足尖外侧各饰一按痕，腹中部饰数周不规则凹弦纹，底部饰交错绳纹。口径20.4、高27.7厘米（图九一，3；图版三九，6）。

Ⅱ式：1件。圆唇，侈口。JSG③：3，夹砂灰褐陶，沿面斜直，束颈，溜肩，略呈垂腹状，圆弧底近平，下附三个扁体侧三角足，足根处饰两个按窝，足尖外侧饰一轻微按痕，腹中部饰数周凹弦纹，下腹部及底部饰交错形绳纹，局部呈方格纹状。口径17.8、高25.6厘米（图九一，4；彩版一九，3；图版四〇，1）。

C型　5件。板状足，足面较宽。依据足的造型分为二式。

Ⅰ式：3件。足面饰有凹槽。JSK2②：16，夹砂灰陶，方圆唇，外卷沿，内沿面微凹，外唇沿凸出，束颈，圆弧腹，圜底近平，下附三个扁体板状足，足面中上部各饰两道竖向凹槽，肩部饰两周凸弦纹，腹部分段饰竖向不清晰绳纹。口径22.2、高35.5厘米（图九一，6；图版四〇，2）。JSK2①：21，夹砂灰陶，圆唇，折沿，唇边微凸出，束颈，弧壁近直，圜底，底部附三个扁体板状形足，足面饰三道竖向凹槽，肩部饰两周不清晰凹弦纹，腹部饰竖向不规则绳纹。口径26.7、高37厘米（图九一，7；图版四〇，3）。JSK4：8，夹砂红褐陶，侈口，矮折沿，沿面内凹，唇沿微敛，弧腹略呈下垂状，圜底，肩下部饰两周凹弦纹，腹上部饰竖向绳纹，绳纹之上又饰数周浅痕划纹，下腹部饰交错形绳纹，下附三个扁体形板状足，足面较宽，并饰三道竖向不规则凹槽，器形较大。口径25.2、高33.7厘米（图九一，5；图版四〇，4）。

Ⅱ式：2件。足面饰附加堆纹。H44：50，夹砂红褐陶，方圆唇，外折沿，沿面内凹，弧腹微呈下垂状，圜底，下附三个扁体形板状足，足面附加竖向鸡冠状堆纹，肩部饰三周不清晰凹弦纹，器表较粗糙。口径23.8、高34.3厘米（图九一，8；图版四〇，5）。H44：51，夹砂灰褐陶，方唇，侈口，沿内面微凹，斜肩，弧腹呈收底状，圜

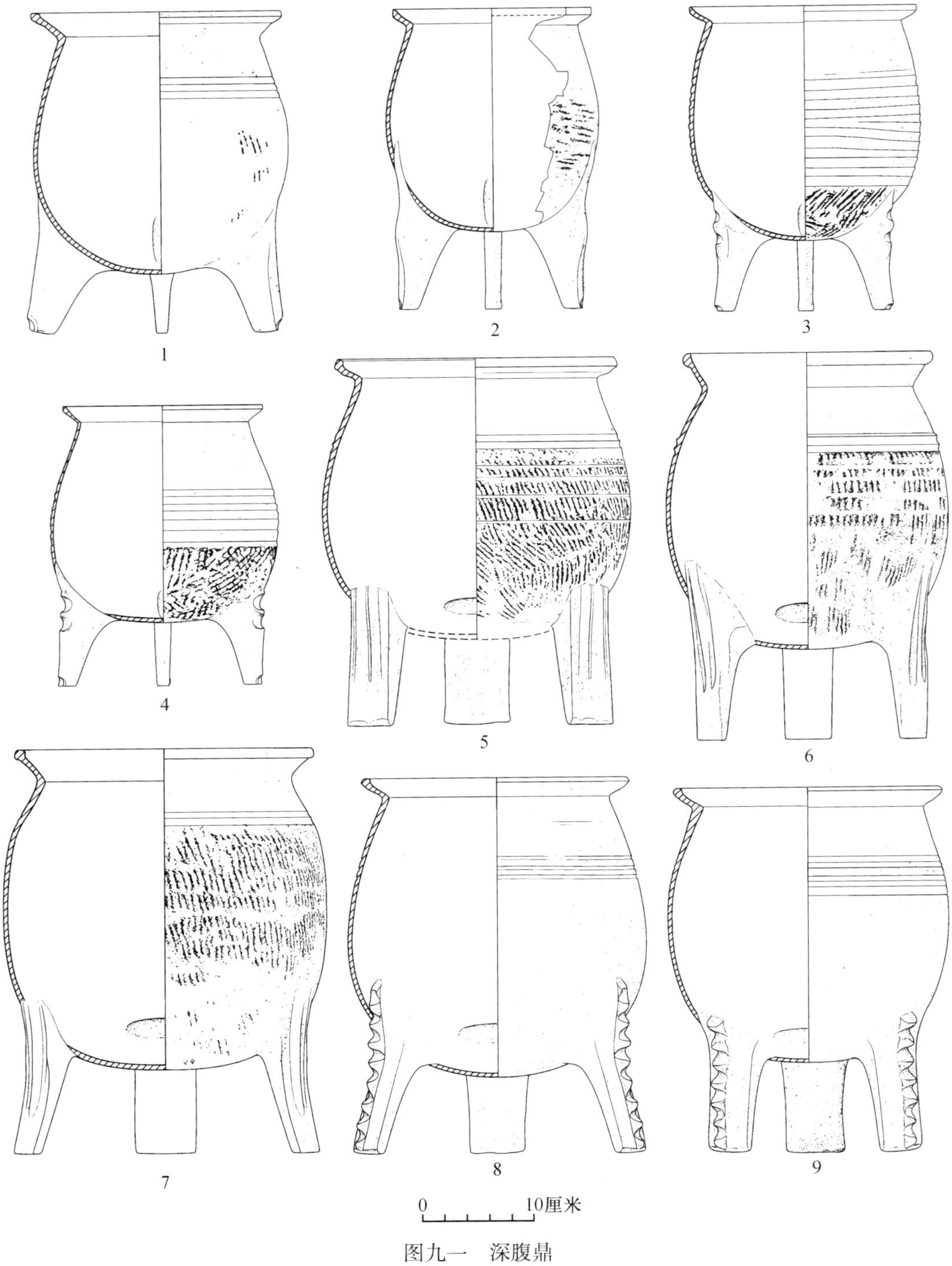

图九一　深腹鼎

1. AⅠ式（JSK6：2）　2. AⅡ式（JSG②：27）　3. BⅠ式（JSG③：4）　4. BⅡ式（JSG③：3）　5～7. CⅠ式（JSK4：8、JSK2②：16、JSK2①：21）　8、9. CⅡ式（H44：50、H44：51）

底近平，下附三个扁体形板状足，足面附加竖向鸡冠状堆纹，肩下部饰数周浅细凹弦纹。口径23.9、高33厘米（图九一，9；彩版一九，4；图版四〇，6）。

罐　152件。泥质陶和夹砂陶均占有一定的比例，根据器形特征又可分为深腹罐、高领罐、垂腹罐、筒形罐、敛口罐、大口罐、鼓腹罐等几种。

深腹罐　43件。手制，慢轮修整。根据底部特征可分三型。

A型　21件。凹底。又根据颈部特征分为二式。

Ⅰ式：5件。短颈。H23：1，夹砂红褐陶，方唇，侈口，颈呈内弧形，弧肩，肩部饰有一周宽带状凹弦纹，弧腹，平底微内凹，器表局部饰有不清晰绳纹和弦纹，器形欠规整。口径20、底径11、高37.2厘米（图九二，4；图版四一，1）。H40：1，夹细砂红陶，圆唇，唇沿凸出，口微侈，颈短直，弧腹，平底内凹，肩部饰三周凹弦纹，器表饰有不清晰竖向绳纹，绳纹之上又饰数周不规则凹弦纹，器形较大。口径26.6、底径12.8、高46.5厘米（图九二，1；图版四一，2）。JSK6：4，泥质灰褐陶，近土色。圆唇，口微侈，颈内弧，肩部形成一周台面，肩与器身交界处饰一周凹弦纹，圆弧腹，平底内凹，通体饰竖向绳纹，绳纹之上又饰不规则凹弦纹，陶质酥松，器表粗糙。口径13.6、底径7.6、高26厘米（图九二，2；彩版一九，5；图版四一，3）。H44：76，仅存上部，泥质灰陶，圆唇，口微侈，直领，微折肩，腹壁拍印有交错形粗绳纹，绳纹之上又饰一周凹弦纹。口径13.8、残高13.6厘米（图九二，3；图版四一，4）。

Ⅱ式：16件。矮折沿。HG5：20，夹砂红褐陶，圆唇，沿面微内凹，鼓腹，最大径在腹中部，平底内凹，肩下部饰数周凹弦纹，腹部饰有不清晰竖向绳纹，下腹部在绳纹之上又加饰有不规则弦纹，器表较粗糙。口径19.1、底径7.5、高25.6厘米（图九二，10；彩版一九，6；图版四一，5）。JSK2②：46，夹砂红褐陶，圆唇，沿面微凹，圆弧腹，平底略内凹，颈部至腹中部拍印竖向绳纹，器表施黑陶衣，但多已脱落。口径21.4、底径9、高28.6厘米（图九二，5；图版四一，6）。T2046④：1，夹砂红褐陶，圆唇，矮折沿，沿面微内凹，圆弧腹，下腹内收，平底内凹，肩部饰有不清晰弦纹，腹部饰有不规则左斜绳纹，陶质极为酥松。口径20.4、底径7.5、高25.6厘米（图九二，8；彩版二〇，1；图版四二，2）。JSK3：20，泥质灰陶，圆唇，短折沿，圆弧腹，最大径在腹中部，平底，内凹，通体饰竖向篮纹，篮纹之上又饰数周不规则凹弦纹，器形较大。口径26.8、底径12.5、高37.8厘米（图九二，7；图版四二，3）。T2003④：1，夹细砂红陶，方唇，颈微束，沿面斜直，圆弧腹，平底内凹，肩部饰两周不明显凹弦纹，腹中上部饰竖向绳纹，腹下部饰右斜向绳纹，绳纹之上又加饰数周不明显凹弦纹。口径18.4、底径8.5、高26.6厘米（图九二，6；彩版二〇，2；图版四二，4）。JSK2②：30，泥质灰陶，方圆唇，唇沿内敛，大折沿，内沿面微凹，溜肩，圆弧腹，平底内凹，肩至底部拍印竖向篮纹，篮纹之上又饰有数周不规则弦纹，腹部一侧有因烧制变形而形成的内凹现象。口径20、底径8.8、高28.5厘米（图九二，9；图

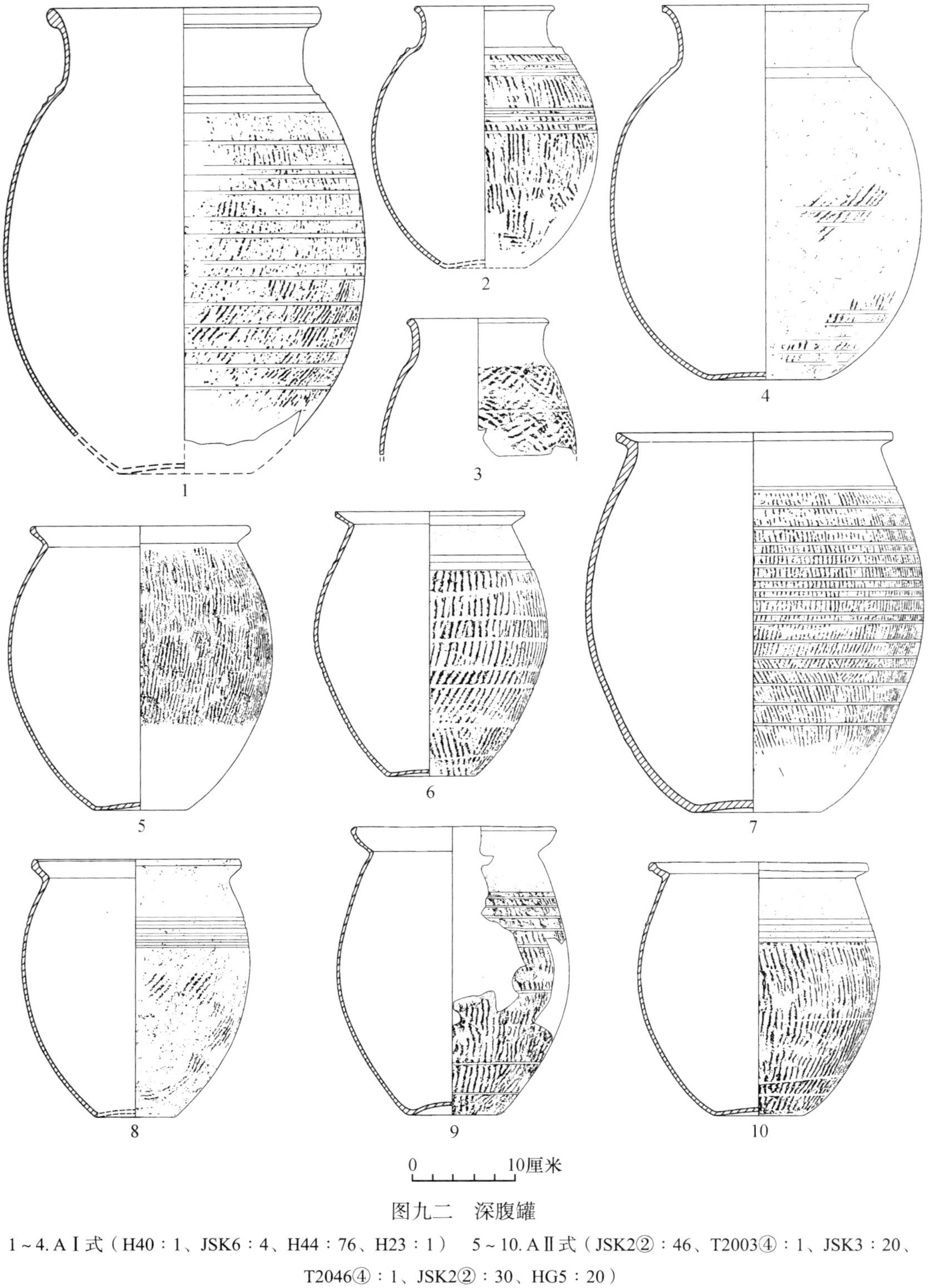

图九二　深腹罐

1～4. AⅠ式（H40：1、JSK6：4、H44：76、H23：1）　5～10. AⅡ式（JSK2②：46、T2003④：1、JSK3：20、T2046④：1、JSK2②：30、HG5：20）

版四二，6）。JSG②：5，夹砂土黄色陶，尖唇，折沿，内沿微凹，颈微束，圆弧腹，小平底内凹，肩部以下通体拍印竖向绳纹，器形欠规整，整体呈卵形。口径18.5、底径7.6、高26.9厘米（图九三，1；图版四二，1）。HG5：19，夹砂灰褐陶，圆唇，短折沿，沿面内凹，颈微束，斜肩，弧腹呈下垂状，最大径在下腹部，平底内凹，肩下部饰三周不清晰凹弦纹，腹至底部饰不规则形绳纹，绳纹之上又加饰不规则弦纹。口径21.4、底径8.5、高25厘米（图九三，2；图版四二，5）。

B型 21件。平底。多数残半。依据腹部特征分为二式。

Ⅰ式：14件。鼓腹。JSK3：33，夹砂红褐陶，方圆唇，侈口，折沿，圆弧腹，最大径在腹上部，下腹斜直，腹中部饰有横向不清晰篮纹，器表较粗糙。口径22、底径12、高32.9厘米（图九三，5；图版四三，1）。JSK3：30，泥质红褐陶，方圆唇，侈口，折沿，圆弧腹，腹下部饰有两周凹弦纹，内壁留有轮修时的旋痕。素面，器表较粗糙。口径18.5、底径10、高22.8厘米（图九三，9；图版四三，2）。JSK3：2，泥质红陶，尖圆唇，侈口，微卷沿，束颈，圆弧状腹，最大径在腹中部，素面，陶质酥松，

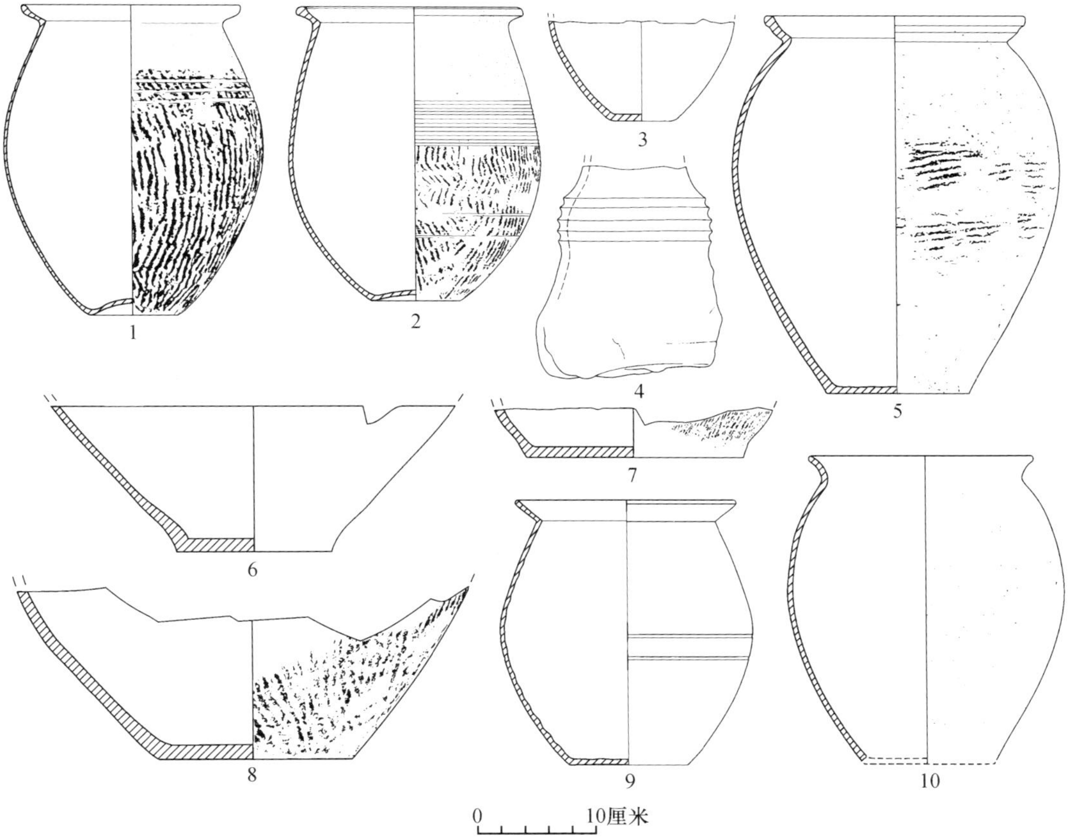

图九三 深腹罐

1、2. AⅡ式（JSG②：5、HG5：19） 3、5、9、10. BⅠ式（JSK2①：13、JSK3：33、JSK3：30、JSK3：2） 4. C型（H44：55） 6～8. BⅡ式（JSK3：10、JSK8：6、JSK3：32）

器表粗糙。口径18.9、底径11、高26.5厘米（图九三，10；彩版二〇，3；图版四三，3）。JSK2①：13，泥质红褐陶，仅存下部，斜弧腹，小平底，素面，器形较小。底径5.4、残高8.7厘米（图九三，3）。

Ⅱ式：7件。斜腹。多为残件。JSK3：10，泥质黑陶，仅存下半部，为斜直腹，平底，素面。器形较大。底径13、残高12.5厘米（图九三，6）。JSK3：32，夹砂陶，外表红褐色，内表黑灰色，仅存下部，斜直壁，器表饰有不清晰绳纹，平底，器形较大。底径16.2、残高14.8厘米（图九三，8）。JSK8：6，夹细砂红陶，仅存底部，斜腹，底部边缘为凸出，器表饰有不清晰绳纹。底径18.2、残高4.4厘米（图九三，7）。

C型　1件。变形体。H44：55，泥质红褐陶，斜肩，曲腹，腹上部饰五周凸棱，下腹部较大，呈斜直状，底部近平，严重变形，整体器形欠规整。底径14.3、残高18.3厘米（图九三，4；图版四三，4）。

高领罐　12件。分为夹砂陶和泥质陶，手制，慢轮修整，多数为残件，根据底部特征可分三型。

A型　5件。凹底。HG5：18，口部残，夹砂红褐陶，颈斜直，折肩，圆鼓腹，肩下部饰有一周不明显凸弦纹，上腹部和下腹部分别饰有不清晰竖向绳纹和横向绳纹，胎壁较厚。底径7、残高21.4厘米（图九四，2；图版四三，5）。H51：2，泥质灰黑陶，方圆唇，斜折沿，直口，直颈，颈较粗，折肩，圆弧深腹，整体素面，陶质酥松，器表粗糙，器形较大。口径21、底径8、高35.1厘米（图九四，1；图版四三，6）。

B型　6件。平底。多数残。T2035④：2，口部残，夹细砂红陶，折肩，折肩处饰一周不明显凹槽，下腹斜直，素面，器形较小。底径6.1、残高10.7厘米（图九四，3；图版四四，1）。

C型　1件。假圈足。JSK4：10，泥质黑陶，圆唇，侈口，内弧颈，折肩，假圈足底，底面内凹，素面，器形较小。口径6.6、底径4.7、高10.6厘米（图九四，4；图版四四，2）。

垂腹罐　4件。分为夹砂陶和泥质陶，手制，慢轮修整，器形接近。JSK2①：3，方圆唇，外卷沿，束颈，溜肩，圆弧腹，最大径在下腹部，平底内凹，肩部饰三周不规则凹弦纹，腹部饰左斜和右斜向绳纹，绳纹之上又饰数周不规则凹弦纹，陶胎较厚重，器形欠规整。口径16、底径9.5、高22.3厘米（图九四，5；图版四四，3）。H51：3，泥质灰陶，方圆唇，口微侈，弧颈，溜肩，最大径在下腹部，凹底，肩部饰一周不明显凸棱，腹部拍印左斜篮纹，篮纹之上又加饰间距密集的凹弦纹，陶质酥松，器表粗糙。口径15.3、底径10、高29厘米（图九四，6；图版四四，4）。

筒形罐　2件。手制，慢轮修整。根据口和腹壁特征分为二型。

A型　1件。侈口，深腹。JSK3：29，泥质红褐陶，圆唇，微卷沿，腹近直，下腹微内收，平底，腹上部饰四周凹弦纹，素面，陶质酥松，器表粗糙。口径22、底径12、高30.9厘米（图九四，7；图版四四，5）。

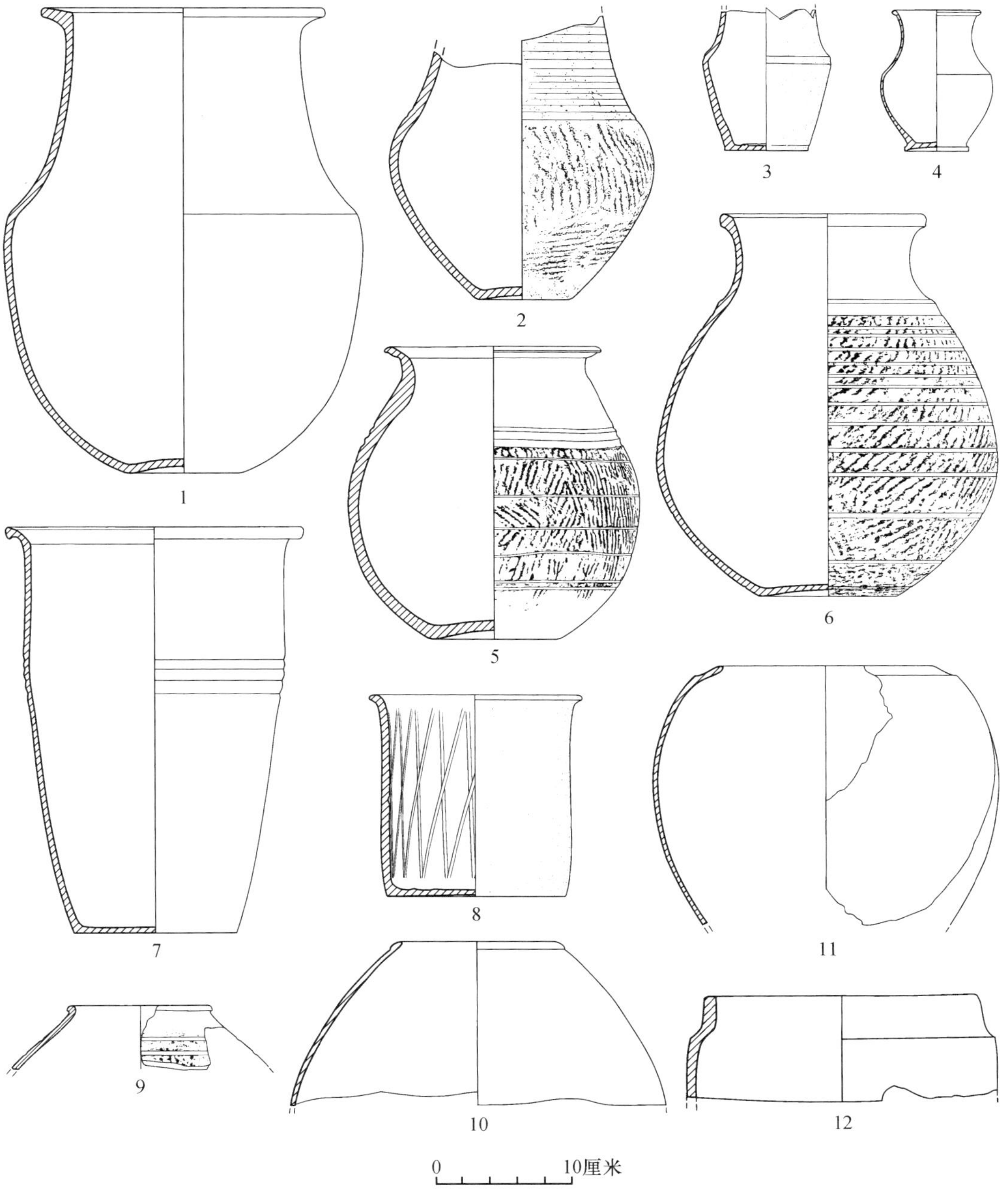

图九四 高领、垂腹、筒形、敛口罐

1、2. A型高领罐（H51：2、HG5：18） 3. B型高领罐（T2035④：2） 4. C型高领罐（JSK4：10） 5、6. 垂腹罐（JSK2①：3、H51：3） 7. A型筒形罐（JSK3：29） 8. B型筒形罐（HG5：1） 9、10. A型敛口罐（JSG③：65、JSG③：68） 11. B型敛口罐（T2025③：13） 12. C型敛口罐（JSG②：35）

B型　1件。圆唇，直壁。HG5：1，夹细砂灰黑陶，外卷沿，平底微内凹，内壁通体刻有长条交错形刻槽，器内、外壁均施有黑陶衣，器表较粗糙。口径15.1、底径13、高15.3厘米（图九四，8；图版四四，6）。

敛口罐　5件。均为泥质陶，多为残件，手制，慢轮修整。根据口部特征分为三型。

A型　3件。微卷沿。JSG③：68，泥质灰陶，圆唇，唇沿微凸出，圆弧腹，下部残，素面。口径11、残高12.3厘米（图九四，10；图版四五，1）。JSG③：65，夹砂红褐陶，圆唇，唇沿微外卷，斜弧腹，下部残，腹部饰不清晰绳纹。口径10.7、残高4.8厘米（图九四，9）。

B型　1件。斜沿。T2025③：13，泥质红陶，圆唇，唇沿内斜，沿外侧加工出一周斜形台面，圆鼓腹，最大径在上腹部，素面，陶质酥松，底部残。口径15.2、残高19.7厘米（图九四，11；图版四五，2）。

C型　1件。直沿。JSG②：35，泥质红陶，方唇，直口，沿外下凸起至腹部，下残。素面。口径22.8、残高7.8厘米（图九四，12；图版四五，3）。

大口罐　30件。均为凹底，分为夹砂陶和泥质陶，手制，慢轮修整，器形近似，根据口沿特征可分为五型。

A型　19件。圆唇，斜直沿。根据腹壁特征分为二式。

Ⅰ式：17件。圆弧腹。HG4：5，夹砂灰褐陶，颈微束，圆弧腹，平底内凹，腹部饰有不清晰竖向绳纹，器形略小。口径17.5、底径6.5、高20厘米（图九五，3；图版四五，4）。HG5：6，泥质灰褐陶，矮折沿，圆弧腹，平底内凹，器表饰有竖向绳纹，肩至腹中部在绳纹之上又饰数周不规则弦纹，器身上部有黑陶衣脱落现象。口径22.3、底径9.2、高27.1厘米（图九五，4；图版四五，5）。JSG②：11，夹砂红陶，侈口，折沿，内沿面微凹，弧腹，下腹内收，小平底微内凹，腹上部饰四周凹弦纹，中、下部饰竖向绳纹，绳纹之上又加饰等距离弦纹，下部有陶皮脱落现象。口径28.3、底径9、高27厘米（图九五，5；图版四五，6）。JSK2②：50，泥质红陶，外折沿，内沿面微凹，口微敛，圆弧腹，下腹内收，凹底，肩部饰两周不规则凹弦纹，肩部至腹部饰竖向篮纹，篮纹之上又加饰不规则等距离的凹弦纹，下部饰数周不规则凹弦纹，器表局部有修整时的指纹痕迹。口径35.9、底径11.5、高28.2厘米（图九五，1；图版四六，1）。JSK2①：6，泥质灰陶，近土黄色。外折沿，内沿面微凹，唇沿较厚，颈微束，圆弧腹，平底内凹，肩下部饰粗细有别的凹弦纹，腹部通体拍印右斜篮纹，篮纹之上又饰数周不规则细凹弦纹。口径33.5、底径11.8、高28.3厘米（图九五，2；图版四六，2）。JSK5：24，夹砂红褐陶，侈口，矮折沿，沿面斜直，圆弧腹，平底内凹，腹部饰有不清晰绳纹，器形较规整，但陶质酥松，器表粗糙。口径19.6、底径8.4、高20.8厘米（图九五，6；彩版二〇，4；图版四六，3）。

Ⅱ式：2件。腹壁附加鋬手。H48：2，泥质灰陶，方圆唇，矮折沿，沿面微内凹，圆弧深腹，下腹内收，小平底内凹，肩部饰两周凹弦纹，腹部饰不规则篮纹，腹中部两侧各附加一个横直鋬手，鋬手经压印呈“山”字形，器形较大，器表粗糙。口径40.8、底径12.5、高39厘米（图九五，7；图版四六，4）。JSK2②：51，夹砂灰陶，方唇，外卷沿，唇内沿凸出，弧腹，腹较深，小平底内凹，肩上部饰四周凹弦纹，腹部

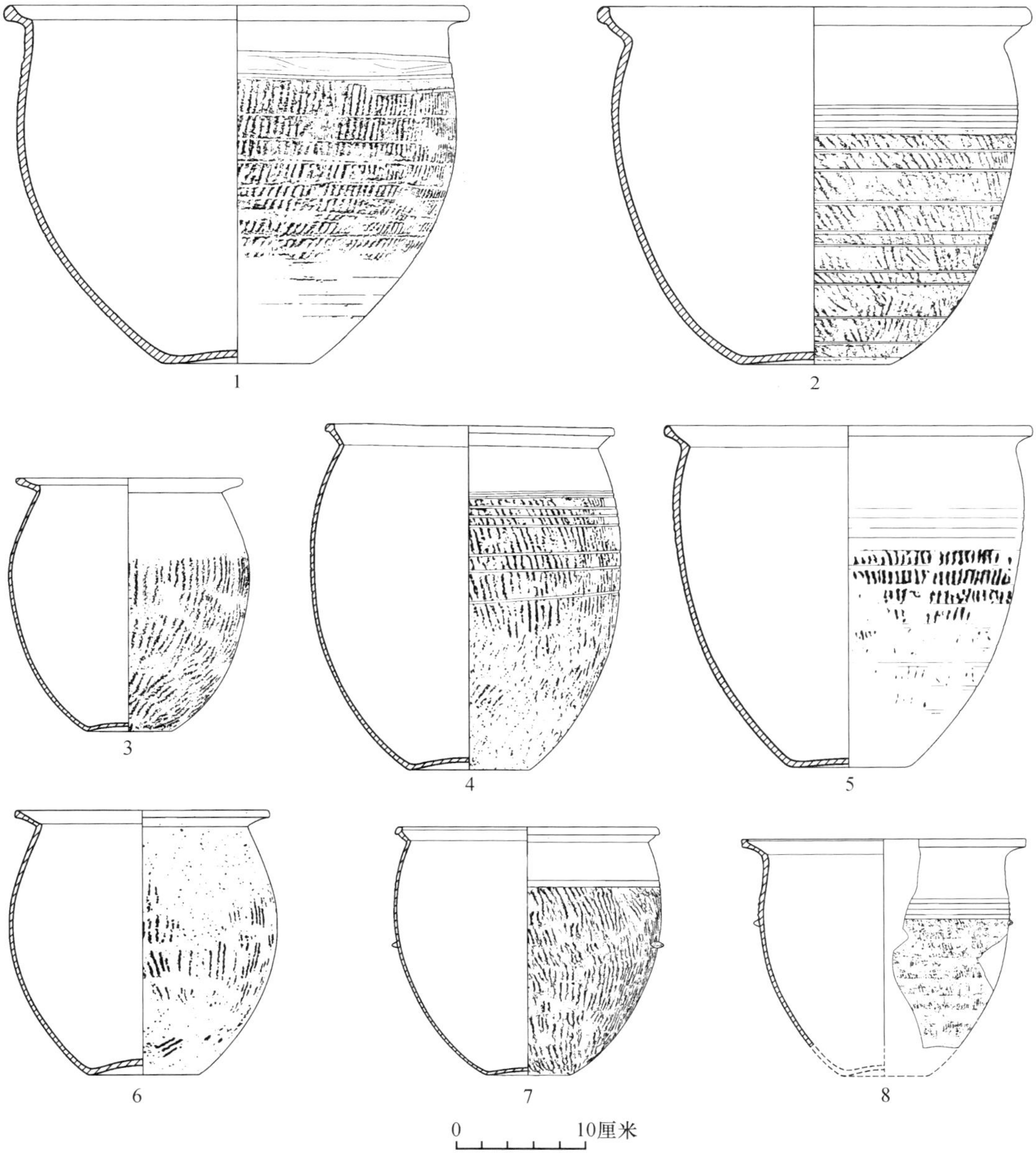

图九五　大口罐

1～6. AⅠ式（JSK2②：50、JSK2①：6、HG4：5、HG5：6、JSG②：11、JSK5：24）　7. AⅡ式（H48：2、JSK2②：51）

饰不清晰篮纹和不规则弦纹，肩下部两侧加饰横直小形鸡冠状鋬手。口径43.8、底径13.1、高37.3厘米（图九五，8；图版四六，5）。

B型　4件。尖唇，平卷沿。JSG②：3，泥质红陶，外卷沿呈平弧状，颈微束，圆弧腹，底内凹。下腹部拍印右斜绳纹，绳纹之上又饰五周等间距凹弦纹，陶质酥松，器形欠规整。口径24.7、底径10、高23.8厘米（图九六，1；图版四六，6）。JSG②：4，泥质灰陶，尖唇，外折，平沿，圆弧腹，底内凹，腹上部饰两周不规则凹弦纹，腹中部至下部饰竖向或右斜向绳纹，凹底部饰交错形绳纹。口径25.3、底径8.7、高27厘米（图九六，2；图版四七，1）。H44：69，泥质灰陶，方圆唇，颈微束，腹较深，微弧，肩部饰一周凸弦纹，下腹部至底部残。口径24.3、残高16.3厘米（图九六，3）。

C型　4件。圆唇，斜卷沿。根据腹部特征分二式。

Ⅰ式：3件。圆形腹，较浅。JSK4：4，泥质黑陶，圆唇，侈口，外卷沿，圆弧腹，平顶，素面。器表较粗糙。口径14.2、底径7.5、高10.3厘米（图九六，5；图版四七，2）。

Ⅱ式：1件。斜直腹，深腹。JSK3：15，夹砂红褐陶，尖圆唇，外卷沿，平底内

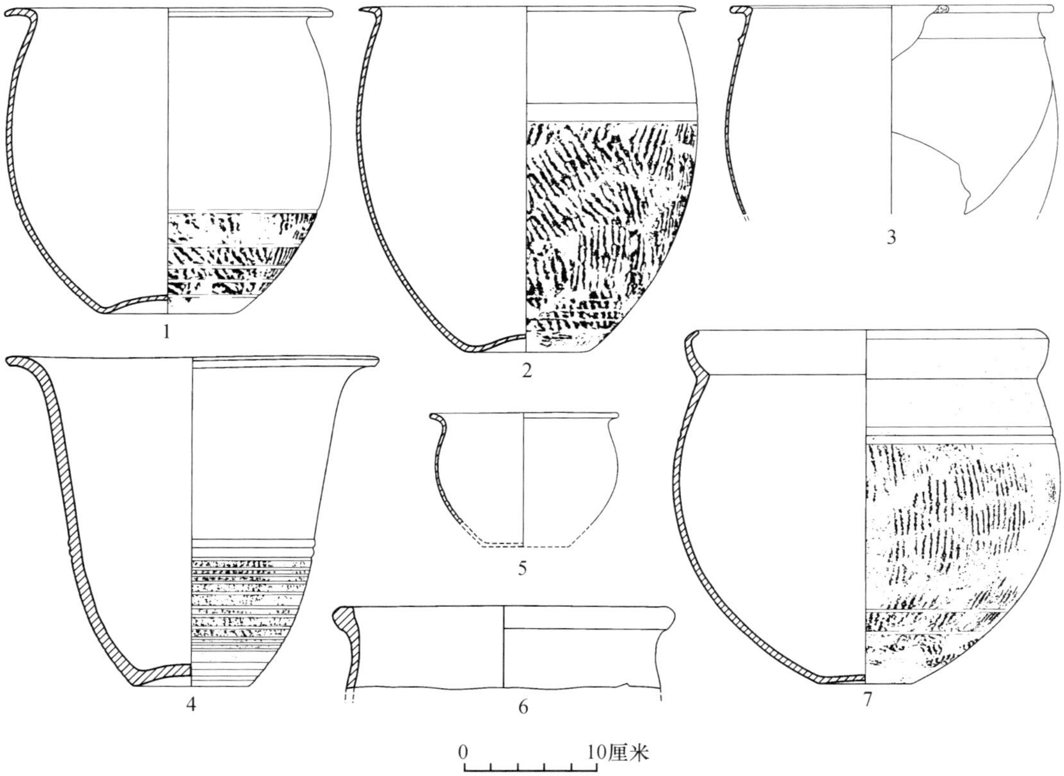

图九六　大口罐

1～3. B型（JSG②：3、JSG②：4、H44：69）　4. CⅡ式（JSK3：15）　5. CⅠ式（JSK4：4）　6. E型（JSK2①：16）　7. D型（HG5：11）

凹。腹中部饰两周凸弦纹，腹下局部饰绳纹，绳纹之上饰间距密集的弦纹。内外壁均施有黑陶衣，部分有脱落现象，陶质酥松。口径29.3、底径8.5、高25.1厘米（图九六，4；图版四七，3）。

D型　1件。敛口。HG5：11，泥质红陶，尖唇，沿内敛，沿壁呈内弧形，圆弧腹，小平底，微内凹，肩下部饰两周凹弦纹，腹部拍印有竖向绳纹，下腹部又饰数周不规则凹弦纹，器表有红陶衣脱落现象。口径27.4、底径7、高27厘米（图九六，7；图版四七，4）。

E型　2件。直沿。JSK2①：16，泥质灰陶，圆唇，口微侈，唇沿凸出，领部以下残，器形较大。口径25.6、残高6.5厘米（图九六，6）。

鼓腹罐　56件。分为夹砂陶和泥质陶，手制，慢轮修整，根据颈、底和器身特征分为四型。

A型　40件。短颈，凹底，颈斜直。根据唇部特征分为三式。

Ⅰ式：38件。唇沿微外卷。T2035④：1，泥质灰陶，圆唇，侈口，斜直颈，弧肩，鼓腹，最大径在腹中部，下腹内收，小平底内凹，腹部拍印右斜向和左斜向绳纹，器形较大。口径15.4、底径9、高31.4厘米（图九七，3；图版四七，5）。JSK1：1，夹细砂红褐陶，圆唇，侈口，短直颈，圆弧肩，鼓腹，下腹部内收。肩部至上腹部饰数周凹弦纹，下腹部饰左斜及竖向绳纹，绳纹之上又饰数周弦纹。口径15.8、底径9、高26.9厘米（图九七，2；图版四七，6）。JSK2①：7，泥质灰陶，方唇，侈口，短颈，溜肩，鼓腹，最大径在腹中部。颈与肩交界处加工（刮抹）一周凹面，腹上部饰竖向绳纹，绳纹之上又饰数周不规则不清晰凹弦纹，下腹部饰左斜向绳纹和不规则凹弦纹，颈部内壁有修整时的旋痕。口径20.5、底径10.8、高34.6厘米（图九七，4；图版四八，1）。JSK2②：17，泥质红陶，圆唇，卷沿，束颈，鼓腹，最大径在腹中部，腹壁局部饰有不清晰绳纹，通体饰有间距相等的凹弦纹，器形较大。口径24、底径13.5、高38.6厘米（图九七，5；图版四八，2）。JSG③：72，夹砂红褐陶，有黑灰色氧化斑块，圆唇，侈口，斜颈，肩部以下凸出，形成一周折棱，鼓腹，腹部拍印出竖向、左斜向和右斜向绳纹，绳纹之上又加饰数周等间距弦纹。口径15、底径9.6、高30厘米（图九七，1；图版四八，3）。JSK7：1，泥质红陶，圆唇，口微侈，短直颈，弧肩，鼓腹，下腹内收，小平底内凹。肩部饰两周凹弦纹，陶质酥松，器表粗糙。口径12.8、底径26、高8.8厘米（图九七，7；图版四八，4）。

Ⅱ式：1件。曲折沿，平底。H46：1，夹砂红褐陶，尖圆唇，口微侈，唇沿呈曲腹状，短颈，斜肩，鼓腹，腹中部饰一周凹弦纹，下腹内收，最大径在腹上部。素面。口径19、底径11、高26.5厘米（图九七，6；图版四八，5）。

Ⅲ式：1件。圆唇，沿面内敛。JSK2②：32，泥质灰陶，外卷沿，束颈，圆鼓腹，肩部以下饰数周不清晰竖向绳纹，绳纹之上又饰数周不规则凹弦纹，下腹部及底

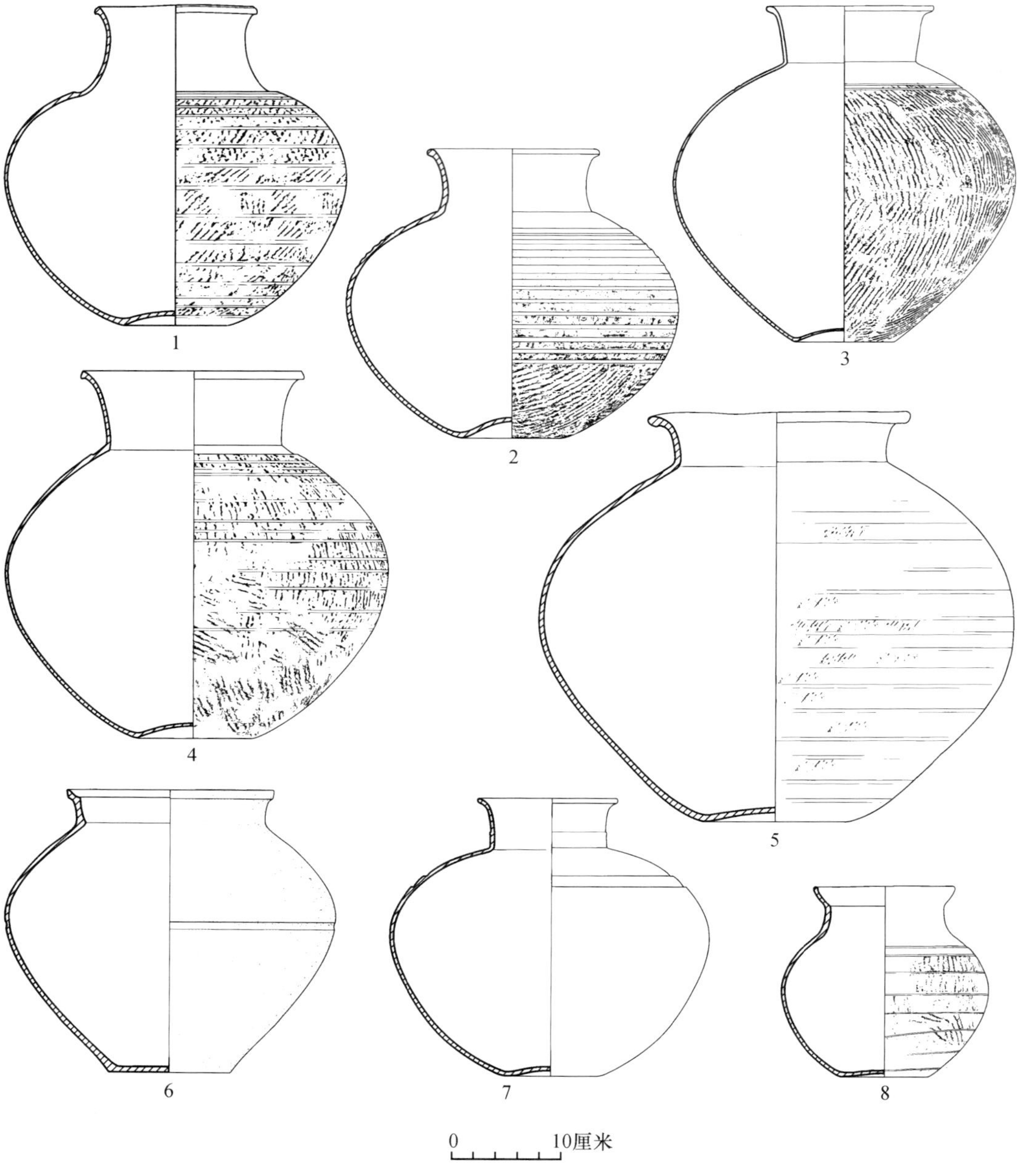

图九七　鼓腹罐

1～5、7. AⅠ式（JSG③：72、JSK1：1、T2035④：1、JSK2①：7、JSK2②：17、JSK7：1）　6. AⅡ式（H46：1）　8. AⅢ式（JSK2②：32）

部有黑陶衣脱落现象，凹底，底部有清晰旋痕。口径12.9、底径7.8、高17.8厘米（图九七，8；图版四八，6）。

B型　14件。束颈、平底。依据腹部特征分三式。

Ⅰ式：11件。深腹。残件较多。JSK3：38，泥质红褐陶，圆唇，矮折沿，沿面微内凹，束颈，弧肩，上腹部圆弧，下腹内收成小平底，最大径在上腹部。肩下部饰三周不明显凸弦纹，弦纹之间又饰竖向成组的细线纹，腹中部及腹下部各饰一周凸弦纹，弦纹之间又饰波浪纹，腹下部饰有不清晰绳纹，器表有陶皮脱落现象，器形较大。口径24.9、底径11、高36.6厘米（图九八，1；图版四九，1）。H45∶3，泥质灰陶，仅存下半部。腹壁斜直，大平底，胎壁薄，器形大。底径13.6、残高12.4厘米（图九八，2）。

Ⅱ式：1件。深腹，带鋬手。H44∶52，泥质红褐陶，方唇，短折沿，溜肩，鼓腹，最大径在腹中部，沿外侧饰有对称形横直鸡冠状鋬手，肩部饰有一周不明显弦纹，器表较粗糙。口径19.7、底径11、高27厘米（图九八，3；图版四九，2）。

Ⅲ式：2件。浅腹，器形矮短。H44∶56，泥质灰黑陶，尖唇，矮折沿，束颈，鼓腹，最大径在腹中部偏下，下腹内收呈平底，肩部饰五周凹弦纹，口径等于器高，器形较小。口径8.5、底径4.6、高8.5厘米（图九八，5；图版四九，3）。H20∶1，夹砂红褐陶，有黑灰色氧化斑块，尖圆唇，矮折沿，沿面微内凹，斜肩，鼓腹，大平底，最大径在腹中部，肩下部饰两周凹弦纹，器身素面，内壁不规则，器表粗糙，器形欠规整。口径15.1、底径9、高14.9厘米（图九八，4；图版四九，4）。

C型　1件。平底微内凹，腹较深。JSK2①∶19，夹细砂灰陶，方圆唇，矮折沿，

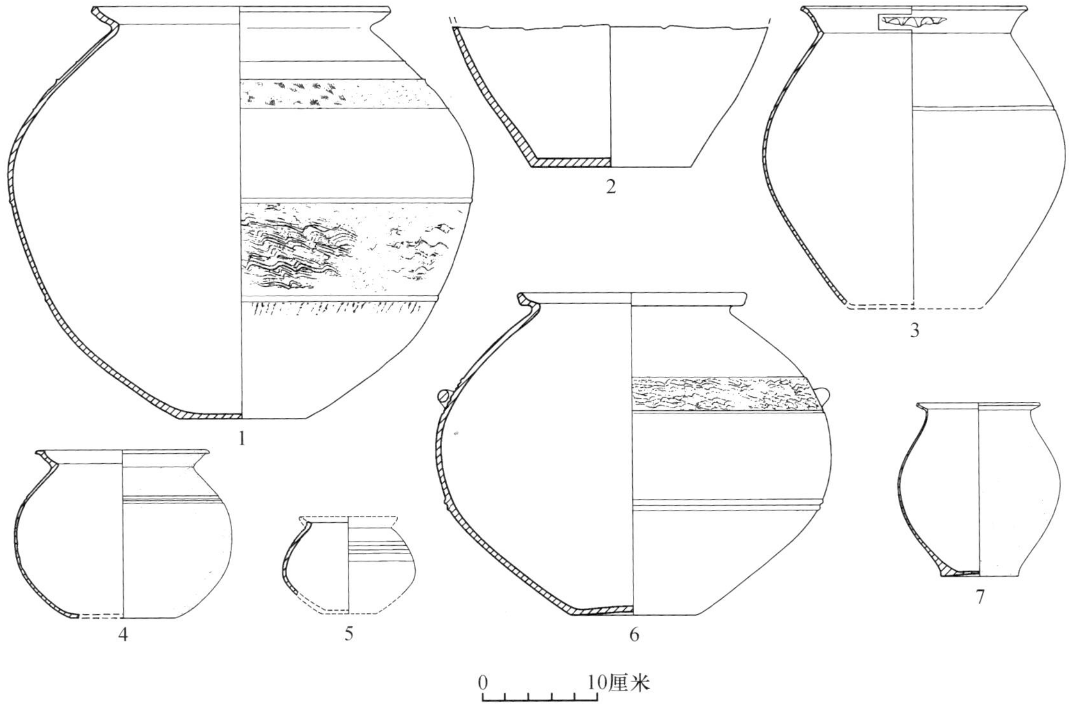

图九八　鼓腹罐

1、2. BⅠ式（JSK3∶38、H45∶3）　3. BⅡ式（H44∶52）　4、5. BⅢ式（H20∶1、H44∶56）　6. D型（JSK3∶3）　7. C型（JSK2①∶19）

束颈，斜肩，圆弧腹，下腹内收，素面，器形较小。口径10.8、底径6.8、高15.4厘米（图九八，7；图版四九，5）。

D型　1件。圆鼓腹，平底微内凹，带钮。JSK3：3，泥质红褐陶，有黑灰色斑块，圆唇，矮折沿，沿面内凹，束颈，溜肩，圆鼓腹，小平底微内凹，上腹部饰数周横向拍印的曲折形纹饰，纹饰上下各为一周凹弦纹，下腹部饰一周凸弦纹加凹弦纹，上腹部两侧饰对称形横直小桥形钮，器表较粗糙，有陶皮脱落现象。口径19.9、底径11、高28.6厘米（图九八，6；图版四九，6）。

甗　5件。均为残件，器形较大，手制，慢轮修整。依据现存的足部特征分为二型。

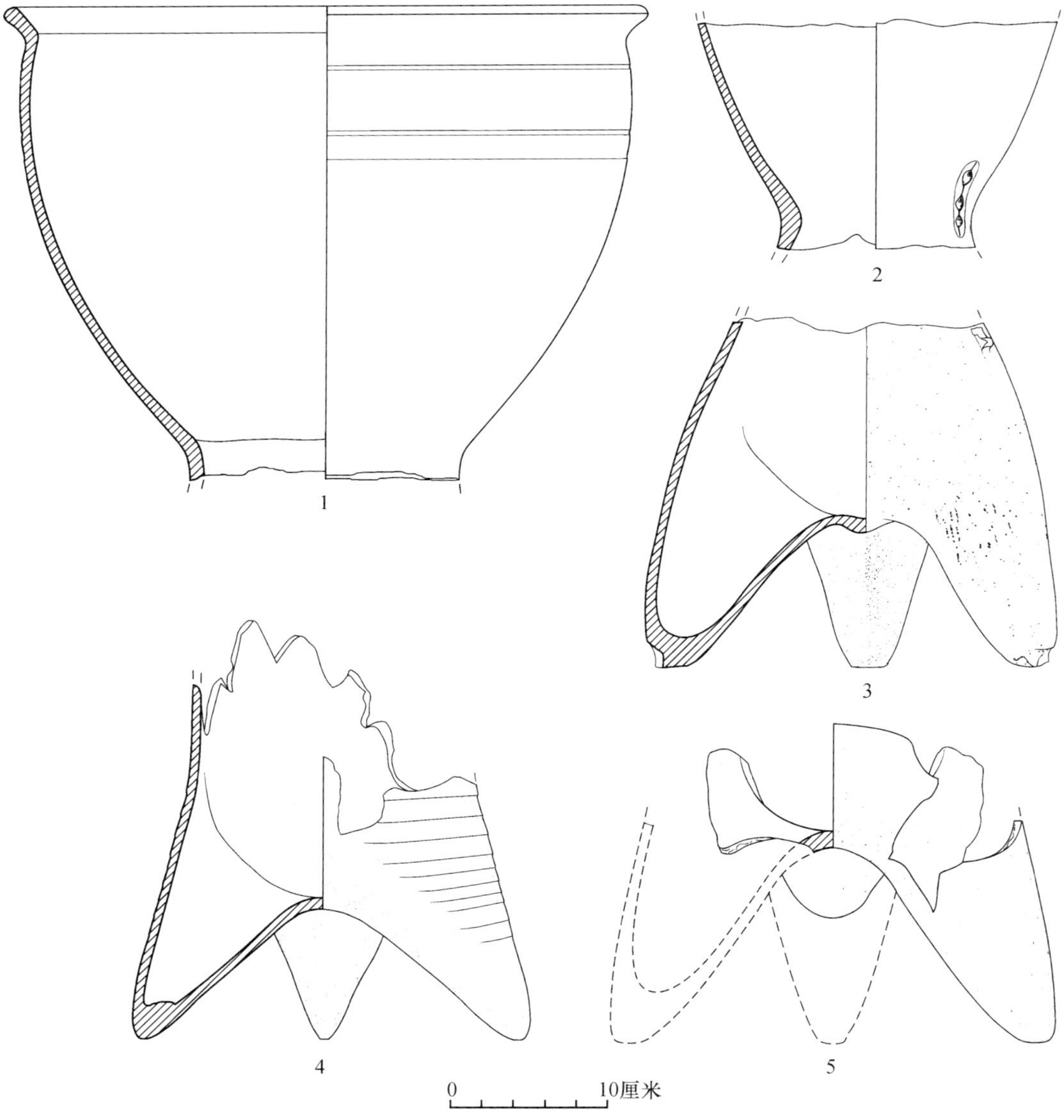

图九九　甗

1～3. B型（JSK2②：33、JSK3：39、H40：2）　4、5. A型（H44：43、JSK2②：10）

A型　2件。锥形袋足。H44：43，仅存下半部。夹砂灰褐陶，三足呈锥形袋状，足外壁加工呈旋状痕迹，高裆，器形较大。残高27厘米（图九九，4；图版五〇，1）。JSK2②：10，夹砂灰陶，仅存足部，呈高、宽裆状，三足为袋状足，器形较大。残高20.5厘米（图九九，5；图版五〇，3）。

B型　3件。足尖两侧对捏。H40：2，仅存器物下半部。夹细砂灰褐陶，三袋足较粗大，高裆，足上部近亚腰处各饰一个附加堆纹装饰，足尖均有对捏现象。残高22.5厘米（图九九，3；图版五〇，2）。JSK3：39，夹砂灰褐陶，仅存甗的上部残件，斜直腹，中部陶胎略厚，亚腰处一侧饰有两处竖向附加堆纹。残高15厘米（图九九，2）。JSK2②：33，泥质红陶，仅存上半部，方圆唇，矮折沿，大口，斜弧腹，下内收至甗中部亚腰处，腹中部饰三周不规则凹弦纹，器形较大。口径41厘米（图九九，1）。

缸　17件。器形大，手制，慢轮修整。分为厚胎陶和薄胎陶两种，厚胎陶为夹砂陶，薄胎陶多为泥质或夹细砂。依据口及腹部特征可分四型。

A型　3件。厚胎陶，圆唇，沿微外卷，腹微弧。JSG②：42，夹砂红褐陶，仅存口至腹中部，口微敛，下部残，器表饰右斜篮纹。口径46.4、残高33厘米（图一〇〇，2；图版五〇，4）。H44：71，肩部以下残，夹砂红褐陶，方圆唇，大口，唇沿平直，壁微弧近直，器表饰横向篮纹。口径42、残高12.9厘米（图一〇〇，3）。T2050④：2，仅存口至腹中部，夹砂红褐陶，圆唇，直口，腹壁微弧，腹部饰有右斜向篮纹，腹中部饰一周凸棱，口径38、残高30.6厘米（图一〇〇，1；图版五〇，5）。

B型　2件。厚胎陶，圆唇，微折沿，斜直腹。T2026④：8，仅存上半部，大口，外唇沿凸出，沿下饰两周凹弦纹，腹壁饰有横向粗篮纹。口径56.2、残高24厘米（图一〇〇，4；图版五〇，6）。JSK3：37，夹砂灰褐陶，底部残，方圆唇，敞口，沿下部饰有两个对称形不规则乳突装饰，器表通体拍印横向和右斜向篮纹，口径53.8、残高39.6厘米（图一〇〇，5；图版五一，1）。

C型　11件。薄胎陶，依据口部特征分为二式。

Ⅰ式：2件。卷沿。JSG②：12，泥质陶，灰褐色，圆唇，敛口，束颈，圆弧深腹，平底内凹，沿外侧饰两个对称形三角状乳钉钮，素面。口径48.2、底径21、高45.6厘米（图一〇〇，6；图版五一，2）。JSG③：45，泥质红褐陶，器表似有黑陶衣，方唇，沿面圆弧形，敛口，弧腹，中下部残，沿缘饰两个对称形小乳钉装饰，素面。口径27.4、残高6.5厘米（图一〇〇，7）。

Ⅱ式：9件。折沿。JSG②：43，泥质灰褐陶，方圆唇，沿面斜直微凹，腹微弧，中下部残。肩部饰两周凹弦纹，器表有黑皮脱落现象。口径54、残高11.5厘米（图一〇〇，9）。JSG③：41，夹细砂陶，土黄色，方圆唇，沿面微凹，弧腹近直，下部残，腹部饰左斜绳纹，绳纹之上又饰数周弦纹。口径35.5、残高12.1厘米（图一〇〇，8；图版五一，3）。

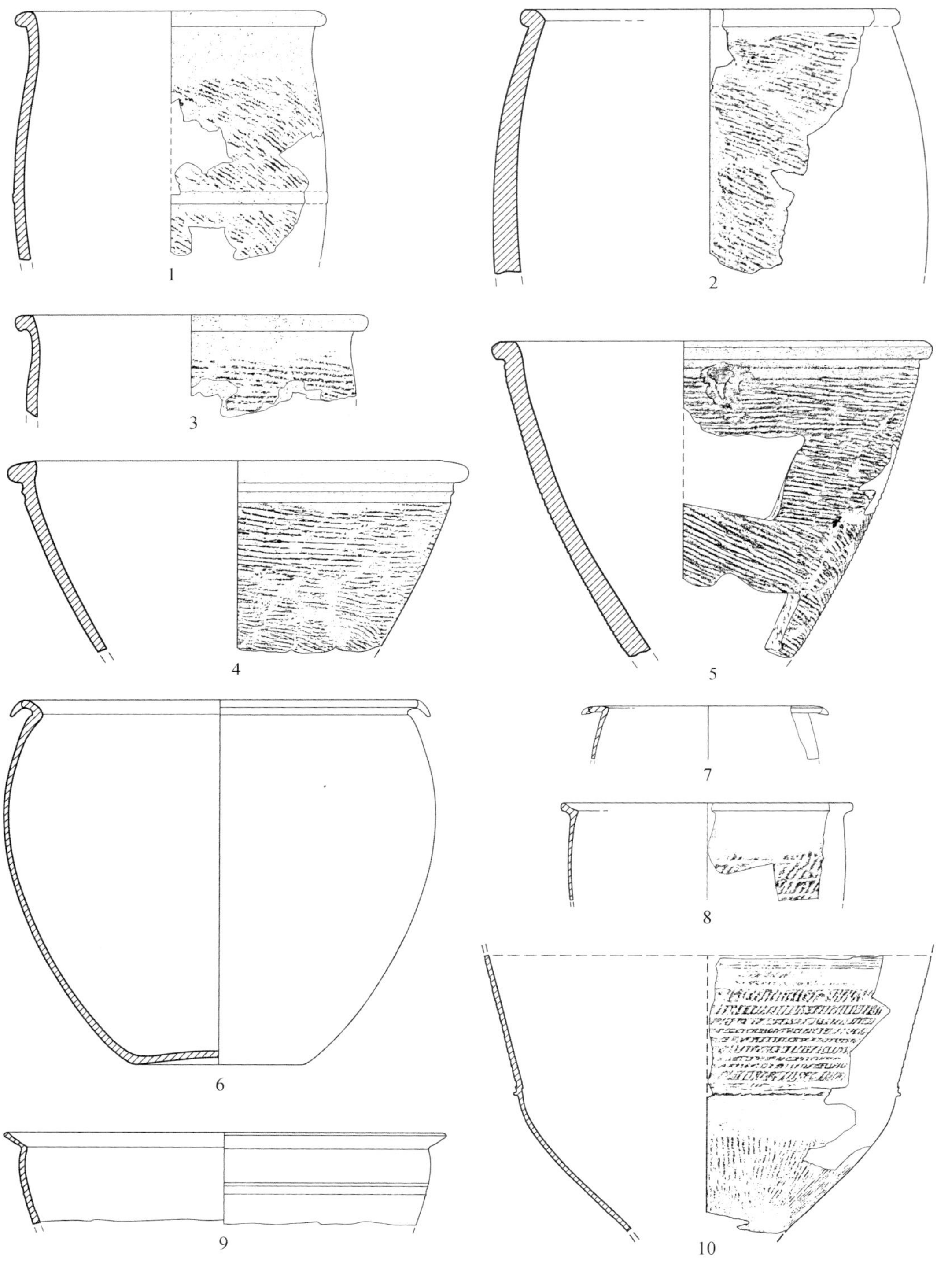

图一〇〇　缸

1～3. A型（T2050④：2、JSG②：42、H44：71）　4、5. B型（T2026④：8、JSK3：37）　6、7. CⅠ式（JSG②：12、JSG③：45）　8、9. CⅡ式（JSG③：41、JSG②：43）　10. D型（H45：5）

D型　1件。折腹。H45：5，夹细砂红褐陶，仅存腹中、下部，上腹斜直，下腹内收，上腹部饰有左斜绳纹，绳纹之上又饰数周弦纹，下腹部饰竖向绳纹。残高34.3厘米（图一〇〇，10）。

尊　1件。泥质灰陶，手制，慢轮修整。尖唇外翻呈小平沿，上腹圆弧，下腹内收，最大径在上腹部，平底，下为喇叭口形圈足，圈足上部加工成一周凸棱，中部又饰两周等距离凸棱，口部两侧饰对称形倒三角泥饼装饰，素面。HG4：6，口径14.2、底径13、高28厘米（图一〇一，1；彩版二〇，5；图版五一，4）。

刻槽盆　1件。夹细砂灰陶，手制，慢轮修整。圆唇，敞口，沿外卷，沿下壁与腹上部呈折腹形，肩部以下呈斜直腹，平底微内凹，内壁通体刻有叶脉形凹槽，外壁沿下附加对称形横直鸡冠状鋬手，陶质较酥松。H44：4，口径35.2、底径14.6、高13.2厘米（图一〇一，7；彩版二〇，6；图版五一，5）。

器座　2件。手制，圈足状，慢轮修整。依据整体造型分二型。

A型　1件。夹砂红陶，喇叭口形。上口较大，圆唇，唇内侧微凹，外壁上部和中部各饰一周凸弦纹，下部加工出一周窄台面，中部饰三个等距离圆形镂孔。T2026④：6，口径22、底径16.9、高16.5厘米（图一〇一，5；图版五一，6）。

B型　1件。泥质黑陶，喇叭口形，圈足中部饰四组等距离镂孔，每组又有四个圆孔组成。陶胎较薄，JSK2②：52，口径14.5、底径15.1、高8.1厘米（图一〇一，3；图版五二，1）。

单耳罐　1件。夹砂红褐陶，手制。圆唇，口微侈，颈斜直，鼓腹，平底。一侧口沿至腹中部附加一扁体状桥形把手，把面加工成竖向凸棱状，素面。T2005④：1，口径13.5、底径7.5、高13.5厘米（图一〇一，8；图版五二，2）。

双耳罐　1件。夹砂陶，灰褐色，圆唇，大口微侈，颈短直较粗，曲肩，圆弧腹，凹底。肩部饰两个对称形横直桥形钮。素面。JSK2②：6，口径17.6、底径8、高26.6厘米（图一〇一，9；图版五二，3）。

陶箅子　3件。依据陶质、陶色和器形特征分为二型。

A型　2件。整体呈浅腹圜底钵形。H51：1，夹砂红陶，手制，方唇，斜弧壁，圜底，内侧较平，底部较厚，底部穿有密集的小圆孔。口径14.8、高2.4厘米（图一〇一，4；图版五二，4）。JSK2①：9，泥质红陶，手制。整体造型与上件近似，陶质较松软。口径13.7、高3.5厘米（图一〇一，2；图版五二，5）。

B型　1件。整体呈浅盘状。JSK2②：39，泥质红陶，手制，方圆唇，斜弧壁，平底，胎壁较厚，底部从内向外单穿有密集不规则箅孔，沿部内侧一端附加长椭圆形鋬手。陶质酥松，质地较粗糙。口径15.8、高2.5厘米（图一〇一，6；图版五二，6）。

杯　2件。依据腹壁特征分二型。

图一〇一　陶器

1. 尊（HG4：6）　2、4. A型陶箅子（JSK2①：9、H51：1）　3. B型器座（JSK2②：52）　5. A型器座（T2026④：6）　6. B型陶箅子（JSK2②：39）　7. 刻槽盆（H44：4）　8. 单耳罐（T2005④：1）　9. 双耳罐（JSK2②：6）　10. A型杯（JSG②：10）　11. B型杯（JSG②：23）

A型　1件。夹砂红陶，手制，慢轮修整。仅存中下部，腹微弧，壁较厚，底部稍残，腹部饰两组不规则细弦纹，器形欠规整。JSG②：10，底径4、残高8.4厘米（图一〇一，10；图版五三，1）。

B型　1件。泥质红陶，手制。尖圆唇，口近直，圆鼓腹，平底近似假圈足状，胎壁较薄，底部有旋转痕迹，器形较规整，素面。JSG②：23，口径6.6、底径4.6、高11.7厘米（图一〇一，11；图版五三，2）。

壶　1件。泥质红陶，手制，沿外侈，小口，短直颈，圆弧肩，肩下部内收呈柱状体，下部凸出呈平底，肩部一侧附加圆形斜直壶嘴，器身中部饰两周凸弦纹，弦纹之间又加饰戳印纹，下部饰一周凹弦纹。整体陶胎较薄，陶质酥松。JSG③：26，口径5.4、肩颈11.3、底径7.6、高16.5厘米（图一〇二，4；彩版二一，1；图版五三，3）。

长颈壶　4件。均为泥质陶，手制，慢轮修整。依据口部特征可分二型。

A型　1件。圆唇，侈口。T2009④：1，泥质黑陶，颈较长，自上而下由细渐粗，圆弧腹，最大径在腹中部，下腹斜直，平底。颈内壁可显现泥条盘筑的痕迹，颈外壁饰数周不规则凸弦纹，腹部饰数周不规则凹弦纹，器形欠规整。口径12.5、底径9.2、高31.2厘米（图一〇二，1；图版五三，4）。

B型　3件。尖唇，口呈喇叭状。JSG③：1，泥质红陶，长颈，圆肩，鼓腹，小平底微内凹，素面。口径14.8、底径8、高29.2厘米（图一〇二，3；图版五三，5）。JSG②：15，泥质红褐陶，尖圆唇，侈口，外唇沿下加工成一周直边状，下与颈部形成内折，长颈，圆鼓腹，平底略内凹。素面，器形规整。口径16.3、底径9、高30厘米（图一〇二，2；图版五三，6）。

圈足壶　4件。长颈，手制，慢轮修整。依据肩部特征可分二型。

A型　2件。折肩。H44：2，泥质红褐陶，口部稍残，不规则形圆弧腹，圜底，下附喇叭口形圈足，素面，陶质酥松。口径9、底径8.4、高17.6厘米（图一〇二，5；图版五四，1）。JSK2②：15，夹砂红陶，长颈，口沿部残，圆弧腹略下垂，矮圈足，底芯凸出。残高16.3厘米（图一〇二，7；图版五四，2）。

B型　2件。圆弧肩，依据口部特征分二式。

Ⅰ式：1件。尖唇。JSG③：6，泥质灰褐陶，侈口，沿外侧形成一周窄斜面，长颈，鼓腹，圜底，底部附加圈足，下腹部饰两周凹弦纹。口径16.8、底径16、高40.2厘米（图一〇二，6；图版五四，3）。

Ⅱ式：1件。圆唇。JSG③：25，夹砂红褐陶，有黑灰色氧化斑块，侈口，沿外侧饰对称形小乳钉，长颈，肩与腹部交界处形成不明显折棱，圆鼓腹，圜底，下附喇叭形圈足，足唇外沿凸出，圈足上部饰四个对称形圆形小镂孔，陶质酥松，器形欠规

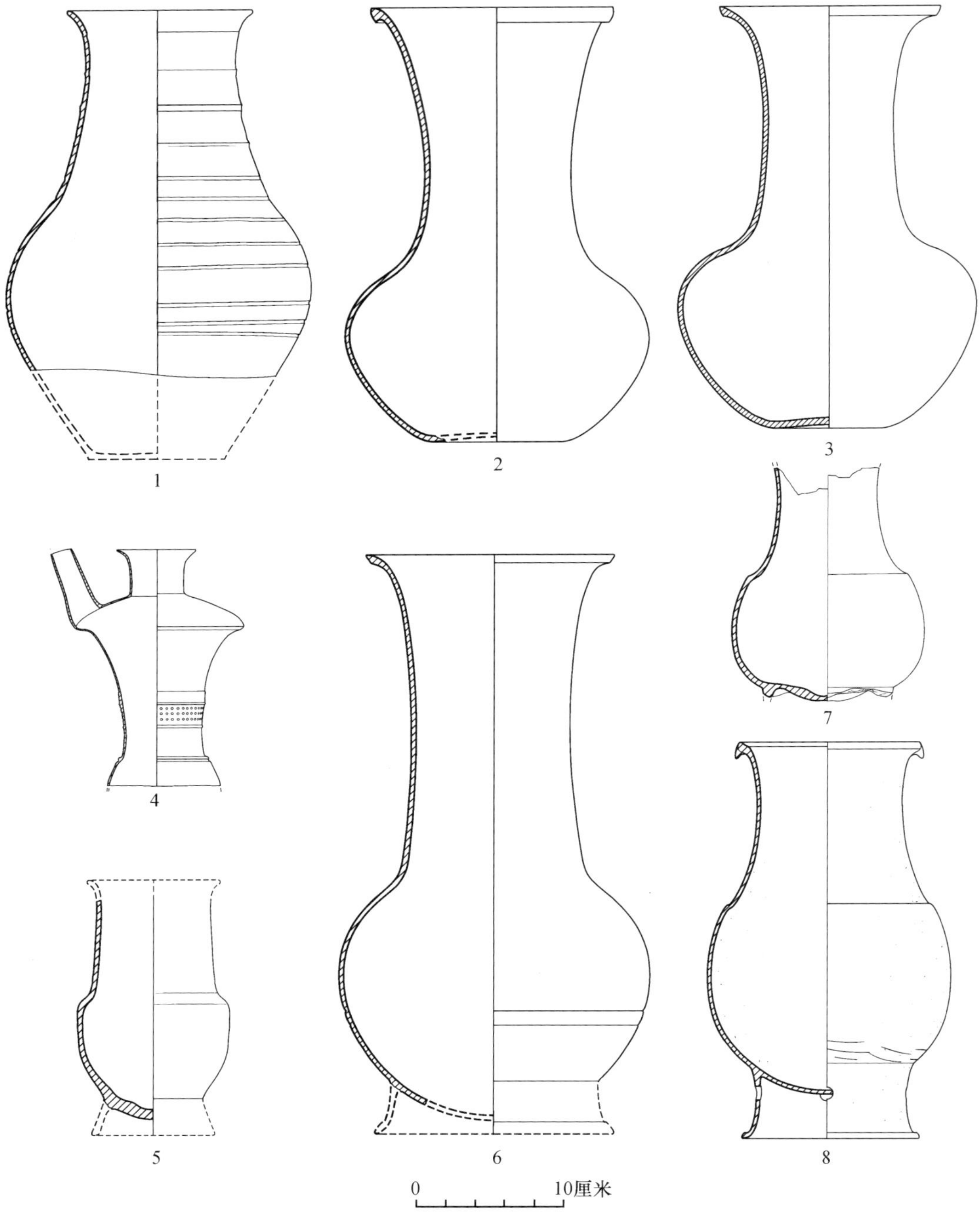

图一〇二　壶、长颈壶、圈足壶

1. A型长颈壶（T2009④：1）　2、3. B型长颈壶（JSG②：15、JSG③：1）　4. 壶（JSG③：26）
5、7. A型圈足壶（H44：2、JSK2②：15）　6. BⅠ式圈足壶（JSG③：6）　8. BⅡ式圈足壶（JSG③：25）

整。口径12.3、底径12.3、高27.4厘米（图一〇二，8；图版五四，4）。

圈足盘 2件。泥质红陶，手制，慢轮修整，依据圈足特征分二型。

A型 1件。高圈足，尖唇沿，盘部极浅，盘壁斜直近平，足缘外敞，素面，陶质酥松，器形欠规整。H45：6，口径15.5、底径12.8、高5.4厘米（图一〇三，5；图版五四，5）。

B型 1件。矮圈足，圆唇沿，弧腹，圜形底，下附较大形圈足，器表有黑陶衣脱落现象，素面，陶质酥松。H44：1，口径20、底径13.2、高3.8厘米（图一〇三，7；图版五四，6）。

平底盘 5件。为夹砂陶和泥质陶两种，器形大，手制，慢轮修整。均为大平底，方圆唇，厚壁浅盘式。依据腹壁及底部内侧特征分三型。

A型 1件。弧形壁，圆唇，厚沿，盘内壁底部为素面。JSG③：5，夹砂红陶，圆

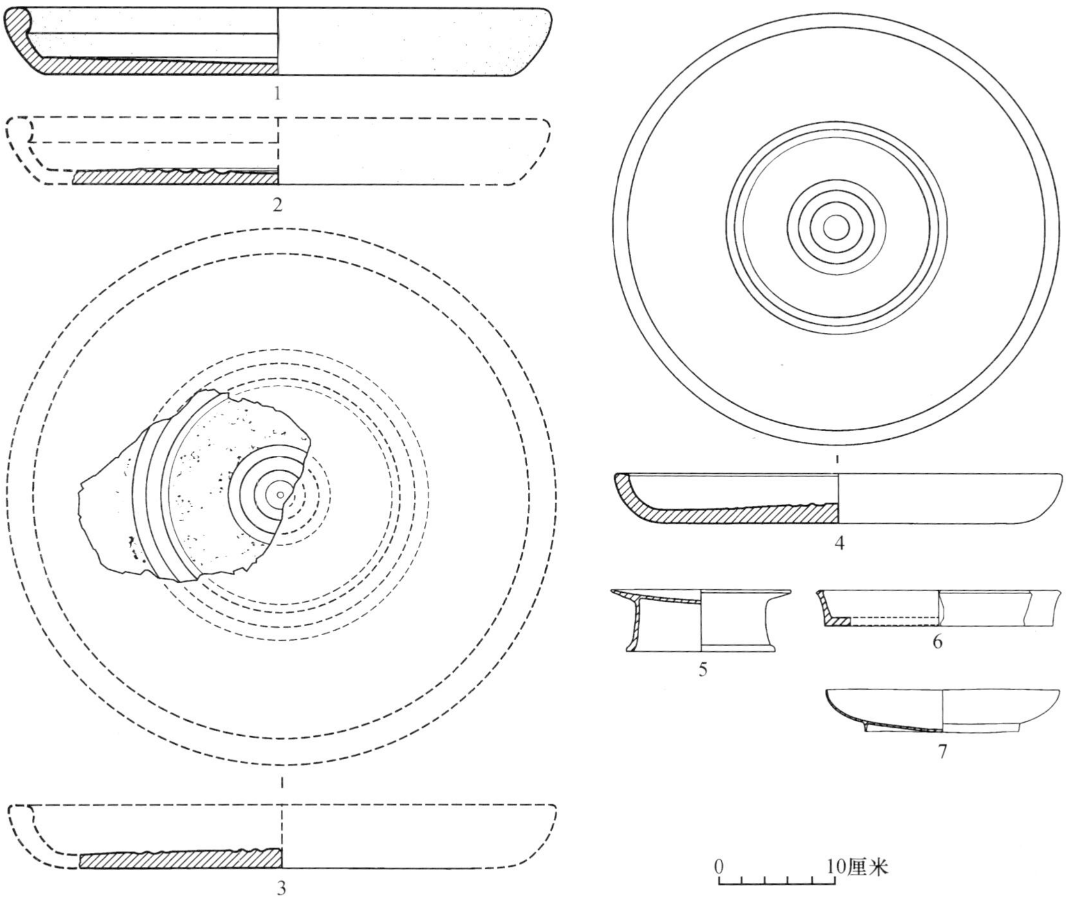

图一〇三 平底盘、圈足盘

1. A型平底盘（JSG③：5） 2～4. B型平底盘（JSG③：73、JSG③：61、JSG③：9） 5. A型圈足盘（H45：6） 6. C型平底盘（HG5：24） 7. B型圈足盘（H44：1）

唇，直口，内唇沿微敛，浅腹，大平底，器形较大，素面。口径47、底径40、高6厘米（图一〇三，1；图版五五，1）。

B型：3件。弧形壁，方圆唇，盘内壁底部均饰有同心圆装饰。JSG③：9，泥质灰陶，方唇，唇面微内斜，浅腹，大平底，盘内部中心从内到外分别饰两组各三周同心圆弦纹，整体似锣形。口径46、底径37.8、高5.2厘米（图一〇三，4；图版五五，2）。JSG③：73，夹砂红陶，口微敛，浅腹，大平底，底部中心饰五周同心圆凹弦纹。器形较大。口径46.6、底径40、高6厘米（图一〇三，2）。JSG③：61，夹砂灰褐陶，圆唇，直口微敛，浅腹，大平底，底部饰两组各三周同心圆凹弦纹，器形较大。口径47、底径38、高5.6厘米（图一〇三，3；图版五五，3）。

C型　1件。方唇，斜直壁。HG5：24，泥质红褐陶，腹较浅，壁微曲，大平底，素面。口径21、底径19.6、高3.2厘米（图一〇三，6；图版五五，4）。

假腹簋　7件。手制，慢轮修整。分为夹细砂陶和泥质陶，依据口、腹部特征可分二型。

A型　1件。口微敛，浅腹。JSG②：1，尖圆唇，外折沿，高圈足，足沿外卷，从外观看，腹深长于圈足，但内圈足置于腹中部，上部为浅腹，圈足中部形成一周折棱呈内收状，折棱下饰四个对称形圆形镂孔，素面。口径16、底径12、高27厘米（图一〇四，1；彩版二一，2；图版五五，5）。

B型　6件。侈口，微深。依据耳部装饰，分为二式。

Ⅰ式：3件。上盘较深，高圈足，腹深与圈足基本为等分，无耳。JSK3：34，夹细砂红陶，尖圆唇，斜直腹，腹下部略凸起，圜底近平，下部为喇叭口形高圈足，足壁中部饰四个对称形圆形镂孔，陶质酥松，器表粗糙。口径13.2、底径11.7、高20.6厘米（图一〇四，2；图版五五，6）。H44：54，夹细砂红陶，圆唇，敞口，斜直腹，平底，外观折腹部位与内底平齐，下部为筒状喇叭口形圈足，圈足中部饰四个对称形圆形镂孔，整体器形较粗糙。口径13、底径10.4、高12.3厘米（图一〇四，6；图版五六，1）。JSG③：27，夹砂陶，土黄色，仅存下部圈足部分，圈足较高，足口微侈，内收部位饰四个对称形圆形镂孔，上部饰不规则细凹弦纹。底径10.7、残高14.2厘米（图一〇四，3）。

Ⅱ式：3件。圈足高度大于腹深，上部均附加四个对称形把手。JSG②：13，泥质红陶，圆唇，侈口，斜腹，腹下内收形成筒状高圈足，外观看，腹深与圈足等长，但内圈足置于腹中部，上部腹较浅，圈足上部饰四个对称圆形镂孔，素面。口径19.9、底径14.4、高22.9厘米（图一〇四，4；彩版二一，3；图版五六，2）。JSG②：8，夹细砂红陶，圆唇，侈口，腹壁斜直，浅腹圜底近平，下部为喇叭口形高圈足，圈足上部饰四个对称不规则圆形镂孔，上腹部饰四个对称形折形钮。口径19.5、底径12.4、高21.2厘米（图一〇四，5；图版五六，3）。JSG②：14，夹细砂红陶，圆唇，侈口，外腹壁较直较深，内腹壁斜直，较浅。下半部为喇叭口形高圈足，圈足上部饰四个对称

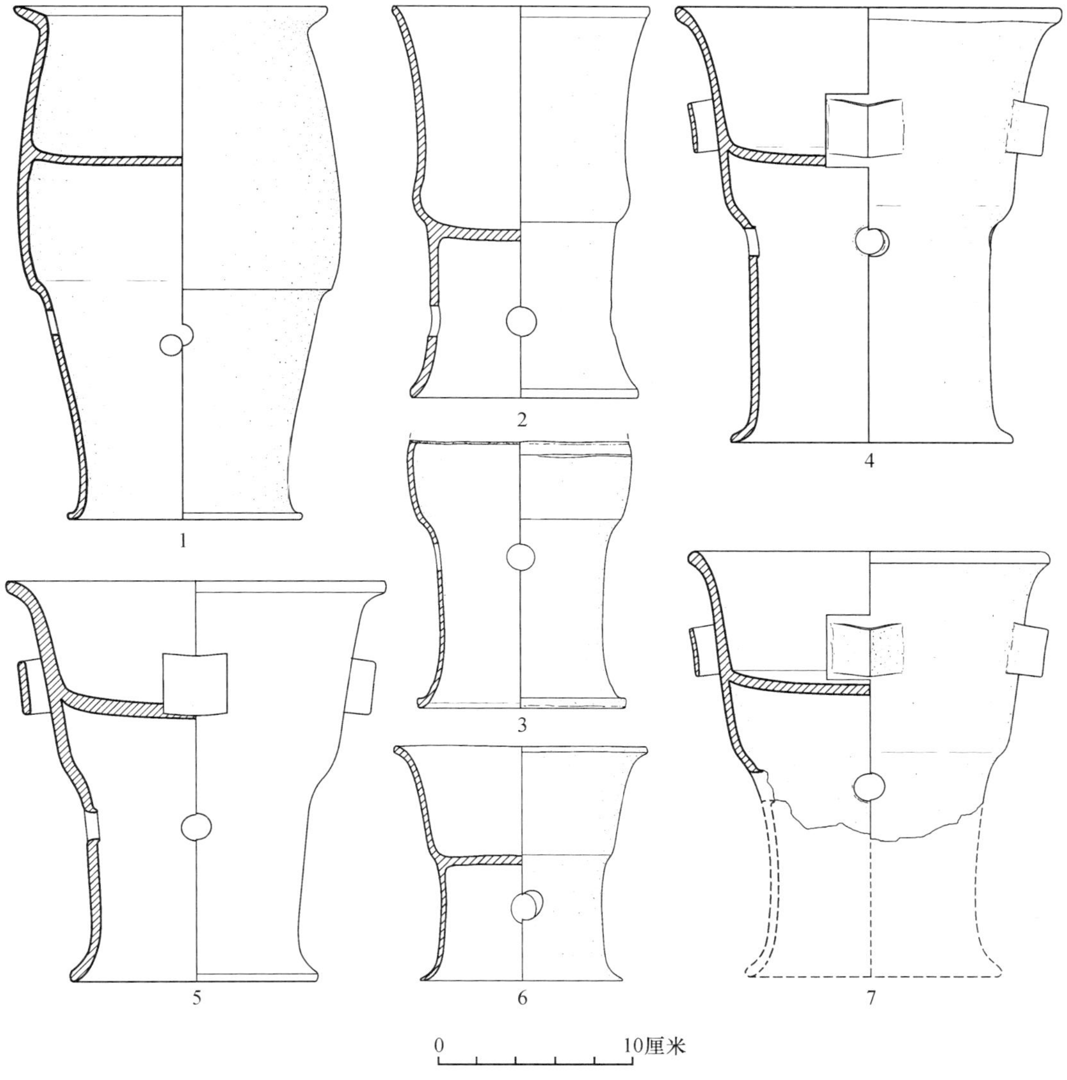

图一〇四　假腹簋

1. A型（JSG②：1）　2、3、6. BⅠ式（JSK3：34、JSG③：27、H44：54）　4、5、7. BⅡ式（JSG②：13、JSG②：8、JSG②：14）

形不规则镂孔，上腹部饰四个对称形折形钮，整体器形欠规整，陶质较酥松，素面。口径18.7、底径13.1、高22.7厘米（图一〇四，7；图版五六，4）。

鬶　6件。多为夹砂陶，个别为泥质陶。手制，依据足、颈和底部特征可分为二型。

A型　5件。锥状足，依据口、腹部部特征可分四式。

Ⅰ式：2件。圆唇，圆形侈口。JSK1：2，夹细砂红陶，朝天流，流端外侈，斜直腹较深，下腹部略大，底近平，下附三个锥状实心足，器身一侧附加扁体绳索状把手。素面。高37.5厘米（图一〇五，1；彩版二一，4；图版五六，5）。JSK3：4，泥质红褐陶，腹部以上残，可显下腹部外斜直，足以上腹部凸起，平底，下附三个锥形足，一侧足上部附加一把手（已残），器形较小并严重变形。残高17.1厘米（图一〇五，2；图版五六，6）。

Ⅱ式：1件。尖唇，椭圆形口。JSK2②：35，夹砂白陶，朝天流，流较短，沿外翻，颈较粗呈直筒状。圆弧腹，底近平，下附三个锥形实心足。鋬手呈扁状弓形，鋬

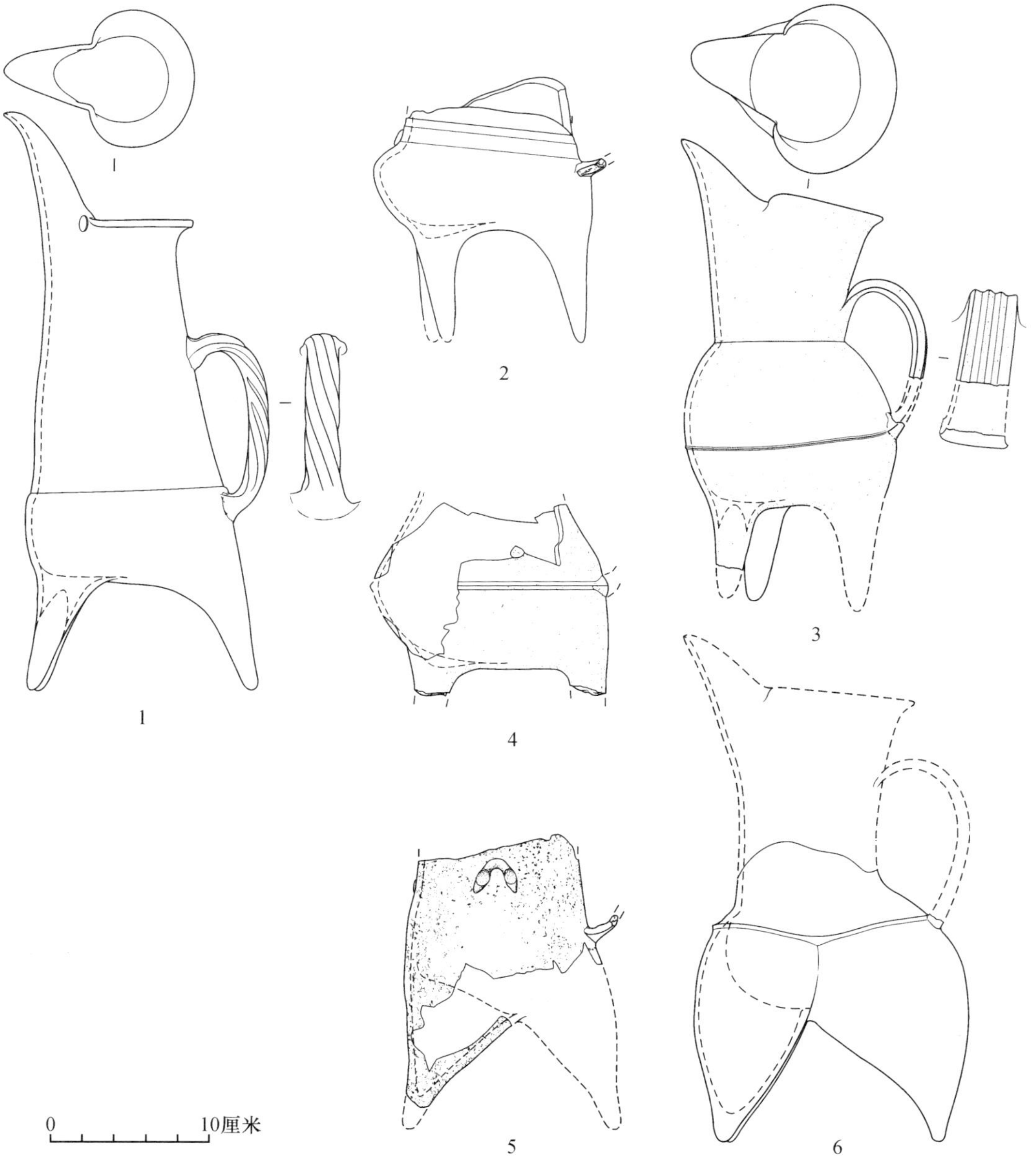

图一〇五　鬶

1、2. AⅠ式（JSK1：2、JSK3：4）　3. AⅡ式（JSK2②：35）　4. AⅢ式（H44：47）　5. AⅣ式（H44：42）　6. B型（HG4：2）

手面加工成三道竖向凹槽。器形欠规整。高29.3厘米（图一〇五，3；彩版二一，5；图版五七，1）。

Ⅲ式：1件。斜折腹，泥质红陶，口部残。腹中部饰一周凸弦纹，上腹部附加三个等距离小圆形乳钉装饰，大平底，下附三个锥形足，器身一侧附加扁体状把手，器表粗糙，器物变形。H44：47，残高12.6厘米（图一〇五，4；图版五七，2）。

Ⅳ式：1件。斜壁腹微弧，夹砂红褐陶，口部残。三足为袋状形，足尖为实心圆锥形，后足上部附加一桥形扁体状鋬手，器身一侧又附加经压按的半圆形泥条装饰。H44：42，残高19厘米（图一〇五，5；图版五七，3）。

B型 1件。大袋状足。HG4：2，夹细砂红褐陶，朝天流较短，口斜直，颈较粗短，下为三个大袋状足，足上部饰一周凸弦纹，两前足略小，足面有明显熏烧痕迹，三足呈不协调形，后足上部至颈中部附加弓形鋬手，素面。高33.6厘米（图一〇五，6；图版五七，4）。

碗 6件。多为泥质陶，个别为夹砂陶，手制，慢轮修整。依据口及腹部特征可分三型。

A型 4件。均为敛口状，斜弧腹，腹较浅，依据底部特征分为二式。

Ⅰ式：3件。底部突出，微内凹。JSK4：3，泥质红褐陶，器表附有黑色陶皮，多已脱落，方圆唇，口微敛，较深，小平底，陶质酥松，器表粗糙，素面。口径22.4、底径6.2、高9.9厘米（图一〇六，1；图版五七，5）。JSK2②：7，泥质红陶，圆唇，唇沿微内敛，斜弧腹，平底，素面。口径21.1、底径7.8、高6.5厘米（图一〇六，3；图版

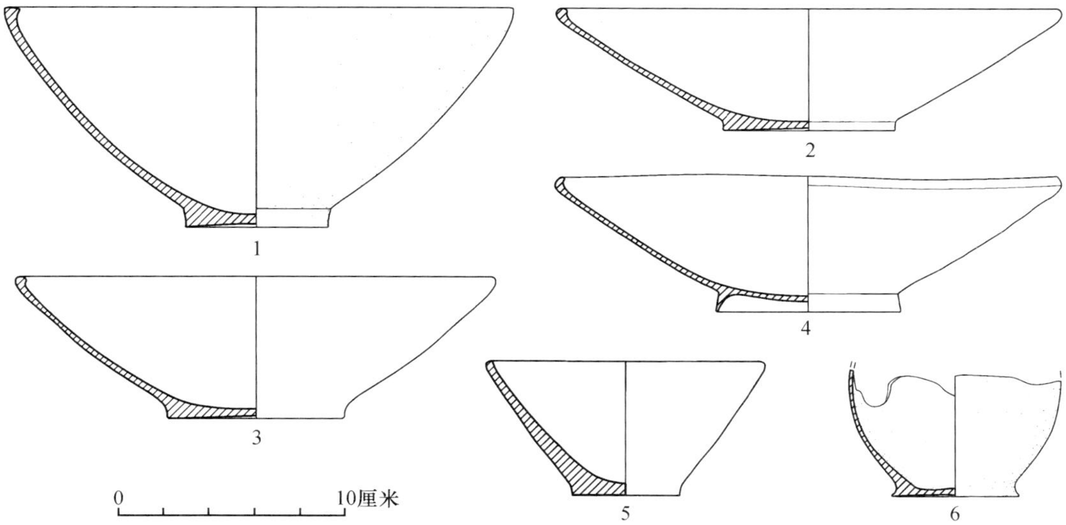

图一〇六 碗

1～3. AⅠ式（JSK4：3、JSK2②：22、JSK2②：7） 4. AⅡ式（H30：1） 5. B型（HG5：5） 6. C型（JSG③：23）

五七，6）。JSK2②：22，泥质红陶，圆唇，敛口，斜腹，平底，素面，制作较粗糙。口径22.2、底径7.6、高5.5厘米（图一〇六，2；图版五八，1）。

Ⅱ式：1件。矮圈足。H30：1，泥质灰陶，圆唇，唇缘内敛，斜弧腹，素面，陶胎薄。器物变形，器表粗糙。口径22.3、底径8.2、高6.2厘米（图一〇六，4；图版五八，2）。

B型　1件。假圈足形平底。HG5：5，圆唇，斜直口，腹斜直，器形较小，素面。口径12.4、底径4.4、高6厘米（图一〇六，5；图版五八，3）。

C型　1件。弧腹较深，底缘凸出。JSG③：23，夹砂陶，一半灰褐色，一半黑色，口部残，平底微内凹，底部有旋转痕，素面。底径5.6、残高5.8厘米（图一〇六，6；图版五八，4）。

盆　20件。手制，慢轮修整，又可分为深腹和浅腹两种。

深腹盆　6件。依据口部特征分为三型。

A型　1件。圆唇，口微敛。JSK2②：8，夹细沙红胎黑皮陶，圆唇，外沿微凸出，斜弧壁，小平底微内凹，黑皮多已脱落，素面。口径28.2、底径10.1、高16厘米（图一〇七，1；图版五八，5）。

B型　4件。外折沿。依据沿面和腹部特征分为二式。

Ⅰ式：2件。沿面较窄，圆弧腹。JSG③：13，夹砂红陶，圆唇，外折沿，大敞口，里侧沿内敛，斜弧腹，下部内收呈假圈足小平底，腹中部饰一周凸弦纹。口径39.2、底径9.6、高19厘米（图一〇七，2；图版五八，6）。JSG③：35，夹砂红陶，方唇，内斜沿，沿面内凹，大敞口，外沿一周平直，沿下内折，腹下部内收呈平底，肩部饰四周凹弦纹，腹中部饰竖向绳纹，绳纹之上又加饰数周凹弦纹。口径54.5、底径18.5、高28厘米（图一〇七，6；图版五九，1）。

Ⅱ式：2件。沿面较宽，斜直腹。JSK8：9，泥质红陶，底部残。尖唇，外折沿，沿面内凹，腹部饰一周凹弦纹，一侧又附加饼形卷云状装饰。口径36.8、残高11.5厘米（图一〇七，5；图版五九，2）。JSK2①：14，夹细砂灰陶，底部残，方唇，斜直沿，沿面微内凹，斜弧腹，腹部饰一周不清晰凹弦纹。口径29.6、残高10.5厘米（图一〇七，3；图版五九，3）。

C型　1件。带鋬手。H44：73，仅存上部，夹砂灰褐陶，方圆唇，窄平沿，微凸，唇边加工成花边状，斜直腹，肩部饰两周凸弦纹，肩部两侧各饰有横直鸡冠状鋬手。口径28.5、残高8.3厘米（图一〇七，4；图版五九，4）。

浅腹盆　14件。以泥质陶为主，个别为夹砂陶，依据口部特征可分三型。

A型　6件。外折沿，根据口部和底部特征分为三式。

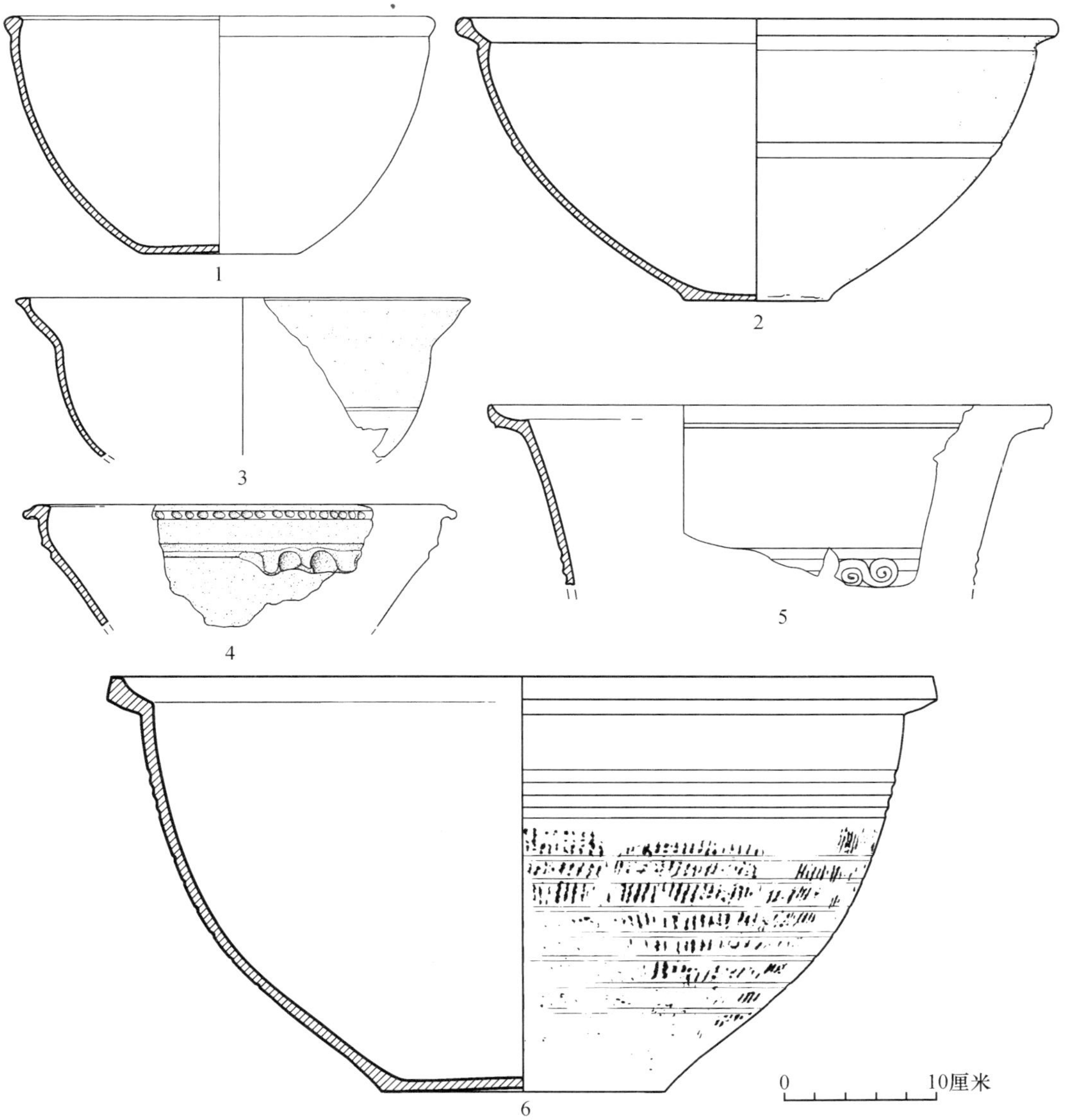

图一〇七　深腹盆

1. A型（JSK2②：8）　2、6. BⅠ式（JSG③：13、JSG③：35）　3、5. BⅡ式（JSK2①：14、JSK8：9）　4. C型（H44：73）

Ⅰ式：4件。方唇，平沿，口微直，平底微内凹。T2026④：9，夹细砂红褐陶，宽平折沿，沿外侧形成一周带状凹槽，下腹斜直，器表较粗糙，素面。口径36.7、底径12、高13.3厘米（图一〇八，1；图版五九，5）。JSG③：2，泥质灰陶，外折呈平沿，口微敛，斜腹，外侧沿下形成一周折棱，素面。口径35.5、底径10、高7.5厘米（图一〇八，3；图版五九，6）。

Ⅱ式：1件。方唇，沿微凸出，平底。H44：44，夹砂红褐陶，沿面饰一周不清晰凹槽，大敞口，斜腹，下腹近底部处饰一周绳索状附加堆纹。口径35.4、底径13.8、高10.3厘米（图一〇八，2；图版六〇，1）。

Ⅲ式：1件。圆唇，外卷沿，大平底。H45：2，泥质灰褐陶，敞开，斜腹，底部边缘附加三个等距离扁形支钉，器表有黑陶衣脱落现象，素面。口径27.6、底径15.7、高7.3厘米（图一〇八，4；图版六〇，2）。

B型　7件。敛口，凹底。JSK2②：24，泥质灰褐陶，方圆唇，口微敛，圆弧腹，底胎壁较厚，内壁底部凸出，素面。口径35.6、底径12.7、高10.1厘米（图一〇八，7；图版六〇，3）。JSK2②：9，泥质灰陶，方唇，唇沿微凸出，口微敛，斜弧腹，平底微凹底，素面。口径32、底径10.5、高10.7厘米（图一〇八，6；图版六〇，4）。JSK3：18，泥质黄褐陶，方圆唇，大敞口，唇缘凸出，斜直壁，平底，内壁上半部饰有带状凹弦纹，盆底微凹。陶质酥松，器表粗糙，器形严重变形。口径34.7、底径11.5、高8.3厘米（图一〇八，5；图版六〇，5）。

C型　1件。方圆唇，平底微内凹，带把手。JSK7：4，泥质红褐陶，局部泛灰色，外唇沿稍凸出，内唇沿微敛，斜腹微曲，肩部饰对称形横直鸡冠状鋬手，素面，陶质酥

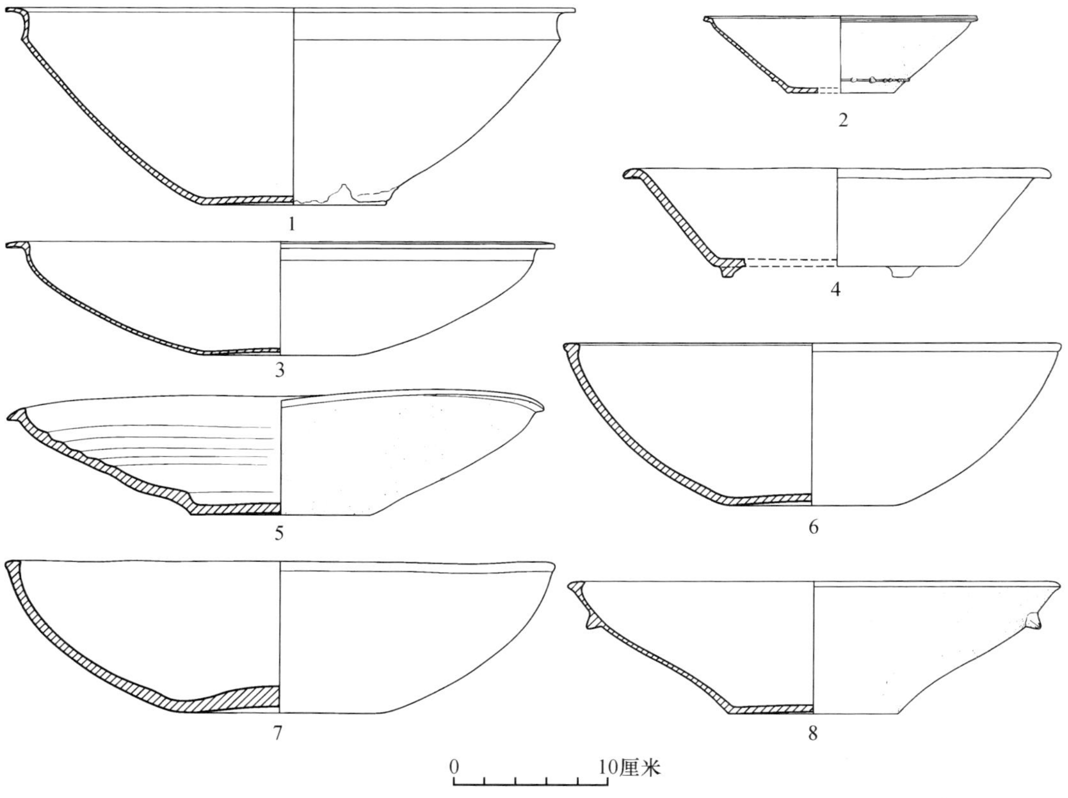

图一〇八　浅腹盆

1、3. AⅠ式（T2026④：9、JSG③：2）　2. AⅡ式（H44：44）　4. AⅢ式（H45：2）　5～7. B型（JSK3：18、JSK2②：9、JSK2②：24）　8. C型（JSK7：4）

松，器表粗糙。口径31.8、底径10.8、高8.8厘米（图一〇八，8；图版六〇，6）。

圈足豆 6件。均为泥质陶，手制，慢轮修整。依据豆盘和圈足特征可分三型。

A型 3件。豆盘呈曲腹状。T2030③：1，泥质灰黑陶。圆唇，侈口，曲腹，圜底，底芯下凹，下附筒状形圈足，圈足下部残。素面。口径20.2、残高10.5厘米（图一〇九，5；图版六一，1）。JSK7：2，泥质红陶，尖圆唇，敞口，曲腹，平底，下附喇叭口形大圈足，下部残，器表有陶衣脱落现象，陶质酥松，器表粗糙，素面。口径24.7、残高12厘米（图一〇九，7；图版六一，2）。JSK8：1，泥质黑陶，尖圆

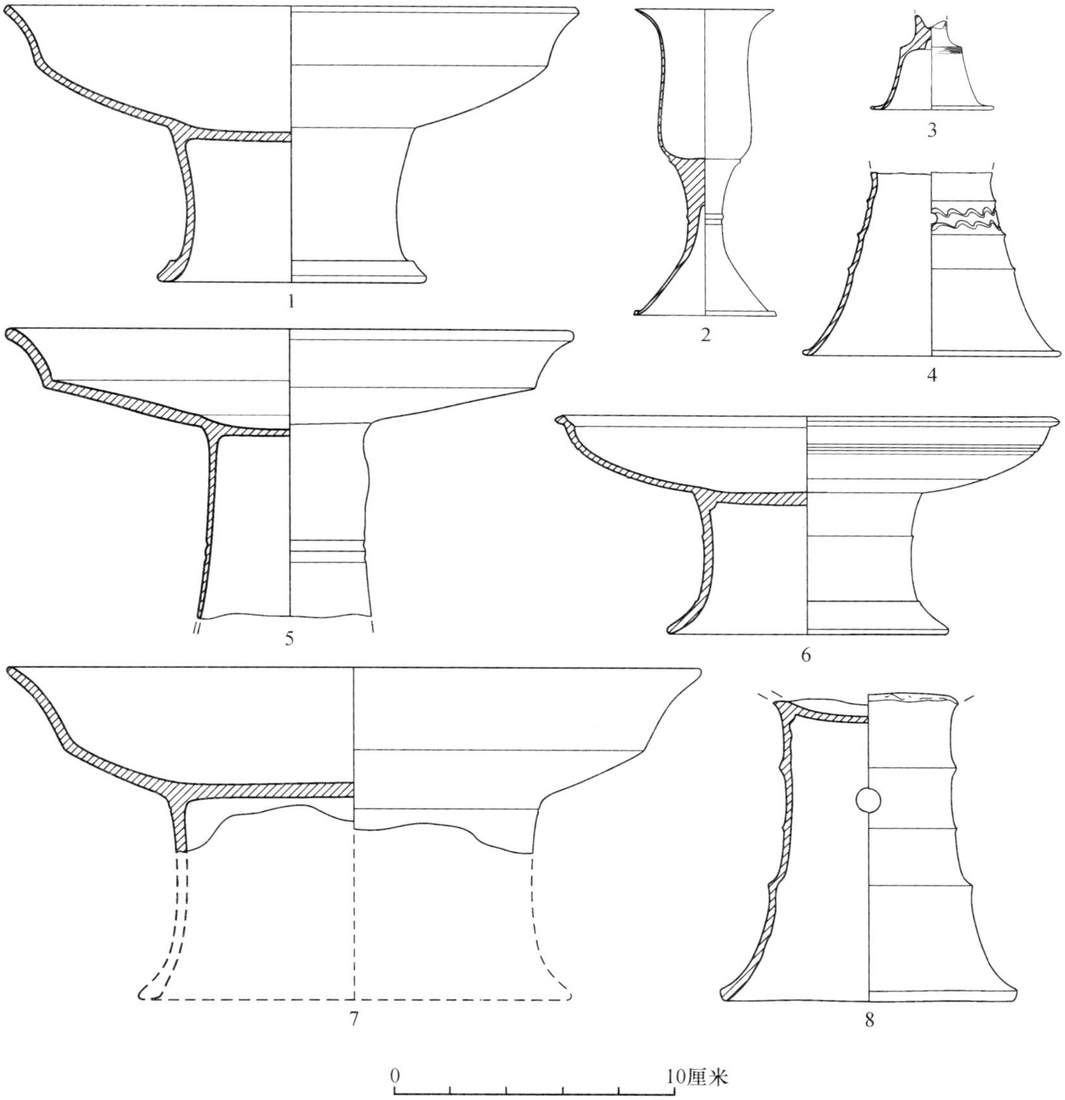

图一〇九 圈足豆、高柄杯

1、5、7. A型圈足豆（JSK8：1、T2030③：1、JSK7：2） 2. AⅠ式高柄杯（JSK2②：31） 3. AⅡ式高柄杯（JSK2①：22） 4. B型高柄杯（JSK2②：45） 6. B型圈足豆（HG5：22） 8. C型圈足豆（H44：14）

唇，曲腹，圜底，下附喇叭口形圈足，素面，器表较粗糙。口径20.5、底径9.6、高10.1厘米（图一〇九，1；图版六一，3）。

B型 2件。豆盘为弧腹状。HG5：22，泥质磨光黑陶，方唇，斜直沿，沿缘微凸出，浅盘，圜底，下附喇叭口形圈足，沿外下侧饰三周凹弦纹，圈足上部加工出一周凸棱。口径18、底径10、高8厘米（图一〇九，6；图版六一，4）。

C型 1件。竹节状圈足。H44：14，泥质黑陶，圈足较高，呈喇叭口状，圈足中部加工成三周凸棱，呈竹节形。底径10.6、残高11.2厘米（图一〇九，8；图版六一，5）。

高柄杯 4件。均为泥质陶，手制，慢轮修整。依据整体特征可分二型。

A型 3件。泥质磨光黑陶，依据器座特征可分二式。

Ⅰ式：1件。塔状圈足。JSK2②：31，尖唇，敞口，沿下内收呈直腹，圜底，柄上部为实心体，足唇沿微凸起，杯底部及柄部各饰一周凸弦纹，陶胎较薄。口径5、底径5.1、高11.2厘米（图一〇九，2；彩版二一，6；图版六一，6）。

Ⅱ式：2件。喇叭口形圈足。JSK2①：22，仅存底座部分，呈喇叭口状，外表有明显轮制时的旋痕，陶胎薄，硬度大，黑光亮，制作精致。底径4.4、残高3.5厘米（图一〇九，3；图版六二，1）。

B型 1件。泥质红陶，竹节状喇叭口形圈足。JSK2②：45，仅存器座部分，外壁饰三周凸弦纹，上两周凸弦纹之间，又饰两周波浪形划纹。底径9.2、残高6.8厘米（图一〇九，4；图版六二，2）。

瓮 5件。器形较大，多为泥质陶，手制，慢轮修整。依据器形特征分二型。

A型 4件。体形较长。依据口、腹部特征分二式。

Ⅰ式：2件。方唇，曲沿，斜直状深腹。H43：1，泥质红褐陶，大口，短直颈，平底，肩部饰一周宽带状凹弦纹，并在两侧各附加有圆形泥饼装饰，肩部至下腹部饰有等距离弦纹，器表粗糙。口径30、底径12、高47.7厘米（图一一〇，1；图版六二，3）。HG5：10，泥质灰褐陶，尖圆唇，沿微外卷，内沿面呈宽凹槽状，似字母口形。颈斜直，较短，弧腹，腹较深，平底，肩部内、外壁均加工出三周凹弦纹，肩部两侧各饰有小圆形泥饼装饰，腹上部及中部饰有四周凹弦纹，器表有黑陶衣脱落现象。口径24.2、底径11、高46.5厘米（图一一〇，2；图版六二，4）。

Ⅱ式：2件。弧形深腹。T2026④：7，夹砂灰褐陶，口和底部残，腹部饰有不规则左斜绳纹，腹上部饰数周凹弦纹，腹下部饰一周绳索状堆纹，胎壁薄，器表粗糙。腹径35.8、残高40.7厘米（图一一〇，4；图版六二，5）。JSK3：25，泥质黄褐陶，圆唇，折沿，沿面内凹，唇边形成一周窄平面，肩下部饰两周凹弦纹，肩下部至底部

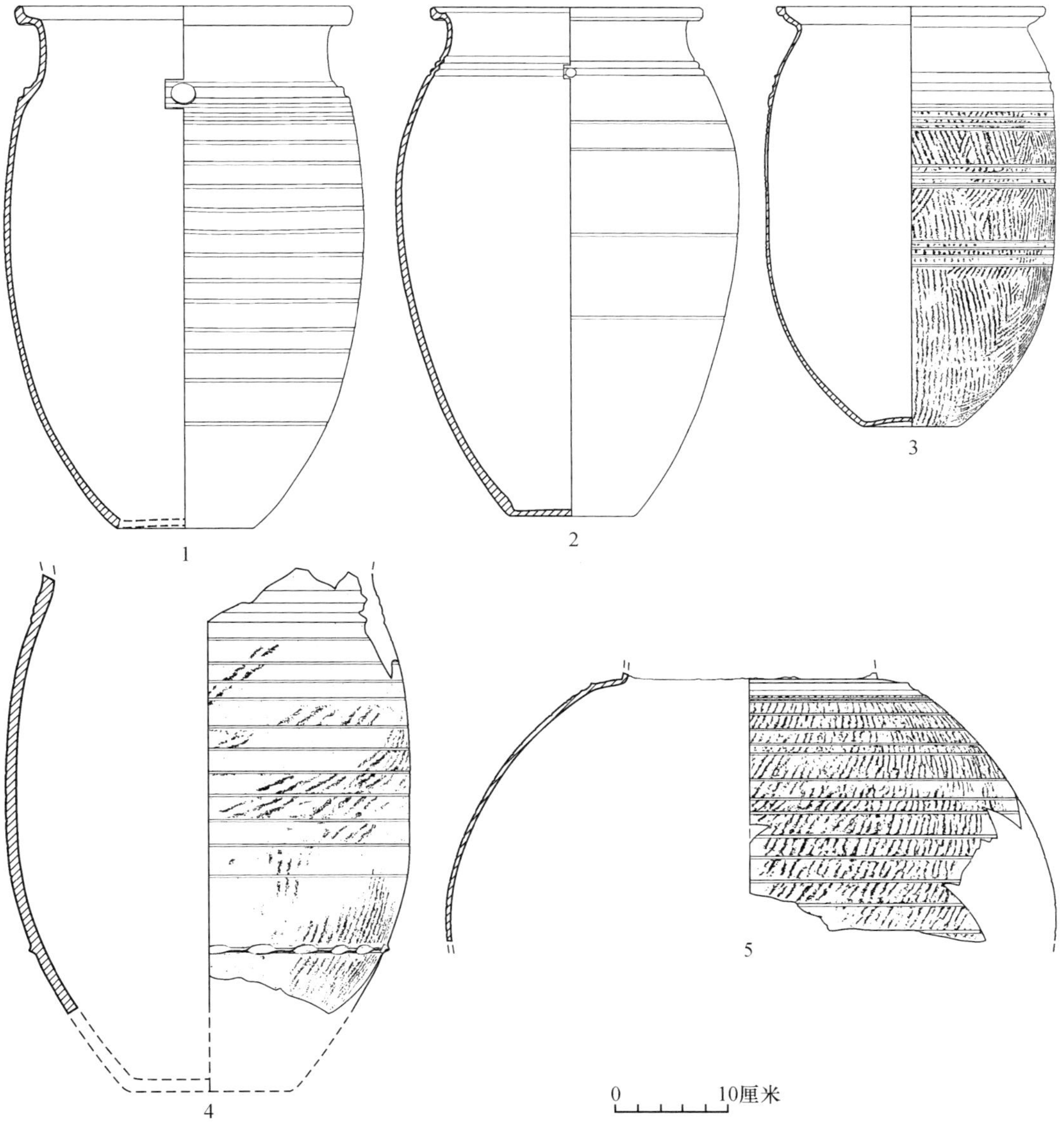

图一一〇 瓮

1、2. AⅠ式（H43：1、HG5：10） 3、4. AⅡ式（JSK3：25、T2026④：7） 5. B型（JSG②：31）

拍印交错形篮纹，上腹部和中部在篮纹之上饰三组凹弦纹，每组分别由五周和四周组成，小平底内凹。口径23.8、底径8.3、高38.5厘米（图一一〇，3；图版六二，6）。

B型 1件。体形圆弧状。JSG②：31，泥质灰褐陶，口部及底部残，仅存肩及腹部。肩部饰两周凸弦纹，腹部饰左斜绳纹，绳纹之上又饰数周不规则弦纹。残口径22.3、残高24.6厘米（图一一〇，5）。

甑 4件。均为夹砂陶，整体似罐状，手制，慢轮修整。依据底部特征分为二型。

A型 3件。平底罐形，依据甑孔特征分为二式。

Ⅰ式：2件。底部周边加工成三个等距离弯月形扁状镂孔。JSG②：17，尖圆唇，沿面内凹，侈口，圆鼓腹，整体呈大口罐状，底部中心加工出一个圆形镂孔，圆孔周边又加工出三个等距离弯月形扁状镂孔，腹上部饰数周凹弦纹，腹下部饰竖向绳纹，绳纹之上又加饰数周凹弦纹。口径27.8、底径6厘米，高24.3厘米（图一一一，1；彩版二二，1；图版六三，1）。T2035④：5，夹砂红陶，尖圆唇，矮折沿，圆弧腹，下内收至底部。整体呈罐状，外腹壁上部饰两周凸弦纹，两侧在弦纹之间又附加对称小型横直泥条装饰，下部饰不规则绳纹，底部甑孔残损。口径27.7、底径6.5、高18厘米（图一一一，2；图版六三，2）。

Ⅱ式：1件。底部周边加工成三组等距离梭形镂孔和圆形镂空。JSK3：31，夹砂红褐陶，圆唇，敞口，外折沿，沿面微内凹，斜弧腹，上腹部饰一周凹弦纹，下腹内收，底部中心饰一个较大型圆镂孔，周边三个等距离镂孔之间又饰三组小圆形镂孔，每组两个，整体器形较大。口径35.6、底径10.7、高25厘米（图一一一，3；图版六三，3）。

B型　1件。圈足罐形。JSK4：7，夹砂红褐陶，方唇，矮折沿，沿面内凹，圆弧腹，圜底，圈足。底部中心饰一个较大形圆镂孔，边缘饰四个半圆形等距离镂孔，肩部两侧饰对称形横直鸡冠状鋬手，并在鋬手部位饰三周凹弦纹，腹部饰竖向绳纹，绳纹之上又饰不规则的横向刻划痕迹，器表附有黑陶衣，局部有陶皮脱落现象，陶质酥松，器表极为粗糙。口径29.6、底径16.1、高22厘米（图一一一，4；图版六三，4）。

带流罐　2件。夹砂陶，手制，慢轮修整。依据口部分二型。

A型　1件。大敞口。JSK2②：11，夹砂灰胎黑皮陶，方圆唇，腹部微弧，下腹内收呈平底微内凹，口沿一侧加工成半圆形流，肩部饰五周不规则凹弦纹，腹中、下部拍印右斜篮纹，篮纹之上又加饰有随意性划纹，底部边缘饰两周不规则弦纹，腹中部两侧加饰横直鸡冠状鋬手。口径29、底径9.2、高24.7厘米（图一一一，6；图版六三，5）。

B型　1件。直领，小口。H38：2，夹细砂灰陶，圆唇，短颈，鼓腹，小平底内凹，素面。口沿一侧加工成半圆形流，肩部饰三周不清晰凸弦纹，器表粗糙，整体变形。口径16.6～17、底径7.7、高28.8厘米（图一一一，5；图版六三，6）。

钵　6件。夹砂红陶，手制，慢轮修整，依据口、壁、底部特征可分为二型。

A型　2件。敞口斜壁形。JSG②：36，尖唇侈口，唇外沿平直，沿下内收呈斜直腹，平底，素面，底部有轮修时的旋转痕迹。口径18.5、底径12.4、高11厘米（图一一二，1；图版六四，1）。JSG②：37，尖唇侈口，唇外沿斜直，沿下内收，腹斜直，平底，素面。口径16、底径10、高10.1厘米（图一一二，2；图版六四，2）。

B型　4件。直口弧腹形。根据唇沿和底分为三式。

Ⅰ式：1件。敛口形。H44：57，泥质红陶，手制，慢轮修整。尖圆唇，上腹圆

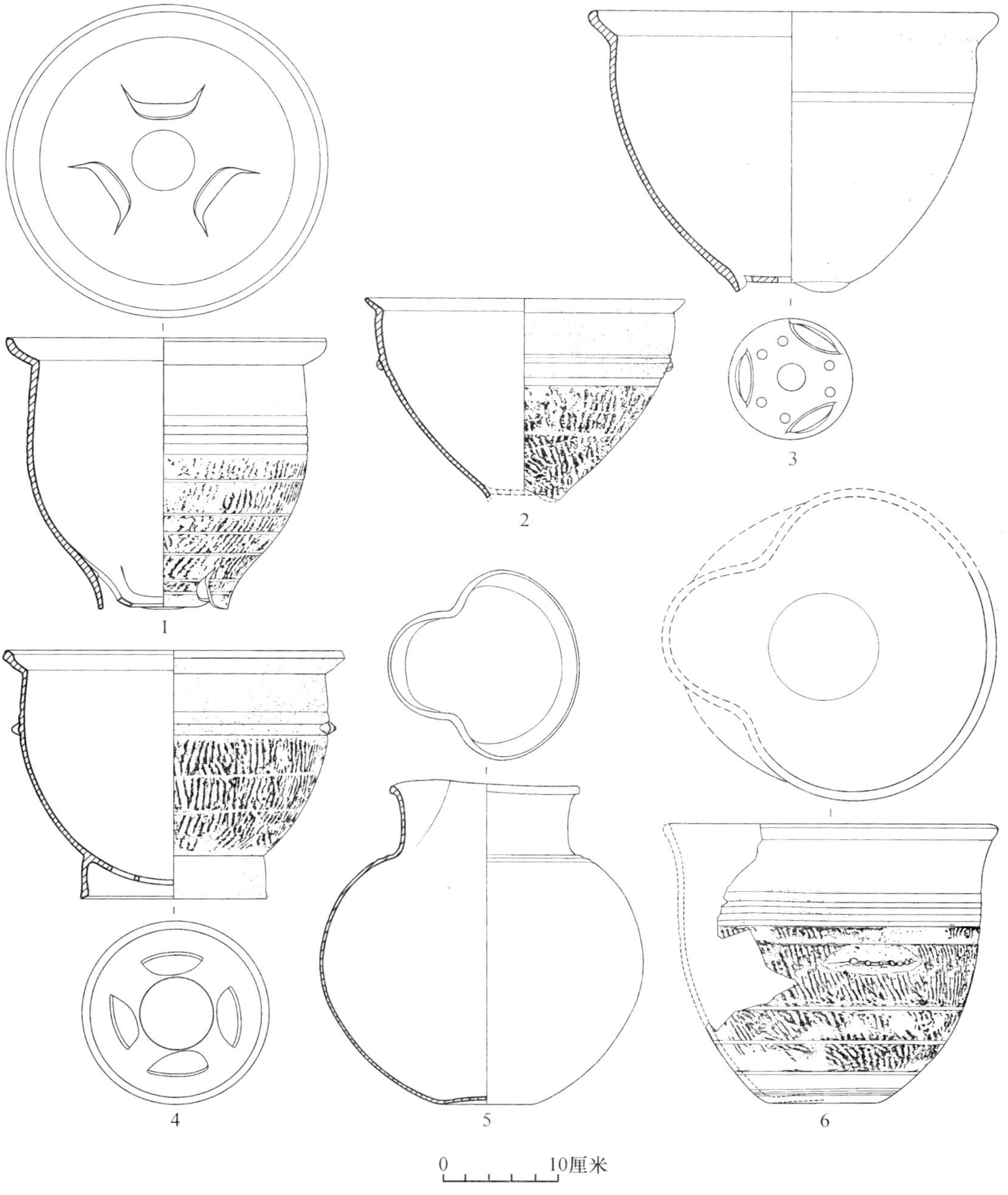

图一一一 甑、带流罐

1、2. AⅠ式甑（JSG②：17、T2035④：5） 3. AⅡ式甑（JSK3：31） 4. B型甑（JSK4：7） 5. B型带流罐（H38：2） 6. A型带流罐（JSK2②：11）

弧，下腹内收，平底微内凹，素面。口径13.5、底径9.8、高6.2厘米（图一一二，3；图版六四，3）。

Ⅱ式：1件。卷沿形。JSK3：1，泥质红陶，手制，慢轮修整。尖唇，圆弧腹，平底，素面，陶质酥松，器表粗糙。口径21.7、底径9、高10.2厘米（图一一二，4；图版六四，4）。

Ⅲ式：2件。折沿形。JSG②：6，沿面平直，尖圆唇。圆弧腹，平底微内凹，下腹部局部拍印右斜绳纹。口径19、底径10、高11.2厘米（图一一二，5；图版六四，5）。JSG②：24，尖圆唇，小卷沿，圆弧腹，平底内凹，素面。口径17.6、底径7.2、高12.2厘米（图一一二，6；图版六四，6）。

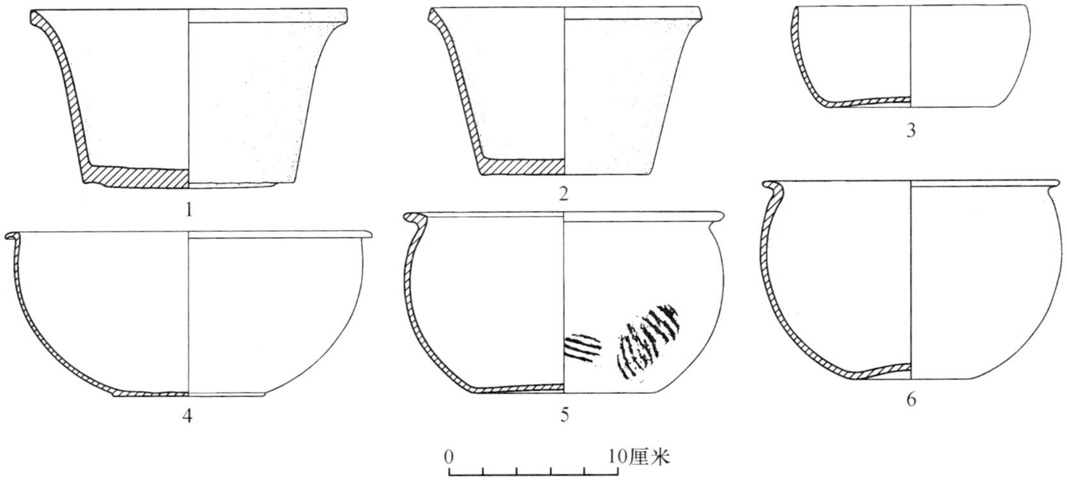

图一一二　钵

1、2. A型（JSG②：36、JSG②：37）　3. BⅠ式（H44：57）　4. BⅡ式（JSK3：1）　5、6. BⅢ式（JSG②：6、JSG②：24）

盉　15件。多为泥质红陶，手制，造型优美、别致，依据口、流、颈部的区别可分为三型。

A型　8件。长颈，又根据口的形状分为二式。

Ⅰ式：3件。圆形口。JSK5：1，上部由颈、口、流组成，口为圆形，呈尖唇、侈口状，前端又加工出圆形流，筒形长颈，颈与器身交界处加工出一台面；下部为长圆形袋状足，后足上部附加一“弓”形把手，把面加工成两道不明显竖向凹槽。整体器形较高，足长等于颈长。高35.5厘米（图一一三，1；彩版二二，2；图版六五，1）。H44：41，尖唇，后为圆形侈口，前端又捏制出管状流，颈部较长，颈部以下残。颈部残长12.7厘米（图一一三，3）。T2025③：11，仅存颈部和肩部，长颈，颈下部加

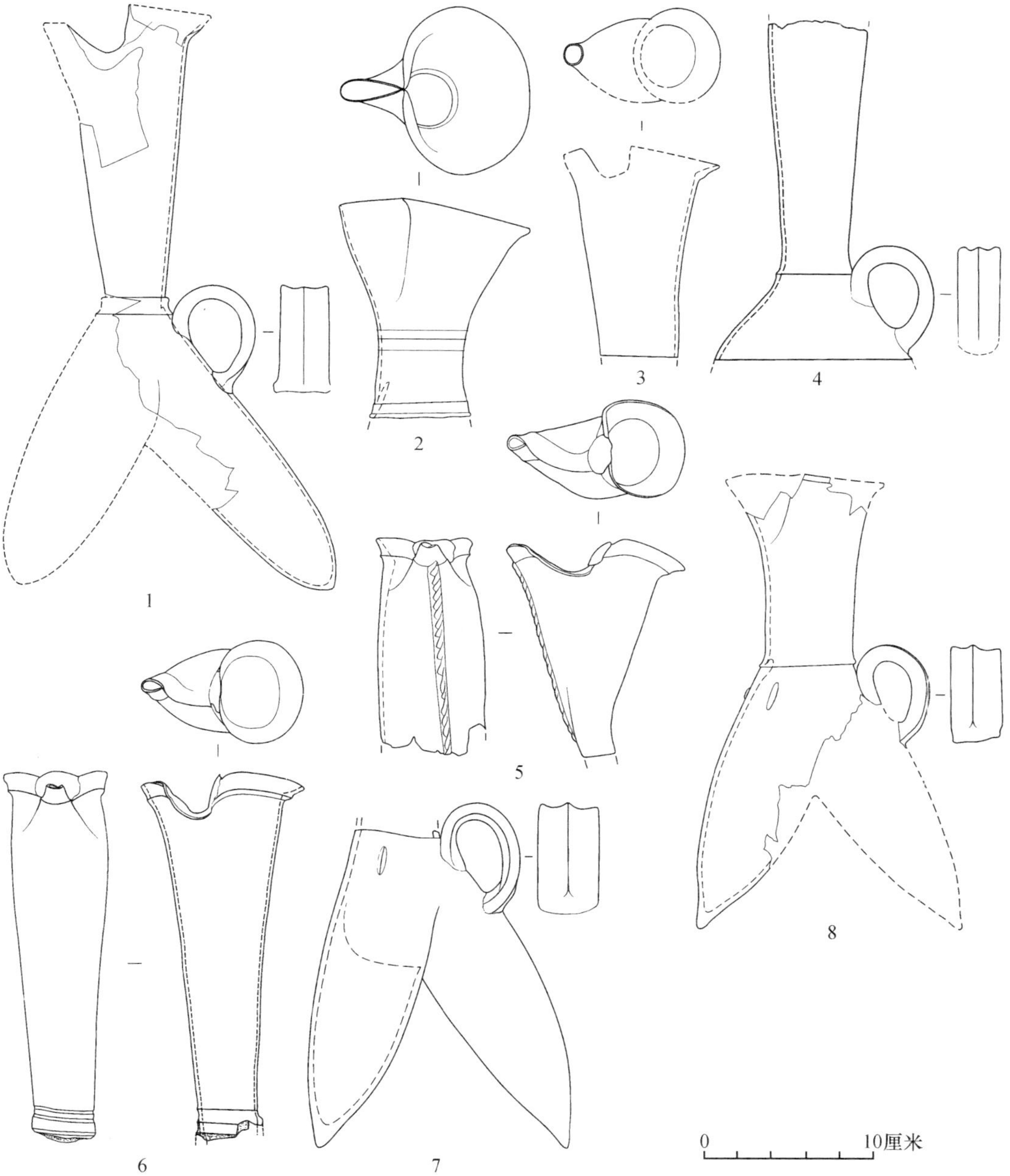

图一一三　盉

1、3、4. A Ⅰ式（JSK5：1、H44：41、T2025③：11）　2、5～8. A Ⅱ式（H44：40、H44：38、H44：39、HG5：7、HG5：2）

工出一周不明显小台面，一侧附加扁体板状弓形把手，把面中间加工出不明显竖向凸棱。残长20厘米（图一一三，4；图版六五，2）。

Ⅱ式：5件。椭圆形口。HG5：2，圆唇，口微侈，口呈不规则椭圆形，前端捏制成椭圆形流，颈较长呈筒状，颈与器身交界处加工出一周凸棱，下为三个长圆形袋状足，足尖呈锥状，前两足上部各附加有竖置的小形泥条装饰，之间又附加一个纽扣形泥饼，后足上部附加扁体形板状鋬手，板面中间加工成竖向凸棱。高27.6厘米（图一一三，8；图版六五，3）。H44：40，尖唇，椭圆形侈口，前端捏制成扁状流，直颈略呈内弧状，颈部以下残。残长13.2厘米（图一一三，2；图版六五，4）。H44：38，口为不规则椭圆形，沿外侈，内侧沿外又附加一圆形泥饼，前端捏制成不规则圆形流，流口至颈部前端附加绳索状堆纹，颈较长，下部变形呈扁状，颈部以下残。残长13.1厘米（图一一三，5）。H44：39，仅存口、颈部，口呈尖唇敞口椭圆形，沿外侧下部形成一折棱，前端捏制成椭圆形流，颈较长，从上至下由粗渐细，下部残。口径9.6、残长21.8厘米（图一一三，6；图版六五，5）。HG5：7，口、颈部残。三足呈长圆形袋状，足尖呈锥形，后足上部附加扁体状弓形鋬手，板面中间饰有竖向凸棱。残高20.9厘米（图一一三，7；图版六五，6）。

B型　6件。短颈。依据口的形状可分二式。

Ⅰ式：3件。圆形口。JSK2②：38，圆唇，圆口，前部在圆形口的基础上又捏出一扁状流，束颈，颈下部饰一周凸棱，下为三个长圆袋状形足，后袋足上部附加一弓形鋬手，鋬面加工成一道竖向凹槽，前两袋足上部饰一圆形饼形装饰，两侧又各附加扁体竖直半圆形装饰。高29.7厘米（图一一四，1；彩版二二，4；图版六六，1）。JSK2②：3，尖唇，口微侈，前部在圆形口的基础上又捏成扁体形流，束颈，颈下部饰一周不规则凸棱，下为三个袋状形足。后足上部附加半圆形鋬手，鋬面下凹，颈与袋足交界处两侧各饰竖直扁形装饰。高20.6厘米（图一一四，2；彩版二二，3；图版六六，2）。JSG②：38，仅存口、流部，尖唇，侈口呈圆形，口部前端又捏出一椭圆形流，颈部和器身为套接而成，颈外壁饰一周凸弦纹（图一一四，3）。

Ⅱ式：3件。椭圆形口。HG5：8，夹细砂红陶，尖唇，侈口，口呈不规则椭圆形，前端又捏制成椭圆形扁状流，束颈，颈较短，下部为三个长圆形袋状足，足尖呈锥状，三足外撇，后足上部附加扁体板状弓形鋬手，鋬面下凹。高19.5厘米（图一一五，2；图版六六，3）。JSK2②：4，口呈不规则扁椭圆形，前部在圆形口的基础上又捏出一椭圆形流口，呈圆唇状，束颈，颈下部饰一周凸棱，下为三个袋状形足，后袋足上部饰一弓形鋬手，鋬面加工成两道竖向凹槽，前两袋足上部饰一小圆形饼形装饰，两侧又各附加扁体竖直半圆形装饰。高27.1厘米（图一一五，1；图版六六，

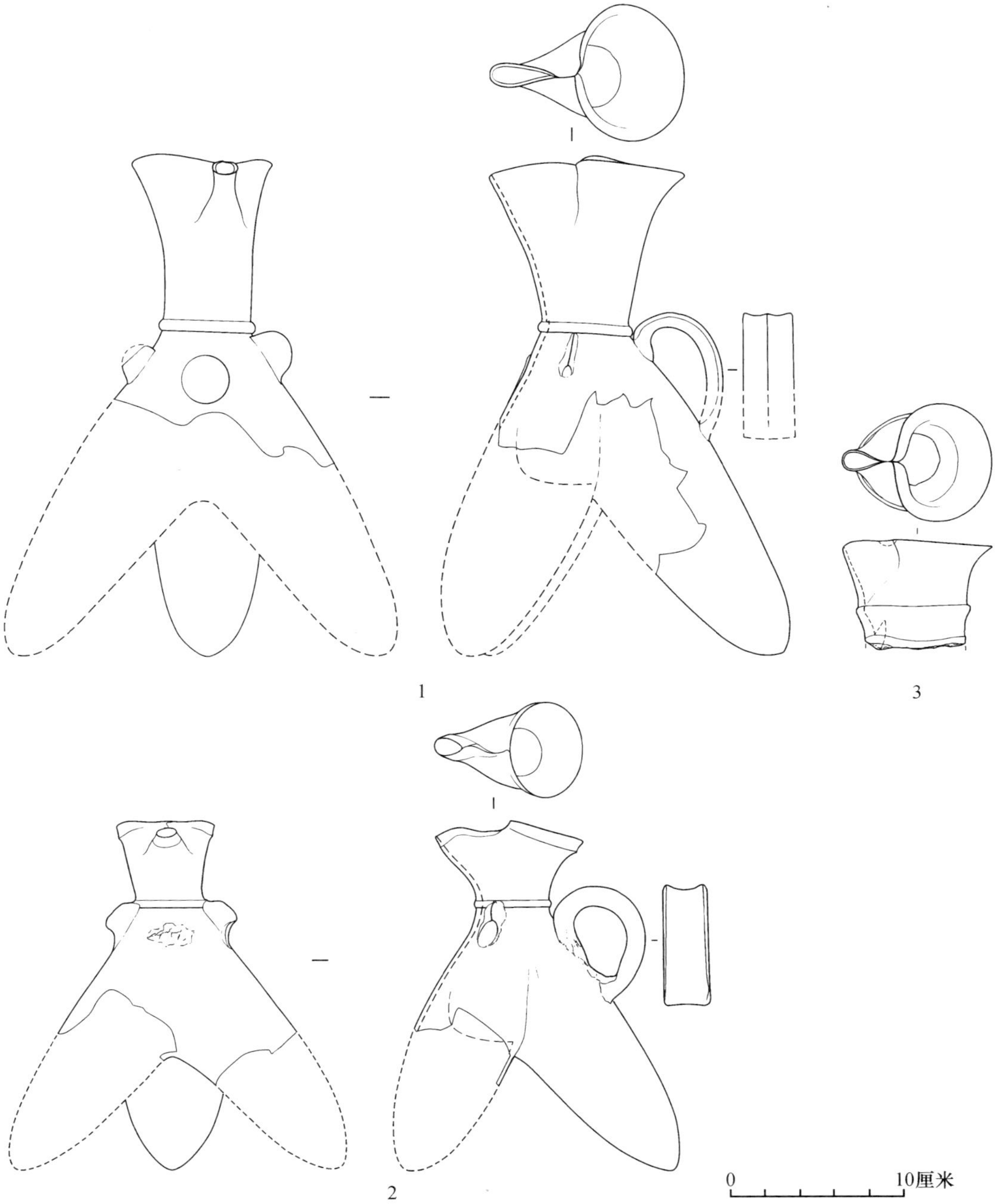

图一一四 BⅠ式盉

1. JSK2②：38 2. JSK2②：3 3. JSG②：38

4）。H44：32，泥质黑陶，颈部以上残。三个长圆形袋状足，后足上部附加扁体状弓形板状鋬手，器表较粗糙。残高17.4厘米（图一一五，3；图版六六，5）。

C型　1件。筒状形高领。H44：17，口部残，领下端加工出一周凸棱，下为三个长圆形袋足，前两足上部侧端附加竖向齿状凹形装饰，前端两足之间又饰有圆形泥饼。残高22.6厘米（图一一五，4；图版六六，6）。

陶璧形器　修复成形仅4件。均出土于祭祀沟，残件较多，均为泥质陶和夹炭陶，手制，整体为圆形，陶质酥松，制作粗糙，形制一致，用途不详。JSG③：57，泥质夹炭黑陶，边缘呈斜面状，一面平直，另一面缘微凸起，中间为圆形孔，整体制

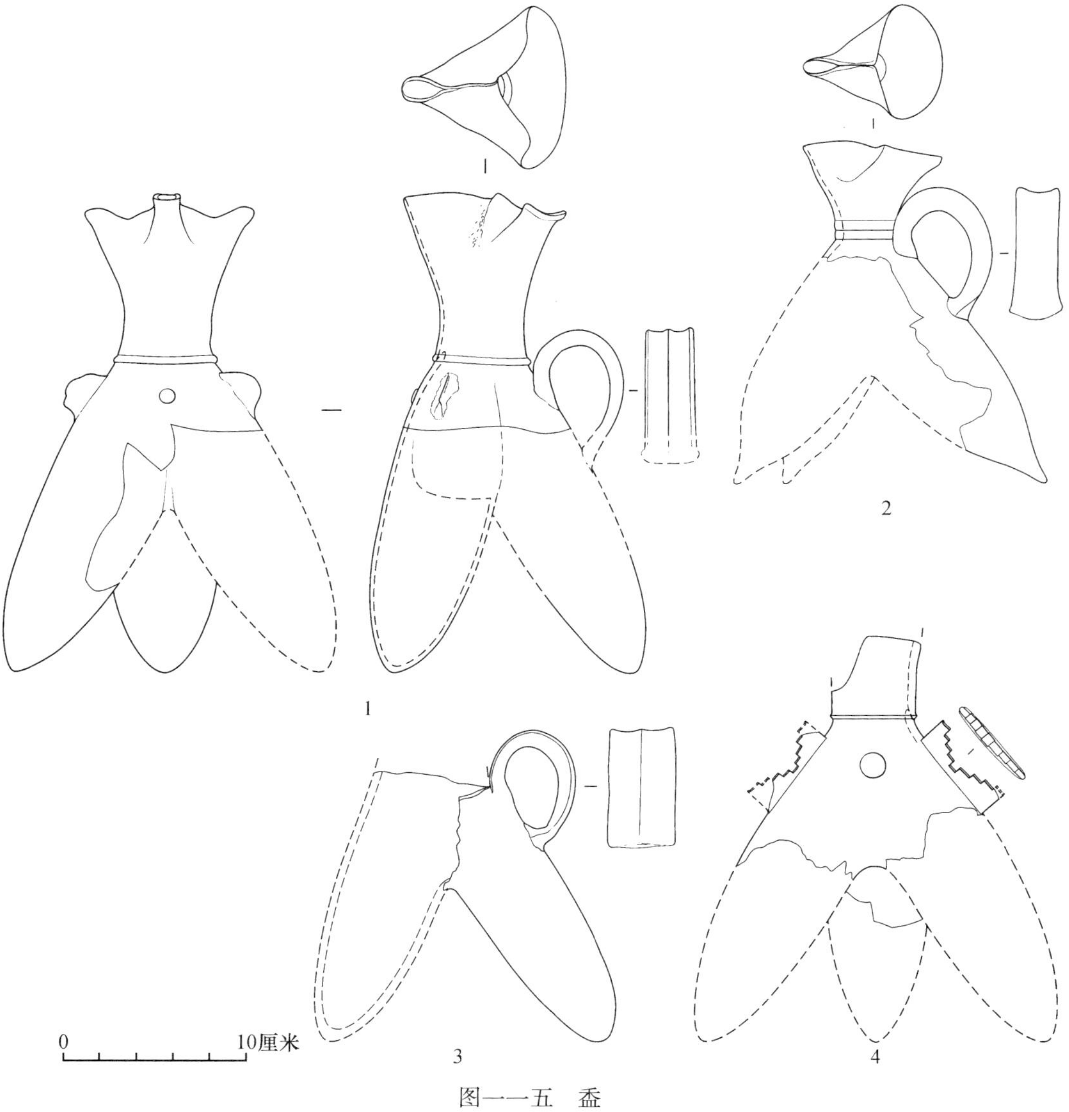

图一一五　盉

1～3. BⅡ式（JSK2②：4、HG5：8、H44：32）　4. C型（H44：17）

作粗糙，直径21.5、孔径6.1厘米（图一一六，1；图版六七，1）。JSG③：56，夹炭黑陶，中间一圆孔，孔径周边一面呈凹槽状，另一面呈凸起状。器形制作粗糙，边缘不甚规则。直径36、孔径5.5厘米（图一一六，2；彩版二二，5；图版六七，2）。JSG③：58，泥质黑陶，一侧平直，另一侧边缘凸起，稍残，直径16.8、孔径4.7厘米（图一一六，4；图版六七，3）。JSG③：59，泥质夹炭黑陶，整体为圆形，中间一圆孔，缘呈斜直状，一面平直，另一面外缘内侧和中间圆孔外侧分别饰一周不规则凹槽，器形制作较粗糙。直径22、口径5.2厘米（图一一六，3；图版六七，4）。

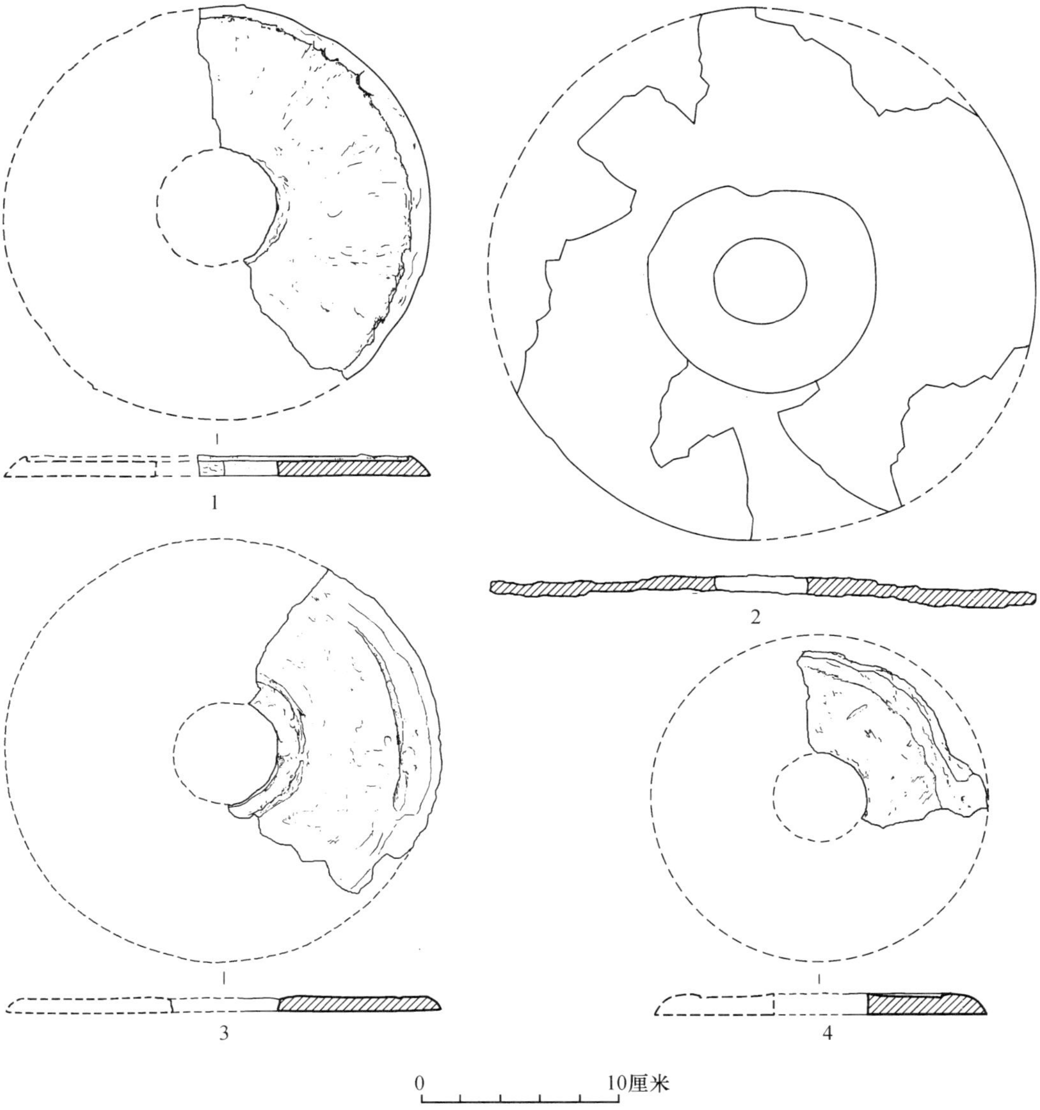

图一一六　陶壁形器

1. JSG③：57　2. JSG③：56　3. JSG③：59　4. JSG③：58

器盖　59件。泥质陶、夹砂陶均占有一定的比例，手制，慢轮修整，依据盖钮和口部特征分为四型。

A型　12件。覆钵式。依据口部特征分二式。

Ⅰ式：11件。直口。T2039③：1，泥质褐陶，圆柱形平顶空心钮，钮面微内凹，盖壁圆弧状，盖沿为方圆唇，唇沿微内敛，素面，器形较大。钮径9.4、口径31.9、高12.8厘米（图一一七，2；图版六七，6）。H44：72，钮部残，泥质灰陶，盖壁呈圆弧状，顶部盖钮外侧饰一周凸棱，盖沿呈字母口状，器表内外壁均有黑陶衣脱落现象。口径18.8、残高3.8厘米（图一一七，5；图版六七，5）。HG1：1，夹细砂灰黑陶，圆形平顶钮，微弧形盖壁，盖沿呈方唇状，器形欠规整，器表较粗糙。钮径4.7、口径13.6、高5.4厘米（图一一七，4；图版六八，1）。JSG②：21，泥质红褐陶，圆形平顶空心钮，钮缘凸出，盖壁斜直，方圆唇，素面。钮径4.1、口径11.8、高5.4厘米（图一一七，3；图版六八，2）。JSK2②：1，夹砂红陶，圆形平顶钮，斜腹壁，素面，器形严重变形。钮径5.7厘米，口径18.8～20.9、高8.7厘米（图一一七，1；彩版二二，6；图版六八，3）。

Ⅱ式：1件。敛口。JSG③：63，泥质灰黑陶，钮部残，整体呈帽形，盖壁斜弧形，盖沿内折呈敛口状，素面。口径10.5、最大径13、残高4.5厘米（图一一七，6；图版六八，4）。

B型　16件。覆碗式。依据钮部特征分二式。

Ⅰ式：15件。圆形平顶钮。H44：33，夹砂红褐陶，盖钮较小，盖壁斜直，盖壁呈斜弧形，盖沿为尖唇窄平沿形，盖壁内侧顶部上凹。器形欠规整，素面。钮径3.3、口径15.6、高6.3厘米（图一一七，9；图版六八，6）。JSK4：1，夹砂灰黑陶，圆形平顶空心盖钮，钮面微下凹，并饰有叶脉形刻划纹饰，斜壁，盖沿凸出，素面。钮径6.7、口径23.6、高7.3厘米（图一一七，11；图版六八，5）。JSK3：9，夹细砂黑陶，圆形平顶空心盖钮，钮面内凹，钮缘凸出，盖壁呈斜弧状，唇沿外折，素面，器形欠规整。钮径6.1、口径16、高5.7厘米（图一一七，10；图版六九，1）。JSK3：17，夹砂红褐陶，圆形平顶盖钮，钮部凸出，盖壁呈斜弧状。内壁留有制作时的旋痕，器表粗糙。钮径6.6、口径19.7、高6.2厘米（图一一七，8；图版六九，2）。H44：37，夹砂灰褐陶，器表有红褐色氧化现象，圆形平顶盖钮，钮面微凹，盖壁呈阶梯状宽带形弦纹，整体器表粗糙，器形欠规整。钮径6.2、口径20.1、高6.1厘米（图一一七，7；图版六九，3）。

Ⅱ式：1件。圈足形盖钮。JSK2②：18，泥质黑陶，钮外缘又形成一周台面，斜直腹，方唇，器表饰两周绳索状附加堆纹。口径18.8、残高7厘米（图一一七，12；图版六九，4）。

C型　15件。覆盆式。依据钮部特征可分三式。

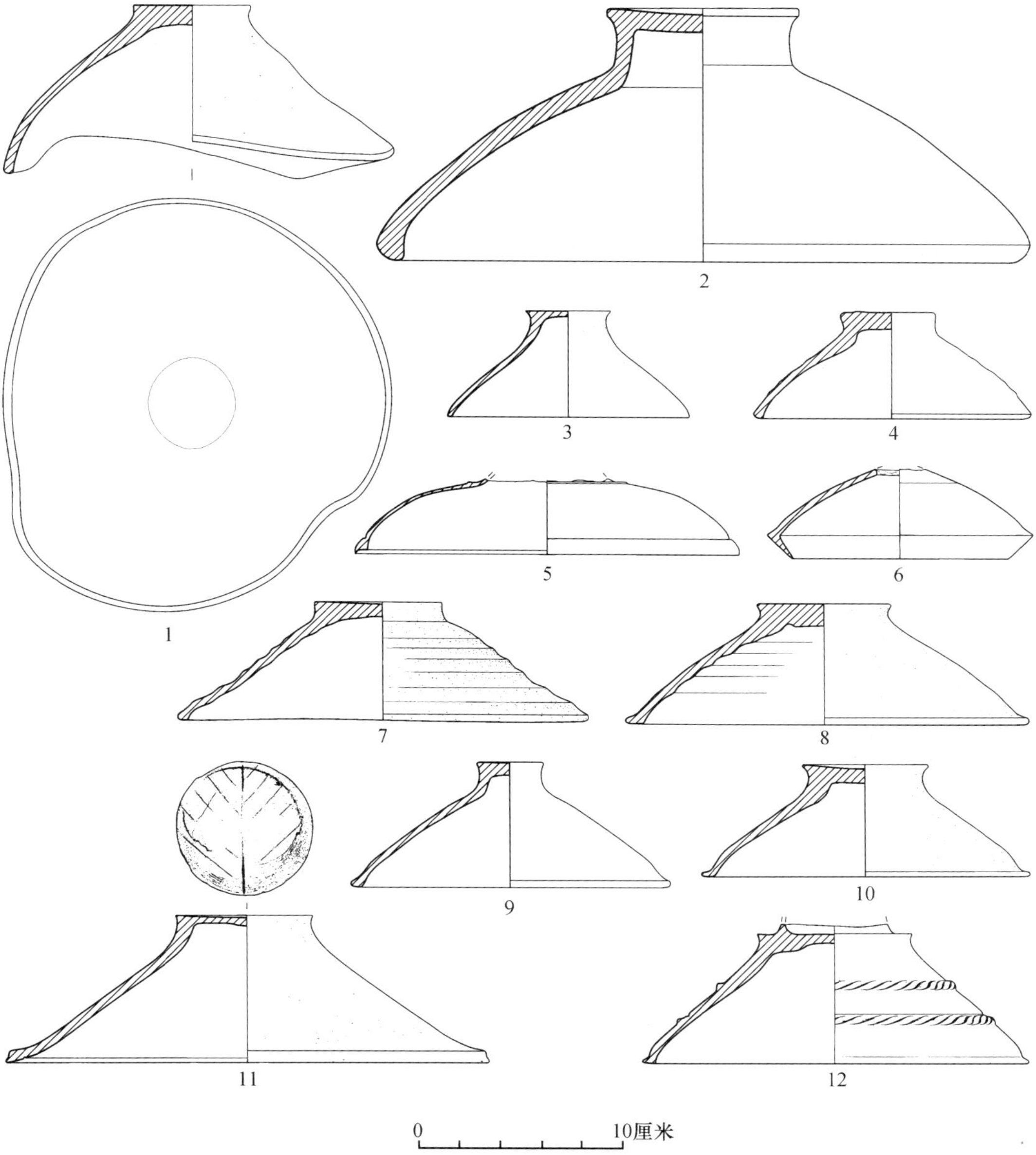

图一一七 器盖

1～5. AⅠ式（JSK2②：1、T2039③：1、JSG②：21、HG1：1、H44：72） 6. AⅡ式（JSG③：63）
7～11. BⅠ式（H44：37、JSK3：17、H44：33、JSK3：9、JSK4：1） 12. BⅡ式（JSK2②：18）

Ⅰ式：11件。空心柱形盖钮。JSG③：14，泥质红褐陶，钮顶面平直，钮缘微凸出，盖壁呈圆弧形，盖沿外侧饰一周凹弦纹，器形较大，素面。钮径7、口径36.2、高10.6厘米（图一一八，7；图版六九，6）。JSG③：12，泥质灰褐陶，钮顶面平直，钮缘微凸出，盖壁呈圆弧形，盖沿呈圆唇斜沿状，钮面有旋轮修整痕迹，器形较大，素面。钮径8、口径37.5、高12.6厘米（图一一八，8；图版六九，5）。HG1：6，泥质红褐陶，蘑菇状空芯钮，钮缘凸出，盖壁圆弧状，盖沿呈尖唇敞口形，素面，器形较大。钮径9.2、口径30.7、高10.3厘米（图一一八，1；图版七〇，1）。JSG③：60，圆形平顶空芯饼形钮，盖壁斜直，唇沿呈窄平状，外壁有黑皮陶脱落现象，素面。钮径6.1、口径26.4、高6.5厘米（图一一八，3；图版七〇，2）。

Ⅱ式：3件。圈足形盖钮。HG4：1，泥质灰褐陶，钮缘外卷，盖壁呈斜弧形，盖

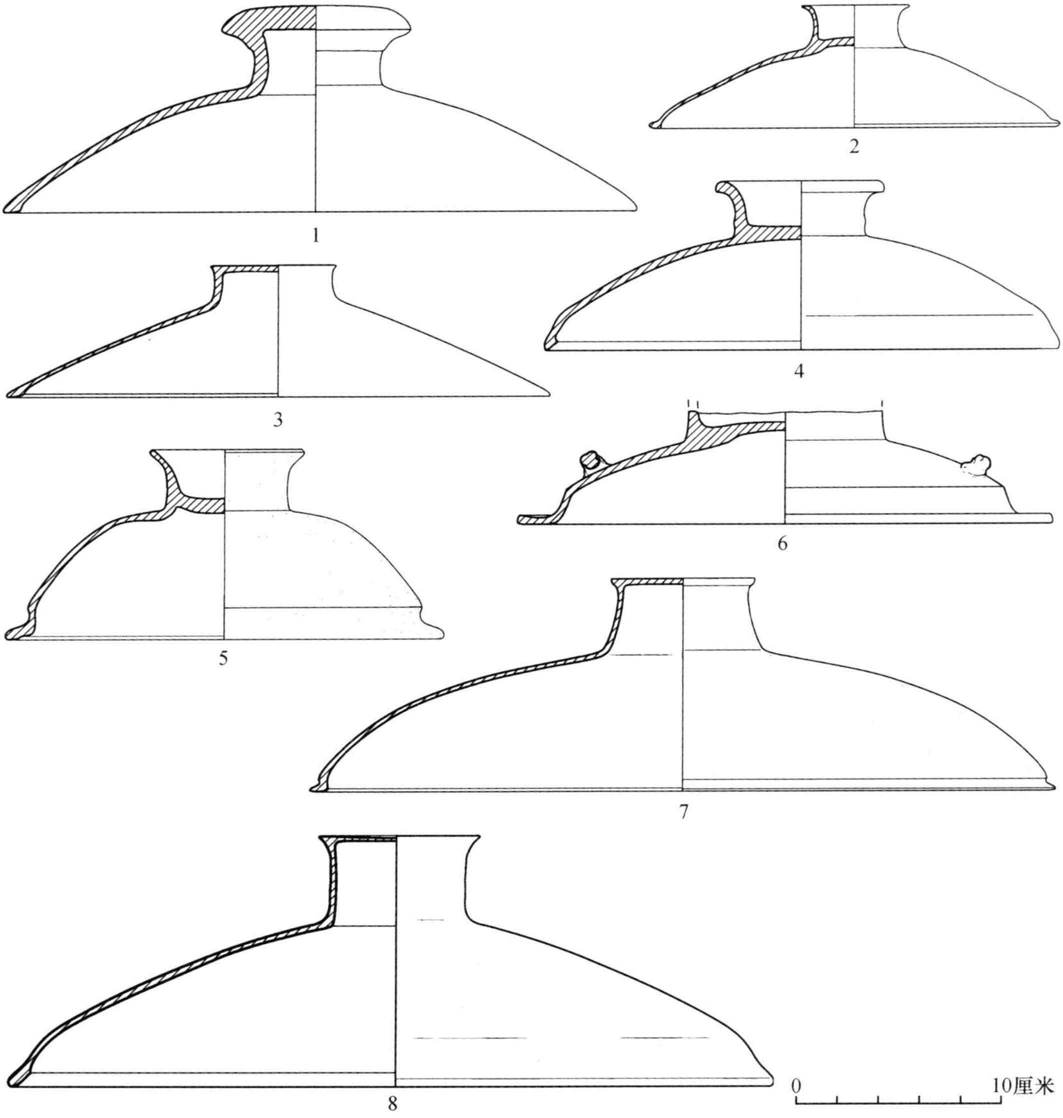

图一一八　器盖

1、3、7、8. CⅠ式（HG1：6、JSG③：60、JSG③：14、JSG③：12）　2、4、5. CⅡ式（HG4：1、JSG③：15、HG4：4）　6. CⅢ式（JSK2①：5）

沿为圆唇微敛状，内壁顶端微上凹，盖钮中心微凸出，陶质酥松，器表有黑陶衣脱落现象。钮径5.3、口径19.9、高6.2厘米（图一一八，2；图版七〇，3）。HG4：4，钮缘外侈，盖壁圆弧状，盖沿呈圆唇斜沿状，外沿下形成一周带状形凹槽，内壁顶端上凹，又形成凸芯状，腹较深，陶质较酥松。钮径7.5、口径21.3、高9.6厘米（图一一八，5；图版七〇，4）。JSG③：15，钮缘外卷，盖壁斜弧腹，盖缘内折呈尖唇内敛状。钮径8.2、口径25、高8.5厘米（图一一八，4；图版七〇，5）。

Ⅲ式：1件。盖壁两侧加饰对称形桥形钮。JSK2①：5，泥质红褐陶，圈足形盖钮，曲腹形盖壁，圆唇，大平沿状，口径26、残高5.7厘米（图一一八，6；图版七〇，6）。

D型　16件。高柄式。多数出土于JSK5，个别出土于JSK2和H44。形状基本一致，均为夹砂陶，手制，柄部较长，上端较粗，为空心状，下端至盖壁较细，均为实芯体，盖壁呈斜弧状，器表极为粗糙，器形不规则，变形现象明显。H44：35，夹砂灰陶，器表有黑陶衣脱落现象。柄长7.4、钮径4.4、口径14.5、高12.2厘米（图一一九，1；图版七一，1）。JSK2②：20，夹砂灰陶，盖壁呈圆弧形，方唇，盖内壁顶部上凹，柄长8.3、钮径5、口径17.4、高14.3厘米（图一一九，7；图版七一，2）。JSK5：11，夹砂红褐陶，盖壁呈斜弧形。柄长8.2、钮径5.2、口径17、高14厘米（图一一九，6；图版七一，3）。JSK5：18，夹砂灰褐陶，柄部上端为敛口状，盖壁呈斜弧形。柄长7.8、钮径5.1、口径13.3、高11.5厘米（图一一九，5；图版七一，4）。JSK5：8，钮径5.2、柄长7.9、口径14.5、高12.5厘米（图一一九，4；图版七一，5）。JSK5：9，夹砂红褐陶，盖壁变形。柄长7.7、钮径5.2、口径17.7、高13.9厘米（图一一九，2；图版七一，6）。JSK5：4，柄长7.6、口径14.2、高12.6厘米（图一一九，8）。JSK5：3，泥质灰褐陶，柄较长，上端较粗为空芯状，下端较细呈实芯体，盖壁为斜弧形。柄长7.8、钮径5.1、口径15.8、高13.3厘米（图一一九，3）。

陶塑　1件。泥质红褐陶，夹少量细砂，伴有浅灰色，手制。仅存器身残片，器表附塑爬行类动物上半身，似壁虎形，身体细长，头部略粗，吻部较尖，头上部两眼凸起，前两肢作爬行状，整体造型在贴塑后又用利器加工出肢体细部，古朴中透出灵动。JSG②：20，长7.7厘米（图一二〇，1；彩版二三；图版七二）。

支钉　1件。泥质红陶，手制。锥状塔形，上部尖圆，下部圆形平面，一侧稍残。JSG③：37，径2.9、高3.3厘米（图一二〇，2；图版七三，1）。

陶纺轮　3件。泥质陶，手制。依据剖面特征分为二型。

A型　1件。剖面呈长条形。H44：15，泥质红褐陶，平面呈圆形饼状，体较薄，中间穿有圆形小孔。直径4、厚0.5厘米（图一二〇，3；图版七三，2）。

B型　2件。剖面呈梯形。依据孔的特征分为二式。

Ⅰ式：1件。中间单面穿一圆孔。JSK3：19，泥质红陶，平面为圆形，上面微凹，

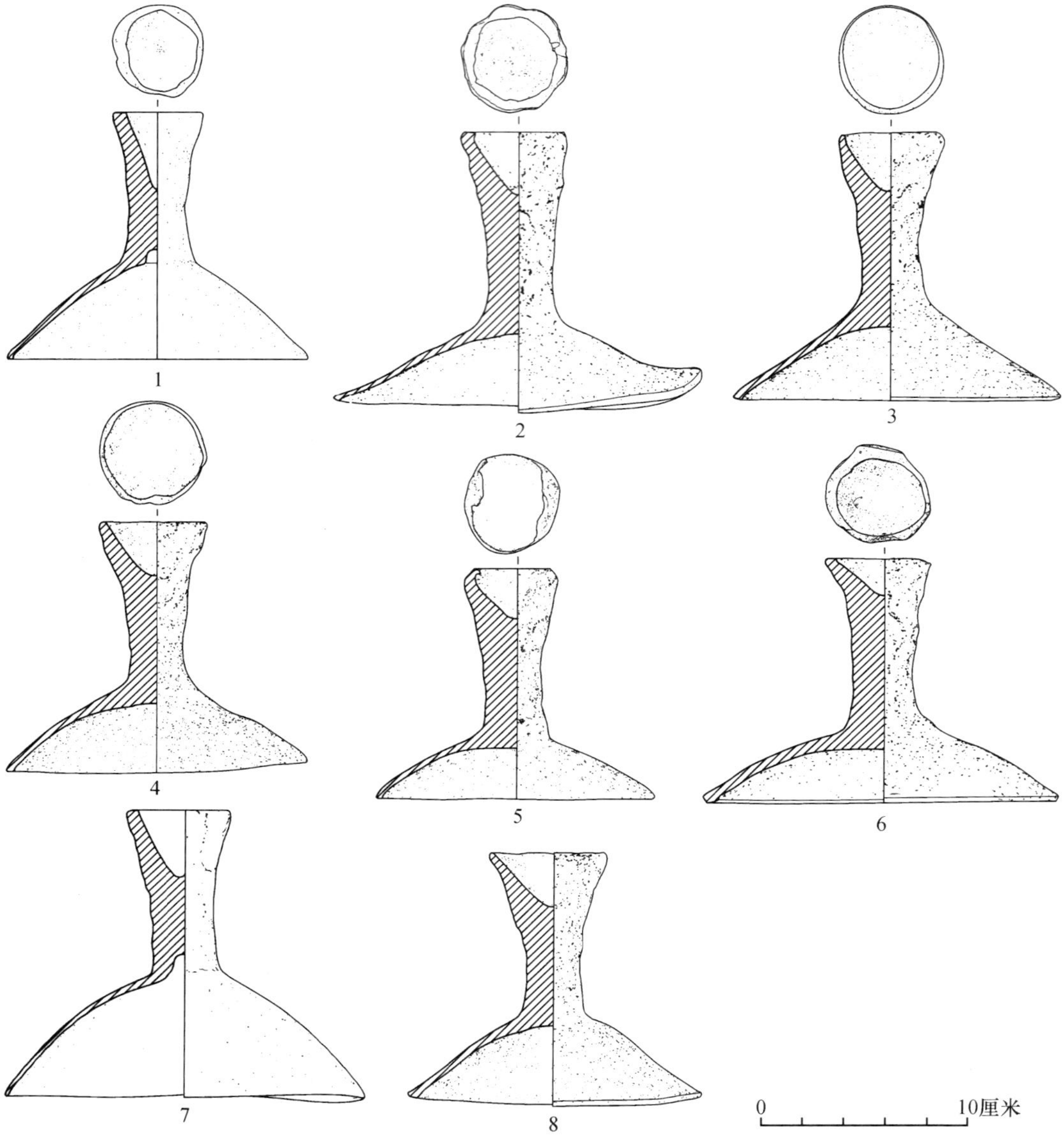

图一一九　D型器盖

1. H44：35　2. JSK5：9　3. JSK5：3　4. JSK5：8　5. JSK5：18　6. JSK5：11　7. JSK2②：20　8. JSK5：4

底面微弧，直径3.2、厚0.5厘米（图一二〇，4；图版七三，3）。

Ⅱ式：1件。中间对穿一圆孔。H44：19，泥质黑陶，平面呈圆形饼状，体略厚，直径3.4、厚0.7厘米（图一二〇，5；图版七三，4）。

陶镞　3件。分为夹砂陶和泥质陶，手制，依据形状分为二型。

A型　2件。圆形柱状。JSG②：19，泥质红陶，尖部稍残，铤部细短，器形较小，整体似梭形，制作欠规整。长4.1、直径1.4厘米（图一二〇，8；图版七三，5）。

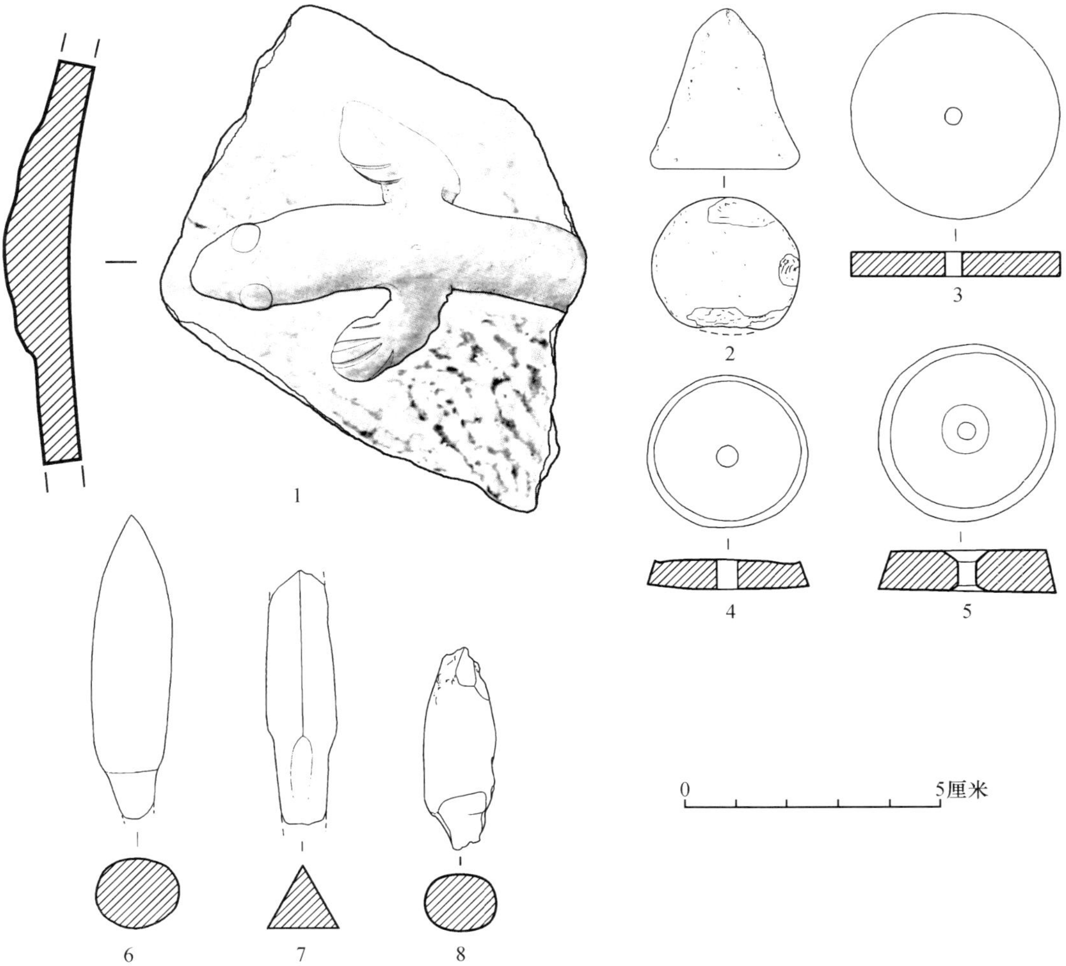

图一二〇 陶塑、支钉、纺轮、陶镞

1. 陶塑（JSG②：20） 2. 支钉（JSG③：37） 3. A型陶纺轮（H44：15） 4. BⅠ式陶纺轮（JSK3：19） 5. BⅡ式陶纺轮（H44：19） 6、8. A型陶镞（HG5：17、JSG②：19） 7. B型陶镞（H44：24）

HG5：17，夹砂红褐陶，尖部较锋锐，铤部较短，器形欠规整。长6、直径1.6厘米（图一二〇，6；图版七三，6）。

B型 1件。三棱形。H44：24，泥质红褐陶，平面呈长条形，横断面呈三棱体，尖部残缺，铤部为圆柱形，稍残。长5、宽1.3、厚1.3厘米（图一二〇，7；图版七三，7）。

第二节 石 器

共计205件，石器的种类较多，但数量较少，且多为残件。最多的是磨石，另有少量石斧、石锛、石凿、石钺、磨盘、石刀、石楔器、研磨器、石镞等标本。从石器的出土量和种类来看，表现在生产领域的器形罕见。

石斧　7件。多为残件，器形较小，根据整体形状分为二型。

A型　3件。整体呈梯形。JSK2②：25，红褐色砂岩，两面磨制较好，上端较厚，两面刃，刃部有使用留下的残痕。长10.1、宽4.4～7.1、厚2.9厘米（图一二一，1；彩版二四，1；图版七四，1）。

B型　4件。整体呈方形。H44：28，浅灰色凝岩质，不规则方形体，较扁薄，顶部有残痕，侧面一端保留有原自然面，另一端稍残，整体磨制精细，两面刃，刃缘斜直，较锋锐，体形较小。残长4.3、宽3、厚1厘米（图一二一，2）。

石楔　7件。体形厚重，横断面基本呈椭圆形或方形。分二型。

A型　4件。横断面呈椭圆形。JSK8：2，整体略呈梯形，通体磨制较精致，顶端有敲砸时留下的疤痕，下端有使用过程中造成的残损。长10.8、宽6、厚4厘米（图一二一，4；图版七四，2）。JSG③：34，仅存下部残段，长方形，体较厚，刃部较厚呈扁平状，磨制精致。残长8.3、宽6.1、厚4.5厘米（图一二一，3；图版七四，3）。

B型　3件。横断面呈方形。T2025④：1，平面呈长条形，横断面呈正方形，体厚重，四面均经磨制，顶部及器身边缘有明显敲砸痕迹，下部残断。残长8、宽3.9、厚4.1厘米（图一二一，7）。T2034③：1，平面呈长方形，断面近方形，体较厚，上部残，器身有较多打制修整时的疤痕，刃部钝拙，磨制不甚精致。残长8.2、宽4.5、厚3.2厘米（图一二一，6；图版七四，4）。JSK2②：42，整体呈长方形，一端较厚，残缺，另一端较薄，顶端及四面均经磨制，器身多处有残损疤痕。残长20.6、宽7～9.2、厚7.3厘米（图一二一，5；图版七四，5）。

石刀　2件。仅存石刀局部残块。JSK2①：29，一面保留有较好的磨光面，另一面为破裂面。残长6.4、残宽1.8、厚0.45厘米（图一二二，2）。H39：1，为石刀的残损部分，但能看出磨制较好。残长14、残宽3.5、厚1.2厘米（图一二二，1）。

石钺　4件。均为残件，体形扁薄，磨制精致。T2021④：12，黑灰色凝岩质，为石钺的局部残块，两侧面均保留有切割的痕迹和断面，上部保留有一个对穿的圆孔，刃部锋锐。残长7、残宽3.8、厚1.1厘米（图一二二，3；图版七四，6）。JSK3：5，青灰色岩质，为石钺的残件，中部对穿一圆孔。器身磨制光滑精致。残长8.4、残宽5.9、厚1厘米（图一二二，4；图版七五，1）。

石锛　7件。多为残件，仅有少部分较为完整，依据整体形状分为二型。

A型　3件。平面呈长条形。T2003④：14，黑灰色凝岩质，平面呈长方形，横断面呈正方形，顶部为打制时的斜平面，侧面局部有破裂的疤痕，单面刃，刃角稍有残痕，四面体磨制均较精致。残长8.6、宽4.4、厚3.3厘米（图一二二，7；图版七五，2）。

B型　4件。平面呈长方形。H44：22，浅灰色砂岩质，平面呈长方形，横断面为

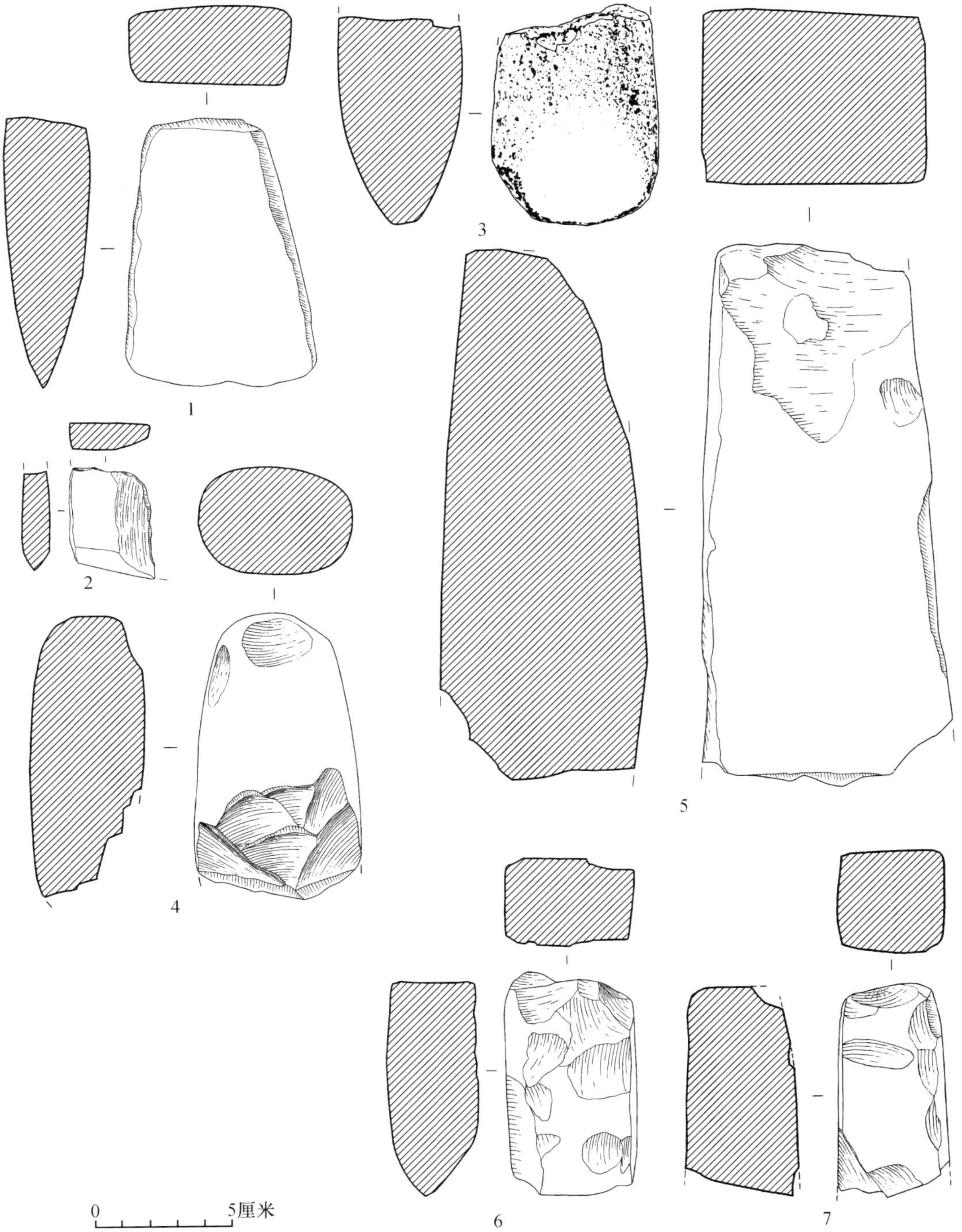

图一二一　石斧、石楔器

1. A型石斧（JSK2②：25）　2. B型石斧（H44：28）　3、4. A型石楔器（JSG③：34、JSK8：2）　5～7. B型石楔器（JSK2②：42、T2034③：1、T2025④：1）

弓背长条形，两面及侧面均磨制较好，一端略带疤痕，单面刃，刃缘锋锐。长7.7、宽4.7、厚2.2厘米（图一二二，6；图版七五，3）。H44：25，浅灰色凝岩质，平面呈长方形，横断面呈长条形，一面磨制较直，侧面局部有疤痕，另一面磨制弧形，单面刃，顶部微有残痕，整体磨制较精致。长5.1、宽3.2、厚1.5厘米（图一二二，

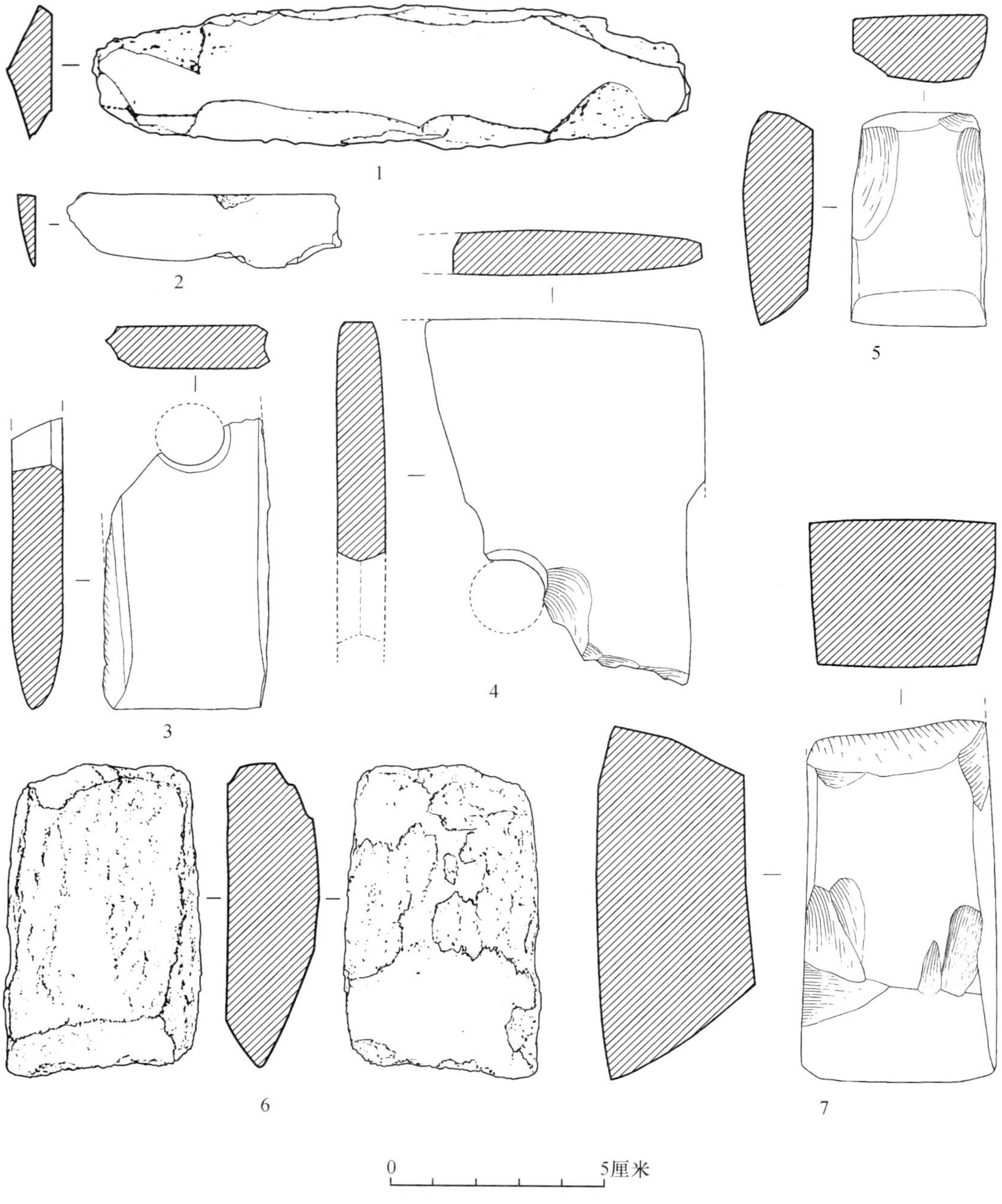

图一二二　石刀、石钺、石锛

1、2. 石刀（H39：1、JSK2①：29）　3、4. 石钺（T2021④：12、JSK3：5）　5、6. B型石锛（H44：25、H44：22）　7. A型石锛（T2003④：14）

5；彩版二四，2；图版七五，4）。

石凿　5件。依据器形分为二型。

A型　3件。长条形。JSG③：18，黑色岩质，一侧平直，另一侧略呈弧形，单面刃，整体磨制精致，顶部及边缘局部有残痕。长6.5、宽2.2厘米（图一二三，2；图版七五，5）。H39：2，青灰色岩质，长条形，一侧圆弧，一侧较直，器形小，磨石较好。长5.6、宽1.7、厚0.8厘米（图一二三，3；图版七五，6）。H31：1，青色砂岩，略呈长条形，剖面呈方形，上部较宽略厚，残断，四面体，其中三面磨制较精，单面刃，刃部锋锐。残长6.4、宽2.3、厚2.1厘米（图一二三，1；图版七六，1）。

B型　2件。长方形。T3004④：3，黑灰色凝岩质，平面呈长方形，横断面呈长条形，两面及两侧面均磨制较好，刃部较锋锐，器身侧端及刃部一侧有残痕，器形较小。长3.5、宽1.6、厚0.9厘米（图一二三，5；图版七六，2）。JSK2②：34，青灰色岩质，整体呈梯形，一面磨制成有段状，另一面平直，单面刃，顶端呈斜直面，两侧均经磨制。器形较小。长3.4、宽2.1、厚1.1厘米（图一二三，4；图版七六，3）。

磨盘　1件。HG1：5，黄褐色砂岩质，不规则长方形，体扁薄，四周侧面除少部分有磨痕外，多为断裂面，两面磨面较好，均有下凹现象。残长33、残宽20.5、厚2.8厘米（图一二三，7；彩版二四，3；图版七六，4）。

研磨器　1件。花岗岩质，平面略呈梯形，下端较宽大，横断面呈椭圆形，并保留有较好的磨面，纵剖面呈不规则长方形，顶部加工出一凹槽，两侧各加工出指形按窝，边缘有加工时的疤痕。T2040④：2，长6、宽7.2、厚4.4厘米（图一二三，11；图版七六，5）。

石球　1件。红褐色砂岩质，圆形微扁状，边缘局部有残痕。器表欠规则。T2031④：6，直径3.3～4.5厘米（图一二三，8；图版七六，6）。

小石器　3件。依据器形分为二型。

A型　1件。三棱体。T2025④：12，灰色页岩质，平面呈长条形，横断面呈不规则三角形，略呈三棱体，磨制较光滑，两端残。长10.4、宽2.1、厚2厘米（图一二三，6）。

B型　2件。扁平体。T2029④：2，灰色凝岩质，平面呈方形，横断面呈长条形，体扁薄，两面磨制较平滑，每面又磨制出三道竖向凹槽，似能切割成小形条状石器，一端残断，下部刃部明显，一侧面经磨制，另一侧面为磨槽分割后的断面。残长11.5、宽8.8、厚1.6厘米（图一二三，10；彩版二四，4；图版七七，1）。T2029④：1，青灰色凝岩质，长条形，两面磨制较好，侧端两面均有磨制分割的凹槽，上部残，下部为两面刃。残长7.5、宽2.4、厚0.9厘米（图一二三，9；图版七七，2）。

磨石　133件。多数为磨石残块，从仅存的形状看，很难判断磨石本来的形状和大小。磨石个体较多，其中不排除破碎后使数量增加，但器形的厚薄程度却不尽相同，

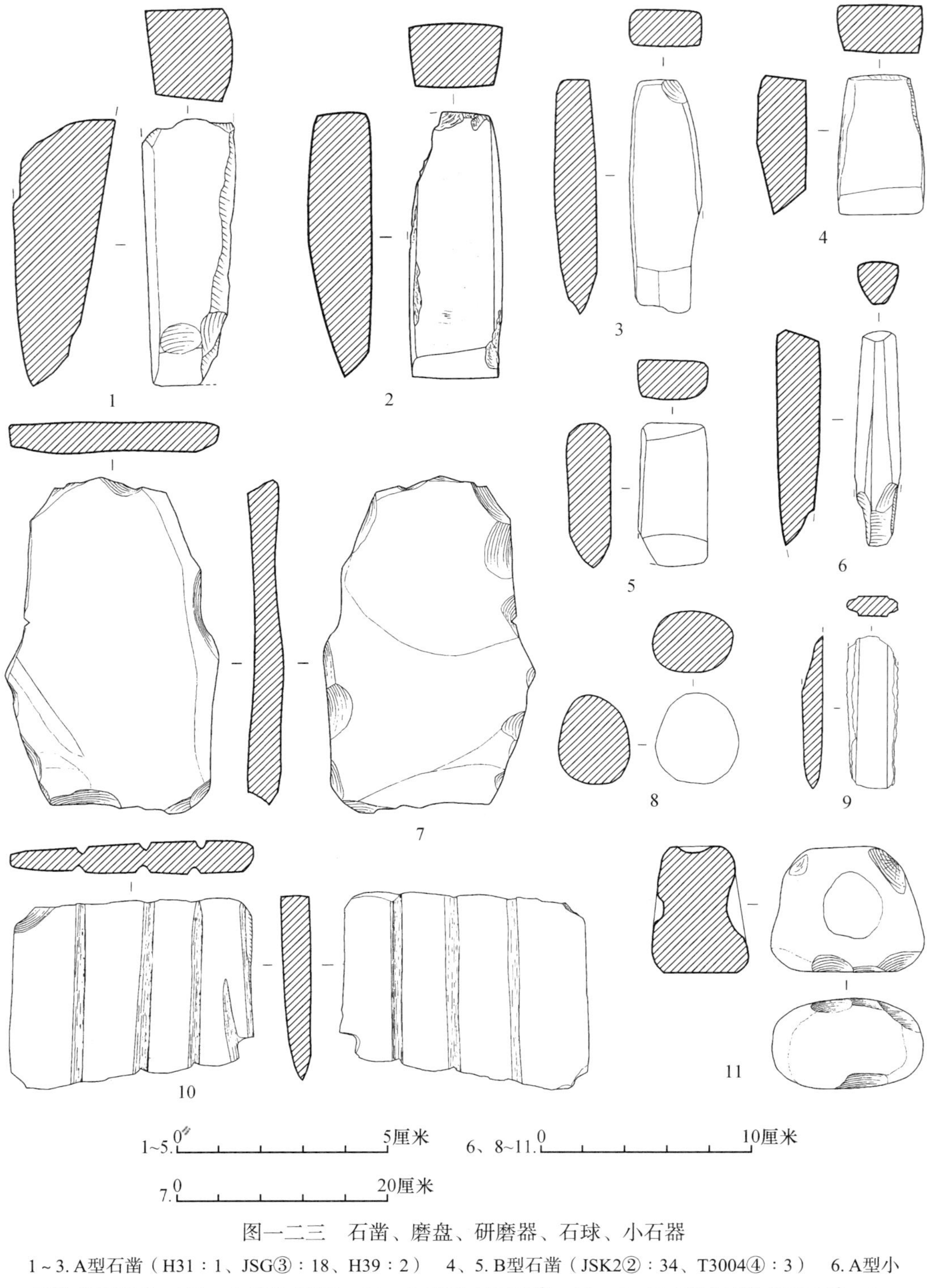

图一二三　石凿、磨盘、研磨器、石球、小石器

1～3. A型石凿（H31：1、JSG③：18、H39：2）　4、5. B型石凿（JSK2②：34、T3004④：3）　6. A型小石器（T2025④：12）　7. 磨盘（HG1：5）　8. 石球（T2031④：6）　9、10. B型小石器（T2029④：1、T2029④：2）　11. 研磨器（T2040④：2）

依据磨石质地，特别是从侧面有磨面的现象看，其数量又与破碎无直接关系，有的磨石破碎后的个体较小，但两面及侧面均有磨面，应该说，磨石的出土量之多，必定具有特殊的用途。根据磨石现存的特征和使用现象，可分为三型。

A型　56件。一面或两面磨面下凹。JSG②：9，黄褐色。不规则方形体，一端残缺，另一端加工成斜面状，未经磨制。两面磨面均呈凹状。两侧均经使用，一侧磨面平直，另一面磨面呈凹状。残长23.4、宽16.7、厚3.8～8.2厘米（图一二四，1；图版七七，3）。T2035④：3，浅灰色细砂岩质，平面呈长方体弓形，横断面呈长条形，体扁薄，一面磨面较小，平直，另一面磨面下凹，周边侧面均经磨制，器形完整。长14、宽6、厚1.5厘米（图一二四，2；彩版二四，5；图版七七，4）。H44：12，红褐色砂岩质，为磨石的局部残块，呈不规则形体，一面保留有较好的磨面，磨面下凹，中部有一道似腐蚀性凹槽，周边有不同程度的破裂痕迹。残长16、残宽9.5、厚6.3厘米（图一二四，5；图版七七，5）。T2042③：7，红褐色砂岩质，平面呈长方形，体较厚重，周边均经过了打制加工修整，两面均保留有较好的磨面，微下凹，一侧面也经过磨制。长44.8、宽30.1、厚17厘米（图一二四，8；图版七七，6）。H31：2，黄褐色砂岩质，不规则长方形，一端略厚，两面均保留有较好的磨面，微下凹，侧面为打制修整时的破裂面。残长9.6、宽6.4、厚4.9厘米（图一二四，6；图版七八，1）。H44：16，浅灰色砂岩质，为磨石的部分残块，呈不规则长方形，侧面的磨面较平直，正面磨面下凹，其他面为断裂面。残长17.7、宽11.6、厚5.4厘米（图一二四，7；彩版二四，6；图版七八，2）。JSK3：42，黄褐色砂岩质，不规则形，为磨石的部分残件，两面均有下凹的磨面，周边均为断裂面。残长10、宽6、厚4厘米（图一二四，4）。HG5：9，黄褐色砂岩质。整体呈不规则长方形，横断面呈正方体，体大厚重，周边保留有加工时的破裂痕，仅一面有较好的磨面，磨面因使用原因呈凹凸不平状。残长37、残宽24、厚23厘米（图一二四，3）。

B型　74件。一面或两面磨面平直。T2036③：1，浅灰色砂岩质，平面呈长方形，横断面近方形，一端较薄残断，一端较厚，一面及两侧面均保留有较好的磨面，磨面光滑。残长19.4、宽8.2、厚7.3厘米（图一二五，5；图版七八，3）。JSK2②：40，整体呈不规则方形，器形较大，较厚重，侧面均为破裂面，两面均有磨痕，磨面不甚平整，但光面细腻。残长25、残宽20、厚6.8厘米（图一二五，3；图版七八，4）。HG5：4，浅灰色细砂岩质，不规则形，一端残断，五面体，每面均保留有较好的磨面。残长21、宽16.5、厚9厘米（图一二五，1）。H41：5，浅灰色砂岩，整体呈梯形，横断面呈长方形，窄端部稍残，器形各面均磨得较好，器形规则。长6.2、宽4.4、厚2.2厘米（图一二五，2；图版七八，5）。JSK5：16，为磨石的局部残块，周边均为破裂痕迹，

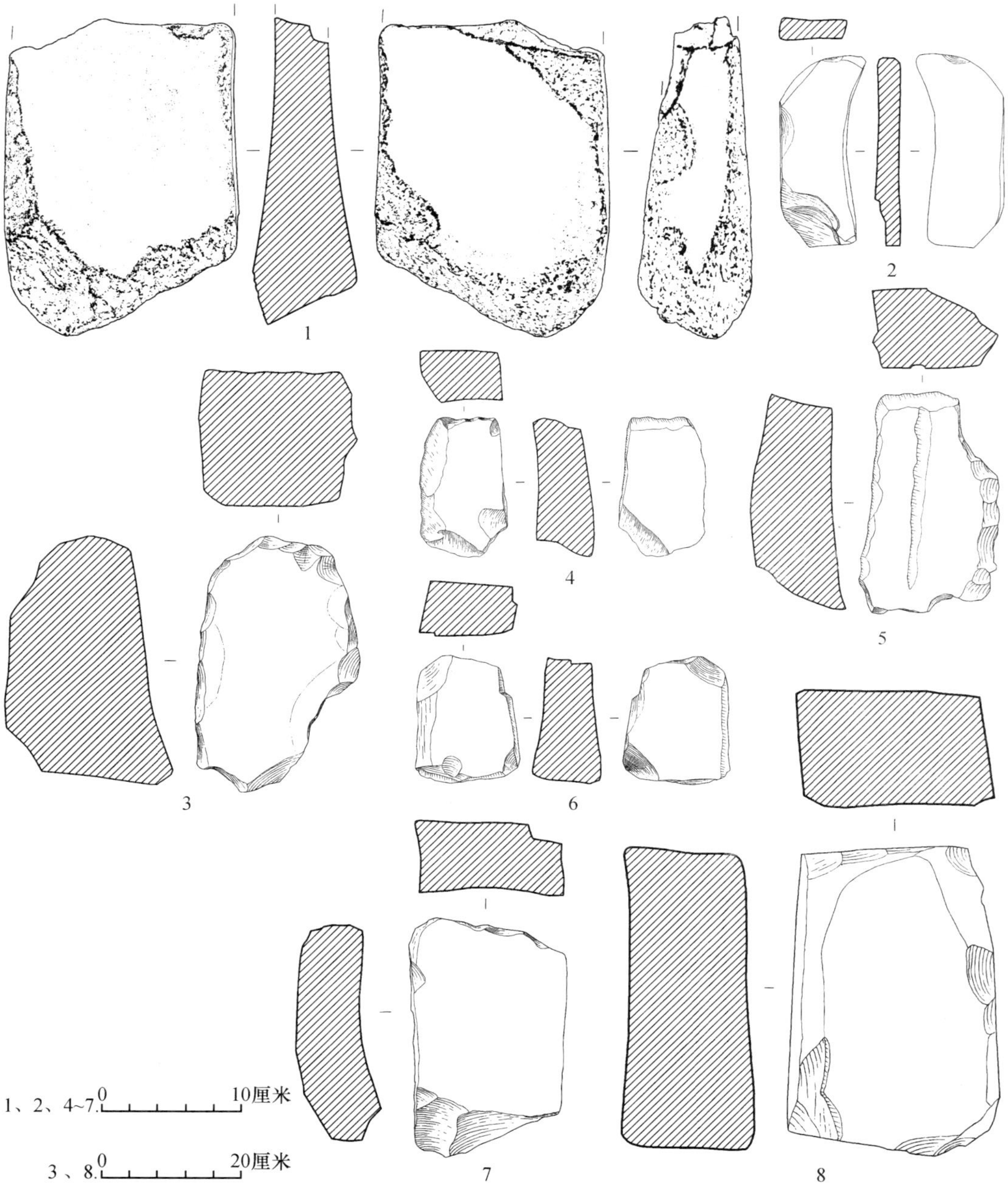

图一二四　A型磨石

1. JSG②：9　2. T2035④：3　3. HG5：9　4. JSK3：42　5. H44：12　6. H31：2　7. H44：16　8. T2042③：7

但两面的磨面平直，器形较厚。残长13、残宽10.1、厚6厘米（图一二五，4）。

C型　3件。磨面带有磨槽。T2042③：6，灰白色砂岩质，为磨石的局部残块，不规则形，一面加工较平，未经磨制，另一面磨制光滑，一端侧面保留有磨出的细长凹槽，其他侧面局部也经过磨制。残长9.7、宽9.5、厚3.4厘米（图一二五，6）。JSG③：29，黄褐色砂岩质，轻微风化，平面呈不规则长方形，横断面呈“心”形，仅有一面有磨痕，并形成一道纵向凹槽和一道斜向凹槽。长9.2、宽7厘米（图一二五，7；图版七八，6）。

石镞　32件。依据整体特征可分四型。

A型　23件。器身呈柳叶形体，横断面呈梯形，根据整体形状和铤部特征分为四式。

Ⅰ式：1件。长条柳叶形，有尖无铤。JSG③：24，体较长，平面呈“梭”形，横断面为梯形，两端尖部均较锋利，整体磨制较好。长8.35厘米（图一二六，1；图

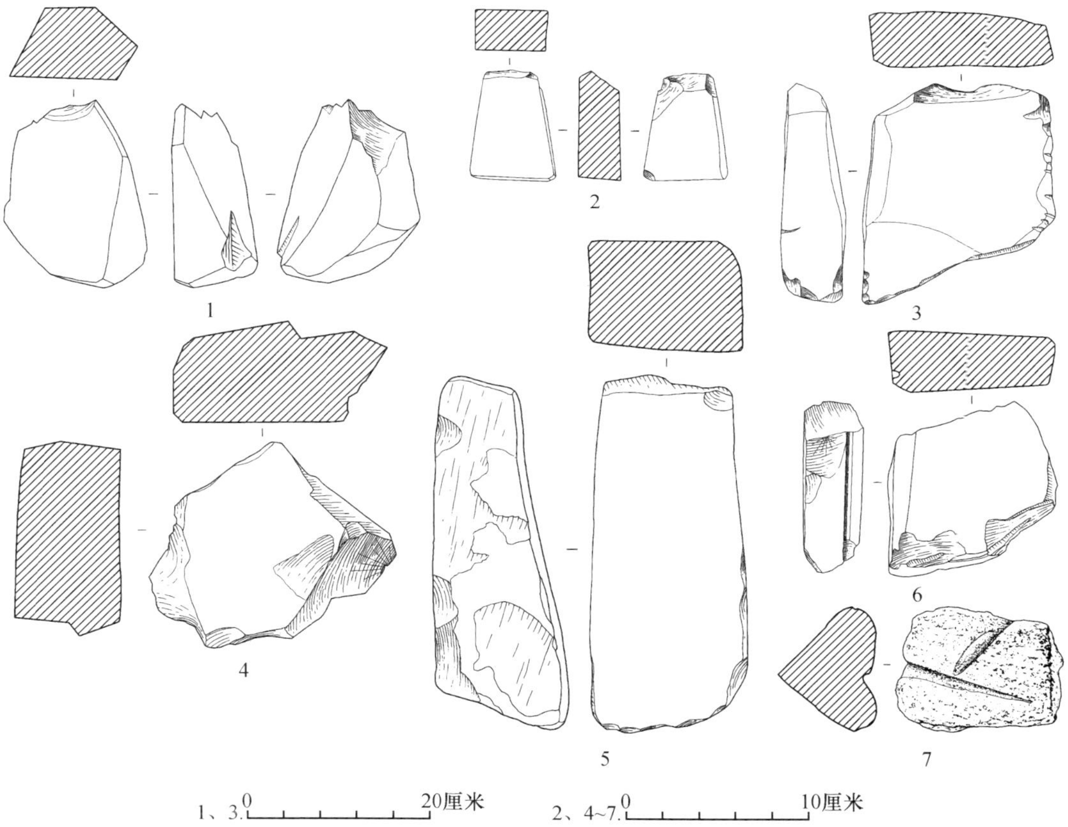

图一二五　B型、C型磨石

1～5. B型（HG5：4、H41：5、JSK2②：40、JSK5：16、T2036③：1）　6、7. C型（T2042③：6、JSG③：29）

版七九，1）。

Ⅱ式：18件。铤部略明显，横断面呈三角形或菱形。H44：11，灰色凝岩质，平面呈柳叶形，断面呈三角形，一面脊部凸出，另一面磨面平滑，两翼较直，尖部稍残。长7.3、宽1.7、厚0.7厘米（图一二六，3；图版七九，2）。JSG③：17，深灰色岩质。体形较长，两翼锋利，脊部明显，铤呈尖锥状，尖部稍残，整体磨制精细。长8.9厘米（图一二六，2；图版七九，3）。JSK7：23，浅灰色泥岩质，体形稍长，尖部残，脊部凸出，两翼平直较锋锐，铤部较短，呈圆锥状，整体磨制较精细。残长6.1、厚0.9厘米（图一二六，5）。T3004④：2，仅存下半部残段。横断面呈扁体菱形，两面脊部微凸出，两翼斜直，铤呈扁体锥状。残长3.8、宽1.9、厚0.7厘米（图一二六，7；图版七九，4）。T2026④：4，浅灰色凝岩质，尖部残，两面脊部凸出，两翼较钝拙，铤部残，体形修长。残长6、宽1.2、厚0.9厘米（图一二六，6）。T3011④：1，灰色凝岩质，仅存下半部残段。两面脊部微凸出，两翼较直，较锋锐，铤呈扁体锥状。残长8.4、宽1.9、厚0.7厘米（图一二六，8）。H44：10，黑灰色岩质，尖部锋锐，两翼圆弧，脊部凸出，铤较短，呈锥状，翼与铤之间没有明显的界线。长5.7、宽2、厚0.9厘米（图一二六，4；图版七九，5）。

Ⅲ式：2件。铤呈不规则圆形体。JSK7：28，灰色泥岩质，尖部残，脊部凸出，两翼均有残损状，铤部较短，横截面呈椭圆形。残长5.8、宽1.9、厚0.93厘米（图一二六，10；图版七九，6）。T3004③：4，尖部残，两脊凸出，两翼斜直，铤较长，呈圆形锥状。残长7、宽1.8、厚0.9厘米（图一二六，9）。

Ⅳ式：2件。铤与器身分界明显，呈圆锥形体。T2037③：2，灰褐色凝岩质，尖部残，两翼平直，两侧脊部凸出，铤较短，呈圆锥形。残长5.7、宽1.6、厚0.86厘米（图一二六，11；图版八〇，1）。T1004④：9，褐色凝岩质，一面脊部偏右，另一面脊部不明显，尖部稍残，两翼斜直，铤部残，呈扁体状。残长6.8、宽1.9、厚0.5厘米（图一二六，12）。

B型　2件。器身呈三棱形。JSG③：16，深灰色岩质，三面磨制较精，尖部残，镞身与铤部界线明显，铤呈圆锥形。残长5.8厘米（图一二六，13；图版八〇，2）。

C型　5件。器身呈圆柱体，铤部明显，依据铤部分为三式。

Ⅰ式：1件。HG1：4，灰色凝岩质，尖部残，铤部呈锥状，与器身分界线不甚明显，器形较小。残长3.7、直径1厘米（图一二六，15；图版八〇，3）。

Ⅱ式：2件。无脊。H44：23，灰色岩质，尖部较钝拙，铤部较短，呈扁体锥状，器表磨制较粗糙。长7、宽1.4、厚0.7厘米（图一二六，14；图版八〇，4）。

Ⅲ式：2件。尖部磨成三面体。JSK2②：27，青灰色岩质，器身为圆柱体，尖部磨成三棱形，铤部为圆形，铤端稍残，整体磨制精致。长6、直径1.1厘米（图一二六，

19；图版八〇，5）。H44：9，黑灰色凝岩质，整体呈圆柱形，铤部呈锥状，体形较小，制作精致。长3.2、直径0.8厘米（图一二六，16）。

D型　2件。器身呈不规则长条形。T2036③：2，黑灰色凝岩质，横断面呈圆角长方形，尖部残，无脊，无翼，铤部残。残长4.5、宽1、厚0.7厘米（图一二六，17）。

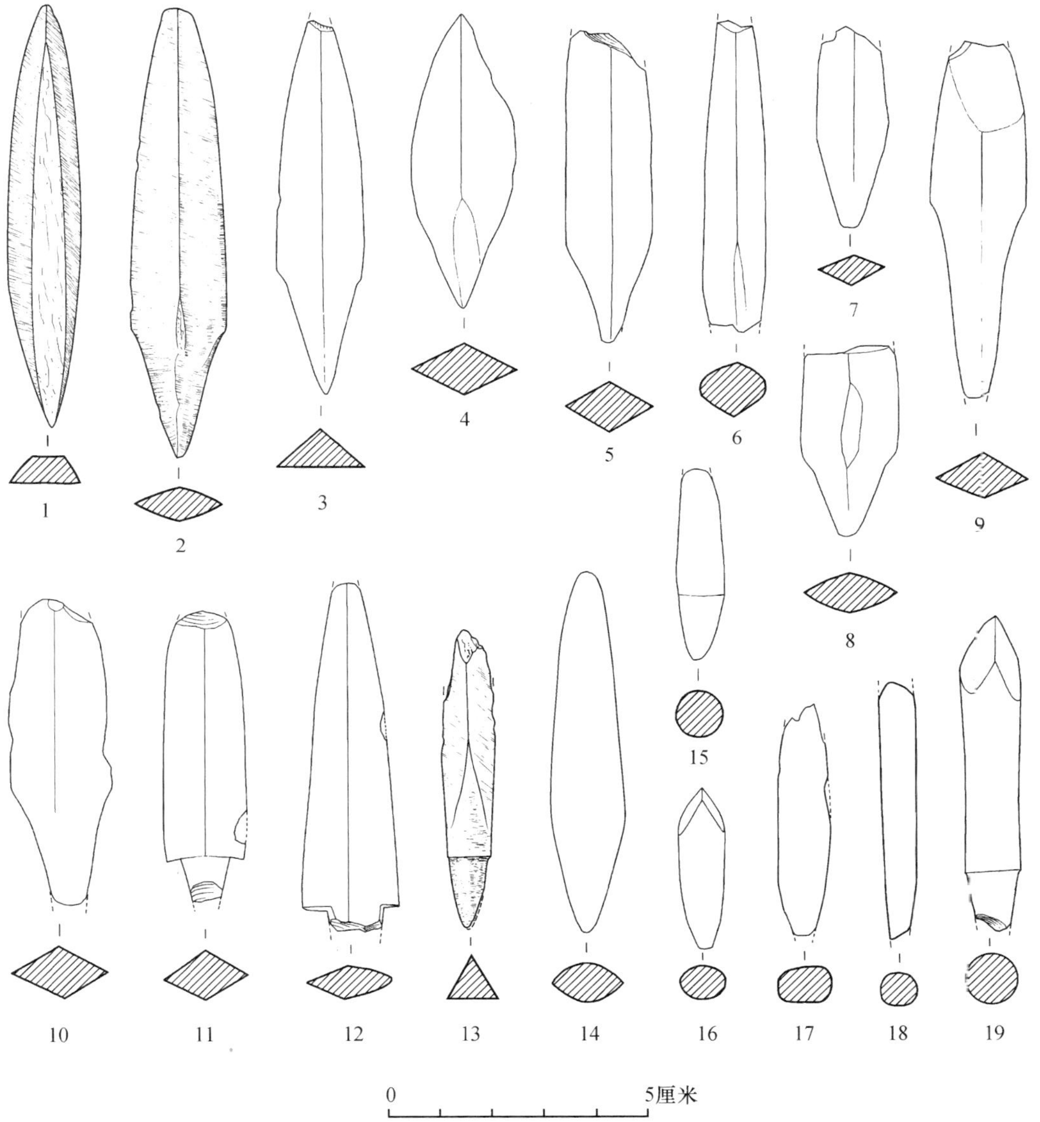

图一二六　石镞、骨笄

1. AⅠ式（JSG③：24）　2～8. AⅡ式（JSG③：17、H44：11、H44：10、JSK7：23、T2026④：4、T3004④：2、T3011④：1）　9、10. AⅢ式（T3004③：4、JSK7：28）　11、12. AⅣ式（T2037③：2、T1004④：9）　13. B型（JSG③：16）　14. CⅡ式（H44：23）　15. CⅠ式（HG1：4）　16、19. CⅢ式（H44：9、JSK2②：27）　17. D型（T2036③：2）　18. 骨笄（JSK2②：29）

第三节　石　　料

禹会村遗址中，由于遗迹单位的独立性和特殊性，在伴出的各种遗物中，都应具有一定的意义，石料作为一种特殊的遗物类别出土量较多，多在祭祀沟、祭祀坑、灰沟和灰坑中与陶器共存，少部分出土于地层，根据质料可分两大类。

（1）第一类：属于自然石块形，共计40件，其中又可分为三种石质，第一种为砂岩质（6件），第二种为石英岩质（19件），这两种的个体较小，第三种为“鲁山绿”（15件）石质，个体较大。第一种和第二种石料，在当地的涂山、荆山均有该类石质的存在。而第三种石料，被当地人称作“鲁山绿”，其形状多为自然石块，当地却不见该种石料的出处。

据资料显示，“鲁山绿”产自河南省中部的伏牛山东麓一带。据说，早年在蚌埠地区的仿古玉市场中，曾一度把“鲁山绿”列入了玉石的行列，从而加工较大件的玉石制品。在对出土石器作鉴定的同时，我们未曾发现蚌埠及附近地区有该石料的产地，同时，在加工成形的石器标本（如石斧、石镞）中，也未曾有用该石料加工的成品。故“鲁山绿”石料为何较多地出现在禹会村遗址中，目前尚不清楚。

（2）第二类：属于彩色石料，共计出土24件（彩版二五），其中，祭祀沟出土8件，祭祀坑2出土5件，祭祀坑7出土3件，灰沟4件，地层4件。多呈黄、红等颜色，但都有不同程度的风化现象，据中国科学技术大学金正耀教授测试和鉴定，可能是用作颜料的一种材料（详见第八章第十三节）。

第四节　骨　　器

骨笄　1件。JSK2②：29，利用动物肢骨经劈剖后磨制而成，圆形体，磨制较好，一端残。残长5、径0.7厘米（图一二六，18；图版八〇，6）。

第七章 综合研究

第一节 年代与分期

禹会村遗址的年代，我们曾做过多个^{14}C测定数据，同时也做了加速器测定，2006年秋季试掘时，在探沟1的最下层采集了木炭，随后，中国社会科学院考古研究所^{14}C实验室进行了测试。标本名称：木炭。实验室编号：ZK-3287，标本编号：2006ABYTG1④。^{14}C年代（半衰期5568）：距今3822年±40年（公元前1872年±前40年）。树轮校正年代：公元前2350年（68.2%）公元前2190年。同时，发掘期间，南京大学地理与海洋科学学院在现场采集标本，在西安用加速器测定为距今4380年±30年。之后，在历次的发掘中，我们又从多个遗迹单位和地层中采集标本进行测试（数据已发表在《考古》2013年第1期），数据见表一二。

表一二 禹会村遗址炭样^{14}C测年结果（2011-03-23）

序号	实验室编号	原编号	取样日期	备注	^{14}C年代（距今）	树轮校正年代 OxCal v3.9（公元前）
1	ZK-8132	1号袋T1104③	2007-6-2	底距白膏泥0.1米，3.35米×4.85米–（1.22～1.27米）	3872±18	2460（1.3%）2440 2410（20.8%）2370 2360（46.1%）2290
2	ZK-8134	3号袋T1105	2007-5-27	夯土上	3899±18	2460（44.5%）2400 2380（23.7%）2340
3	ZK-8135	4号袋T2001③H1上层	2007-6-2		3910±18	2460（46.8%）2400 2380（21.4%）2350
4	ZK-8136	5号袋T2001③H1下层	2007-6-2		3887±20	2460（63.6%）2330 2320（4.6%）2310
5	ZK-8137	6号袋T2003③	2007-6-2	07春ABYT2003③	3812±19	2290（34.2%）2245 2240（34.0%）2200
6	ZK-8138	7号袋T2004③160×34-77cm	2007-6-2	07春ABYT2003③	3880±18	2460（9.1%）2420 2410（59.1%）2300

应该说，遗址形成的时代要早于祭祀遗迹出现的时代，各种祭祀遗迹尚不属于该遗址中的最早遗存。

实际上，从禹会村遗址的出土器物来看，没有明显的时空差异，说明延续的时间较短，但根据遗址的地层叠压现象，可以把禹会村遗址的文化现象分为三段，以表明相对早晚的关系，即：

第一段：以Ⅱ区的第5层、Ⅲ区的第4层为代表，该层厚度一般在0.1～0.3米，地层中仅包含有小红烧土颗粒和少量的碎小陶片，不见完整器和相关遗迹，应为人类在较短期活动留下的遗存。Ⅰ区部位不存在该层堆积，说明当时的活动范围还没有分布到Ⅰ区。

第二段：以Ⅰ区的第4层、Ⅱ区的第4层、Ⅲ区的第3层和相关的遗迹为代表。开口于该层层面的主要遗迹有Ⅰ区的大型祭祀台基、祭祀沟；Ⅱ区不同类型的祭祀坑（JSK1～JSK8），Ⅱ区的简易式工棚建筑（F1～F3），部分灰坑（Ⅲ区的H4～H6、Ⅱ区的H53），Ⅱ区的隔离墙、取土坑、通道，Ⅲ区的F4等。该段的遗迹现象最为丰富，出土于相关遗迹单位的各类器物特征明显，无论该阶段延续出土多长时间，都表现出是禹会村遗址最繁盛的阶段。

该段的器物标本均出土于祭祀沟、祭祀坑和相关的地层内，陶器多呈土黄色，大型器物较多，具体现象表现在：

（1）大型器物又有薄胎陶和厚胎陶之分，薄胎陶多为泥质，厚胎陶多为夹砂，如JSG②：12、JSG②：31、H45：5和JSG：42、JSK3：37、T2026③：8等，虽同属于缸，却有泥质薄胎和夹砂厚胎的区别。

（2）中、小型器物虽然具有生活实用器的形制，但有相当一部分陶质酥松，不应为生活中的实用器。在历次发掘过程中，我们曾经认为低温陶是为祭祀活动而专门烧制的，为求证该现象，在整理期间，我们把各类不同器形、不同陶质、不同陶色、不同遗迹单位的陶片（包括高温陶和低温陶）选出标本，请中国科学技术大学利用热膨胀仪通过分析热膨胀曲线的收缩温度进行了测试，其中一部分器物的烧成温度在900℃左右，应该属于高温陶的范畴，而一部分器物的温度仅为550℃左右（详见第八章第九节），应该说，高温陶器是作为日常生活中的实用器，而低温陶器应是祭祀时的专用器，由此可以判断，低温陶是为祭祀活动而专门制作和烧制的。

（3）小型器物制作精细，胎壁薄，火候均较高，如黑陶高柄杯之类，虽然复原成型的标本不多，但破碎的类似于蛋壳陶类的碎片占有一定比例，这类器物虽不如其他龙山文化的蛋壳陶那么精致，但在禹会村遗址中应为陶器中的精品，具有礼器的性质。这类器物据微量元素组成的测试结果分析，可能不是本地生产的（详见第八章第十节）。

其中的大型陶盘、陶甓形器、豆、白陶鬶、长颈壶、大型器盖、假腹簋、高柄器盖等，是该段的主要器物组合。

第三段：以Ⅰ区的第3层、Ⅱ区的第3层和相关的遗迹为代表。Ⅲ区由于地层缺失，不存在该层堆积。该段的主要遗迹有Ⅱ区的H1～H3、H7～H52、HG1～HG5等，遗物也均出土于相关的遗迹单位和地层中。从Ⅰ区的探沟剖面来看，文化层厚0.2～0.35米。土质略硬，灰土中夹杂有灰白色土块，由于揭露面积小，在暴露的地层中，仅见有少量的红烧土颗粒和少量无法辨认器形的碎小陶片。而Ⅲ区由于上层堆积的被破坏，从文化阶段来说，该层堆积缺失。

实际上，第三段的遗迹和遗物主要是以Ⅱ区的灰坑、灰沟为代表，该段以鼎、盉、甗、深腹罐、带流罐、刻槽盆、豆、器盖等构成最基本的器物组合。

三个阶段在禹会村遗址的整个龙山文化中，均属于中期晚段或晚期早段。由于在第一阶段中的Ⅱ区⑤层和Ⅲ区④层仅存地层现象，第三阶段中的Ⅰ区③层仅存在地层现象，因此，缺少器物作系统比较分析的依据，主要从二段中的Ⅱ区、Ⅲ区和三段中的Ⅱ区相关遗迹和出土器物获得两个发展阶段的认识。

依据文化堆积的地层情况，可将禹会村遗址分为三个相对早晚的阶段。而遗迹和出土的器物，又主要集中于二、三段之间（表一三）。

表一三　禹会村遗址分期表

<table>
<tr><th>分段</th><th>所属区</th><th>属于层位</th><th>遗迹</th><th>备注</th></tr>
<tr><td rowspan="3">三段</td><td>Ⅲ区</td><td>地层缺失</td><td>无</td><td>文化层缺失</td></tr>
<tr><td>Ⅱ区</td><td>3</td><td>H1～H3、H7～H52、HG1～HG5</td><td>遗迹均开口于该层层面，保存完整</td></tr>
<tr><td>Ⅰ区</td><td>3</td><td>无</td><td>文化层较薄，地层中仅见小红烧土颗粒和碎小陶片</td></tr>
<tr><td rowspan="3">二段</td><td>Ⅲ区</td><td>3</td><td>H4～H6和F4</td><td>由于上层堆积受到破坏，相关迹象仅存底部</td></tr>
<tr><td>Ⅱ区</td><td>4</td><td rowspan="2">H53、祭祀坑1～祭祀坑8、F1～F3、圆圈1～圆圈4，隔离墙、取土坑、通道、祭祀台基、祭祀沟</td><td rowspan="2">遗迹均开口于该层层面，保存完整</td></tr>
<tr><td>Ⅰ区</td><td>4</td></tr>
<tr><td rowspan="3">一段</td><td>Ⅲ区</td><td>4</td><td>未发现遗迹现象</td><td rowspan="3">文化层较薄，地层中仅见小红烧土颗粒和碎小陶片</td></tr>
<tr><td>Ⅱ区</td><td>5</td><td>仅存较薄的文化层堆积，未发现相关的遗迹现象</td></tr>
<tr><td>Ⅰ区</td><td>无</td><td></td></tr>
</table>

从器物的类别、类型来看，尚看不出明显的发展演变现象，因此可以认为在禹会村遗址中不存在明显的时空跨度。但我们对二段和三段中复原成形的器物作了详细的排比，也发现存在细微的变化。

从整体陶器器形来看，二段以大、中型器为主，陶盘、陶壁形器、假腹簋为二段所仅有，二段的磨光黑陶高柄杯，虽然仅修复成形1件，但碎片较多，应该有更多的器形，该类器物在三段中未曾见到，同样，三段不见陶甓形器。大型陶缸、大型器盖二段多于三段，高柄器盖（D型）在二段中达16件，而三段仅有1件，但特征却看不出任何变化。三段中的器形以中、小型占多数，鬼脸式鼎（足）三段多于二段，扁体形板状足的鼎，二、三段均有，整体形制相同，但二段仅为板状足（JSK4：8），而三段出现在足面上又附加竖向鸡冠状堆纹装饰（H44：50、H44：51）。陶质酥松和器物变形现象，二段中所占比例较大，与生产活动相关的小型器物，如石斧、石锛、石钺、石镞、纺轮等，三段多于二段。在陶色方面，二段中的土黄色陶器明显多于三段，尤其在JSK5、JSK6中表现得尤为突出。而有些器物不存在可比性，如二段的陶甓形器、大型平底盘、壶等，在三段中不曾见到。但是，从两段器类型式的共存和均存在器物的造型欠规整、施加纹饰的方法均较随意、多数为不清晰状的特征，说明了两段之间关系十分密切。我们在同类器物中，从二段至三段作了一个粗略的排比，试图从中看出它们之间微弱的变化（图一二七）。

从Ⅱ、Ⅲ区的文化层堆积现象，可以使我们对禹会村遗址的延续过程得出如下结论：

一段时期：曾经有人在此居住，但时间不长，故留于地层中的堆积较薄。应该说，既然有人类活动，就应该遗留有相关的迹象和遗物，没有发现的原因，可能与遗址的破坏、民房的叠压以及揭露面积的局限有关。

二段时期：此时的人类活动，在一段的基础上有了进一步的发展，但活动的范围，比一段有所扩大，主要表现在Ⅰ区大型祭祀台基的实施方面。一段时，人类的活动范围还没有分布到Ⅰ区，发展到二段时，人们选择了Ⅰ区部位进行了有目的的祭祀活动，即通过对祭祀台基的选点、规划、设计、施工和组织相关的祭典内容而进行的大型盟约行为。在设计或规划祭祀台基的时候，则选择了当时生活活动区域以外的地点即Ⅰ区作为施工场所，一是表明了活动范围的扩大，二是表明对祭祀台基部位的选择。

在Ⅰ区进行隆重祭祀活动的同时，也在Ⅱ区（原生活活动的地点）同时进行了不同形式的祭祀活动。时间虽然不是太长，但规模很大，场面隆重，是禹会村遗址最活跃的时期。

三段时期：地层现象说明，在进行祭祀活动之后的一段时间内，禹会村遗址并没有就此消失，仍有人类在此生活，但活动的区域已经遍及Ⅰ区至Ⅲ区的广大范围内。由于Ⅰ区的面积小，发掘的部位有限，在祭祀台基面之上的地层中没有留下与生活相关的遗迹。Ⅱ区的地层仅有灰坑、灰沟之类与生活相关的遗存。Ⅲ区也仅保存有遗迹的底部，却没有发现与较长期生活有关的居住址和生活设施。该时段的高温陶明显比前段增多，这应是与日常生活有关的象征。没有发现居住址和与生活相关的设施，应该与Ⅰ段的原因相同。Ⅲ段之后，该地区可能出现突发事件，使禹会村遗址消失。

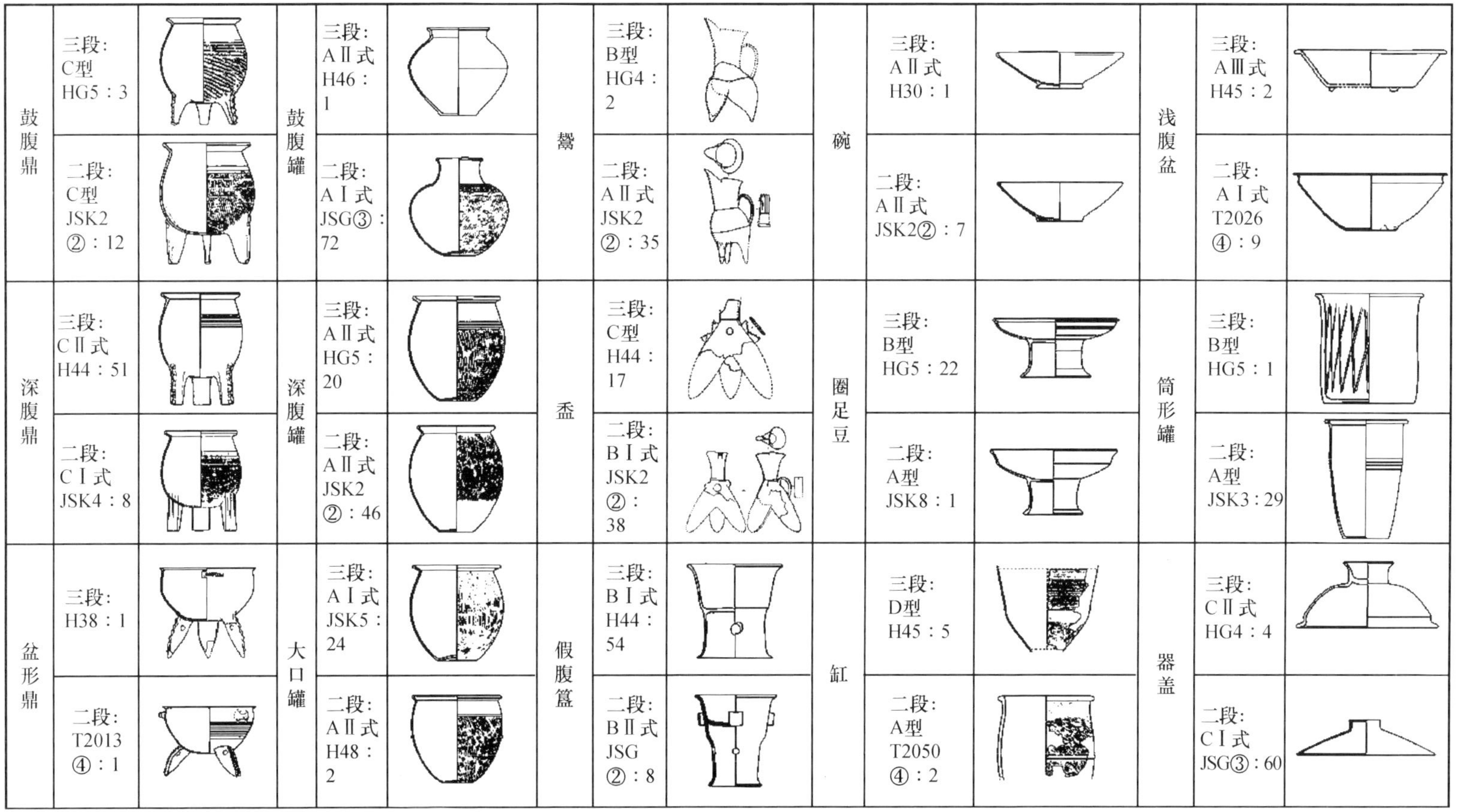

图一二七　二段、三段器物比较图

我们已经提到，禹会村遗址的陶器修复成形量，并不是陶器出土量的全部，还有很多陶器碎片，尽管能看出或可归于某种器形，但却无法修复，如磨光蛋壳陶残片、陶盉残片、假腹簋残片、多种类型的鬼脸式足、陶璧形器残片，等等，由于酥松或过于碎小，难以成形，这也是禹会村遗址陶器的特点。所以，对二段和三段陶器的演变，也只能提供一个参考性的认识。

第二节　与周边同类文化的关系

长江、黄河作为我国境内的两大河流，其流域都有发达的龙山时代文化遗址，但在两大流域之间的淮河流域是否也存在有发达的龙山文化呢，禹会村遗址的考古发掘提供了肯定的回答。淮河流域与黄河、长江流域一样，同样有着丰富的新石器时代文化。地理位置上，由于处在南北自然区划的交接地带，也是黄河流域与长江流域、东部沿海与西部腹地古代文化相互交流和碰撞的一个重要区域。

考古成果显示，禹会村遗址的文化特征，除具有自身的特点外，还融入了不同地区同期文化的诸多元素。从相关遗址的特色器形和常见器形看，禹会村资料显示，既有北方龙山文化时期的特点，又有南方同期文化的诸多因素。因此可以认为，淮河流域早在4000多年前，很可能就已经是北方文明和南方文明交汇碰撞的地方，正因为这一交汇碰撞，才产生了最为全面、精彩的龙山文化。

此前，在江、浙、沪等地发现的龙山时代或相当于龙山时代的陶器，普遍具有中原地区龙山文化陶器的特征，但黄河中下游的龙山文化是如何传播到长江下游的，一直是考古界悬而未决的问题。禹会村遗址出土的陶器带有明显的黄河中下游的龙山文化特征，从陶器的联系上使黄河中下游—淮河流域—长江下游的龙山文化形成关联，这一点证明了北方文化的扩张和南下，南方文化的扩张和北上，使淮河流域成为古代文明传播的一个重要路径。

禹会村遗址所表现的文化面貌，一是时代单纯，二是遗迹现象特殊，三是文化内涵较为复杂，既有黄河下游山东龙山文化的特点，又有中原地区河南龙山文化的因素，同时，与长江流域良渚文化和江汉平原地区的石家河文化也有着一定的联系，通过比较，我们已在上海松江广富林遗址、江苏兴化南荡遗址、江苏高邮周邶墩遗址、江苏南京牛头岗遗址、湖北肖家屋脊遗址和邓家湾遗址等看到，在一些典型器物的特征方面存在着相同或相近的文化因素。尽管上述遗址所在地域不同，但表现的文化现象却具有密切的联系。

一、与中原地区龙山文化的比较

中原泛指河南，龙山文化在中原的覆盖面积广、年代跨越大、文化内涵丰富。可以按照在河南省内的位置分成豫西、豫中、豫东、豫北、豫南多种类型，又主要分布在豫西、豫北和豫东一带。其中，王油坊遗址，代表了豫东地区龙山文化一个新的地方类型[①]。

王油坊类型的龙山文化主要分布在黄淮平原地区，在淮河以北的颍水、西淝水、涡水、浍水流域，属于龙山文化中发展势力较强的一个类型。在王油坊遗址中，尽管分为三层堆积，但三层文化特征表现为三个紧密相连的发展阶段，并与豫中、鲁西有着相同的文化系统。其代表性器物有大口罐、大器盖、深腹罐、扁体状侧三角足的鼎、长颈壶、子母口缸、子母口罐、甗、平底盆式鼎（鬼脸足）及盉等，代表了豫东龙山文化阶段一个地方文化特色，从近几年的考古资料看，这种文化现象往东已达安徽东北部，往南已到淮河流域及其以南地区。

20世纪末，我们曾在蒙城尉迟寺遗址的龙山文化遗物中发现了王油坊类型的文化因素，尤其是鼎（足）的造型特征，能明显地看出受到豫东龙山文化的影响。近几年的工作证实，这一类型中富有特征的扁体状侧三角足的鼎，在淮河流域及其以南地区较普遍地存在。就该类器物而言，在禹会村遗址和王油坊遗址中有较多的可比性。

在禹会村遗址中，扁体状的侧三角足鼎最为常见，除完整器形外，足部残陶器的出土量可达70%的比例。虽然数量众多，但有千篇一律的感觉，即均在足尖外侧施加一明显的按痕，也有的在足上部接近器身的地方施加两个或一个按窝，有的没有按窝，或在较窄的足面上加工出一道或两道竖向凹槽。足上部施按窝的现象，与王油坊中层器物的ⅠC式鼎（T24③C：10）相同，而足尖外侧施按痕的现象，又与王油坊遗址中层器物的Ⅱ式鼎（T24③C：15）相同，尽管在王油坊的考古报告中没有专门介绍按痕的情况，但实际上，两者属于同一种器物。另外，禹会村遗址中C型鼓腹鼎（HG5：3）圜底近平，三个足的足面饰有竖向齿状堆纹，与王油坊的中层器物Ⅲ式鼎（H38：11）属于相同的器形。

王油坊遗址龙山文化的典型器物深腹罐（上层H27：23、中层H38：17、H38：20）、与禹会村遗址的深腹罐（JSG②：5、JSK2②：46、JSK3：33）基本相同，禹会村遗址也有平底和凹底，所不同的是，王油坊有绳纹和方格纹，而禹会村遗址却不见方格纹。王油坊遗址的蘑菇状平顶空心钮大器盖（中层T24③C：14、H39：3），与禹会村遗址（JSG③：12、JSG③：14、T2039②：1）的同类器物相近。

① 中国社会科学院考古研究所河南二队，河南商丘地区文物管理委员会. 河南永城王油坊遗址发掘报告. 考古学报（第5集）. 北京：中国社会科学出版社，1987.

所不同的是，王油坊的盖壁呈折腹形，而禹会村的器盖为覆盆式。王油坊遗址中的长颈壶（上层T6②：2、T24③B：7）与禹会村遗址的JSG②：15、JSG③：1的长颈壶完全相同。王油坊遗址上层的高柄杯（H21：24），尽管器形较小，但具有禹会村遗址中假腹簋（JSG②：1）的基本造型。同时，王油坊中层的陶盉（T25⑤：3），口前部又捏制出管状流，与禹会村遗址的JSK2②：3和JSK5：1的盉相同。

禹会村遗址的甗（JSK2②：33），是由大口罐与三袋足鬲组成，整体器形有一种头重脚轻的感觉，这种器形与王油坊上层器物甗（H5：4、H5：17）的造型一致。

禹会村遗址出土的刻槽盆（H44：4），在郑州西郊的龙山文化遗址中曾出土过，而且刻在盆内壁的纹饰也呈叶脉形，形状完全相同。同时，河南告城北沟和新砦文化中均曾经出土过类似的器形。禹会村遗址的甑（JSK4：7），整体呈罐形，在底部又加饰箅孔，在河南告城王城岗三期中出土过类似的器形，看来，与河南龙山文化联系较为密切。但王油坊类型中的方格纹，在禹会村遗址中很少见到。

另外，王城岗龙山文化遗存[①]中的标本W5T0672H76：114，为一件A型甑，呈圈足外撇状，底部有三个菱形甑孔，与禹会遗址的B型甑，在整体造型和制法上基本一致。由此看出，禹会村遗址的文化特征，在一定程度上与豫东龙山文化类型有较大的可比性。

二、与黄河下游龙山文化的比较

黄河下游的龙山文化在山东地区有着广泛的分布，同时，又更大面积地辐射到了江苏北部和辽东半岛等地。龙山文化的特征非常明显，其中的朝天流陶鬶、磨光黑陶高柄杯等，是龙山文化中最具代表性的器物之一，特别是鬼脸式足的鼎，特征鲜明，给相邻地区以强烈影响。山东龙山文化与淮河流域有着密切的交往，禹会村遗址中的鬼脸足鼎等，就显示出了山东龙山文化的极大影响。应该说，这种特征的鼎（足），在山东龙山文化中具有广泛的分布特点，只是在制作这种器物的精致程度上，山东龙山文化更胜一筹。虽然鬼脸式足鼎在禹会村遗址中所占的比例不是最高，但“鬼脸”的形式极其丰富，大致可以看出有多种制作和表现手法（图一二八），几乎涵盖了黄河下游地区整个龙山文化鬼脸式鼎（足）的特点。

禹会村遗址的盆形鼎，是在平底盆的底部附加三个鸟喙形足，其足的特征是正面凸起，中间部位又附加竖向齿状堆纹，上端的堆纹两侧，各饰有圆形镂孔。足背面内凹，也应是鬼脸式鼎足的一种。盆形鼎在禹会村遗址尽管复原完整的器形较少，但出

① 北京大学考古文博学院，河南省文物考古研究所. 登封王城岗考古发现与研究（2002～2005）上. 郑州：大象出版社，2007.

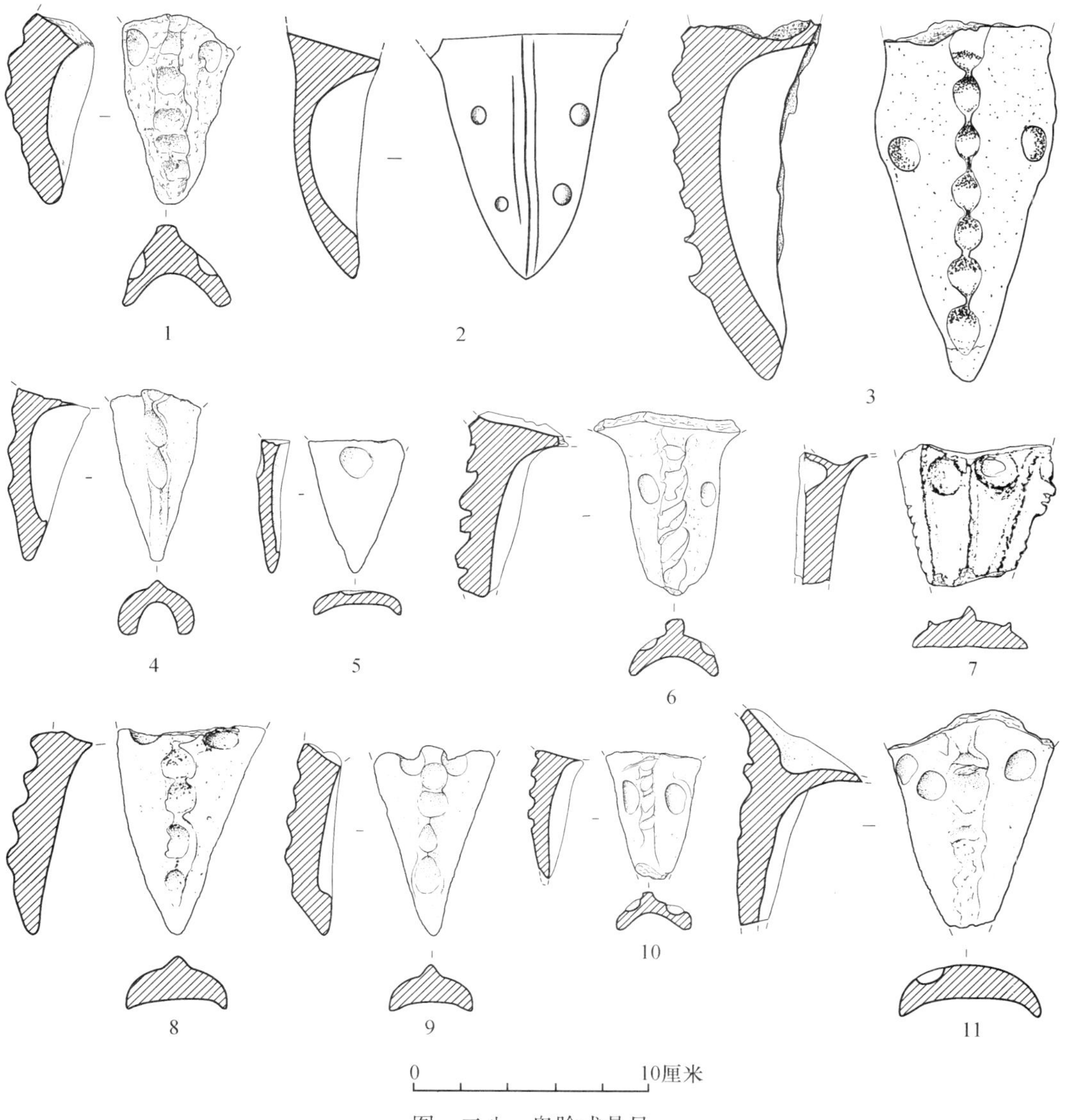

图一二八　鬼脸式鼎足

1、5、9. JSG④层出土　2. JSK8出土　3. T2026④层出土　4. T1203出土　6、10. JSG②层出土　7、8、11. JSG③层出土

土类似的平底至足部的残件较多，这种型式，与山东曲阜董大城遗址[①]H13：3出土的盆形鼎接近，同时，在兖州西吴寺遗址中[②]，从B型到D型鼎，均流行鸟喙形足，有的器身似平底罐状，有的似深腹盆或浅腹盆状，但下部的鸟喙形足完全一致，与禹会村

① 山东省文物考古研究所. 曲阜董大城遗址的发掘. 海岱考古（第二辑）. 北京：科学出版社，2007.

② 国家文物局考古领队培训班. 兖州西吴寺. 北京：文物出版社，1990.

遗址的鸟喙形足完全一致。山东枣庄二疏城遗址[①]H7：2、H19：21出土的鸟喙形足的鼎，枣庄建新遗址[②]中的B型鼎（H263：1），都具有相同的造型，山东兖州龙湾店遗址[③]中的B型、C型鼎，均为鸟喙形足，而在泗水尹家城遗址[④]中带有鸟喙形足的盆形鼎更为多见。应该说，龙山文化鸟喙形足的鼎，在山东地区有广泛的分布，其实，山东境内众多的龙山文化遗址都有鸟喙形足的鼎，仅从这一特征来看，禹会村遗址与山东龙山文化有诸多的可比性，说明禹会村的文化内涵与山东的同期文化有着密切的联系。

白陶鬶，是黄河中下游地区龙山文化中的典型器物，山东龙山的白陶鬶，从形制到烧制火候都达到了相当高的程度，就是说，该地区的白陶鬶在陶质方面具有相当大的密度和硬度，不愧是龙山文化陶器中的精品或具有礼器性质的器皿。而禹会村遗址的白陶鬶，除不失于山东龙山文化的基本造型外，陶胎中夹砂量大，陶质酥松，吸水性强。与山东龙山相比反差很大，这种同时代不同地区的同类器物，为什么具有如此大的反差，这应该从禹会村遗址的性质去思考。

三、与苏北滁河流域及环太湖地区龙山文化的比较

苏北地区也是龙山文化的主要分布区，早期阶段的典型器物有折沿、束颈、垂腹、圜底的罐形鼎，冲天流陶鬶，鬼脸式鼎足，足根部流行对捏装饰等，较多的具有山东龙山文化特征。而中期阶段新出现的器形又呈现出了河南龙山文化“王油坊”类型的因素或具有山东“岳石文化”风格。

南荡遗址，地处江淮之间里下河平原地带，是分布于江淮东部地区的与王油坊类型龙山文化相类似的文化遗存[⑤]。南荡遗址在发掘的2万平方米范围内，文化层的堆积情况不尽相同，有的地方没有文化层，有的地方文化层很薄，仅5～10厘米，有的地方稍厚，且有文化遗迹。出土的文化遗物主要为陶器，另有少量的石器和骨器。陶器以夹砂灰陶和泥质灰陶为多，其次为黑陶、灰褐陶，红陶的数量极少；陶器纹饰以绳纹为多，其次为弦纹、篮纹、方格纹，另有少量的网状纹、羽状纹、索形附加堆纹、刻划纹；陶器的器形有鼎、瓮、罐、壶、盆、豆、碗、盘、钵、杯、器盖等；此外，还有石锛、石凿、石刀、石镞和骨笄、骨管等。发掘者认为，南荡遗存与王油坊类型

① 中国社会科学院考古研究所，枣庄市博物馆. 枣庄市二疏城遗址发掘简报. 海岱考古（第四辑）. 北京：科学出版社，2011.

② 山东省文物考古研究所，枣庄市文化局. 枣庄建新. 北京：科学出版社，1996.

③ 济宁市博物馆. 山东兖州市龙湾店遗址的试掘. 考古，2005（8）.

④ 山东大学历史系考古教研室. 泗水尹家城. 北京：文物出版社，1990.

⑤ 南京博物院考古研究所，扬州博物馆，兴化博物馆. 江苏兴化戴家舍南荡遗址. 文物，1995（4）.

晚期文化遗存相一致，因此认为南荡遗址的文化遗存来源于王油坊类型的龙山文化，揭示出王油坊类型龙山文化迁徙的轨迹，代表了一种跨地域式的文化迁徙模式。并认为南荡文化遗存在江淮地区无渊源可寻，显然不是当地土生土长的文化，而是王油坊类型龙山文化在迁徙过程中的文化遗留。但是，南荡遗存中有些器物还表现出比王油坊类型更晚的文化特征，其年代上限不会超过公元前2200年，下限不会晚于公元前2000年。因此，南荡和王油坊之间的有机联系和嬗承关系是十分明显的。从文化遗物的特征看，如鼎为罐形，三角形侧扁足，足跟捏有花边，足侧有竖向刻划，腹部多饰绳纹；方唇，折沿，有的有领，甑部为深腹盆形，束腰，下为筒形大袋足，下接实足尖，甑部饰绳纹或划断绳纹；瓮直口，高领，鼓肩，斜弧腹，底部内凹，领以下饰绳纹，有的腹部还有索状附加堆纹等。南荡遗址的完整器形并不多，但与禹会村遗址最接近的文化表现，即是扁体形侧三角足的鼎（南荡图一四），尤其是在足尖外侧施加按痕的现象，两者表现得相当密切，只是禹会村的按痕力度比南荡大。同时，两者共存平底鼎。

地处江淮东部的周邶墩遗址[①]，作为南北文化的走廊，却呈现出了特殊的文化现象。尽管在周邶墩的资料报道中不承认第一类型和第二类型有直接的传承关系，但在两个类型的遗存中出现的A型鼎，尤其在带按窝的三角形侧扁足的特征上与禹会村遗址雷同。

牛头岗遗址是江淮地区滁河流域一处富有代表性的古文化遗址，位于南京市江浦县，出土了新石器时代晚期的夹砂灰黑陶和泥质黑皮陶鼎、甗、盘、高足杯等。在出土器物中，有制作精美的可与举世闻名的山东龙山文化黑陶相媲美的泥质磨光黑陶器物，早期堆积中的器物具有明显的特征，如折肩、束颈、垂腹、圜底的罐形鼎和附冲天流的陶鬶，尤其在鼎类器方面表现得更为明显，如鱼鳍形足、断面呈“十”字形足、凿形足、“鬼脸”形足等，特别是在足根处流行对捏的制作方法，表现出了典型的器物特征[②]，也可以说，牛头岗遗址的发掘客观地揭示了江淮之间滁河流域地方文化的特点。与禹会村遗址的共同点在于：两者共存有夹砂灰黑陶和泥质黑皮陶，同时也广泛存在足尖外侧施按痕的特点，可以看出，这种文化现象在豫东、苏北和黄河流域得到了广泛的传承。

广富林遗址，是环太湖地区一个新的文化类型[③]，根据早晚两段文化的特点，如垂

---

① 南京博物院考古研究所，扬州博物馆，高邮文管会. 江苏高邮周邶墩遗址发掘报告. 考古学报，1997（4）.

② 华国荣，王光明. 南京牛头岗遗址考古发掘的主要收获. 南京历史文化新探. 南京：江苏人民出版社，2006：4.

③ 上海市文物管理委员会. 上海广富林遗址考古发掘及收获，2006.

腹鼎（足尖饰按窝）、鼓腹罐、垂腹罐、钵形釜等，既能看出与禹会村遗址的相似，又能看出与良渚文化有着一定的联系，尤其是鼎的器形和特点与禹会村雷同，只是足尖外侧的按窝较浅，显然施按的力度不如禹会村大，这一点，广富林、南荡、牛头岗之间具有特点，而个别的平底鼎又与禹会村是相同的。学者认为，本地的文化因素较少，主体特征主要是来自黄河流域的外来文化，同时，南方文化对其也有着重要的影响。广富林遗址在早期阶段以夹砂陶为主，占到55%，泥质陶占37%，另外还有5%的印纹陶。以素面为主，另有划纹、弦纹、方格纹、绳纹、篮纹等。晚期阶段略有变化，新出现复线网格纹、云雷纹等。广富林出土的鼎，大多数为圜底，个别有平底，其三足的足尖多有按痕，但不甚明显，也是在施加按痕的力度上没有禹会村的力度大。根据广富林的分期，早期阶段的鼎，其三足外撇，近圜底，晚期阶段的鼎，三足近直，底近平，与禹会村出土的鼎雷同。

广富林遗存的发现，为探讨长江流域和黄河流域两大文明发源地的交汇提供了十分珍贵的新材料。主持发掘的宋建先生据此认为，“广富林遗存”的文化侵入和来自南方的以几何印纹陶为特征的文化一起加速了已经处在衰败最后阶段的良渚文化的灭亡[①]。广富林遗存在环太湖地区的出现，不仅仅是单纯的文化渗透，而是较大规模的人口从北方侵入的结果，即在良渚文化的末期，长江三角洲一带曾有大规模的人口从北方侵入，这些新人群所带来的新文化取代了良渚文化，造成了新石器时代晚期长江三角洲社会和文化的重大震荡和变迁。从初步对广富林遗存的认识到新资料的进一步补充，更加确认了广富林文化除来自于黄河、淮河流域的文化以王油坊类型为主干外，同时也有龙山时代其他地域的文化因素[②]。从目前的资料看，广富林遗存在环太湖地区还找不到其渊源关系，可能是一种外来的移民文化，而其发源地也可能是分布于鲁豫皖之间的龙山文化。应该说，广富林遗址所取得的成果，不仅在良渚文化遗存之上发现了来自鲁豫皖地区的龙山文化遗存，也为环太湖地区的文化变迁等课题研究提供了新的资料。同时，广富林文化现象在江苏宜兴地区也有所发现，江苏宜兴骆驼墩遗址[③]，在北区的②b层中，曾出土有广富林文化的罐形鼎，尤其在鼎足的特征方面，呈宽扁状三角形，三足外撇，足尖外侧饰有按痕（T5036②b：6）。看来，这种特征的文化，随着考古资料的不断增多，也会发现有更大空间的分布。

① 宋建，中国东部地区在文明化进程中的地位. 东方考古（1）. 北京：科学出版社，2004.
② 宋建，环太湖地区新石器时代末期考古学研究的新进展. 南方文物，2006，（4）.
③ 南京博物院，宜兴市文物管理委员会. 江苏宜兴骆驼墩遗址发掘报告. 东南文化，2009，（5）.

四、与江汉平原石家河文化的比较

在石家河文化中，邓家湾遗址中[1]，属于屈家岭文化的甑（H89：1），与禹会村遗址的（JSG②：17）甑，其造型均像大口圈足罐，又在底部做出箅孔，形制非常接近。同时，在肖家屋脊遗址中出土属于石家河文化早期阶段的AⅠ式甑（H555：1）和AⅡ式甑（H434②：67），与禹会村遗址的B型甑（JSK4：7）均属于圈足大口罐的造型，而在底部又加工出三个或四个半圆形镂孔。

红陶盉，器形别致，造型具有一定的美感，应该属于礼器类的特殊器皿，该器物表现的一是制作程序复杂，二是陶胎薄，不易于生活中使用，这种器物出现在以祭祀为主的禹会村遗址中是可以理解的。而在江汉平原地区的石家河文化中的邓家湾遗址、肖家屋脊遗址中，其相同器物（称异形鬶），极为相近。在属于石家河文化的遗物中，陶鬶出土有20余件，并可分为Ⅰ式长颈捏流（H30：3）和Ⅱ式长颈管状流（H21：13）。邓家湾遗址的Ⅰ式鬶与禹会村遗址的AⅠ式盉（JSK5：1、H44：41、T2025③：11），AⅡ式盉（H44：39、H44：38、H44：40），其造型特点，酷似出于一人之手。

同时，在同类文化的肖家屋脊遗址中[2]，AⅠ式鬶（H450：47、H434②：34）、AⅡ式鬶（AT204④：8、H427：8），都具有长颈，口、流分开的特征，与禹会村遗址的AⅠ式盉（JSK5：1、H44：41）造型完全一致，如同出自一人之手。同时，在石家河文化中，从屈家岭文化到石家河文化，均流行凹底罐，这在石家河文化的遗址群中都有普遍的发现，然而，禹会村遗址中罐形器，几乎全部为凹底，器物的造型也非常一致，看来，这种相似或相同之处，不是偶然的巧合，必定存在着内在的因素，说明禹会村遗址在文化内涵方面与江汉平原有着密切的关系，同样，两遗址中的板状器足具有相似的地方。但是，肖家屋脊遗址中的方格纹，陶臼，陶擂钵，扁腹罐等，不见禹会村遗址，应该说，与石家河文化的关系，相同或相似的地方占有一定的比例，同样，也不排除主要器形的差异。

五、与长江流域良渚文化、屈家岭文化的比较

禹会村遗址的侧三角鼎足和足尖外侧施按痕的特点，在钱山漾遗址中也能找到相同的因素，钱山漾遗址第三次发掘的M1中，随葬的A型扁侧足鼎与禹会村和南荡的较

① 湖北省文物考古研究所，北京大学考古学系，湖北省荆州博物馆，石家河考古队. 邓家湾（天门石家河考古报告之二）. 北京：文物出版社，2003.

② 湖北省荆州博物馆，湖北省文物考古研究所，北京大学考古学系，石家河考古队. 肖家屋脊（天门石家河考古报告之一）. 北京：文物出版社，1999.

为接近[①]。钱山漾类型遗存的文化面貌，具有强烈的时代特征和鲜明的文化个性，是太湖地区介于良渚文化和马桥文化之间的一支过渡性考古学文化，而诸多的文化因素又与豫东、鲁西南和皖西北的王油坊类型龙山文化接近，有的学者认为，钱山漾类型的文化因素，在某些方面接受了大量主要以北方龙山文化为主的外来文化因素，而其中龙山文化因素的形成，可能是受到了王油坊类型龙山文化强烈影响的结果[②]。

另外，禹会村遗址的文化内涵，同样在良渚文化中能找到相同点。在良渚文化的卞家山遗址中，陶鬶的特征为大袋足，把手连接足、身间，与禹会村的同类器物较为接近，看来，禹会村的文化面貌与良渚文化也有一定的联系。

禹会村的考古资料说明，在新石器时代晚期，北方地区的山东龙山文化、河南龙山文化的南下和南方地区崧泽文化、良渚文化的北上，在江淮地区的地理分布上形成了交融，从而出现了复杂的文化现象，众多的考古资料也显示了文化的融合和互动，是促进文明起源的因素之一。

六、禹会村遗址的自身特点

由于禹会村遗址的地理位置特殊，文化内涵复杂，在融入了相关地区同类文化因素的同时，也具有自身的文化特点，主要表现在以下几个方面。

（1）器形单调，低温陶多。从器形的大小看，多数符合生活类用具，但像山东等地具有高档精致的礼器不多，而陶质酥松的低温陶占有一定的比例，测试陶器的烧成温度为550～903℃。我们有理由认为，900℃以上的陶器作为生活类器具可以理解，但500℃的陶器，是难以作为生活用具使用的。一个遗址中，如果一件或极少量的低温陶可以认为属于个别和特殊现象，如果有一批低温陶充实在大量的器物中，应该有着内在的意义，因此，从遗址的性质去思考这批低温陶是专为祭祀而烧制的，应该是一种最好的解释，这是龙山文化中前无仅有的现象。

（2）部分器物严重变形，或出现器形不对称现象，陶器的纹饰简单，多模糊不清或呈不规则形，以不清晰的凹弦纹、绳纹为主或在绳纹和篮纹之上又加饰弦纹，少见方格纹。可以看出低温陶器、变形陶器在制作和施加纹饰方面具有一定的随意性。从整体情况看，祭祀沟内的低温陶占的比例要高于其他遗迹单位，很显然，在祭祀台基区域使用的陶器以低温陶为主。而在其他区域则高温陶和低温陶均有。

（3）出土的遗迹无不与祭祀活动有关。在器物群中，如占有一定比例的低温陶、独特造型的假腹簋、大型陶盘、陶甓形器等应该与祭祀有一定的关系。

---

① 浙江省文物考古研究所，湖州市博物馆. 湖州钱山漾遗址第三次发掘，2005.

② 丁品. 浙江湖州钱山漾遗址第三次发掘带来的新思考. 南方文物，2006，（4）.

（4）简易式的住房，显示了短期的居住行为。

（5）复杂的文化内涵，说明了来自于不同区域的人群在此所形成的。

禹会村遗址中，有多种器物造型在其他地区的同类遗址中是不曾见到的，主要有以下几种。

假腹簋。完全不属于生活中的实用器，但又是禹会村遗址具有代表性的器物之一，这种造型，在其他同类遗址中尚未曾见过。器物的造型看似规整，但不符合生活的实用功能，应是作为一种祭器的器具。

高柄器盖。集中出土于祭祀坑JSK5中（14件），少部分出土于祭祀坑JSK2（2件）和灰坑H44（1件）中，其造型均为长柄，上端较粗为空心，下端较细为实心，器柄不规整，盖壁呈斜弧状，器形纯属手制而成，而且多数有变形现象，从陶质、陶色、器形特点、制作方法和大小来看，显示了极大的一致性和制作时的随意性。究竟是什么原因使得这种器物的大量使用，又集中埋藏于个别遗迹单位中，也值得作进一步的研究。

陶盘。是禹会村遗址特有的器物，尽管修复成形的不是当时拥有量的全部，但这类器物都具有器形大、平底、腹浅的特点，有的为素面，有的在内壁底部又加工出一组或两组同心圆装饰，这种罕见的器物，是一种制陶工具？还是另有其专门用途，有待于研究。

陶璧形器。数量多，现修复成形的也不是当时拥有量的全部。尽管大小稍有区别，但造型基本一致，并以陶质酥松的黑陶和夹炭陶为主，器形虽不规整，但形状固定，是一种完全不符合生活实用器的器物，因集中出土于祭祀沟内，应该也是祭祀活动中具有密切联系的器具。

玉器是古代人们崇拜的神物之一，也是祭祀活动中不可缺少的物品，文献记载中的“执玉帛者万国”，烘托出了玉在祭祀活动中的分量，然而，禹会村遗址中没有发现玉的踪迹，这是一种奇怪的现象，原因不外乎有三点，一是事后人们将玉带走了。二是在50万平方米的遗址范围内，被破坏得严重，揭露的面积有限。三是当时根本就没有玉。而祭祀沟内出土的陶璧形器，是否可以作为具有灵性、可以通神的玉璧的代替品呢？也是值得作进一步研究的问题。

盉，是禹会村遗址中的代表性器物，尽管有短颈、长颈和捏流、管状流之分，但整体器形较一致。陶胎薄，造型别致，制作工序复杂，具有一定的美感，却属于低温陶的系列，也是很难作为生活实用器的品种，应是作为祭祀用具或充当礼器的性质。

从严格的意义上讲，禹会村遗址没有真正的蛋壳陶器，出土的黑陶高柄杯、壶、盉等看似高档的器形均占有一定的比例，陶胎虽然很薄，但与黄河下游龙山文化相比，只能算是薄胎陶，制作技术和烧成温度都还有一定的差距。尽管如此，作为礼器和生活用具的同时出现，也表明了当时在制陶方面所具有的显赫技术和实用技术。

磨光蛋壳黑陶问题。应该说，作为龙山文化的遗址，在中原地区或黄河中下游，都有极品的蛋壳黑陶器，而作为龙山文化晚期的禹会村遗址，却不见此现象。一是表现了蛋壳黑陶的数量少，二是表现了从制作到烧制的质量低，从仅有的几件器形来看，均达不到“黑如漆、薄如纸、硬如瓷、亮如镜”的特点。这也是需要我们从遗址的性质去思考的问题。因此，我们不能不认可禹会村遗址的文化现象，形成了龙山文化中一个新的地方类型——禹会村类型。

有别于同类遗址的现象有：

磨石的问题。目前为止，在淮河流域新石器时代遗址中，禹会村遗址是磨石出土数量最多的遗址，共计133件，达到了出土量惊人的程度。尽管磨石的形状不一，大小有别，但磨石的选材又基本一致。作为一处祭祀遗址，有大量的磨石出现，必定有其一定的意义。

禹会村陶器表现的特征，除了文化发展传播的因素外，可能与“禹会诸侯”事件有关，是在这个事件过程中，来自中原地区、黄河下游和长江流域的龙山文化时代的人群，为了祭祀活动的需要在当地临时制作的。主要理由有三点：①大部分器形质地酥松，不具备生活实用功能。②所发现的器物，形制比较大，也不便于携带而来。③龙山文化时期，陶器在中国历史的发展史上已经达到了顶峰，从形制、种类到烧制火候，都达到了最好。而禹会村所表现的龙山文化却恰恰不符合龙山文化的特点，这批陶器正是为了祭祀的需要而专门制作使用的，使用后便随地丢弃。从祭祀台基旁边的祭祀沟中清理的现象就得到了充分证实。

所以，我们在探索江淮地区文明起源的进程以及后来如何汇聚、如何加速王朝国家的形成过程，禹会村遗址的考古发掘就自然的显示出了很重要的意义。因为大禹与涂山紧密相连，涂山又与禹王会诸侯存在着内在的联系，禹会村遗址的考古资料已经提供了重要迹象，如果能够把它的面貌比较完整地揭露出来，对于研究中华文明起源是非常重要的材料。同时，遗址中存在的大型的人类堆筑遗迹，对考证“大禹治水”和“禹会诸侯”的历史，进而对研究中国古代文明在江淮地区的起源和发展，都有着极其重要的学术价值。

过去考古界认为，尧、舜、禹时期淮河流域文明相对落后，但近十几年的考古发现推翻了这一观点。从8000多年前的贾湖遗址、7000年前的双墩遗址、5000年前的尉迟寺遗址到4000年前后的禹会村遗址，等等，可以看出在中国文明的形成时期，淮河流域曾出现过比较发达的文化。禹会村遗址作为“探源工程”第二阶段在淮河流域唯一选点和重点遗址，对“探源工程”第二阶段的研究将起到重要的支撑作用。

禹会村遗址中出土的具有文化、时代和地区特征的遗迹现象和器物组合，在相关的文化中表现得非常突出，这不能不说是中国古代文明起源与早期发展的模式、道路和动力。

第八章　自然科学的测试和研究

第一节　禹会村遗址距今4500～4000年龙山文化的环境考古*

张广胜[1, 2]　朱　诚[1]　王吉怀[3]　朱光耀[4]　马春梅[1]　郑朝贵[5]
赵兰会[6]　李中轩[1]　朱　青[1]　金爱春[7]

（1. 南京大学地理与海洋科学学院　2. 皖西学院资源环境与旅游管理学院　3. 中国社会科学院考古研究所　4. 安徽省蚌埠学院人文与社会科学部　5. 滁州学院国土信息工程系　6. 蚌埠市博物馆　7. 南京师范大学地理科学学院）

环境考古（Environmental archaeology）始终关注着自然环境变化对人类活动的影响和人类活动对周围环境的改造作用，也越来越重视不同区域的古环境与古代人类文明发展的关系研究①。随着环境科学的发展和考古学研究的深入，环境考古已经在理论和方法上更加成熟，并取得了大量的研究成果②。大量典型考古遗址的发现和发掘成

* 基金项目：国家科技支撑计划项目（2006BAK21B02）；教育部高等学校博士点基金项目（20050284011）；皖西学院人文地理学重点学科基金；国家自然科学基金项目（40701190）和高等学校博士学科点新教师专项科研基金（20070284067）资助.

① 朱诚，张强，张芸，等. 长江三角洲长江以北地区全新世以来人地关系的环境考古研究. 地理科学，2003，23（6）：705-712；莫多闻，王辉，李水城. 华北不同地区全新世环境演变对古文化发展的影响. 第四纪研究，2003，23（2）：200-210；安成邦，冯兆东，唐领余. 甘肃中部4000年前环境变化及古文化变迁. 地理学报，2003，58（5）：743-748.

② 吴文祥，刘东生.4000aBP前后东亚季风变迁与中原周围地区新石器文化的衰落. 第四纪研究，2004，24（3）：278-284；靳桂云，刘东生.华北北部中全新世降温气候事件与古文化变迁. 科学通报，2001，46（20）：1725-1730；朱诚，郑朝贵，马春梅，等. 对长江三角洲和宁绍平原一万年来高海面问题的新认识. 科学通报，2003，48（23）：2428-2438；高华中，朱诚，曹光杰.山东沂沭河流域2000BC前后古文化兴衰的环境考古.地理学报，2006，61（3）：255-261.

果，为环境考古研究奠定了基础①。选择典型的考古遗址剖面，进行环境代用指标的分析，恢复和重建区域自然环境的演化序列和人类活动的信息，探讨二者之间的耦合关系，揭示人类活动对区域环境变化的响应②，这是环境考古研究的根本出发点，也是正在开展的“中华文明探源工程”中文明化进程研究的重要环节。

淮河流域具有重要的区域地理环境地位，也是历史上洪涝灾害比较严重的流域之一。淮河流域古代文明的发展对整个中华文明进程具有重要的贡献，很多学者对淮河文化发展的脉络和迁徙演化，特别是对淮河流域龙山文化兴衰环境背景，开展了大量的研究工作③。从环境考古学角度用自然科学的方法对历史神话和传说进行环境背景的考证研究，国内外有了很多成功的典范④，这也是环境考古学多学科发展融合进行科学问题研究的趋势。我国龙山文化晚期“大禹治水”的传说被各种历史资料广为记载，一直受考古学、历史学、地理学和文学等学科的广泛关注⑤，学者们普遍将“大禹治水”的成功归功于科学的治水方法和策略。但近几年来，从历史地理和古环境角度的研究，有学者认为龙山文化晚期“大禹治水”的成功是区域环境向着干旱演变的结

---

① 张强，朱诚，姜逢清，等. 重庆巫山张家湾遗址2000年来的环境考古. 地理学报，2001，56（3）：353-362；马春梅，朱诚，朱光耀，等. 安徽蒙城尉迟寺遗址地层的磁化率与元素地球化学记录研究. 地层学杂志，2006，30（2）：124-130；姜钦华，宋豫秦，李亚东，等. 河南驻马店杨庄遗址龙山时代环境考古. 考古与文物，1998，（2）：34-40；孙雄伟，夏正楷. 河南洛阳寺河南剖面中全新世以来的孢粉分析及环境变化. 北京大学学报（自然科学版），2005，41（2）：289-294.

② 张玉兰，张敏斌，宋建，等. 从广富林遗址中的植硅体组合特征看先民农耕发展. 科学通报，2003，48（1）：96-99；朱诚，宋建，尤坤元，等. 上海马桥遗址文化断层成因研究. 科学通报，1996，41（2）：148-152；夏正楷，陈福友，陈戈，等. 我国北方泥河湾盆地新—旧石器文化过渡的环境背景. 中国科学（D辑），2001，31（5）：393-400；吴文祥，刘东生. 4000aB.P. 前后降温事件与中华文明的诞生. 第四纪研究. 2001， 21（5）： 443-451；章典， 詹志勇，林初升，等. 气候变化与中国的战争、社会动乱和朝代变迁. 科学通报， 2004，49（23）： 2467- 2474.

③ 马春梅，朱诚，朱光耀，等. 安徽蒙城尉迟寺遗址地层的磁化率与元素地球化学记录研究. 地层学杂志，2006，30（2）：124-130；黄润，朱诚，郑朝贵. 安徽淮河流域全新世环境演变对新石器遗址分布的影响. 地理学报，2005，60（9）：742-750；杨育彬，孙广清. 淮河流域古文化与中华文明. 东岳论丛， 2006， 27（2）： 49-53.

④ 章典， 詹志勇，林初升，等. 气候变化与中国的战争、社会动乱和朝代变迁. 科学通报，2004，49（23）： 2467- 2474；Dalfes N, Kukla G, Weiss H et al. Third Millennium B. C. Climate Change and Old World Collapse. NATO ASI Series 1-49. Berlin： Springer, Verlag, 1997. 1-723; Hong Y T, Hong B, Lin Q H et al. Correlation between Indian Ocean summer monsoon and North Atlantic climate during the Holocene. Earth and Planetary Science Letters, 2003. 211（3-4）： 371-80；Weiss H, County M A, Wetterstrom W et al. The genesis and collapse of third millennium North Mesopotamian civilization. Science, 1993, 261 （20）： 995-1004.

⑤ 陈桂声.《禹会涂山记》考索（外三种）. 明清小说研究，2002,（3）：230-237；李亚光. 大禹治水是中华文明史的曙光. 史学集刊，2003,（3）：84-88.

果[①]，这为我们研究这一问题提供了新的视角。另外，史书《左传》记载的“禹会诸侯于涂山、执玉帛者万国”以及《史记》“夏之兴也以涂山”中“涂山”的确切地理位置，一直也为人们所争论和关注。在此背景下，通过与“大禹治水”传说密切相关的禹会村遗址的环境考古研究，从环境背景重建的角度来对禹会村遗址与“大禹治水”历史传说的渊源等进行考证，是解决这一系列问题的根本途径。

一、研究区概况

安徽淮河流域新石器文化发达、遗址数量众多，是中华文明孕育和发展的重要地区之一。其中龙山文化时期是安徽淮河流域新石器文化的鼎盛时期，遗址数量达129处之多，龙山文化遗址主要集中在三个地区：一是六安市周围；二是寿县至凤台一线；三是蒙城尉迟寺一带，分布的广度和密度都是其他文化遗存难以企及的[②]。其中禹会村遗址是濒临淮河主河道最近的一处龙山文化时期遗址（图一二九）。

禹会村遗址位于安徽省蚌埠市西郊涂山南麓的禹会村村南，往东与天河接壤，往西紧邻淮河（图一三〇），遗址呈南北狭长形分布，总面积约50万平方米。地理坐标为北纬32°53′07.5″，东经117°11′50.6″，平均海拔32米，气候属暖温带半湿润季风气候区，年均气温15℃，年降雨量850毫米左右。禹会村遗址所在的淮河下游的涂山（338米）和荆山（258米），夹淮河而相对，岩性均为基性花岗岩（图一三一）。禹会村的村名以及涂山都与史书《左传》记载的“禹会诸侯于涂山，执玉帛者万国”和《史记》“夏之兴也以涂山”记载相吻合，当地也一直流传着大禹凿开涂山和荆山疏浚洪水的传说。

禹会村遗址是“中华文明探源工程”在淮河流域确定的唯一一处重要的龙山文化时期遗址，遗址文化层较完整，为单一的龙山文化时期遗址。有学者研究认为新石器时代考古遗址的文化层堆积类型分为两类：只包含一种类型文化堆积的单一型遗址和包含不同类型文化堆积的叠置型遗址。叠置型遗址是稳定的生活方式、连续的文化传承、居民长期生活在某处形成的；而单一遗址的形成，与不稳定的自然条件密切相关[③]。2007年4月，中国社会科学院考古研究所王吉怀研究员主持的禹会村遗址考古发掘工作正式启动。本次遗址发掘除发掘近150平方米的生活区以外（图一三二），还发

---

① 吴文祥，葛全胜. 夏朝前夕洪水发生的可能性及大禹治水真相. 第四纪研究，2005，25（6）：741-749.

② 黄润，朱诚，郑朝贵. 安徽淮河流域全新世环境演变对新石器遗址分布的影响. 地理学报，2005，60（9）：742-750.

③ 同②.

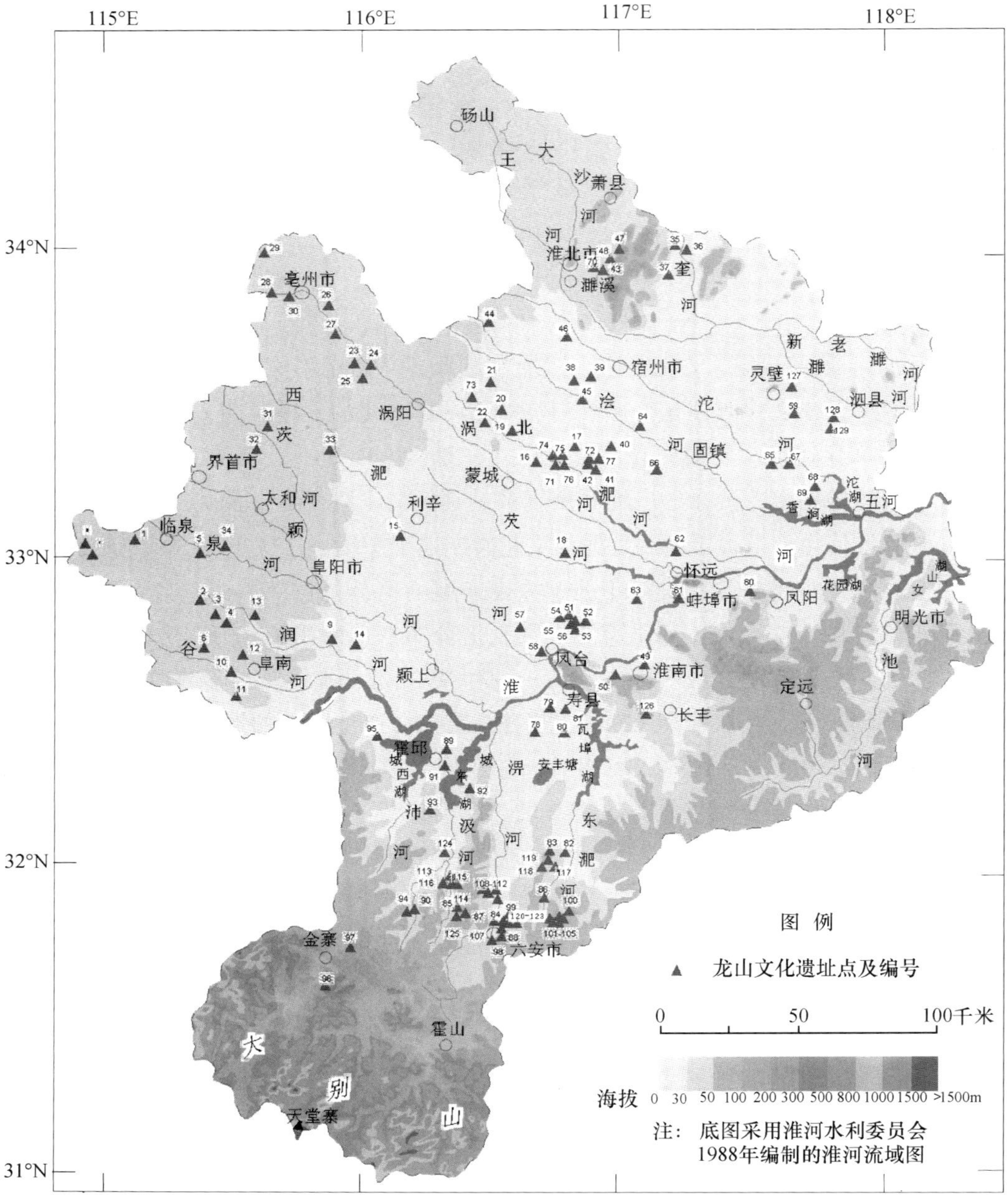

图一二九　安徽淮河流域龙山文化遗址分布图

（编号61为禹会村遗址；据黄润，等. 地理学报. 2005. 改绘）

掘出了大型人工堆筑的“甲”字形夯土台（图一三三），其功能是大型祭祀场所，或者是为举办重要仪式而人工堆筑的场地，该遗迹可能与重大历史事件有关。

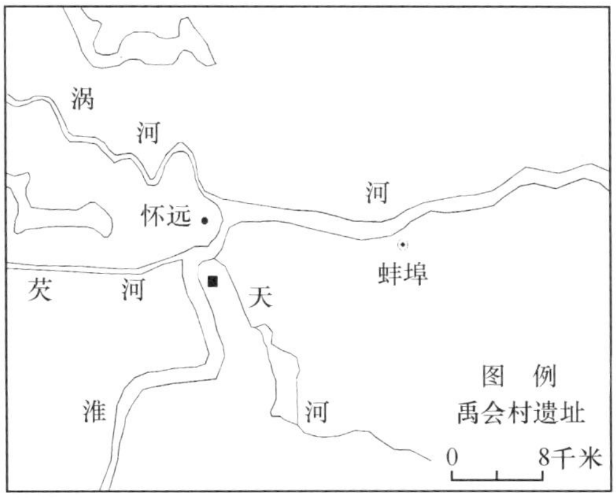

图一三〇　禹会村遗址位置示意图

图一三一　涂山和荆山地理位置图

图一三二　禹会村遗址发掘现场

图一三三　禹会村遗址发掘的大型夯土台（局部）

二、研究材料与方法

选择禹会村遗址ABYT2004探方西壁作为研究材料，整个剖面可分为4层，剖面分层及其岩性特征见图一三四。根据考古地层的划分，自上而下可划分为（Ⅰ）灰色耕土层、（Ⅱ）灰黄色扰土层、（Ⅲ）龙山文化层和（Ⅳ）褐色生土层（未见底）。其中自地表20厘米开始到100厘米（局部到120厘米）处的龙山文化层，厚80厘米，最厚处达100厘米，为黑褐色夹红陶片层。其中禹会村遗址龙山文化层的陶器以夹砂陶为主，陶片分为红陶、灰陶和黑陶三大类，红陶占陶片总数的70%左右，灰陶占陶片总数的9.8%，黑陶占陶片总数的10%，另有少量的陶及土黄色陶器等。

2007年6月对禹会村遗址包含自然和文化信息较多的ABYT2004探方西壁厚150厘米的剖面以5～10厘米不等间距系进行系统采样，共获得27个样品。实验室进行环境代用

图一三四　禹会村遗址ABYT2004探方西壁采样剖面及剖面示意图

指标的选择、分析和鉴定，主要包括：沉积物粒度（南京师范大学沉积学实验室）、磁化率（南京大学区域环境演变研究所环境磁学实验室）、Rb和Sr值（南京大学现代分析中心）以及重矿、锆石晶体形态鉴定（江苏省地质矿产调查局）。选择对应于龙山文化晚期地层的遗址“甲”字形台上炭屑AMS^{14}C测年样品1个（中国社会科学院考古研究所^{14}C实验室）。在此基础上开展遗址区地质、地貌等野外调查，考古遗址的空间分布调查，历史文献资料收集和整理，结合遗址剖面样品环境代用指标的实验室分析鉴定的结果并进行综合分析，全面获得区域气候、洪水等古环境信息，建立了安徽淮河流域距今4500～4000年的龙山文化时期的区域环境演变序列。

三、研究结果

1. Rb和Sr元素含量

铷（Rb）和锶（Sr）是在地球化学行为方面既有明显差别又有联系的微量元素，元素Rb的离子半径大于Sr，且Rb具有很强的被吸附性能，易被黏土矿物吸附而保留在原地或近距离迁移。Sr则主要以游离态形式被地表水或地下水带走。Rb／Sr比值的大小反映了气候环境水热条件和化学风化的程度，进而可以灵敏地反映古气候环境的变化。一般来说，湿热气候环境条件下，降水丰富，化学风化作用强烈，离子半径较小的Sr主要以游离态形式被地表水或地下水带走，Sr的淋溶丢失程度大，Rb／Sr比值高，反之，气候干冷，Sr的淋溶丢失程度小，Rb／Sr比值低。Rb／Sr值大小实际上指示了淋溶程度，反映了气候降雨量的大小[①]。

① 黄润，朱诚，王升堂. 天堂寨泥炭地层的磁化率、Rb／Sr值及其反映的古气候意义. 地理科学，2007，27（3）：385-389.

禹会村遗址ABYT2004探方剖面Rb、Sr及Rb/Sr测试结果见图一三五。从Rb、Sr及Rb/Sr随深度变化曲线来看：150～120厘米Rb/Sr呈总体升高趋势，但变化幅度不大，反映环境的连续稳定性；从距地表120～98厘米处Rb/Sr便逐渐开始持续下降，并在98厘米处Rb的含量达到峰值；98～55厘米处Rb/Sr维持稳定，并在后期升高，在约55厘米处达到峰值；55～25厘米开始下降，但幅度很小，这与Rb的含量下降有关，并在此后很长时间维持稳定；在约距地表25厘米处开始直到地表，Rb/Sr开始一直持续波动下降。

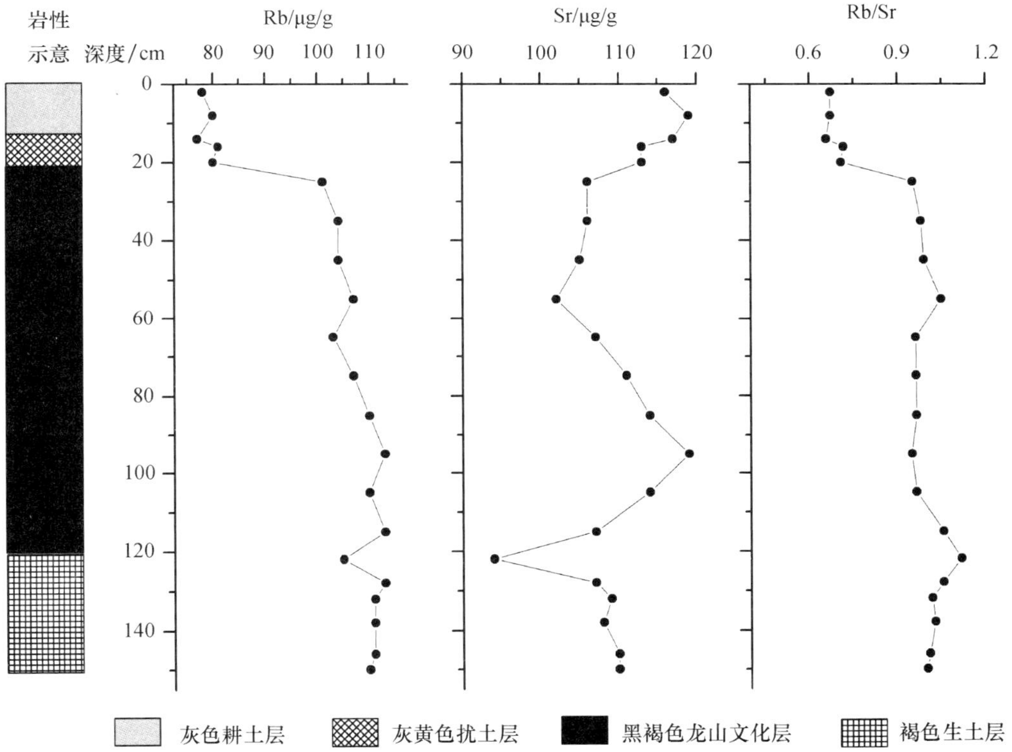

图一三五　禹会村遗址ABYT2004探方剖面Rb、Sr及Rb/Sr曲线图

2. 粒度、磁化率测试结果

粒度指标也是一种重要的环境代用指标①。禹会村遗址ABYT2004探方剖面粒度测试结果见图一三六，这里主要选择的是中值粒径和平均粒径作为环境代用指标。相对于其他环境代用指标来说，粒度的变化不是太明显，可能与遗址剖面的人类干扰

① 徐馨，何才华，沈志达，等. 第四纪环境研究方法. 贵阳：贵州科技出版社，1992：1-377；成都地质学院陕北队. 沉积岩（物）粒度分析及其应用. 北京：地质出版社，1978：55～66；陈敬安，万国江，张峰，等. 不同时间尺度下的湖泊沉积物环境记录：以沉积物粒度为例. 中国科学（D辑），2003，33（6）：563-568.

活动有关。但就遗址剖面某一特定时期而言，粒度也能指示环境的变化，特别是对ABYT2004探方无人类活动的生土层，粒度可以作为重要的环境代用指标反映区域环境的变化。禹会村遗址ABYT2004探方剖面粒度的变化，可以反映龙山文化早期和晚期的环境。

从粒度随深度变化曲线来看总体有下降的趋势，变化幅度不大，反映环境的连续稳定性；其中从距地表150～140厘米处粒度有一个连续升高的过程，从140厘米粒度开始逐渐缓慢下降，这与淮河流域水动力下降有关；在25厘米处有较大的波动，有一个短暂的突然升高，在约20厘米处达到峰值；之后在20厘米处急剧波动下降，与该处环境发生变化和现代人类活动有关。

磁化率测试结果能敏感反映其中磁性矿物特别是铁磁性矿物含量的变化，一定程度上反映了该沉积物的来源、搬运营力和成土作用等过程①。而以上过程在很大程度上

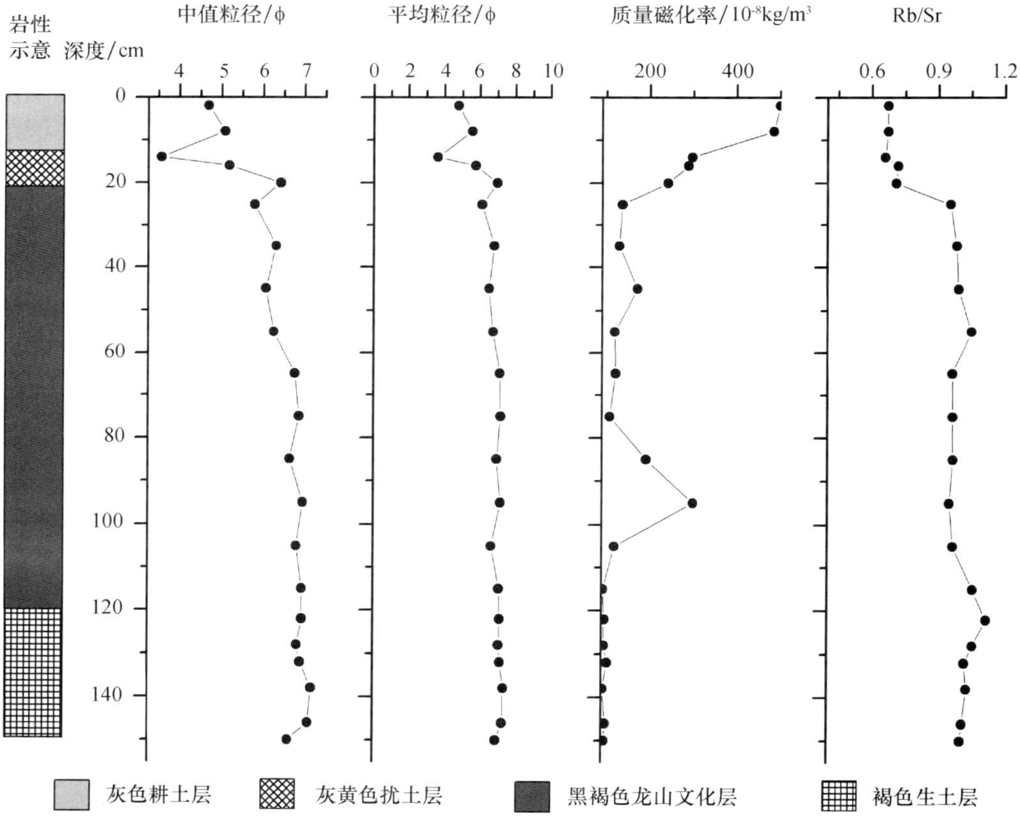

图一三六　禹会村遗址ABYT2004探方剖面粒度、磁化率及Rb/Sr曲线图

① 胡守云，王苏民，Appel E，等. 呼伦湖湖泊沉积物磁化率变化的环境磁学机制. 中国科学（D辑），1998，（28）：334-339；邓成龙，袁宝印，胡守云，等. 环境磁学某些研究进展评述. 海洋地质与第四纪地质，2000，20（2）：93-101.

是受气候变化驱动的。磁化率作为表征物质磁学特征的物理量，能够判断样品记载的环境变化信息、分析古气候变化规律及其细节、推断样品形成过程的环境条件，从而为古环境研究提供可靠的磁性证据①。

禹会村遗址ABYT2004探方剖面质量磁化率测试结果见图一三六，从磁化率随深度变化曲线来看：150～120厘米磁化率保持稳定低值；从距地表120厘米处磁化率便逐渐开始上升，并在98厘米处达到峰值299.6245；自98厘米处开始的98～75厘米段，磁化率开始下降，在约75厘米处达到低值，之后的75～25厘米并在此后很长时间维持在稳定的低值，其中在55厘米处有小的升高的波动；在距地表25厘米处开始直到地表，磁化率一直处于持续升高的趋势。

3. 锆石晶体形态鉴定结果

锆石（$ZrSiO_4$）原生形态主要为四方双锥形，硬度7.5，比重4.68～4.7，主要产在酸性和碱性火成岩与片麻岩中，因化学性能稳定，耐酸耐磨损程度高于石英，故常见于河流沉积物中。由于锆石比重较大、硬度较高，抗磨损性相对较强，其表面微形态的比较是判断沉积物沉积性质的重要依据。锆石的磨圆度与河流的冲刷有密切的关系，进而反映了水动力的变化②。朱诚等③在对中坝遗址古代洪水层和现代洪水层中的锆石形态研究后发现，洪水层中的锆石都有很好的磨圆形态，多为半浑圆状，有些已由四方双锥形被磨至近浑圆状，表明均具有被流水长途搬运后留下的磨圆特征。

研究中选取了禹会村遗址ABYT2004探方剖面样品的7个样品作锆石晶体形态分析，锆石晶体形态鉴定统计结果见表一四。

表一四　禹会村遗址ABYT2004探方锆石晶体形态鉴定统计结果

编号	深度（cm）	浑圆柱状（%）	浑圆状（%）	四方双锥（%）	复四方双锥（%）	四方柱（%）	合计（%）	颗粒总数（个）
W①-20	8	35.42	4.17	51.04	4.17	5.21	100.01	96
W②-17	20	34.02	3.09	54.64	3.09	5.15	99.99	97
W③-15	30	36.19	2.86	51.43	4.76	4.76	100.00	105
W③-12	65	36.63	2.97	49.50	4.95	5.94	99.99	101
W③-8	105	40.86	3.23	47.31	3.23	5.38	100.01	93
W④-5	130	37.00	3.00	50.00	4.00	6.00	100.00	100
W④-1	150	38.64	2.27	50.00	3.41	5.68	100.00	88

① 徐馨，何才华，沈志达，等. 第四纪环境研究方法. 贵阳：贵州科技出版社，1992：1-377.

② 徐茂泉，李超. 九龙江口沉积物中重矿物组成及其分布特征. 海洋通报，2003，22（4）：32-40.

③ 朱诚，郑朝贵，马春梅，等. 长江三峡库区中坝遗址地层古洪水沉积判别研究. 科学通报，2005，50（20）：2240-2250；朱诚，于世永，卢春成. 长江三峡及江汉平原地区全新世环境考古与异常洪涝灾害研究. 地理学报，1997，52（3）：268-278.

从表一四分析可见，禹会村遗址地层中的锆石在显微镜下观察主要呈浑圆柱状、浑圆状、四方双锥状、复四方双锥状和四方柱状，而由于其特有的原生四方双锥体形态，在被冲刷搬运磨蚀后呈浑圆状的仍然偏少。晶形较好，棱角度高的锆石与磨圆度较好的锆石颗粒同时出现，表明河流线状水流沉积物来源的多样性。从上表可见，130厘米以下的生土层所在的W④-1层和W④-5层的四方双锥、复四方双锥、四方柱等有棱角的锆石所占比例普遍较高，反映龙山文化之前该区域环境的整体稳定，也为龙山文化的出现创造了条件。但在W③-8层，即距离地表105厘米处却出现了锆石晶体形态浑圆柱状和浑圆状的最高值，分别为40.86%和3.23%，这些锆石已由四方双锥形态被磨至近于浑圆状，表明均具有被流水长途搬运后留下的一定程度的磨圆特征。在W③-15层，也就是距离地表约30厘米处，浑圆柱状锆石晶体形态开始下降，到W②-17层，也就是距离地表20厘米处，下降到最低，仅为34.02%，而四方双锥状锆石晶体形态上升最大值54.64%。

四、禹会村遗址龙山文化的考古学年代

根据考古学年代，龙山文化泛指中国黄河中、下游地区约当新石器时代晚期的一类文化遗存，因发现于山东章丘龙山镇而得名[①]。大量的发掘和研究表明，龙山文化的系统和来源并不单一，不能认为它只是一个考古学文化。我国考古专家根据几个地区不同的文化面貌，分别给予文化名称作为区别。如山东龙山文化，放射性碳素断代并经校正，年代为公元前2500～前2000年；河南龙山文化，放射性碳素断代并经校正，年代为公元前2600～前2000年[②]。因此山东龙山文化的开始在公元前2500年，河南龙山文化开始于公元前2600年，两处龙山文化的结束都在公元前2000年前后。

淮河流域的龙山文化从考古年代学上来说应与上述两个地点的龙山文化起源具有流域性的相似性。黄润等[③]通过前人的考古调查、发掘和研究，初步建立了该区新石器时代石山子文化（距今8000～6500年）—大汶口文化（距今6500～4500年）—龙山文化（距今4500～4000年）的发展序列。马春梅等[④]就同属于淮河流域的蒙城尉迟寺遗址

① 靳松安，赵新平. 试论山东龙山文化的历史地位及其衰落原因. 郑州大学学报（哲学社会科学版），1994（4）：1-7.

② 靳松安，赵新平. 试论山东龙山文化的历史地位及其衰落原因. 郑州大学学报（哲学社会科学版），1994（4）：1-7；靳桂云，于海广，栾丰实，等. 山东日照两城镇龙山文化（距今4600～4000年）遗址出土木材的古气候意义. 第四纪研究，2006，26（4）：571-579.

③ 黄润，朱诚，郑朝贵. 安徽淮河流域全新世环境演变对新石器遗址分布的影响. 地理学报，2005，60（9）：742-750.

④ 马春梅，朱诚，朱光耀，等. 安徽蒙城尉迟寺遗址地层的磁化率与元素地球化学记录研究. 地层学杂志，2006，30（2）：124-130.

的环境考古研究得出，该处的龙山文化阶段为距今4500～4000年，其特征为龙山文化时期该区农业生产以水稻为主，水田的种植面积广泛。

禹会村遗址ABYT2004探方西壁采样剖面中包含的龙山文化时期的器物形态，也应该很好地涵盖了龙山文化的各个时期。特别应该指出的是，遗址中存在总面积约1500平方米、呈“甲”字形台状的大型堆筑遗迹，规模宏大，工艺考究，中部有红色红烧土遗迹层，明显是该处龙山文化晚期大型的聚会或祭祀场所。通过对该龙山晚期大型人工堆筑的“甲”字形夯土台遗迹上采集的木炭样品分析，经中国社会科学院考古研究所^{14}C实验室测定（半衰期5568a）并经树轮校正，其年代为：公元前2190年±40年。因此，根据前人研究的成果①，结合遗址考古发掘的文化层晚期样品的^{14}C测年结果推断，同属于淮河流域的禹会村遗址龙山文化年代大致跨越距今4500～4000年。

五、结论与讨论

禹会村遗址ABYT2004探方剖面样品的多环境代用指标分析显示，该地区距今4500年以前、龙山文化出现到中期、龙山文化中期到后期、距今4100年之后龙山文化晚期等四个阶段该地区的环境总体趋势大致经历了暖湿—冷干—暖湿—冷干的气候变化过程，其中有气候的波动和环境突变事件。禹会村遗址龙山文化的出现和消失与淮河流域气候因素中的降水有很大关系。黄润等②对淮河流域中游的天堂寨沼泽泥炭剖面记录的大别山北亚热带地区全新世中晚期以来气候变化进行了研究，气候环境经历了湿热—暖干—冷湿—暖干—冷干的变化过程，与中国东部气温变化大体上一致③，并在距今4600～4500年和4100年期间本区曾出现剧烈的气候变化，可能发生过极端气候事件。

多环境代用指标研究表明，禹会村遗址距今4500年之前龙山文化尚未出现的很长时间，即距地表150～120厘米处的生土层，磁化率处于极低值，且相对稳定，Rb/Sr值升高。综合各种环境代用指标显示，该时期气候湿润，丰富的降水使淮河及其支流处于高水位，甚至泛滥成灾，遗址所在地或周边被水淹没，遗址所在地没有人类活

① 马春梅，朱诚，朱光耀，等. 安徽蒙城尉迟寺遗址地层的磁化率与元素地球化学记录研究. 地层学杂志，2006，30（2）：124-130；黄润，朱诚，郑朝贵，等. 安徽淮河流域全新世环境演变对新石器遗址分布的影响. 地理学报，2005，60（9）：742-750；朱光耀，朱诚，凌善金，等. 安徽省新石器和夏商周时代遗址时空分布与人地关系的初步研究. 地理科学，2005，25（3）：346-352；王吉怀. 尉迟寺聚落遗址的初步探讨. 考古与文物，2001，4：20-28.

② 黄润，朱诚，王升堂. 天堂寨泥炭地层的磁化率、Rb/Sr值及其反映的古气候意义. 地理科学，2007，27（3）：385-389.

③ 王心源，张广胜，张恩楼，等. 巢湖湖泊沉积记录的早—中全新世环境演化研究. 科学通报，2008，53（增刊Ⅰ）：132-138.

动。这是这一时期的一个重要环境事件，也是该遗址成为一个单一型遗址的重要气候环境原因。

距今4500～4000年的龙山文化时期，即禹会村遗址距地表120～25厘米处，包括遗址的整个龙山文化时期。

（1）龙山文化出现之初（距今4500年前后），磁化率指标、Rb／Sr等环境代用指标的变化都显示了气候趋向干旱方向发展，淮河及其支流水位开始下降，河漫滩等陆地出现。由于早期的大量河流冲积物堆积了肥沃的土壤，使得以农业生产为主的龙山文化得以发展。其中在95厘米处磁化率出现了极大值，反映了龙山时期农耕文化的繁荣阶段。此处磁化率的极高值可能是受人类活动的影响。

（2）龙山文化的出现到中期，即从55厘米处开始，粒度、磁化率和Rb／Sr值等多环境代用指标显示，淮河流域环境开始向暖湿的方向发展，淮河及其支流水位开始上涨，但此时的温暖湿润比距今4500年前后的程度要低，淮河流域水位还不至于构成对先人生活的威胁，禹会村遗址龙山文化继续得以存在和发展。

（3）龙山文化的中期到后期（距今4100年前后），一系列环境代用指标如Rb／Sr比值的峰值、锆石的磨圆形态、沉积物较小的平均粒径等都表明了气候的湿润，降雨量增加，说明当时的气候还没有稳定下来，洪水泛滥，在距今4100年前后达到顶峰。长时间高水位的影响，淮河及其支流河道淤塞，水位继续抬高，导致淮河流域全流域的洪水灾害，禹会村遗址的周围被洪水淹没，龙山文化的农业生产可能受到影响。这一时期也正是历史上传说的“大禹治水”时期①。但从发掘的禹会村遗址龙山文化层没有加积新的文化层，也没有接受自然沉积层，可能与先人选择高的居住地有关，遗址今天仍处于相对较高的位置，可以看出这个时期的洪水还没有对该区龙山文化产生根本影响。

（4）距今4100年后的龙山文化晚期，即距地表25厘米以上，磁化率开始上升，Rb/Sr值开始下降，锆石晶体形态在W③-15层，也就是距离地表约35厘米处，浑圆柱状锆石晶体形态开始下降，到W②-17层处，也就是距离地表20厘米处，下降到最低，仅为34.02%，而四方双锥状锆石晶体形态上升至最大值54.64%。持续的高磁化率和低Rb/Sr，锆石的磨圆度变差，四方双锥的含量显著增加，表明了水动力的减弱，指示了距今4100年之后该地区气候逐渐向冷干时期过渡。距今4100年左右的降温事件在世界

---

① 施雅风，孔昭宸，王苏民. 中国全新世大暖期气候与环境的基本特征. 见：施雅风主编. 中国全新世大暖期气候与环境. 北京：海洋出版社，1992. 1-18；吴文祥，刘东生. 距今4000年前后降温事件与中华文明的诞生. 第四纪研究，2001，21（5）：443-451.

各地都有表现，是历史时期以来最具影响力的一次小冰期[①]。这次降温事件给中国带来了南涝北旱的大致环境格局，即与降温相联系的环境响应北方主要表现为干旱，南方地区则表现为洪涝。禹会村遗址现在海拔32米，而遗址附近的淮河现在的洪水位也仅大约为海拔18米。因此安徽淮河流域在距今4100年后气候趋向干旱，使得禹会村遗址逐渐远离水源，农业生产受到制约，食物来源减少，从而使以农业为主的龙山文化发展受到制约，人们被迫迁徙。至距今4000年前后的龙山文化晚期，禹会村遗址基本被遗弃。从禹会村遗址研究的结果来看，历史上“大禹治水”的成功是区域环境向着干旱变化的结果。

禹会村遗址是研究“大禹治水”与区域环境变迁关系的重要材料。禹会村遗址是淮河流域一处较大型的龙山文化遗址，也是中华文明探源工程中关键时期的关键遗址。通过对禹会村遗址ABYT2004探方剖面的多环境代用指标的分析显示，禹会村遗址所在的淮河流域在距今4100年前后，即龙山文化后期，处于淮河流域甚至全球温暖湿润时期，而且相对比较稳定，淮河流域处于温暖湿润的高水位期，洪灾发生频繁，这是“大禹治水”存在的客观前提。无论从禹会村村名的由来、涂山山名的史料记载，还是发掘的为举办大型祭祀和重要仪式而人工堆筑的“甲”字形夯土台，以及安徽淮河流域一带流传的与“大禹治水”有关的历史典故和后人为纪念大禹修建并现存的相关建筑，都表明禹会村遗址可能是与“大禹治水”密切相关的重要治水发生地[②]。因此，禹会村遗址是研究中华文明早期在淮河流域的起源与发展及其与环境的关系、求证大禹在淮河流域治水史绩、探索江淮地区文明起源进程的重要资料。

致谢：感谢中国科学院地质与地球物理研究所周昆叔研究员、南京大学地理与海洋科学学院王富葆教授、皖西学院城市建设与环境系黄润教授对论文的指导；南京大学地理与海洋科学学院李兰参加了野外采样。

（原载于《地理学报》2009年64卷7期）

① 姚檀栋，Thompson L G. 敦德冰芯记录与过去5ka温度变化. 中国科学（B辑），1992，（10）：1089-1093；施雅风，孔昭宸，王苏民. 中国全新世大暖期的气候波动与重要事件. 中国科学（B辑）1992，22（12）： 1300-1308；An Z S, Porter S C, Kutzbach J E et al. Asynchronous Holocene optimum of the East Asian monsoon. Quaternary Science Reviews, 2000, 19（8）： 743-762. Bond G, Showers W, Cheseby M *et al.* A pervasive millennial-scale cycle in North Atlantic Holocene and glacial climates. Science, 1997, 278： 1257-1266.

② 王吉怀，赵兰会. 禹会村遗址的发掘收获及学术意义. 东南文化，2008，201（1）：20-25.

第二节　禹会村遗址考古地层学特征研究*

张广胜[1]　朱　诚[2]　王吉怀[3]　朱光耀[4]　马春梅[2]　吴　立[2]
（1. 皖西学院资源环境与旅游管理学院　2. 南京大学地理与海洋科学学院　3. 中国社会科学院考古研究所　4. 安徽省蚌埠学院人文社会科学部）

一、禹会村遗址概况

禹会村遗址位于安徽省蚌埠市西郊涂山南麓的禹会村村南，往东与天河接壤，往西紧邻淮河（见图一三七），距涂山约4千米。地理坐标为北纬32°53′07.5″，东经117°11′50.6″平均海拔32米，气候属暖温带半湿润季风气候区，年均气温15℃，年降雨量850毫米左右。禹会村遗址所在的淮河下游的涂山（338米）和荆山（258米），夹淮河而相对，岩性均为花岗岩。

禹会村遗址是“中华文明探源工程”在淮河流域确定的唯一一处重要的龙山文化时期遗址，遗址文化层较完整，为单一的龙山文化时期遗址。禹会村的村名以及涂山都与史书《左传》记载的“禹会诸侯于涂山，执玉帛者万国”和《史记》“夏之兴也以涂山”的记载相吻合，当地也一直流传着大禹凿开涂山和荆山疏浚洪水的传说。遗址呈南北狭长形分布，总面积约50万平方米。有学者研究认为，新石器时代考古遗址的文化层堆积类型分为两类：只包含一个类型文化堆积的单一型遗址和包含不同类型文化堆积的叠置型遗址。叠置型遗址是一种稳定的生活方式、连续的文化传承、居民长期生活在某处形成的；而单一遗址的形成，与不稳定的自然条件密切相关②。

国家科技支撑计划中华文明探源工程大课题的实施中，作为填补区域性文化研究的空白，禹会村遗址得到了学术界的高度重视，并在国家文物局的支持下，被列为中华文明探源工程重大科研项目。2007年4月，由中国社会科学院考古研究所王吉怀研究员主持的禹会村遗址考古发掘工作正式启动，2008年5月、2009年10月又对该遗址进行了大规模的考古发掘。禹会村遗址出土了大量的龙山文化时期器物（图一三八）。

* 基金项目：项目得到安徽省高等学校省级自然科学研究项目“安徽蚌埠禹会村遗址地层记录的淮河流域古洪水灾变研究”（项目编号：KJ2011B209）；安徽省人文地理学重点学科建设项目（皖西学院）的支持.

① 黄润，朱诚，郑朝贵. 安徽淮河流域全新世环境演变对新石器遗址分布的影响. 地理学报，2005，60（9）：742-750.

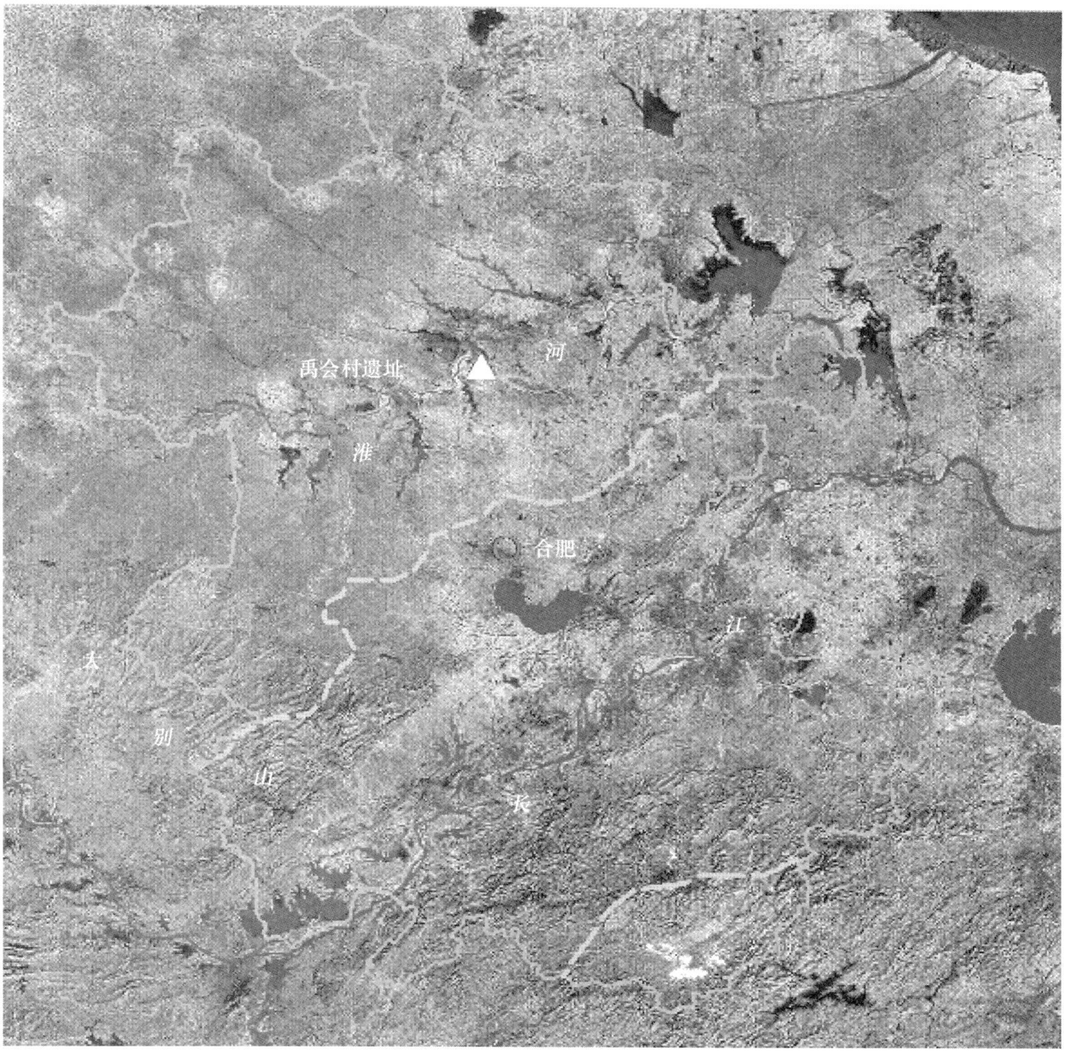

图一三七　安徽蚌埠禹会村遗址位置图

二、禹会村遗址考古地层主要研究内容

首先是开展遗址区地质、地貌等野外调查，考古遗址的空间分布调查，历史文献资料收集和整理等；在此基础上选择理想的地层剖面进行野外采样工作；然后在实验室进行环境代用指标的选择、分析和鉴定；最后对遗址剖面样品环境代用指标的实验室鉴定结果进行综合分析，全面获取区域气候、洪水等古环境信息。主要研究内容如下：

（1）野外调研和采样：对研究区安徽淮河流域的蚌埠禹会村遗址采样点进行考古发掘现场调研和地层调查，选择理想的采样点，获取连续的遗址地层剖面样品。

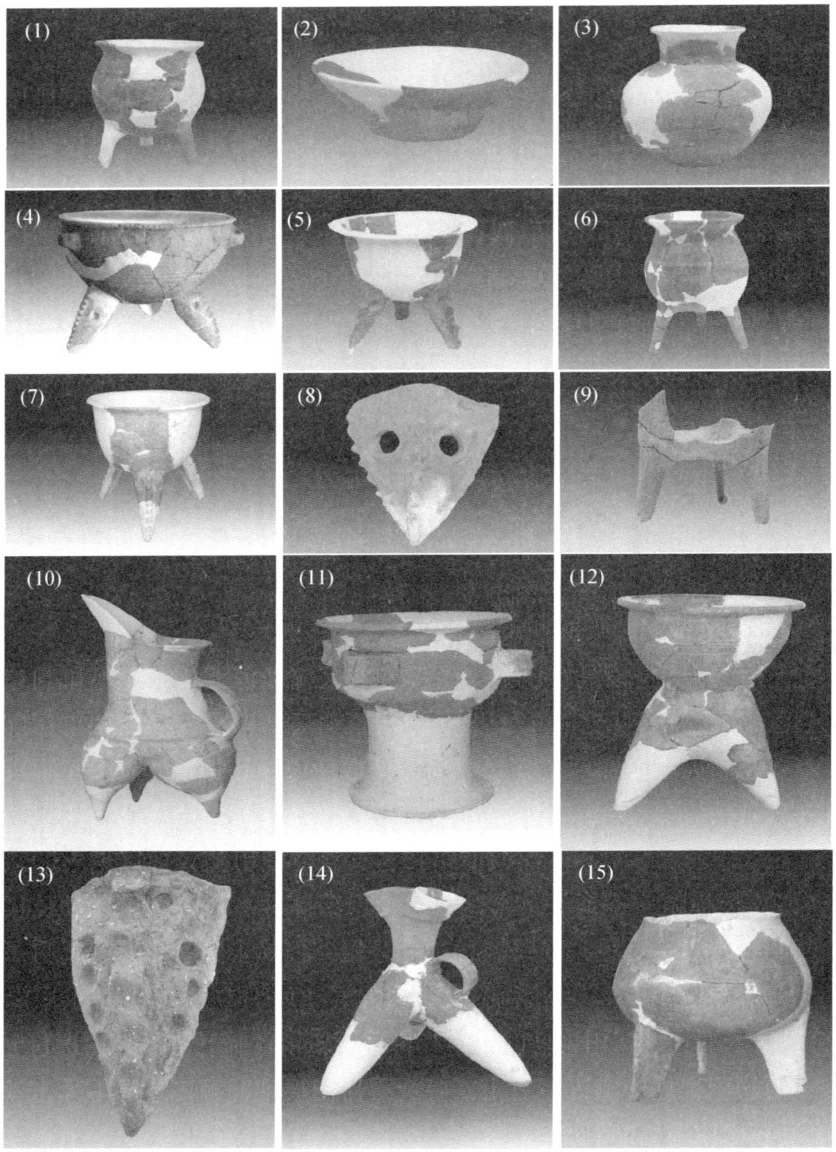

图一三八　禹会村遗址出土的部分器物照片

（照片及说明由中国社会科学院考古研究所王吉怀研究员提供）

（1）鼎，龙山文化常见器形，具有河南龙山文化特征。（2）盆，龙山文化器物，器物制作欠规则，有些变形，可能专为祭祀而制作。（3）罐，龙山文化器物，陶质酥松。（4）鼎，龙山文化器物，是山东龙山文化中常见器形。（5）鼎，龙山文化器物，是山东龙山文化中常见器形。（6）鼎，龙山文化器物，是河南龙山文化中常见器形。（7）鼎，龙山文化器物，是山东龙山文化中常见器形。（8）鼎足，龙山文化器物，是山东龙山文化中常见器形。（9）鼎，龙山文化器物，是龙山文化阶段常见器形。在江苏周邶墩、上海广富林遗址中常见。（10）鬶，龙山文化器物，具有山东龙山文化风格。（11）假腹簋，龙山文化器物，禹会村遗址新出现的器形。（12）甗，龙山文化器物，在河南、山东等地的龙山文化中常见。（13）鼎足，龙山文化器物，是山东龙山文化中常见器形。（14）盉，龙山文化器物，禹会村遗址新出现的器形。（15）鼎，龙山文化器物，是龙山文化阶段常见器形。在江苏周邶墩、上海广富林遗址中常见。

（2）样品实验室分样：对两个采样剖面的样品进行室内高分辨率分样时，为了能够达到高分辨率研究的要求，环境代用指标粒度、Rb/Sr、磁化率、地球化学元素等实验一般都是以1厘米间距连续切样。

（3）沉积地层剖面定年：对遗址剖面样品进行AMS ^{14}C测年材料的选择，就是提取含碳量高的全样进行AMS ^{14}C测年，进行年代序列的建立。建立年代序列，与遗址剖面测年或考古断代作很好的对应。

（4）环境代用指标的测试：对于气候环境代用指标的测试，在上述采样点采集样品，室内进行科学的环境代用指标的选择，挑选能突出反映其隐含环境信息的指标。主要涉及的环境代用指标包括：沉积物粒度、磁化率、Rb/Sr值、矿物晶体形态鉴定等。

（5）实验结果数据分析：通过数理统计分析、拟合平滑分析等获得过去气候环境变化的曲线以及各种规律（突变、敏感性、不稳定性等），分别论述各替代指标的环境指示结果，然后综合集成分析湖泊沉积和天堂寨亚高山泥炭地层揭示的安徽江淮流域全新世以来气候与生态环境变化过程，作为建立区域环境变化过程的标尺。

（6）数据资料的集成研究：从自然地层提取环境演化信息，从考古遗址地层结合遗址功能分析，提取遗址记录的人类活动的兴衰和迁徙信息，恢复和重建区域典型考古学文化的古人类活动环境背景以及人类活动对区域环境变化的响应机制，由此揭示安徽淮河龙山文化发展和消亡的环境因素。

三、遗址地层采样和实验室分析

（一）主要研究方法

主要以自然科学研究方法为主。一方面采用第四纪环境科学、古气候学、考古学等多学科的结合，选择典型的湖泊自然沉积和考古遗址剖面，进行样品的环境代用指标，包括Rb/Sr、磁化率、沉积物粒度、重矿等的综合分析以及AMS ^{14}C测年等，辅以考古学、文献考证等方法和手段，恢复和重建区域古环境的演化序列，揭示人类活动对区域环境变化的响应，探讨二者之间的联系。另一方面是以经史资料为纲，以环境为证，以考古遗存为据，在将这三者有机整合、构成有理有据的历史体系的基础上，对与大禹治水传说密切相关的禹会村遗址的古文化对区域环境变迁的响应进行环境考古研究。

（二）考古地层采样

研究材料采样自禹会村遗址ABYT2004探方西壁和ABYT2008探方南壁两个遗址地层剖面（图一三九）。

图一三九　禹会村遗址ABYT2004探方西壁（左）和ABYT2008探方南壁（右）剖面照片

禹会村遗址ABYT2004探方西壁整个剖面根据考古地层，自上而下可划分为：（Ⅰ）灰色耕土层（厚12厘米）、（Ⅱ）灰黄色扰土层（厚8厘米）、（Ⅲ）龙山文化层（厚100厘米）和（Ⅳ）褐色生土层（厚30厘米）。其中自地表20厘米开始到120厘米处的龙山文化层，厚达100厘米，为黑褐色夹红陶片层。

禹会村遗址ABYT2008探方南壁整个剖面（130厘米）可分为5层，自上而下可划分为：（Ⅰ）灰色耕土层（厚20厘米）、（Ⅱ）灰黄色扰土层（厚10厘米）、（Ⅲ）龙山文化上层（厚20厘米）、（Ⅳ）龙山文化下层（厚20厘米）和（Ⅴ）褐色生土层（厚60厘米）。虽然是位于两个探方，但ABYT2004探方西壁和ABYT2008探方南壁两个遗址地层剖面具有很好的对比性。

（三）禹会村遗址地层样品的实验分析

1. 实验分析方案

实验室进行环境代用指标的选择、分析和鉴定，主要包括：沉积物粒度（南京师范大学沉积学实验室）、磁化率（南京大学区域环境演变研究所环境磁学实验室）、Rb和Sr值（南京大学现代分析中心）以及重矿、锆石晶体形态鉴定（江苏省地质矿产调查局）。此外，在ABYT2004探方西壁龙山文化早期的地层中选择含有炭屑的AMS ^{14}C测年样品1个（中国社会科学院考古研究所^{14}C实验室）；在遗址发掘出露的龙山文化晚期大型夯土台地上选择含有炭屑的AMS ^{14}C测年样品1个（中国科学院地球环境研究所西安加速器质谱中心）进行了地层剖面的年代测定。

在对遗址发掘现场调研和采样的同时开展区域地质、地貌等野外调查，考古遗址的空间分布调查；辅以历史文献资料收集和整理；再结合后期的遗址剖面沉积样品环境代用指标的实验室分析鉴定的结果进行综合分析，全面获取区域生态、水文、气候、植被和洪水等古环境信息，建立龙山文化时期的区域环境演变序列。

2. 主要实验工作量（表一五）

表一五　蚌埠禹会村遗址地层环境代用指标的实验室分析及实验进展一览表

序号	采样剖面	样品数（个）	年代及测试单位	环境代用指标测定	实验开展情况
1	ABYT2004西壁	27	1个AMS ^{14}C，中国社会科学院考古研究所^{14}C实验室；结合考古定年	粒度、磁化率、锆石晶体鉴定、Rb/Sr	全部完成
2	ABYT2008南壁	65	1个AMS ^{14}C，中国科学院地球环境研究所黄土与第四纪地质国家重点实验室；结合考古定年	粒度、磁化率和Rb/Sr	全部完成

注：上述实验粒度分别在中国科学院南京地理与湖泊研究所及南京师范大学完成、磁化率在南京大学第四纪环境研究所完成、Rb/Sr及地球化学元素在南京大学现代分析中心完成；有机C、N同位素分析在中国科学院南京地理与湖泊研究所完成

3. 禹会村遗址的年代特征

根据考古学年代，龙山文化泛指中国黄河中、下游地区约当新石器时代晚期的一类文化遗存，因发现于山东章丘龙山镇而得名。大量的发掘和研究表明，龙山文化的系统和来源并不单一，不能把它视为只是一个考古学文化。我国山东龙山文化，放射性碳素断代并经校正，年代为公元前2500～前2000年；河南龙山文化，放射性碳素断代并经校正，年代为公元前2600～前2000年[①]。因此山东龙山文化的开始在公元前2500年，河南龙山文化开始为公元前2600年，两处龙山文化的结束都在公元前2000年前后。

淮河流域的龙山文化从考古年代学上来说应与上述两个地点的龙山文化起源具有流域性的相似性。黄润等[②]通过考古工作者的前期调查、发掘和研究，将本区新石器时代文化演进序列归纳为石山子文化（距今8000～6500年）—大汶口文化（距今

① 靳松安，赵新平.试论山东龙山文化的历史地位及其衰落原因. 郑州大学学报（哲学社会科学版），1994（4）：1-7；靳桂云，于海广，栾丰实，等. 山东日照两城镇龙山文化（4600-4000a B.P.）遗址出土木材的古气候意义，第四纪研究，2006，26（4）：571-579.

② 黄润，朱诚，郑朝贵. 安徽淮河流域全新世环境演变对新石器遗址分布的影响. 地理学报，2005，60（9）：742-750.

6500～4500年）和龙山文化（距今4500～4000年）；马春梅等[①]在对同属于淮河流域的蒙城尉迟寺遗址作环境考古研究时发现，尉迟寺遗址的龙山文化时代亦为距今4500～4000年，该遗址在龙山文化时期农业生产以水稻为主，水稻的种植面积广。

禹会村遗址ABYT2004探方西壁和ABYT2008探方南壁采样剖面包含的龙山文化时期的器物形态，很好地涵盖了龙山文化的各个时期。特别应该指出的是，遗址中存在总面积约1500平方米、呈“甲”字形台状的大型堆筑遗迹，其规模宏大，工艺考究，中部有红色红烧土遗迹层，明显是该处龙山文化晚期大型的聚会或祭祀场所。根据本文遗址地层的^{14}C测年样品的采样和测试，其一采自该龙山晚期大型人工堆筑的“甲”字形夯土台遗迹上的木炭样品，经中国社会科学院考古研究所^{14}C实验室测定（半衰期5568年）并经树轮校正年代为：距今4140年±40年；另一采自ABYT2004探方西壁龙山文化早期地层的测年样品ABYT2004⑧，经中国科学院地球环境研究所西安加速器质谱中心的AMS^{14}C测年并经树轮校正（半衰期5568年），其年代为：距今4380年±30年。二者都是在龙山文化时期的范围内，结合文化层特征，可以对禹会村遗址进行很好的年代确定（表一六）。

表一六　禹会村遗址地层剖面年代测试结果

序号	样品编号	测年测试方法及材料	采样位置描述	校正年代（半衰期5568a）	测试单位
1	ABYT2002	AMS^{14}C；炭屑	ABYT2002探方龙山文化晚期大型夯土台面	4140±40 cal.aBP	中国社会科学院考古研究所^{14}C实验室
2	ABYT2004⑧	AMS^{14}C；炭屑	ABYT2004探方西壁深度为105cm的龙山文化早期地层	4380±30 cal.aBP	中国科学院西安加速器质谱中心

从遗址的考古学断代来说，禹会村遗址ABYT2004探方西壁和ABYT2008探方南壁采样剖面出土的龙山文化时期的器物形态，很好地涵盖了龙山文化的各个时期。因此，根据前人研究的成果[②]，结合遗址考古发掘的龙山文化晚期炭屑样品的^{14}C测年，推断同属于淮河流域的禹会村遗址龙山文化跨越的年代大致为距今4500～4000年。据《史记》记载，夏王朝经历大约从公元前21世纪初到公元前16世纪初的前后500年时

① 马春梅，朱诚，朱光耀，等. 安徽蒙城尉迟寺遗址地层的磁化率与元素地球化学记录研究. 地层学杂志，2006，30（2）：124-130.

② 黄润，朱诚，郑朝贵. 安徽淮河流域全新世环境演变对新石器遗址分布的影响. 地理学报，2005，60（9）：742-750；马春梅，朱诚，朱光耀，等. 安徽蒙城尉迟寺遗址地层的磁化率与元素地球化学记录研究. 地层学杂志，2006，30（2）：124-130；朱光耀，朱诚，凌善金，等. 安徽省新石器和夏商周时代遗址时空分布与人地关系的初步研究. 地理科学，2005，25（3）：346-352；王吉怀，赵兰会. 禹会村遗址的发掘收获及学术意义. 东南文化，2008，201（1）：20-25.

间，从现有的研究来看，大多数学者认为我国历史上夏朝的跨越时间大致为公元前2070～前1600年。因此本文研究中所涉及的龙山文化晚期也就相当于夏朝建立的初期，也正是我国历史上大禹治水发生的时期。年代学为研究安徽蚌埠禹会村遗址龙山文化时期的环境演变特征、禹会村遗址与传说中的大禹治水的渊源关系，以及大禹治水时期的区域环境背景等问题奠定了基础。

四、环境代用指标的测试结果

（一）粒度及磁化率

禹会村遗址ABYT2004探方剖面和ABYT2008探方剖面质量磁化率测试结果如图一四〇，ABYT2004探方剖面从磁化率随深度变化曲线来看：150～120厘米磁化率保持稳定低值；从距地表120厘米处磁化率逐渐开始上升，并在98厘米处达到峰值299.6245；自98厘米处开始的98～75厘米段，磁化率开始下降，在约75厘米处达到低值，之后的75～25厘米并在此后很长时间维持在稳定的低值，其中在55厘米处有小的升高的波动；在距地表25厘米处开始直到地表，磁化率一直处于持续升高的趋势。

ABYT2004探方西壁和ABYT2008探方南壁虽然是位于两个探方，但从粒度和磁化率环境代用指标的分析来看，两个遗址地层剖面分析结果曲线变化基本一致，具有很好的对比性（图一四〇），这也避免了单个剖面分析的局限性，为环境信息提供了可靠性。

（二）锆石晶体形态鉴定结果

锆石（$ZrSiO_4$）原生形态主要为四方双锥形，硬度7.5，比重4.68～4.7，主要产在酸性和碱性火成岩与片麻岩中，因化学性能稳定，耐酸耐磨损程度高于石英，故常见于河流沉积物中。由于锆石比重较大、硬度较高，抗磨损相对较强，其表面微形态的比较是判断沉积物沉积性质的重要依据。锆石的磨圆度与河流的冲刷有密切的关系，进而反映水动力的变化[①]。朱诚等[②]在对中坝遗址古代洪水层和现代洪水层中锆石形态的研究后发现，洪水层中的锆石都有很好的磨圆形态，多为半浑圆状，有些已由四方双锥形被磨至近浑圆状，表明均具有被流水长途搬运后留下的磨圆特征。

---

① 徐茂泉，李超. 九龙江口沉积物中重矿物组成及其分布特征. 海洋通报，2003，22（4）：32-40；朱诚，于世永，史威，等. 南京江北地区全新世沉积与古洪水研究. 地理研究，1997，6（4）：23-30；朱诚，郑朝贵，马春梅，等. 长江三峡库区中坝遗址地层古洪水沉积判别研究. 科学通报，2005，50（20）：2240-2250.

② 朱诚，郑朝贵，马春梅，等. 长江三峡库区中坝遗址地层古洪水沉积判别研究. 科学通报，2005，50（20）：2240-2250.

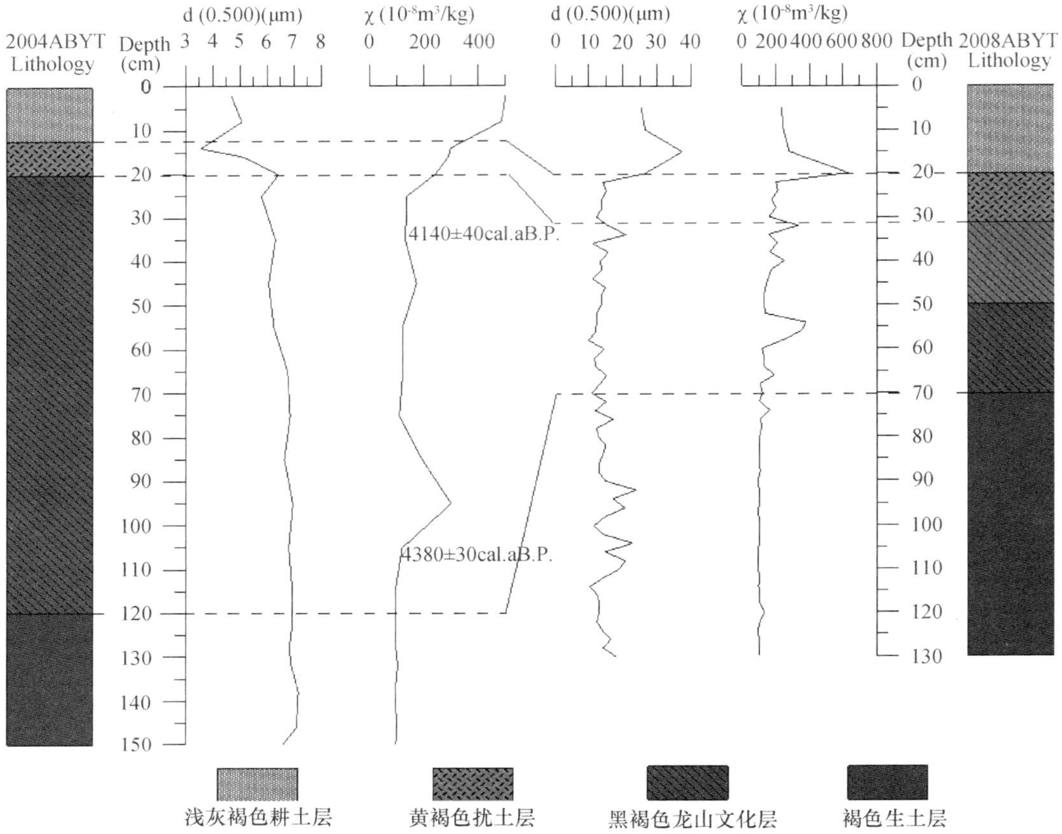

图一四〇　禹会村遗址ABYT2004探方和ABYT2008探方剖面粒度、磁化率对比曲线图

研究中选取了禹会村遗址ABYT2004探方剖面样品的7个样品作锆石晶体形态分析，锆石晶体形态鉴定统计结果见表一七和图一四一。

表一七　禹会村遗址ABYT2004探方锆石晶体形态鉴定统计结果

编号	深度（cm）	浑圆柱状（%）	浑圆状（%）	四方双锥（%）	复四方双锥（%）	四方柱（%）	合计（%）	颗粒总数（个）
W①-20	8	35.42	4.17	51.04	4.17	5.21	100.01	96
W②-17	20	34.02	3.09	54.64	3.09	5.15	99.99	97
W③-15	30	36.19	2.86	51.43	4.76	4.76	100.00	105
W③-12	65	36.63	2.97	49.50	4.95	5.94	99.99	101
W③-8	105	40.86	3.23	47.31	3.23	5.38	100.01	93
W④-5	130	37.00	3.00	50.00	4.00	6.00	100.00	100
W④-1	150	38.64	2.27	50.00	3.41	5.68	100.00	88

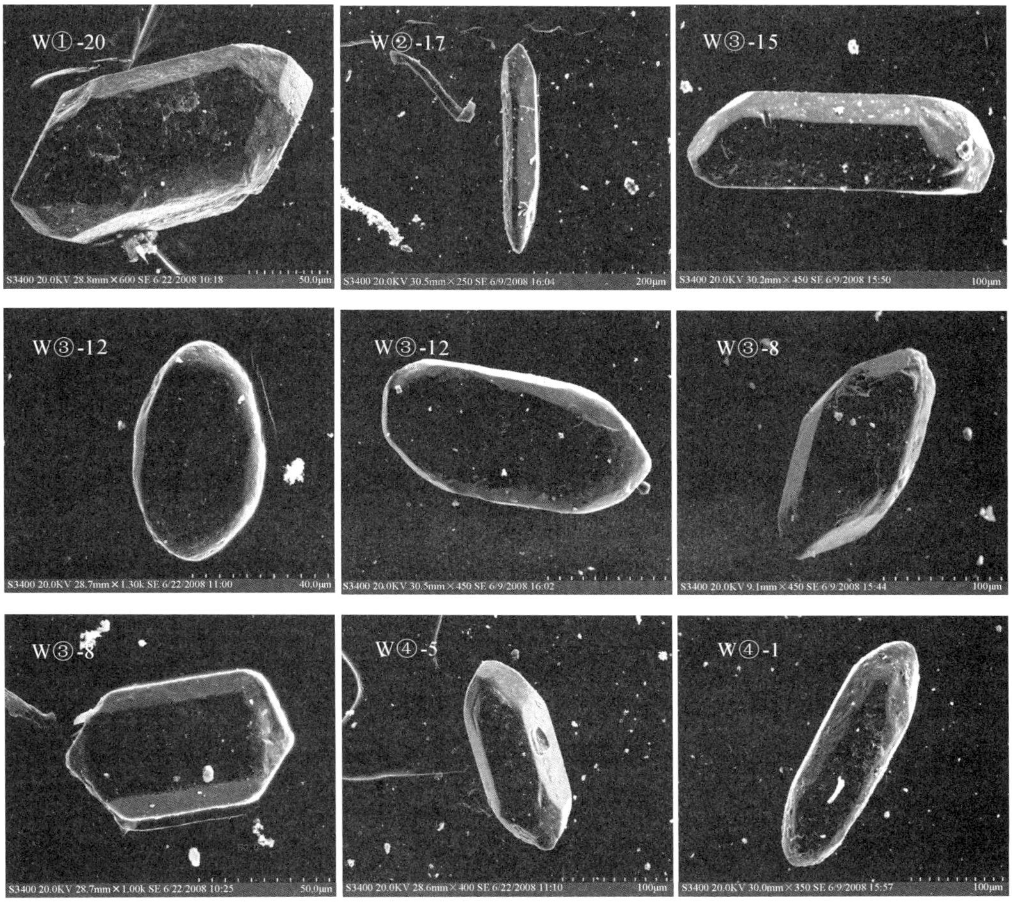

图一四一　禹会村遗址ABYT2004探方锆石晶体形态鉴定照片（部分）（左上角为地层编号）

禹会村遗址ABYT2004探方剖面的锆石晶体形态分析结果，从表一七分析可见，禹会村遗址地层中的锆石在显微镜下观察主要呈浑圆柱状、浑圆状、四方双锥状、复四方双锥状和四方柱状，而由于其特有的原生四方双锥体形态，其在被冲刷搬运磨蚀后呈浑圆状的仍然偏少。晶形较好，棱角度高的锆石与磨圆度较好的锆石颗粒同时出现，表明河流线状水流沉积物来源的多样性。从表一七可见，130厘米以下的生土层所在的W④-1层和W④-5层的四方双锥、复四方双锥、四方柱等有棱角所占比例普遍较高，反映龙山文化之前该区域环境的整体稳定，也为龙山文化的出现创造了条件。但在W③-8层，即距离地表105厘米处却出现了锆石晶体形态浑圆柱状和浑圆状的最高值，分别为40.86%和3.23%，这些锆石已由四方双锥形态被磨至近于浑圆状，表明均具有被流水长途搬运后留下的一定程度的磨圆特征。在W③-15层，也就是距离地表约30厘米处，浑圆柱状锆石晶体形态开始下降，到W②-17层，也就是距离地表20厘米处，下降到最低，仅为34.02%，而四方双锥状锆石晶体形态上升至最大值54.64%。

五、结论与讨论

（1）禹会村遗址地层的年代学探讨：禹会村遗址目前已完成的AMS ^{14}C测年所选取的测年样品是遗址地层里面的炭屑样品，测得的年代结果为①ABYT2002探方龙山文化晚期大型夯土台面炭屑样品的年代为大约距今4140年±40年；②ABYT2004探方西壁深度为105cm的龙山文化早期地层炭屑样品的年代为大约距今4380年±30年。上述两处炭屑样品的测试方法和技术手段均符合要求，测年数据具有较高的可信度。年代学结果再次明确了禹会村遗址出现和废弃的时间，另外，据《史记》记载，夏王朝经历大约从公元前21世纪初到公元前16世纪初的前后500年时间，从现有的研究来看，大多数学者认为我国历史上夏朝的跨越时间大致为公元前2070～前1600年。因此本文研究中所涉及的龙山文化晚期也就相当于夏朝建立的初期，正是我国历史上大禹治水发生的时期，这也揭示了禹会村与“大禹治水”历史典故的年代吻合，暗示二者可能存在的历史渊源关系，这将为进一步研究二者之间的关系打下基础。

另一方面，从测年样品采样的地层位置来看，上述两个AMS ^{14}C测年结果，它们的时间范围大致代表了禹会村遗址的人类活动的开始时间和结束时间，该遗址的人类活动时间前后持续大约240多年时间，反映了该遗址人类活动持续时间短。在此情况下，对遗址内出现的各种现象，如文化层薄、文化类型单一、出土的陶器制作简陋、炉温不高、烧制粗糙，以及遗址有大型的祭祀场所等，都反映该遗址可能只是作为一处为着某一目的而存在的人类活动遗址。当这一目的达到或者实现了，或者外界环境变迁导致这一目的的实现，或者由于外界原有环境的恶化，人类活动不得不迁移的时候，该遗址也就相应废止，这将有待于进一步研究证实。

（2）禹会村遗址环境背景的沉积地层学研究结果探讨：在已经开展的禹会村遗址的环境背景的沉积地层学研究中，研究对象与研究材料采样自禹会村遗址ABYT2004探方西壁和ABYT2008探方南壁两个遗址地层剖面。样品按照统一的采样方式进行现场采样与分样、运输与保管、样品的前处理、环境代用指标的确定与实验室分析等，在方法和技术流程上也基本沿用同样的模式。对同一个遗址进行两处平行剖面的采样及分析，避免了地层环境学研究中的“一孔之见”的嫌疑。研究结果标明，禹会村遗址ABYT2004探方剖面和ABYT2008探方剖面样品的多环境代用指标分析均显示，该地区距今4500年以前、龙山文化出现到中期、龙山文化中期到后期、距今4100年之后龙山文化晚期四个阶段该地区的环境总体趋势大致经历了暖湿—冷干—暖湿-冷干的气候变化过程，其中有气候的波动和环境突变事件，主要存在于遗址出现以前的地层与遗址后期地层。无论从研究方法和技术路线、研究结论等方面，尽管选择指标的沉积地层学的环境代用指标有所不同，但两个剖面的相互对比，相互校验，它们的研究结论具有较好的一致性，一方面说明该地区的环境演变在地层里保留有较好的证据，另外一方面，双剖面的校验研究，增强了研究结果的可信度，说明能够通过遗址地层学特征来重建该地区的宏观环境演变规律，从而为探寻禹会村遗址的环境背景及其与“大禹治水”时期的环境背景是否吻合找到了科学的思路。

（3）禹会村遗址环境演变研究的方法与技术路线探讨：在禹会村环境考古及地层学研究中，研究方法具有较好的综合性，选择的指标有自然科学的地层学环境代用指标以及包括矿物形态学指标的分析、考古学中一直发掘的器物的归类和整理、还有地貌学的野外调研和年代学分析等。在这种研究中，尤其关注该遗址的出现前期和遗址的后期的环境背景的情况：研究结果显示，在龙山文化出现之初（距今4500年前后），磁化率指标、Rb/Sr等环境待用指标的变化都显示了气候趋向干旱方向发展，淮河及其支流水位开始下降，河漫滩等陆地出现。由于早期的大量的河流冲积物堆积了肥沃的土壤，使得以农业生产为主的龙山文化得以发展；但到龙山文化的中期到后期（距今4100年前后），一系列环境代用指标如Rb／Sr比值的峰值、锆石的磨圆形态、沉积物较小的平均粒径等都表明了气候的湿润，降雨量增加，说明当时的气候还没有稳定下来，洪水泛滥，在距今4100年前后达到顶峰。长时间的高水位的影响，淮河及其支流河道淤塞，水位继续抬高，导致淮河流域全流域的洪水灾害，禹会村遗址的周围被洪水淹没，龙山文化的农业生产可能受到影响，为进一步整合环境代用指标综合研究禹会村遗址与“大禹治水”的历史渊源关系提供了理论支持。

（4）禹会村遗址进一步研究展望：禹会村遗址是淮河流域的一处大型龙山文化时期遗址，也是“中国古代文明探源工程”中关键时期的关键遗址，是研究“大禹治水”与区域环境变迁关系的重要材料，也是研究中华文明早期在淮河流域的起源与发展及其与环境的关系、求证大禹在淮河流域治水史绩、探索江淮地区文明起源进程的重要资料。特别是从本文对遗址地层记录的ABYT2004探方剖面和ABYT2008探方剖面的多环境代用指标的分析结果来看，禹会村遗址所在的淮河流域在距今4100年前后，即龙山文化后期，是淮河流域甚至全球温暖湿润时期，而且相对比较稳定，淮河流域处于温暖湿润的高水位期，洪灾发生频繁，这是“大禹治水”存在的客观前提，这为我们进一步去探究禹会村遗址与大禹治水历史传说的关系揭开了冰山一角。

作者认为，目前安徽淮河流域环境考古尚存在下列问题：①安徽淮河流域中晚全新世以来多代用资料多环境代用指标综合研究的区域自然环境演化序列尚未建立；②安徽淮河流域中晚全新世以来古洪水灾变事件的自然沉积和考古地层学证据不足；③安徽淮河流域新石器时代文明的演进与周边文明的相互交流和碰撞的机制和通道尚不明确；④安徽淮河流域典型新石器时代遗址考古诸多学术问题的环境成因尚待解决。因此，为了解决上述问题，需要通过对自然沉积和考古遗址地层的年代学、沉积学、环境磁学、微体古生物学和地球化学等环境指标的综合集成研究，恢复和重建研究区中晚全新世以来高分辨率的环境演变序列，定量分析和提取自然地层和考古地层中的古洪水事件信息，恢复和重建古洪水发生的规律和机制，并将之与典型遗址的考古学文化演替进行耦合研究，揭示区域环境演变和古洪水事件对安徽淮河流域中晚全新世以来人地关系的影响机制。

本文虽然从禹会村遗址地层学角度对该遗址的环境背景和文化内涵进行了初步研究，但这只是一次有意义的尝试，对其文化内涵的深入挖掘还远远不够，需要进一步从环境考古角度用自然科学方法对历史神话和传说进行环境背景重建，考证与特定遗址和流域环境演变的相关性。为了达到该研究目标，今后需要坚强多学科、多角度、多方法联合对禹会村遗址已有的考古地层学研究成果进行整合和集成研究，从该遗址的地层记录的区域环境演变信息、遗址的文化类型、遗址的功能、器物的形态以及遗址大型夯土台等考古资料的文化内涵与环境指示意义，揭示遗址与传说中的“大禹治水”存在的关系。在此基础上，再进一步对安徽淮河流域四处典型新石器时代遗址—蒙城尉迟寺遗址、蚌埠双墩遗址、垓下遗址和禹会村遗址等进行综合集成研究，进而为探究和厘清安徽“淮河文化”发生、发展及其传播的脉搏提供科学依据。

附表1　禹会村遗址ABYT2004探方地层W①-20样品重矿鉴定结果

矿物名称	各矿物重量（g）	各矿物含量（g/t）	矿物特征
磁铁矿	0.0082	30.3	黑色，半棱角粒状，具磁性
赤、褐铁矿	0.0184	68.1	黑色，褐色少，半棱角粒状
绿帘石	0.0266	96.4	浅黄绿色，半棱角粒状
石榴石	0.0065	24.0	浅粉红，橘黄色，半棱角粒状
电气石	少	少	浅褐色，三方柱
角闪石	0.0016	5.9	暗绿色，柱状
绿泥石	少	少	
辉石	个	个	
蓝闪石	个	个	浅蓝色，柱状
锆石	0.00118	43.6	无色，浅紫，四方双锥，复四方双锥，浑圆柱状，粒度细小
金红石	0.0017	6.2	金红，黑红，粒状，柱状少
磷灰石	个	个	无色，六方柱
榍石	0.0001	0.3	浅黄色，粒状，信封状个别
白钛石	少	少	
锐钛矿	少	少	
板钛矿	个	个	黑黄色，板状

续表

矿物名称	各矿物重量（g）	各矿物含量（g/t）	矿物特征
辰砂	1颗	1颗	深红色，不透明，油脂光泽，粒状，0.1mm
黄铁矿	个	个	
小计	0.0749		

备注：分析重270.10g，重矿物占原样重0.03%，粒度细

附表2 禹会村遗址ABYT2004探方地层W②-17样品重矿鉴定结果

矿物名称	各矿物重量（g）	各矿物含量（g/t）	矿物特征
磁铁矿	0.0040	13.3	黑色，半棱角粒状，具磁性
赤、褐铁矿	0.0118	39.4	黑色，褐色少，半棱角粒状
绿帘石	0.0189	63.2	浅黄绿色，半棱角粒状
石榴石	0.0044	14.7	浅粉红，橘黄色，半棱角粒状
电气石	少	少	浅褐色，三方柱
角闪石	0.0007	2.3	暗绿色，柱状
绿泥石	少	少	
辉石	个	个	深绿色，柱状
锆石	0.0110	36.7	无色，浅紫，四方双锥，浑圆柱状，粒度细
金红石	0.0018	6.0	金红色，黑红，粒状，柱状
磷灰石	少	少	无色，浑圆状
榍石	少	少	
白钛石	少	少	
锐钛石	个	个	
辰砂	4颗	4颗	深红色，不透明，粒度0.1～0.2mm，油脂光泽
黄铁矿	个	个	
小计	0.0526		

备注：分析重298.93g，重矿物占原样重0.02%，粒度细小

附表3 禹会村遗址ABYT2004探方地层W③ -15样品重矿鉴定结果

矿物名称	各矿物重量（g）	各矿物含量（g/t）	矿物特征
磁铁矿	0.0016	5.1	黑色，半棱角粒状，具磁性
赤、褐铁矿	0．0104	33.1	黑色，半棱角粒状

续表

矿物名称	各矿物重量（g）	各矿物含量（g/t）	矿物特征
绿帘石	0.0342	109.1	浅黄绿色，半棱角粒状
石榴石	0.0018	5.7	橘黄色，半棱角粒状
电气石	0.0006	1.9	浅褐色，三方柱
角闪石	0.0012	3.8	暗绿色，柱状
绿泥石	0.0006	1.9	
辉石	个	个	
锆石	0.0088	28.0	无色，浅紫，四方双锥，复四方双锥，浑圆柱状，粒度细
金红石	0.0017	5.4	金红色，粒状，柱状
榍石	个	个	
白钛石	少	少	灰黄色，浑圆状
锐钛石	个	个	
透闪石	个	个	
辰砂	7颗	7颗	深红色，星点状，<0.01mm
黄铁矿	个	个	
小计	0.0609		

备注：分析重313.38g，重矿物占原样重0.02%，粒度细小

附表4　禹会村遗址ABYT2004探方地层W③-12样品重矿鉴定结果

矿物名称	各矿物重量（g）	各矿物含量（g/t）	矿物特征
磁铁矿	0.0015	4.6	黑色，半棱角粒状，具磁性
赤、褐铁矿	0.0189	58.5	黑色，半棱角粒状
绿帘石	0.0369	114.2	浅黄绿色，半棱角粒状
电气石	少	少	浅褐色，三方柱
角闪石	0.0014	4.3	暗绿色，柱状
绿泥石	少	少	
辉石	个	个	
蓝闪石	个	个	浅蓝色，柱状
锆石	0.0110	34.0	无色，浅紫，四方双锥，复四方双锥，浑圆柱状，粒度细
金红石	0.0022	6.8	金红，黑红，粒状，柱状
磷灰石	少	少	无色，六方柱，浑圆状
榍石	少	少	
白钛石	少	少	

续表

矿物名称	各矿物重量（g）	各矿物含量（g/t）	矿物特征
锐钛矿	个	个	灰蓝色，粒状
黄铁矿	个	个	
小计	0.0775		

备注：分析重323.00g，重矿物占原样重：0.02%，粒度细小

附表5　禹会村遗址ABYT2004探方地层W③-8样品重矿鉴定结果

矿物名称	各矿物重量（g）	各矿物含量（g/t）	矿物特征
磁铁矿	0.0009	3.1	黑色，半棱角粒状，具磁性
赤、褐铁矿	0.0084	29.2	黑色，半棱角粒状
绿帘石	0.0153	53.3	浅黄绿色，半棱角粒状
石榴石	0.0013	4.5	浅粉红，橘黄色，半棱角粒状
电气石	少	少	浅褐色，三方柱
角闪石	0.0003	1.0	暗绿色，柱状
绿泥石	少	少	
辉石	个	个	
锆石	0.0085	29.6	无色，浅紫，四方双锥，复四方双锥，浑圆柱状，浑圆状，粒度细
金红石	0．0019	6.6	金红，黑红，粒状，浑圆柱状，个别膝状双晶
磷灰石	个	个	无色，粒状
榍石	少	少	
白钛石	少	少	
锐钛矿	个	个	
透闪石	个	个	无色，柱状
小计	0.0366		

备注：分析重287.02g，重矿物占原样重0.01%，粒度细

附表6　禹会村遗址ABYT2004探方地层W④-5样品重矿鉴定结果

矿物名称	各矿物重量（g）	各矿物含量（g/t）	矿物特征
磁铁矿	0.0001	0.3	黑色，半棱角粒状，具磁性
赤、褐铁矿	0.0146	45.8	黑色，半棱角粒状
绿帘石	0.0196	61.5	浅黄绿色，半棱角粒状
石榴石	0.0023	7.2	浅粉红，橘黄色，半棱角粒状

续表

矿物名称	各矿物重量（g）	各矿物含量（g/t）	矿物特征
电气石	少	少	浅褐色，三方柱
角闪石	0.0005	1.5	暗绿色，柱状
绿泥石	少	少	
辉石	个	个	
锆石	0.0153	48.0	无色，浅紫，四方双锥，浑圆柱状，浑圆状，粒度细
金红石	0.0035	10.9	金红，粒状，浑圆柱状，个别膝状双晶
磷灰石	个	个	无色，半浑圆状
榍石	少	少	
白钛石	少	少	
锐钛石	个	个	
辰砂	2颗	2颗	深红色，不透明，粒度0.1～0.2mm，油脂光泽，粒状
小计	0.0559		

备注：分析重318.69g，重矿物占原样重0.02%，粒度细

附表7　禹会村遗址ABYT2004探方地层W④-1样品重矿鉴定结果

矿物名称	各矿物重量（g）	各矿物含量（g/t）	矿物特征
磁铁矿	0.0002	0.3	黑色，半棱角粒状，具磁性
赤、褐铁矿	0.0149	48.1	黑色，半棱角粒状
绿帘石	0.0288	93.1	浅黄绿色，半棱角粒状
石榴石	0.0014	4.5	粉红，橘黄色，半棱角粒状
电气石	少	少	
角闪石	少	少	暗绿色，柱状
绿泥石	少	少	
辉石	个	个	
蓝闪石	个	个	灰蓝色，柱状
锆石	0.0337	109.0	无色，浅紫，四方双锥，复四方双锥，浑圆柱状，细长柱状，粒度细
金红石	0.0060	19.4	金红，黑红，粒状，浑圆柱状
磷灰石	少	少	无色，六方柱，粒状
榍石	少	少	
白钛石	0.0004	1.2	

续表

矿物名称	各矿物重量（g）	各矿物含量（g/t）	矿物特征
锐钛石	个	个	
透闪石	个	个	
黄铁矿	个	个	
小计	0.0853		

备注：分析重309.13g，重矿物占原样重0.03%，粒度细

附表8　禹会村遗址ABYT2004探方地层N④-6样品重矿鉴定结果

矿物名称	各矿物重量（g）	各矿物含量（g/t）	矿物特征
磁铁矿	0.0010	3.3	黑色，半棱角粒状，具磁性
赤、褐铁矿	0.0169	56.5	黑色，半棱角粒状
绿帘石	0.0297	99.4	浅黄绿色，半棱角粒状
石榴石	0.0026	8.7	粉红，橘黄色，半棱角粒状
电气石	少	少	浅褐色，三方柱
角闪石	0.0005	1.6	暗绿色，柱状
辉石	个	个	
绿泥石	少	少	
锆石	0.0111	37.1	无色，浅紫，四方双锥，复四方双锥，浑圆柱状，粒度细
金红石	0.0019	6.3	金红，黑红，细粒状，
磷灰石	少	少	无色，粒状
榍石	少	少	
白钛石	0.0001	0.3	
锐钛矿	个	个	灰蓝色，粒状
透闪石	个	个	
黄铁矿	个	个	
小计	0.0638		

备注：分析重298.78g，重矿物占原样重0.02%，粒度细

附表9　禹会村遗址ABYT2004探方地层N⑤-3样品重矿鉴定结果

矿物名称	各矿物重量（g）	各矿物含量（g/t）	矿物特征
磁铁矿	0.0014	3.8	黑色，半棱角粒状，具磁性
赤，褐铁矿	0.0190	52.3	黑色，半棱角粒状

续表

矿物名称	各矿物重量（g）	各矿物含量（g/t）	矿物特征
绿帘石	0.0432	119.0	浅黄绿色，半棱角粒状
石榴石	0.0022	6.0	浅粉红，橘黄色，半棱角粒状
电气石	少	少	浅褐色，三方柱
角闪石	0.0015	4.1	暗绿色，柱状
绿泥石	少	少	
辉石	个	个	
锆石	0.0117	32.2	无色，浅紫，四方双锥，复四方双锥，浑圆柱状，浑圆状，粒度细小
金红石	0.0022	6.0	金红，黑红，粒状，柱状
磷灰石	个	个	无色，粒状
榍石	个	个	
白钛石	0.0001	0.2	灰黄色，半浑圆状
锐钛矿	个	个	
板钛矿	个	个	黑黄色，板状
透闪石	个	个	无色，柱状
小计	0.0813		

备注：分析重363.0g，重矿物占原样重0.02%，粒度细

附表10　禹会村遗址ABYT2004探方地层N⑥-1样品重矿鉴定结果

矿物名称	各矿物重量（g）	各矿物含量（g/t）	矿物特征
磁铁矿	0.0015	5.3	黑色，半棱角粒状，具磁性
赤、褐铁矿	0.0091	32.4	黑色，半棱角粒状
绿帘石	0.0158	56.2	浅黄绿色，半棱角粒状
石榴石	0.0009	3.2	粉红，橘黄色，半棱角粒状
电气石	少	少	浅褐色，三方柱
角闪石	0.0003	1.0	暗绿色，柱状
绿泥石	少	少	
辉石	个	个	
蓝闪石	个	个	浅蓝色，柱状
锆石	0.0097	34.5	无色，浅紫，四方双锥，复四方双锥，浑圆柱状，浑圆状，粒度细
金红石	0.0016	5.6	金红，黑红，粒状

续表

矿物名称	各矿物重量（g）	各矿物含量（g/t）	矿物特征
磷灰石	个	个	无色，粒状
榍石	少	少	
白钛石	0.0001	0.3	
锐钛矿	个	个	灰蓝色，粒状
透闪石	个	个	无色，柱状
黄铁矿	个	个	
小计	0.0390		

备注：分析重280.75g，重矿物占原样重0.01%，粒度细

第三节　禹会村遗址祭祀遗迹的科学分析

赵春燕　王吉怀

（中国社会科学院考古研究所）

安徽省蚌埠市禹会村遗址位于蚌埠市涂山南4公里淮河东岸，南北长约2500米，东西宽约200米，古称禹墟，是古代典籍记载的“禹娶禹兴禹会”之地，^{14}C测定遗址距今有4100年，被考古界称为中国古代文明起源“关键时期的关键遗址”。中国社会科学院考古研究所安徽工作队在蚌埠市博物馆的配合下，于近年对禹会村遗址进行了系统的考古发掘，发现在遗址的东北部，保存有一处由灰土、黄土、白土自下而上逐层堆筑而成的人类堆筑台迹，呈“甲”字形布局。在这座大型祭祀台基附近，还发现了多种类型的经过人工挖制并且埋藏有别的大型祭祀坑，坑内埋藏有各种类型的器物。由此引发一系列疑问：大型祭祀台基的建筑为何由三种不同颜色的土堆筑而成？这三种土壤的化学组成是怎样的？附近祭祀坑中的出土容器内原来盛装过什么？为了逐一探究这些问题，发掘者采集了祭祀台基不同颜色的土壤及容器内积土样品，带回实验室进行分析，本文就是对分析结果及其学术价值的阐述。

禹会村遗址大型祭祀台基土壤的科学分析

（一）土壤样品的采集

禹会村遗址大型祭祀台基面积约2000平方米，呈“甲”字形布局，是以灰土、黄土、白土自下而上逐层堆筑而成，最后形成一个大面积的白土覆盖面，最下面的灰土

夯筑层约90厘米厚，灰土层之上为黄土层，厚15 ~ 20厘米，黄土之上为白土层，厚约20厘米，边缘清楚。为了对台基进行科学研究，分别采集灰土、黄土、白土各一份及生土层样品一份作为对照。

（二）土壤样品的形貌观察

1. 生土层样品

生土层样品外观为黄色，块状，质地较疏松，在显微镜下观察可见其中夹杂不均匀砂砾（图一四二）。

2. 灰土层样品

灰土层样品外观为灰黑色，质地与生土层相比明显坚硬，在显微镜下观察可见其中夹杂不均匀的灰白斑块（图一四三）。

图一四二　生土层样品

图一四三　灰土层样品

3. 黄土层样品

黄土层样品外观为灰黄色，大块状，质地坚硬，在显微镜下观察可见其中夹杂不均匀的棕红色斑块（图一四四）。

4. 白土层样品

白土层样品外观为灰白色，大块状，质地非常坚硬，是4种土中最硬的。在显微镜下观察可见其面上土壤颗粒分布均匀（图一四五）。

把4种土壤样品并列放在一起观察，可见灰土层样品颜色最深，生土层次之，黄土层再次，白土层颜色最浅。

根据土壤学的研究结果，土壤颜色（soil colour）是土壤最重要的形态特征之一。

图一四四　黄土层样品

图一四五　白土层样品

土壤颜色的变化可作为判断和研究成土条件、成土过程和演变的依据。土壤颜色也是土壤分类和命名的依据之一。

土壤颜色主要取决于土壤的化学组成与矿物组成，它既反映了土壤物质的组成和变化，又是成土过程的结果和外在表现。

土壤的白色主要同石英、高岭土、石灰和水溶性盐类这4个最广泛的组分有关。此外，某些原生矿物（如长石）也使土壤具有较浅的颜色。石膏或硬石膏的细小晶体也使土壤具有白色。

黄色，是水化氧化铁，首先是褐铁矿在土壤中聚积的结果。土壤中铁的硫酸盐在土壤改良过程中硫化物氧化形成黄钾铁矾，呈鲜明的草黄色。

含有大量伊利石、云母类矿物和不同水化程度氧化铁混合物的黏质土壤，其特点是呈棕色。棕色也是大多数土壤黏土矿物所具有的颜色。此外，红、黄、白和黑色以不同比例混合时，也形成棕色。因此，棕色是各种土壤分类中分布最广泛的颜色。

上述各种颜色在土壤中很少以单纯颜色出现。较常见的是过渡颜色和混合颜色，这是土壤物质的过渡组成或混合组成的反映[①]。

综上所述，土壤颜色的不同，主要由土壤的化学成分和矿物结构所决定。前面我们已把4种土壤放在一起比较了它们颜色上的不同，也探讨了造成这种不同的可能原因。为了进一步探究其原因，首先要对它们进行化学组成分析。

（三）禹会村遗址土壤样品的化学组成分析

土壤样品在实验室经过风干、磨细、过筛、混合、分装等前处理程序后，利用X射线荧光光谱技术对它们的组成进行分析，所用仪器为日本岛津产XRF-1700型波长色散X射线荧光光谱仪，所得结果见表一八。

① 吕贻忠，李保国. 土壤学. 北京：中国农业出版社，2006：80-82.

表一八　禹会村遗址土壤样品的化学组成

化学组成（m/m%）	样品			
	生土	白土	黄土	灰土
Na_2O	1.28	1.55	1.25	0.95
MgO	1.90	0.68	0.99	1.83
Al_2O_3	17.57	12.18	14.34	18.80
SiO_2	60.87	75.22	70.54	57.33
P_2O_5	0.09	0.042	0.041	0.048
SO_3	0.016	0.022	0.017	0.091
Cl	0.02	0.010		0.024
K_2O	2.54	1.99	2.08	2.40
CaO	1.13	0.72	0.75	1.02
TiO_2	0.80	0.97	0.96	0.80
MnO_2	0.20	0.045	0.053	0.12
Fe_2O_3	5.92	2.42	3.88	6.44
NiO	0.008	—	—	0.007
CuO	0.007	—	—	—
Rb	0.010	0.009	0.009	0.012
SrO	0.016	0.014	0.013	0.015
Y_2O_3	0.034		0.005	0.004
ZrO_2	0.018	0.041	0.035	0.020
Nb_2O_5	0.006	0.007	—	—
BaO	0.048	0.040	0.035	0.056
烧失量	7.11	3.59	4.90	9.74
Ce_2O_3	—	0.047	—	—
Bi_2O_3	—	—	0.011	0.014
Cr_2O_3	—	—	—	0.022

注：“—”表示未测出

从表一八的测试数据可知，这几种土壤样品的化学成分明显不同。土壤学上常把氧（O）、硅（Si）、铝（Al）、铁（Fe）、钙（Ca）、镁（Mg）、钾（K）、钠（Na）、钛（Ti）等九种元素称为大量元素或常量元素。除此以外的矿质元素则称为微量元素或痕量元素[①]。因为在土壤中氧元素一般是以化合物的形式存在，所以，先从大量元素开始比较4种土壤的化学组成的差异。硅在土壤中一般以二氧化硅（SiO_2）

① 黄昌勇. 土壤学. 北京：中国农业出版社，2000：22-24.

的形式存在，铝在土壤中一般以氧化铝（Al_2O_3）的形式存在，其他如铁（Fe）、钙（Ca）、镁（Mg）、钾（K）、钠（Na）、钛（Ti）等也都是以各自的氧化物形式存在。逐一比较它们在4种土壤中的含量，发现无一相同，有些甚至相差较大，比如，铁在白、黄、灰土中的含量分别是：2.42、3.88、6.44，在生土中的含量是5.92，呈现出土壤颜色越深、氧化铁含量越高的趋势。我们知道，纯的氧化铁又称赤铁矿，是一种棕红色粉末，在土壤中是一种显色物质，这就很好地解释了为何氧化铁含量越高的土壤颜色越深。

还有，前面我们也谈到土壤的白色主要同石英等组分有关，石英的化学成分为SiO_2。在白、黄、灰土中的含量分别是：75.22、70.54、57.33，在生土中的含量是60.87，基本上呈现出土壤颜色越浅、二氧化硅（SiO_2）的含量越高的倾向。

以上我们根据所分析的禹会村遗址土壤样品的常量元素含量的不同，解释了土壤颜色为何不同的原因，更重要的一点是，上表中4种土壤所含微量元素的种类不同，提示我们这几种土壤的来源不同。首先是生土中不含硒（Ce）、铋（Bi）、铬（Cr）这三种元素；白土不含铋（Bi）和铬（Cr）元素；黄土和灰土虽然都含铋（Bi）元素，但黄土不含铬（Cr）元素，而灰土含铬（Cr）元素，这几种微量元素的含量不同，很好地将这4种土壤区别开来。

（四）大型祭祀台基所需土方量的计算

禹会村大型祭祀台基面积约2000平方米，以灰土、黄土、白土自下而上逐层堆筑而成，最下面的灰土堆筑层约80厘米厚，灰土层之上为黄土层，厚15～20厘米，黄土层之上为白土层，平均厚度约20厘米，边缘清楚。若以台高1米作一简单的推算。台基的土方量大概是2000立方米，按每人每天0.5立方工作量计算，大约需要100人在40天之内方可完工。若是加上对土壤的选择和加工过程，则工作量要大大增加。可见，需要一定的人力和物力及良好的组织管理能力才能做到。

（五）结果与讨论

对禹会村遗址人类堆筑台基的灰土、黄土、白土及遗址生土层土壤样品的科学分析可以得到以下几点认识：

（1）土壤的颜色不同是由于土壤中某种化学成分的不同而引起的，氧化铁的含量越高，其土壤颜色越深；而二氧化硅的含量越高，其土壤颜色越浅。禹会村遗址的灰土层在4种土壤中氧化铁的含量最高，所以其颜色最深；而白土层的二氧化硅的含量最高，所以其颜色在4种土壤中最浅。

（2）根据灰土、黄土、白土及遗址生土层土壤样品的化学组成分析结果，可以判断这几种土壤的来源不同，肯定是经过了人为选择或加工而成，据此可以推测禹会村遗址大型祭祀台基是经过精心设计、刻意修整的，足见当时人们对该建筑是十分重视的，祭祀被当做政治生活中的大事。

（3）根据祭祀台基的面积和高度可以计算出堆筑台基所需要的土方量大概是2000立方米，而且还有对自下而上不同土壤颜色的选择或加工，这一过程无疑需要一定的人力和物力及组织管理能力才能做到。

第四节　禹会村遗址文化层中正构烷烃分布特征及其意义*

胡　飞[1]　崔　品[1]　张居中[1]　王吉怀[2]

（1. 中国科学技术大学科技史与科技考古系　2. 中国社会科学院考古研究所）

古生态环境的研究与重建，不仅对宏观地审视不同文化特色的形成以及文化的变化很有意义，而且对微观地分析一个具体的古文化遗址也有重要作用①。因此，伴随着环境考古学的蓬勃发展，考古学家们越来越关注全球性与区域性气候环境等自然因素对考古学文化的影响，从而促使各种研究古气候、古植被、古环境等代用指标方法应运而生，如植物孢粉分析、动植物群演化、沉积环境等研究手段。本文希望利用蚌埠禹会村遗址地层中的正构烷烃的分布特征来指示当时的植被状况，从而揭示当时人类的生存环境，这将为我们更进一步了解蚌埠禹会村龙山时代文化遗址古环境提供一些新的线索。

一、禹会村遗址及其文化内涵

禹会村遗址（距今4140～4380年）属于龙山时代晚期阶段，隶属蚌埠市禹会区秦集乡，北纬30°53′07.5″，东经117°11′50.6″，遗址坐落于蚌埠西郊涂山南麓的禹会村（前郢）村南的淮河东岸，呈南北狭长形分布，总面积约50万平方米。遗址东侧濒临天河，西侧紧临淮河。《左传》曾记载“禹会诸侯于涂山，执玉帛者万国”，因此禹会又有“禹虚”之称，相传禹王当年为治理洪水曾在此召开万国诸侯会议。

根据钻探信息，遗址被分为生活区和堆筑遗迹两个部分。生活区处在遗址的中、

* 中国科学院战略性先导科技专项——应对气候变化的碳收支认证及相关问题（XDA05130500）资助项目；国家自然科学基金资助项目（40772105）.

① 张宏彦. 中国史前考古学导论（第二版）.北京：科学出版社，2011：43.

南部，文化堆积丰富，出土大量的具有典型特征的龙山文化陶器等遗物。其中一个灰坑中埋藏有近20件完整陶器，主要有泥质灰陶罐，土黄色泥质陶罐、鬶，泥质磨光黑陶罐，泥质磨光豆、带耳罐、鼎等。陶罐多为圆唇，敞口，直颈，斜肩，鼓腹，凹底，并以绳纹为主要装饰特征；陶鼎完整者不多，大多为圜底或平底，足根处饰按窝，足尖外侧均饰有按窝状，成为禹会村遗址的典型特点。堆积遗迹分布在遗址北部，为一处面积约2000平方米的人工堆积遗迹，呈“甲”字形布局，被直接叠压于现代扰土层和龙山时代文化地层之下。堆筑层面不甚平整，呈凹凸不平状，并有大小不等的锅底形坑，坑壁及底部均为铺设的白膏泥层和纯黄土层。发掘证明禹会村遗址的堆筑遗迹属于槽式堆筑而成，加之堆筑层和层面上的火烧痕迹，种种迹象表明应该与祭祀活动或短期内的大型集会活动有关①。

禹会村遗址文化面貌较为复杂，从陶鬶和“鬼脸式”鼎足来看，明显具有典型龙山文化的特点，而大量的侧三角扁体鼎足又具有造律台文化的特点，在足尖处带有按窝的鼎足，又与上海松江广富林、江苏兴化南荡、南京江浦牛头岗遗址出土的同类器较为接近，并且与良渚文化卞家山遗址的同类器物也较为接近。此种复杂的文化现象说明淮河流域禹会村地区是南北两地龙山时代文化碰撞与交融的重要地方，这对于我们更进一步地了解淮河流域龙山时代文化以及文明探源都有着至关重要的作用②。

二、材料及方法

（一）样品采集

本文样品分别采集于蚌埠禹会村遗址T2009南壁与T2027东壁两个剖面，样品采集后用锡箔纸包裹，并密封在样品袋中，以防止样品受外界环境污染。T2009南壁剖面特征如下：①耕土层，深度为0~16厘米，土质疏松，土色为灰褐色，含有大量草根及现代陶瓷片等；②宋代、明代层，深度为16~32厘米，土质稍疏松，土色为黄白色，夹杂有宋明时期瓷片；③龙山晚期层，深度为32~45厘米，土质较硬，土色为灰色，夹杂有夹砂陶及黑陶等；④龙山中期层，深度为45~82厘米，土质坚硬，土色为浅灰色，夹杂有夹砂陶等；⑤生土层，土质坚硬，土色为灰白色。T2027东壁剖面特征如下：①耕土层，深度为0~15厘米，土质疏松，土色为灰褐色，夹杂有大量草根及现代陶瓷片和砖块；②汉代层，深度为15~45厘米，土质细腻较疏松，土色为黄白色，夹

---

① 王吉怀，赵兰会. 禹会村遗址的发掘收获及学术意义. 东南文化，2008，（1）：20-26.

② 王吉怀，张莉，赵兰会. 蚌埠禹会村遗址揭露出大型礼仪性基址. 中国文物报，2010.

杂有汉代陶片等；③龙山文化层，深度为45～55厘米，土质较硬，土色为灰色，夹杂有大量陶片等；④生土层，土质坚硬，土色为灰白色。

（二）分析方法

样品采集后储存于中国科学技术大学科技考古实验室低温冰箱中以待正构烷烃的提取。为了尽可能选择较少人工干扰的样品，综合考虑后选择了禹会村遗址T2009南壁剖面，分别采集禹会村遗址耕土层与龙山时代晚期地层进行正构烷烃提取。首先，将土样放在通风橱内进行自然干燥，待样品基本干燥完全后，利用环境扫描电子显微镜（XL-30 ESEM）进行观察，排除微生物污染的可能性。检测样品无微生物污染后，将其研磨至100～150目，分别称取25g用已抽提过的滤纸进行包裹，将其放置在索氏提取器中。为了实验过程中样品不被实验器材和环境等污染，所有仪器采用玻璃化，并且所用的国产分析纯试剂三氯甲烷需重蒸两遍，以确保实验数据的可靠性。接下来，在干净的500mL磨口平底烧瓶中加入约250mL三氯甲烷（其中最好加入铜粉，为除去土壤中的无机硫元素），然后再在索氏提取中用三氯甲烷反复抽提72小时（不包括样品前处理、器材清洗、样品浓缩以及洗脱），抽提温度控制在78～80℃。抽提完毕的溶液在水浴锅中用减压蒸发至5～10mL，转移至细胞瓶，吹干恒重，得到氯仿沥青，然后将衡重后的氯仿沥青用色谱纯的正己烷溶解，溶液中的可溶有机质采用以硅胶、氧化铝及无水硫酸钠作为吸附剂的层析柱进行分离，最后用正己烷从层析柱中洗脱出烷烃。然后将洗脱的烷烃溶液吹干，衡重后，送至中国科技大学地球化学系中国科学院壳幔物质与环境重点实验室进行GC-MS分析。

环境扫描电子显微镜（XL-30 ESEM）工作条件：放大倍数：×6～100 000；分辨率：30kV：SE3.5nm，3kV：GSE15nm，30kV：BSE10nm；聚焦范围：3.0～99mm；可自动聚焦；样品移动范围：X，Y = 50mm， Z = 马达驱动25mm+外部移动25mm，连续旋转，倾斜−15°～+75°。气相色谱-质谱联用仪（GC-MS）工作条件：HP-5MS石英毛细管色谱柱（30m×0.25mm×0.25μm）。升温程序：以15℃每分钟的速率从100℃升至280℃，终温恒温15分钟；进样口温度 250℃，进样量10μL，氦气为载气；MS粒子源温度250℃ EI，轰击电压70 eV。

（三）分析结果

本文利用环境扫描电子显微镜（XL-30 ESEM）对禹会村遗址T2009南壁剖面的耕土层与龙山时代晚期地层的样品进行初步扫描观察，结果未发现微生物颗粒，从而排除所测样品被微生物污染的可能性[①]，说明该样品均可利用正构烷烃提取实验来揭示古

① Whalley W B, Marshall J R, Smith B J. Origin of desert loess from some experimental observations. Nature, 1982, 300：433-435.

植被信息。环境扫描电子显微镜（XL-30 ESEM）观察图像如图一四六～图一四九：

图一四六　禹会村遗址T2009耕土层土样显微结构（×1000）

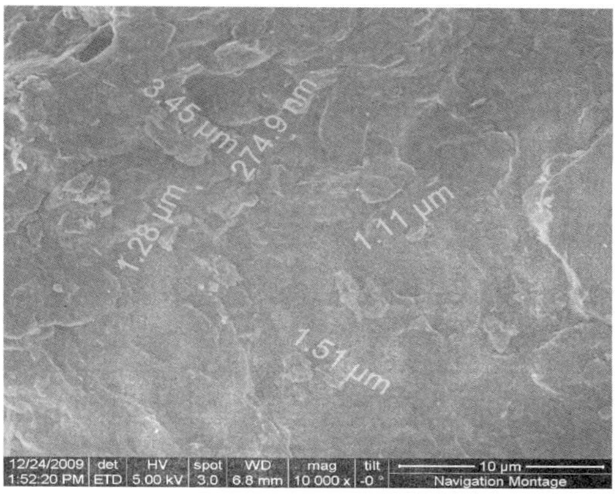

图一四七　禹会村遗址T2009耕土层土样显微结构（×10 000）

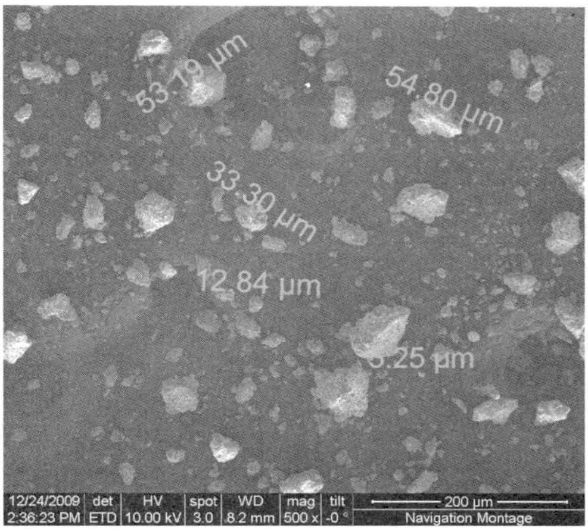

图一四八　禹会村遗址T2009龙山时代晚期地层土样显微结构（×500）

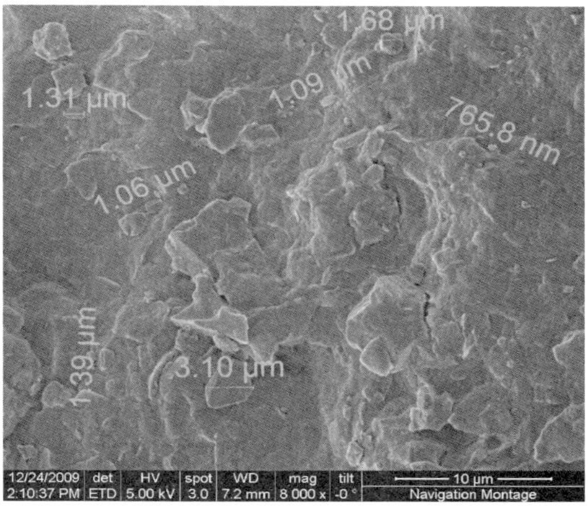

图一四九　禹会村遗址T2009龙山时代晚期地层土样显微结构（×8000）

气相色谱-质谱联用仪（GC-MS）对已用环境扫描电子显微镜（XL-30 ESEM）观察过的蚌埠禹会村遗址T2009南壁剖面的耕土层与龙山时代文化晚期地层土样的检测结果显示，两者的烷烃主峰链长主要都是C_{27}、C_{29}、C_{31}，但它们峰积分面积有所不同，分别为1086.05、1326.24、1657.90和1003.18、1676.95、2259.04；（$\delta C_{27}+\delta C_{29}$）/$\delta C_{31}$分别为1.46、1.19。详细情况如表一九所示。

表一九　禹会村遗址耕土层和龙山时代文化晚期地层中正构烷烃分布特征

取样地层	烷烃主峰链长	出峰时间（s）	峰积分面积（δ）	峰半高宽度	峰高度	（$\delta C_{27}+\delta C_{29}$）/ δC_{31}
现代耕土层	C_{27}	22.09	1086.05	0.15	11 040	1.46
	C_{29}	23.54	1326.24	0.17	12 494	
	C_{31}	25.37	1657.90	0.22	12 118	
龙山时代晚期地层	C_{27}	22.07	1003.18	0.13	10 874	1.19
	C_{29}	23.54	1676.95	0.10	14 016	
	C_{31}	25.37	2259.04	0.05	2843	

三、讨　　论

（一）T2009耕土层与龙山时代晚期地层中正构烷烃分布特征

利用气相色谱-质谱联用仪（GC-MS）对已用环境扫描电子显微镜（XL-30 ESEM）观察过的蚌埠禹会村遗址T2009南壁剖面的耕土层与龙山文化晚期地层的土样进行检测，发现了丰富的类脂物。根据现代有机地球化学的研究[①]，正构烷烃以C_{27}、C_{29}为主峰的主要来源于木本植物，以C_{31}、C_{33}为主峰的则主要来源于草本植物，正构烷烃C_{27}/C_{31}比值变化反映了木本植物和草本植物相对变化的关系，此方法已在湖泊沉积物研究中得到证实[②]。当草本植物占优势时，烷烃化合物中C_{31}占主要优势；而木本植物占优势时，则以C_{27}或C_{29}正构烷烃为主。本次研究正构烷烃的碳数分布主要在C_{15}~C_{31}，并且具有一定的奇偶效应，（$\delta C_{27}+\delta C_{29}$）/ δC_{31}值范围为1.19~1.46，平均链长（ACL）值范围为27~30。

蚌埠禹会村遗址T2009南壁剖面的耕土层与龙山时代文化晚期地层的样品中正构烷烃的检测分析得知：禹会村遗址耕土层中的正构烷烃主要来源于高等植物，并且具有奇偶优势的高碳数正构烷烃以C_{31}为主峰，分布顺序依次为$C_{31}>C_{29}>C_{27}$，但三者之间的峰积分面积相差不大；又（$\delta C_{27}+\delta C_{29}$）/ δC_{31}为1.46，表明该地为草本和木本混合植被，此结果与现代淮河流域的植被环境基本相符（图一五〇、图一五一）。禹会村

① Eglintong, Hamilton R J. Leaf epicuticular waxes. Science, 1967, 156： 1322-1355; Rieley G, Collier R J, Jones D M, et al., The biogeochemistry of Ellesmere Lake, UK： source correlation of leaf wax inputs to the sedimentary lipid record. Org. Geochem., 1991, 17： 901-912.

② Huang Y, Street-Perrott F A, et al., Glacial-interglacial environmental changes inferred from the molecular and compound-specific ^{13}C analyses of sediments from Sacred Lake. Geochemica et Cosmochenica Acta, 1999, 63： 1383-1404.

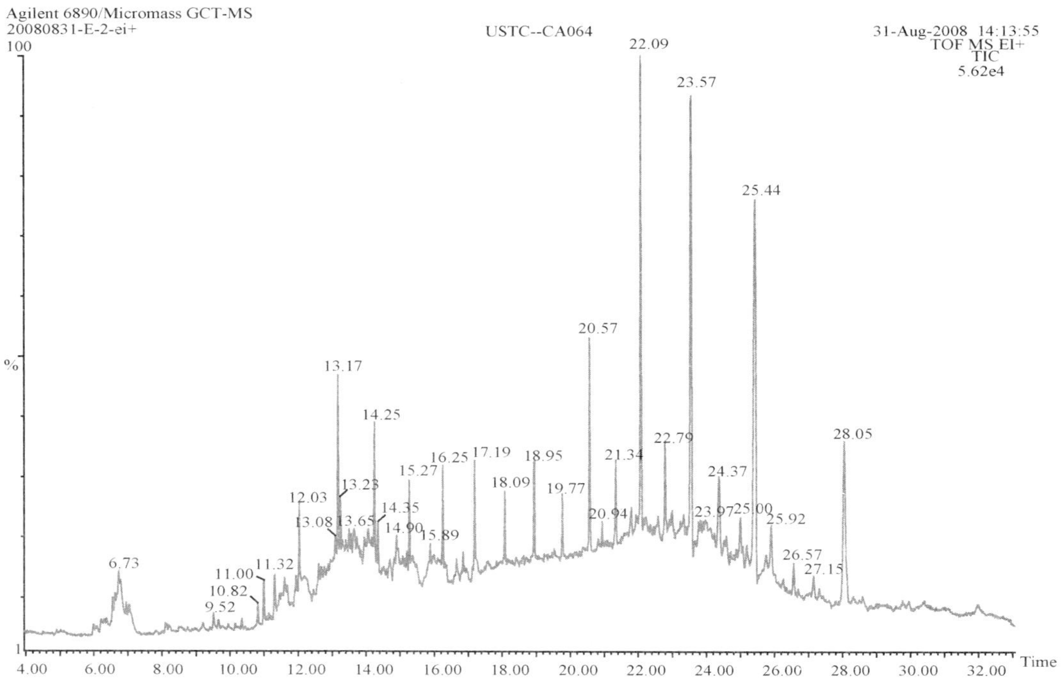

图一五〇　禹会村遗址T2009耕土层烷烃分布图

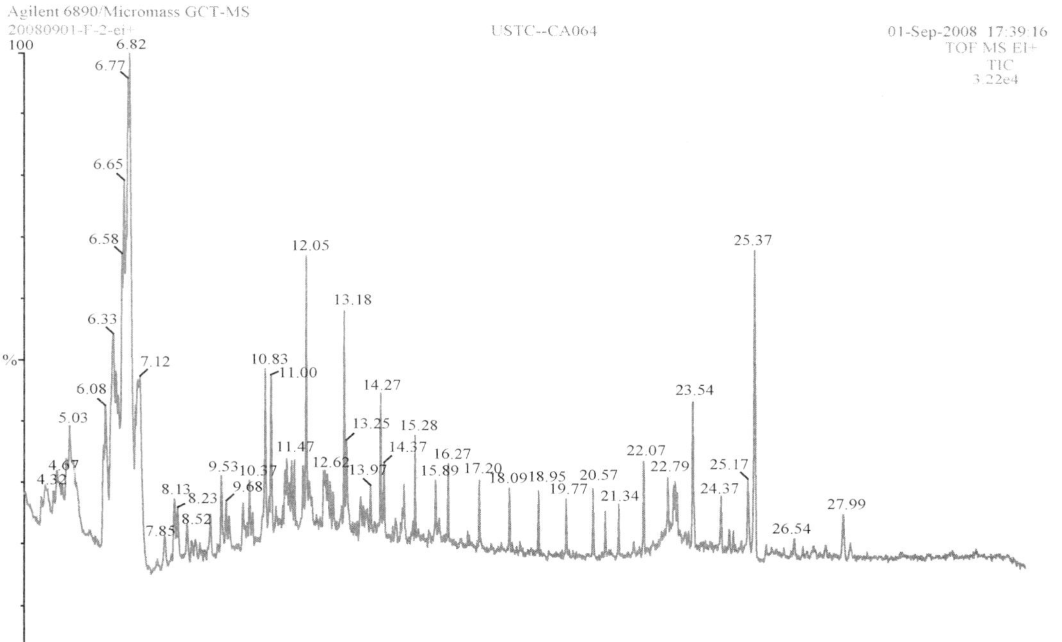

图一五一　禹会村遗址T2009龙山晚期层烷烃分布图

遗址龙山时代文化晚期地层中分布具有明显的奇偶优势的正构烷烃，以C_{31}为主峰，以C_{27}、C_{29}为次峰，分布顺序依次为$C_{31}>C_{29}>C_{27}$；又（$\delta C_{27}+\delta C_{29}$）/ δC_{31}为1.19，表明禹会村遗址龙山时代晚期的草本比木本占有显著优势；同时该地层中中等碳链长度的烷烃比耕土层中分布明显，C_{16}、C_{17}、C_{18}三峰的峰积分面积最大，指示禹会村遗址龙山时代晚期阶段的植被环境中有一定比例的苔藓类植物和水生大型植物（沉水和浮水植物），综合得知禹会村遗址龙山时代晚期的气候类型为温凉湿润型。

（二）禹会村遗址龙山时代晚期古气候环境探讨

禹会村遗址出土的器物形态明确显示了龙山时代的文化特征。中国社会科学院考古研究所^{14}C实验室对该遗址龙山晚期大型人工堆筑的“甲”字形夯土台遗迹上采集的木炭样品进行测定并经过树轮校正，其年代为：公元前2190年±40年。再结合遗址考古发掘的文化层晚期样品的^{14}C测年结果，禹会村遗址龙山时代文化年代大致跨越距今4500～4000年①。分布在山东、河南等地的龙山时代文化年代跨度大约都在公元前2600～前2000年之间②，起始与衰落时间基本一致，表明不同地区的文化都受到同等条件的促进和限制。

大量的地质证据显示在距今4000～3500年间存在突然降温事件，这次降温事件被认为可能是新仙女木事件以来最为寒冷的一次降温过程，也是世界上许多地区全新世气候演化过程中的一次重要转变，标志着气候最适宜期的结束和晚全新世的开始③。竺可桢先生根据中国5000年来温度升迁曲线和考古资料综合得出，距今4000年开始降温，距今3000年处于此次降温事件的最低值④。夏正楷等也曾提出在距今4000年前后出现的降温事件导致相对湿度增加而引发异常洪水事件，并且在异常洪水事件出现之前的龙山文化时期，中原地区的植被主要以草本植物占绝对优势，以蒿属为主，禾本科和藜科次之；木本植物种属单调，仅有少数的松属和个别的桑科、栎科和榆属；此种植被特征代表暖温带草原植被⑤。

---

① 钱仁发，王吉怀. 从禹会遗址的考古资料看淮河中游地区文明化进程. 东南文化，2012，（3）：30-41.

② 靳松安，赵新平. 试论山东龙山文化的历史地位及其衰落原因.郑州大学学报（哲学社会科学版），1994，（4）：1-7；靳桂云，于海广，栾丰实，等. 山东日照两城镇龙山文化（4600-4000a B.P.）遗址出土木材的古气候意义，第四纪研究，2006，26（4）：571-579.

③ Lamb H H. Present, Past and Future. Vol 2. Climate and the future.London： Methuen＆Co., 1977, 376-380.

④ 竺可桢. 中国近五千年来气候变迁的初步研究. 考古学报，1972，（1）：35-36.

⑤ 夏正楷，杨晓燕. 我国北方4 ka B.P.前后异常洪水事件的初步研究. 第四纪研究，2003，（6）：667-674；彭晓莹，钟巍，赵引娟，等. 全新世大暖期气候环境特征及其机制的再认识. 华南师范大学学报（自然科学版），2005，（2）：52-60.

张广胜等通过对蚌埠禹会村遗址ABYT2004完整剖面进行的磁化率、Rb/Sr、粒度和重矿晶体形态等多环境代用指标分析研究得出，在距今4500年以前、龙山时代文化中期、龙山时代文化中期到晚期、距今4000年之后四个阶段该地区的环境总体趋势大致经历了暖湿—冷干—暖湿—冷干的气候变化过程①。本文对蚌埠禹会村遗址T2009南壁剖面现代耕土层和龙山时代文化晚期地层中的正构烷烃进行提取分析，得出两地层中都含有木本和草本的正构烷烃，但两者的比例有所不同，植被类型同属草本—木本混合植被。耕土层中（$\delta C_{27}+\delta C_{29}$）/$\delta C_{31}$为1.46，龙山时代文化晚期地层中（$\delta C_{27}+\delta C_{29}$）/$\delta C_{31}$为1.19，揭示禹会村遗址龙山时代晚期草本植被略多于现代，而木本植被相对少于现代。另外，它们也都含有丰富的中等碳链长度的烷烃，C_{16}、C_{17}、C_{18}三峰的峰积分面积最大，且龙山文化晚期地层中的中等碳链长度的烷烃比耕土层丰富，指示龙山文化晚期地层中有一定比例的苔藓类植物和水生大型植物，显示出当时的气候环境较为湿润。

气候环境和地理位置等自然条件是孕育人类文化的母体。龙山文化晚期正值气候环境变差，洪水灾害不断的社会过渡时期，而禹会村遗址作为中国南北分界线地区的一处具有代表性的龙山时代遗址，它的发现表明该地区是南北两地龙山文化碰撞和融汇的地方，这不禁使我们联想起“大禹治水”的历史事件。

综上所述，蚌埠禹会村遗址龙山时代晚期与现在同属草本-木本混合植被，但龙山时代晚期的草本与水生植被略多于现在，说明当时的气候环境有利于水生植物及草本生长，此种植被的气候环境背景应属于温凉湿润型，这也与距今4000年前后的洪水事件相吻合。

四、结　　论

禹会村遗址T2009南壁剖面龙山文化晚期地层和耕土层中的正构烷烃分布特征显示，龙山文化晚期地层中的正构烷烃具有明显的奇偶优势，以C_{31}为主峰，C_{27}、C_{29}为次峰，丰度特征依次为$C_{31}>C_{29}>C_{27}$，且C_{31}与C_{27}和C_{29}之间的差距较大，另外地层中含有丰富的中等长链烷烃；耕土层中的正构烷烃分布特征以C_{31}为主峰，丰度分布依次为$C_{31}>C_{29}>C_{27}$，但C_{31}与C_{27}和C_{29}之间的差距不是十分明显，且耕土层中中等长链烷烃明显少于龙山文化晚期地层。综合得出，禹会村遗址龙山文化晚期地层显示草本植被占绝对优势，耕土层中以草本占优势，两者的植被环境都应属于草本、木本混合植被，

① 张广胜，朱诚，王吉怀，等. 安徽蚌埠禹会村遗址4.5-4.0 ka BP龙山文化的环境考古. 地理学报，2009，64（7）：820-824.

且龙山文化晚期的水生和草本植被明显高于现在，说明当时的气候环境比现在较为温凉湿润。

致谢：感谢蚌埠市博物馆赵兰会副研究员等在野外采样过程中给予的帮助。

第五节　禹会村遗址浮选结果分析报告

尹　达
（中国社会科学院考古研究所科技中心）

一、前　　言

禹会村遗址位于安徽省蚌埠市西郊涂山南麓的淮河东岸，是目前淮河流域发现最大的一处龙山文化中晚期的祭祀遗址。遗址历经5次大规模发掘，获得了同类遗址中前所未有的重要资料。但是禹会村遗址的植物遗存尚缺乏系统的研究，为进一步深化禹会村遗址的研究，中国社会科学院考古研究所科技中心植物研究室决定对禹会村遗址进行植物考古学的实践和研究。我们为此次的浮选工作设定了以下目标：①科学系统地获取遗址中埋藏的古代植物遗存；②通过对遗址出土植物遗存的鉴定和量化分析判定禹会村遗址的农业经济特点；③探讨龙山时代晚期当地农业经济的发展方向和变化。

二、采样与浮选

禹会村遗址的浮选样品分别采自2009～2010年度的第三次秋季和第四次春季的发掘工作。2009年度的样品来自37个不同遗迹单位的52份土样，2010年度的样品来自29个不同遗迹单位的231份土样。两次合计采集来自66个遗迹单位的283份土样，浮选的土量总计达3274升余，平均每份样品的土量约为11升。

遗址主要采用针对性采样法，同时为了更深入地了解祭祀沟这样的重要遗迹单位的内部堆积和植物遗存分布情况，还采用了网格式采样法。通过以上两种采样方法，共采集到66个遗迹单位的样品，其中包括祭祀坑、祭祀沟、灰坑、地层、基槽、房址中的等。

禹会村遗址所采集样品均为龙山文化晚期。以灰坑和祭祀类遗迹现象为主要采样地点，采样来自台基1份、地层15份、灰坑29份、祭祀坑3份、祭祀沟13份、房址4份及陶器内堆积土1份。禹会村遗址采集土样在各遗迹单位背景的分布如表二〇所示。

表二〇　禹会村遗址不同背景单位采集样品数量

台基	地层	灰坑	祭祀坑	祭祀沟	房址	陶器	合计
1	15	29	3	13	4	1	66

禹会村遗址所采集的土样黏土成分较高并且干燥之后出现板结，这在很大程度上会造成炭化物不易浮出的结果。不仅会影响植物遗存的提取率，严重者还会导致浮选结果出现误差①。因此，我们对土样做了前期处理。首先选择阴凉通风的地面，将土样均匀摊开等待其阴干；之后将干燥板结的土块轻轻用木棒敲击使其散开。

采集到的土样在当地进行浮选，使用的浮选设备是水波浮选仪，收取浮出炭化物的分样筛规格是80目（筛网孔径为0.2毫米）。浮选结果在当地阴干后被送交中国社会科学院考古研究所科技中心植物考古实验室进行分类、种属鉴定和分析。

三、浮选结果

禹会村遗址浮选出的炭化植物遗存主要有炭化木屑和植物种子两大类。

（一）炭化木屑

炭化木屑是指“经过燃烧的木头的残存，其主要来源是未燃尽的燃料或遭到焚烧的建筑木材和其他用途的木料等”②。禹会村遗址出土的炭化木屑大多比较细碎，但通过显微镜观察，出土木屑的细胞结构清晰可见。结果显示，禹会村遗址浮选出土的炭化木屑总重约为59克，土量为3274升余。如果按每份浮选土样为10升来计算，平均每升土样所含炭化木屑的重量仅为0.18克。根据以往的经验及与其他同时期遗址的比较，这一数值很低。

炭化木屑含量一般是被当做浮选样品炭化物整体含量的标尺，如果炭化木屑含量低，样品中所包含的其他炭化植物遗存相应也少，反之亦然。为此，我们对不同采集背景的炭化木屑进行了量化比较（表二一）。

---

① 赵志军. 考古出土植物遗存中存在的误差. 文物科技研究（第一辑）. 北京：科学出版社，2004.

② 赵志军，等. 登封王城岗遗址浮选结果及分析. 华夏考古，2007，（2）.

表二一　禹会村遗址浮选样品出土炭化木屑统计

采样背景	灰坑	祭祀坑	祭祀沟	地层	房址	台基	陶器内土
样品份数	29	3	13	15	4	1	1
平均含量（克/每10升）	0.121	0.743	2.564	0.171	0.004	0	0

结果发现，出自祭祀坑和祭祀沟的炭化木屑数据明显高于其他单位，而地层、灰坑和房址的炭化木屑数据则正好相反。虽然采自祭祀沟的样品份数不如灰坑和地层的多，但其木炭含量却大大高于其他遗迹单位。从这些结果来看，禹会村遗址样品内的炭化木屑含量与其出土的不同考古背景有密切关系。

（二）植物种子

禹会村遗址浮选的土样共计3274升余，从中浮选出各种炭化植物种子598粒，平均每10升土壤样品出土炭化植物种子2粒。经比较，禹会村遗址出土植物种子的数量明显偏低。经鉴定，遗址出土的炭化农作物种子包括有稻谷（*Oryza sativa*）、小麦（*Triticum aestivum*）、粟（*Setaria italica*）和大麦（*Hordeum vulgare*）四种农作物的炭化籽粒，合计55粒，约占所有出土植物种子总数的9%。其他可鉴定植物种子有莎草科（Cyperaceae）、豆科（Leguminosae）、葫芦科（Cucurbiataceae）、蓼科（Polygonaceae）等常见的杂草类植物种子。另外还有少量特征不明显的、或者由于炭化过甚而失去了特征部位的未知种属的植物种子，以及一些炭化很严重的种子碎块。这类植物种子基本说明不了什么问题，因此，我们主要介绍农作物遗存和可以鉴定到科、属及种的植物种子（表二二）。

表二二　禹会村遗址出土植物种子绝对数量统计

植物种子	合计
农作物	**55**
稻谷（*Oryza sativa*）	33
小麦（*Triticum aestivum*）	18
粟（*Setaria italica*）	2
大麦（*Hordeum vulgare*）	2
非农作物	**513**
稗属（*Echinochloa* sp.）	1
狗尾草属（*Setaria* sp.）	25
野稷（*Panicum miliaceum*）	1
未知禾本科（Gramineae）	2

续表

植物种子	合计
豆科（Leguminosae）	13
藜（*Chenopodium album*）	9
葫芦科（Cucurbiataceae）	8
莎草科（Cyperaceae）	425
蓼科（Polygonaceae）	18
茄科（Solanaceae）	1
石竹科（Caryophyllaceae）	1
牛筋草（*Eleusine indica*）	2
苍耳（*Xanthium sibiricum*）	2
马唐（*Digitaria sanguinalis*）	2
麦仁珠（*Galium aparine*）	1
花椒（*Zanthoxylum bungeanum*）	1
悬钩子（*Rubus corchorifolius L.f.*）	1
未知（Unknown）	30

1. 农作物种子

禹会村遗址浮选出土的农作物遗存有四种：稻谷33粒，小麦18粒，粟2粒，大麦2粒。

遗址出土的炭化稻谷遗存以裸露的炭化稻米为主，占出土农作物总数的60%。由于在埋藏和提取过程中遭到磨损，这些炭化稻谷遗存绝大部分已经残破，完整无缺的仅有8粒。经测量，这些完整稻米的平均粒长为5.59毫米，平均粒宽为2.76毫米，平均粒厚为2.20毫米，长宽比的平均值为2.05（表二三）。

表二三　禹会村遗址出土稻米尺寸统计

	长（mm）	宽（mm）	厚（mm）	长宽比值
1	4.93	2.92	1.57	1.69
2	6.28	3.33	2.83	1.89
3	5.4	2.46	1.89	2.2
4	5.93	2.93	2.35	2.02
5	7.1	2.4	2.23	2.96
6	4.77	2.53	1.96	1.89
7	5.24	2.59	2.41	2.02
8	5.07	2.9	2.34	1.75
平均值	5.59	2.76	2.2	2.05

目前中国的亚洲栽培稻有粳稻和籼稻两个亚种，区分两者的常用方法是比较稻粒的形态。遗址出土的8粒完整稻米的长宽比值的平均值为2.05，应该归属于粳稻。如表二三所示，如若对它们分别进行判断，可以看出其中有几例的长宽比值已经接近或甚至落在了籼稻的数值内。利用稻粒形态特征判别稻谷品种的判别标准是相对的，而且禹会村遗址浮选出土的均是炭化稻米。一般而言，植物籽粒经过火的烧烤多少都会变形，而稻谷在炭化后的形态变化规律目前还不清楚。综上，根据形态和测量数据判断禹会村遗址出土稻谷的品种是不可靠的，仅具参考价值。

在这完整的8粒稻米中还发现了一个值得注意的现象。其中1粒稻谷腰部有一处天然形成的缺口，这种形态的稻粒在王城岗遗址、胶州赵家庄遗址和青龙泉遗址均有发现。有幸的是，在三江侗族自治县民俗博物馆采集的现生稻谷样品中，发现了类似形态的稻米（图一五二）。据悉，这是一种比较古老的糯米品种并且仍然在当地种植，并被称为“勾肚糯”。结合稻种的形态和名称考虑，有两种可能性对其进行解释：一是认为这种天然形成的缺口是这种稻米由古老品种进化而来的一个品种特性；二是有可能作为稻米成熟期过程中的一个形态，或是未完全成熟的稻秕。此外，在已知的其他遗址出土的植物遗存材料中，应该还有未被关注的这类稻谷，相信随着更多材料的积累，对这一现象会有更为完善的解释。

遗址浮选出土的炭化小麦遗存有18粒，除1粒残损之外其余均比较完整，约占出土农作物总数的33%。这些小麦的形态特征十分明显，呈椭圆形，胚近圆形约占颖果的1/3，背部凸起，腹沟很深。根据测量，麦粒的长、宽、厚的平均值分别为：4.078、2.908、2.395毫米。

禹会村遗址出土的炭化小麦的平均粒长和粒宽与东灰山遗址①的小粒型炭化小麦相差不大，但其中有几例长和宽的数值已经接近或甚至超过了大粒型炭化小麦的数值（表二四）。禹会村遗址出土的小麦种子可能有两个类型，但这些小麦究竟应该属于密穗小麦还是普通小麦，或是其他的某一品种，还有待分析和判断。

表二四　禹会村遗址出土小麦测量数据

	长（mm）	宽（mm）	厚（mm）
1	4.26	3.32	3.09
2	4.6	3.6	2.92
3	4.8	4.12	2.88
4	2.69	1.93	2.21
5	3.33	1.58	2.02
6	3.86	3.72	2.67

① 李璠，等. 甘肃省民乐县东灰山新石器遗址古农业遗存新发现. 农业考古，1989，（1）.

续表

	长（mm）	宽（mm）	厚（mm）
7	4.93	3.01	2.89
8	3.85	1.98	1.42
9	5.44	3.55	2.69
10	4.37	2.72	2.26
	2.89	2.07	2.06
12	4.43	2.18	1.99
13	4.11	3.4	2.18
14	3.43	2.64	2.03
15	4.38	3.43	2.58
16	4.69	3.58	2.87
17	3.26	2.6	1.96
平均值	4.078	2.908	2.395

相比稻谷和小麦的出土数量，禹会村遗址粟的数量很少，仅2粒，均完整，占出土农作物总数的3.6%。这两粒炭化粟均比较完整，略呈圆球状，表面较光滑，背部较平，胚部因烧烤而爆裂呈U形沟状，约占粒长的2/3。

禹会村遗址还出土有2粒大麦（图一五二），一粒保存完整，一粒残。观察这粒完整的大麦，其形态呈梭形，两端略尖，背部弓起呈浅弧状，腹部略平，腹沟较浅。这一粒大麦长6.19、宽3.58、厚2.74毫米，粒形较大。

2. 非农作物种子

禹会村遗址浮选出土的非农作物类植物种子数量为513粒，占所有出土炭化植物种子的85.8%。

莎草科共计425粒，占所出土杂草植物种子总数的82.8%。这些莎草科的种子都很小，直径在1毫米左右。种子略呈三棱形，腹部扁平，背部微凸，具有棱脊，顶端收缩为尖，基部有短柄（图一五四）。莎草科植物大多生长在潮湿处或沼泽中，是一种常见杂草，对水稻的危害较大。大量莎草科种子在遗址的发现从客观上反映了禹会村遗址广泛的农业种植自然条件应该是水田或近水的种植环境，最大可能性是混杂在收获的水稻种子中被人们带入遗址的。

禾本科种子共计33粒，占所出土杂草植物种子总数的6.4%。通过形态细部特征观察，可以将这些禾本科植物种子进一步鉴定到亚科，如黍亚科（Panicoideae），甚至到属，如马唐属（*Digitaria*）、稗属（*Echinochloa*）等。根据初步观察，此次禹会村遗址浮选出土有狗尾草属、黍属、马唐属和稗属的植物种子。

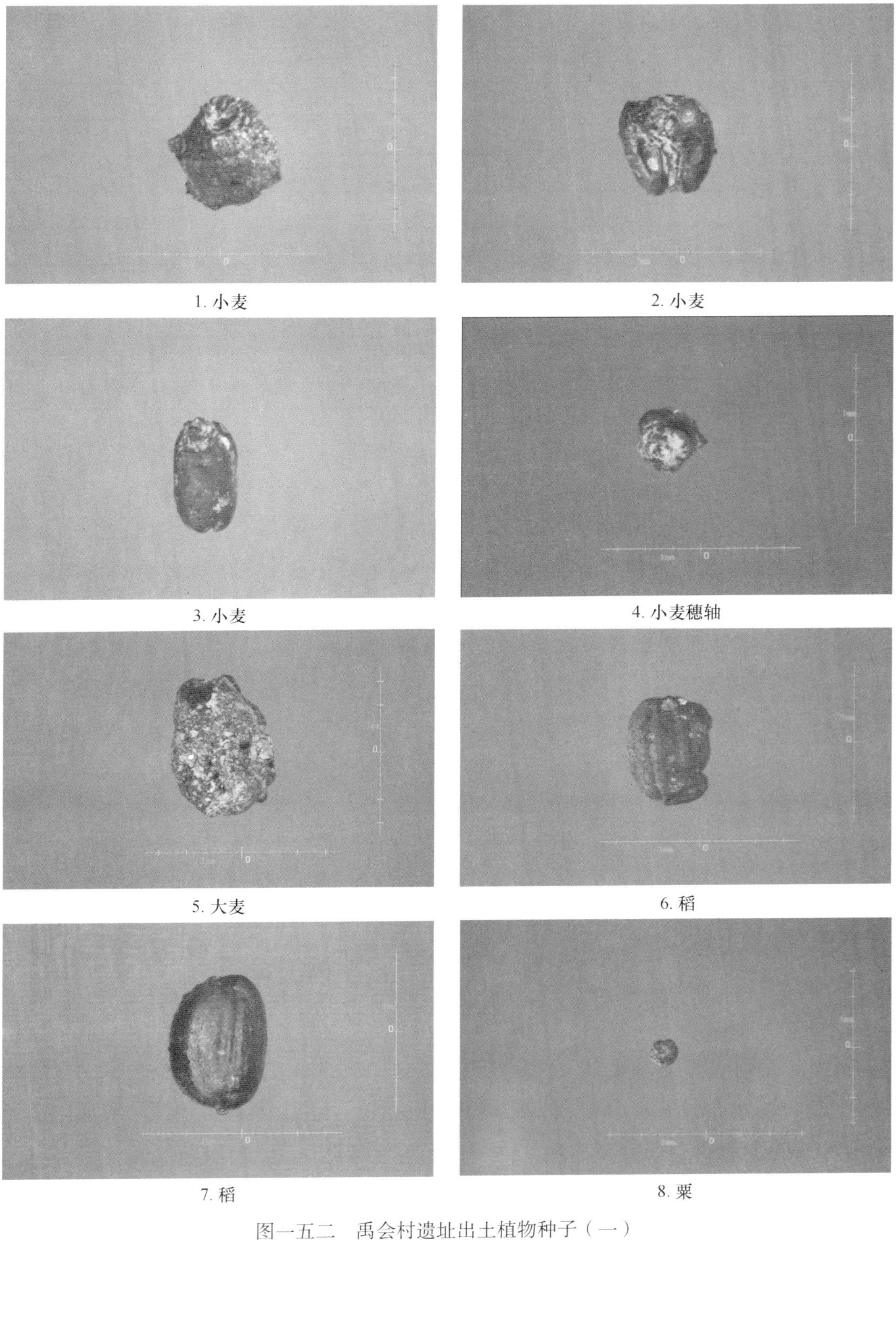

1. 小麦　2. 小麦
3. 小麦　4. 小麦穗轴
5. 大麦　6. 稻
7. 稻　8. 粟

图一五二　禹会村遗址出土植物种子（一）

狗尾草属种子共计25粒。这类植物种子多数呈细长形，顶部尖或钝圆，胚部细长，腹部扁平，背部隆起，其厚度由背部中间向胚部和顶部逐渐变薄（图一五三）。黍属种子1粒，初步鉴定为野稷。形态特征与黍相似，腹部和背部稍鼓起，但尺寸较小（图一五三）。

马唐属种子2粒，初步鉴定为马唐。种子个体较小呈细长条形，腹部扁平，背部微微隆起。长度在1毫米以下，宽度在0.6毫米左右，胚部为椭圆形，较短小，胚长约占颖果总长的1/3（图一五三）。牛筋草种子2粒。种子为卵形，背部脊状，腹部有腹沟，整个种子呈三棱状，胚区位于背部基部，近圆形，约为果长的1/3（图一五四）。

稗属种子1粒。种子个体稍大呈扁圆状，腹部扁平，背部隆起。长度在1毫米以上，宽度在8毫米左右。表面粗糙无光泽，胚区宽椭圆形，胚长约占颖果的2/3甚至3/4（图一五三）。

豆科炭化植物种子共计13粒，占所出土杂草植物种子总数的2.5%，依据形态的差异可大致分为三种（图一五三）。一类豆粒为肾形，种脐位于腹部偏上部呈窄长圆形，个体都比较小；第二类豆粒为圆形，个体较大，直径约为2.5毫米，种脐位于偏上部，呈窄长形；还有一类豆科粒形呈狭长条状，长约4、宽约1.5毫米，从种脐位置和整体形态判断应该是豆科的一种。虽然禹会村遗址出土的豆科种子个体和形态都有些差异，但根据其尺寸分析应该都是草本类种子。

蓼科种子共计发现18粒，占所出土杂草植物种子总数的3.5%。形态可分成两类：一类种子呈双凸透镜状，顶端尖，表面光滑，基部圆钝，直径0.5毫米左右；另一类种子成三棱状，顶部尖，底部圆钝（图一五四）。

藜科种子共计发现9粒，为藜（灰菜）。种子多呈扁圆形，直径约1毫米，两面呈凸透镜形，表面光滑，有光泽。顶部圆形，基部突出，有凹口，种脐位于凹口处（图一五四）。

葫芦科种子共计8粒。种子顶部较尖且薄，底部浑圆，长椭圆形（图一五四）。

茄科种子共计发现1粒。种子扁片状肾形，顶部呈马蹄唇形，表面密布网纹，种脐位于边缘凹缺内（图一五四）。

石竹科1粒，种子较小，扁圆形，表面有排列整齐的同心圆突起。

苍耳碎壳2粒。种子表面具有钩刺、密毛、碎裂纹、小突起和棱（图一五五）。

拉拉藤属种子1粒，为麦仁珠。种子背面宽圆隆突，腹部稍平，中央凹陷（图一五五）。

悬钩子种子1粒。种子呈耳状半月形，表面密布网状纹饰，两面稍凸，背面圆隆起，腹部内凹陷（图一五四）。

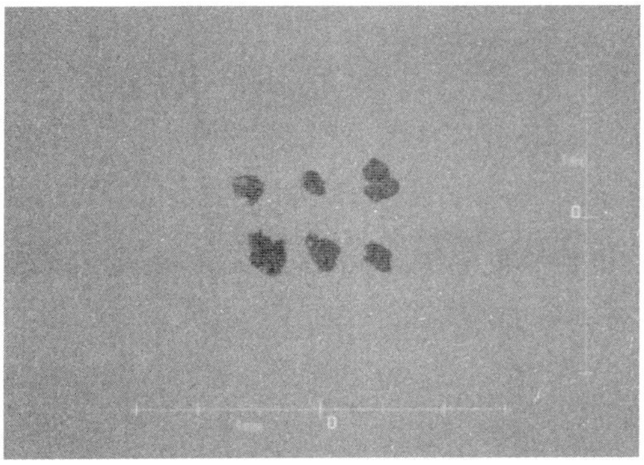

9. 稻基盘

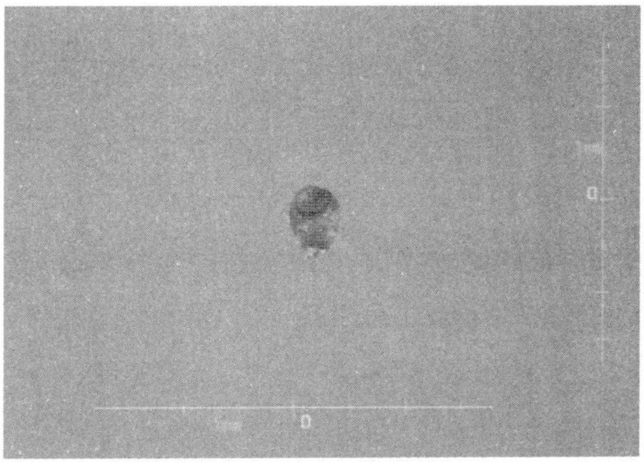

10. 野稷

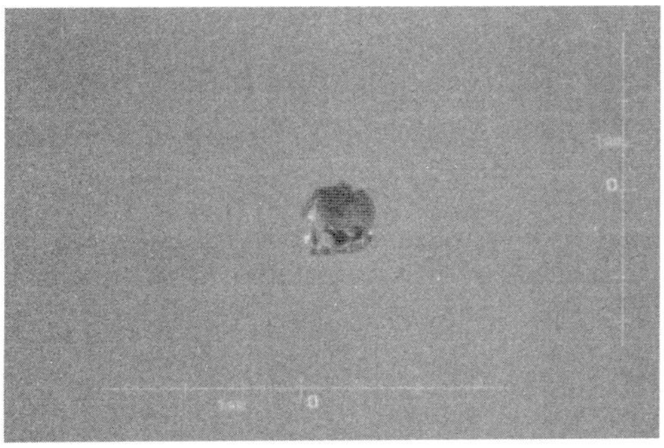

11. 稗属

12. 马唐

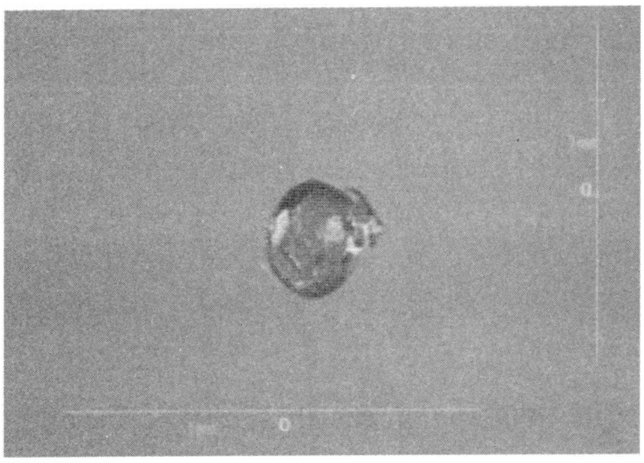

13. 豆科

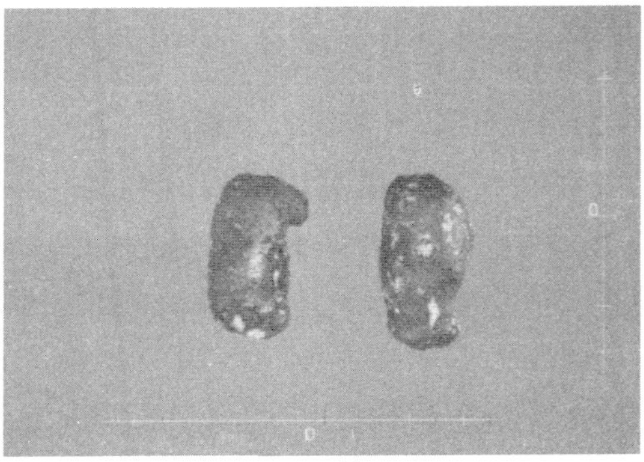

14. 豆科

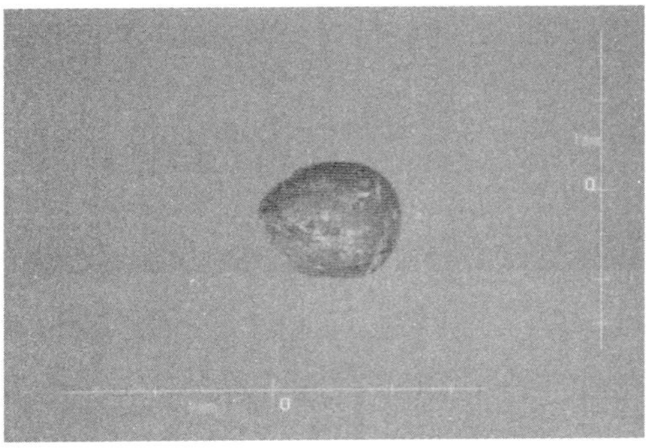

15. 豆科

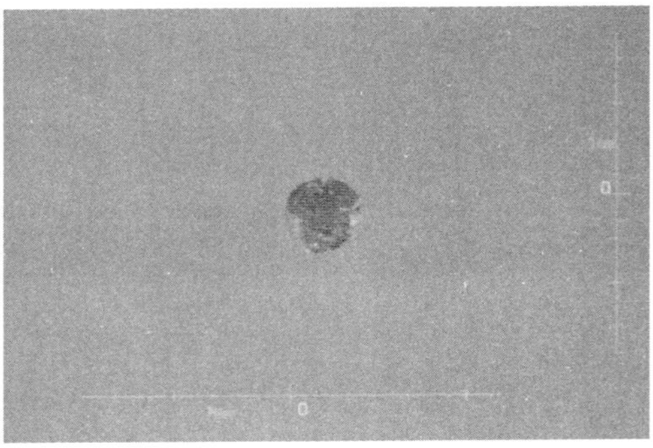

16. 狗尾草属

图一五三　禹会村遗址出土植物种子（二）

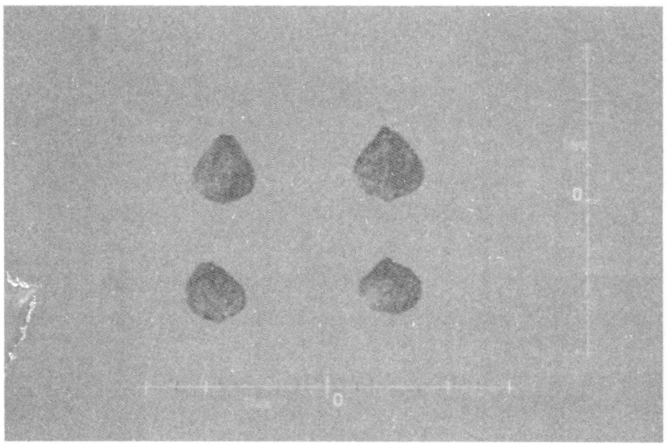

17. 莎草科

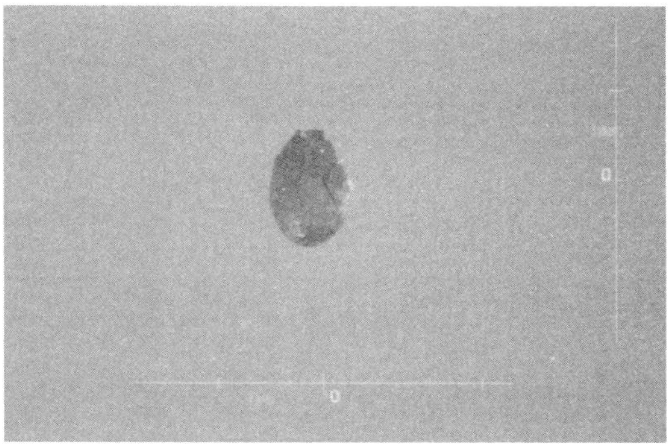

18. 葫芦科

19. 蓼科

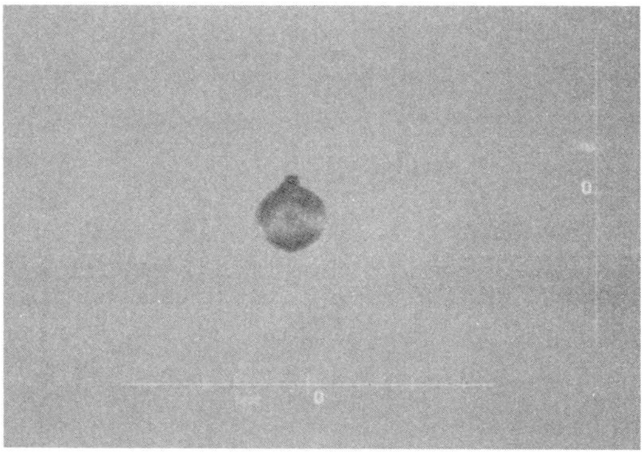

20. 蓼科

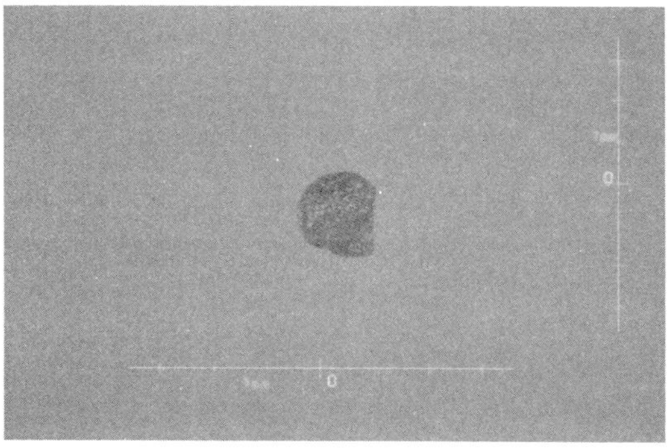

21. 茄科

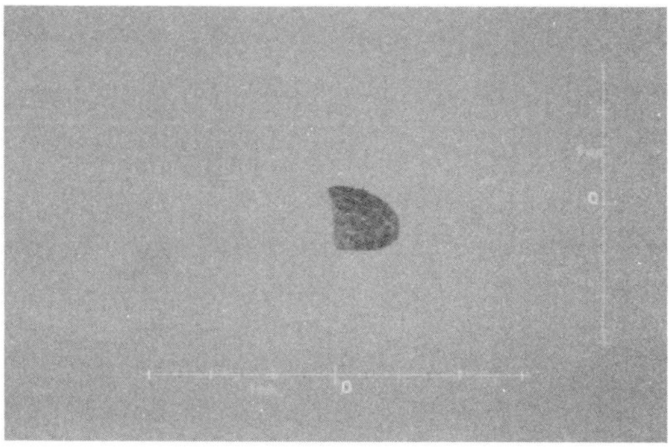

22. 悬钩子

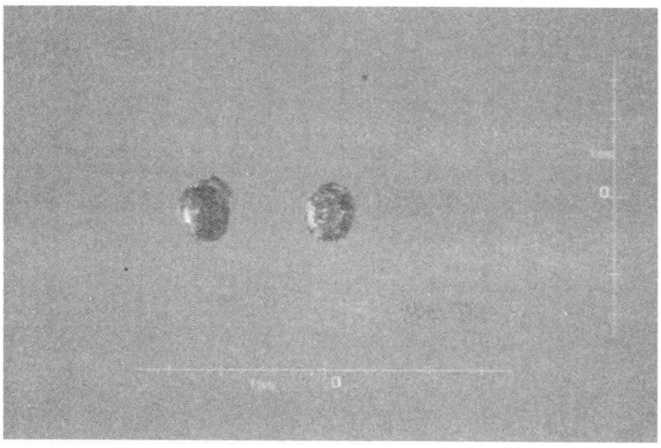

23. 牛筋草

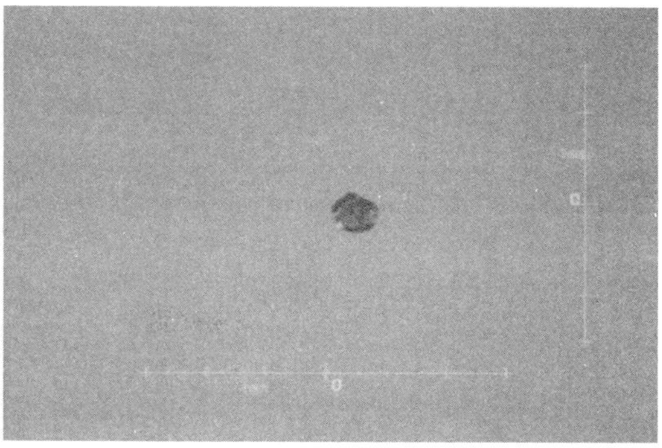

24. 藜

图一五四　禹会村遗址出土植物种子（三）

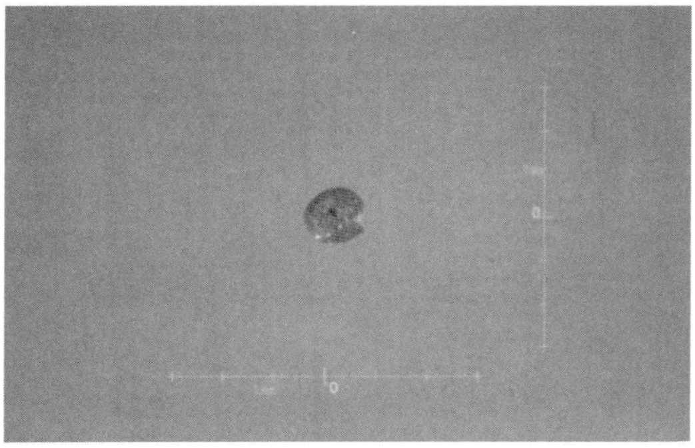

25. 麦仁珠

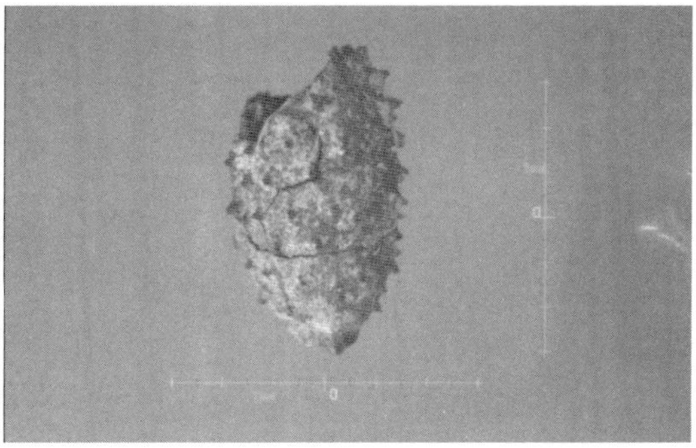

26. 苍耳

图一五五　禹会村遗址出土植物种子（四）

（三）其他植物遗存

禹会村遗址还发现有水稻基盘24粒（图一五三），小麦穗轴2粒（图一五二）。基盘和穗轴是在农作物脱粒过程中遗留下来的副产品。通过打谷的方式使基盘和穗轴分离出来，会导致基盘上有一个不太光滑平整的脱粒痕迹。这些遗存的发现也说明粮食作物的生产加工应该是在当地进行。

禹会村遗址浮选结果中还有30粒植物种子无法鉴定种属，在此不详细描述。

四、分析与讨论

（一）禹会村遗址性质与出土炭化物的关系

从量化结果上看，禹会村遗址浮选结果中炭化植物遗存的含量比较贫乏。出土的炭化植物种子绝大多数为杂草，所发现的四种农作物种子也仅占出土炭化植物种子的9.2%。结合这种情况给出以下几点分析。

理论上，只要是与人类活动有关的文化堆积中，都有埋藏炭化植物遗存的可能性。因此在采样时应尽量地选择不同的埋藏背景作为采样点，使采样的范围尽可能覆盖整个遗址的分布范围。禹会村遗址的采样方法主要是针对性采样法①。具体的做法是：以遗址内各种遗迹单位性质明确的背景为主要采样点，如灰坑、灰沟、房址、灶坑、器物内存土或破碎器物下积土等。祭祀坑这类面积大，堆积厚的单位，若其堆积内部可再细分层或区域的话，则逐层分别取样。在祭祀沟这种重要遗迹单位内则采用网格式采样法。可以说，禹会村遗址的采样方案设计基本做到了普遍性和针对性。浮选工作之前所做的土样预处理也有效地保证了炭化物的出土量和出土概率。

① 赵志军. 植物考古学的田野工作方法——浮选法. 考古，2004，(3).

禹会村遗址田野工作的采样与浮选环节均是按照科学的、有效的方式进行，不会导致较大误差的产生。但是为什么所出土的炭化植物遗存数量如此稀少？我们将关注点放到禹会村遗址性质的讨论上。禹会村遗址作为一处祭祀性遗址是比较特殊的。这种大型祭祀性遗迹一般与日常生活区分隔，在人们需要祭祀时才来到这里或者临时搭建。由于这一地点人类的活动密度相对较低，不像聚落或一般居址一样含有丰富的文化堆积，也就必然缺少炭化植物遗存。理论上，人们对植物遗存的加工方式多一道加工程序就为植物遗存埋藏在遗址堆积中增添一次机会。例如，不同的采集、食用、储存方式都会造成遗弃在遗址中的植物种类和数量上的不均等。从现有的遗迹现象和出土植物遗存的数量上分析，由于禹会村遗址属于一处带有祭祀性质的活动场所，并且农作物遗存多发现于祭祀的地点和红烧土区域。因此，炭化植物遗存在数量上的欠缺也有可能说明：在禹会村遗址的农作物有一定可能性是有别于食物之用途，这一点也有待于更详细的分析和新资料的加入。

禹会村遗址的祭祀性质影响到所出土的炭化木屑含量和炭化植物遗存的数量要明显低于同时期的聚落遗址，浮选结果也从另一个角度证明了遗址性质的特殊性。另外，禹会村遗址出土的杂草类种子在数量上远远大于农作物种子，这也是由于禹会村遗址是一处性质比较单一的祭祀遗址，从侧面也反映出遗址的特殊性。

以往的考古资料证据显示，龙山时代是史前稻作农业发展的高峰期。在全国范围内，不仅稻作遗存发现地点猛增，而且分布范围不断扩大。淮河流域具有丰富的稻作农业文化遗存，是我国传统的稻作农业区。同样，以粟和黍为代表的旱地作物也在这里生根发芽，安徽蒙城尉迟寺遗址就是以稻、粟和黍并存发展的一处大汶口文化晚期至龙山时代的遗址。小麦遗存在教场铺①、两城镇②、赵家庄、瓦店③、周原④等龙山时期遗址中均有发现。所以在禹会村遗址发现以上这几种炭化植物遗存是可能的，并且是可靠的，具有分析讨论的意义。

（二）炭化木屑的讨论

禹会村遗址出土的炭化木屑平均含量约为0.18克/10升，与已经发表的植物考古资料作对比，其炭化木屑含量比较低，这种情况与禹会村遗址的性质有密切关系。虽然没有一处相似性质的遗址可作比较，但禹会村遗址炭化木屑在不同单位的差异是明显

---

① 赵志军. 两城镇与教场铺龙山时代农业生产特点的对比分析. 东方考古（1）. 北京：科学出版社，2004.

② 凯利·克劳福德，赵志军，等. 山东日照市两城镇遗址龙山文化植物遗存的初步分析. 考古，2004，（9）.

③ 刘昶，方燕明. 河南禹州瓦店遗址出土植物遗存分析. 南方文物，2010，（4）。

④ 赵志军，徐良高. 周原遗址(王家嘴地点)尝试性浮选的结果及初步分析. 文物，2004，（10）.

的（见表二一）。具有祭祀性质的遗迹单位其木炭的平均含量明显高于其他，并且祭祀坑和祭祀沟都有火烧的痕迹。比较典型的是JSK2，坑内包含物丰富，主要为较完整的陶器、残陶片、兽骨和木炭等。由于坑内灰痕面和填土中含有较多的炭化木屑和被烧过的陶片，坑中的填土全部被浮选。据发掘者推测，此类祭祀坑的埋藏过程应该是在原地挖好坑后火烧，整个坑壁和坑底均为红烧土硬痕，其上遗有木炭灰痕，灰痕之上为一层较完整的陶器；之后在器物之上填土，又呈坑状，厚度10～20厘米。新的坑壁和坑底又形成红烧土硬痕，其上遗有木炭灰痕，之上为一层较完整器物；最后再次在器物之上填土，中间形成一个直径约80厘米的圜底小坑，又进行烧制，没有器物。在这样反复的烧制过程中坑内必然产生大量炭化木屑，浮选的结果也显示祭祀坑和祭祀沟的炭化木屑含量最高（见表二一）。其使用的燃料是什么还需要结合遗址具体情况做进一步分析。

灰坑作为古代人类遗物的集中堆放地点，更多反映的是人类行为活动的结果。按以往的经验，虽然考古遗址中的灰坑形制和实际功能是多种多样的，但其中大部分是垃圾坑，或在其他功能丧失后被堆放垃圾。所以，一般情况下灰坑内的文化堆积土中会存在大量且丰富多样的炭化植物遗存。但此次禹会村遗址众多灰坑中的炭化木屑的平均含量并不高，仅0.121克/每10升，比地层还低。这一现象不太符合以往的情况，这些差异反映了这些灰坑的功能可能有别于常。

炭化植物遗存在埋藏前必然经过火烧。与火有关的遗迹如灶或红烧土区域似乎就应该是炭化植物遗骸最丰富的出土地点，但有时也不尽然。木炭实际上是一种燃烧不完全的物质，若经过反复燃烧就会化为灰烬，这些单位遗留给我们的往往仅是一堆得以充分燃烧的灰烬罢了，而那些更为重要的遗存如植物种子等可能早已荡然无存。所以在禹会村遗址大型简易棚屋的红烧土区域所采集的炭化物含量并不是很高。

（三）植物种子的讨论

1. 农作物的问题

通过对遗址中出土的农作物遗存进行种属鉴定和数量统计分析，可以探讨古代农业发展模式与变化规律，确立各种农作物品种在日常生活与生产中的地位和作用，进而判断当时的农业生产种植制度，复原当时的生计类型，讨论遗址所在区域内的农作物品种、种植规模及地位等。另一方面，可以从遗址布局出发，探讨在不同的背景与单位中，农作物品种的异同及其与伴生杂草的关系，借此来分析当时的生产技术和发展水平。对禹会村遗址出土的三种农作物的讨论主要是从以上4个方面进行的。遗址发现的4种农作物在不同单位的出土情况如表二五。

表二五　四种农作物在不同单位的出土情况

	地层	祭祀坑	祭祀沟	灰坑	房址	合计
水稻	1	16	12	3	1	33
小麦	3	10	2	1	2	18
粟		1	1			2
大麦		1		1		2
水稻基盘		12	4	6	2	24
小麦穗轴		1	1			2
合计	4	41	20	11	5	81

如表所示，4种农作物在不同单位的出土数量是不平衡的。一般情况下，炭化木屑丰富的单位，出土植物种子的可能性较大。禹会村遗址也不例外，农作物主要集中出土在祭祀坑和祭祀沟的浮选样品中。另外，此次浮选的样品有部分是采自手工业区工棚建筑内的红烧土样。初步推断此处是当时的制陶兼磨制石器的手工业棚屋区，这些大片散乱的红烧土区域有可能是当时人们生产简易陶器和炊煮的场所。棚屋内出土农作物的绝对数量都不高，但却是与人类生产生活密切相关的地点，特别是与人饮食相关的一些植物遗存会经常地被带入房址，所以不可避免地会留下一些细小的植物遗存。在采集的红烧土样中发现有水稻和小麦，虽然数量有限但也可能说明了这样两个问题：一，棚屋内出土的炭化水稻和小麦有可能是当时人们食物结构的组成部分；二，当人们在选择主要燃烧材料时，首先考虑的不是木材而有可能是周边农作物的秸秆和干草，导致的结果就是在炭化木屑含量低的红烧土样中发现了散落其中的炭化植物籽粒。

通过上文已知禹会村遗址的炭化物含量整体偏低及其在遗址内大致的分布情况。尽管浮选所得农作物数量较少，我们还是尝试对这批样品进行了量化分析。运用浮选法所获得的植物遗存在绝对数量上是具有一定误差的[①]，它们只是人类生活中所利用植物的一小部分而已。所以，在通过资料研究古代人类活动时，必须要考虑炭化植物遗存在堆积过程中、埋藏过程中以及被提取过程中因各种原因所造成的误差。除去要计算炭化植物遗存的绝对数量外，还应该结合“出土概率”的计量方法做进一步的统计分析。采用这种统计方法得出的结果所反映的是植物遗存在遗址内的分布范围。与人类生活越为密切的植物种类被人类使用和遗弃在遗址的概率也越大，同时散布在遗址不同范围的可能性也越高。根据不同植物遗存的出土概率及其在遗址内的分布范围，参考其绝对数量，可推断出它们在当时人类生活中的地位，对研究古代人类生

① 赵志军. 考古出土植物遗存中存在的误差. 文物科技研究（第一辑）. 北京：科学出版社，2004.

计方式是非常有效和必要的。禹会村遗址4种农作物绝对数量和出土概率的比较如图一五六所示。

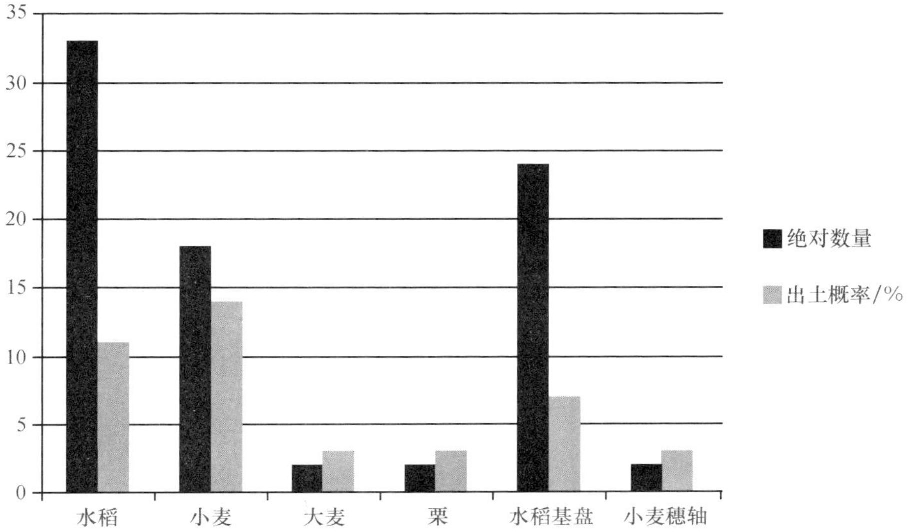

图一五六　禹会村遗址4种农作物绝对数量和出土概率比较

如图所示，禹会村遗址水稻遗存的绝对数量和出土概率两组数值结果清晰地说明，水稻作为一种农作物在当时与人们的生活关系最为紧密，即是说水稻是作为禹会村人的主体粮食作物存在的。龙山时期的大气候环境为本区水稻生产提供了更优越的条件[①]，也促进了龙山文化的繁荣。从微环境分析[②]，禹会村遗址是濒临淮河主河道最近的一处龙山文化遗址，对于水稻的灌溉可以提供充足的水源。从遗址出土的杂草种子来看，多喜湿的莎草科，有学者认为莎草科[③]可能与水稻的广泛种植有密切的关系。另外，遗址中还发现有24粒水稻基盘，基盘一般是在稻米脱粒的过程中产生的副产品。淮河流域的新石器时代遗址中，稻米一直是主要被发现的炭化植物遗存。除了生态环境和本性需求的制约，古人在选择农作物种植时，文化传统观念是不可忽略的，这在民族学研究中已得到很多例证。禹会村遗址作为龙山时代晚期的一处关键性遗址，很有可能是受到了传统文化的承袭和影响。综合以上因素分析，禹会村遗址在自然环境、农耕技术和文化传统方面均具有适合水稻生长的条件，在龙山时代晚期已经种植水稻。

目前全国范围内年代与种属均明确的小麦遗存最早发现于龙山时期，集中在西北

① 竺可桢. 中国近五千年来气候变迁的初步研究. 考古学报，1972，（1）.

② 张广胜，等. 安徽蚌埠禹会村遗址4.5～4.0 ka BP龙山文化的环境考古. 地理学报，2009，（7）.

③ 傅稻镰，秦岭. 颍河中上游谷地植物考古调查的初步报告. 登封王城岗考古发现与研究（2002～2005）. 郑州：大象出版社，2007：916～931.

地区、海岱地区和中原地区。1955年，安徽亳县钓鱼台发掘出西周时期的炭化麦粒①，禹会村遗址小麦的发现将这一地区麦类作物的历史提前至龙山时期。考古资料显示，龙山文化时期炭化小麦遗存分布最密集的地方在山东地区②，且中国早期小麦的发现并没有呈现出西早东晚的现象，而是在中部和东部的黄河中下游地区率先出现。禹会村遗址出土的18粒小麦和小麦穗轴证明至迟在龙山时代晚期，小麦已经确定在淮河中游地区出现，并有可能在当地种植。

虽然龙山时代的考古遗址中已经出现了小麦遗存，但小麦在农作物组合中一直没有占主要地位③。这种现象可能与小麦的种植条件要求有关。通常认为，小麦的生长习性并不完全适应我国的节气④。与水稻相比，小麦在禹会村遗址的绝对数量和出土概率都不低，主要集中出土于祭祀坑和祭祀沟内，但在地层、灰坑和房址中仅少量发现。小麦是一种高产的农作物类型，现有的考古资料显示，到西汉之后小麦已取代粟和黍成为我国北方地区最主要的旱地粮食作物。由于小麦的生长周期需要经历冬季雪水的保护，即利用了冬春的雪水，在缺水少雨的夏季到来之前成熟、收获。但我国北方春季4～5月雨水比较少，若无灌溉设施则很难做到保产，会直接影响到小麦的产量。可以说，人工灌溉的实现是能否在中国广大北方地区大规模种植小麦的关键。禹会村遗址距离淮河很近，当地的水资源可以为小麦的生长提供基本条件，这也给小麦在当地的种植提供了保障。另外，还发现有脱粒加工过程中遗留下来的小麦穗轴。以上发现证明，小麦在当地的种植是有可能的。但考虑到龙山时代贸易活动和文化交流的频繁，禹会村遗址又兼有山东、河南和长江下游同时期文化的因素，所以我们并不排除小麦是通过贸易交换等方式来获得的。

禹会村遗址粟的数量很少，仅2粒。遗址出土的粟粒很少，证明粟与人类活动的关系不是很密切。可能是由于当地良好的水资源环境保证了水稻和小麦的产量足以满足当时人口的需求，粟这一类农作物并未得到人们的重视。从遗址出土的杂草组合分析上来看，湿地杂草在数量上要高于旱地杂草，其中以莎草科种子尤其突出。旱地杂草主要以黍亚科为主，其绝对数量和出土概率的量化结果也说明粟在当时并未得到人们的广泛种植。另，稻和麦均为大粒作物，相比粟而言要高产得多，在有效地缓解和适应龙山时期的人口压力这方面较粟有优势。

禹会村遗址还出土有2粒大麦。初步分析认为这2粒大麦是通过交流或交换的方式获得的可能性较大。具体分析还有待进一步研究和探讨以及更多考古学资料的发现。

通过上述分析我们可以发现，在龙山时代晚期，禹会村遗址的农作物种植制度已

---

① 杨建芳. 安徽钓鱼台出土小麦年代商榷. 考古，1963，(11).

② 这和山东地区率先系统开展浮选法进行植物考古学研究也有一定关系.

③ 靳桂云. 中国早期小麦的考古发现与研究. 农业考古，2007，(4).

④ 赵志军. 关于夏商周文明形成时期农业经济特点的一些思考. 华夏考古，2005，(1).

经初步建立，其中以水稻为代表的稻作农业和以小麦、粟为代表的旱作农业成为主体农业类型。水稻是半水生作物，适宜在湿润多雨的南方生长；小麦和粟是旱地农作物，适宜在北方干旱气候中生长。这两类截然不同的农作物在其生长习性和种植技术上有着显著的差异。它们同时在禹会村遗址被发现，说明禹会村遗址的农业类型属于稻旱混作。

禹会村遗址小麦的发现证明在龙山时代晚期，小麦已经传入淮河流域中游，也为研究小麦在我国的起源和传播等问题提供了新的考古学证据。各种不同类型的文化在当地与本土文化碰撞、交融时，人们开始接受这些外来文化的影响，除去在文化面貌上的多样变化，反映在农作物的选择和种植结构上也发生了变化。在以传统稻作农业为主的基础上，禹会村遗址的农作物种植制度逐步建立起来，其中以水稻为代表的稻作农业和以小麦、粟为代表的旱作农业成为主体农业类型。禹会村遗址的地理环境、气候和水资源都能满足小麦各生长周期所需。当时的居民可能已经充分利用当地具备种植小麦的优越条件，使得小麦在当地普遍种植成为可能。若禹会村遗址小麦的种植成为可能，则说明在一些地方，小麦并不是在西汉以后才被广泛种植的，有可能更早的时候已经被人们认知而得以种植，甚至已经取代粟成为当时人们的首选农作物之一。在淮河地区存在有同时种植旱地和水田两类生长习性截然不同的作物交错地带，这个地带自新石器时代早期开始出现，晚期基本形成[①]。这种人为选择下的多品种农作物种植制度不仅反映了当时当地的农业发展水平已经达到一定的高度，使得在抵御自然灾害侵袭方面较单一农作物品种具有优势，同时这种混合农业经济模式也为淮河中游地区龙山时代晚期的人口增长和文明化进程的发展奠定了稳定的物质基础。

2. 杂草

杂草是能够在人类试图维持某种植被状态的生境中不断自然延续其种族、并影响到这种人工植被状态维持的一类植物[②]。由于人类的主观意愿决定了杂草是伴随着人类而产生、依附于人类的生产和生活而存在的，所以说杂草与人类的生计活动密不可分。因而在考古遗址的浮选结果中所发现的田间杂草植物种子，如果出土数量十分显著，其所反映的应该是农耕生产活动状况[③]。统计资料显示，淮河以北地区诸多龙山时代考古遗址中，特别是那些经过系统浮选的遗址中，农田杂草的出土概率和数量也比较高[④]。

禹会村遗址浮选出土的杂草种子以莎草科植物种子的数量为最多，共计425粒，占

① 刘桂娥，向安强. 史前“南稻北粟”交错地带及其成因浅析. 农业考古，2005，(1).

② 强胜. 杂草学. 北京：中国农业出版社，2010。

③ 赵志军，张居中. 贾湖遗址2001年度浮选结果分析报告. 考古，2009，(8).

④ 刘长江，等. 植物考古——种子和果实研究. 北京：科学出版社，2008：188.

所有出土植物种子总数的71%。值得指出的是，莎草科种子不仅数量十分显著，而且出土地点非常集中，99%的莎草科种子集中出土在距祭祀台基西侧仅1米的祭祀沟中，且在祭祀沟的出土概率为100%。祭祀沟与祭祀台基是一个不可分割的整体，两者之间有着密切的关系。祭祀台基是祭祀时的主要场所，而祭祀沟又是在祭祀过程中埋藏祭祀器物之用。莎草科这类常见的田间杂草主要出现在此，可以证明大多数莎草科植物是伴随与其生长习性相类似的农作物而被带入并埋藏在遗址中的。禹会村遗址此次发掘并未发现农田遗迹，但大量莎草科种子的集中出现至少从侧面反映了当时遗址周边所具备的农田耕作环境，与水稻的广泛种植有直接联系。另，笔者推测当时人们在选择祭祀场所时考虑到祭祀沟的挖掘，有可能直接利用现有的沟渠，恰好适应这种生长环境的莎草科种子被焚烧炭化保留至今，或者说当时人们选择祭祀燃料时有可能首选的是当地广泛生长的杂草，而莎草科这类植物首当其冲被利用。

此次禹会村遗址发现的禾本科杂草主要以黍亚科为主。依靠出土的杂草遗存，也可以窥探当时的农业生计形式和农业生产技术情况。植物间的竞争仅发生在相同的生存空间中，作为田间杂草，它们的竞争对象主要是与其在形态、生长习性和对生态环境的需求上都十分相似的农作物品种。禹会村遗址样品中出土的粟和黍亚科比例很低，可能反映粟在当时的利用率比较低，与人们的农业生产活动不太密切。相对而言，大量喜湿的莎草科种子的绝对数量和出土概率都很高，很可能表明水稻是当时人们主要种植的农作物。

杂草类种子在样品中发现的数量远远多于栽培植物种子这种情况是可能发生的。有的学者做出如下解释：由于样品的分布与现在村落安排加工粮食场所的方式一致，即在远离居住区的空旷场所，这些样品或许是作物加工后的废弃物以及当做燃料使用的牲畜粪便，烧过的燃料也可能在远离房址的区域进行处理。考虑到整个发掘区内农作物遗存发现的数量相对较少，可以推测，当时的农业劳动可能存在专门的分工，只是在村落中某一小部分场所被指定用以加工粮食、盛放垃圾或者是储存食物①。根据禹会村遗址的情况：首先，遗址性质比较单纯，并和人们实际生活区域有间隔或远离农作物种植区和加工区；其次，遗址没有发现生活区。生活区是人类活动密度最大的场所，与人类关系密切的植物遗存也往往在这些地点被发现。此次浮选所得农作物和杂草数量的差异也和此有关系。

藜科、蓼科、茄科等几类植物都包含有许多杂草类品种，有的生长在田间，有的生长在人类的居住区，与人类日常生活关系十分密切。因此，一般考古遗址的浮选样品中或多或少地都可以见到属于这几科的植物种子遗存，禹会村遗址也不例外。但与其他遗址浮选结果相比，禹会村遗址出土的这几科的植物种子数量较少。

① 凯利·克劳福德，等. 山东日照市两城镇遗址龙山文化植物遗存的初步分析. 考古，2004，(9).

五、总　　结

植物考古学是现代考古学中不可缺少的组成部分，“是通过对考古发现的与人类活动直接或者间接相关的植物，解释古代人类文化发展史”的一门学科。采用浮选法，考古学工作者可以按照自己的意愿主动地在任何遗址或遗址中的任何区域寻找和发现古代植物遗存，进而认识和了解古代人类与植物的相互关系，复原古代人类生活方式和解释人类文化的发展与过程。此次对禹会村遗址出土植物遗存的分析研究是首次浮选工作的结果，通过采样浮选、实验室工作和鉴定、数据统计和量化分析等一系列工作，获得了大量的信息和资料。可以说达到了预期的目的，为以后更深入的研究打下了基础。因材料有限，有关禹会村遗址的农业经济特点尚属初步分析，所得出的结论也有待于今后工作的深入开展并提供新的资料而得以丰富和论证。

第六节　禹会村遗址出土木炭的鉴定与初步分析

王树芝　王吉怀

（中国社会科学院考古研究所）

安徽蚌埠禹会村遗址隶属蚌埠市禹会区秦集乡，地理坐标为北纬30° 53′ 07.5″，东经117° 11′ 50.6″。遗址坐落在蚌埠西郊涂山南麓的禹会村（前郢）村南的淮河东岸，呈南北狭长形分布，总面积约50万平方米。遗址往东与天河接壤，往西紧邻淮河，淮河大堤和蚌（埠）—淮（南）206国道也呈南北向覆盖于遗址中部。禹会又有“禹墟”之称，是淮河流域一处较大型的龙山文化遗址，也是中国古代文明探源工程中关键时期的关键遗址。在国家文物局的支持下，2007年4～6月，被列为中国古代文明探源工程重大科研项目的禹会村遗址考古发掘工作正式启动①。中国社会科学院考古研究所安徽工作队王吉怀先生在2010年的发掘中，在房址、灰坑和祭祀坑2中分别采集到1份、2份和1份木炭样本，共计4份。

① 王吉怀，赵兰会. 禹会村遗址的发掘收获及学术意义. 东南文化，2008，（1）：20-25.

一、研究方法

将采集到的木炭样本按照木材的横、径、弦三个方向切出三个面的显微镜切片，使用具有反射光源、明暗场以及物镜放大倍数为5～100倍的Nikon LV150金相显微镜对木炭切片进行观察，结合现代炭化木材图谱和《中国木材志》对树种木材特征的描述[①]，进行出土木炭的树种鉴定，然后黏在铝质样品台上，表面镀金后，在Quanta650扫描电子显微镜下进行拍照。

二、研究结果

房址、灰坑和祭祀坑2中采集到的4份木炭样本经鉴定分别属于5个树种，有麻栎、栎属（2个种）、硬木松类和1个未鉴定树种（表二六）。

表二六 木炭鉴定结果表

	F3	H48	H12	祭祀坑2	总量
麻栎*Quercus acutissima*		6	5	1	13
栎属*Quercus* sp.		5	3	9	17
栎属*Quercus* sp.	2	20	1	7	30
硬木松Subgen. *Diploxylon*				3	3
阔叶树种（未鉴定）				6	6

这5个树种的构造特征分别如下。

1. 麻栎（*Quercus acutissima*）

从木炭横切面上看，生长轮明显，环孔材，早材管孔略大，在肉眼下明显，连续排列成早材带，早材带1列管孔，早材至晚材急变，晚材管孔在显微镜下才能看见，轴向薄壁组织量多，离管带状（图一五七）。从木炭的径切面看，单穿孔，射线组织同形，射线—导管间纹孔式为刻痕状（图一五八）。从木炭的弦切面看，木射线非叠生，窄木射线通常单列，宽木射线最宽处宽至许多细胞（图一五九）。

2. 栎属之一（*Quercus* sp.）

从木炭横切面上看，生长轮明显，环孔材，早材管孔略大，在肉眼下明显，连续排列成早材带，早材带1～3列管孔，早材至晚材急变，晚材管孔在显微镜下才能看

① 成俊卿，杨家驹，刘鹏. 中国木材志. 北京：中国林业出版社，1992.

见，单生，径列型（图一六〇）。从木炭的径切面看，单穿孔，射线组织同形，射线—导管间纹孔式互列（图一六一）。从木炭的弦切面看，木射线非叠生，窄木射线通常单列，宽木射线最宽处宽至许多细胞（图一六二）。

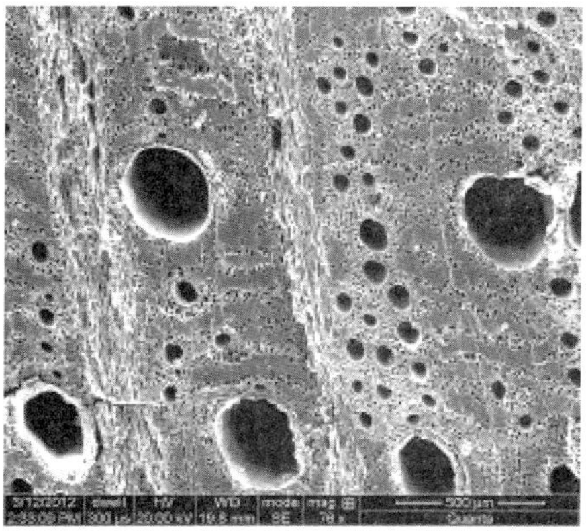
图一五七　麻栎横切面

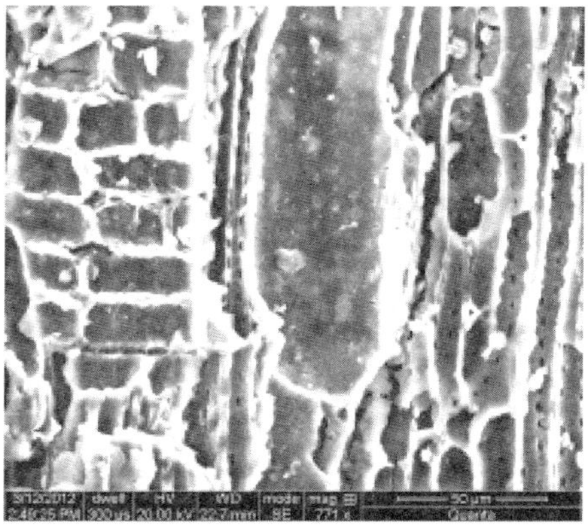
图一五八　麻栎径切面

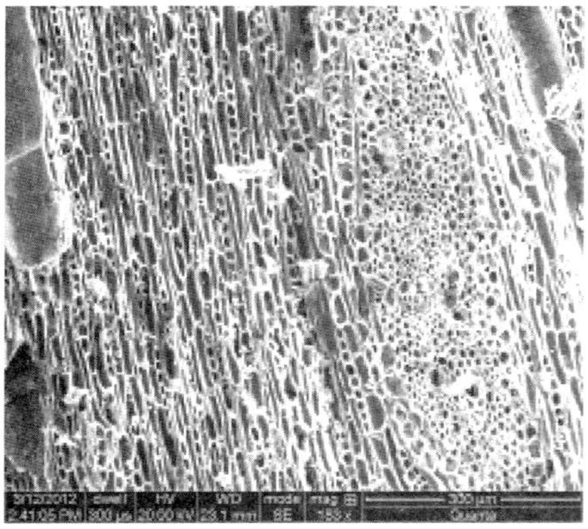
图一五九　麻栎弦切面

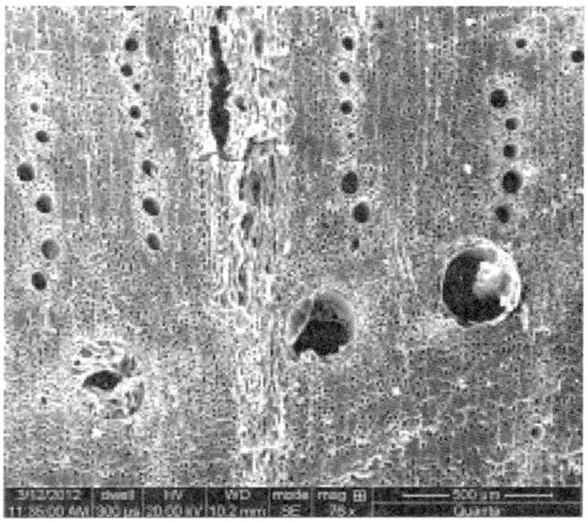
图一六〇　栎属横切面

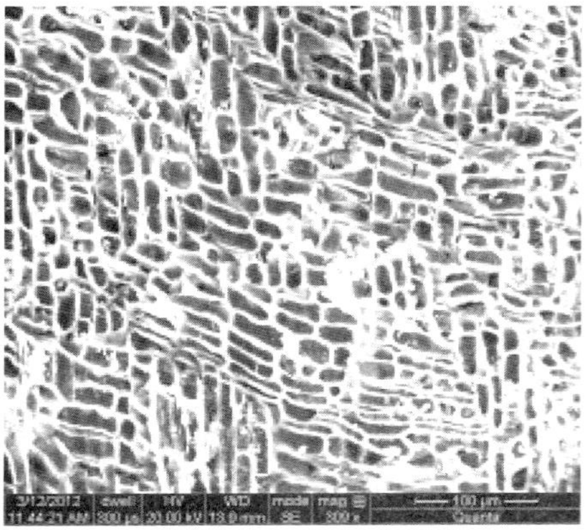
图一六一　栎属径切面

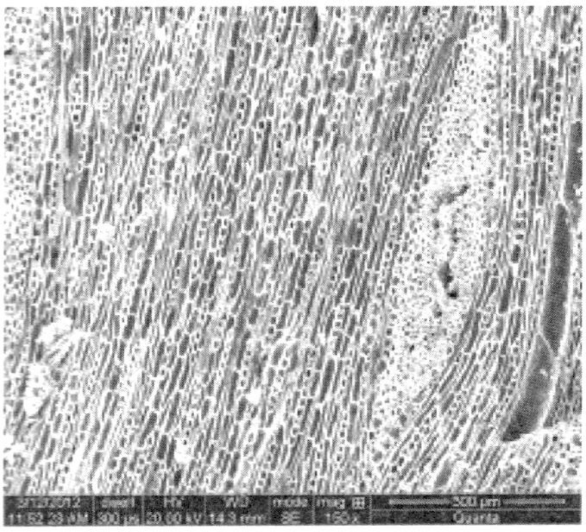
图一六二　栎属弦切面

3. 栎属之二（*Quercus* sp.）

从木炭横切面上看，生长轮明显，环孔材，早材管孔略大，在肉眼下明显，连续排列成早材带，早材带1～3列管孔，早材至晚材急变，晚材管孔在显微镜下才能看见，单生，不规则的径列型（图一六三）。从木炭的径切面看，单穿孔，射线组织同形，射线—导管间纹孔式互列（图一六四）。从木炭的弦切面看，木射线非叠生，窄木射线通常单列，宽木射线最宽处宽至许多细胞（图一六五）。

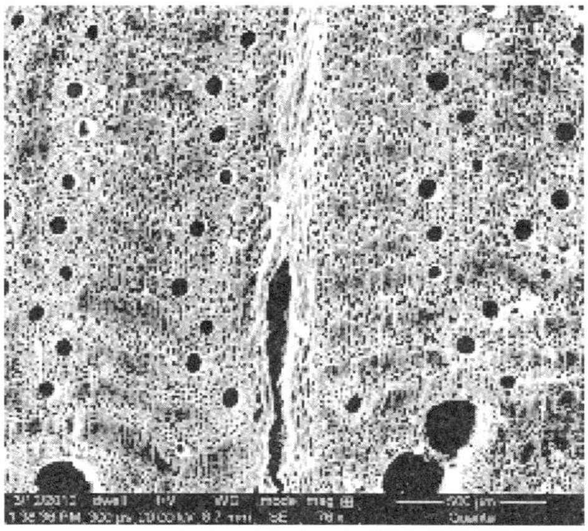

图一六三　栎属横切面

图一六四　栎属径切面

4. 硬木松类（Subgen. *Diploxylon*）

从木炭横切面上看，生长轮很明显，早材至晚材急变（图一六六），有树脂道。从木炭径切面上看，晚材管胞径壁具缘纹孔1列，射线薄壁细胞与早材管胞间交叉场纹孔式为窗格型，射线管胞的内壁有齿状增厚（图一六七）。从木炭弦切面上看，木射线通常单列（图一六八）。

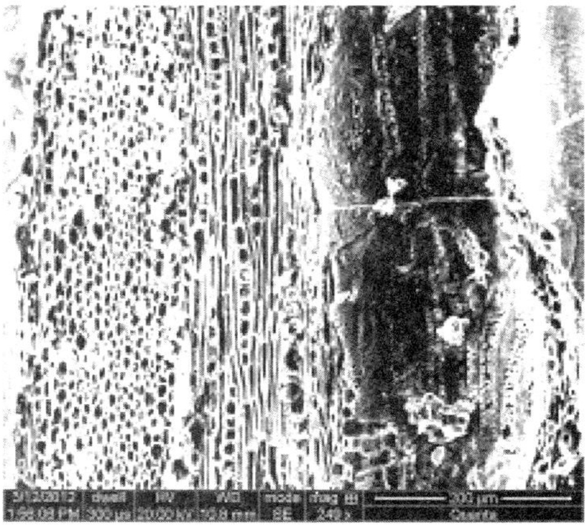

图一六五　栎属弦切面

5. 未鉴定的阔叶树种

从木炭横切面上看，生长轮略明显，散孔材，导管横切面为圆形及卵圆形，单管孔、短径列复管孔，未见侵填体（图一六九）；从木炭径切面上看，单穿孔，射线组织异形（图一七〇）；从木炭弦切面上看，木射线非叠生，单列射线和2列射线（图一七一）。

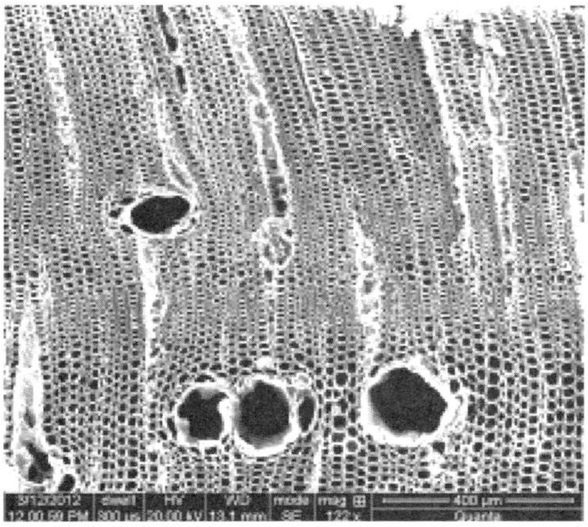

图一六六　硬木松类横切面

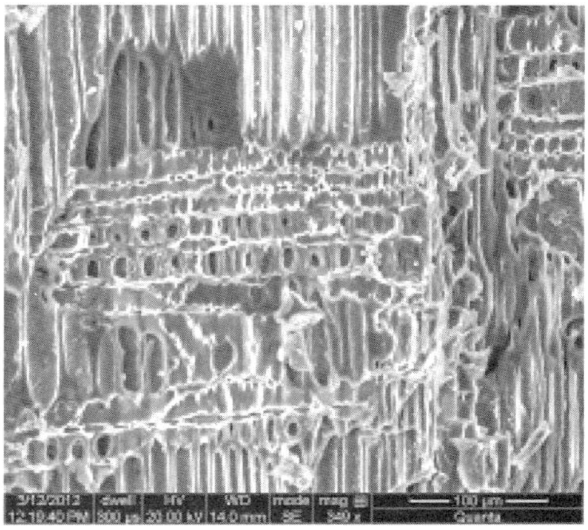

图一六七　硬木松类径切面

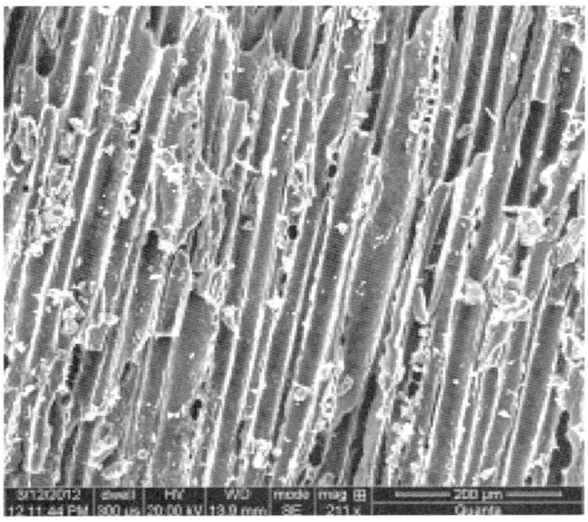

图一六八　硬木松类弦切面

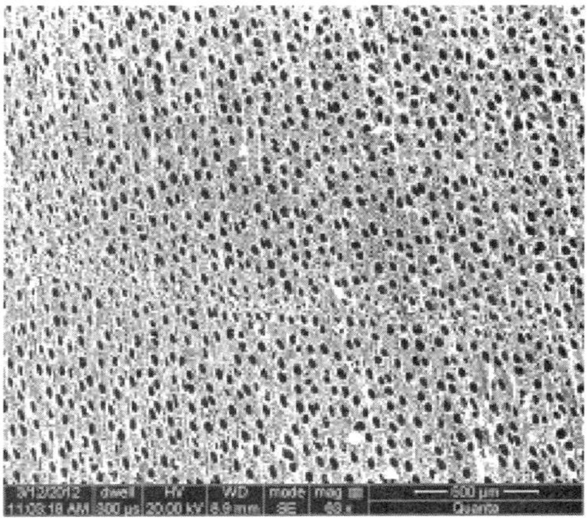

图一六九　未鉴定阔叶树种横切面

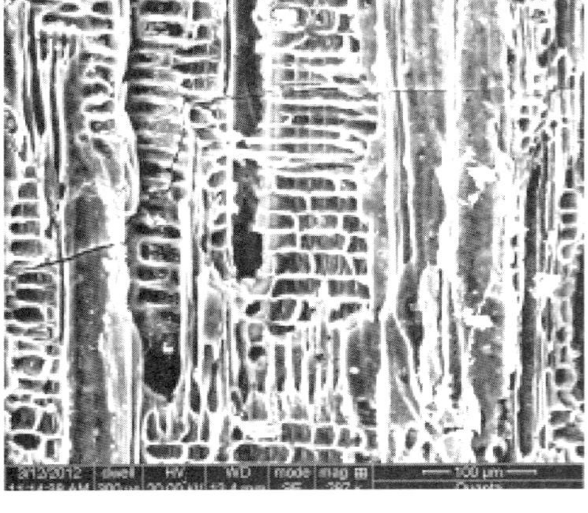

图一七〇　未鉴定阔叶树种径切面

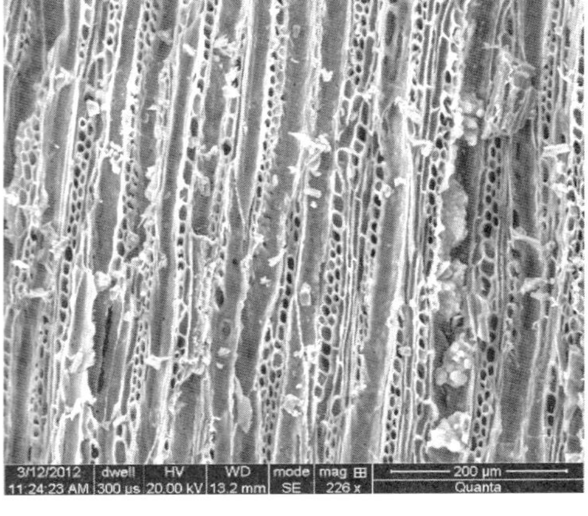

图一七一　未鉴定阔叶树种弦切面

三、禹会村遗址古代人类对树木的利用

木质材料对人类的经济有着举足轻重的作用。例如：建筑材料、制造各种器具的用材、加工业的原料，燃料等都来自木材。然而，并不是任何一种木材适合于一切用途，由于不同木材的特性不同，它们各自的用途也不同。

栎木材强度大，耐冲击，有弹性，适于制作屋架和农具。栎木导管中具有侵填体，颇耐腐，适合作坑木、篱柱。而且，栎属具有很高的燃烧热值①，火力强大，燃烧持久，为优良的薪柴及烧炭用材。

松树树干高大、通直，是房屋建筑的良好材料。可燃性能强，是良好的燃料。

房址中出土的2块木炭直径分别为10和12厘米，经鉴定都为栎木。栎木材强度大，耐冲击，有弹性，适于做屋架。因此，房址出土的栎木可能为建筑材料。这一结论与淮河流域另一处新石器时代遗址即尉迟寺遗址出土的木炭研究结果一致。尉迟寺遗址2003AMYF83和2003AMYF81两个房址中出土的木炭都为栎属，尤其在2003AMYF81房址中有一直径为15厘米、长为1米的炭化树干，当时推测栎木很有可能作为建筑材料②。看来，不论在大汶口文化时期，还是龙山文化时期，淮河流域古代居民喜欢用栎木做建筑材料。

与遗址中房址里出土的木炭情况相反，祭祀坑中树种最丰富，有5个树种，除了栎属3个树种外，还出土了松木和一个阔叶树种。栎属具有很高的燃烧热值，火力强大，燃烧持久，为优良的薪柴及烧炭用材；松木可燃性能强，也是良好的燃料。因此，祭祀坑中出土的树种可能做薪柴。

灰坑H48和H12都出土了3种栎属木炭。栎木除了是优良的薪柴外，由于栎木导管中具有侵填体，颇耐腐，适合制作坑木、篱柱。因此，灰坑中出土的栎木可能为薪柴，也可能是坑木或篱柱等燃烧后留下的遗物。

四、结　　论

对安徽蚌埠禹会村遗址出土木炭进行鉴定和初步分析，确定了这些木炭的木材树种为麻栎、栎属、硬木松类和1个阔叶树种，为当时的树种资源提供了历史的见证。根据木材的性质和木炭的出土部位，获得了一些古代人类利用木材的信息。F3房址中的

---

① 周泽生，董鸿运，李立. 黄土高原常见树草种热值，生物量与薪炭林的关系. 陕西林业科技，1985，(4)：11-14.

② 王树芝，王增林，王吉怀. 蒙城尉迟寺遗址出土木炭碎块的研究. 蒙城尉迟寺（第二部）. 北京：科学出版社，2007：338-342.

栎木很有可能作为建筑材料；烧坑中的硬木松类、3个属的栎木有可能做薪柴；灰坑H48 和H12③出土的3种栎木可能做薪柴，也可能做坑木或篱柱等。

第七节　禹会村遗址出土陶容器内存积土样品的检测

赵春燕

（中国社会科学院考古研究所）

禹会村遗址祭祀沟、祭祀坑及灰坑中出土了许多器物，发掘者现场采集了其中部分器物内的积土样品带回实验室进行了检测分析，以便为判断遗址的功能提供科学依据。

一、科学分析

（一）样品的性状观察

送检的样品为出土陶容器内存积土。详情见下图。

图一七二显示的是出土陶鼎内的积土，质地坚硬，分为灰黑色与黄褐色两层，灰黑色层较厚，黄褐色层较薄。

图一七三显示的是出土于大口罐内的积土，质地坚硬，分为灰黑色与黄褐色两层，灰黑色层较厚，夹杂许多黑色炭粒；黄褐色层较薄。

图一七二　ABY2009秋T2025③H28：1陶鼎内积土

图一七三　ABY2009秋JSK3：15 大口罐内积土

（二）样品检测的原理

通过现有的文献资料我们知道，目前国内外对出土器物内存积土的分析尚未见报道，因此，我们只能参考有关土壤和出土残余物的分析方法，对出土器物内存积土中的有机成分进行分析，最大限度地挖掘出其中蕴涵的古代文化及古代人类生活方式至关重要的信息，从而为进一步的研究打下基础。首先，对陶容器内的积土必须先进行有机质含量测定，再与生土或填土样品的有机质含量进行比较，若陶容器内的积土样品有机质含量高于生土或填土，则有可能盛装过某种物质。接下来做碳氮稳定同位素分析，以确定盛装的是肉类还是植物类或是肉和植物的混合物。

（三）样品的检测与分析

1. 土壤样品的预处理

首先要对田野采集的样品分门别类进行检测前的预处理。

将白色搪瓷盘用自来水、一次水及超纯水分别清洗三次，在恒温干燥箱中烘干。再将采集来的土壤样品平摊在洁净的白色搪瓷盘中，自然晾干。其间，每隔20分钟搅拌一次，直致土样晾干为止。将干燥后的土样在玛瑙研钵中研磨，过200目分样筛，放入玻璃瓶中待测。

2. 土壤有机质的检测

考古出土的陶容器，若原来盛装过某种物质的话，这些物质的残留部分应当还存在容器内。残留部分包括无机物和有机物。无机物如食盐、矿物颜料等；有机物有粮食、奶类、肉类、酒等。容器内积土中有机质是指所有动植物残体不同分解阶段的各种产物和合成产物的总称①。

重铬酸钾法是土壤有机质测定的主要方法。其原理是用重铬酸钾–硫酸溶液，在加热条件下氧化有机质，剩余的重铬酸钾以邻菲罗啉为指示剂，用硫酸亚铁标准溶液进行滴定，以氧化耗去重铬酸钾的量来计算出碳的含量。按有机质平均含碳58%作为计算标准，在求得碳的含量乘以系数1.724和校正系数1.1，即得有机质含量②。

禹会村遗址出土陶容器内存积土有机质测定结果列于表二七。根据土壤有机质检测结果如何才能推断出容器内原来是否盛装过某种物质？需要以当地生土样品作为对照样品，与容器内存积土样品一同进行检测，再以生土样品的有机质含量作为比对标准，若有机质含量高于生土，则可能原来盛装过某种物质；若有机质含量相差无几，则原来盛装过某种物质的可能性很低。

---

① 陈怀满. 环境土壤学. 北京：科学出版社，2006，54-55.

② 全国农业技术推广服务中心：土壤分析技术规范. 北京：中国农业出版社，2006.

表二七　禹会村土壤样品有机质含量的检测结果

样品编号	原编号	有机质含量（g/kg）
1	ABY2009秋T2025③：1 黑陶罐内第1袋	13.77
2	ABY2009秋T2025③：1 黑陶罐内第2袋	11.16
3	ABY2009秋T2025③H28：1 陶鼎内第1袋	13.86
4	ABY2009秋T2025③H28：1 陶鼎内第2袋	13.70
5	ABY2009秋T2025③H28：1 陶鼎内第3袋	13.63
6	ABY2009JSK3：15陶器内	7.45
7	ABY2009JSK3：15陶器内	6.43
8	ABY2009JSK2③：3陶盉内	3.37
9	ABY2009秋JSK2②：5红陶盉内	3.48
10	禹会村遗址汉墓16：2陶簋内土	12.60
11	禹会村遗址汉墓15：1陶罐内土	23.13
12	禹会村生土	3.28
13	ABY2009秋JSK2②：5 红陶盉内	3.42

我们特地将遗址中汉墓器物中的土样和生土层土样进行测试，以此作为对照，积土样品有机质含量高于生土样品则可能原来容器内盛装过某种物质。所以，根据禹会村遗址土样有机质含量测定结果初步可以推测，T2025③：1黑陶罐内，T2025③H28：1陶鼎内，JSK3：15陶器内，以及汉墓16：2陶簋内，汉墓15：1陶罐内有可能盛装过某种物质。

3. 积土样品的碳、氮同位素分析

积土样品的有机质检测结果只能告诉我们原来容器内是否盛装过某种物质，但无法确认这些物质是何种类。国外学者的研究表明，土壤沉积物中有机碳、氮同位素及C/N 比值多被用来指示有机质的潜在物源分布。例如陆生C_3植物的$\delta^{13}C$约为−27‰PDB，C_4植物的$\delta^{13}C$约为−14‰PDB，细菌等物质C/N 比值分布为2.6～4.3 等。在沉积的不同阶段，沉积物中发生的一系列生物地球化学作用，如生物降解作用、硝化和反硝化作用、固氮作用等都会使这些参数发生变化。但其碳、氮同位素的检测结果仍具有重要的参考价值①。考古出土容器内土壤是在特殊情况下的土壤沉积物，所以下一步是对积土样品进行碳、氮稳定同位素分析。

该方法的原理是：植物是通过光合作用将空气中的二氧化碳转化为植物组织的。

---

① Nikolaas J.Vander Merwe, etc. Isotopic evidence for prehistoric subsistence change at Parmana, Venezuela. Nature. 1981, 292.

到目前为止所发现的光合作用的途径主要有三种。一是卡尔文途径。因为它的最初产物是3-磷酸酰甘油酸（3-PGA），这是一种含3个碳原子的化合物，所以又称为C_3途径，遵循 C_3光合作用途径的一类植物称为C_3植物。温和湿润环境下生长的大部分植物都属于C_3植物，例如各种乔木、灌木和大部分禾本科的植物；其$\delta^{13}C$值范围为-23‰～-30‰，平均值为-26‰。二是哈-斯途径。这种途径的最初产物是含4个碳原子的化合物——草酰乙酸，所以遵循哈-斯光合作用途径的一类植物称为C_4植物。C_4植物包括玉米、粟、甘蔗等旱暖开放环境中生长的某些草类，$\delta^{13}C$值范围为-8‰～-14‰，平均值为-11‰。三是少数多汁植物如菠萝、甜菜等所遵循的称为CAM的光合作用途径，$\delta^{13}C$值范围为 -12‰～-23‰，平均值为-17‰。豆科植物可以直接从空气中固氮，其$\delta^{15}N$值为0～1‰；非豆科植物利用土壤中的氮，$\delta^{15}N$值平均为3‰～4‰[①]。这些研究结果为后来的研究提供了直接的对比标准。对于出土残余物而言，因炭化过的动植物残骸不会再受土壤微生物的影响而改变，一般认为碳、氮同位素不会发生分馏，故不干扰测定。因此可以基于动植物的碳、氮稳同位素分布模式来判别炭化物的物源[②]。

^{13}C和^{15}N分别是碳和氮的稳定同位素，它们在生物体中的含量通常分别用其与一种标准物质的比较值来表示。^{13}C的比较标准一般选择产地为美国卡罗来（Caroline）南部白垩纪地层中的箭石（Cretaceous Belemnite，Belemnitella Americana），称为PDB标准（Peedee Belemnite Chicago Limestone Standard）。而^{15}N的比较标准一般为大气。其符号与表达式分别为：

$$\delta^{13}C = \{[(^{13}C/^{12}C)_{sample} — (^{13}C/^{12}C)_{standard}] / (^{13}C/^{12}C)\ standard\} \times 1000‰$$

$$\delta^{15}N = \{[(^{15}N/^{14}N)_{sample} — (^{15}N/^{14}N)_{standard}] / (^{15}N/^{14}N)\ standard\} \times 1000‰$$

禹会村遗址出土陶容器内存积土样品的碳和氮稳定同位素检测过程是：准确称量一定量的土壤样品放入洁净的玻璃烧杯中，用$0.5mol \cdot L^{-1}$ 的盐酸溶液浸泡24小时，以去除土壤中的碳酸盐，随后用去离子水洗涤至中性，并于60℃烘干后磨细，供测试用。

预处理后的样品采用$DELTA^{plus}$ XP外加元素分析仪Falsh EA1112进行碳、氮同位素检测，精度：^{13}C<0.1‰　^{15}N<0.2‰。检测结果列于表二八中。

---

① Kortelainen N M, Karhu J A. Tracing the decomposition of dissolved organic carbon in artificial groundwater recharge using carbon isotope ratios. Applied Geochemistry, 2006, 21：547-562；蔡莲珍，仇士华. ^{13}C测定和古代食谱研究，考古，1984，（10）：949-955.

② 朱书法，刘丛强，陶发祥.$\delta^{13}C$ 方法在土壤有机质研究中的应用. 土壤学报，2005，（5）：495-503.

表二八　禹会村遗址出土容器内积土样品的碳、氮同位素检测结果

实验室编号	采集地点	样品	检测结果				
			C（%）	$\delta^{13}C_{V\text{-}PDB}$‰	N（%）	$\delta^{15}N_{V\text{-}AirN2}$‰	C/N
5934	ABY2009秋T2025③：1黑陶罐内	内存积土	0.84	-25.30	0.05	7.71	16.8
5938	ABY2009秋T2025③H28：1陶鼎内	内存积土	0.72	-26.36	0.04	9.01	18
5935	ABY2009JSK3：15陶器内	内存积土	0.34	-20.25	0.04	8.25	8.5
5933	禹会遗址汉墓16：2陶簋内	内存积土	0.17	-19.49	0.03	9.74	5.67
5937	禹会遗址汉墓15：1陶罐内	内存积土	0.20	-19.46	0.04	6.93	5

为了使碳、氮同位素分析有一个更加直观的描述，这里提供了一幅由日本学者以δ^{13}C值为横坐标 、δ^{15}N值为纵坐标绘制的有关日本动植物背景资料的碳、氮同位素检测结果图（图一七四）以供参照[①]。由于各国家和地区的环境不同，反映在图中不同物种的碳、氮同位素数值范围相应是有些差别的。

根据禹会村遗址出土陶容器内存积土样品的有机质含量测定结果，有部分容器内积土样品与生土样品有较大的差异，说明这部分容器内原来可能盛装过某种物质。进一步对积土样品进行碳、氮稳定同位素分析的结果表明，T2025③：1 黑陶罐内积土的碳、氮稳定同位素数值分别为−25.30和7.71，在对照图一七四的食草动物数值范围内；T2025③H28：1陶鼎内积土的碳、氮稳定同位素数值虽然与黑陶罐的数值有一些区别，但靠近对照图一七四的食草动物数值范围。因为对照图中食草动物的种类很少，不能代表全部食草动物，因此只能作为参考。更准确地推断要检测当地出土动物的碳、氮稳定同位素数值后方可进行。另外， C/N 比值也已被广泛用于区分沉积物有机质来源于海洋藻类还是来源于陆地[②] 。这个示踪的应用是建立在不同的有机质类型有

① 米田穣，吉田邦夫，吉永淳，等. 长野县出土人骨试料における炭素氮素安定同位体比および微量元素量に基づく古食性の复元，第四纪研究，1996，35（4）：293-303.

② Thornton S F, M cManus J. Application of organic carbon and nitrogen st able isotope and C/N ratios as source indicators of organic matter provenance in estuarine systems ：Evid ence from the Tay Estuary, Scotland. Estuarine. Coast al and Shelf Science, 1994, 38： 219-233; Andrews J E, Greenaway A M, Dennis P F. Combin ed carbon isotope and C/N ratios as indicators of source and fate of organic matter in a poorly flushed, tropical estuary：Hunt s Bay, Kingst on Harbour, Jam aica, Estuarine. Coastal and Shelf Science, 1998, 46： 743-756.

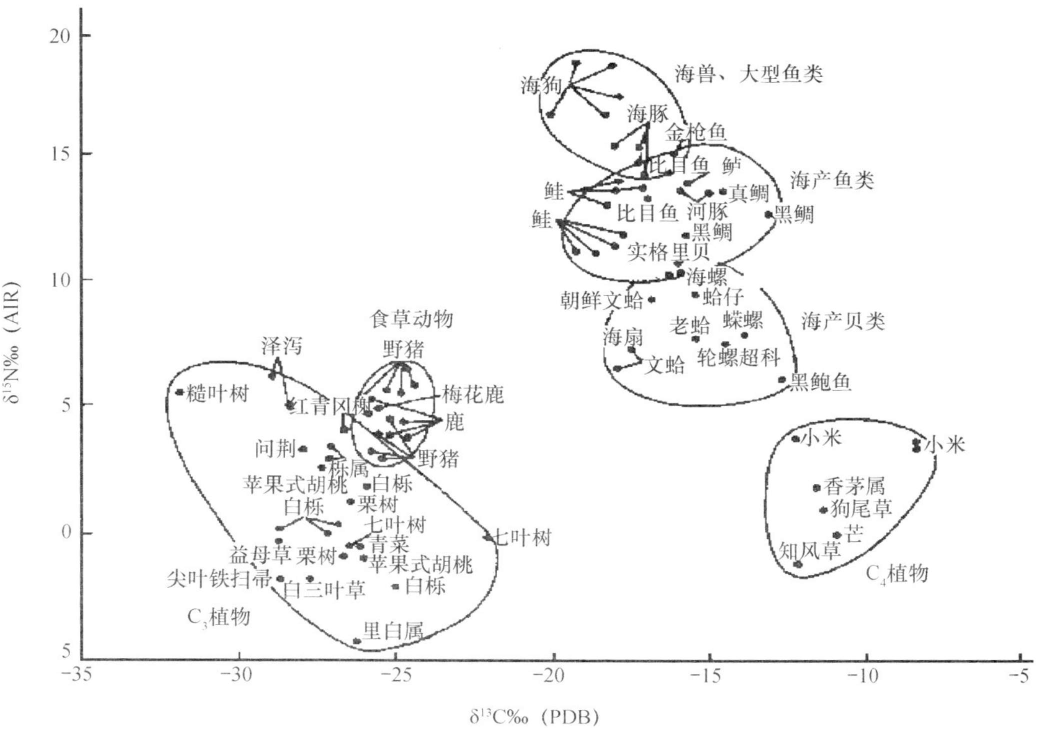

图一七四　日本学者研究得到的背景资料图

不同的C/N 比值基础上，C/N 比值是蛋白质含量的指示剂。Bordovsky①认为C/ N 比值 < 8是典型的海洋物质；Prahl等②给出了比值>12代表沉积物陆源有机质的值。根据黑陶罐和陶鼎内积土的C/N比值的数值均大于12，可以推断容器内来源于陆源有机质。综合以上两方面的指标，推测二者原来盛装食草动物肉类的可能性较大。

而JSK3：15陶器内积土的碳、氮稳定同位素数值分别为-20.25和8.25，与图一七四中食草动物数值范围有一定偏差。研究表明，陆相沉积物中的有机质主要是来自陆生高等植物，陆相沉积物中有机质的$\delta^{13}C$ 组成与形成该有机质的植被$\delta^{13}C$ 组成基本一致③。因此一般来说，土壤有机质的$\delta^{13}C$值与来源植物物料的$\delta^{13}C$ 值十分接近，JSK3：15陶器内积土的$\delta^{13}C$值（碳稳定同位素数值）为-20.25，并不在典型的C_3或C_4植

① Bordovsky O K. Accumulation and transformation of organic substances in marine sediments. Marine Geology, 1965, 3：3-114.

② Prahl F G, Ben net t J T, Carpenter R. T he early diagenesis of aliphatic hydrocarbon s and organic matter in sediment ary particulates from Dabob Bay, Washington. Geochimica et Cosmochimica Acta, 1980, 44：1967-1976.

③ 朱书法，刘丛强，陶发祥. $\delta^{13}C$ 方法在土壤有机质研究中的应用，土壤学报，2005，5：495-503.

物特征值范围内。

研究也表明，天然土壤中的铵态氮的$\delta^{15}N$ 值一般为–3‰～8‰，平均为5‰ ，这是由于土壤颗粒表面吸附80%以上的NH_4^+ 来自土壤有机氮的矿化作用；垦殖土壤和受生活污水污染的土壤$\delta^{15}N$ 值为4‰～9‰； 受化肥和工业废水污染的土壤$\delta^{15}N$ 值略高于空气（为–4‰～5‰），这是因为多数氮肥中含铵基并存在不同程度的氨的挥发；受动物粪便污染的土壤$\delta^{15}N$ 值为8.8‰～20‰，这是因为氨能在常温下自发挥发，并引起显著的氮同位素分馏①。JSK3：15陶器内积土的$\delta^{15}N$ 值高于天然土壤，而在垦殖土壤和受生活污水污染的土壤$\delta^{15}N$ 值范围内；其$\delta^{13}C$值并不具有典型的C_3或C_4植物特征值，但其C/N比值大于8，表明其仍然来源于陆源有机质。细菌等物质C/N比值分布为2.6～4.3，陶器内积土的C/N比值高于细菌的C/N比值范围。虽然没有出土地点填土的碳、氮同位素数据作对照，综合以上分析，JSK3：15陶器内盛装的有可能是混合物。

接下来分析禹会遗址汉墓16：2陶篮内积土的碳、氮稳定同位素数值分别为–19.49和9.74，接近鱼类的数据范围，而汉墓15：1陶罐内积土的碳、氮稳定同位素数值分别为–19.46和6.93，接近水产类的数据范围，而这两件器物内积土的C/N比值的数值均小于8，推测其包含物来源于水产类物质的可能性较大。

（四）结论

综上所述，通过对禹会村遗址出土容器内积土样品的分析与检测，可以得到以下认识：

（1）因为禹会村遗址生土的有机质含量为3.28，以此作为对照，积土样品有机质含量高于生土样品则可能原来容器内盛装过某种物质。所以，根据禹会村遗址土样有机质含量测定结果初步可以推测，T2025③：1 黑陶罐内，T2025③H28：1 陶鼎内，JSK3：15陶器内，汉墓16：2陶篮内，汉墓15：1陶罐内有可能盛装过某种物质。

（2）对禹会村遗址出土容器内积土样品进行碳、氮同位素分析的结果表明，T2025③：1 黑陶罐内和T2025③H28：1陶鼎内积土的碳、氮稳定同位素数值分别在对照图一七四的食草动物数值范围内或接近此范围；C/N比值的数值均大于12，可以推断容器内容来源于陆源有机质。综合以上两方面的指标，推测二者原来盛装食草动物肉类的可能性较大。而JSK3：15陶器内积土的碳、氮稳定同位素数值不具有典型的来

① Yasmin K, Cadisch G, Baggs E M. Comparing ^{15}N labelling techniques for enriching above and below-ground component s of t he plan-soil system， Soil Biology and Biochemistry, 2006, 38： 397–400; Aranibar J N, Otter L, Macko S A, Feral CJ W, Epstein H E, Dowty P R, Eckardt F, Shugart H H, Swap R J. Nitrogen cycling in the soil-plant system along a precipitation gradient in the Kalahari sands, Global Change Biology, 2004, 10（3）： 359-373; 曹亚澄，孙国庆，施书莲. 土壤中不同含氮组分的$\delta^{15}N$质谱测定法，土壤通报，1993，24（2）：87-90.

源物质特征值，但其C/N比值大于8，高于细菌等物质C/N比值（2.6～4.3），表明其内仍然来源于陆源有机质。此外，JSK3：15陶器内积土的$\delta^{15}N$ 值高于天然土壤，综合分析，推测JSK3：15陶器内原来盛装的有可能是混合物。根据上述检测结果可以初步推测不同类型的容器内原来可能盛装着不同种类的物质。

（3）目前国内关于出土容器内积土碳、氮同位素分析的研究尚未开展，也没有出土地点填土的碳、氮同位素数据作对照，因此，我们利用碳、氮同位素分析技术对禹会村遗址出土容器内积土样品进行碳、氮同位素分析以区分容器内物质的来源是一个新的尝试。因为本次检测的样品数量不多，缺乏大量的当地现代动植物化学分析背景资料支持。根据本次检测结果所建立的推论可能会产生一些偏差，更进一步的研究结果将随着田野考古工作的进行及样品数据的增加及时进行修正。有些问题尚需要进一步研究，比如，同一祭祀坑内不同种类器物中残留物的种类是否不同？不同祭祀坑内相同种类器物中残留物的种类是否相同？等等，这些问题的解答尚需要做许多艰苦细致的工作。

二、学术意义

禹会村遗址人工堆筑台墓应为大型祭祀遗迹已成学界共识，其分层堆筑的土壤无论颜色还是化学成分均有差别，在4000多年前的古人能够做到这一点，一定有其意义蕴含其中。

“国之大事，在祀与戎”。这是史籍中关于早期国家大事的明确记载。考察新石器时期不同考古学文化，无论是黄河流域，还是长江流域，都已发现多处人工堆筑的祭祀遗迹。但淮河流域发现并经过科学发掘的龙山文化时期的祭祀遗迹则首推禹会村遗址。更难能可贵的是，发掘者在田野考古工作中已第一时间采集了遗迹不同层位及容器内的土壤样品，为以后的科学研究保留了可贵的研究资料。据已发表的文献可知，虽然已经发现多处古代人工祭祀遗迹，可是对堆筑材料进行科学检测的禹会村遗址是第一，而且检测结果也从不同角度证实该大型祭祀台基是当时人们智慧和能力的结晶。大型祭祀台基附近祭祀沟出土容器内存积土的科学分析结果，更为确认祭祀台基的作用提供了直接证据。同时也体现了自然科学技术手段的介入对考古学研究的开展是有重要学术价值的。

大型祭祀台基的存在，不仅反映了古代人类在建筑技术上的成就，同时也反映了当时可能存在一个强有力的组织机构来完成此举，这是研究原始祭祀仪式及探索中华文明起源问题的重要依据，其意义和作用同样是不可低估的。

第八节　禹会村遗址出土石器研究*

王善友[1]　朱光耀[2]　王吉怀[3]　孔广林[4]

（1. 蚌埠市淮河文化研究会　2. 蚌埠学院淮河文化研究会　3. 中国社会科学院考古研究所　4. 安徽地矿局312地质队）

禹会村遗址位于安徽省蚌埠市禹会区秦集乡禹会村（前郢）村南的淮河东岸，北距涂山约4千米，地理坐标为北纬32°53′07.5″，东经117°11′50.6″①（图一七五）。该遗址于2007～2011年进行了5次规模性的考古发掘，揭露面积近8万平方米②，获得了重大学术成果，为解读淮河流域文明化进程提供了有力的佐证③。

为了对禹会村遗址发掘的遗存作更深入、更全面的研究，用以综合探索当时的社会经济发展状况，本文从出土石器入手，做了以下工作：通过肉眼观察、几何要素数据测量和简单的理化实验，深入了解石器的形态特征和岩性特征，对石器的岩石类型进行识别归类；通过查阅资料和请教专家，明确石器料石的地层层位和时空分布，建立料石产地与遗址位置的空间联系；依据石器的外观形态和岩性特征，运用多学科的交叉渗透，综合考古学、材料力学、岩石学、矿物学等学科知识，探讨石器的功能和制作工艺；依据石器的种类组合和料石来源，推测当时的经济活动和文化交流的状况。

一、出土石器概况

禹会村遗址出土石器数量多、类型全，已进行编号者达233件，包括石镞32件、磨石133件、石斧7件、石锛7件、石凿5件、石楔7件、石钺4件、石刀2件、石球1件、磨盘1件、研磨器1件、小石器3件、石料30件。除磨石外，成品石器几乎全为通体磨制，仅极少数为局部磨制（图一七六）或未加磨制（图一七七、图一七八）。石器中只有少数保持有较完整器形，大多为原始残损件，原有功能基本丧失，祭祀功能凸显。

---

* 本课题为蚌埠学院淮河文化研究中心科研项目，由蚌埠学院淮河文化研究中心资助，项目编号：BBXYHHWH2011B01.

① 中国社会科学院考古研究所、蚌埠市文化广电新闻出版局、蚌埠市禹会区政府. 禹会村遗址，内部资料：35，40.

② 余小乔. 挖掘文物资源，探索遗产富矿. 蚌埠日报. 2012年5月7日A1版.

③ 同①.

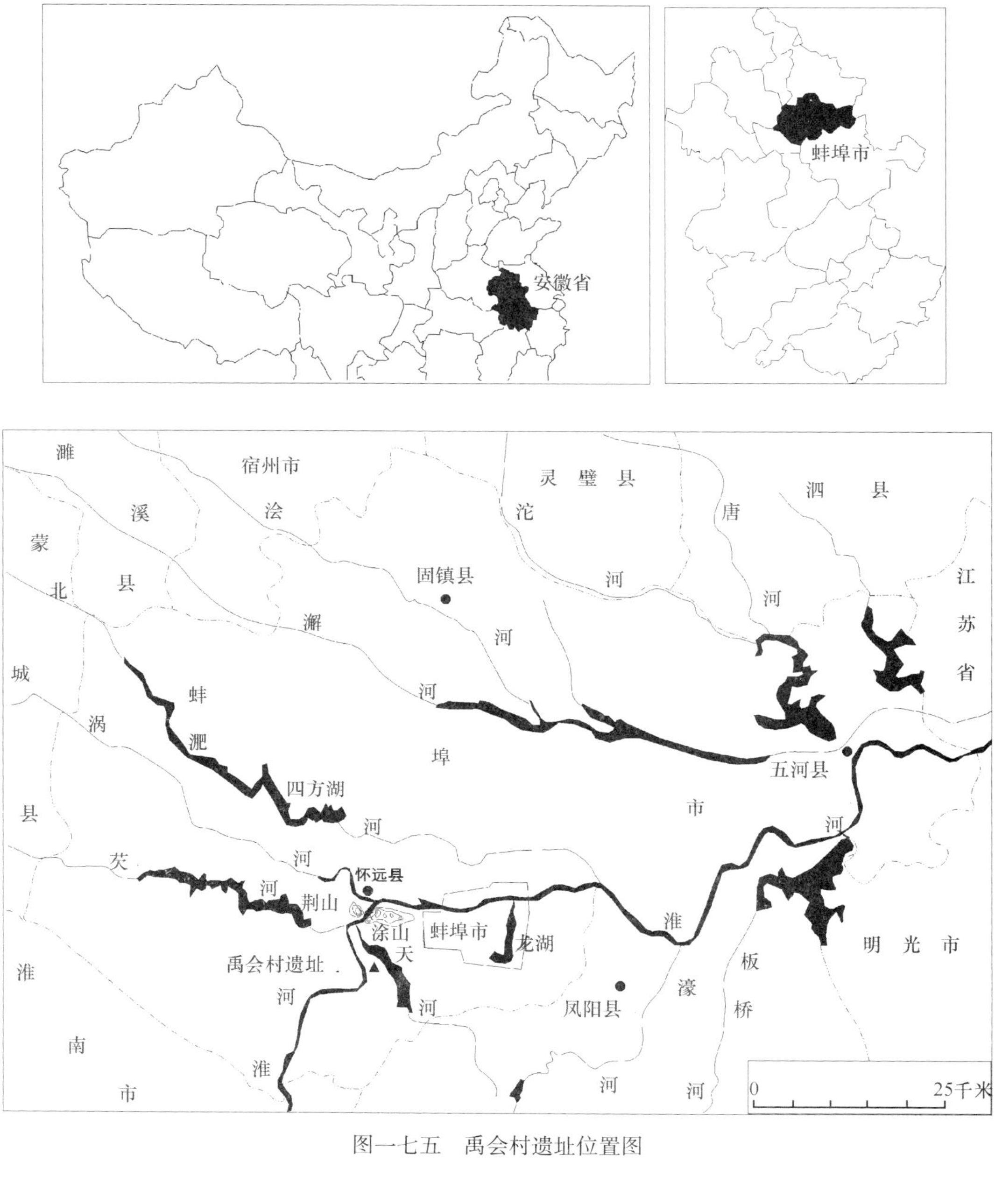

图一七五　禹会村遗址位置图

图一七六　局部磨制石器JSG③：34

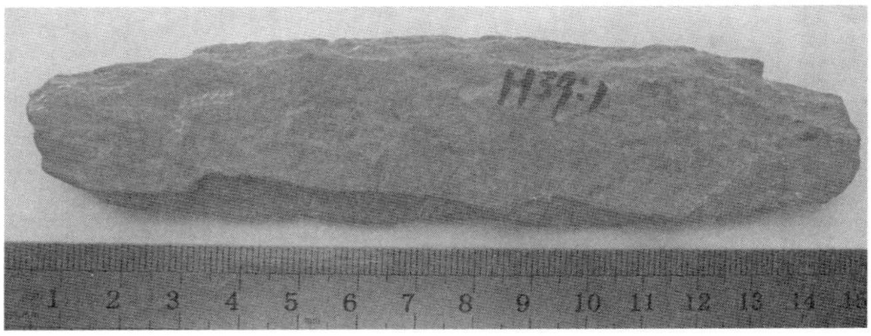

图一七七　未加磨制石器H39：1

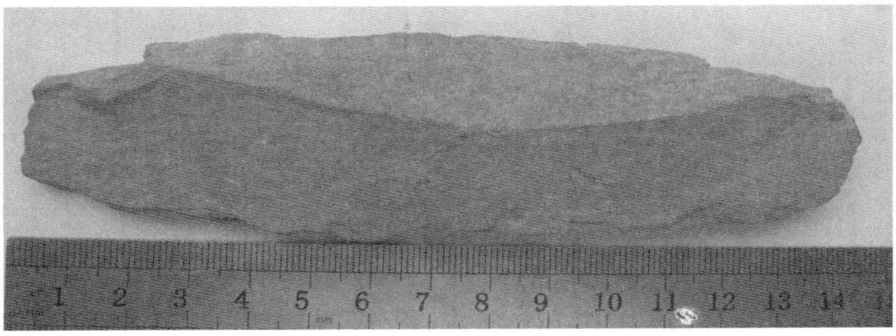

图一七八　未加磨制石器H39：1

二、石器形态研究

（一）石镞

1. 个体描述

H44：9，镞体较完整，略有破损。器形较小，通体磨制，表面平滑。镞身为椭圆柱状；尖部由3个平整的磨制面交汇而成，形如菱面体的尖端，边棱锋锐，夹角略小于90°；铤部呈椭圆锥状。

H44：10，镞体基本完整。通体磨制，表面平滑。平面近似菱形，横断面呈菱形，中央纵向脊呈弧形外凸。尖部两翼锋锐，呈弧形外凸，交汇处形成尖角，一翼有破损；铤部较短，近似扁平锥状，平面呈三角形，两翼平钝，呈微弧形内凹。背面靠近铤部一侧有破损疤痕，面积约占背面的1/3左右。

H44：11，镞体较完整。通体磨制，表面平滑。平面呈柳叶状，横断面呈等腰三角形。正面中央纵向脊呈微弧形高凸，背面平整无脊。尖部稍残，两翼较锋锐，呈微弧形外凸；铤部完整，尾端纵向脊被磨削，近似扁平尖锥状，平面近似等腰三角形，两翼圆钝，呈微弧形内凹。

H44：23，镞体基本完整。通体磨制，未磨光。平面呈柳叶状，横断面近似菱形。尖部两翼较锋锐，呈微弧形外凸，背面破损严重，残留的磨制面仅占背面的1/3左右。尖端略残，尖角不明显。铤部较短，呈椭圆锥状，平面呈等腰三角形，两翼圆钝，平直延伸。

H44：58，仅存尖部残片。平面近似圭形，横断面呈扁平五边形。正面磨制精细，平整光滑，中央纵向脊明显；背面破损严重，磨制面几乎全部脱落，露出平整的片理面。一翼较锋锐，呈弧形外凸；另一翼破损明显，形成多处缺口。

HG1：2，镞体基本完整。通体磨制，未磨光，磨制面平坦。平面呈宽阔柳叶状，横断面呈菱形。正背面纵向脊明显。尖部一翼较锋锐，呈微弧形外凸；另一翼因破损出现缺口。尖端残破，尖角缺失。铤部破损明显，出现粗糙断裂面。

HG1：3，仅存尖部残段。磨制精细，磨制面平坦。平面呈三角形，横断面呈菱形。正背面中央纵向脊凸出。尖部两翼较锋锐，呈微弧形外凸，略有破损。尖端残破，尖角不明显。

HG1：4，尖部残断，器形较小。磨制精细，磨制面平坦。镞身近似圆柱状，横断面呈七边形，近似正圆。铤部完整，近似圆锥状。

JSG②：22，尖铤部残缺，仅存中部残段。磨制精细，磨制面平滑。近似三棱柱状，边棱锋锐。有多处因破损而形成的断裂面和疤痕。

JSG③：7，尖部残断，器形扁薄。磨制精细，表面平滑。平面呈半柳叶状，横断面呈扁平六边形。正背面均具纵向脊，但不甚凸出。铤部完整，呈椭圆锥状，平面近似等腰三角形，两翼平钝，呈微弧形内凹。

JSG③：16，尖端残断，磨制精细，表面平滑。尖部一侧，前端呈三棱柱状，边棱锋锐，向着铤部方向逐渐过渡为圆柱状。铤部呈圆锥状，尾端略残。尖铤部交界处直径突然变化，铤部一侧直径明显较小。

JSG③：17，镞体完整，仅尖端和尖部翼边有2处轻微残缺。通体磨制，表面平滑。扁平柳叶状，横断面呈菱形。正背面纵向脊凸出。尖部两翼锋锐，呈微弧形外凸；铤部呈扁平尖锥状，平面近似等腰三角形，两翼平钝，呈微弧形内凹。

JSG③：21，尖部残断，器形扁薄。磨制精细，表面平滑。平面近似柳叶状，横断面呈扁平长方形。尖部残留部分无脊，两翼平钝；铤部完整，呈扁平尖锥状，平面近似三角形，两翼锋锐，分别呈微弧形内凹和外凸，尾端正背面纵向脊明显。

JSG③：24，镞体基本完整，磨制精细，磨制面平坦，其上有相互平行、排列密集的短线状斜向磨痕。平面呈柳叶状，横断面呈扁平梯形。背面呈弧形弯曲外凸，正面中轴部位磨制部分剥落，形成纵向长条状疤痕，其形态平整，为片理面，两侧磨制面面积各占正面的1/3左右。两端形态相似，一端尖端略残，横断面呈三角形，两翼锋锐，呈弧形外凸；另一端尖锐，边棱平钝，呈微弧形外凸。

JSG③：36，尖部残断。磨制精细，磨制面平滑。平面呈半柳叶状，横断面呈菱形。正面中央纵向脊凸出，背面中央为一纵向破损疤痕，面积约占背面的1/4左右。侧翼较锋锐，呈微弧形外凸，略有破损。铤部完整，呈椭圆锥状，平面呈等腰三角形，两翼圆钝，平直延伸。

JSK2②：27，镞体较完整。通体磨制，表面极为平滑。镞身为圆柱状，中部稍细，略呈束腰状；尖部由3个平整的磨制面交汇而成，形如菱面体的尖端，边棱锋锐，夹角为60°～70°；铤部尾端略残，总体近似圆台状。圆柱状镞身与铤部交界处直径突然变化，铤部一侧直径明显较小。

JSK2②：28，镞体较完整，仅两端略残。通体磨制，表面平滑。平面呈长条形，横断面近似等腰三角形。尖部正面中央纵向脊锋锐，呈微弧形高凸；背面纵向脊不甚明显；两翼锋锐，呈微弧形外凸。铤部近似椭圆台状，由三棱柱改形磨制而成，“边棱”圆钝，呈微弧形内凹。

JSK7：23，镞体较完整，仅尖端残断。通体磨制，表面平滑。平面呈柳叶状，横断面呈菱形。正背面中央纵向脊高凸，在铤部向尾端低落。尖部两翼锋锐，呈微弧形外凸；铤部完整呈扁平尖锥状，平面近似等腰三角形，两翼平钝，呈微弧形内凹。

JSK7：24，仅存中部残段。磨制精细，磨制面平滑。平面呈长条形，横断面呈菱形。正面中央纵向脊高凸，背面纵向脊明显，均呈微弧形外凸延伸。尖部两翼较锋锐，呈弧形外凸，有多处破损而成的缺口；铤部横断面近似椭圆形，两翼圆钝，呈微弧形内凹。

JSK7：28，尖部残断。通体磨制，表面平滑。平面近似柳叶状，横断面呈菱形。正背面中央纵向脊呈微弧形高凸。尖部残留部分两翼较锋锐，破损明显，形成多处缺口；铤部尾端残缺，横断面近似椭圆形，平面近似三角形，两翼圆钝，呈弧形内凹。

T1004④：9，铤部残断，器形扁薄。磨制精细，表面平滑。平面近似细长三角形，横断面近似扁平六边形。正背面纵向脊明显，向同一侧偏离中轴线，正面纵向脊平直延伸，距中轴线较近；背面纵向脊呈不规则弯曲形态，距中轴线较远。尖端残破，尖角缺失。尖部两翼锋锐，总体呈微弧形外凸略有破损，在其中一翼形成一个较为深大的缺口，在另一翼形成多处较小的缺口；铤部残余部分呈扁平状。尖铤交界处宽度突然变化，尖部一侧为1.9厘米，铤部一侧为1厘米。

T2025④：5，尖部残断。磨制精细，磨制面平滑。平面近似三角形，横断面呈菱形。尖部残留部分正背面中央纵向脊高凸，两翼锋锐。铤部较完整，为扁平锥状，平面呈等腰三角形，两翼圆钝，呈微弧形内凹。

T2025④：6，仅存中部残段。磨制精细，磨制面平滑。平面近似圭形，横断面呈菱形。正背面中央纵向脊凸出。背面右半部和同侧一翼破损严重，形成多处粗糙断面和缺口。另一翼，尖部部位锋锐，平直延伸；铤部部位圆钝，呈弧形内凹。

T2026④：4，两端残断。通体磨制，表面平滑。平面呈柳叶状，横断面呈菱形。尖部正背面中央纵向脊呈微弧形高凸，两翼呈微弧形外凸，总体钝拙，仅靠近尖端处锋锐；铤部横断面呈椭圆形。

T2035③：1，两端残断，器形扁薄。磨制精细，磨制面平滑。平面近似扁长半椭圆状，横断面近似扁平六边形。正背面中央纵向脊明显，平直延伸。尖部残留部分两翼呈微弧形外凸，一翼锋锐，略有破损；另一翼平钝，破损明显，形成一个较为深大的缺口。铤部两翼平钝。

T2036③：2，尖部残断。磨制精细，磨制面平滑。平面呈长条形，横断面近似圆角长方形。无脊。尖部残留部分两翼平钝，平直延伸，厚度不一，一翼为0.4厘米，另一翼为0.6厘米，较厚一翼有磨制后形成的圆润缺口。铤部完整，近似椭圆锥状，外缘圆润。

T2037③：2，镞体较完整。通体磨制，表面平滑。平面呈宽阔柳叶状，横断面呈菱形。尖部正背面中央纵向脊呈微弧形高凸，两翼锋锐，呈微弧形外凸，略有破损，在靠近铤部处形成一个较为深大的缺口。尖端残破，尖角缺失。铤部近似椭圆台状，尾端残缺。尖铤交界处宽度突然变化，尖部一侧为1.5厘米，铤部一侧为0.8厘米。

T2045④：1，镞体较完整。通体磨制，表面平滑。近似蛇头状，平面和横断面均呈菱形。正面有多道凸起脊，其中中央纵向脊呈弧形高凸；背面中心为破损疤痕，面积占背面的1/2左右，残留有3道凸起脊，分别位于尖端和两翼。尖部锋锐，尖角明显；铤部近似椭圆锥状，平面近似等腰三角形，两翼圆钝，呈微弧形内凹，尾端残缺。

T2045④：2，仅存尖部残段。磨制精细，磨制面平滑。平面呈长条形，横断面呈菱形。正背面中央纵向脊凸出，平直延伸。两翼锋锐，呈弧形外凸。尖端略残。

T3004③：4，尖端残缺。通体磨制，表面极为平滑。平面近似柳叶状，横断面呈菱形。尖部前端磨制成扁平状，后端和铤部正背面中央纵向脊呈弧形高凸。尖部两翼锋锐，呈微弧形外凸，尖端残破，尖角缺失。铤部完整，近似细长椭圆锥状，平面呈长条三角形，两翼圆钝，呈微弧形内凹。

T3004④：2，尖部残断。磨制精细，磨制面平滑。平面呈半柳叶状，横断面呈菱形。尖部残留部分中央纵向脊凸出，平直延伸；两翼锋锐，呈微弧形外凸，略有破损。铤部完整，呈扁平三角状，两翼平钝，呈微弧形内凹。

T3011④：1，尖部残断。磨制精细，磨制面平滑。平面近似圭形，横断面呈菱形。正面中央纵向脊呈微弧形凸出，背面中心为一纵向条形破损疤痕，中央纵向脊残留于其外侧。尖部残留部分两翼锋锐，呈微弧形外凸。铤部较完整，呈扁平锥状，两翼圆钝，呈弧形内凹。

2. 残损状况分析

32件石镞中，破损极为严重的有3件（H44：58、HG1：3、JSG②：22）；破损严重的有14件（JSG③：7、JSG③：16、JSG③：21、JSG③：36、JSK7：23、JSK7：24、JSK7：28、T2025④：5、T2025④：6、T2035③：1、T2036③：2、T2045④：2、T3004④：2、T3011④：1）；局部破损的有9件（H44：10、H44：23、HG1：2、HG1：4、T1004④：9、T2026④：4、T2037③：2、T2045④：1、T3004③：4）；轻微破损或略有破损的有6件（H44：9、H44：11、JSG③：17、JSG③：24、JSK2②：27、JSK2②：28）。总之，无一件保持有完整的器形，尤以尖部的残缺最为严重，基本丧失了射猎功能。另从JSG③：24来看，器形相对完整，但底面呈明显的弯曲形态，毫无平直特点，安装和使用难以达到良好效果，应该是单纯为了祭祀而加工制作。

3. 特征总结

禹会村遗址出土石镞可分为四型九式。

A型　23件，平面呈柳叶形，分四式。

Ⅰ式：1件，长条柳叶形，有尖无铤，如JSG③：24。

Ⅱ式：18件，铤部略明显，呈菱形，如H44：10、H44：11、JSG③：17、JSK7：23、T2026④：4、T3004④：2、T3011④：1等。

Ⅲ式：2件，铤呈不规则圆形体，如JSK7：28、T3004③：4。

Ⅳ式：2件，铤呈圆锥形，与器身分界明显，如T1004④：9、T2037③：2。

B型　2件，镞身呈三棱形，如JSG③：16等。

C型　5件，器身呈圆柱体，铤部明显。分三式。

Ⅰ式：1件，尖部残，如HG1：4。

Ⅱ式：2件，尖部较钝拙，如H44：23等。

Ⅲ式：2件，尖部三刃面，如JSK2②：27、H44：9。

D型　2件，平面呈长条形，如T2036③：2等。

综上所述，石镞中的绝大部分均有铤，尖铤分明：C型石镞尖铤之间以圆柱形镞身隔开，余者中的少数石镞铤部与镞身交界处宽厚突然大幅变化，使铤部分外明显；多数石镞尖铤与镞身交界处宽厚呈逐渐变化。一般情况下尖部长度较大，两翼锋锐，平面上呈微弧形外凸；铤部长度较小，两翼钝拙，平面上呈弧形内凹。据此可把尖铤二部区分开来（表二九）。

表二九 禹会村遗址出土石镞形态一览表

编号	现状	型式	长（cm）	宽（cm）	厚（cm）	铤长（cm）	尖部角
H44：9	轻微破损	CⅢ	3.2	0.9	0.7	0.9	/
H44：10	局部破损	AⅡ	5.7	2.0	0.9	1.7	55°
H44：11	略有破损	AⅡ	7.3	1.7	0.7	2.3	27°
H44：23	局部破损	CⅡ	7.0	1.4	0.7	2.1	20°
H44：58	尖部残片	AⅡ	（3.9）	1.8	0.4	/	50°
HG1：2	明显破损	AⅡ	（5.3）	1.8	0.7	（1.5）	30°
HG1：3	尖部残段	AⅡ	（3.2）	1.9	0.8	/	30°
HG1：4	局部破损	CⅠ	（3.7）	1.0	1.0	1.5	/
JSG②：22	中部残段	B	（5.6）	1.6	1.4	/	/
JSG③：7	尖部残缺	CⅡ	（5.0）	1.7	0.5	3.0	/
JSG③：16	尖端残缺	B	（5.8）	1.0	0.9	（1.5）	/
JSG③：17	轻微破损	AⅡ	8.9	1.9	0.7	2.6	23°
JSG③：21	尖部残缺	AⅡ	（6.8）	1.8	0.5	3.8	/
JSG③：24	轻微破损	AⅠ	8.35	1.4	0.5	2.5	25°
JSG③：36	尖部残缺	AⅡ	（6.7）	1.1	0.7	2.4	/
JSK2②：27	铤尾略残	CⅢ	6.0	1.1	1.1	1.1	/
JSK2②：28	略有破损	D	7.6	1.5	0.9	（2.1）	20°
JSK7：23	尖端残缺	AⅡ	（6.1）	1.6	0.9	2.0	/
JSK7：24	中部残段	AⅡ	（5.4）	1.7	1	（2.0）	/
JSK7：28	尖部残缺	AⅢ	（5.8）	1.4	0.93	（2.1）	/
T1004④：9	铤部残缺	AⅣ	（6.8）	1.9	0.5	（1.0）	20°
T2025④：5	尖部残缺	AⅡ	（2.7）	1.4	0.8	1.8	/
T2025④：6	中部残段	AⅡ	（4.0）	1.7	0.9	（1.4）	/
T2026④：4	两端残缺	AⅡ	（6.0）	1.2	0.9	（1.0）	15°
T2035③：1	严重破损	AⅡ	（4.7）	2.1	0.7	（1.1）	/
T2036③：2	尖部残缺	D	（4.5）	1.0	0.7	1.6	/
T2037③：2	两端残缺	AⅣ	（5.7）	1.6	0.86	（0.8）	/
T2045④：1	铤尾残缺	AⅡ	（4.7）	1.8	0.9	（2.8）	60°
T2045④：2	尖部残段	AⅡ	（4.1）	1.6	0.7	/	25°
T3004③：4	尖端残缺	AⅢ	（7.0）	1.8	0.9	3.8	/
T3004④：2	尖部残缺	AⅡ	（3.8）	1.9	0.7	1.6	/
T3011④：1	尖部残缺	AⅡ	（8.4）	1.9	0.7	1.1	/

注：括注者表示残存尺寸。下同

4. 形制对比

CⅢ式中的JSK2②：27与山东狮子行龙山晚期1式三棱锋圆柱体有铤石镞[①]、河南站马屯三期相当于河南龙山晚期1式三棱锋圆柱体锥铤石镞[②]、河南王油坊上层相当于河南龙山晚期1式三棱锋圆柱体锥铤石镞中的T25③：4[③]相似；AⅡ式中的JSG③：17与山东尹家城龙山晚期2式窄叶形石镞[④]、河南煤山二期相当于河南龙山晚期2式窄叶形有铤石镞[⑤]相似，T3011④：1与山东姚官庄龙山晚期Ⅱ型2式叶形锥铤石镞[⑥]、山东狮子行龙山晚期2式叶形有铤石镞[⑦]相似，HG1：2与山东姚官庄龙山晚期Ⅱ型4式[⑧]相似；AⅣ式中的T2037③：2与山东姚官庄龙山晚期Ⅰ型2式四棱锥铤石镞[⑨]、河南煤山一期相当于河南龙山晚期1式四棱有铤石镞[⑩]相似；B型中的JSG③：16与山东两城镇龙山晚期6式三棱锋圆柱体有铤石镞[⑪]、河南王湾三期河南龙山晚期2式三棱锋圆柱体锥铤石镞[⑫]、河南小潘沟相当于河南龙山晚期1式三棱锋圆柱体锥铤石镞[⑬]相似；D型中的T2036③：2与河南白营晚期相当于河南龙山晚期5式扁方柱体石镞[⑭]、山西方城相当于龙山晚期1式长叶形石镞[⑮]相似。

5. 功能与加工技术分析

C型石镞穿透能力强，不易折断，但加工难度极大，尤其是圆柱形镞身的加工。应该是先磨成多边棱柱状，如HG1：4，再把边棱磨平，最后可能是用兽皮包上沙子握住石镞旋转摩擦。其余类型石镞相对容易加工，其中AⅡ式石镞的长宽厚适中，既具有一定的穿透深度，又相对不易折断，综合效能较高，具有2个纵向对称面，利于保证箭体飞行平稳。这可能是该类型石镞数量较多的原因之一。

---

① 佟柱臣. 中国新石器研究. 巴蜀书社，1998：590.
② 同①：346，347.
③ 同①：359，360.
④ 同①：573.
⑤ 同①：342，343.
⑥ 同①：585，587.
⑦ 同①：590.
⑧ 同①：585，587.
⑨ 同⑧.
⑩ 同①：339，340.
⑪ 同①：582.
⑫ 同①：333，334.
⑬ 同①：337.
⑭ 同①：353，354.
⑮ 同①：396.

除C型石镞外，余者尖部两翼锋锐，利于穿切猎物躯体；平面上呈微弧形外凸，可在一定程度上消减应力，防止镞体折断。各型石镞铤部外缘钝拙，呈弧形内凹，有利于镞体与箭杆的连接与弥合。少数石镞铤部与镞身交界处宽厚突然大幅变化，一方面可以缩小箭杆直径，进而加大箭杆长度，利于箭体射出后寻找回收，或者是提高箭头质量比重，达到某种特殊目的；另一方面加大了制作难度。

6. 小结

禹会村遗址出土石镞几乎全是使用后的残损品，原有的射猎功能基本丧失，祭祀功能凸显。类型多样，可用于不同的射猎目的。单体形制成熟，与山东、河南等地龙山晚期石镞有相似之处。器形稳定，设计精妙，结构合理，加工规范，通体磨制成形，形态规整，加工技术精湛。AⅡ式石镞长宽厚适中，对称度高，综合效能突出，成为数量最多的一类石镞。

（二）磨石

完整件或基本完整件为27件，残块为106件（表三〇、表三一）。多为不规则形状。完整件单向最大尺寸最小为5厘米，最大为37厘米，10厘米以上者有16件，20厘米以上者有5件，30厘米以上者有1件；残块单向最大尺寸最小为4厘米，最大为20厘米，10厘米以上者仅22件。单体上磨面数量1～7个，少数单体上见有磨槽（图一七九）。磨面形态可分为3种类型：一是规整型，表现为磨制部位连续完整，形成规则的几何形态，多为平整状（图一八〇）或（微）内凹状（图一八一），偶见（微）外凸状或凹凸起伏状；二是不规整型，表现为磨制部位不连续，出现明显的断开错落现象，形成不规则的几何形态（图一八二）；三是介于前二者之间的较规整型（图一八三）。磨面规整度的大小主要取决于使用程度，二者呈正相关关系（图一八四）。

表三〇　禹会村遗址出土磨石完整件形态一览表

编号	形状	长（cm）	宽（cm）	厚（cm）	磨面数量与特征
H29：1	不规则块状	15.5	13.0	9.9	1；微内凹，略光滑
H29：2	不规则板片状	12.8	9.5	1.6	1；平整，光滑
H31：2	不规则块状	9.6	6.4	4.9	2；起伏和缓，略光滑
H41：1	近似长方体	9.0	7.2	3.5	（未见明显磨痕）
H41：5	梯形厚板状	6.2	4.4	2.2	5；极平整，略粗糙～略光滑
HG5：4	不规则块状	21.0	16.5	9.0	6；规整，（略）光滑
HG5：9	不规则块状	37.0	24.0	23.0	1；起伏明显，略粗糙
JSG②：9	近似长方体状	23.4	16.7	8.2	4；内凹，略粗糙
JSG②：25	长方体状	20.0	15.6	9.0	1；不规整，高低错落

续表

编号	形状	长（cm）	宽（cm）	厚（cm）	磨面数量与特征
JSG②：26	不规则块状	13.0	9.0	4.8	1；较规整，高低起伏错落
JSG③：28	不规则板状	9.2	6.0	3.0	2；微内凹，粗糙
JSG③：29	不规则块状	9.2	7.0	6.2	1；不规整，粗糙
JSG③：30	长条块状	12.5	3.7	1.7	4；规整，较光滑
JSG③：31	三角形厚板状	11.7	8.0	5.0	2；微内凹，较光滑
JSG③：32	近似长方体状	12.1	7.2	4.0	1；不规整，略有起伏错落
JSK2①：25	近似长方体状	6.0	5.0	3.1	2；较规整，略粗糙
JSK2①：26	近似长方体状	5.0	4.6	3.5	3；规整，粗糙
JSK2②：26	不规则块状	9.7	5.7	4.5	1；平整，略光滑
JSK2②：40	不规则板状	25.0	20.0	6.8	4；起伏明显，光滑
JSK3：41	不规则板状	6.2	5.5	2.0	2；不规整，粗糙
JSK7：17	不规则板状	11.6	7.7	3.5	3；内凹，略光滑～略粗糙
JSK7：30	长方体状	8.2	4.3	2.0	3；平整或内凹，光滑
T2034③：2	不规则块状	5.5	3.7	2.7	5；平整或内凹，粗糙
T2035④：3	弓形板片状	14.0	6.0	1.5	7；平整或内凹，较光滑
T2036③：1	近似长方体状	19.4	8.2	7.3	3；平整或起伏和缓，略光滑
T2042③：7	近似长方体状	44.8	30.1	17	2；平整或微内凹，略光滑
T2042④：8	近似长方体状	14.3	6.8	5.5	1；内凹，粗糙

表三一　禹会村遗址出土磨石残块形态一览表

编号	形状	长（cm）	宽（cm）	厚（cm）	磨面数量与特征
H28：3	不规则块状	15.0	8.0	8.0	1；内凹，粗糙
H28：4	不规则块状	12.0	9.0	3.9	（未见明显磨痕）
H28：5	不规则块状	9.8	9.7	9.6	1；微内凹，粗糙
H28：6	不规则块状	11.0	10.0	6.0	1；平整，粗糙
H28：7	不规则块状	10.8	10.4	9.3	1；内凹，粗糙
H41：2	不规则块状	7.3	6.2	3.2	1；不规整，粗糙
H41：3	不规则块状	6.5	4.5	2.5	3；（微）内凹，粗糙
H41：4	不规则块状	5.0	4.3	2.2	1；不规整，极粗糙
H44：3	不规则块状	11.2	9.0	8.0	3；微内凹或平整，较光滑
H44：5	不规则块状	17.2	15.0	6.3	1；轻微起伏，光滑
H44：6	近似长方体状	5.9	2.8	2.0	2；较规整，极粗糙
H44：12	不规则块状	16.0	9.5	6.3	1；内凹有起伏，较光滑

续表

编号	形状	长（cm）	宽（cm）	厚（cm）	磨面数量与特征
H44：16	不规则块状	17.7	11.6	5.4	2；内凹或平整，较光滑
H44：18	不规则块状	7.5	7.3	4.5	1；微内凹，粗糙
H44：21	不规则板状	8.2	7.0	2.5	3；微内凹或平整，光滑
H44：26	不规则块状	5.8	5.8	3.0	3；（微）内凹或外凸，粗糙
H44：27	不规则块状	7.2	3.6	2.3	3；平整，有磨槽，略粗糙
H44：30	近似长方体状	13.0	7.5	3.9	1；平整，光滑
H48：1	不规则块状	9.0	5.7	3.4	2；内凹或平整，略光滑
HG5：16	不规则条状	8.5	2.3	1.5	3；轻微起伏，有磨槽，光滑
JSG②：28	不规则块状	9.3	8.0	2.6	1；较规整，略粗糙
JSG③：11	不规则块状	5.5	3.9	2.9	2；较规整，粗糙
JSK2②：41	不规则板状	9.0	4.5	2.5	1；较规整，略粗糙
JSK3：42	不规则块状	10.0	6.0	4.0	2；内凹，粗糙
JSK4：5	不规则块状	8.0	7.5	5.5	2；平整，略粗糙
JSK4：11	不规则块状	9.6	9.0	6.0	1；不规整，有磨槽，粗糙
JSK5：7	不规则四面体	7.0	6.5	4.5	2；平整，有磨槽，略粗糙
JSK5：10	不规则板状	6.4	5.5	2.0	3；较规整，粗糙
JSK5：13	不规则板状	4.5	3.5	1.3	1；较规整，粗糙
JSK5：16	不规则块状	13.0	10.1	6.0	1；极平整，光滑
JSK5：21	不规则板片状	6.0	4.0	1.5	1；平整，略粗糙
JSK5：22	不规则块状	7.3	6.0	3.3	2；较规整，略光滑
JSK6：3	不规则板状	9.0	8.0	2.9	2；微内凹，粗糙
JSK6：5	不规则块状	5.9	3.2	3.0	3；（微）内凹或外凸，粗糙
JSK6：6	不规则块状	6.0	5.0	4.0	1；较规整，粗糙
JSK6：8	不规则块状	7.0	4.2	4.0	2；微内凹或平整，略光滑
JSK6：9	不规则块状	5.1	4.7	2.1	2；不规整，粗糙
JSK6：10	不规则块状	4.1	4.0	2.4	1；较规整，粗糙
JSK6：11	不规则板状	8.1	6.0	2.5	2；较规整，略光滑
JSK6：12	不规则块状	4.5	4.5	2.5	2；较规整，粗糙
JSK6：14	不规则块状	4.0	4.0	3.5	3；较规整，略粗糙
JSK6：17	不规则板状	4.0	3.2	1.2	1；较规整，粗糙
JSK6：23	近似长方体状	6.0	4.5	2.5	1；较规整，粗糙
JSK7：15	不规则块状	12.3	8.0	5.0	2；较规整，略粗糙
JSK7：16	不规则块状	7.0	5.0	3.7	2；平整或起伏，较光滑
JSK7：20	不规则块状	7.6	5.0	3.0	2；平整，略粗糙

续表

编号	形状	长（cm）	宽（cm）	厚（cm）	磨面数量与特征
JSK7：22	不规则块状	17.8	9.6	6.3	1；微内凹，光滑
JSK7：25	不规则板状	6.0	4.5	1.9	1；较规整，粗糙
JSK7：26	不规则块状	6.0	5.5	5.2	2；较规整，粗糙
JSK7：27	不规则板状	9.4	5.7	2.6	3；平整，略粗糙
JSK7：29	不规则板状	7.2	5.6	1.6	2；较规整，略粗糙
JSK7：31	不规则条状	8.2	3.3	2.1	1；较规整，略粗糙
JSK7：32	不规则块状	4.6	4.0	3.2	2；较规整，略粗糙
JSK7：33	不规则块状	7.3	6.0	5.0	1；较规整，略粗糙
JSK7：35	不规则块状	19	16	6	1；平整，略粗糙
JSK7：36	不规则块状	7.4	6.4	4.4	2；较规整，粗糙
JSK7：37	不规则块状	6.0	4.9	3.0	1；较规整，粗糙
JSK8：3	不规则块状	9.0	6.5	4.0	1；较规整，外凸，略粗糙
T2025④：3	近似三棱柱状	5.3	1.8	1.5	2；较规整，略粗糙
T2026④：2	不规则板状	6.0	6.0	2.3	2；较规整，略粗糙
T2035④：4	不规则块状	6.5	3.2	2.8	1；较规整，粗糙
T2037③：1	不规则板片状	10.5	6.3	1.0	1；较规整，略光滑
T2040④：4	不规则块状	4.9	4.0	2.7	2；较规整，粗糙
T2040④：6	不规则块状	6.0	5.0	4.5	1；不规整，粗糙
T2041③：2	不规则块状	7.5	6.2	3.0	1；较规整，较粗糙
T2041③：3	不规则块状	7.0	6.6	4.2	1；微内凹，光滑
T2041④：1	不规则块状	6.3	4.2	2.9	1；较规整，略粗糙
T2041④：2	不规则块状	6.3	5.5	3.2	2；微内凹，略粗糙
T2041④：4	不规则块状	10.5	6.7	5.0	（未见明显磨痕）
T2042③：6	不规则板状	9.7	9.5	3.4	1；平整，略光滑
T2042③：8	不规则块状	5.8	4.1	1.9	1；平整，光滑
T2042④：7	不规则块状	14.0	10.6	6.1	1；内凹，较粗糙
T2042④：9	近似长方体状	7.2	6.6	5.1	1；内凹，较光滑
T2042④：10	不规则块状	8.2	6.0	5.0	2；内凹，较光滑
T2042④：11	不规则板状	7.8	5.5	2.9	1；较规整，粗糙
T2042④：12	不规则块状	7.8	7.2	5.0	2；较规整，粗糙
T2042④：13	不规则块状	7.0	5.8	3.0	1；较规整，略粗糙

续表

编号	形状	长（cm）	宽（cm）	厚（cm）	磨面数量与特征
T2042④：14	不规则板片状	8.2	5.6	2.1	3；平整，粗糙
T2042④：15	不规则块状	6.4	3.7	3.0	6；规整，略光滑 ~ 略粗糙
T2044③：2	不规则块状	6.0	3.5	3.3	（未见明显磨痕）
T2044③：3	不规则板状	4.8	4.6	1.5	2；内凹，略光滑
T2044③：4	不规则块状	6.1	3.0	1.9	2；内凹，略粗糙
T2044③：5	不规则块状	6.0	4.6	4.5	3；内凹，略粗糙
T2044③：6	不规则板状	15.3	9.0	3.0	2；内凹，略粗糙
T2044③：7	不规则板状	10.5	7.8	2.1	4；规整，略粗糙
T2044③：8	不规则块状	4.5	4.2	3.9	1；不规整，粗糙
T2044③：10	不规则块状	6.5	3.1	2.0	1；起伏和缓，略光滑
T2044③：11	不规则块状	4.3	2.1	1.7	2；较规整，略粗糙
T2044③：12	不规则板状	20.0	15.7	5.3	1；较规整，有起伏，略粗糙
T2045③：1	不规则厚板状	5.0	4.3	2.2	2；较规整，略粗糙
T2045③：2	不规则板片状	12.6	7.5	1.8	1；较规整，略粗糙
T2045③：3	不规则厚板状	5.2	5.1	2.0	1；轻微起伏，略光滑
T2045③：4	不规则块状	6.6	4.7	3.0	1；较规整，略光滑
T2045③：5	不规则块状	5.5	3.7	2.5	2；微内凹，粗糙
T2045③：6	不规则块状	5.7	4.0	3.5	2；微内凹，有起伏，粗糙
T2045③：7	不规则厚板状	6.0	4.0	2.1	4；（较）规整，略粗糙
T2045④：3	不规则厚板状	7.1	3.5	2.0	2；（不）规整，粗糙
T2045④：4	不规则板状	10.9	8.5	2.5	1；平整，较光滑
T2046④：3	四边形板状	9.4	5.5	1.9	2；（较）规整，略粗糙
T2046④：6	不规则厚板状	8.0	6.8	3.5	2；平整或内凹，粗糙
T2046④：8	不规则厚板状	9.1	7.0	2.8	2；（较）规整，略光滑或粗糙
T2046④：9	不规则板状	8.2	6.6	3.8	2；内凹，粗糙
T2049④：1	板条状	8.6	2.1	1.2	1；不规整，粗糙
T2051④：2	不规则块状	7.5	7.2	3.5	（未见明显磨痕）
T2055④：1	不规则块状	19.5	13.0	10.5	（未见明显磨痕）
T2056④：1	不规则块状	14.5	13.0	7.2	1；内凹，光滑

图一七九　磨槽T2044③：11

图一八〇　平整状磨面H41：5

图一八一　内凹状磨面JSG②：9

图一八二　不规整磨面JSG②：25

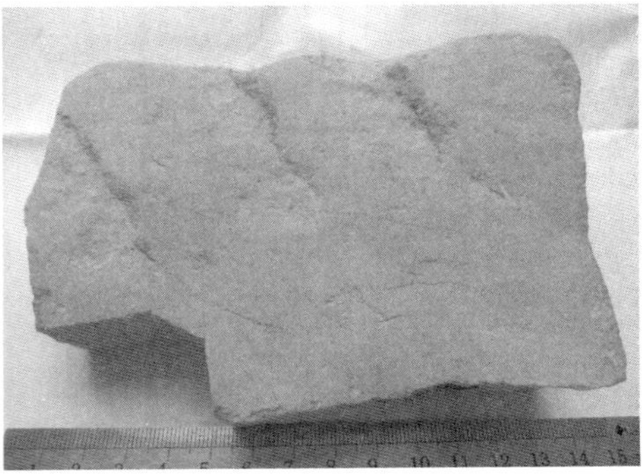
图一八三　较规整磨面JSG②：26

图一八四　较规整磨面JSG②：26与规整磨面JSK5：16比较

（三）其他

1. 石斧（表三二）

H44：28，略有破损，器身扁薄。上端、两侧和背面左侧为打琢或破损而成的粗糙断面，其余部位磨制精细，表面平滑明亮。平面呈平行四边形，横断面呈长方形。两面刃，正刃面为平行四边形，反刃面呈梯形。刃缘与纵轴斜交，平直锋锐。刃部纵断面为折线边构成的不对称尖角状。

JSK2②：25，较完整，器身略扁薄。磨制为主，未磨光。平面呈梯形，横断面近似圆角长方形。上端略平直，背面有一纵向浅槽，刃缘呈波状弯曲，有两个缺口。刃部纵断面为微弧外凸边构成的尖角状。

JSK4：6，上端残缺，器身较厚重。磨制为主，磨制面极为平滑，见有多处打琢形成的粗糙断面和疤痕。两面刃，正刃面微外凸，平面近似圆角长方形，纵向最大长度为2.3厘米；反刃面外凸明显，平面呈四边形，纵向最大长度为3厘米。刃缘呈外凸弧形，略残。刃部纵断面为弧形外凸边与折线边构成的尖角状。

JSK7：21，上端和背面破损严重，器身略厚重。磨制精细，磨制面较平滑。正刃面平整，平面呈长方形。

T2025③：6，破损极为严重，仅存刃部边侧残块，为不规则四面体状，其中三面为磨制面，极为平滑明亮。刃部纵断面为微弧外凸边构成的对称尖角状，刃缘平直锋锐。

T2041③：1，刃部残缺，器身略厚重。顶部打琢为主，正背面和侧面磨制精细，平坦光滑。平面近似长方形，横断面呈四边形。正面中下部有一不甚明显的纵向脊，左侧偏下部位有一破损疤痕；背面中下部破损明显，形成粗糙断面。

T2044③：9，仅存中部纵向残块。正背面磨制精细，极为平滑。单面刃，刃面平整，与正面呈微弧形外凸的其他部分分界明显；背面整体呈弧形外凸。刃部纵断面为弧形外凸边与折线边构成的尖角状，尖端残破，刃缘缺失。

表三二　禹会村遗址出土石斧形态一览表

编号	现状	长（cm）	宽（cm）	厚（cm）	左刃部角	右刃部角
H44：28	略有破损	4.3	3.2	1.0	59°	/
JSK2②：25	略有破损	7.7	5.2	2.4	26°	40°
JSK4：6	上端残缺	（7.6）	4.4	3.1	55°	66°
JSK7：21	严重破损	（9.0）	5.5	（3.0）	/	/
T2025③：6	极严重破损	/	/	/	/	45°
T2041③：1	刃部残缺	（7.0）	3.7	3.0	/	/
T2044③：9	严重破损	（7.7）	（2.4）	3.5	60°	58°

2. 石锛（表三三）

H44：7，破损极严重，仅存右侧残块。磨制精细，磨制面极为平滑明亮。刃部纵断面为微弧外凸边与折线边构成的尖角状。

H44：13，破损极为严重，仅存刃部残块。磨制精细，磨制面平滑。纵断面呈尖角状，一边平直，一边呈弧形外凸。刃缘呈外凸弧形，极为锋锐。

H44：22，较完整，器身扁薄。打琢疤痕较多，表面总体较粗糙，磨制部位平滑。平面近似平行四边形，横断面呈长条形。上端呈不规则弯曲状。刃部纵断面为折线边构成的不对称尖角状，刃缘锋锐，破损明显，形成总体内凹的不规则形态。

H44：25，完整，器身较扁薄。通体磨制，表面极为平滑明亮，上端和背面左上部残留有打琢形成的疤痕。平面近似长方形，横断面为近似半圆状的五边形。单面刃，刃缘平直锋锐。刃部纵断面为外凸弧形边和微弧外凸折线边构成的尖角状。

JSK7：34，上端残断，仅存下部残块。磨制精细，磨制面平滑，表面残留有多处打琢形成的疤痕。平面呈倒梯形，横断面近似正方形。单面刃，刃面破损明显，总体呈弧形外凸，与正面呈微弧形外凸的其他部分分界明显。刃部纵断面为外凸弧形边构成的不对称尖角状。刃端残破，刃缘缺失。

T2003④：14，完整，器身较厚重。上端为打制而成的较平坦断面，未磨光，与横断面方向呈小角度错开，其余部位磨制为主，见有多处打琢或破损形成的疤痕，磨制处极为平滑。平面近似纵向长方形，横断面呈长方形。单面刃，呈弧形外凸，平面呈四边形，与背面呈平直状态的其他部分分界明显。刃缘锋锐，呈微弧形外凸，两侧稍残。

T2044③：1，破损严重，仅存下部右侧残块。磨制精细，磨制面极为平滑。单面刃，呈微弧形外凸，平面上近似圆角长方形，与正面相对平直的其他部分分界明显。刃缘残留部分呈微弧形外凸，略残。

表三三　禹会村遗址出土石锛形态一览表

编号	现状	长（cm）	宽（cm）	厚（cm）	左刃部角	右刃部角
H44：7	极严重破损	6.1	（1.3）	2.6	/	62°
H44：13	极严重破损	（5.0）	（5.3）	（3.4）	52°	55°
H44：22	略有破损	7.7	4.7	2.2	51°	52°
H44：25	轻微破损	5.1	3.2	1.5	60°	56°
JSK7：34	严重破损	（6.4）	3.0	2.5	52°	60°
T2003④：14	轻微破损	8.6	4.4	3.3	55°	60°
T2044③：1	严重破损	（5.0）	（3.2）	3.6	/	52°

3. 石凿（表三四）

H31：1，破损严重，仅存左侧残块。通体磨制，磨制面极为平滑明亮。平面呈长条形，横断面呈四边形。单面刃，呈微弧形外凸，与正面其他部分分界明显，刃缘锋锐。刃部纵断面为弧形外凸边与微弧折线边构成的尖角状。

H39：2，较完整，器身扁薄。通体磨制，磨制面平滑。平面呈长方形，横断面呈圆角长方形。上端平直，刃端破损严重，呈钝拙状。两面刃，刃面平整。正刃面由两个平面组成，以中部纵向脊分界，平面均呈四边形，纵向残留长度为1.1厘米；反刃面平面近似长方形，纵向残留长度为2.3厘米。刃部纵断面为折线边构成的不对称尖角状。

JSG③：18，较完整，器身略厚重。通体磨制，磨制面极为平滑明亮。平面呈长条形，横断面呈四边形。上端平整，一侧略有残缺。单面刃，刃面平整，平面呈四边形。刃缘平直锋锐，略残。刃部纵断面为微弧外凸边与折线边构成的尖角状。

JSK2②：34，完整，器身略扁薄。通体磨制，表面极为平滑明亮。平面呈梯形，横断面近似长方形。上端呈弧形外凸，右侧侧面较平整，左侧侧面近似有段状。单面刃，刃面平整，平面呈四边形，纵向最大长度为1厘米，刃缘平直锋锐。正面距刃缘约2厘米处有一道横向脊。刃部纵断面为微弧外凸边与折线边构成的尖角状。

T3004④：3，较完整，仅左下角和背面右侧中部略残，器身扁薄。通体磨制，磨制面平滑。平面呈长方形，横断面呈圆角长方形。上端平整。两面刃，刃面平整，平面均呈四边形，正刃面纵向最大长度为0.9厘米，反刃面为0.7厘米。刃部纵断面为折线边构成的不对称尖角状。刃缘较钝拙，呈微弧形外凸。

表三四　禹会村遗址出土石凿形态一览表

编号	现状	长（cm）	宽（cm）	厚（cm）	左刃部角	右刃部角
H31：1	严重破损	6.4	（2.1）	2.3	58°	/
H39：2	略有破损	（5.6）	1.7	0.8	25°	36°
JSG③：18	略有破损	6.5	2.2	1.6	55°	55°
JSK2②：34	完整	3.4	2.1	1.1	51°	56°
T3004④：3	略有破损	3.5	1.6	0.9	63°	52°

4. 石楔（表三五）

H44：20，两端残缺，器身厚重。平面近似长方形，横断面呈长方形。正背面磨制精细，极为平滑明亮，呈弧形或微弧形外凸，形态圆润，有多处打琢或破损而成的疤痕。

JSG③：33，破损严重，仅存上半部残段，器身较厚。磨制精细，磨制面极为平滑明亮，打琢或破损而成的疤痕众多。平面近似直角梯形，横断面近似长方形。顶端圆润。

JSG③：34，破损严重，仅存下部残段，器身厚重。卵石加工，仅刃面加以磨制。平面近似圆角长方形，横断面为椭圆形。两面刃，磨制精细，刃面较平滑。正刃面平整，平面近似四边形；反刃面呈微弧形外凸，平面近似圆形。刃缘因破损而钝拙，两侧略残。

JSK2②：42，破损严重，仅存上部残段，器身厚重。平面和横断面均呈长方形。正背面、侧面和顶面磨制精细，极为平滑明亮，呈微弧形或弧形外凸，因破损而形成的疤痕众多。

JSK8：2，刃部残缺，器身圆润厚重。卵石加工，未磨光。平面近似梯形，横断面呈椭圆形。

T2025④：1，破损严重，仅存上部残段，器身厚重。平面近似长方形，横断面近似正方形。正背面、侧面和顶面磨制精细，极为平滑，呈微弧形或弧形外凸，因破损而形成的疤痕众多。

T2034③：1，上部残缺，器身略厚重。表面因打琢形成的疤痕众多，总体凹凸不平，但磨制处极为平滑。平面和横断面均呈长方形，刃部纵断面为弧形外凸边构成的不对称尖角状。刃缘略平直，两侧残缺。

表三五　禹会村遗址出土石楔形态一览表

编号	现状	长（cm）	宽（cm）	厚（cm）	左刃部角	右刃部角
H44：20	严重破损	（8.2）	1.9	3.5	/	/
JSG③：33	严重破损	（6.5）	3.7	2.5	/	/
JSG③：34	严重破损	（8.3）	4.1	4.5	53°	50°
JSK2②：42	严重破损	（12.8）	5.1	4.0	/	/
JSK8：2	刃部破损	（10.8）	6.0	4.0	/	/
T2025④：1	严重破损	（7.7）	3.8	3.6	/	/
T2034③：1	上部残缺	（8.2）	4.5	3.2	60°	64°

5. 石钺（表三六）

H44：29，破损严重，仅存局部残片。器身扁薄，呈不规则板片状。正面磨制为主，平整光滑，有一横向切割痕；背面以破裂面为主，与磨制面成小角度斜交。

H44：59，破损严重，仅存局部残片。器身扁薄，呈长条形板片状。磨制精细，磨制面平滑。正面全为磨制面，呈微弧形外凸；背面以破裂面为主，磨制部分呈微弧形外凸。刃部纵断面为微弧边构成的尖角状，刃缘平直，厚0.1厘米。

JSK3：5，破损严重，仅存一侧残片。器身扁薄，呈不规则板片状。正背面磨制精细，极为平滑。外缘一端和一侧为不完整磨制边，二者近于垂直，呈平钝或圆钝状；其余部位因断裂呈不规则形态，有一劣弧状穿孔，内壁光滑规整，孔径由两面向内部收缩，弦长由1.8厘米缩为1.5厘米。

T2021④：12，左上部残断，器身扁薄，平面和横断面均接近长方形。正背面磨制精细，极为平滑。两侧有磨制的纵向凹槽残余和粗糙断裂面。两面刃，均呈弧形外凸，平面呈长方形。刃部纵断面为弧形边构成的对称尖角状，刃缘平直锋锐，略残。上部边缘有一半圆形穿孔，内壁总体光滑规整，靠近正面的部位粗糙，未见磨痕。孔径1.6厘米左右，总体由背面向正面收缩，在靠近正面的部位突然增大。

表三六　禹会村遗址出土石钺形态一览表

编号	现状	长（cm）	宽（cm）	厚（cm）	刃部角	孔径
H44：29	严重破损	（6.2）	（3.2）	0.6	/	/
H44：59	严重破损	（3.2）	（1.1）	0.7	28°	/
JSK3：5	严重破损	（7.9）	（6.0）	1.0	/	（1.5～1.8）
T2021④：12	明显破损	（7.0）	3.8	1.1	35°	1.6

6. 石刀

H39：1，长条板片状，表面粗糙，边棱呈不规则弯曲状，局部刃缘锋锐，沿片理面打制而成，未见磨痕。14厘米×3.5厘米×1.2厘米。

JSK2①：29，长条薄片状，刀面沿片理面磨制，正面平滑，背面不甚平整。刀背为节理面，极为平整。刃缘锋锐，略残，呈不规则弯曲形态。6.4厘米×1.8厘米×0.45厘米。

7. 石球

T2031④：6，不规则椭球状，表面粗糙，一侧有破损。三向直径为4.5厘米×4.2厘米×3.3厘米。

8. 磨盘

HG1：5，不规则板片状。顶底面略粗糙，磨痕显著，一面整体内凹，较规整，靠近边缘处有两道浅槽，长度为8.3厘米和9.5厘米；另一面起伏明显，欠规整。四周大部为断裂面，仅局部有磨痕。33厘米×20.5厘米×2.8厘米。

9. 研磨器

T2040④：2，平面和纵断面均呈圆角梯形，横断面呈椭圆形。底面磨制精细，极为平滑，其余部位表面粗糙。正背面中部偏右位置各有一个指形按窝，顶面中心深陷成窝。6厘米×7.2厘米×4.4厘米。

10. 小石器

T2025④：12，近似圆角三棱柱状，平面为长条形，横断面为圆角三角形。柱面磨制精细，较平滑。一端圆钝，另一端破损明显，较细。10.4厘米×2.1厘米×2厘米。

T2029④：1，长条板片状，器身扁薄。正背面沿片理面磨制，平整光滑，两侧有磨制的纵向凹槽残余和粗糙断裂面。上部残断，下部为两面刃，纵断面为弧形边构成的对称尖角状，刃部角为33°。7.5厘米×2.4厘米×0.9厘米。

T2029④：2，近似长方形板片状。正背面沿片理面磨制，较平整，各有三道纵向磨槽，大致把整体四等分。左侧侧面磨制，其横断面呈圆弧状；右侧侧面有磨制的纵向槽残余和粗糙断裂面。上部残断，下部为两面刃，其纵断面为弧形边构成的不对称尖角状，刃部角为40°。刃缘较锋锐，在凹槽处形成缺口。8.6厘米×6.7厘米×1厘米。

11. 石料

多为不规则状（表三七）。

表三七　禹会村遗址出土石料形态一览表

编号	形状	长（cm）	宽（cm）	厚（cm）
H23：2	不规则块状	14.8	6.9	3.9
H29：3	不规则块状	11.7	9.2	9.0
H39：3	不规则块状	11.5	6.4	3.6
H39：4	不规则块状	11.2	9.3	8.0
H39：5	四方柱状	4.8	0.6	0.6
H44：8	不规则块状	14.5	10.8	8.9
H44：31	不规则块状	13.6	6.8	3.3
JSG③：8	不规则四面体状	10.0	9.0	3.0
JSK2①：28	不规则条状	8.3	2.2	1.2
JSK2②：43	不规则三棱台状	5.5	4.0	5.0
JSK3：36	不规则块状	16.0	9.0	6.5
JSK3：40	不规则块状	11.7	8.0	6.3
JSK6：21	不规则块状	7.5	6.5	5.0
JSK6：22	不规则块状	6.0	3.5	3.0
JSK6：13	不规则块状	5.4	4.5	3.2
JSK7：19	不规则条状	11.0	3.6	3.5
JSK7：38	不规则块状	13.0	12.5	10.2

续表

编号	形状	长（cm）	宽（cm）	厚（cm）
JSK8：4	板片状	9.3	7.6	1.5
T2040③：1	不规则块状	12.0	8.8	6.6
T2040③：2	不规则块状	10.8	5.8	4.3
T2040④：1	不规则厚板状	13.6	11.3	5.3
T2040④：3	不规则块状	10.9	6.8	4.0
T2040④：5	不规则块状	13.3	9.0	7.2
T2041④：3	不规则块状	14.1	11.2	7.5
T2042③：2	不规则板条状	15.3	4.7	3.6
T2046④：2	不规则块状	12.0	5.5	5.3
T2046④：4	不规则块状	7.5	6.0	3.6
T2046④：5	不规则块状	17.0	13.9	7.2
T2046④：7	不规则块状	8.5	7.0	6.5
T2051④：1	不规则厚板状	5.7	4.9	2.5

图一八五　割锯痕T2021④：12

遗址出土的石斧多为纵向长方形或梯形，既有重厚长大和轻薄短小的类型，也有介于二者之间的类型，其中稍小而薄的斧体反映了龙山时期石斧的特征[①]；石锛多为窄长方形或梯形，器身扁薄者稍多，其中H44：25的形制与安徽蒙城尉迟寺龙山文化AⅠ式石锛[②]相似；石凿既有细长的长条形和方柱形，也有宽短的梯形和长方形，稍显复杂多样；石楔多为厚重的长体形，相对单一；石刀加工简陋，磨制石刀为平背弧刃；石钺器形扁薄，采用石钻对钻法或直钻法穿孔[③]，其中T2021④：12和小石器T2029④：1的侧边有明显的割锯痕迹（图一八五、图一八六），小石器T2029④：2的正背面和侧边也有明显的割锯痕迹（图一八七），这意味着三者的加工尚未完成，应属于半成品；研磨器T2040④：2底面的加工采用了抛光技术。

① 张宏彦. 中国史前考古学导论. 北京：科学出版社，2011：221.

② 中国社会科学院考古研究所，安徽省蒙城县文化局. 蒙城尉迟寺（第二部），北京：科学出版社，2007：279、280.

③ 同①：216.

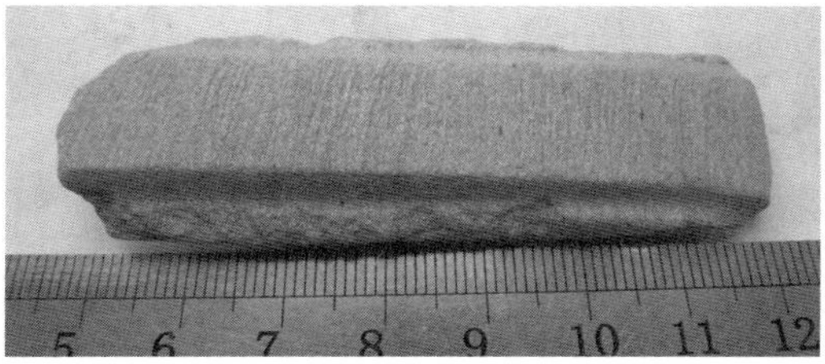

图一八六　割锯痕T2029④：1

图一八七　割锯痕T2029④：2

三、石器岩性研究

遗址所在地位于华北地层区淮河地层分区淮南地层小区[①]凤阳地层子区[②]，区内除出露的基岩除岩浆岩外，还有多个时代的地层，由老到新依次有新太古界的五河群，古元古界的凤阳群，新元古界的青白口系八公山群和震旦系徐淮群，古生界的寒武系下中上统和奥陶系下统，中生界的侏罗系上统和白垩系上统，新生界的古近系古新统、始新统和新近系中新统[③]。其中的新太古界、古元古界、新元古界统称为前寒武系。区内五河群形成于28亿～25亿年前[④]，见有5个组，由老到新依次为西堌堆组、庄子李组、峰山李组、小张庄组和殷家涧组[⑤]；凤阳群形成于23亿～18亿年前[⑥]，见有3个组，由老到新依次为白云山组、青石山组和宋集组[⑦]；八公山群形成于10亿～8亿年前[⑧]，见有3个组，由老到新依次为曹店组、伍山组和刘老碑组[⑨]；徐淮群形成于6.8亿～5.43亿年前[⑩]，见有4个组，由老到新依次为四十里长山组、九里桥组、四顶山组

① 安徽省地质矿产局区域地质调查队. 安徽地层志·白垩系分册. 合肥：安徽科学技术出版社，1988：5.

② 安徽省地质矿产局区域地质调查队. 安徽地层志·前寒武系分册. 合肥：安徽科学技术出版社，1985：2；安徽省地质矿产局区域地质调查队. 安徽地层志·寒武系分册. 合肥：安徽科学技术出版社，1988：6.

③ 安徽省地质矿产勘查局312地质队地调所. 安徽省蚌埠—凤阳地区基岩地质图. 2012.

④ 宋春青，邱维理，张振青. 地质学基础（第四版）. 北京：高等教育出版社，2006：474.

⑤ 同③.

⑥ 同④.

⑦ 同③.

⑧ 同④：473.

⑨ 同③.

⑩ 同⑧.

和倪园组[①]；寒武系下统形成于5.43亿～5.13亿年前[②]，见有2个组，为较老的猴家山组和较新的馒头组[③]；寒武系中统形成于5.13亿～5亿年前[④]，见有3个组，由老到新依次为毛庄组、徐庄组和张夏组[⑤]；白垩系上统形成于0.96亿～0.65亿年前[⑥]，见有1个组，即张桥组[⑦]。

遗址出土石器的料石大多分属于五河群的西堌堆组和殷家涧组、凤阳群的白云山组和宋集组、八公山群的伍山组和刘老碑组、徐淮群的四十里长山组和倪园组、寒武系下统的馒头组、寒武系中统的徐庄组、白垩系上统的张桥组以及五河群的混合花岗岩类。其中五河群的混合花岗岩和西堌堆组出露于遗址的北面和东面，距离遗址最近的出露于涂山；余者多出露于遗址的南面和东面，出露于南面的距离遗址较近，最近距离不超过25千米[⑧]（图一八八～图一九〇）。

区内西堌堆组上部为黑云斜长片麻岩、斜长角闪岩、角闪岩等，见有变辉橄岩、蛇纹岩，下部为黑云（角闪）斜长片麻岩夹浅粒岩、黑云变粒岩及蛇纹石化大理岩。殷家涧组上部为黄绿色绿帘角闪片岩，下部为白云石英片岩夹变流纹岩。白云山组为乳白、微红色中薄层石英岩夹绢云石英片岩。宋集组为微绿、白、紫、灰等杂色千枚岩及含砂千枚岩，夹石英岩、铁质条带石英岩及少量大理岩凸镜体，顶部为紫红色铁质千枚岩或粉砂岩。伍山组为灰白色中厚层含海绿石含砾石英砂岩、石英砂岩，底部为石英砾岩。刘老碑组下段为紫红夹黄绿色薄层泥质灰岩及同色钙质页岩，底部为紫红、灰白色中细粒石英砂岩；上段为黄绿色页岩夹同色薄层细粒石英砂岩（有时含海绿石）、钙质石英粉砂岩、粉砂质泥质灰岩。四十里长山组为灰白、灰黄色钙质石英粉砂岩、石英粉砂岩及条纹状长石石英粉砂岩，岩层中微细层理发育。倪园组为紫红色含砂白云岩，灰白色条带状含硅泥质白云岩，见燧石结核。馒头组为灰岩和页岩互层。徐庄组为中厚层鲕状白云质灰岩，灰岩，细粒长石石英砂岩，含泥质石英粉砂岩。张桥组为砖红、棕褐、浅棕色砾岩、粗砂岩、细砂岩、粉砂岩，夹粉砂质泥岩。

---

① 安徽省地质矿产勘查局312地质队地调所. 安徽省蚌埠—凤阳地区基岩地质图. 2012.
② 宋春青，邱维理，张振青. 地质学基础（第四版）. 北京：高等教育出版社，2006：473.
③ 同①.
④ 同②.
⑤ 同①.
⑥ 同②：472.
⑦ 同①.
⑧ 同①.

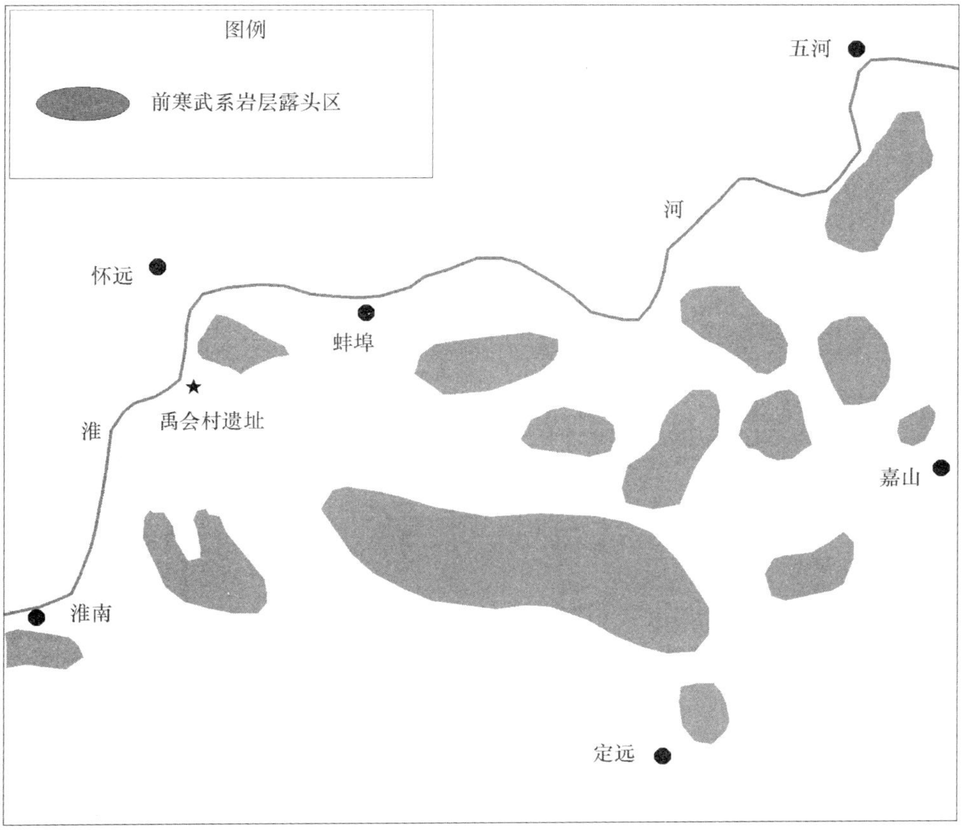

图一八八　遗址附近前寒武系露头分布示意图

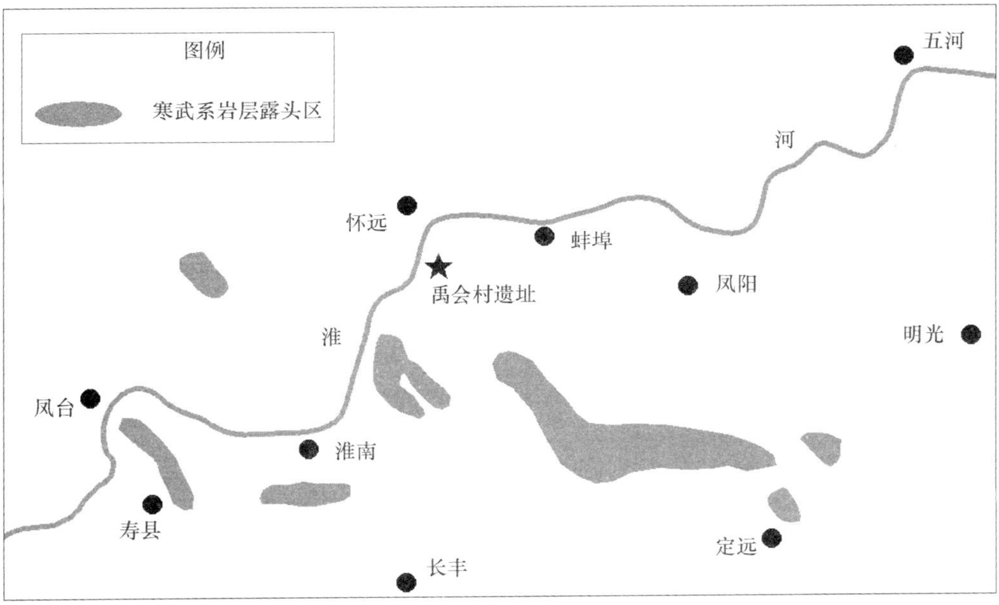

图一八九　遗址附近寒武系露头分布示意图

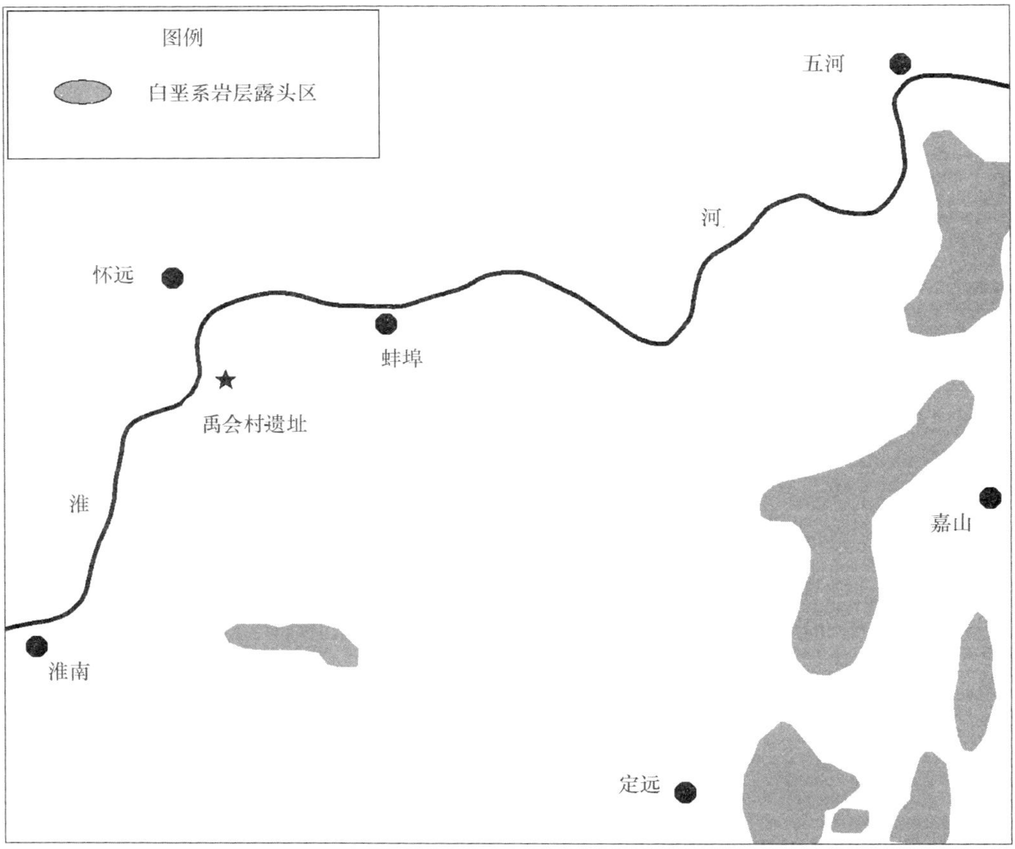

图一九〇　遗址附近白垩系露头分布示意图

（一）石镞

料石相对单一，以宋集组千枚岩类占绝对优势（表三八）。

表三八　禹会村遗址出土石镞岩性和磨制面特征一览表

编号	岩性	磨制面特征
H44：9	宋集组深灰色粉砂质千枚岩	平滑
H44：10	宋集组灰绿色粉砂质千枚岩	平滑
H44：11	宋集组灰绿色千枚岩	平滑
H44：23	宋集组黄灰色含电气石含砂千枚岩	未磨光
H44：58	宋集组绿灰色粉砂质千枚岩	平滑
HG1：2	宋集组浅绿灰色含砂千枚岩	未磨光
HG1：3	白云山组微红色绢云石英片岩	平坦
HG1：4	四十里长山组灰白色粉砂质细粒石英砂岩	平坦
JSG②：22	宋集组深灰、浅灰绿色千枚岩	平滑

续表

编号	岩性	磨制面特征
JSG③：7	宋集组浅绿灰色粉砂质千枚岩	平滑
JSG③：16	宋集组灰色千枚岩	平滑
JSG③：17	宋集组灰色粉砂质千枚岩	平滑
JSG③：21	宋集组浅灰色千枚状页岩	平滑
JSG③：24	宋集组浅绿灰色千枚岩	平坦
JSG③：36	宋集组灰绿色千枚岩	平滑
JSK2②：27	宋集组灰色千枚岩	极平滑
JSK2②：28	宋集组浅灰绿色千枚岩	平滑
JSK7：23	宋集组深灰色粉砂质千枚岩	平滑
JSK7：24	白云山组绿灰色绢云石英片岩	平坦
JSK7：28	白云山组浅绿灰色绢云石英片岩	平坦
T1004④：9	宋集组灰黑色粉砂质千枚岩	平滑
T2025④：5	宋集组紫红色粉砂质页岩	平坦
T2025④：6	白云山组浅黄绿色石英绢云片岩	平坦
T2026④：4	馒头组灰黄色泥岩	平滑
T2035③：1	宋集组深绿灰色千枚岩	平滑
T2036③：2	宋集组灰黑色千枚岩	平滑
T2037③：2	宋集组浅绿灰色千枚岩	平滑
T2045④：1	宋集组深灰色千枚岩	平滑
T2045④：2	宋集组紫红色粉砂质页岩	平滑
T3004③：4	宋集组深灰色粉砂质千枚岩	极平滑
T3004④：2	馒头组灰黄色泥岩	平滑
T3011④：1	宋集组绿灰色千枚岩	平坦

千枚岩主要由绢云母、绿泥石、石英、钠长石等矿物组成[①]，晶粒微细，肉眼难以分辨[②]，相对均匀细腻。其中石英和钠长石的硬度较大[③]，使千枚岩具有了一定的抵抗外力破坏的能力，从而保证了相应石器应有的强度；绢云母和绿泥石的硬度较

① 宋春青，邱维理，张振青. 地质学基础（第四版）. 北京：高等教育出版社，2006：148.
② 同①：143.
③ 同①：61、62.

小[①]，呈片状并定向排列，从而形成千枚构造[②]，容易使千枚岩破裂成板片状形态，有利于打割、修琢和磨制。

（二）磨石

1. 典型个体描述（表三九）

H28：3，颜色不均匀，分别呈黄绿色、灰黄色，细粒砂状结构，块状构造。砂屑呈次棱角～次圆状，分选较差，粒度不均，粒径为0.2毫米左右，以无色的石英颗粒为主，少量白色的长石颗粒，孔隙式填隙。定名：细砂岩。

表三九　禹会村遗址出土磨石岩性和磨面特征一览表

编号	岩性	磨面特征
H28：3	刘老碑组黄绿、灰黄色细砂岩	规整，粗糙
H28：4	刘老碑组黄绿、灰黄色细砂岩	（未见明显磨痕）
H28：5	刘老碑组黄绿、灰黄色细砂岩	规整，粗糙
H28：6	刘老碑组黄绿、灰黄色细砂岩	规整，粗糙
H28：7	刘老碑组黄绿、灰黄色细砂岩	规整，粗糙
H29：1	四十里长山组灰白～黄灰色石英粉砂岩	规整，略光滑
H29：2	四十里长山组青灰色石英粉砂岩	规整，光滑
H31：2	四十里长山组青灰～黄灰色细粒石英砂岩	规整，略光滑
H41：1	四十里长山组青灰～黄灰色细砂质石英粉砂岩	（未见明显磨痕）
H41：2	四十里长山组黄灰色石英粉砂岩	不规整，粗糙
H41：3	徐庄组黄灰色带绿色调细粒长石石英砂岩	规整，粗糙
H41：4	徐庄组浅棕黄色中细粒长石石英砂岩	不规整，极粗糙
H41：5	四十里长山组黄灰色细粒石英砂岩	规整，略光滑
H44：3	四十里长山组青灰～黄灰色石英粉砂岩	规整，较光滑
H44：5	四十里长山组青灰～黄灰色石英粉砂岩	规整，光滑
H44：6	伍山组灰绿色含砾含海绿石中粒石英砂岩	较规整，极粗糙
H44：12	四十里长山组黄灰色细砂质石英粉砂岩	规整，较光滑
H44：16	四十里长山组青灰～黄灰色石英粉砂岩	规整，较光滑
H44：18	张桥组棕红、棕黄色粉砂岩	规整，粗糙
H44：21	刘老碑组黄绿色泥质粉砂岩	规整，光滑
H44：26	刘老碑组灰黄色细砂岩	规整，粗糙
H44：27	四十里长山组灰白～青灰色中细粒石英砂岩	规整，略光滑

---

① 宋春青，邱维理，张振青. 地质学基础（第四版）. 北京：高等教育出版社，2006：64、65.

② 同①：143.

续表

编号	岩性	磨面特征
H44：30	白云山组微红色细粒石英岩	规整，光滑
H48：1	四十里长山组青灰～黄灰色细砂质石英粉砂岩	规整，略光滑
HG5：4	四十里长山组浅青灰～浅黄灰色石英粉砂岩	规整，光滑
HG5：9	伍山组浅灰色含砾含粗砂中粒石英砂岩	规整，光滑
HG5：16	四十里长山组浅黄灰色细砂岩	规整，光滑
JSG②：9	刘老碑组黄绿、灰黄色细砂岩	规整，略粗糙
JSG②：25	四十里长山组灰黄色细粒石英砂岩	不规整，高低错落
JSG②：26	四十里长山组灰黄色细粒石英砂岩	较规整，起伏错落
JSG②：28	四十里长山组黄白色细粒石英砂岩	较规整，略粗糙
JSG③：11	伍山组青白色细粒石英砂岩	较规整，粗糙
JSG③：28	徐庄组棕黄色中细粒长石石英砂岩	规整，粗糙
JSG③：29	刘老碑组黄绿、灰黄色细砂岩	不规整，粗糙
JSG③：30	四十里长山组灰黄色细砂质石英粉砂岩	规整，较光滑
JSG③：31	四十里长山组灰黄色含电气石细粒石英砂岩	规整，略光滑
JSG③：32	四十里长山组灰黄色细粒石英砂岩	不规整，高低错落
JSK2①：25	四十里长山组灰黄色细粒石英砂岩	较规整，略粗糙
JSK2①：26	张桥组暗红色细砂岩	规整，粗糙
JSK2②：26	五河群灰白色混合花岗岩	平整，略光滑
JSK2②：40	四十里长山组白色粉砂岩	较规整，光滑
JSK2②：41	四十里长山组灰白色细粒石英砂岩	较规整，略粗糙
JSK3：41	张桥组棕红色细砂岩	不规整，粗糙
JSK3：42	徐庄组灰黄绿色中细粒砂岩	规整，粗糙
JSK4：5	张桥组棕红色细砂岩	规整，略粗糙
JSK4：11	张桥组棕红色细砂岩	不规整，粗糙
JSK5：7	张桥组棕红色细砂岩	规整，略粗糙
JSK5：10	张桥组深红色细粒岩屑砂岩	较规整，粗糙
JSK5：13	四十里长山组灰黄色含海绿石细砂岩	较规整，粗糙
JSK5：16	四十里长山组灰黄色粉砂岩	规整，光滑
JSK5：21	刘老碑组黄绿色粉砂岩	较规整，略粗糙
JSK5：22	四十里长山组黄灰色粉砂岩	较规整，略光滑
JSK6：3	徐庄组浅灰色细粒长石石英砂岩	规整，粗糙
JSK6：5	刘老碑组黄绿、灰黄色细砂岩	规整，粗糙
JSK6：6	张桥组浅棕红色细砂岩	较规整，粗糙
JSK6：8	张桥组棕红色细砂岩	规整，略光滑

续表

编号	岩性	磨面特征
JSK6：9	徐庄组暗黄灰色细粒长石石英砂岩	不规整，粗糙
JSK6：10	张桥组棕黄色细砂岩	较规整，粗糙
JSK6：11	刘老碑组黄绿色细砂岩	规整，略光滑
JSK6：12	刘老碑组黄绿、棕黄色细砂岩	较规整，粗糙
JSK6：14	刘老碑组黄绿色细砂岩	较规整，略粗糙
JSK6：17	张桥组棕黄色细砂岩	较规整，粗糙
JSK6：23	张桥组深棕色细中粒砂岩	较规整，粗糙
JSK7：15	刘老碑组灰黄色细砂岩	较规整，略粗糙
JSK7：16	四十里长山组青白色粉砂质细粒石英砂岩	规整，较光滑
JSK7：17	四十里长山组青白色粉砂质细粒石英砂岩	规整，较光滑
JSK7：20	四十里长山组青白色细粒石英砂岩	规整，略粗糙
JSK7：22	四十里长山组灰黄色石英粉砂岩	规整，光滑
JSK7：25	四十里长山组灰白色细砂岩	较规整，粗糙
JSK7：26	徐庄组黄褐色中细粒长石石英砂岩	较规整，粗糙
JSK7：27	徐庄组棕灰色细砂岩	规整，略粗糙
JSK7：29	四十里长山组灰白色细砂岩	较规整，略粗糙
JSK7：30	四十里长山组青白色石英粉砂岩	规整，光滑
JSK7：31	刘老碑组黄绿、灰黄色细砂岩	较规整，略粗糙
JSK7：32	徐庄组棕灰色细砂岩	较规整，略粗糙
JSK7：33	刘老碑组黄绿、铁锈色细砂岩	较规整，略粗糙
JSK7：35	徐庄组灰紫色细粒长石石英砂岩	较规整，略粗糙
JSK7：36	刘老碑组浅灰绿色中细粒砂岩	较规整，粗糙
JSK7：37	刘老碑组浅灰绿色含砾中细粒砂岩	较规整，粗糙
JSK8：3	徐庄组棕灰色细砂岩	较规整，略粗糙
T2025④：3	四十里长山组灰黄色细粒石英砂岩	较规整，略粗糙
T2026④：2	徐庄组棕灰色细砂岩	较规整，略粗糙
T2034③：2	徐庄组黄灰色细粒长石石英砂岩	规整，较粗糙
T2035④：3	四十里长山组黄灰色粉砂质细粒石英砂岩	规整，较光滑
T2035④：4	张桥组棕红色细砂岩	较规整，粗糙
T2036③：1	四十里长山组黄灰色粉砂质细粒石英砂岩	规整，较光滑
T2037③：1	四十里长山组黄灰色粉砂质细粒石英砂岩	较规整，略光滑
T2040④：4	伍山组绿灰色含粗砂中细粒含海绿石石英砂岩	较规整，粗糙
T2040④：6	张桥组灰红色细砂岩	不规整，粗糙
T2041③：2	徐庄组浅肉灰色细粒长石石英砂岩	较规整，较粗糙

续表

编号	岩性	磨面特征
T2041③：3	四十里长山组浅灰绿色粉砂岩	规整，光滑
T2041④：1	张桥组棕红色细砂岩	较规整，略粗糙
T2041④：2	徐庄组浅青灰色细粒含海绿石长石石英砂岩	规整，略粗糙
T2041④：4	张桥组浅砖红色细砂岩	（未见明显磨痕）
T2042③：6	白云山组白色白云石英片岩	规整，略光滑
T2042③：7	徐庄组灰紫色细粒长石石英砂岩	规整，光滑
T2042③：8	四十里长山组黄白～灰白色粉砂质细粒石英砂岩	规整，光滑
T2042④：7	刘老碑组黄绿、黄褐色细砂岩	规整，较粗糙
T2042④：8	刘老碑组黄绿、黄褐色细砂岩	规整，较粗糙
T2042④：9	四十里长山组浅青灰色粉砂质细粒石英砂岩	规整，较光滑
T2042④：10	四十里长山组浅灰色粉砂质细粒石英砂岩	规整，较光滑
T2042④：11	刘老碑组黄绿、黄褐色细砂岩	较规整，粗糙
T2042④：12	徐庄组黄棕色中细粒砂岩	较规整，粗糙
T2042④：13	张桥组棕红色细砂岩	较规整，略粗糙
T2042④：14	刘老碑组黄灰、黄褐色细砂岩	不规整，极粗糙
T2042④：15	四十里长山组浅灰色粉砂质细粒石英砂岩	规整，略光滑
T2044③：2	张桥组棕红色细砂岩	（未见明显磨痕）
T2044③：3	四十里长山组浅绿灰色粉砂质细粒含海绿石石英砂岩	规整，略光滑
T2044③：4	刘老碑组黄绿、灰黄色细砂岩	规整，略粗糙
T2044③：5	刘老碑组黄绿、灰黄色细砂岩	规整，略粗糙
T2044③：6	刘老碑组黄绿、灰黄色细砂岩	规整，略粗糙
T2044③：7	张桥组浅棕黄色细砂岩	规整，略粗糙
T2044③：8	张桥组棕褐色细砂岩	不规整，粗糙
T2044③：10	四十里长山组黄灰色石英粉砂岩	规整，略光滑
T2044③：11	刘老碑组灰黄绿色细砂岩	较规整，略粗糙
T2044③：12	四十里长山组浅灰色粉砂质细粒石英砂岩	较规整，略粗糙
T2045③：1	四十里长山组浅青灰～浅黄灰色细粒石英砂岩	较规整，略粗糙
T2045③：2	四十里长山组灰绿色细粒海绿石石英砂岩	较规整，略粗糙
T2045③：3	张桥组浅棕色细砂岩	规整，略光滑
T2045③：4	四十里长山组青灰色粉砂质细粒含海绿石石英砂岩	较规整，略光滑
T2045③：5	刘老碑组灰黄、黄绿色细砂岩	规整，粗糙
T2045③：6	刘老碑组灰黄、黄绿色细砂岩	规整，粗糙
T2045③：7	四十里长山组浅青灰色细粒石英砂岩	规整，略粗糙
T2045④：3	伍山组暗灰色中细粒含海绿石石英砂岩	（不）规整，粗糙

续表

编号	岩性	磨面特征
T2045④：4	四十里长山组黄灰色粉砂质细粒石英砂岩	规整，较光滑
T2046④：3	四十里长山组浅灰色细粒含海绿石石英砂岩	规整，粗糙
T2046④：6	徐庄组浅黄灰色细粒长石石英砂岩	规整，粗糙
T2046④：8	刘老碑组黄灰～红灰色细砂岩	规整，粗糙
T2046④：9	刘老碑组黄绿、红灰色细砂岩	规整，粗糙
T2049④：1	四十里长山组浅黄灰色细粒含海绿石石英砂岩	不规整，粗糙
T2051④：2	张桥组砖红色巨厚层砾岩中棕褐色安山岩砾石	（未见明显磨痕）
T2055④：1	四十里长山组青灰色粉砂质细粒石英砂岩	（未见明显磨痕）
T2056④：1	四十里长山组青灰色石英粉砂岩	规整，较光滑

H29：1，灰白～黄灰色，粉砂状结构，微层层理构造，单层厚度为0.5～4毫米，呈圆弧形弯曲，多数相互平行，少数与之呈小角度斜交。定名：粉砂岩。

H41：3，黄灰色，带绿色色调，细粒砂状结构，块状构造。砂屑边界清晰，呈次棱角～次圆状，粒径为0.1～0.3毫米，以无色的石英颗粒为主，其次为肉红色和白色的长石颗粒，肉红色长石颗粒较新鲜，白色长石颗粒风化明显，甚至呈土状光泽。孔隙式填隙。定名：细粒长石石英砂岩。

H44：6，灰绿色，含砾中粒砂状结构，块状构造。砂屑多呈次棱角状，粒径多为0.2～0.5毫米，以无色的石英颗粒为主，另有少量浅绿～绿色的海绿石颗粒。碎屑粒径最大可达3毫米，即含有粗砂和细砾，二者呈次圆～圆状，主要为无色的石英颗粒。定名：含砾含海绿石中粒石英砂岩。

JSG③：11，青白色，中细粒砂状结构，微层层理构造，单层厚度为1～2毫米，形态平直，相互平行。砂屑呈次圆～圆状，以石英颗粒为主，按粒径可分为两组，粒径分别为0.1～0.3毫米和0.5毫米左右，形成不同的单层。另有少量海绿石和白色矿物颗粒。孔隙式填隙。定名：含海绿石中细粒石英砂岩。

JSG③：30，灰黄色，细砂质粉砂状结构，微层层理构造，单层厚度为1～5毫米。砂屑粒径为0.1毫米左右，次圆～圆状，几乎全为石英颗粒。孔隙式填隙。致密坚硬均匀，小刀难以刻划。定名：细砂质石英粉砂岩。

JSK2①：26，暗红色，细粒砂状结构，块状构造。砂屑颗粒清晰，呈次圆状，粒度均匀，粒径为0.1～0.2毫米，以石英为主。接触式填隙。定名：细砂岩。

JSK2②：40，象牙白色，块状构造，致密均匀，粉砂状结构，牙蹭具明显砂质感，砂屑颗粒清晰，粒径小于0.05毫米，以石英为主，另有少量白云母和黑色矿物。孔隙式填隙。定名：粉砂岩。

JSK3：41，棕红色，细粒砂状结构，微层层理构造。层理由深红色和浅红色的单层相间排列而成，二者形态平直，相互平行，深红色单层厚约0.5毫米，浅红色单层厚度为2～4毫米。砂屑颗粒清晰，呈次圆～圆状，粒度均匀，粒径为0.1毫米左右，以石英为主。孔隙式填隙。定名：细砂岩。

JSK5：13，灰黄色，细粒砂状结构，块状构造。砂屑颗粒清晰，呈次圆～圆状，粒径为0.1毫米左右，以石英为主，另有少量海绿石和白云母。孔隙式填隙。定名：含海绿石细砂岩。

JSK5：16，灰黄色，粉砂状结构，牙蹭具明显砂质感，块状构造。砂屑颗粒边界不甚清晰，粒径小于0.05毫米，以石英为主，有少量白云母。孔隙式填隙。节理发育，可见6组。沿节理面有铁质浸染，形成铁锈红色膜层，最厚可达1毫米。定名：粉砂岩。

JSK6：10，棕黄色，细粒砂状结构，微层层理构造，层理由颜色深浅不同的单层构成，单层形态平直，相互平行，厚度为0.2～2毫米。砂屑颗粒清晰，呈次棱角～次圆状，粒径为0.1～0.2毫米，以石英为主。接触～孔隙式填隙。定名：细砂岩。

JSK7：15，灰黄色，细粒砂状结构，块状构造。砂屑呈次棱角～次圆状，粒径为0.1～0.2毫米，以石英颗粒为主，少量白色长石颗粒。孔隙式填隙。定名：细砂岩。

JSK7：37，灰绿色，含砾中细粒砂状结构，块状构造。砂屑颗粒粒度不均，多数呈次棱角～次圆状，粒径为0.1～0.3毫米，以石英为主；少数呈次棱角状，粒径为1～4毫米，以黄白色的长石或岩屑为主。定名：含砾中细粒砂岩。

T2041④：2，浅青灰色，细粒砂状结构，层理构造，单层厚度为0.05～2毫米，形态平直，相互平行。砂屑颗粒清晰，粒度较均匀，分选较好，呈次棱角～次圆状，粒径为0.1～0.2毫米，以石英为主，次为白色的长石。见有少量海绿石。接触～孔隙式填隙。定名：细粒含海绿石长石石英砂岩。

T2042③：7，灰紫色，细粒砂状结构，层理构造，单层厚度为0.5～5毫米，形态平直，相互平行。砂屑颗粒呈次棱角～次圆状，粒径多为0.1～0.2毫米，以石英为主，其次为长石，少量白云母等。孔隙式填隙。定名：细粒长石石英砂岩。

T2045④：3，暗灰色，中细粒砂状结构，水平层理构造。砂屑呈次圆～圆状，粒径为0.1～0.5毫米，以无色的呈油脂光泽的石英颗粒占绝对优势，未见长石颗粒。另有少量浅绿～深绿色的海绿石等矿物。孔隙式填隙。定名：中细粒含海绿石石英砂岩。

2. 特征总结

如表三九所示，磨石的料石几乎全为碎屑岩中的细砂岩类（包括细砂岩、粉砂质细砂岩、中细粒砂岩等）和粉砂岩类（包括粉砂岩、细砂质粉砂岩、泥质粉砂岩等），分别属于伍山组（5件）、刘老碑组（30件）、四十里长山组（53件）、徐庄组（18件）和张桥组（20件）。细砂岩类岩质磨石有104件，粉砂岩类岩质磨石有22件。

作为磨石的料石，以上五组地层的岩性有一定差异，其中伍山组碎屑岩颜色较浅，以灰白色为主，可以带有灰、绿、青等色调；矿物成分单一，几乎全为石英，常见少量的海绿石；粒度较粗，最细为细粒，中粒、粗粒常见，最粗可达细砾。刘老碑组碎屑岩颜色不均匀，以鲜艳的黄绿色最为突出，还可见有灰黄色、黄褐色等色调；粒度不均，分选较差，总体粒径较小，为细砂和粉砂。四十里长山组碎屑岩颜色不深，从灰白、黄白、青白色到较浅的灰、青灰、黄灰、灰黄色；矿物成分单一，几乎全为石英，可见海绿石；粒度较细，主要是粉砂和细砂；常见微细层理构造。徐庄组碎屑岩颜色多样；矿物成分除石英外，还有较多的长石；粒度中等，主要为细砂和中砂，砂屑边界清晰。张桥组碎屑岩以红色为主色调，可伴有棕、黄等色调，粒度方面几乎全为细砂。

细砂岩类和粉砂岩类的岩石主要由碎屑颗粒组成，颗粒圆度较高，分布较均匀，岩石表面相对粗糙，适宜用作磨具。细砂岩类岩石碎屑颗粒较粉砂岩类粗大，适宜用作粗磨磨石，粉砂岩类岩石则适宜用作细磨磨石。粗磨磨石损耗速度较快，用量较大，所以细砂岩类岩质磨石的数量远远多于粉砂岩类岩质磨石。碎屑颗粒的大小对磨面光滑度也有明显影响，在使用程度相同的情况下，粉砂岩类岩质磨石的磨面光滑度高于细砂岩类岩质磨石（图一九一），即磨面光滑度与碎屑粒度反相关。

碎屑岩是沉积岩的基本类型之一①，具有层理构造是沉积岩的一个突出特征。层理构造指的是沉积物在垂直方向上由于成分、颜色、结构的不同而形成的层状构造。在一个基本稳定的物理条件下所形成的沉积单位叫做层，一个层的顶面或底面叫做层

图一九一　磨面光滑度比较JSK3：42、H41：5、JSK5：16

① 宋春青，邱维理，张振青. 地质学基础（第四版）. 北京：高等教育出版社，2006：128.

图一九二　磨面与层面HG5：4

面[①]。在出土磨石上常见磨面与层面平行或重合的现象（图一九二），原因是层面所在的位置相对软弱，容易沿之形成较平整的天然断裂面，而且层面上物质组成比较均匀，从而方便加工与利用。

（三）其他

在木材加工工具（石斧、石锛、石凿、石楔）的料石中，有一半是硅质岩，这一类岩石致密坚硬、均匀细腻，抵抗外力破坏的能力强，但在遗址附近未见出露（表四〇）。对应石器的磨制面极为平滑明亮，或者是因为采用了抛光技术，或者是因为岩性所致。石斧、石锛、石凿、石楔等木材加工工具[②]是长江流域磨制石器的主要种类，与当地湿热气候条件下形成的“干栏式”建筑对大量木材加工的需要相适应[③]。据此推测，以硅质岩为原料加工制作的石斧、石锛、石凿、石楔等可能来源于南方。

表四〇　禹会村遗址出土其他类石器岩性和磨制面特征一览表

编号	类别	岩性	磨制面特征
H44：28	石斧	青白色硅质岩	平滑明亮
JSK2②：25	石斧	张桥组暗红色细砂岩	平坦
JSK4：6	石斧	四十里长山组灰黄色细粒石英砂岩	极平滑
JSK7：21	石斧	倪园组灰白色条带状含硅泥质白云岩	较平滑
T2025③：6	石斧	浅灰绿色硅质岩	平滑明亮
T2041③：1	石斧	四十里长山组浅灰色石英粉砂岩	平滑
T2044③：9	石斧	浅绿灰色泥质粉砂岩	极平滑
H44：7	石锛	青白色硅质岩	极平滑明亮
H44：13	石锛	绿白色硅质岩	平滑
H44：22	石锛	殷家涧组灰绿色角闪绿泥片岩	平滑
H44：25	石锛	青白色硅质岩	极平滑明亮
JSK7：34	石锛	绿灰白色硅质岩	平滑
T2003④：14	石锛	灰绿色硅质岩	极平滑

① 宋春青，邱维理，张振青. 地质学基础（第四版）. 北京：高等教育出版社，2006：123.

② 张宏彦. 中国史前考古学导论. 北京：科学出版社，2011：221-223.

③ 同②：195、196.

续表

编号	类别	岩性	磨制面特征
T2044③：1	石锛	浅绿灰色泥质粉砂岩	极平滑
H31：1	石凿	绿白色硅质岩	极平滑明亮
H39：2	石凿	殷家涧组黄绿色绿帘角闪片岩	平滑
JSG③：18	石凿	灰色燧石	极平滑明亮
JSK2②：34	石凿	殷家涧组灰绿色角闪石英片岩	极平滑明亮
T3004④：3	石凿	宋集组深绿灰色粉砂质千枚岩	平滑
H44：20	石楔	绿白色条带状硅质岩	极平滑明亮
JSG③：33	石楔	灰绿色硅质岩	极平滑明亮
JSG③：34	石楔	绿灰色砂岩	粗糙
JSK2②：42	石楔	（黄）绿色硅质岩	极平滑明亮
JSK8：2	石楔	西堌堆组黑色斜长角闪岩	粗糙
T2025④：1	石楔	绿色硅质岩	极平滑
T2034③：1	石楔	绿灰白色硅质岩	极平滑
H44：29	石钺	宋集组深灰色粉砂质千枚岩	平滑
H44：59	石钺	宋集组灰黑色粉砂岩	平滑
JSK3：5	石钺	宋集组灰绿色千枚岩	极平滑
T2021④：12	石钺	白云山组青灰色绢云石英片岩	极平滑
H39：1	石刀	宋集组绿灰色千枚岩	/
JSK2①：29	石刀	宋集组深灰色千枚岩	平滑
T2031④：6	石球	五河群黄灰色混合花岗岩	/
HG1：5	磨盘	徐庄组浅灰色细中粒长石石英砂岩	粗糙
T2040④：2	研磨器	燕山期绿灰色闪长岩	极平滑
T2025④：12	小石器	宋集组绿灰色粉砂质千枚岩	较平滑
T2029④：1	小石器	白云山组绿黄色绢云石英片岩	平整，略粗糙
T2029④：2	小石器	白云山组绿黄色绢云石英片岩	较平整，略粗糙
H23：2	石料	白云山组肉白色中细粒糖粒状石英岩	/
H29：3	石料	西堌堆组灰绿色斜长角闪岩	/
H39：3	石料	白云山组蜡黄色中粗粒石英岩	/
H39：4	石料	褐铁矿	/
H39：5	石料	宋集组灰黑色千枚岩	/
H44：8	石料	西堌堆组绿黑色斜长角闪岩	/
H44：31	石料	五河群白色混合花岗岩	/
JSG③：8	石料	白云山组乳白色中细粒糖粒状石英岩	/
JSK2①：28	石料	宋集组深绿灰色千枚岩	/

续表

编号	类别	岩性	磨制面特征
JSK2②：43	石料	白云山组乳白色中细粒糖粒状石英岩	/
JSK3：36	石料	五河群灰白色似斑状混合花岗岩	/
JSK3：40	石料	西堌堆组灰绿色斜长角闪岩	/
JSK6：13	石料	白云山组乳白色石英岩	/
JSK6：21	石料	宋集组深灰色大理岩	/
JSK6：22	石料	西堌堆组绿白色片麻岩	/
JSK7：19	石料	五河群白色混合花岗岩	/
JSK7：38	石料	西堌堆组绿黑色斜长角闪岩	/
JSK8：4	石料	五河群白色混合花岗岩	/
T2040③：1	石料	张桥组浅棕～棕色细砂岩	/
T2040③：2	石料	燕山期白色细晶岩	/
T2040④：1	石料	五河群灰白色似斑状混合花岗岩	/
T2040④：3	石料	五河群灰白色混合花岗岩	/
T2040④：5	石料	伍山组肉白色粗粒石英砂岩	/
T2041④：3	石料	西堌堆组灰绿色斜长角闪岩	/
T2042③：2	石料	五河群肉灰色混合花岗岩	/
T2046④：2	石料	绿灰白色粉砂质泥岩	/
T2046④：4	石料	白云山组乳白色中细粒糖粒状石英岩	/
T2046④：5	石料	张桥组棕色含砾中细粒砂岩	/
T2046④：7	石料	西堌堆组绿黑色斜长角闪岩	/
T2051④：1	石料	五河群灰白色混合花岗岩	/

石钺、石刀、小石器的料石多为宋集组的千枚岩或白云山组的片岩。千枚岩和片岩均属区域变质作用形成的岩石①，二者的共同特征是均具有片理构造。片理构造指岩石中矿物定向排列所显示的构造。矿物平行排列所成的面称片理面，岩石极易沿着片理面劈开②，从而形成板片状形态，利于加工成板状的石钺或薄片状的石刀等。此外，片岩的矿物成分与千枚岩近似③，既有较软的云母、绿泥石等，有利于加工；也有较硬的石英、长石等，保证了相应石器应有的强度。

石料的岩性多样。数量较多的是五河群混合花岗岩石料（8件）、白云山组石英岩

① 宋春青，邱维理，张振青. 地质学基础（第四版）. 北京：高等教育出版社，2006：148.
② 同①：142、143.
③ 同①.

石料（6件）、西堌堆组斜长角闪岩石料（6件），它们的实用功能尚不清楚，可能仅仅具有祭祀功能。

四、结　　语

禹会村遗址出土的石器类型多样，其中磨石的数量最多，结合同时出土的半成品石器和石料，意味着遗址附近有石器加工场。其次是石镞，形制与山东、河南等地龙山晚期石镞有相似之处，取料于当地，表明狩猎经济在当时仍占一定地位。还有一定数量的木材加工工具，其中的一部分料石在遗址附近未见出露，对应石器可能来源于南方。石刀、磨盘分别是黄河流域的农业生产工具和粮食加工工具[①]，遗址出土的石刀和磨盘虽然数量不多，但取料于当地，可能反映了当时的种植业生产与黄河流域的粟作农业有一定联系[②]。

除磨石外，成品石器几乎全为通体磨制，仅极少数为局部磨制或未加磨制，磨制面形态规整，光滑度不尽相同，受岩性影响明显，由质地均匀细腻致密坚硬石料加工而成的石器，其磨制面往往非常光滑（表三九、表四〇）。磨石的磨面既有规整度的差异，也有光滑度的差异，磨面规整度的大小主要取决于使用程度，二者呈正相关关系；磨面光滑度的大小除使用程度外，还与岩性有关，在使用程度相同的条件下，磨面光滑度与碎屑粒度反相关。

石器的加工制作在选料、选形方面经验丰富，用软硬适中的千枚岩加工石镞，用质地相对细腻均匀、表面有一定粗糙度的细砂岩和粉砂岩作为磨石，用致密坚硬、均匀细腻的硅质岩加工石斧、石锛、石凿、石楔等木材加工工具，用片理发育易形成板片状形态的千枚岩和片岩加工石钺、石刀、小石器等，利用层面作为磨面，利用两组斜交节理面构成的尖角作为刃部（图一九三）。整形技术先进，采用了割锯技术。在穿孔方面采用石钻钻孔，未见典型的多见于南方的管钻技术[③]。

图一九三　斜交节理面构成的尖角（未编号）

① 张宏彦. 中国史前考古学导论. 北京：科学出版社，2011：195.

② 同①；中国社会科学院考古研究所，蚌埠市文化广电新闻出版局，蚌埠市禹会区政府. 禹会村遗址. 内部资料：66.

③ 同①：217.

从石器现状看，多为残损件，原始功能基本丧失，祭祀功能相对突出。石器的岩性复杂多样，料石大多来源于遗址的北面和南面，料石产地与遗址之间的距离不超过25千米。当地石料加工的石器在种类、形态、加工技术等方面具有更多的北方同时代石器的特点。

第九节　禹会村遗址出土陶器的烧成温度研究*

王　犇[1]　金正耀[1]　汪海港[1]　吴又进[1]　王吉怀[2]

（1. 中国科学技术大学　2. 中国社会科学院考古研究所）

一、选题背景、依据、意义和目的

1. 选题背景

禹会村遗址位于淮河中游，安徽省蚌埠市涂山南麓的禹会村村南。该遗址是淮河流域一处较大型较单纯的龙山文化遗址，也是“中华文明探源工程”在淮河流域确定的唯一一处龙山文化遗址。经^{14}C测定，其年代为公元前2350～前2190年（树轮校正），正处于龙山文化的重要时期①。

在国家文物局的支持下，2007～2011年中国社会科学院考古研究所安徽工作队对禹会村遗址先后进行了五次考古发掘，获得了重大收获和成果。

禹会村遗址作为一处龙山文化大型的以祭祀为主的礼仪性遗址②，除发现有相关祭祀遗迹外，也出土了很多与祭祀相关的器物，同时也有部分与生活相关的陶器。禹会村的陶器，多来自祭祀沟和祭祀坑等遗迹单位，这类陶器主要有以下特点：一是大部分陶器出土时质地酥松，显见烧制火候较低，并有严重变形的现象，不是生活中的实用器；二是大型夹砂陶器较多，小而精致的高档器物较少；三是祭祀类的假腹簋和红陶盉为常见器形；四是陶器特征较为复杂，既有河南龙山文化的特点，又有山东龙山文化的因素，还与苏北和环太湖流域以及长江流域的陶器类型有着密切的关系，可能与来自不同地区的祭祀人群所带来的具有自己本地区传统文化的陶器有关③。以上特点

* 本研究得到国家自然科学基金（项目编号41073004）支持.

① 王吉怀. 解读禹会村. 中国文物报，2010年1月29日三版，2010年2月12日三版.

② 张莉，赵兰会，王吉怀. 禹会遗址2010年春季发掘的新收获. 中国文物报，2010年10月8日.

③ 王吉怀. “大禹治水”之“禹会诸侯”考. 蚌埠学院学报，2012，1（1）：108-115；王吉怀，赵兰会. 禹会村遗址的发掘收获及学术意义. 东南文化，2008，（1）：20-27.

说明禹会村陶器确与祭祀活动有关。

由上可见，禹会村遗址作为一处重要的龙山文化遗址，对淮河流域的龙山文化研究具有非常重要的意义。

2. 选题依据

“水火既济而土合”，土无水不能成器物，器物不经火烧则不能成为陶器[①]，因而烧成温度是陶器成型的重要因素，是中国陶瓷器科技史上的三大技术之一，也是研究陶器起源、发展及演变的关键因素之一[②]。

禹会村遗址是“中华文明探源工程”在淮河流域确定的唯一一处龙山文化遗址，其时代与历史文献记载的大禹所处的时代相同，此时正是中国国家形成的关键时期，是社会发展史上大变革、大转折的时期[③]。因此，很有必要对禹会村遗址的文化面貌进行深入、细致、全面的研究。

陶器一般具有典型的区域文化特征，是判断遗址文化性质、年代范围、技术发展水平的关键物证。龙山文化时期陶器的制作与烧制已达到相当高的水平，而禹会村遗址出土陶器在器形上虽具有龙山文化的特点，但是在制作技术上，在烧制火候上表现出一些反常的现象。针对此类现象，有必要对禹会村遗址出土陶器的烧成温度进行研究。

陶器的烧成温度，不仅可以反映陶器的制作水平、制作工艺、实际用途等信息，结合相关考古资料，还可以从科技考古的角度揭示该遗址的文化性质。

在古陶器的烧成温度研究中，较早而且较广泛使用的方法主要有两种：一是通过X射线衍射、光学显微镜和差热分析方法研究矿物的存在方式，分析估算出陶器的大致烧成温度范围；二是利用陶器热膨胀测试获得的数据，估算出陶器的烧成温度，此方法经过适当的校正，可以得到较准确的结果[④]。近年来也有多种科技分析手段用于陶器烧成温度的测试中，如热重分析、穆斯堡尔谱分析、傅里叶红外光谱、扫描电镜等，这些技术为研究陶器的烧成温度及相关问题提供了支持。

目前虽然陶器烧成温度的测定方法较多，但均有其局限性，因此，仍有必要对方法本身进行深入探讨，并结合其他科技分析手段，建立一套较为可靠的不同烧成温度陶器的测温方案。

---

① 李家治，张志刚，邓泽群，等. 新石器时代早期陶器的研究——兼论中国陶器起源. 考古，1996，（5）：83-91.

② 李家治. 中国科学技术史：陶瓷卷. 北京：科学出版社，1998：1

③ 王吉怀，赵兰会. 禹会村遗址的发掘收获及学术意义. 东南文化，2008，（1）：20-27.

④ M.S.Tite. Determination of the firing temperature of ancientceramics by measurement of thermal expansion; a reassessment. Archaeometry. 1969，11（1）： 131-143.

3. 研究意义

（1）陶器的烧成温度研究为禹会村遗址文化性质的解读提供了科技考古依据。

禹会村遗址作为淮河流域单纯的龙山文化遗址，出土陶器是最能代表龙山文化的实物资料，周边地区不同文化特征的陶器在短时期内集中出现于禹会村遗址，并且在时间上与大禹所处的时代相吻合，因此，考古学界也将该遗址与历史文献中的“禹会诸侯”事件联系在一起。如果禹会村遗址是一处祭祀性质的遗址，那么该遗址所出陶器必定会在制作技术、造型特征和烧成温度上有所体现。

（2）陶器的烧成温度研究可为判断该遗址陶器的实际用途提供科学依据。

陶器的烧成温度在一定程度上能够反映该时期该地区人们制陶水平的高低，同时也为我们推断陶器的实际用途提供科学依据，对于祭祀性质的遗址显得尤为关键。应该说，龙山文化晚期的制陶技术已经十分成熟，窑烧烧制技术已普遍使用，陶器的烧成温度可达1000℃。而禹会村遗址的大部分陶器却酥松易碎，那么禹会村遗址工匠们的制陶水平是高是低？各类陶器的实际用途又是什么？陶器的烧成温度将为回答上述问题找到一个突破口。

（3）陶器的烧成温度研究为热膨胀测温方法的适用性研究提供了参考。

目前，陶器烧成温度的测试多使用热膨胀常规测试方法，该方法的建立是基于瓷器测温实验的经验总结，后来也被普遍应用于陶器测温。目前不同学者在应用热膨胀方法进行古陶测温时，对该方法的温度使用范围尚有不同认识。本文采用热膨胀测温方法对禹会村遗址陶器的烧成温度进行测定，同时结合其他分析手段进行验证，为深入探讨该方法的适用性提供了参考资料。

4. 研究目的

（1）结合多种分析手段，对禹会村遗址出土陶器烧成温度与所含矿物之间的联系进行探讨，同时也对热膨胀法测温技术的原理、可行性进行探讨。

（2）测定禹会村遗址出土不同种类陶器的烧成温度，为理解禹会村遗址的文化性质，以及不同种类、不同黏土成分的陶器烧制技术及其实际用途提供了科学依据。

（3）探讨禹会村遗址陶器质料分类，为进一步研究陶器原料产地，探索禹会村遗址与周边文化的相互关系提供了线索。

二、禹会村遗址及出土陶器概述

禹会村遗址于1981年由蚌埠市博物馆普查时发现。经过中国社会科学院考古研究所2006年的考古钻探和分析，确定了禹会村遗址是淮河流域一处较大型较单纯的龙山文化遗址，而且是“中华文明探源工程”在淮河流域确定的唯一的一处龙山文化遗址[①]。从2007年至2011年，中国社会科学院考古研究所安徽工作队对禹会村遗址先后进行了五次考古发掘，确认该遗址是一处十分重要的以祭祀为主的礼仪性遗址[②]。

1. 地理位置

禹会村遗址位于安徽省蚌埠市西郊的涂山南麓，东接天河，西面紧邻淮河，东经117° 11′50.6″，北纬30° 53′07.5″[③]。

《汉书》中已有“禹会”名称的记载，一直延续至今，相传是大禹会诸侯的地方。史书《左传》记载的“禹合诸侯于涂山，执玉帛者万国”和《史记》“夏之兴也以涂山”的记载也相吻合，由于该地点与禹迹有关，故禹会还有“禹墟”之称。北魏郦道元的《水经注》中有“禹墟在（涂）山西南八里”，使禹墟的位置得到了确认。从史料研究论证的结果，也普遍认为“夏之兴以涂山”“禹合诸侯于涂山”中的“涂山”在安徽省蚌埠市境内[④]。

2. 遗址的年代

根据禹会村遗址的木炭标本，经^{14}C测定，其年代在公元前2350～前2190年（树轮校正），属于龙山文化晚期[⑤]。通过对禹会村遗址的环境考古分析，在4500年前，淮河流域处于高水位，没有遗址出现，此后随着水位下降，龙山文化开始出现和发展；龙山文化中、后期环境开始趋向暖湿，降雨量增加，河流水位开始上涨，洪水灾害频发，在约4100年前是淮河流域洪灾发生的高峰期[⑥]，古代自然环境的客观存在与大禹治水的传说连接起来了。

大禹生活的年代，在考古学上属于龙山文化时代。从出土器物来看，鬼脸足鼎等是一种极具山东龙山文化特征的器物，也表明了该遗址的年代与大禹所处的时代是相符的。在社会发展史上，大禹生活的时代正处于社会的大变革、大转折时期，也是中国国家形成的关键时期[⑦]。而考古学上的龙山文化中、晚期，正是陶器发展鼎盛的时期，也是该文化在淮河流域发展最昌盛的时期。

---

① 赵兰会，张振忠，王吉怀. 安徽蚌埠禹会村考古发掘获得重大收获. 中国文物报，2007年7月20日二版.

② 张莉，赵兰会，王吉怀. 禹会遗址2010年春季发掘的新收获. 中国文物报，2010年10月8日.

③ 张广胜，朱诚，王吉怀，等. 安徽蚌埠禹会村遗址4.5-4.0 ka BP龙山文化的环境考古. 地理学报，2009，64（7）：817-827.

④ 王吉怀. 解读禹会村. 中国文物报，2010年1月29日三版，2010年2月12日三版.

⑤ 同④.

⑥ 同③.

⑦ 同④.

3. 出土陶器概述

陶器的出现是进入新石器时代的特征之一，它有着超过1万年的发展历程，尤其在龙山文化时期，是陶器发展的鼎盛时期。禹会村遗址出土的陶器既包含同时期其他地区龙山文化陶器的特点，又有不同于这些文化的特点，从而形成了自己独特的文化类型。

在禹会村遗址的生活区，出土了大量的陶器，此处发现较多的灰坑遗迹，出土器物以土黄色和灰色为主。个别灰坑中埋藏有完整或较完整的陶器，陶器器形大而别致，胎壁较薄，多为非生活实用性器物，个别陶器外表有明显的局部燎祭现象①。出土的罐形器多为圆唇、敞口、直颈、斜肩、鼓腹、凹底，并装饰着不清晰的绳纹和篮纹，此处出土的完整陶鼎不多，但却有大量的鼎足出土，并且具有多种类型，如“鬼脸式”鼎足、侧三角扁体鼎足和足尖处有按窝的三角鼎足。禹会村遗址出土的完整器物中，器形非常明显，圜底或平底，足根处与足尖外侧均有按窝，且力度大，按窝深，成为禹会村遗址本地陶器的典型特点②。

从2009年至2011年的三次发掘中，发现的8个祭祀坑，据发表文献，从祭祀坑出土的各类较完整或可复原的陶器近200件。

2010年发掘的祭祀沟中，包含较多的堆积散乱陶片和原地破碎的器物个体，在能看出器形和可复原的陶器中，有成组的祭器（如假腹簋和高档薄胎红陶壶）以及大型平底陶盘等③。祭祀沟中众多器物残片的陶质疏松，但陶器的造型具有研究和观赏价值，可能具有一定的特殊含义④。

祭祀沟出土的残片可分为夹砂红褐陶、泥质红陶、泥质灰陶、泥质灰褐陶和白陶五种，其中夹砂红褐陶中包含一些夹炭陶，在此都归为夹砂类⑤（图一九四）。祭祀沟出土的陶器，夹砂陶占多数，并且以红陶为主，有一定的灰陶以及灰褐陶，白陶非常稀有。

从祭祀沟内修复起来的陶器看，禹会村遗址的陶器多数具有以下特点：

（1）夹砂类陶器，器形较大，陶胎略厚，又常见夹炭现象，因此吸水性强。常见的器形有假腹簋、鼎、盆、罐、壶、盘。此类陶器，陶质较酥松，制作工艺粗糙，有些器

---

① 王吉怀，赵兰会，张振忠. 安徽蚌埠禹会村遗址2008年春季发掘获重要成果. 中国文物报，2008年8月29日.

② 王吉怀，赵兰会. 禹会村遗址的发掘收获及学术意义. 东南文化，2008，(1)：20-27.

③ 张莉，赵兰会，王吉怀. 禹会遗址2009～2010年发掘的新收获和对相关问题的思考. 中国社会科学院古代文明研究中心通讯，2010，(20).

④ 同③.

⑤ 同③.

形在清理后显出其特征，却无法起取，应该不具备生活所需的实用功能。

（2）泥质类陶器，陶胎较薄，制作规整，工序复杂，多数具有礼器的性质。

（3）多数器物有变形现象。除祭祀沟出现此现象外，这也是整个禹会村遗址中普遍存在的现象，应该与烧制的火候或方法有关[①]。

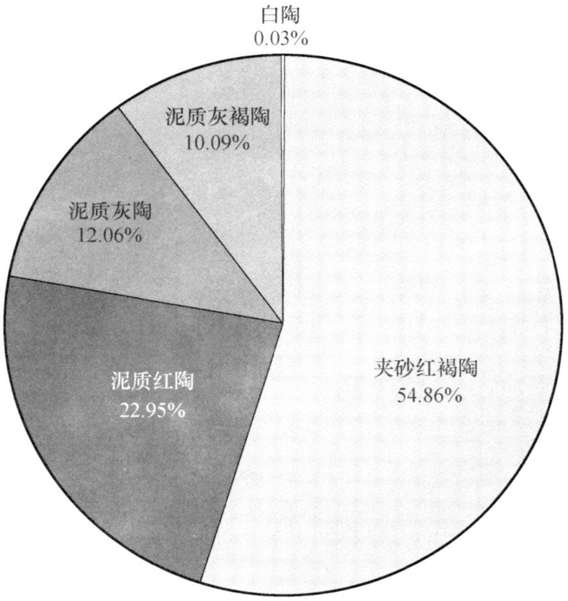

图一九四　祭祀沟出土陶片比例

根据禹会村遗址总体发掘情况，其出土的陶器，从色系上看以红褐陶为主，纯红色陶器较少，灰陶、黑陶各有一部分，只有极少数白陶。从材质上看，夹砂陶较泥质陶多。从造型制作上，有些器物器形规整而精美，有些器物变形而粗糙。在发掘中，大多数陶器在清理后虽然能明显看出器物的造型，但却无法提取，有些即使修复起来的，也有严重变形现象，这在禹会村遗址中是普遍存在的现象[②]。

4. 遗址的文化特征

禹会村遗址作为淮河流域一处较单纯大型的龙山文化遗址，遗址总面积达50万平方米，但实际发掘面积并不大，就所发掘的出土器物来看，发现了兼具南方和北方龙山文化时期周边各地区文化特色的器物，说明该地区是南北两地文化交汇的地方，因此所揭示出来的文化现象非常复杂。

在文化特征上看，禹会村遗址既有淮河流域本地区强烈的文化个性，又有黄河中、下游地区山东龙山文化和中原河南龙山文化的特点，而且还具有苏北同期文化、长江流域良渚文化、江汉平原地区石家河文化等特点，表现出禹会村遗址复杂的文化面貌。这一考古成果，不仅填补了龙山文化研究在淮河流域的空白，而且更有利于了解和研究龙山文化时期南北文化的联系和交流情况[③]。

---

① 张莉，赵兰会，王吉怀. 禹会遗址2009～2010年发掘的新收获和对相关问题的思考. 中国社会科学院古代文明研究中心通讯，2010年9月.

② 同①.

③ 王吉怀，赵兰会. 禹会村遗址的发掘收获及学术意义. 东南文化，2008，（1）.

5. 已有研究成果

在以往的禹会村遗址陶器的研究中，主要是从传统考古的角度，对陶器的色系、材质、形制工艺以及纹饰等方面进行的分类研究，并结合各地区陶器的文化特征进行对比分析，探讨本遗址与周边文化的关系①。

但是，有关禹会村遗址陶器的科技研究还基本处于初级阶段。关于制陶原料、形制方法、烧成气氛等都在进一步的研究测试中。禹会村遗址出土陶器的制作工艺、用途及文化内涵的研究也处于起步阶段。

禹会村遗址作为淮河流域龙山文化的典型代表，所出土陶器的文化面貌、制作工艺表现出一些不同寻常的现象。本文从禹会村遗址选取具有代表性的陶器样品，利用热膨胀测温方法，并结合化学组成以及对矿物成分的分析，对陶器的烧成温度进行研究，为该遗址制陶水平及工艺提供关键性的证据，并为禹会村遗址的文化性质提供科技考古的信息。

三、禹会村遗址陶器样品烧成温度研究

（一）样品选择

本文陶器样品主要来自禹会村遗址2009年和2011年发掘出土的陶片，从中选取了10件样品作为测试样品，其中夹砂白陶1件，夹砂红陶1件，泥质红陶4件，灰陶2件，黑陶2件。从祭祀坑出土的有5件，从祭祀沟出土的有2件，其余从灰坑和探方出土的有3件，这些样品出自祭祀区和生活区，包含出土陶器的所有种类，具有一定的代表性。对这10件样品进行了烧成温度测试工作，其中8件进行了XRF测试，7件进行了XRD测试。样品特征描述见表四一。

表四一　禹会村遗址陶器测试样品情况

实验编号	器物名称	出土编号	外观描述
ZY-4051	白陶鬶残片	H44	夹砂白陶，砂粒较多，壁薄
ZY-4052	器盖残片	JSK5	夹砂灰陶，器物表面含有大量石英颗粒，壁厚
ZY-4053	罐残片	JSK3	泥质黑陶，胎体通黑，有大量气孔，壁厚，有分层，疏松易剥落

① 王吉怀，赵兰会. 禹会村遗址的发掘收获及学术意义. 东南文化，2008，(1)：20-27.

续表

ZY-4055	陶罐残片	JSK4	夹砂红褐陶，表面有大量气孔，胎体疏松多层
ZY-4057	鼎残片	H51	泥质红褐陶，表面褐色，内层显红色，气孔多，胎体疏松易剥落
ZY-4059	鼎足	JSK3	泥质红陶，山东龙山特点，外表红色、内层灰色
ZY-4060	尊残片	HG3	泥质灰黄陶，薄胎，可以看到少量的细小石英颗粒，外层为淡灰黄色，夹层为灰色
ZY-4061	盉残片	JSK2②	泥质红陶，外壁红色，内壁灰色，壁薄
ZY-4062	盆残片	HG2	泥质灰褐陶，盆碎片，表面有少量气孔，内层可见夹杂的细小少量石英颗粒
ZY-4063	豆残片	T2034	泥质薄胎黑陶，壁薄，光滑

（二）陶器烧成温度测定

1. 实验方法

（1）仪器型号：德国耐驰DIL402C热膨胀仪。

（2）测试参数设置：样品支架为Al_2O_3。测试气氛为空气。

常规测试时，设定温度上限为1000℃，升温速率为5℃/min。

低温多次重烧测试时，采取从450℃到850℃，每隔100℃低温重烧，升温和降温速率为5℃/min。

（3）样品制备。由于热膨胀测试所用样品要求较高，需要尽量将样品磨制规整，将测试样品磨成15毫米×2.5毫米×2.5毫米的长方柱，两端面磨平，并使其尽可能平行。因禹会村遗址陶片的疏松性，有些陶片本身较薄，在磨制测试样品时，长度要求一致，在宽度上没有严格限制。经酒精或蒸馏水清洗后，置于烘箱中80℃，24h烘干备用。由于部分样品疏松易碎，在清洗时也采用了先清洗干燥后切割的过程，而且太高温度烘干会使样品出现干裂状态，不利于热膨胀测温，因此采取了80℃烘干。

（4）判定方法。所获得热膨胀曲线使用仪器配备的软件Netzsch Proteus-Thermal Analysis进行分析处理。

在常规测温的热膨胀曲线图中，以收缩率为纵坐标，温度为横坐标，对热膨胀率曲线拐点两侧的曲线做切线，两条切线的相交温度即判定为样品的原始烧成温度，该方法的测试误差在±20℃[①]。

也有作者认为利用热膨胀率曲线的拐点作为判断样品烧成温度的标准，具有较大的误差，而利用热膨胀率曲线的一阶导数曲线做标准可以减少这种误差，提高测温的精度[②]。在分析常规测试所得的热膨胀曲线时，热膨胀率曲线的一阶导数与线膨胀系数曲线基本重合，本文采用以线膨胀系数发生显著降低时为对应的热膨胀率曲线拐点前切线的起始点，以膨胀率曲线收缩率持续下降1×10^{-3}为拐点后切线的终点[③]，两条切线相交得到的温度值为陶器的原始烧成温度。

2. 热膨胀常规测试结果与讨论

（1）白陶烧成温度的研究。

白陶在禹会村遗址中只有极少数出现，从器物形状可分辨出为陶鬶，本样品出自灰坑（H44）。图一九五为样品ZY-4051夹砂白陶的热膨胀曲线图，图中实线为热膨胀率曲线图，两条虚线基本重合，分别为热膨胀率曲线的一次导数曲线（以dL/dt表示，也叫瞬时线膨胀系数）和线膨胀系数曲线（以α代表线膨胀系数，单位为K^{-1}）。因其一次导数曲线与线膨胀系数曲线基本重合，以下图中均画出线膨胀系数曲线，不再使用一次导数曲线。

由白陶鬶热膨胀率曲线（图一九五）可见，白陶样品的热膨胀率曲线在200℃之前有很小的收缩峰，这是样品在重烧过程中脱去吸附水和结合水的原因。在573℃附近有个迅速膨胀过程，应为β-石英（立方晶系）到α-石英（六方晶系）的相变引起，并且可以通过该峰的高低来推测样品所含游离石英的含量多少。这在河姆渡遗址陶器的研究中得到了证实[④]。热膨胀率曲线在900℃开始出现持续收缩，说明该样品的原始烧成温度为900℃±20℃。

（2）红陶烧成温度的研究。

夹砂红褐陶ZY-4055与泥质红褐陶ZY-4057，分别出自祭祀坑（JSK4）和灰坑（H51：9）。两件样品从外观观察能明显看到表面有许多气孔，说明其显孔隙度较大，较易吸收埋藏环境中的水分，因此在其热膨胀率曲线上表现为先收缩后膨胀再

① M.S.Tite. Determination of the firing temperature of ancientceramics by measurement of thermal expansion：a reassessment. Archaeometry. 1969，11（1）： 131-143; 周仁，李家治. 中国历代名窑陶瓷工艺的初步科学总结. 考古学报，1960（1）：89-104；周仁，张福康，郑永圃. 我国黄河流域新石器时代和殷周时代制陶工艺的科学总结. 考古学报，1964（1）：1-35.

② 李迎华. 热膨胀测温方法的初步研究及其在考古中的应用. 中国科学院研究生院博士学位论文，2008.

③ M.S.Tite. Determination of the firing temperature of ancientceramics by measurement of thermal expansion; a reassessment. Archaeometry，1969，11（1）： 131-143.

④ 李家治，陈显求. 河姆渡遗址陶器的研究. 硅酸盐学报，1979，7（2）：105-115.

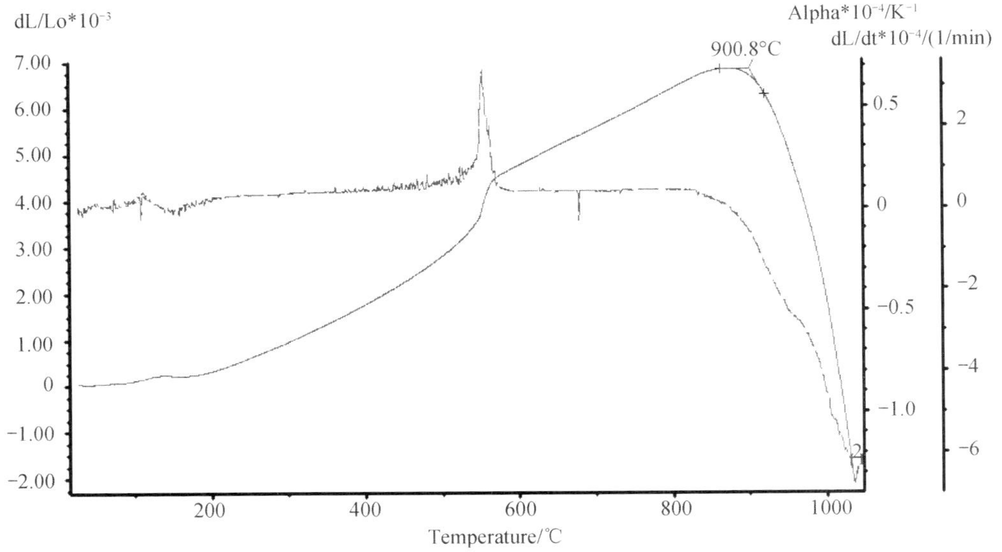

图一九五　样品ZY-4051的热膨胀常规测试曲线图

不可逆收缩的特点（见图一九六）。从热膨胀率曲线上，可观察到在573℃附近，ZY-4055有较为明显的石英相变峰，而ZY-4057的相变峰较低，说明ZY-4055较之可能含有较多的石英。ZY-4057的净收缩温度在767℃附近，略低于ZY-4055的净收缩温度798℃，但二者的净收缩温度均不超过800℃，此温度是二者的烧成温度还是其玻璃化温度还有待进一步研究，后文还对ZY-4057进行了热膨胀低温测试。ZY-4057的热膨胀

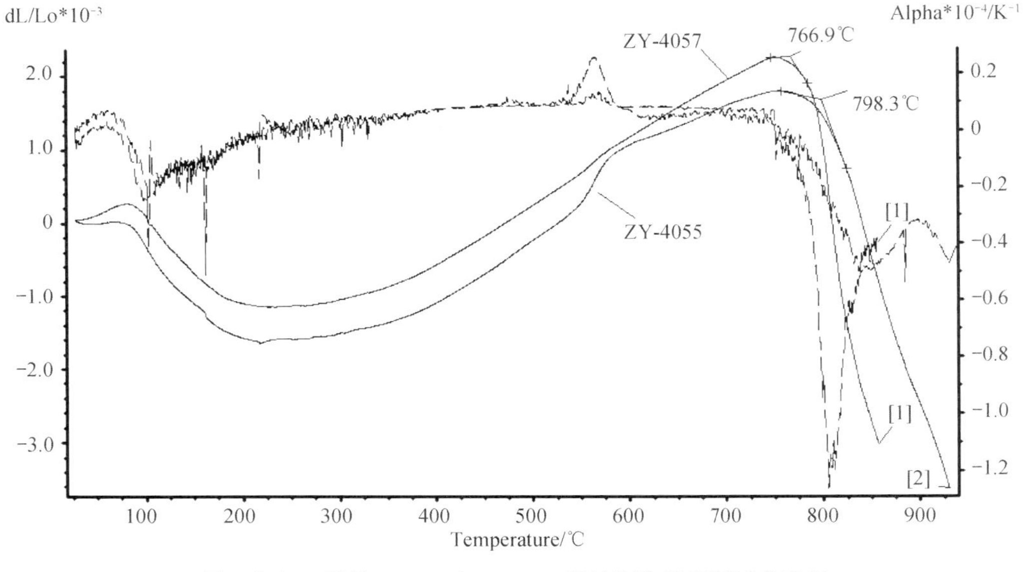

图一九六　样品ZY-4055与ZY-4057的热膨胀常规测试曲线图

率曲线在不可逆收缩温度后，其收缩速率更大，有可能是其中MgO、K_2O、Fe_2O_3等助熔剂成分含量较高造成的（陶器含量见XRF分析结果）。

样品ZY-4059为泥质红陶鼎足，出自祭祀坑（JSK3），在形制类型上属于山东龙山文化特征。图一九七为该样品的热膨胀曲线图，该样品的热膨胀率曲线在573℃附近有石英相变膨胀现象，从线膨胀系数曲线看，样品在734℃、866℃、935℃出现三次收缩，前两次的收缩率及收缩速率均比较小，最后一次的收缩率及收缩速率较大。但是根据热膨胀常规测试的传统分析认为应以第一次出现的净收缩温度为其原始烧成温度，因此判断该陶器的烧成温度为734℃ ± 20℃。

样品ZY-4061出自祭祀坑（JSK2）的第2层，为泥质薄胎红陶，根据其热膨胀曲线图（见图一九八）可知，该样品在573℃存在较小的石英相变峰，在917℃之后出现持续收缩，说明其烧成温度为917℃ ± 20℃。

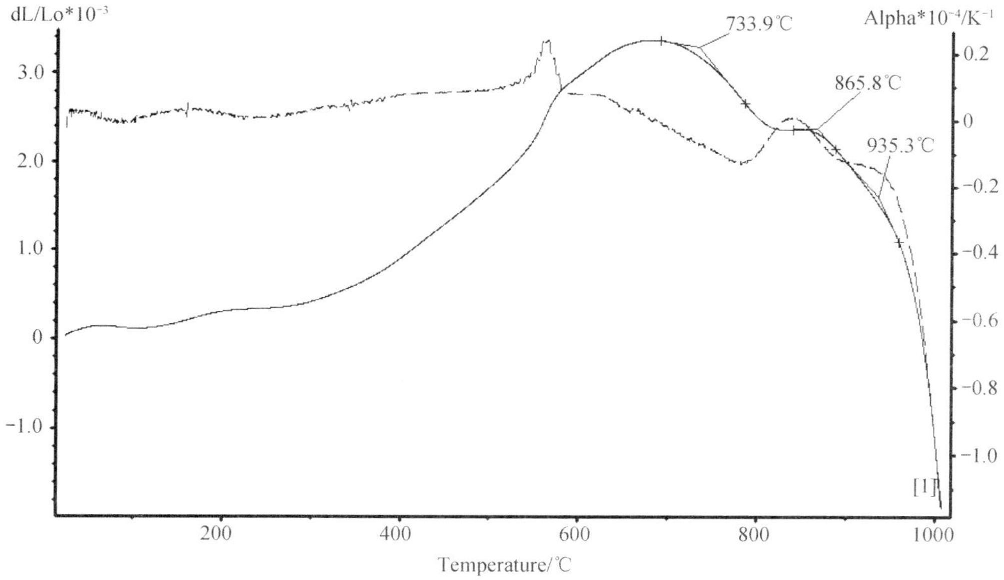

图一九七　样品ZY-4059的热膨胀常规测试曲线图

（3）灰陶烧成温度的研究。

样品ZY-4052出自祭祀坑（JSK5），从外观可以看到其含有较多的砂粒，有可能是加入的“羼和料”。图一九九为其热膨胀曲线图，从线膨胀系数曲线上看，除了573℃的石英相变峰外，在300℃、400℃、600℃、750℃左右分别有先收缩后膨胀的小峰，具体原因还有待进一步研究。值得注意的是，尽管该样品表面能看到大量石英颗粒，但是在线膨胀率曲线上看到573℃的石英相变峰并不高，具体原因还需更深入的研究。该样品的热膨胀率曲线开始出现不可逆收缩的温度拐点在903℃，说明其烧成温度为903℃ ± 20℃。

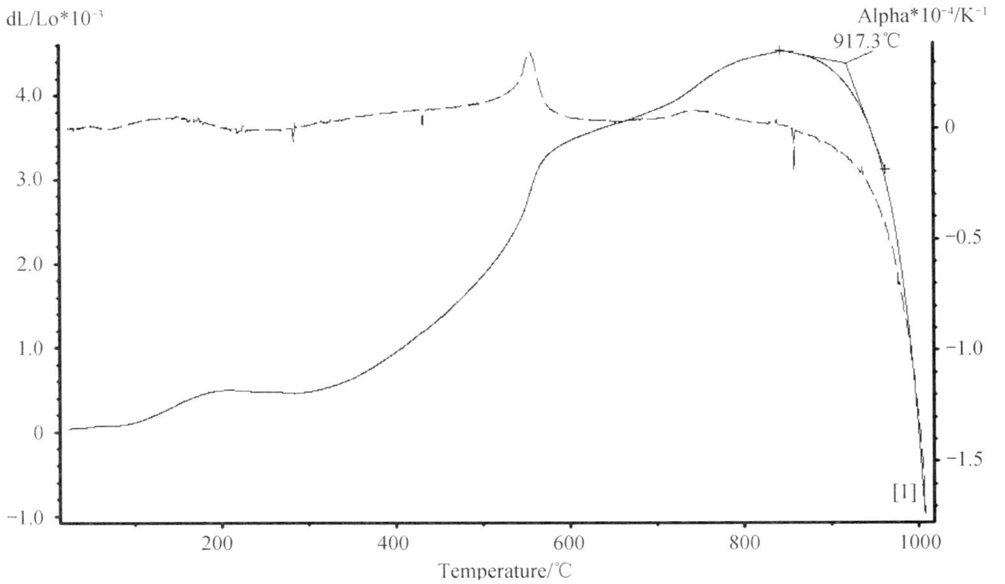

图一九八　样品ZY-4061的热膨胀常规测试曲线图

图二〇〇为样品ZY-4060的热膨胀曲线图，该样品为灰黄色薄胎器物，出自祭祀沟（HG3），其热膨胀率曲线比较特别，整条曲线基本是一直在收缩。在500℃之前大幅度的收缩，在经过β-石英相变的膨胀后，紧接着又出现了收缩。根据前人研究，如果热膨胀率曲线在573℃附近膨胀后紧接着收缩，说明此陶器的烧成温度较低，需进行低

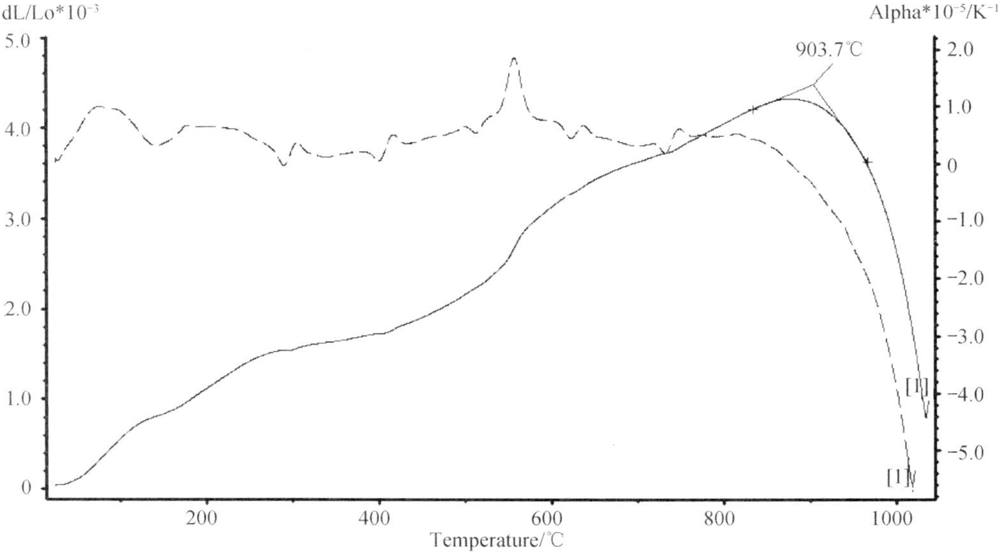

图一九九　样品ZY-4052热膨胀常规测试曲线图

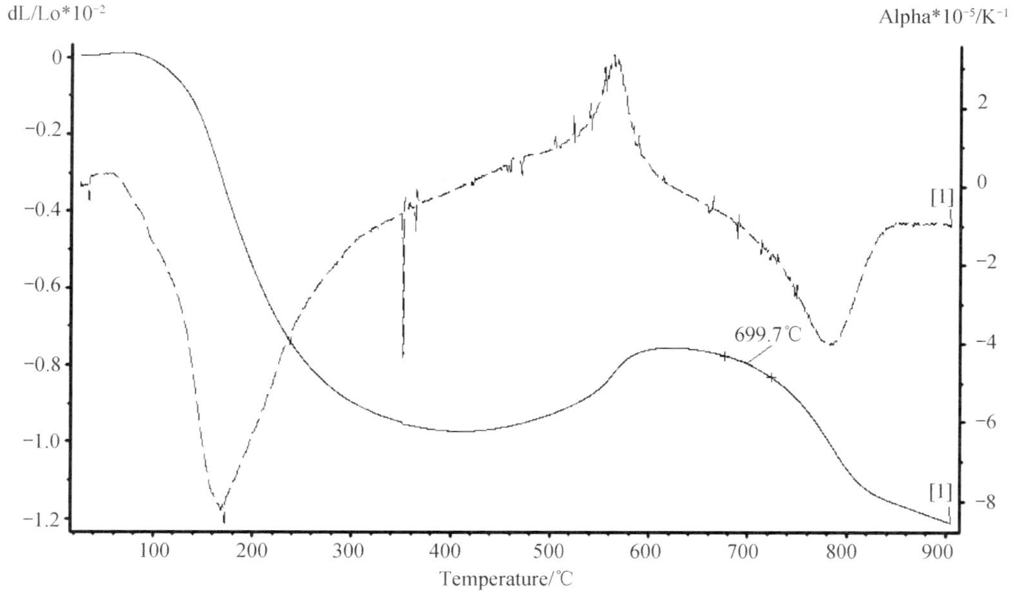

图二〇〇　样品ZY-4060热膨胀常规测试曲线图

温多次重烧测试其原始烧成温度[1]。

ZY-4062为泥质灰褐陶，出自祭祀沟（HG2），表面有少量气孔，内层可见夹杂的极少量细小石英颗粒，从截面看其材质均匀致密。根据该样品热膨胀曲线图（见图二〇一），未观察到石英相变膨胀，热膨胀率曲线在691℃附近有一次不可逆收缩现象，在接近1000℃时又观察到一次不可逆收缩现象。而两次的收缩率变化均较大，按照传统的判断标准，当陶器的膨胀率曲线存在多种不可逆收缩现象时，以第一次出现不可逆收缩现象时的温度为其烧成温度[2]。因此以691℃作为该样品的烧成温度，然而此温度是样品的烧成温度还是其玻璃化温度还有待进一步的研究，本文对该样品也进行了低温重烧实验，进一步测定其烧成温度。

（4）黑陶烧成温度的研究。

ZY-4053为泥质黑陶，为罐残片，器壁较厚，胎体通黑，分层，疏松易剥落，并有大量的气孔，出自祭祀坑（JSK3）。图二〇二为其热膨胀曲线图，该样品的热膨胀率曲线在200℃之前有较大的收缩，可能为脱去吸附水的原因，此后转为膨胀，在573℃左右发生迅速膨胀过程，在807℃之后出现持续收缩现象，说明其净收缩温度在807℃左右。

---

① 李迎华. 热膨胀测温方法的初步研究及其在考古中的应用. 中国科学院研究生院博士学位论文，2008.

② 同①.

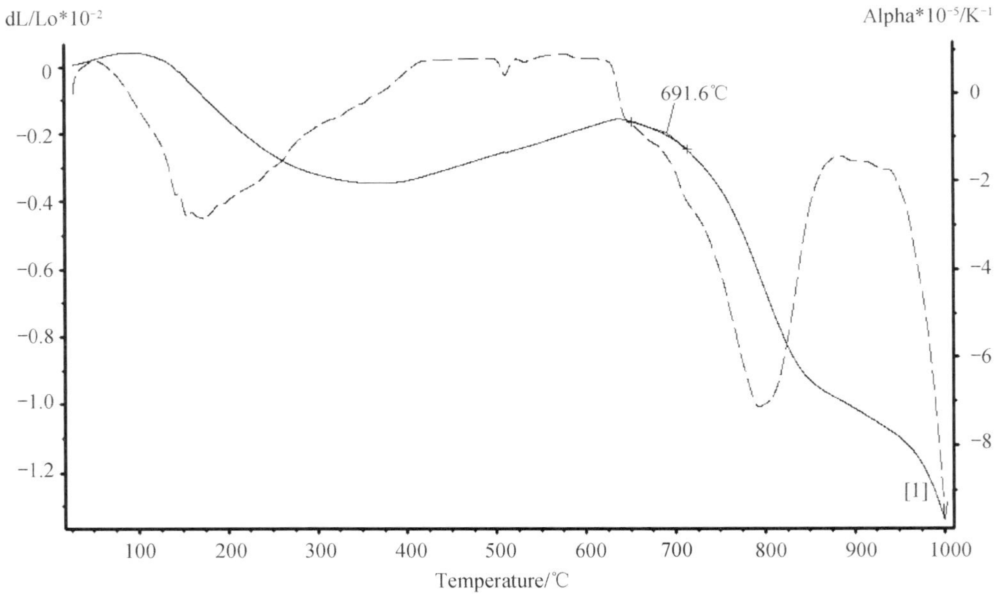

图二〇一　样品ZY-4062热膨胀常规测试曲线图

样品ZY-4063为薄胎泥质黑陶，豆残片，器壁较光滑，出自T2034。从图二〇三热膨胀曲线上观察，除了200℃之前的收缩外，整条曲线较平缓，直到在864℃附近出现急速的不可逆收缩现象，说明该样品的烧成温度为864℃ ± 20℃。较之该遗址的其他陶器样品，其线膨胀系数曲线上几乎不存在573℃附近的石英相变峰，说明其材质经过了一定的选取，相对比较纯净。

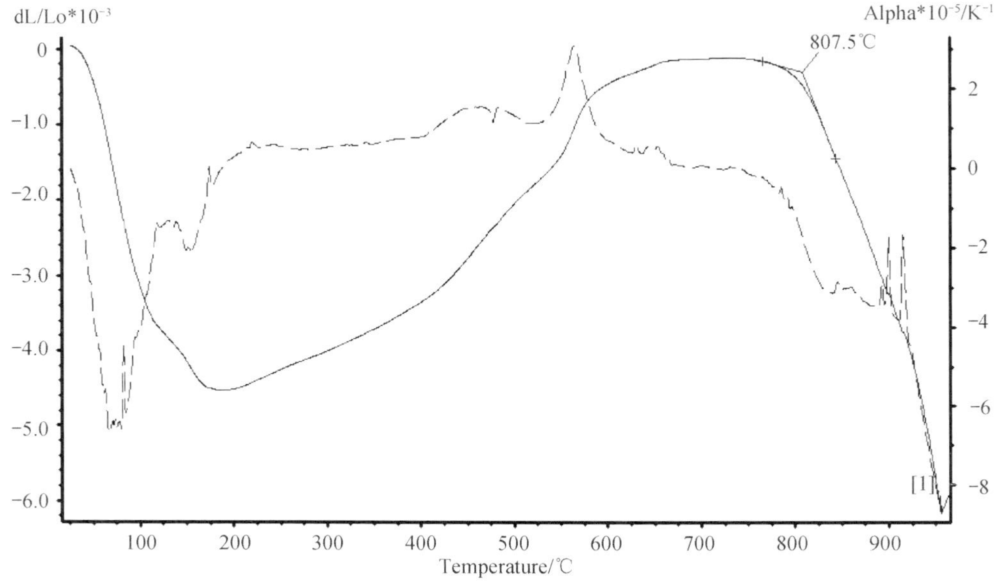

图二〇二　样品ZY-4053热膨胀常规测试曲线图

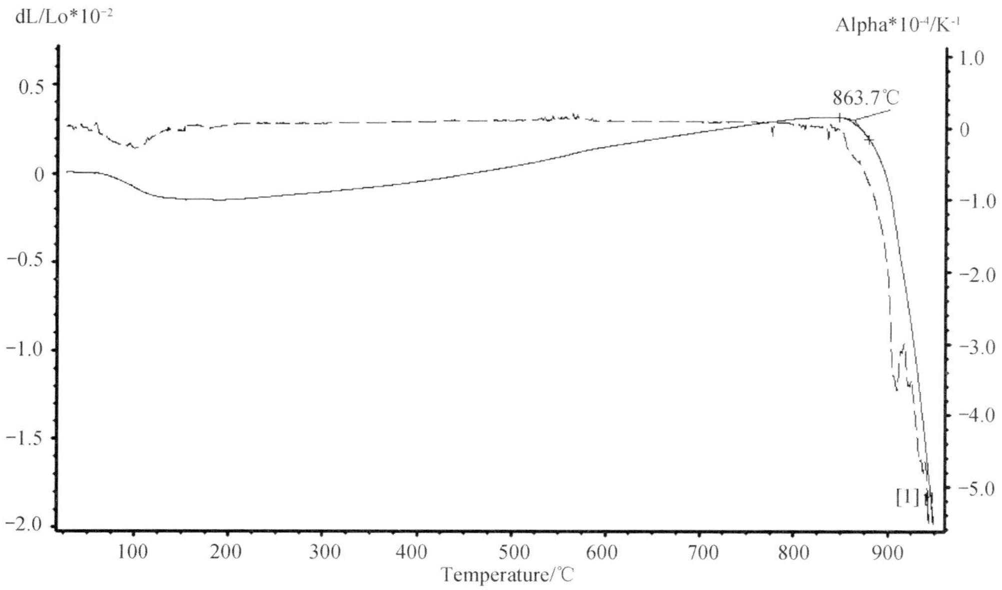

图二〇三　样品ZY-4063热膨胀常规测试曲线图

该样品在出土时，因其是薄胎黑陶，而且质地均匀，表明光滑，将其认为是蛋壳黑陶。蛋壳黑陶作为山东龙山文化的典型器物，其烧制工艺非常高超，具有“黑如漆，亮如镜，薄如纸，硬如瓷”的特点，其烧成温度可达1000℃①。禹会村遗址出土的该样品与典型的山东龙山文化出土的蛋壳黑陶相比胎体稍厚，表面无磨光迹象，烧成温度也较低，所以从制作工艺来说，较山东龙山文化黑陶比之不足。

（5）低温陶烧成温度的研究。

在以往利用热膨胀仪测温时，认为常规测试方法的温度下限为800℃②，也就是说常规测试方法较适用于800℃以上陶器的测温。在最近的研究中③，认为常规测试方法无法分辨烧成温度在900℃以下陶器的原始烧成温度。

限于时间的关系，本文只对常规测试中热膨胀率曲线拐点低于800℃的陶器进行了热膨胀低温测试实验。常规测试10件样品的结果中，有4件样品的热膨胀率曲线拐点低于800℃，利用低温多次重烧测试了其中的三件样品，分别为泥质红陶鼎

① 周仁，张福康，郑永圃. 我国黄河流域新石器时代和殷周时代制陶工艺的科学总结. 考古学报，1964，（1）：1-35.

② 李迎华. 热膨胀测温方法的初步研究及其在考古中的应用. 中国科学院研究生院博士学位论文，2008.

③ 张怡，朱剑，王涛，等. 低温陶器的烧成温度测定及其初步应用. 南方文物，2012，（1）：140-146.

（ZY-4057）、泥质灰陶尊（ZY-4060）与泥质灰陶盆（ZY-4062），低温多次重烧曲线图分析见下。

图二〇四是泥质灰陶尊（ZY-4060）样品热膨胀低温测试曲线图。曲线3是从90℃升温至450℃的热膨胀率曲线；曲线4为曲线3在450℃恒温半小时后自然降温至90℃后，再升温至550℃的热膨胀率曲线；曲线5至曲线7分别代表了该样品重烧至650℃、750℃和850℃的热膨胀率曲线①。曲线4与曲线5基本重合，说明曲线5代表了曲线4烧成温度为550℃的烧成过程。曲线6相比曲线5，平均热膨胀系数降低，热膨胀率曲线向下倾斜，而曲线6与曲线7之间，也基本是此种状态。曲线6的线膨胀率降低，说明曲线5的终点温度已经超过该样品的原始烧成温度，样品在结构上进一步收缩，线膨胀率缩小，这在曲线6中有所表现。曲线4与曲线5基本重合，说明陶器的原始烧成温度是在曲线4和曲线5之间，可以判断样品ZY-4060的原始烧成温度范围为550～650℃。

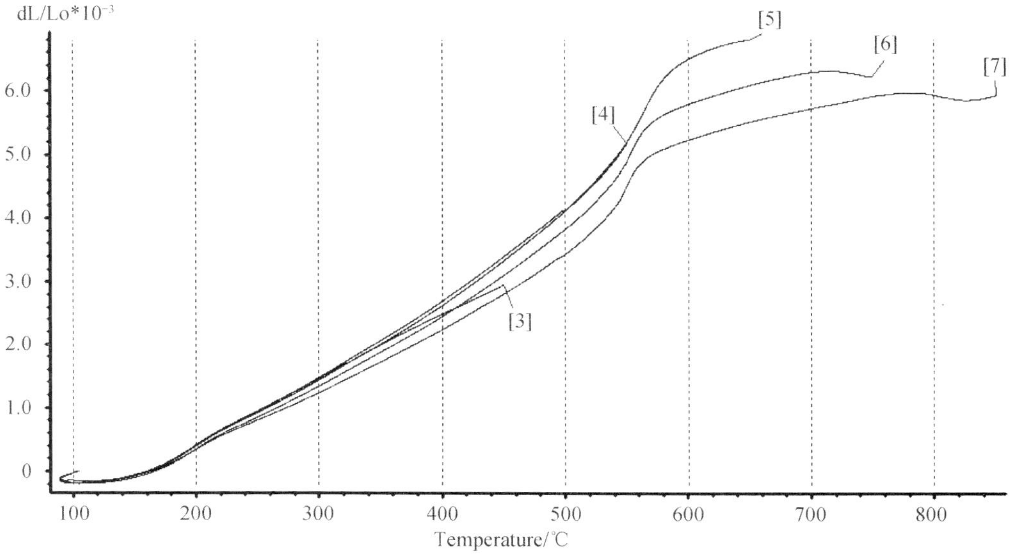

图二〇四　样品ZY-4060热膨胀低温测试曲线图

需要注意的是，采用常规测温方法测得该样品的烧成温度为700℃，高于低温重烧方法所得的温度值，在热膨胀低温测试曲线图中（图二〇四），第6条重烧曲线末端开始出现净收缩现象，第7条曲线较第6条曲线明显下降，但其末端只出现短暂的收缩现象，因没有测试更高温度的重烧曲线，由此推测该样品的玻璃化温度可能较高。

图二〇五为ZY-4062的热膨胀低温测试曲线图，测试方法同样品ZY-4060。图中曲

① 李迎华. 热膨胀测温方法的初步研究及其在考古中的应用. 中国科学院研究生院博士学位论文，2008；周理坤，王涛，李珺，等. 南庄头遗址早期陶器烧成温度研究. 岩矿测试，2010，29（2）：148-152.

线4与曲线5基本重合，曲线6相对曲线5向下倾斜，说明该样品的原始烧成温度范围为550～650℃。

此外，该样品常规测温法测得的烧成温度为691℃，在热膨胀低温测试曲线图中（图二〇五），可以观察到曲线7较曲线6出现明显的向下倾斜，因此推测该样品可能在750℃时已开始出现玻璃化，而且曲线7的末尾出现明显的净收缩现象，因此推测该样品的玻璃化温度可能在800℃左右，也再次说明该样品的原始烧成温度并没有达到其玻璃化温度。

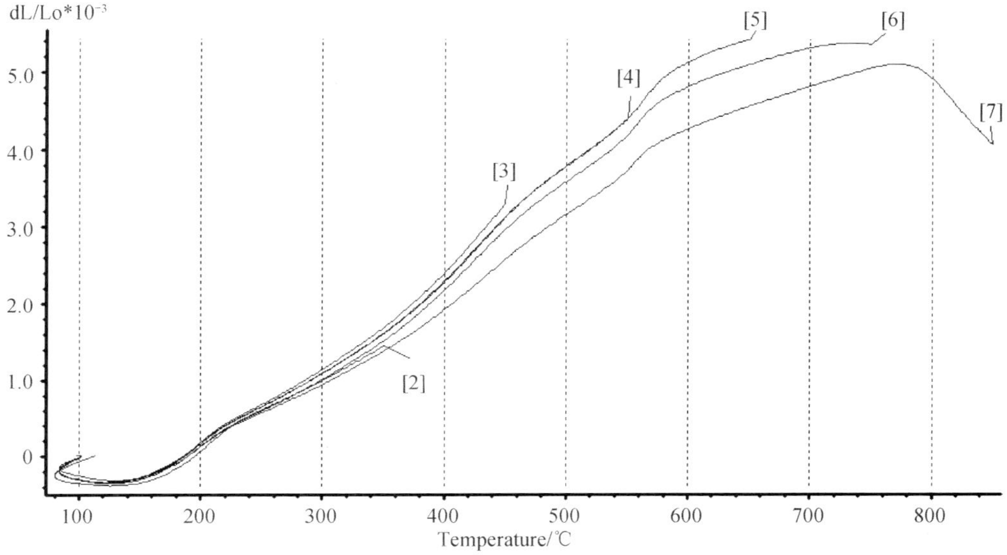

图二〇五　样品ZY-4062热膨胀低温测试曲线图

图二〇六为样品ZY-4057的热膨胀低温测试曲线图，对该样品的测试尝试了从500℃到850℃之间每间隔50℃的测试方式，研究是否能在更小范围内利用低温多次重烧方法测试陶器的烧成温度。从低温多次重烧曲线上，可以看出曲线7以前的曲线之间没有明显的向下倾斜现象，而曲线7与曲线8在400℃之前基本重叠，此后曲线8向下倾斜，从图中可以观察到曲线8的末端出现明显的净收缩现象，而曲线9出现明显的向下倾斜现象，并且其末端也继续出现净收缩现象，此净收缩温度在800℃附近，以上说明该样品在曲线8的终点温度800℃已出现玻璃化状态，该样品的玻璃化温度在800℃左右。根据热膨胀低温测试的原理，判断该样品的原始烧成温度在750～800℃，而且从曲线8的玻璃化温度判断，该样品的原始烧成温度没有超过800℃。

采用常规测试方法对其烧成温度进行测定，净收缩温度为767℃，考虑测试误差在±20℃，该结果与低温测试结果相一致。本项研究结果证实，采用每隔50℃进行低温多次重烧，可以将陶器的烧成温度限定在更小的范围。虽然该样品烧成温度低于800℃，但其烧成温度依然可用常规测温方法测量，可能样品的原始烧成温度接近玻璃

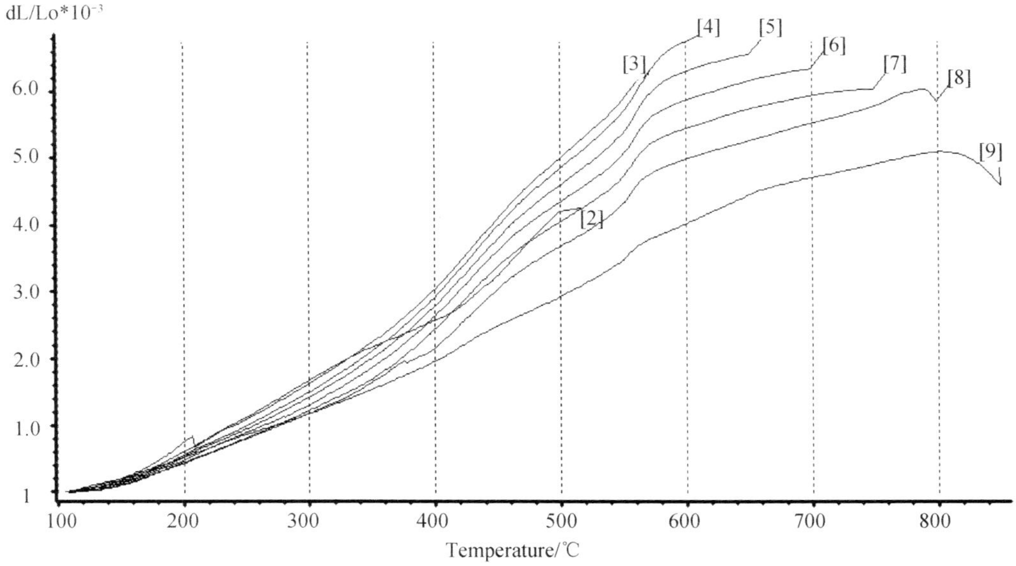

图二〇六　样品ZY-4057热膨胀低温测试曲线图

化温度时，常规测试方法也是可行的。

从热膨胀低温测试的结果来看，虽然三件样品的原始烧成温度都低于800℃，但其中两件样品的净收缩温度都在800℃左右，说明该黏土的玻璃化温度在800℃左右，因此对于热膨胀常规测试所得的净收缩温度在800℃左右的陶器，其烧成温度有可能不高于800℃。

从表四二可以看出，所测10件陶器样品的烧成温度，高于900℃的有3件，包括灰坑出土的1件夹砂白陶、祭祀坑出土的1件夹砂灰陶和1件泥质红陶；低于700℃的有2件，1件为泥质黑陶，1件为泥质灰黄陶，都出自祭祀沟；其余有5件的烧成温度在700～900℃，2件泥质黑陶、1件夹砂红陶和2件泥质红褐陶，出自祭祀坑与灰坑。由此可见，出自祭祀坑的红陶烧成温度较高，而祭祀沟出土的泥质陶烧成温度最低，其他单位（灰坑和探方）出土的陶器烧成温度介于两者之间。

根据祭祀沟中的陶器特点：夹砂类陶器器形大、胎壁略厚、陶质较疏松，而泥质类陶器胎壁较薄、制作规整①。从祭祀沟出土的两件泥质陶器可看出其制作工艺较高，而从测温结果来看，这两件陶器的烧成温度较低，也更说明祭祀沟出土的陶器可能主要为祭祀类非实用性陶器。

---

① 张莉，赵兰会，王吉怀. 禹会遗址2009～2010年发掘的新收获和对相关问题的思考. 中国社会科学院古代文明研究中心通讯，2010，（20）.

表四二　禹会村遗址出土陶器样品的热膨胀测温数据

实验室编号	样品类别	出土编号	常规测试温度/℃	低温测试温度/℃
ZY-4061	泥质红陶	JSK2②	917 ± 20	—
ZY-4052	夹砂灰陶	JSK5	903 ± 20	—
ZY-4051	夹砂白陶	H44	900 ± 20	—
ZY-4063	泥质黑陶	T2034	863 ± 20	—
ZY-4053	泥质黑陶	JSK3	807 ± 20	—
ZY-4055	夹砂红褐陶	JSK4	798 ± 20	—
ZY-4059	泥质红陶	JSK3	734 ± 20	—
ZY-4057	泥质红褐陶	H51：9	767 ± 20	750 ~ 800
ZY-4060	泥质灰黄陶	Hg3	699 ± 20	550 ~ 650
ZY-4062	泥质灰褐陶	Hg2	691 ± 20	550 ~ 650

注："—"为未测试

根据前人研究可知①，从新石器时代早期至殷商时期，古人烧制陶器的温度呈逐步升高的趋势，这也反映出古人制陶技术的逐步提升。至龙山文化晚期，陶器烧制水平已经十分成熟，陶器烧成温度甚至达1000℃以上，也出现了蛋壳黑陶，堪称陶器艺术的最高成就。

通过对禹会村遗址出土各类陶器与龙山文化时期其他遗址出土陶器的烧成温度对比（见表四三）可知，禹会村遗址出土白陶鬶烧成温度低于桐林遗址的白陶，薄胎黑陶的烧成温度也低于城子崖出土的蛋壳黑陶，禹会村遗址出土的红陶和灰陶也表现出烧成温度低于其他遗址的现象，尤其是灰陶，甚至出现低于650℃的低温陶。

禹会村遗址出土的陶器以红陶为主，多数陶器表现为红皮黑心，或红皮灰心，也有外表面为红色，内表面却为灰色的陶器，纯红色的陶器较少，这种现象也能证实陶器的烧成温度并不高。

---

① 李家治. 中国科学技术史：陶瓷卷. 北京：科学出版社，1998：1；李家治，陈显求. 河姆渡遗址陶器的研究. 硅酸盐学报，1979，7（2）：105-115；周仁，张福康，郑永圃. 我国黄河流域新石器时代和殷周时代制陶工艺的科学总结. 考古学报，1964，（1）：1-35；王海圣，李伟东，邓泽群，等. 桐林遗址出土龙山时期陶器的研究. 2009年古陶瓷科学技术国际学术讨论会，北京，2009；吴瑞，吴隽，邓泽群，等. 广西桂林甑皮岩遗址陶器的科学研究. 中国陶瓷工业，2005，12（4）：5-10；鲁晓珂，李伟东，王海圣，等. 新密古城寨龙山文化遗址陶器的研究. 2009年古陶瓷科学技术国际学术讨论会，北京，2009；吴瑞，吴隽，李家治，等. 河南偃师二里头遗址出土陶瓷的科技研究. 科技考古（第2辑）. 北京：科学出版社，2008：97-115.

表四三　龙山文化不同遗址出土陶器烧成温度对比

遗址	白陶	薄胎黑陶	红陶	灰陶	文献来源
临淄桐林	1053℃±20℃	780℃±20℃	4件，862℃±20℃、912℃±20℃、997℃±20℃、1076℃±20℃	3件，888℃±20℃、895℃±20℃、947℃±20℃	①
章丘城子崖		约1000℃			②
日照两城镇			950℃±20℃		③
长安客省庄			1000℃±50℃		④
蚌埠禹会村	900℃±20℃	863℃±20℃	3件，798℃±20℃、917℃±20℃、734℃±20℃	2件，550～650℃；1件，903℃±20℃	本文

（三）样品的XRF分析结果

1. 实验方法

（1）仪器型号：美国EAGLE-Ⅲμ型能量色散型X射线探针。

（2）测试参数设置：仪器的侧窗铑靶40WX光管，下照射式，掠射角65°，毛细管光学系统聚焦，照射在样品上的光斑直径为40μm，样品受激产生的X射线荧光以60°出射角射出，经狭缝被Si（Li）探测器记录。采用铝铜合金的AlKα和CuKα峰标定能量刻度。光学显微镜放大倍数为10、100和200。

样品室内样品架的最大移动距离为：左右方向X为105.00毫米，前后方向Y为94.00毫米，上下方向Z为95.00毫米，最小移动距离为0.01毫米。

仪器工作条件为：X光管电压40kV，管电流600μA，死时间约30%，真空。每点测量时间为5s，真空光路。收集谱和谱分析软件为仪器上配备的VISION32。

2. 结果与讨论

由表四四可知，禹会陶器的化学组成中，SiO_2的含量范围为59%～69%，Al_2O_3含

① 王海圣，李伟东，邓泽群，等. 桐林遗址出土龙山时期陶器的研究. 2009年古陶瓷科学技术国际学术讨论会，北京，2009.

② 周仁，张福康，郑永圃. 我国黄河流域新石器时代和殷周时代制陶工艺的科学总结. 考古学报，1964，（1）：1-35.

③ 同②.

④ 同②.

量范围为18%～23.6%，样品中SiO_2、Al_2O_3的含量与长石类黏土中二者的含量较为接近，推测样品黏土为富长石类黏土。Fe_2O_3的含量比较高，基本在5%～8%，所以氧化烧成的陶器为橙黄色或红色，还原烧成的陶器为浅灰、灰或深灰色①。另外MgO、K_2O等氧化物含量也较高，与Fe_2O_3一起被称为助熔剂。如果MgO、K_2O、Fe_2O_3等助熔剂含量较高，说明其玻璃化温度要求不高，即在较低温度下就可以很好地烧结。

表四四　禹会村遗址出土陶器的化学组成

实验编号	SiO_2	Al_2O_3	Fe_2O_3	MgO	K_2O	TiO_2	CaO	ZrO_2	MnO	Rb_2O	SrO	总量
ZY-4052	65.53	18.043	6.897	5.647	2.193	0.833	0.63	0.12	0.037	0.033	0.027	99.99
ZY-4055	68.91	18.873	4.98	4.11	1.737	0.733	0.487	0.103	0.01	0.023	0.023	99.99
ZY-4057	67.203	18.323	5.207	5.787	1.767	0.663	0.917	0.04	0.027	0.02	0.033	99.987
ZY-4059	66.325	22.21	3.89	3.9	1.63	0.855	1.015	0.045	0.06	0.04	0.04	100.01
ZY-4060	64.847	23.71	5.2	2.477	1.467	1.093	1.047	0.063	0.033	0.02	0.043	100
ZY-4061	59.177	23.64	8.607	5.217	1.777	0.87	0.56	0.047	0.05	0.023	0.023	99.99
ZY-4062	60.047	23.273	7.09	5.093	1.913	1.143	1.243	0.04	0.077	0.023	0.05	99.992

根据陶器胎体中Si、Al相对含量的高低，可将陶器原料分为三类：高硅低铝类、高硅高铝类及低硅高铝类（见图二〇七）。

（1）高硅低铝类。该类黏土材质包括3件样品（ZY-4052、ZY-4055、ZY-4057），其SiO_2含量在65%～69%，Al_2O_3含量均在18%左右，Fe_2O_3、MgO、K_2O的总含量在10%～13%，为普通易熔黏土。虽然易熔黏土可在较低温度下烧制成陶器，然而上述三件陶器中，既包含烧成温度达900℃的高温陶（ZY-4052），也包含烧成温度低于800℃的低温陶（ZY-4055、ZY-4057）。

（2）高硅高铝类。该类黏土材质包括2件泥质红陶（ZY-4059和ZY-4060）样品，SiO_2含量在65%～68%，Al_2O_3含量均高于20%，Fe_2O_3、MgO、K_2O总含量低于10%。这两件陶器的烧成温度有些差别，其中一件样品（ZY-4059）的烧成温度为734℃，另一件（ZY-4060）的烧成温度为550～650℃。

（3）低硅高铝类。该类黏土材质包括3件样品（ZY-4056、ZY-4061、ZY-4062），

① 李文杰. 陶器的化学组成与制陶原料的关系——兼论中国古代制陶工艺的分期和类型. 中国古代制陶工艺研究. 北京：科学出版社：1996：329-362.

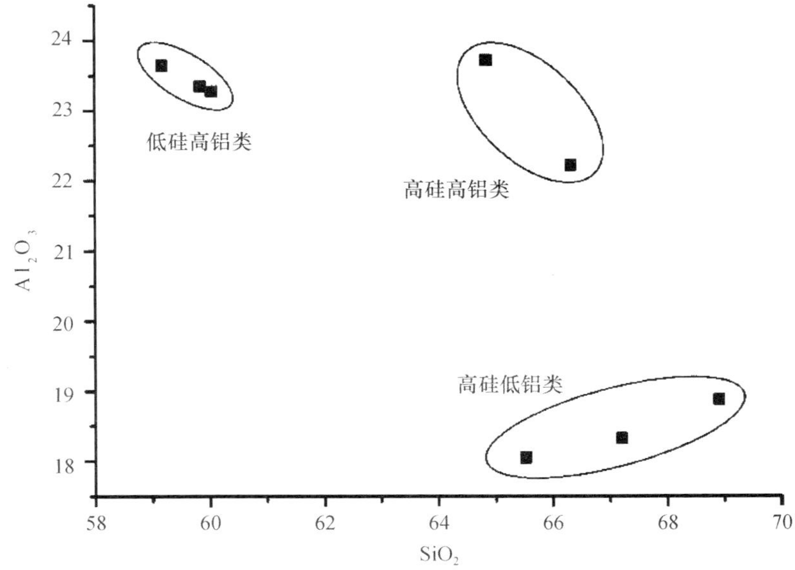

图二〇七　禹会村陶器Al-Si元素分布图

分别属于夹砂红褐陶、泥质红陶、泥质黑陶，SiO_2的含量在60%左右，Al_2O_3的含量在23%左右，Fe_2O_3、MgO、K_2O的总含量高于13%。该黏土类陶器的烧成温度也差别很大，如样品ZY-4061烧成温度为917℃，属高温陶，而样品ZY-4062的烧成温度为550～650℃，属低温陶。

由上分析可知，每一类黏土所制作的陶器均有高温陶和低温陶，因此并不能得出黏土类型与烧成温度之间对应的关系。

虽然根据Si、Al含量的不同可将制陶原料分为高硅低铝、高硅高铝、低硅高铝三种类型，但根据禹会陶器主次量元素组成对比（见图二〇八）可知，除Fe元素含量在各陶器中的变化幅度相对较大以外，其他元素含量基本上都在小范围内上下波动。鉴于所测陶片数量较少，以及禹会陶器的复杂性，本项研究尚不能推断制陶原料的产地。虽然在2011年的发掘中，发现了一处面积达400多平方米的取土坑，并推测可能与当时的建筑和制陶有一定的关系①，但是关于禹会村遗址制陶原料的来源问题还需更为深入的探讨。

（四）样品XRD分析结果

1. 陶器烧成温度与矿物组成之间的关系

古陶的制造原料中主要是黏土、石英、长石以及其他矿物原料。不同地点的原料

① 王吉怀. 安徽蚌埠禹会村遗址二〇一一年春季发掘新收获. 中国文物报，2011年10月21日第4版.

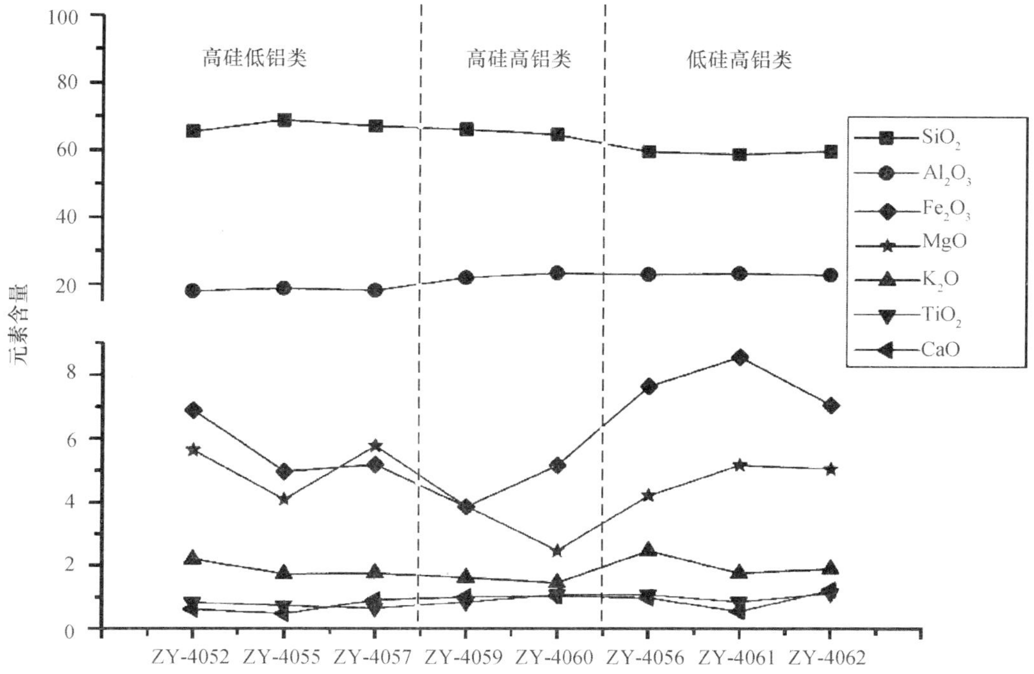

图二〇八　禹会村陶器主次量元素组成对比图

烧制出来的陶器是不完全相同的，但在烧结过程中，烧制温度与物相的存在具有一定的对应关系，因此根据古陶的成分、不同温度下存在的物相及烧结过程中物相的变化，便可以粗略估计古陶的烧制温度并能研究其工艺过程①。

根据前人的研究，钙铝黄长石由伊利石（illite）和方解石（calcite）在800～850℃分解得来的，透辉石是由伊利石、方解石和石英在850～900℃分解得到的②。

根据矿物种类及其转变温度之间的关系得知，偏高岭石是由高岭石加热到480～600℃时会脱水结晶而转变成的，继续加热至925℃时，出现Al-Si尖晶石的中间相；在约1050℃，偏高岭石发生分解，生成莫来石和方石英③。由此可见，如果陶器样品中存在偏高岭土，说明其烧成温度介于600～925℃，如果陶器样品含有莫来石或方石英，则说明陶器烧成温度达1050℃以上。

综合矿物物相在不同温度下的存在方式及状态，可以判断陶器样品的烧成温度范围。关于矿物组成与其存在温度的关系④（见表四五），本文根据禹会村遗址出土陶

---

① 李士，秦广雍. 现代实验技术在考古学中的应用. 北京：科学出版社，1991：100-111.

② 李家驹. 陶瓷工艺学（上册）. 北京：中国轻工业出版社，2001.

③ 同①.

④ L. Maritan, L. Nodari, C. Mazzoli, *et al*. Influence of firing conditions on ceramic products: Experi-mental study on clay rich in organic matter. Applied Clay Science, 2006, 31（1-2）：1-15.

器样品的XRD分析结果，推测陶器样品的烧成温度范围，也对热膨胀方法测温结果进行验证。

表四五　不同温度下存在的几种矿物

存在矿物	温度范围/℃
白云母、微斜长石	< 700
钠长石、奥长石、方解石	< 850
透辉石、尖晶石、钙铝黄长石	>850
石英、斜长石、钾长石	< 1100
伊利石	< 820
高岭石	< 600
偏高岭石	600 ~ 925

2. 实验方法

（1）仪器型号：日本玛珂公司MXPAHF 型的X射线衍射仪。

（2）测试参数设置：实验基本参数为Cu靶，CuKα线，λ=1.5406 Å，石墨单色器，扫描速度为8°/min，扫描角度为10° ~ 70°，发散狭缝1°，接收狭缝0.15mm，散射狭缝1°。

（3）制样方法：取豆粒大小的陶器样品，打磨掉表层污染物，先后用酒精（化学纯）、去离子水超声波各清洗2次，每次清洗10min。对于易碎陶器，采用棉球擦拭的方法。清洗后的样品于100℃烘干，置于玛瑙研钵中研磨成粉末。

3. 结果与讨论

使用X射线衍射仪分析陶片样品所含的矿物晶相，得到如图二〇九所示的谱线图。根据各样品的谱线图对照矿物的特征谱线，发现其主要矿物组成基本一致，均为石英、长石。

根据XRD物相图谱分析，结果表明所测7件样品的图谱具有一定的相似性：石英矿物的特征谱线强度较高，而长石矿物的特征谱线较少，强度较低，并且均没有高温物相如方石英、莫来石等。其中只有两件样品（ZY-4052，ZY-4062）中出现尖晶石，说明二者的烧成温度已高于黏土矿物的转变温度，而低于高温物相的生成温度。而祭祀沟出土的2件陶器有少量云母、地开石类等矿物，说明其烧成温度较低，较好地保持了矿物的晶型。以上分析说明所测试样品陶器的烧成温度都没有超过1050℃，而烧成温度较低的陶器较好地保持了矿物的晶型，矿物组成所反映的陶器烧成温度范围与热膨胀测温结果基本相符（表四六）。

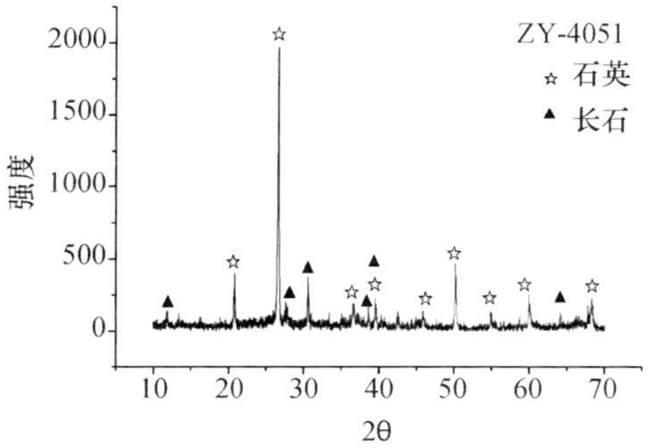

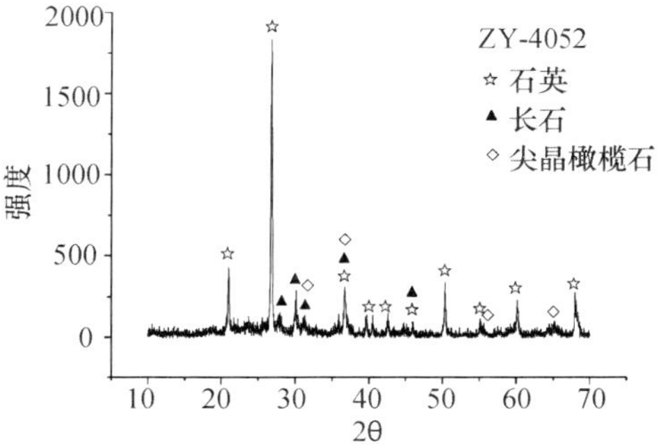

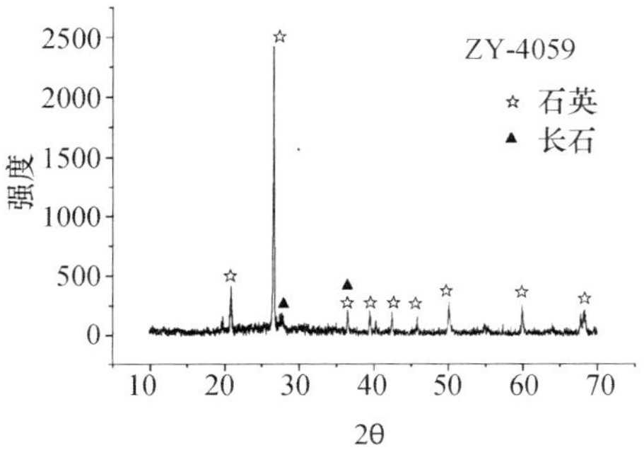

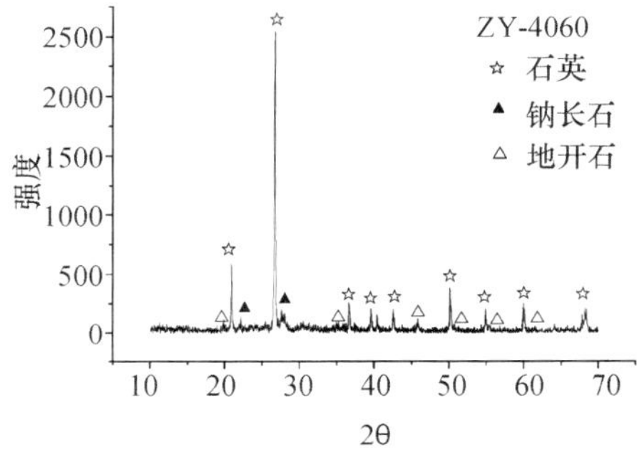

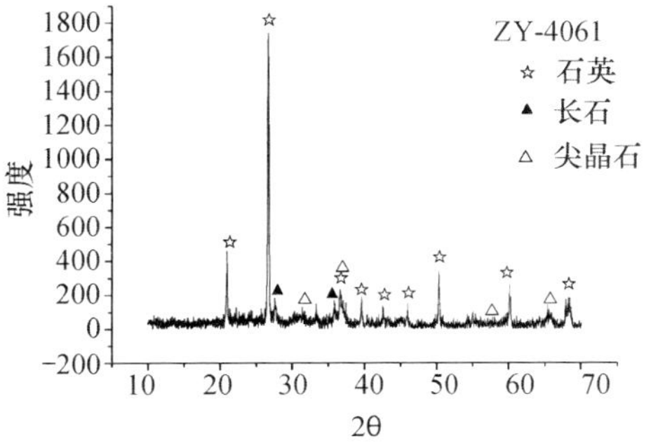

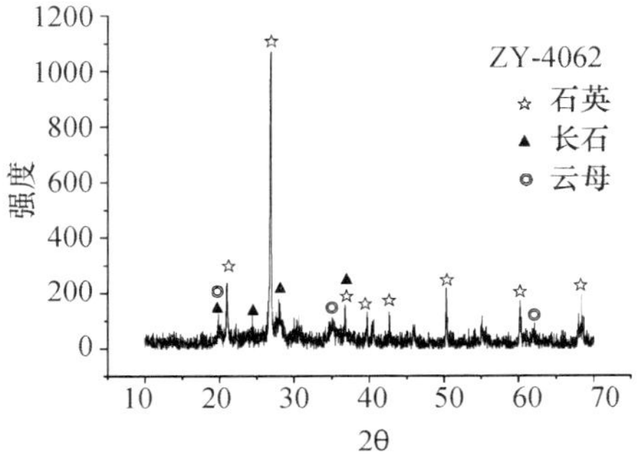

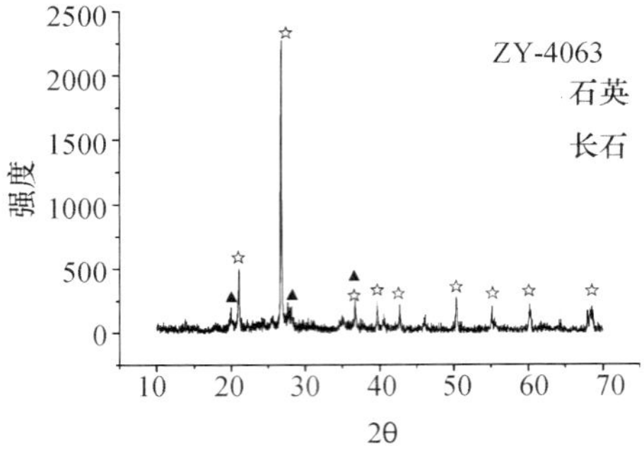

图二〇九　禹会村遗址出土陶片的XRD谱线图

表四六　XRD测试矿物组成与温度的关系

实验编号	矿物成分	估计温度	测试温度
ZY-4051	石英、钙长石、钠长石	600～925℃	900.7℃
ZY-4052	石英、尖晶石	650～900℃	903.7℃
ZY-4059	石英、钠长石	650～900℃	733.9℃
ZY-4060	石英、钠长石、地开石	650℃以下	550～650℃
ZY-4061	石英、钠长石、尖晶石	650～900℃	917.3℃
ZY-4062	石英、云母、钾长石	700℃以下	550～650℃
ZY-4063	石英、钾长石、钠长石	650～900℃	863.6℃

（五）小结

本文对禹会村遗址出土的10件具有代表性的陶器样品进行了烧成温度测定，并对其中的8件样品进行XRF元素含量分析，7件样品进行XRD物相分析。内容总结如下：

（1）样品的代表性。本次实验所取得的10件样品，出自生活区和祭祀区中的灰坑、祭祀坑、祭祀沟和探方等，材质类型包括夹砂白陶、夹砂灰陶、泥质灰陶、夹砂红陶、泥质红陶、泥质黑陶，基本涵盖了禹会村遗址出土陶器的所有材质类型。从陶器烧结程度来看，所取样品既含有质地疏松、烧结程度不高的陶器，也含有质地紧密、烧结程度较高的陶器，基本能够反映出禹会村遗址出土陶器的烧成温度范围。因此本实验所测样品应该能够代表禹会村遗址出土陶器的基本情况。

（2）热膨胀仪分析结果。对禹会村陶器先进行热膨胀仪常规测试，然后对常规测试结果低于800℃的陶器采用热膨胀低温测试。结果表明，所分析的10件样品中，烧成温度在900℃左右的有3件，其中1件出自灰坑，2件出自祭祀坑；烧成温度在800℃左右的有5件，其中3件出自祭祀坑，另2件分别出自灰坑和探方。烧成温度550～650℃的有2件，均出自祭祀沟。由此可见，禹会村遗址出土的陶器多以烧成温度低于900℃的低温陶为主，甚至有低于650℃的低温陶存在。通过与龙山文化其他遗址出土各类陶器烧成温度相比，禹会村遗址陶器的烧成温度也普遍偏低。

本实验中部分样品的热膨胀率曲线出现较为复杂的现象，如样品ZY-4059（泥质红陶）在700℃后出现三次不同程度的收缩，样品ZY-4052（夹砂灰陶）的石英相变峰表现较低，且在低温区有多个膨胀—收缩峰，样品ZY-4060（泥质灰陶）在500℃前都表现为大幅收缩等现象，关于这些问题的具体原因还有待进一步深入研究。

（3）XRF分析结果。结果表明禹会村遗址制陶原料主要为长石类黏土，其中MgO、K_2O、Fe_2O_3等含量较高，说明其玻璃化温度较低，即在较低温下就可以很好地烧结。此外，根据Si、Al含量不同可将制陶黏土分为高硅低铝、高硅高铝、低硅高铝三种类型，但是黏土类型与烧成温度之间并无直接的对应关系，也因此可以推断，禹会村遗址工匠制作陶器时并未根据原料的不同选择不同的烧制工艺。此外，即便将黏土类型分为上述三种类型，但各元素在陶器中的含量差别并不是很大，因此制作该批陶器的原料可能来自一处或相距不远的几处。

（4）XRD分析结果。所分析样品的XRD图谱中，主要为石英和长石类矿物，均无莫来石或方石英等高温相矿物存在，而烧成温度较低的陶器较好地保持了矿物的晶型，说明所测试样品陶器的烧成温度都没有超过1050℃。XRD分析结果与热膨胀测试结果基本相符。

禹会村遗址出土的薄胎黑陶（ZY-4063）、白陶鬶（ZY-4051）、薄胎盉（ZY-4061）等，较龙山文化其他遗址陶器的烧成温度偏低。这些陶器与祭祀沟出土的两件陶器，胎质均较薄，材质均匀，说明人们对原料进行了一定的选取和处理。由此可见，当时的制陶工匠已经使用了制作薄胎陶器的技术。

四、结　　论

（一）主要结论

本文利用热膨胀测温方法，并结合XRF和XRD等分析手段，对禹会村遗址出土陶器的烧成温度进行了测试、分析和判定，探讨了三者与陶器烧成温度的关系，同时也对热膨胀测温方法的使用范围和可行性进行了分析和探讨。此外，本文结合以上分析方法测试的结果，对禹会村遗址出土陶器的用途及文化性质进行了初步总结，主要结论如下。

1. 禹会村遗址出土陶器的烧成温度

采用热膨胀仪测温方法，对10件具有较好代表性样品的烧成温度进行测定，结果显示，所测陶器的烧成温度在550～917℃之间，其中高于900℃的样品有3件，低于900℃的有7件，该遗址陶器的烧成温度普遍低于龙山文化其他遗址出土的陶器。由于禹会村遗址陶器多数来自祭祀沟，而本文所测祭祀沟出土的两件陶器样品的烧成温度均在650℃以下，由此推断，禹会村遗址祭祀沟出土的陶器以低温陶为主。XRF结果表明陶器原料的化学组成中MgO、K_2O、Fe_2O_3等助熔剂含量较高，表明该类黏土可在较低温下烧成。这也是禹会村遗址出土的部分低温陶器烧结情况较好的原因。XRD分析结果显示，本文所测陶器的所含矿物种类基本与其烧成温度相对应。

此外，禹会村遗址出土陶器以红褐陶为主，多数陶器表现为红皮黑心，或红皮灰心，也有外表面为红色、内表面却为灰色的陶器，纯红色的陶器较少，这种现象也能证实陶器的烧成温度不会太高。

2. 热膨胀测温方法的可行性探讨

目前学术界一般认为热膨胀仪常规测试方法适用于烧成温度达800℃以上陶器的测温。最近有学者对东湖林遗址出土陶器烧成温度的研究中发现，常规测试方法对烧成温度在900℃以上的陶器才能准确测量[①]。然而本文对禹会村陶器烧成温度测量结果表明，部分陶器所用黏土的玻璃化温度在800℃附近，因此可以认为热膨胀常规测试方法可以测量由此类黏土烧制的800℃以上陶器的烧成温度，对于烧成温度低于800℃的此类黏土制作的陶器，则可以使用热膨胀低温重烧测试方法测量。

3. 从科技考古角度支持该遗址的文化性质

禹会村遗址出土陶器的烧成温度普遍较低，致使陶器表面疏松多孔，具有较强的吸水性，应该不具备生活实用的价值。而从祭祀沟出土的陶器，其胎质较薄、材质均匀，但其烧成温度较低，说明材质经过一定的选取，并在较低温度下烧成。而该遗址出土的代表祭祀性质的陶器，其烧成温度较龙山文化其他遗址陶器的烧成温度也偏低，进一步说明该遗址陶器主要是为祭祀而制作的，从烧成温度的角度支持了“禹会村遗址是一处以祭祀为主的礼仪性基址”这一观点。

（二）不足与展望

目前热膨胀方法在低温古陶的测温研究中还处在探索性阶段，所以对于部分样品热膨胀曲线表现出的异常现象，还需要进一步探讨，特别是从理论上弄清楚热膨胀低温重烧测温方法的原理及其适用性。

禹会村遗址陶器具有复杂多样性，虽然本文选取陶器样品种类基本涵盖禹会村遗址出土陶器的所有类型，其烧成温度结果能够反映禹会村遗址陶器的温度范围，但是每种类型的陶器取样数量太少（如祭祀沟以夹砂红陶为主，其比例占55%，而本文夹砂红陶只取了1件），因此未能对具体的发掘单位、具体类型陶器的烧成温度进行深入探讨。

单从烧成温度分析，还不足以对其制陶工艺、烧制技术等过程进行全面的判断。而XRF的测试结果可以对陶器来源产地进行分析，鉴于样品量较少，以及禹会村陶器的复杂性，本文尚未对禹会村遗址制陶原料来源进行深入探讨，这在以后的工作中可以继续展开。

---

① 张怡，朱剑，王涛，等. 低温陶器的烧成温度测定及其初步应用. 南方文物，2012，（1）：140-146.

第十节　禹会村遗址出土陶器微量元素组成分析

崔　炜[1]　杨玉璋[1]　张居中[1]　王吉怀[2]

（1. 中国科学技术大学科技史与科技考古系　2. 中国社会科学院考古研究所）

一、前　　言

禹会村遗址位于安徽省蚌埠市西郊涂山南麓的禹会村村南，近年来，中国社会科学院考古研究所等单位对该遗址进行了连续大规模的考古勘探与发掘。现有发掘资料显示，禹会遗址面积达50多万平方米，是淮河中游地区一处单纯的大型龙山时代晚期遗址，发掘揭露的遗迹包括人工堆筑的面积达2000平方米的大型祭祀台基1座、掩埋众多形式各异陶器的祭祀坑8个及大型简易式工棚建筑4处，出土遗物主要有陶器、石器等①。从揭露出的遗迹现象的特点来看，该遗址是一处以祭祀为主要内容的礼仪性基址，且这种祭祀活动具有规模大、临时性强的特点，其祭祀规模是整个龙山时代迄今为止所罕见的。对于禹会村遗址这些独特的遗迹现象，发掘者认为可能与龙山时代晚期发生的“禹会诸侯于涂山”事件有关。

值得注意的是，禹会村遗址出土了两类差异明显的陶器种类，一类是各种大型陶器，包括鼎、罐、壶、鬶、盆、假腹簋等，多出土于祭祀坑和祭祀沟中。此类陶器烧制火候较低，制作粗糙，陶质疏松，虽然胎质具有一定强度，但却多有明显的变形现象，结合龙山文化时期制陶工艺高度发达的背景来看，禹会村遗址出土这类陶器明显是一种异常现象，有些器物在发掘清理时能明显看出器物的造型，但却无法提取，从其所表现出的性能来看应不是生活中的实用器，而应是专为祭祀活动临时烧制的礼仪用器。另外一类陶器则是精致的小型高档器物，以薄胎黑陶高柄杯为主，这类器物造型规整，制工讲究，胎壁较薄，具有很高的工艺水平，且多出土于祭祀坑中，也应是作为祭祀时的礼器来使用的。有学者认为这类高档的薄胎黑陶器应不是在禹会村当地烧造的，而很可能是由参加“涂山之会”的不同聚落的与会者携带而来，即具有不同的产地来源②。

为探讨禹会村遗址薄胎陶器产地来源，我们利用ICP-MS和ICP-AES对禹会村遗址两种类型的陶器进行了微量元素分析。众所周知，陶器是以黏土为主要原料，经过高

① 王吉怀，赵兰会. 禹会村遗址的发掘收获及学术意义. 东南文化，2008，(01)：20-25.

② 王吉怀. “大禹治水”之“禹会诸侯”考. 蚌埠学院学报，2012，(01)：109-113.

温焙烧而成的，而黏土是由基岩顶部的疏松母质岩，经过物理、化学、生物等风化作用而形成的自然组合体，由于成土过程中诸多因素的影响，不同地域和地质状况的黏土在矿物组成和化学成分上有很大的不同，同时，此前已有学者已通过大量的实验证实，在陶器烧成过程中，微量元素、稀土元素均不会发生显著的变化，也就是说，陶器微量元素含量主要与黏土原料有关，而受陶器制造工艺影响不大，因而其可直接反映陶器的产地信息，这是微量元素分析方法应用于陶瓷产地研究的理论基础①。

二、样品与实验

（一）样品

禹会村遗址样品选自中国社会科学院考古研究所2009～2011年考古发掘出土的陶片标本。本次实验共选取陶片样品34片，陶胎厚小于3.5毫米为薄胎，大于3.5毫米为普通胎，以此为标准，其中磨光薄胎黑陶9片，普通陶片18片，另有普通薄胎红陶3片，普通薄胎灰陶4片。各类样品特征见表四七。

表四七　实验样品表

实验室编号	出土地点	陶质	胎心颜色	厚度（mm）	备注
YH1	JSG	薄胎泥质黑陶	灰色	1.9	凸弦纹磨光
YH3	JSK2	薄胎泥质黑陶	黑色	3.3	凹弦纹 磨光口沿
YH5	HG4	薄胎泥质黑陶	灰色	1.06	素面磨光
YH11	JSG	薄胎泥质黑陶	灰色	1.4	凸弦纹磨光
YH12	JSG	薄胎泥质黑陶	灰色	2.38	素面磨光
YH24	H49	薄胎泥质黑陶	灰色	1.4	凸弦纹磨光
YH32	JSK2	薄胎泥质黑陶	白色	2.9	素面磨光
YH36	JSK4	薄胎泥质黑陶	灰色	2.5	素面磨光
YH39	H44	薄胎泥质黑陶	灰色	1.46	素面磨光
YHP1	JSG	普通泥质灰陶	砖红色	6.1	素面粗糙
YHP2	JSG	普通泥质灰陶	砖红色	5.38	线纹粗糙
YHP3	JSG	普通泥质红陶	灰色	5.5	线纹粗糙
YHP4	JSK2	普通泥质红陶	红色	6.1	方格纹粗糙
YHP5	JSK2	普通泥质灰陶	灰色	7.56	素面粗糙
YHP6	JSK2	薄胎泥质红陶	灰色	2.34	素面粗糙

① 单洁. 古陶产地理论及相关研究. 中国科学技术大学博士学位论文，2002：1-2.

续表

实验室编号	出土地点	陶质	胎心颜色	厚度（mm）	备注
YHP7	JSK4	薄胎泥质红陶	白色	1.4	素面粗糙
YHP8	JSK4	普通泥质黑陶	灰色	4.92	斜方格纹粗糙
YHP9	JSK4	普通泥质黑陶	砖红色	4.02	凸弦纹磨光
YHP10	JSK5	普通泥质灰陶	灰黑色	5.2	斜方格纹粗糙
YHP11	JSK5	薄胎泥质红陶	红色	1.7	素面粗糙
YHP12	JSK5	薄胎泥质灰陶	灰色	2.5	竹节纹磨光
YHP13	JSK6	普通泥质灰陶	灰色	4.42	素面粗糙
YHP14	JSK6	普通泥质灰陶	灰色	4.44	素面粗糙
YHP15	JSK6	普通泥质灰陶	黑色	3.7	素面粗糙
YHP16	JSK7	普通泥质黑陶	黑色	4	素面粗糙
YHP17	JSK7	普通泥质红陶	黑色	5	素面粗糙
YHP18	H38	普通泥质灰陶	灰色	6.08	斜线纹粗糙
YHP19	H38	薄胎泥质白陶	红黑两层	3.42	素面粗糙
YHP20	H38	普通泥质红陶	红色	4	素面粗糙
YHP21	H44	薄胎泥质白陶	灰色	2.4	素面粗糙
YHP22	H44	普通夹砂灰陶	灰色	1.3	素面粗糙
YHP23	H48	薄胎泥质白陶	黑色	3.2	素面粗糙
YHP24	H48	薄胎泥质红陶	红色	2.96	素面粗糙
YHP25	H48	普通泥质灰陶	灰色	11.2	素面粗糙

（二）实验

实验采用电感耦合等离子体发射光谱（ICP-AES）和电感耦合等离子体质谱仪（ICP-MS）对样品的微量元素成分进行了测试分析。本实验在中国科技大学理化实验中心进行。

实验前，为准确观察样品的胎质、胎色及胎内包含物等特征，先用水将样品洗净、烘干，详细描述和记录样品特征后，使用陶瓷切割机从选取的每个样品上切割下表面积约1平方米的一小块，再将这些小块放入超声波清洗器中用去离子水清洗2～3次，以尽可能地去除埋藏环境等因素对样品的污染，将上述处理过的样品在110℃下烘干2小时，放入塑封袋中待用。

样品前处理：样品称于聚四氟乙烯烧杯中，加入HNO_3：HF=7：3混合酸10mL，加盖加热至溶液清亮，洗盖去盖继续加热至干，加入HNO_3 1mL及少量水，加热至完全溶解，冷却，定容至25mL，待测。

本实验使用的国家标准样品是GBW07402和GBW07407。

Li（670.784）、B（249.677）、P（213.617）、Ti（334.940）、V（290.880）、Cr（267.716）、Mn（257.610）、Zn（206.200）、Ga（417.206）、Ba（233.527）采用等离子体原子发射光谱仪（ICP-AES）测定，元素符号后面括号内为波长，单位：nm。测定参数：发射功率1300w，冷却气流量15L/min，辅助气流量0.2L/min，载气流量0.8L/min，进样速度1.5mL/min，观测方式为轴向观测。

^{45}Sc、^{59}Co、^{65}Cu、^{69}Ga、^{75}As、^{85}Rb、^{88}Sr、^{90}Zr、^{93}Nb、^{121}Sb、^{133}Cs、^{139}La、^{140}Ce、^{141}Pr、^{146}Nd、^{147}Sm、^{153}Eu、^{157}Gd、^{159}Tb、^{163}Dy、^{165}Ho、^{166}Er、^{169}Tm、^{172}Yb、^{175}Lu、^{178}Hf、^{181}Ta、^{208}Pb、^{232}Th、^{238}U采用等离子体质谱仪（ICP-MS）测定，元素符号前为测试的同位素。测定参数：发射功率1250w，冷却气流量13L/min，辅助气流量0.75L/min，载气流量0.8L/min，进样速度1.5mL/min，检测器电压3850v，检测方式为脉冲计数。

三、实验结果与讨论

本次实验每个样品测量元素40种，其中包括稀土元素15种，分别是：镧（La）、铈（Ce）、镨（Pr）、钕（Nd）、钐（Sm）、铕（Eu）、钆（Gd）、铽（Tb）、镝（Dy）、钬（Ho）、铒（Er）、铥（Tm）、镱（Yb）、镥（Lu）、钪（Sc），其他元素25种：Li（锂）、B（硼）、P（磷）、Ti（钛）、V（钒）、Cr（铬）、Mn（锰）、Co（钴）、Ni（镍）、Cu（铜）、Zn（锌）、Ga（镓）、As（砷）、Rb（铷）、Sr（锶）、Zr（锆）、Nb（铌）、Sb（锑）、Cs（铯）、Ba（钡）、Hf（铪）、Ta（钽）、Pb（铅）、Th（钍）、U（铀）。

（一）指纹元素的确定与分析

1. 指纹元素的确定

古陶瓷指纹元素是指某个地点生产的陶瓷器所含有的特殊微量元素或痕量元素，犹如人的指纹一样，可以据此区分不同地点生产的陶瓷制器，在古陶瓷产地研究中具有重要作用。本文通过分析禹会村薄胎黑陶是否存在可以和禹会村普通陶器区分开的“指纹元素”，来判断禹会村薄胎黑陶产地的来源。

计算样品中各元素的算术平均值a和标准偏差δ，若绝大多数样品的某元素含量在a ± δ之间，即认为该元素为指纹元素。经过分析，我们认为Li（锂）、Cu（铜）、Zn（锌）、Rb（铷）、Ta（钽）、Th（钍）、U（铀）是反映禹会村地区薄胎陶器产地信息的指纹元素。它们的ICP-AES分析数据如表四八所示。

表四八　样品指纹元素含量

编号	Li	Cu	Zn	Rb	Ta	Tu	U
YH-1	49.92	45.45	149	135	1.2	13.5	2.97
YH-3	38.31	64.95	184.4	136.2	0.9	15.18	2.59
YH-5	41.74	57.52	187.6	133.5	0.9	15.91	2.89
YH-11	19.63	48.11	132	114.9	1.66	17.72	3.56
YH-12	43.18	49.8	145.3	144	1.17	14	2.83
YH-24	41.15	41.43	187	138	1.05	16.15	2.5
YH-32	37.02	40.64	184.7	136.6	1.19	16.63	2.81
YH-36	27.92	48.43	98.02	107.4	1.8	17.07	3.01
YH-39	30.85	55.53	204.3	147.2	0.99	15.02	2.67
YHP-1	37.35	24.09	74.89	119.7	1.29	16.27	2
YHP-2	31.43	24.21	70.4	106.8	1.27	18.11	2.77
YHP-3	8.716	24.81	28.81	29.81	1.79	14.24	2.47
YHP-4	15.58	25.14	42.85	71.03	1.61	16.27	2.41
YHP-5	12.67	17.17	30.03	35.7	1.8	12.89	2.74
YHP-6	13.99	19.61	34.75	69.48	1.72	11.69	2.41
YHP-7	16.69	18.09	42.66	68.08	1.98	15.29	2.62
YHP-8	16.1	32.65	36.05	86.15	1.82	12.69	2.18
YHP-9	17.86	27.75	48.38	63.69	1.87	13.16	1.93
YHP-10	20.22	19.6	8.076	57.71	1.93	9.964	2.28
YHP-11	33.63	23.83	33.18	114.9	3.31	13.95	1.89
YHP-12	16.35	20.17	64.4	74	2.53	15.32	2.95
YHP-13	20.81	17.21	1.816	44.11	1.76	8.036	2.39
YHP-14	18.63	29.22	20.73	53.15	1.11	6.494	1.97
YHP-15	21.45	23.36	90.24	83.35	2.42	−0.038	0.11
YHP-16	39.73	27.17	51.88	104.5	1.73	15.7	1.89
YHP-17	14.44	23.69	35.44	42.94	1.87	11.43	2.03
YHP-18	13.25	15.49	14.92	88.08	1.99	15.03	2.34
YHP-19	22.44	28.94	77.52	84.04	1.73	12.58	1.8
YHP-20	26.11	33	28.12	74.57	1.8	12.05	1.82
YHP-21	17.04	14.69	50.61	80.29	4.54	17.49	3.24
YHP-22	26.03	38.61	109.4	127.9	3.33	21.62	2.87
YHP-23	23.88	22.08	31.22	83.91	2.94	14.23	3.16
YHP-24	30.95	37.09	73.91	101.7	3.1	15.17	2.01
YHP-25	26.41	20.59	21.79	77.31	1.71	8.59	1.75

2. 单元素含量散布分析

以样品的序号为横坐标，任意一种指纹元素含量为纵坐标，可做出单元素含量散布图。我们选择比较有代表性的Ta做单元素含量分布图，见图二一〇。每一种指纹元素都可以做出类似的散布图。图二一〇显示，大多数禹会村薄胎黑陶样品分布在α ± σ范围内，而近88%禹会村普通陶器样品分布在α ± σ范围之外。说明禹会村薄胎黑陶与普通陶器在Ta等微量元素含量上是有较大差异的，它是禹会村磨光薄胎陶器的指纹元素。

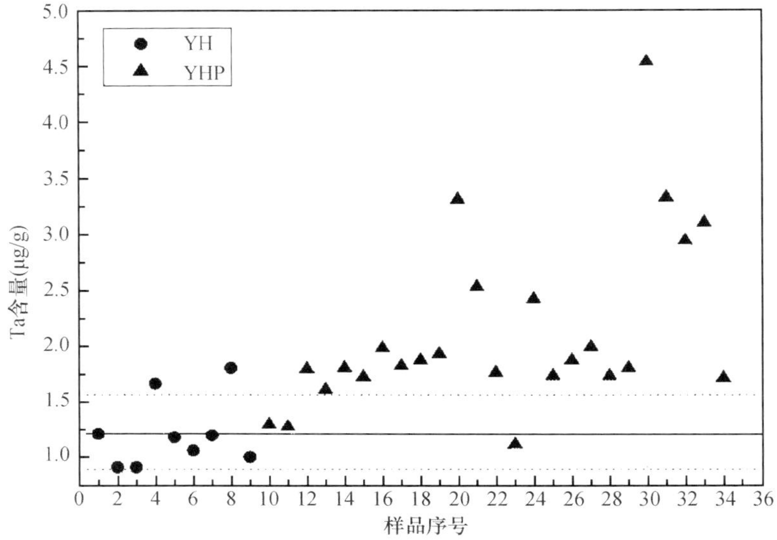

图二一〇　禹会村遗址陶器指纹元素Ta的单元素散点图

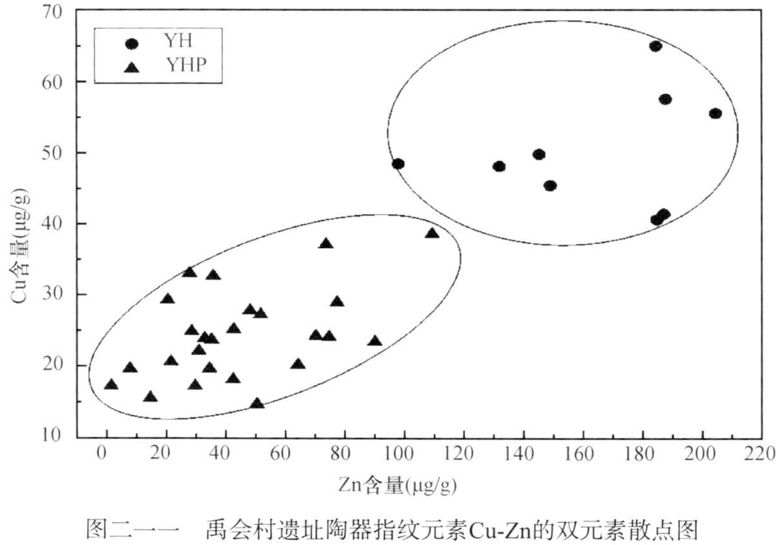

图二一一　禹会村遗址陶器指纹元素Cu-Zn的双元素散点图

3. 二元素含量散布分析

以一种指纹元素的含量为横坐标， 另一种指纹元素的含量为纵坐标， 可做出二元素含量的散布图。图二一一是禹会村薄胎黑陶和普通陶器Cu-Zn含量散布图， 与图一〇相比，更为直观、清晰。从图二一一可以看出，禹会村薄胎黑陶与普通陶器的数据点完全分开，分别集中形成两个相互独立的区域，表明禹会村薄胎黑陶和普通陶器在Cu、Zn含量上具有较大的不同，两者应有着不同的产地来源，而从考古发掘情况来看，禹会村普通陶器显然是禹会村本地生产的，因此，禹会村薄胎黑陶应不是在禹会村本地生的。

（二）稀土元素分析

稀土元素（REE）包括钇和镧系共16个元素，它们处于元素周期表的第五、六周期及第三副族。电子层数和最外电子层所含电子数目保持不变决定了镧系元素的原子大小相似。而随着原子序数的增大，REE的离子半径呈现逐渐减小的趋势，称为镧系收缩现象，“镧系收缩”使得稀土元素（REE）具有十分相似的化学性质和物理性质。在自然界，REE一般呈现稳定的+3价离子，其离子半径也非常相似，这是它们在自然界密切共生的主要原因之一。尽管稀土元素的原子结构、化学和晶体化学性质很相似，但各个稀土元素之间仍然存在一些差异，由于这些差异性，在许多地质作用过程中轻重稀土元素会发生分馏。反之，则可根据地质体中稀土元素的组成特点来解释岩石成因示踪其物质来源①，在古陶瓷研究中，稀土元素特征可以提供陶器矿料来源的重要信息。

从表四九中我们可以看出，薄胎黑陶稀土元素含量整体要高于普通陶器，但各类样品的地球化学参数差别不大，区分指标不太明显，其中（La/Yb）$_N$>1，曲线为右倾斜，表明富集了LREE，（La/Sm）$_N$>1，则反映了LREE的分馏程度为富集型，（Gd/Yb）$_N$≈1， 说明HREE的分馏程度为平坦型。而＆Eu和＆Ce均近似1，即样品都没有出现铕异常和铈异常。

为了进一步探索不同地区样品之间的区别，我们做了样品的稀土元素配分曲线图，其横坐标是La（镧）～Lu（镥）各个稀土元素，纵坐标是样品的稀土元素含量与球粒陨石（赫尔曼的22球粒陨石）相应稀土元素含量之比的常用对数值（图二一二）。这种图解消除了因原子序数的奇偶效应造成的个稀土元素间丰度锯齿状变化，最大限度地显示样品在REE组成上的差异②。

① 陈德潜，陈刚. 实用稀土元素地球化学. 北京：冶金工业出版社，1990：10-15.

② 陈道公，支霞臣，杨海涛. 地球化学. 合肥：中国科学技术大学出版社，1994：207-208.

表四九 样品稀土元素地球化学参数值

编号	∑REE	LREE	HREE	LREE/HREE	$(La/Yb)_N$	$(La/Sm)_N$	$(Gd/Yb)_N$	&Eu	&Ce
YH-1	226.84	195.14	31.70	6.16	1.61	1.33	1.08	0.97	0.91
YH-3	237.11	208.02	29.09	7.15	1.64	1.33	1.07	1.02	0.92
YH-5	189.51	165.80	23.71	6.99	1.60	1.37	1.00	0.96	0.94
YH-11	283.30	248.56	34.74	7.15	1.64	1.30	1.10	1.01	0.92
YH-12	223.77	193.52	30.25	6.40	1.63	1.33	1.08	0.96	0.91
YH-24	211.77	184.66	27.11	6.81	1.60	1.34	1.04	1.00	0.94
YH-32	209.41	188.13	21.28	8.84	1.81	1.36	1.14	1.01	0.94
YH-36	199.36	173.97	25.39	6.85	1.66	1.33	1.09	0.94	0.92
YH-39	220.05	194.35	25.70	7.56	1.67	1.35	1.07	1.03	0.93
YHP-1	215.87	195.32	20.55	9.50	1.81	1.39	1.01	0.90	0.96
YHP-2	205.26	187.89	17.37	10.82	1.83	1.49	0.93	0.97	0.95
YHP-3	166.06	148.34	17.72	8.37	1.67	1.33	0.93	0.92	0.90
YHP-4	210.95	191.77	19.18	10.00	1.64	1.31	0.94	0.97	0.98
YHP-5	141.74	120.02	21.72	5.53	1.55	1.16	1.02	1.07	0.83
YHP-6	163.42	146.93	16.49	8.91	1.71	1.34	0.93	0.92	0.91
YHP-7	185.78	166.62	19.16	8.70	1.71	1.34	0.95	0.92	0.92
YHP-8	181.31	169.94	11.37	14.95	1.64	1.92	0.64	0.86	0.95
YHP-9	162.94	139.63	23.31	5.99	1.73	1.27	1.10	0.91	0.87
YHP-10	146.81	129.03	17.78	7.26	1.57	1.30	0.91	0.92	0.91
YHP-11	118.89	104.92	13.97	7.51	1.83	1.09	1.26	0.99	1.08
YHP-12	189.31	183.00	6.31	29.00	1.51	1.31	0.00	1.62	0.97
YHP-13	147.91	125.63	22.28	5.64	1.63	1.20	1.09	0.92	0.86
YHP-14	132.82	119.43	13.39	8.92	1.73	1.52	0.93	0.88	0.90
YHP-15	297.36	281.90	15.46	18.23	2.13	1.47	1.17	1.02	1.08
YHP-16	205.97	186.25	19.72	9.44	1.62	1.31	0.94	1.02	0.94
YHP-17	126.98	112.04	14.94	7.50	1.68	1.25	0.99	0.95	1.00

续表

编号	∑REE	LREE	HREE	LREE/HREE	（La/Yb）$_N$	（La/Sm）$_N$	（Gd/Yb）$_N$	&Eu	&Ce
YHP-18	148.46	127.73	20.73	6.16	1.65	1.19	1.06	1.01	0.80
YHP-19	177.37	161.06	16.31	9.87	1.71	1.48	0.91	0.96	0.91
YHP-20	160.44	139.26	21.18	6.58	1.60	1.11	1.11	1.01	0.86
YHP-21	214.38	200.22	14.16	14.14	1.74	1.61	0.84	0.86	0.93
YHP-22	242.85	227.00	15.85	14.32	1.68	1.32	0.92	1.03	1.12
YHP-23	316.45	294.67	21.78	13.53	1.86	1.35	1.05	1.01	0.96
YHP-24	223.04	210.88	12.16	17.34	1.97	1.48	1.03	0.86	1.09
YHP-25	135.53	119.91	15.62	7.68	1.72	1.31	0.95	1.03	0.87

图二一二中禹会村所有薄胎黑陶样品配分曲线十分相似，几乎接近重合，表明禹会村薄胎黑陶应该产自同一个地方。对比禹会村薄胎黑陶配分曲线与大部分禹会村普通陶器配分曲线，从稀土元素含量来看，禹会村薄胎黑陶稀土元素含量明显高于禹会村普通陶器，在配分图上表现为禹会村薄胎黑陶配分曲线都在普通陶器配分曲线的上方，表明禹会村薄胎黑陶的产地应与普通陶器的产地不同，但从稀土元素配分模式来

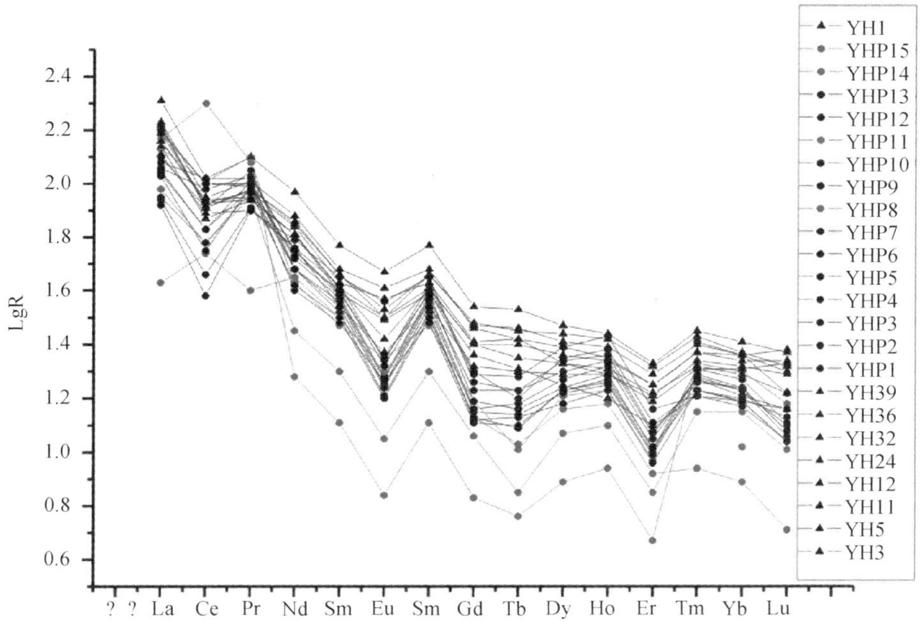

图二一二　禹会村遗址陶器的稀土元素配分曲线

看，禹会村薄胎黑陶与普通陶器的稀土元素配分模式很相近，在配分图上表现为二者的配分曲线十分相似，几近平行。说明二者原料来源地点地质环境状况很相似，也就是说禹会村薄胎黑陶和普通陶器产地之间相距不会很远，很有可能是距离禹会村较近的某个地点。

四、结　论

（1）微量元素分析表明，禹会村遗址出土的普通陶器应是禹会村遗址本地所产，而薄胎黑陶有着不同的产地来源。

（2）稀土元素分析显示，禹会村薄胎黑陶产地很有可能是距离禹会村遗址较近的某个地点。

附表1 禹会村遗址出土陶器微量元素分析结果（一）

编号	Li 锂	B硼	P 磷	Ti钛	V 钒	Cr 铬	Mn 锰	Co钴	Ni镍	Cu铜	Zn锌	Ga 镓	As砷
YH-1	49.92	20.59	15405	5162	184.2	104.6	1208	22.45	72.09	45.45	149	72.21	62.47
YH-3	38.31	26.19	23783	5143	131.8	116.6	904.9	15.63	67.04	64.95	184.4	75.85	66.82
YH-5	41.74	44.87	6506	5473	140.7	156.5	223.9	15.88	89.82	57.52	187.6	78.68	24.83
YH-11	19.63	53.27	34466	7469	154.7	145.1	654.2	10.5	39.04	48.11	132	101.1	50.2
YH-12	43.18	27.32	14043	5219	196.2	109.9	1105	24.98	82.49	49.8	145.3	68.82	60.15
YH-24	41.15	13.76	14609	5458	154.7	130.4	1275	29.6	100	41.43	187	73.89	23.99
YH-32	37.02	66.85	18651	5506	157.9	125.6	1128	18.6	64.72	40.64	184.7	72.63	24.17
YH-36	27.92	25.16	4299	8857	167.9	142.9	147.3	4.879	66.57	48.43	98.02	113.1	13.05
YH-39	30.85	26.16	24139	5063	171.8	173.3	1197	22.15	103.1	55.53	204.3	62.04	81.11
YHP-1	37.35	43.12	1337	6432	109.4	92.45	634.7	24.72	56.58	24.09	74.89	95	3.663
YHP-2	31.43	64.19	9869	6770	126.1	94.97	358.6	15.45	44.49	24.21	70.4	97.23	4.547
YHP-3	8.716	79.46	5113	5441	113.8	105.2	249.1	7.288	39.46	24.81	28.81	48.7	15.18
YHP-4	15.58	35.16	7072	5035	118.2	80.28	933.5	17.23	64.03	25.14	42.85	79.36	34.03
YHP-5	12.67	20.95	15959	5928	73.47	107	138.6	7.54	33.75	17.17	30.03	117.9	18.83
YHP-6	13.99	34.92	12828	5841	116.8	126.4	249	11.49	35.61	19.61	34.75	77.96	20.05
YHP-7	16.69	72.4	13628	5647	111.7	121.7	269.7	12.8	38	18.09	42.66	132.5	13.5
YHP-8	16.1	32.19	29141	4878	124.2	106.5	989.1	24.7	40.79	32.65	36.05	278.1	28.49
YHP-9	17.86	34.62	12825	4800	76.57	98.5	762.6	7.718	75.29	27.75	48.38	74.48	11.93
YHP-10	20.22	51.35	6932	4987	124.3	81.46	328.4	7.42	53.54	19.6	8.076	66.47	37.17
YHP-11	33.63	44.78	2269	5863	60.5	77.63	619.9	12.7	36.61	23.83	33.18	48.58	3.955
YHP-12	16.35	81.58	15887	5749	102.2	111.9	201.5	9.774	39.12	20.17	64.4	96.36	15.13
YHP-13	20.81	14.07	14516	5180	164.8	70.51	148.7	4.195	43.49	17.21	1.816	66.84	36.57

续表

编号	Li 锂	B硼	P 磷	Ti钛	V 钒	Cr 铬	Mn 锰	Co钴	Ni镍	Cu铜	Zn锌	Ga 镓	As砷
YHP-14	18.63	5.2	19853	3853	116.7	68.61	140.1	3.45	37	29.22	20.73	134	24.42
YHP-15	21.45	104.2	16184	6089	146.6	118.1	996.2	40.88	62.93	23.36	90.24	93	27.05
YHP-16	39.73	17.29	10374	4727	130.1	67.96	777.9	11.91	75.7	27.17	51.88	95.92	46.52
YHP-17	14.44	5.66	19578	5395	148.6	80.16	595.4	9.652	39.82	23.69	35.44	70.06	41.54
YHP-18	13.25	36.71	21653	5357	121.7	86.82	217.2	4.97	23.29	15.49	14.92	179.4	15.97
YHP-19	22.44	92.65	18217	4600	117.5	92.58	651.3	7.851	52.45	28.94	77.52	196.4	25.91
YHP-20	26.11	66.49	6331	4767	89.6	83.76	402.8	9.799	63.26	33	28.12	84.85	16.6
YHP-21	17.04	23.7	22064	6798	127.7	99	465.3	6.489	31.91	14.69	50.61	217.6	24.41
YHP-22	26.03	51.61	18401	5921	181.9	191.6	1163	24.79	112.6	38.61	109.4	115.4	29.8
YHP-23	23.88	13.19	23800	6662	129.4	85.51	1032	9.797	40.72	22.08	31.22	230.6	26.99
YHP-24	30.95	76.39	4584	5828	110.8	115.8	928.3	33.34	51.28	37.09	73.91	69.52	4.273
YHP-25	26.41	16.78	18070	4831	104.5	71.85	246.1	3.357	42.97	20.59	21.79	156.2	17.42

附表2　禹会村遗址出土陶器微量元素分析结果（二）

编号	Rb铷	Sr锶	Zr锆	Nb铌	Sb锑	Cs铯	Ba钡	Hf铪	Ta钽	Pb铅	Th钍	U铀
YH-1	135	267.9	102.9	15.63	1.48	10.1	1379	2.76	1.2	68.12	13.5	2.97
YH-3	136.2	297.8	106.8	18.31	1.3	10.5	2903	3.07	0.9	48.65	15.18	2.59
YH-5	133.5	113.8	241.8	16.91	1.52	10.3	997	6.76	0.9	54.4	15.91	2.89
YH-11	114.9	264.3	213.6	22.67	84.6	6.36	3409	5.39	1.66	91.76	17.72	3.56
YH-12	144	257.3	134.6	16.23	1.5	11.3	1299	3.6	1.17	74.73	14	2.83
YH-24	138	196.5	101.9	17.41	1.23	10.6	1907	2.95	1.05	53.3	16.15	2.5

续表

编号	Rb铷	Sr锶	Zr锆	Nb铌	Sb锑	Cs铯	Ba钡	Hf铪	Ta钽	Pb铅	Th钍	U铀
YH-32	136.6	205.6	259.6	16.59	1.25	10	2382	6.87	1.19	38.74	16.63	2.81
YH-36	107.4	75.19	113.6	25.12	21.9	1.73	1059	2.96	1.8	25.75	17.07	3.01
YH-39	147.2	321.3	135.3	17.28	1.07	11	2891	4.26	0.99	49.89	15.02	2.67
YHP-1	119.7	112.5	89.01	16.67	1.46	12	603.8	2.16	1.29	27.17	16.27	2
YHP-2	106.8	107.8	234.8	18.4	1.39	9.87	1016	5.22	1.27	27.56	18.11	2.77
YHP-3	29.81	482.3	37.8	14.96	0.67	577.9	1.77	4.18	1.79	30.9	14.24	2.47
YHP-4	71.03	576.6	18.39	14.72	4.26	1244	1.79	4.72	1.61	52.47	16.27	2.41
YHP-5	35.7	522	20.9	15.58	1.25	1594	1.54	5.18	1.8	37.19	12.89	2.74
YHP-6	69.48	515.2	21.03	15.88	1.03	1613	1.83	5.05	1.72	48.19	11.69	2.41
YHP-7	68.08	463.5	35.95	16.57	1.21	1702	3.18	5.09	1.98	39.32	15.29	2.62
YHP-8	86.15	883.8	18.07	14.7	0.74	4185	2.88	4.52	1.82	53.7	12.69	2.18
YHP-9	63.69	516.1	26.9	14.89	0.57	2791	3.64	6.2	1.87	28.96	13.16	1.93
YHP-10	57.71	255.5	30.11	15.61	1.03	951.2	3.67	4.94	1.93	28.95	9.964	2.28
YHP-11	114.9	376.5	31.77	16.28	0.96	692.5	3.07	3.93	3.31	38.43	13.95	1.89
YHP-12	74	477	45.82	16.59	0.66	1499	2.49	5.31	2.53	35.43	15.32	2.95
YHP-13	44.11	223.1	17.29	13.8	0.84	1025	0.82	5.34	1.76	23.2	8.036	2.39
YHP-14	53.15	339.8	15.38	10.38	0.9	1530	1.78	3.51	1.11	45.97	6.494	1.97
YHP-15	83.35	535.5	48.15	17.3	2.26	1357	2.02	4.69	2.42	85.33	-0.038	0.11
YHP-16	104.5	355.4	18.32	13.57	2	1296	5.95	3.98	1.73	43.48	15.7	1.89
YHP-17	42.94	648.8	37.25	14.86	2.34	1006	1.2	4.24	1.87	36.78	11.43	2.03
YHP-18	88.08	838.3	65.24	15.09	1.95	3721	2.67	3.96	1.99	41.72	15.03	2.34
YHP-19	84.04	919.5	97.73	13.52	1.51	3287	4.46	4.28	1.73	34.49	12.58	1.8

续表

编号	Rb铷	Sr锶	Zr锆	Nb铌	Sb锑	Cs铯	Ba钡	Hf铪	Ta钽	Pb铅	Th钍	U铀
YHP-20	74.57	455.7	112.4	13.9	3.1	1271	2.63	4.44	1.8	32.68	12.05	1.82
YHP-21	80.29	591.4	117.7	19.38	1.62	3043	3.27	4.64	4.54	40.91	17.49	3.24
YHP-22	127.9	434.7	146.2	16.93	3.04	1489	8.64	6.65	3.33	81.42	21.62	2.87
YHP-23	83.91	510.1	162.6	20.19	1.2	2752	3.72	7.47	2.94	41.34	14.23	3.16
YHP-24	101.7	142.6	176.7	16.78	2.75	837.3	4.2	4.09	3.1	52.51	15.17	2.01
YHP-25	77.31	189.1	193.1	11.7	1.97	1900	3.08	3.5	1.71	19.1	8.59	1.75

附表3　禹会村遗址出土陶器微量元素分析结果（三）

编号	La镧	Ce铈	Pr镨	Nd钕	Sm钐	Eu铕	Gd钆	Tb铽	Dy镝	Ho钬	Er铒	Tm铥	Yb镱	Lu镥	Sc钪
YH-1	52.68	76.05	11.45	43.26	9.24	2.46	9.46	1.41	8.53	1.9	4.38	0.89	4.48	0.65	14.34
YH-3	54.29	82.97	12.41	45.83	9.57	2.95	8.91	1.33	7.57	1.65	3.77	0.78	4.33	0.75	19.14
YH-5	41.07	72.33	9.553	34.21	6.93	1.71	6.45	0.99	6.11	1.42	3.42	0.73	3.98	0.61	19.52
YH-11	64.69	98.3	14.96	55.53	11.7	3.38	10.8	1.69	9.25	1.99	4.54	0.92	4.83	0.72	21.6
YH-12	51.49	76.86	11.38	42.42	9.04	2.33	9.12	1.44	7.99	1.79	4.13	0.83	4.33	0.62	16.58
YH-24	45.73	79.42	10.57	38.53	8.11	2.3	7.75	1.25	7.12	1.6	3.73	0.78	4.2	0.68	16.49
YH-32	46.48	82.08	10.65	38.82	7.83	2.27	7.03	1.02	5.45	1.16	2.66	0.54	2.97	0.45	20.45
YH-36	43.88	70.42	10.53	39.04	8.19	1.91	7.79	1.11	6.66	1.48	3.46	0.69	3.69	0.51	14.36
YH-39	50.07	80.22	11.32	41.49	8.54	2.71	7.88	1.31	6.57	1.42	3.28	0.68	3.89	0.67	20.15
YHP-1	49.18	94.18	11.75	31.37	7.49	1.35	5.24	0.84	6.23	1.6	2.49	0.61	3.09	0.45	15.59
YHP-2	50.26	94.4	12.03	23.89	5.99	1.32	3.99	0.63	5.22	1.37	2.18	0.56	3	0.42	19.44
YHP-3	35.92	63.06	12.33	28.75	7	1.28	4.35	0.69	5.14	1.29	2.04	0.62	3.23	0.36	18.18

续表

编号	La镧	Ce铈	Pr镨	Nd钕	Sm钐	Eu铕	Gd钆	Tb铽	Dy镝	Ho钬	Er铒	Tm铥	Yb镱	Lu镥	Sc钪
YHP-4	38.52	97.81	12.59	33.39	7.84	1.62	4.83	0.72	5.44	1.42	2.17	0.68	3.52	0.4	23.17
YHP-5	26.38	35.5	9.441	37.01	9.03	2.66	5.64	0.85	6.73	1.68	2.55	0.6	3.3	0.37	15.14
YHP-6	34.8	64.08	11.55	28.67	6.65	1.18	4.05	0.67	4.74	1.23	1.93	0.56	2.97	0.34	18.44
YHP-7	40.22	75.89	13.51	28.4	7.29	1.31	4.51	0.75	5.8	1.51	2.35	0.63	3.22	0.39	21.77
YHP-8	43.5	96.93	14.97	11.44	2.6	0.5	2.09	0.29	2.38	0.64	0.99	0.7	3.81	0.47	20.05
YHP-9	34.04	52.5	11.61	32.03	7.93	1.52	6.05	0.95	7.55	1.98	3.07	0.53	2.84	0.34	20.36
YHP-10	28.6	56.9	11.1	24.93	6.33	1.17	4.17	0.61	5.23	1.33	2.08	0.65	3.34	0.37	14.17
YHP-11	13.75	51.89	4.737	26.75	6.32	1.47	4.18	0.54	4.47	1.11	1.73	0.29	1.49	0.16	11.88
YHP-12	37.04	90.18	12.84	33.96	7.59	1.39	-0.04	0.73	-0.05	-0.04	-0.03	0.84	4.39	0.51	30.26
YHP-13	28.17	43.25	9.85	34.47	8.31	1.58	6.15	0.8	6.97	1.77	2.73	0.56	2.96	0.34	8.632
YHP-14	30.64	56.43	10.71	16.85	3.99	0.81	3.58	0.35	3.62	0.91	1.47	0.47	2.67	0.32	9.084
YHP-15	47.27	187.1	14.54	25.39	5.95	1.65	4.81	0.51	4.98	1.25	1.97	-0.03	1.99	-0.02	28.46
YHP-16	40.52	87.2	13.91	34.6	7.99	2.03	5.14	0.67	5.47	1.37	2.17	0.72	3.77	0.41	23.34
YHP-17	20.14	55.98	6.758	22.48	5.55	1.13	3.59	0.55	4.67	1.25	2	0.4	2.24	0.24	6.549
YHP-18	30.38	35.08	10.32	40.57	9.16	2.22	5.78	0.75	6.24	1.59	2.47	0.53	3.01	0.36	13.14
YHP-19	41	75.93	13.99	23.58	5.33	1.23	4.14	0.51	4.45	1.15	1.84	0.59	3.24	0.39	22.46
YHP-20	26.02	40.65	9.061	50.43	10.6	2.5	6.46	0.79	6.14	1.53	2.42	0.55	2.96	0.33	14.54
YHP-21	52.09	101.9	16.86	23.78	4.77	0.82	3.64	0.42	3.27	0.82	1.34	0.68	3.56	0.43	19.79
YHP-22	32.25	149	9.991	27.54	6.61	1.61	3.88	0.52	4.63	1.19	1.84	0.51	2.95	0.33	23.59
YHP-23	68.88	152.4	21.46	38.8	10.63	2.5	6.46	0.79	6.14	1.53	2.42	0.63	3.41	0.4	15.97
YHP-24	35.29	141.3	10.41	18.29	4.77	0.82	3.64	0.42	3.27	0.82	1.34	0.37	2.07	0.23	19.41
YHP-25	31.21	48.24	11.06	21.18	6.61	1.61	3.88	0.52	4.63	1.19	1.84	0.51	2.74	0.31	12.17

第十一节 禹会村遗址出土泥质薄胎黑陶表面淀粉粒残留物分析*

姚 凌[1] 张居中[1] 杨玉璋[1] 董 珍[1] 崔 炜[1] 王吉怀[2]
（1. 中国科学技术大学科技史与科技考古系 2. 中国社会科学院考古研究所）

一、前 言

近二十年来，随着各学科领域基础研究的不断深入以及科研设备的日新月异，现代实验方法与技术手段取得了长足的进步，新兴的研究思路和检测方法也伴随着交叉学科的发展被带入到国际考古学研究领域，其中考古残留物的提取与分析在短短十数年间，也由最初被考古学家所关注，逐渐被广泛地应用于世界各地的考古遗址研究当中。其中，植物淀粉粒在植物种属分类学上的鉴定意义，也使其在继孢粉、植硅石之后成为植物考古学研究中重要的植物微体遗存证据。国际上，Piperno，Linda Perry，Torrence R，Huw Barton等人相继将植物淀粉粒分析方法应用于美洲、澳大利亚、东南亚以及太平洋诸岛的考古遗址研究之中，并取得了颇具影响力的科研成果①；在国内，刘莉、杨晓燕等课题组在对河南裴李岗遗址、浙江上山遗址与小黄山遗址、青海喇家遗址、浙江跨湖桥遗址、北京上宅遗址以及河北南庄头遗址等新石器时代早期遗址的

---

* 中国科学院战略性先导科技专项——应对气候变化的碳收支认证及相关问题（XDA05130503）资助项目.

① Piperno D R, Ranere A J, *et al*. Starch grains reveal early root crop horticulture in the Panamanian tropical forest. Nature, 2000, 407： 894-897; Piperno D R, Weiss E, et al. Processing of wild cereal grains in the Upper Palaeolithic revealed by starch grain analysis. Nature, 2004, 430： 670-673; Linda Perry, et al. Starch Fossils and the Domestication and Dispersal of Chili Peppers （Capsicum spp. L.） in the Americas, Science, 2007, 315： 986-988; Barton, H.,Torrence R, et al. Clues to Stone Tool Function Re-examined： Comparing Starch Grain Frequencies on Used and Unused Obsidian Artefacts.Journal of Archaeological Science, 1998, 25（12）： 1231-1238; Barton H.The case for rainforest foragers： The starch record at Niah Cave, Sarawak. Asian Perspectives, 2005, 44（1）： 56-72.

考古研究中，都成功地运用了植物淀粉分析方法①。除此之外，对于中国南北方分布的部分现代植物的淀粉粒形态学也做出了较为细致的基础研究工作②，为淀粉粒分析方法在中国考古学领域的应用发展奠定了基础。

植物是人类在地球上生产与生活中最重要的物质来源之一，而植物淀粉作为植物的主要营养组分之一，也是人类从植物体摄取能量的最主要介质。在人类利用植物的过程中，植物淀粉颗粒也伴随着人类的各种行为活动，残留并保存于人类所使用的各种类型的器物之上，随着历史的推移，被一同埋藏于考古遗址当中。在考古发掘过程中，除了肉眼可见的炭化植物遗存，同样可以借助显微观察设备发现诸如淀粉粒的植物微体遗存。由于植物淀粉作为营养物质的特殊性，其研究也往往与人类的食物来源和早期农业结构等问题有着密切的关联。实际上，植物淀粉粒所携带的考古学信息可能涉及任何与植物营养部位相接触的人类行为活动。

在中国，从早期人类社会直至历史时期，陶器一直是主要的生产生活用具，与先民生活有着密切的关系，尤其是在粮食的储存、取用、加工等方面，与植物营养部位的接触非常频繁，加之陶器表面无釉，多分布有细微空隙，这也就使得像植物淀粉粒这样的微米级颗粒有可能在器物使用过程中黏附于陶器内壁。一旦遗址被废弃，陶器或其碎片被深埋于土壤之中，进入这狭小空隙中的植物淀粉成分就可能被隔离在一个相对密闭的空间之内，经过数千年的埋藏，仍可得以完整地保存。当然，部分陶器作为炊器可能被用于植物的热加工，淀粉粒在这一过程中会被糊化而无法鉴定，但是因为加热不充分或不均匀等客观因素，其中，少量的淀粉还是可能被以较完整的形态保存下来；也有一些陶器，可能是作为盛器或是祭祀用品，与植物营养部位仅是常温下

---

① Li Liu, Judith Field, Richard Fullagar, et al. What did grinding stones grind? New light on Early Neolithic subsistence economy in the Middle Yellow RiverValley, China. Antiquity, 2010, 84： 816-833; 刘莉，玖迪丝·菲尔德，爱丽森·韦斯克珀夫，等. 全新世早期中国长江下游地区橡子和水稻的开发利用. 人类学学报，2010，29（3）： 317-336；Lu H Y, Yang X Y, Ye M L, et al. Millet noodles in Late Neolithic China. Nature, 2005, 437： 967-968；杨晓燕，蒋乐平. 淀粉粒分析揭示浙江跨湖桥遗址人类的食物构成. 科学通报，2010，55（7）：596-602；杨晓燕，郁金城，吕厚远，等. 北京平谷上宅遗址磨盘磨棒功能分析：来自植物淀粉粒的证据. 中国科学D辑：地球科学，2009，39（9）：1266-1273；Yang X Y,Wan Z W, Perry L, Lu H Y, Wang Q, *et al*. Early millet use in northern China. Proc Natl Acad Sci USA, 2012, 109： 3726-3730.

② 杨晓燕，孔昭宸，刘长江，等. 中国北方主要坚果类淀粉粒形态对比. 第四纪研究，2009，29（1）： 153-158；杨晓燕，孔昭宸，刘长江，等. 中国北方现代粟、黍及野生近缘种的淀粉粒形态数据分析. 第四纪研究，2010，30（2）：364-371；Yang X, et al. From the modern to the archaeological: Starch grains from millets and their wild relatives in China. J Archaeol Sci, 2012, 39： 247-254; Wan Z, Yang X, Ge Q, Jiang M. Morphological characteristics of starch grains of root and tuber plants in south China. QuaternarySciences, 2011, 31： 736-744；葛威，刘莉，金正耀. 几种禾本科植物淀粉粒形态比较及其考古学意义. 第四纪研究，2010，30（2）：377-384.

的接触，在这种情况下，陶器所接触过的植物信息便可能经由残留于其内壁的植物淀粉粒所携带，在考古研究中被鉴定发现。本文选定部分出土陶器碎片作为淀粉粒残留物分析中的研究对象，正是基于这一理论设想。

二、遗址背景介绍

禹会村遗址位于安徽省蚌埠市西郊涂山南麓的淮河东岸（图二一三），是分布于淮河主河道最近的一处龙山时代遗址，发现于1980年。2007年4月，由中国社会科学院考古研究所王吉怀研究员主持，对禹会村遗址进行考古发掘，截至2011年春季共经历了5次大规模发掘。发掘过程中，发现有2000多平方米的祭祀台基，不同类型的祭祀坑、祭祀沟、灰坑、灰沟以及大型简易式工棚建筑等多处遗迹①。2011年的发掘还发现了一处大型人工取土坑，推测可能与当时的建筑用土和制陶用土有直接关系。除此之外，在遗址遗迹单位内，还出土了大量具有龙山时代文化特征的石器和陶器，其中陶器主要包括有夹砂陶和泥质陶两大类，夹砂陶常见器形有假腹簋、罐、鼎、盆、壶、盘。除壶之外，其他器形陶胎厚，陶质酥松，制作粗糙，有些器形清理后却无法起取，显然不具备生活中的实用功能。部分泥质陶陶胎很薄，制作工序复杂，可能具有礼器的性质②。根据禹会村遗址2006ABYT1 中采集的木炭标本，经中国社会科学院考古研究所^{14}C实验室测试，禹会村遗址的最早年代为（半衰期5568）：距今3822年±40

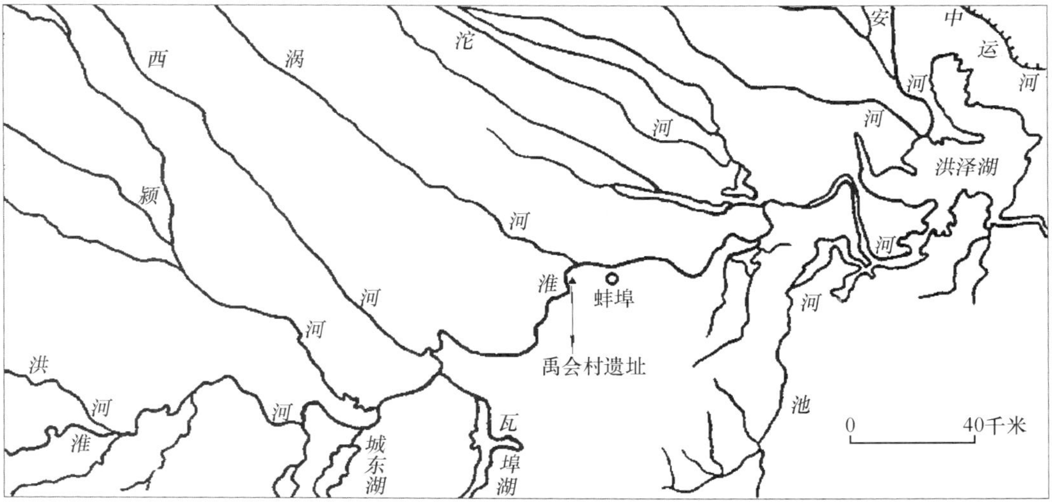

图二一三　禹会村遗址地理位置示意图

① 钱仁发，王吉怀. 从禹会遗址的考古资料看淮河中游地区文明化进程，东南文化，2012（3）：40-46.

② 张莉，赵兰会，王吉怀. 禹会遗址2010年春季发掘的新收获，中国文物报，2010年10月8日第4版.

年（公元前1872年±40年）， 树轮校正年代：公元前2350～（68.2%）前2190年[①]。禹会村遗址的文化内涵，既具有中原龙山时代的因素，又有黄河下游典型龙山文化的多种因素，同时也具有本地区特点，因而形成了淮河流域龙山时代文化的独特面貌[②]。

三、材料与方法

本研究中所选取的取样对象均为禹会村遗址出土的泥质薄胎黑陶片，分别来自遗址中的6个遗迹单位，其中JSK2陶片4片、JSK4陶片3片，T2036H51陶片5片、H49陶片2片、HG4（F）陶片2片以及T2025陶片1片（图二一四）。根据陶片的形状判断，应包含有器物的口沿、腹部或底部，因均有缺失，故无法修复为整器，具体器形无法判断。依据测量观察，陶片厚度均在2～3毫米，表面积都在4厘米×4厘米左右或以下，色黑，质地致密坚硬，外壁较内壁光滑。综合各种情况考虑，取其中一片进行试验，发现可以直接利用超声波清洗仪对其进行超声清洗，从而对陶片表面的残留物质进行

图二一四　禹会村遗址出土的泥质薄胎黑陶片

① 王吉怀.“大禹治水”之“禹会诸侯”考，蚌埠学院学报，2012，1（1）：108-115.
② 王吉怀，赵兰会.禹会村遗址的发掘收获及学术意义，东南文化，2008，（1）：20-25.

提取，同时对陶片本身并不会造成粉碎性伤害。在取样之前剥离部分陶片外壁上附着的土壤作为阴性对照之用，同时按照取样所用试剂设置空白对照，以确保实验过程中未引入污染。

所有陶片表面残留物取样过程如下：①对用于盛放陶片进行样品提取的烧杯高温蒸煮，各陶片所用烧杯不交叉使用。②将陶片内壁向下，用不锈钢镊子小心地夹入烧杯底部平放。③沿烧杯壁加入少量的反渗透水。水面与内壁接触或稍高即可，勿使水面完全覆盖陶片。④将烧杯放入已加入适量水的小型超声清洗仪中，超声清洗10分钟。⑤清洗完毕后用镊子小心夹出陶片，将烧杯内剩余悬浊液倒入15mL离心管中等候下一步对其中的植物淀粉粒进行提取。实验中所设置的阴性对照样品和空白对照样品按照同样过程进行超声清洗，并收集。

对陶片表面进行超声清洗过的样品观察发现，样品中肉眼可见的悬浮颗粒并不多，稍微静置后，上层液面较为澄清透明，背景值不高。故认为在对样品进行前处理时可减少不必要的化学试剂使用，仅使用六偏磷酸钠溶液对样品作抗絮凝处理即可。具体实验提取步骤如下：①将所有样品稀释至10mL，3000rpm离心15分钟，倒出上清。②向各管中加入5%六偏磷酸钠溶液至10mL，充分摇匀，将离心管放入水平振荡器中振荡摇匀3小时。③将各离心管放入离心机中。3000rpm离心10分钟，倒出上清。④各管加入反渗透水3000rpm离心10分钟，重复2次。⑤清洗完毕后，加入3mL比重为2.0的氯化铯重液对样品中的淀粉粒进行重液提取，1200rpm离心8分钟，收集上清。⑥将各管所收集上清用反渗透水稀释至15mL，3000rpm离心15分钟离心清洗3次，最后收集去除重液后的沉淀物制片观察。⑦光学制片，使用25%的甘油作为制片剂，中性树胶封片。实验中阴性对照样品及空白对照样品按照相同的实验过程进行提取处理。

四、结果与分析

本实验中，所有样品的光学制片均利用蔡司偏光显微镜Axio Scope A1 pol进行光学观察及形态学鉴定。首先在阴性对照样品与空白对照样品的光学制片中未发现有类似植物淀粉颗粒存在，则基本可以排除陶片内壁样品提取物中存在污染的可能性。最后，在对陶片内壁提取样品的显微观察过程中，共发现具有明显十字消光特性且表面形态特征相符的植物淀粉颗粒838粒。对比本实验室内已有现代植物淀粉粒形态学数据，以及刘莉、杨晓燕等人已发表有关现代植物淀粉粒形态学对比分析的科研论文成果[①]，共将所观察到的植物淀粉颗粒分为六个类型，其中包括粟属、薏苡属、小麦族、稻族、山药以及豇豆属类型淀粉颗粒，另有部分植物淀粉颗粒因尚缺乏相关现代数据而未能鉴定出其种属来源。对各样品中植物淀粉粒进行数量分类统计，结果如表五〇所示。

表五〇　禹会村遗址出土泥质薄胎黑陶表面残留物样品中的植物淀粉粒数量及分类

遗迹单位编号/陶片数量	粟类型	薏苡属类型	小麦族类型	稻族类型	山药类型	豇豆属类型	其他类型	合计
JSK2/4	211	59	65	7	21	6	18	387
JSK4/3	90	39	9	15	14		13	180
H51/5	73	38	31	7	5	2	3	159
H49/2	23	5	8		3	2	2	43
HG4（F）/2	22	7	22		4		3	58
T2025/1			11					11
合计	419	148	146	29	47	10	39	838

样品中植物淀粉粒分类鉴定的原则主要依据为颗粒的显微形态学特征（图二一五），首先将形态近似的归为一类，然后对比现代植物淀粉粒的显微观察照片（图二一六），这里特别要注意具有典型种属特征的淀粉粒形态，进而将所分类型对应于与其形态近似的现代植物淀粉粒。然后通过古现代淀粉颗粒粒径的测量统计数据对分类结果进行校对验证（图二一七），并最终鉴定出各类型植物淀粉粒可能的植物种属来源。以下对样品中各类型植物淀粉粒的形态观察结果以及鉴定依据做简要的分析与说明：

（1）粟属淀粉颗粒，显微镜下观察，如图二一五中a a'所示，该类型颗粒外形上基本都呈现多面体形，部分偏圆；颗粒中部在脐点位置处多表现为凹陷或有星形的裂隙；颗粒分布状态多见单颗游离，也有一些是多粒聚集，聚集体的边缘有明显颗粒剥离痕迹，应是在淀粉体被膜解体后由于颗粒间结合不够致密而分散导致；偏光下观察，这一

---

① 杨晓燕，孔昭宸，刘长江，等. 中国北方主要坚果类淀粉粒形态对比. 第四纪研究，2009，29（1）：153-158；杨晓燕，孔昭宸，刘长江，等. 中国北方现代粟、黍及野生近缘种的淀粉粒形态数据分析. 第四纪研究，2010，30（2）：364-371；Yang X, *et al*. From the modern to the archaeological: Starch grains from millets and their wild relatives in China. J Archaeol Sci, 2012, 39：247-254; Wan Z, Yang X, Ge Q, Jiang M. Morphological characteristics of starch grains of root and tuber plants in south China. QuaternarySciences, 2011, 31：736-744; 葛威，刘莉，金正耀. 几种禾本科植物淀粉粒形态比较及其考古学意义. 第四纪研究，2010，30（2）：377-384.

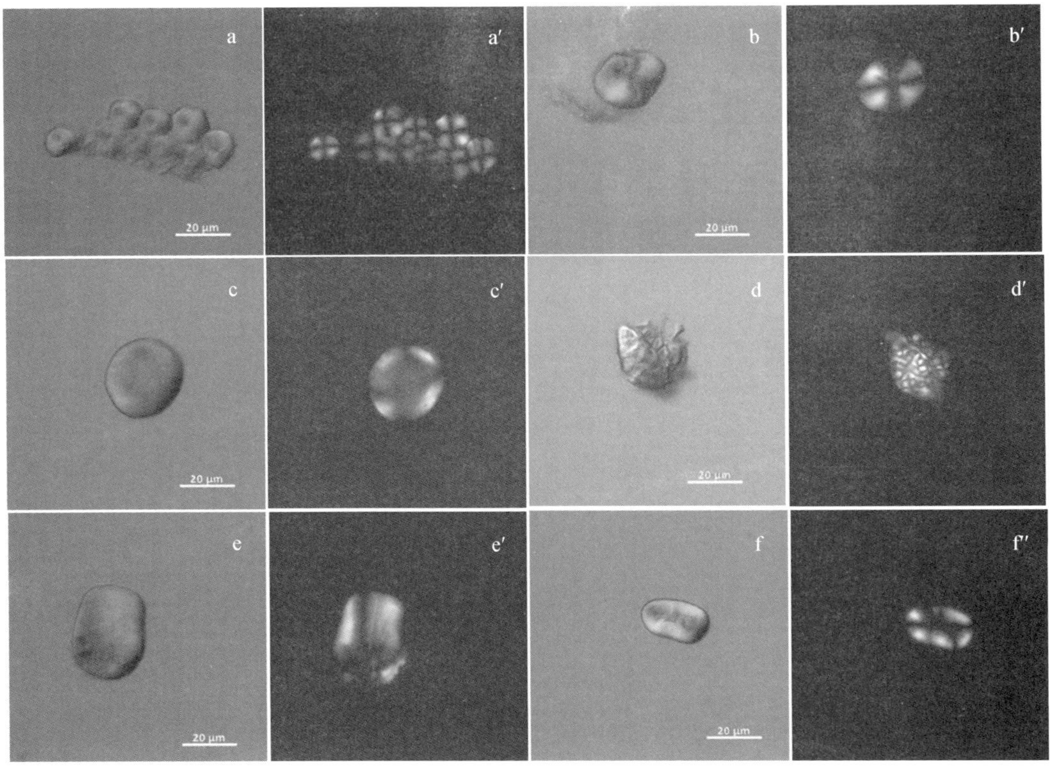

图二一五　出土陶片表面提取样品中所观察到的植物淀粉颗粒
aa’粟类型（H51）；bb’薏苡属类型（H51）；cc’小麦族类型（T2025）；dd’稻族类型（JSK4）；
ee’山药类型（JSK4）；ff’豇豆属类型（JSK2）

类型颗粒的十字消光臂均表现为垂直交叉形态。经与现代植物淀粉粒进行对比发现，与粟的植物淀粉颗粒形态上最为契合，如图二一六中a a’所示。再结合其粒径的分布范围在7.46～20.52μm，与本实验室所测量粟的淀粉粒粒径分布区间5.77～19.77μm较为接近，故鉴定该类型淀粉为粟类型，其种属来源是粟的可能性较大。

（2）薏苡属类型淀粉颗粒，如图二一五中b b’所示，该类型淀粉颗粒外形上较粟类型更显饱满，多为多面体形，但边缘更为圆滑；多数颗粒中部脐点的位置有“一”字形短裂隙，也有部分颗粒为“T”形，颗粒旋转后两种裂隙形态有时会发生转换，但并不具有粟类型淀粉脐点处的凹陷特征；颗粒分布状态主要为单粒出现，本实验样品中未见此类淀粉多粒聚集出现；偏光下观察，十字消光臂表现为垂直交叉形态，趋向边缘处多见扭曲。与现代植物淀粉粒进行对比发现，其单粒特征与薏苡的植物淀粉粒形态最为接近，如图二一六中b b’所示。经测量，该类型淀粉颗粒的粒径分布范围为12.11～25.85μm，这与所测量现代薏苡淀粉粒的粒径分布区间5.1～24.96μm有较大的重合区间，鉴于此，将此类多面体淀粉颗粒鉴定为薏苡属类型，认为其种属来源为薏苡

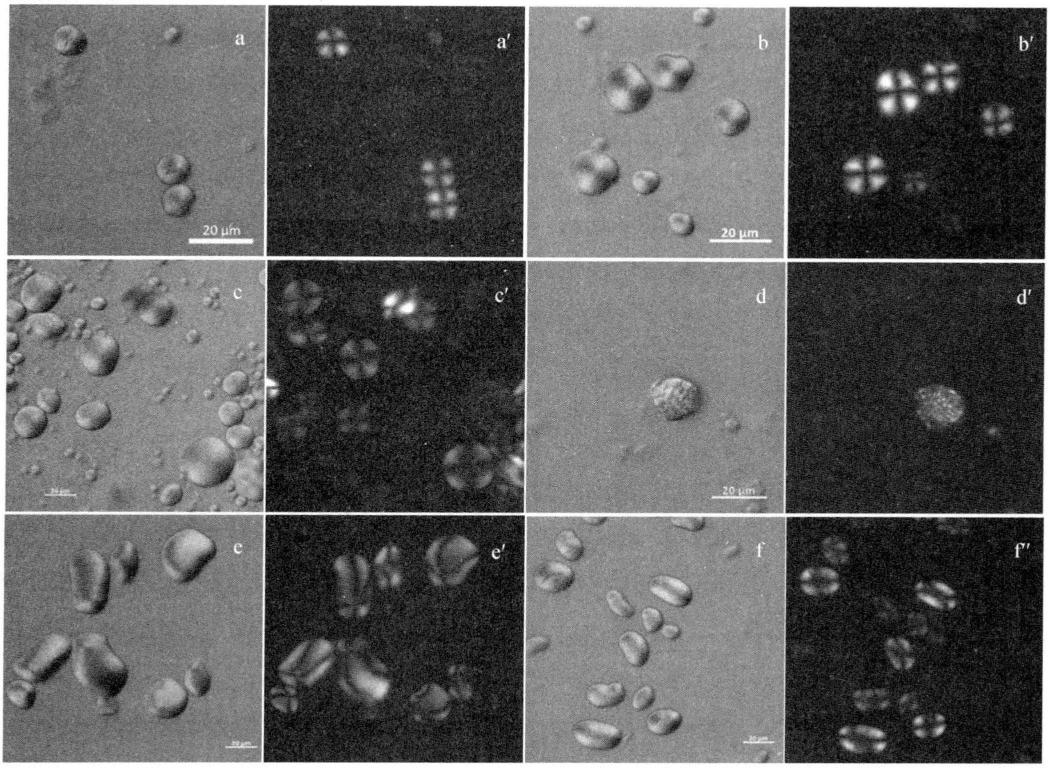

图二一六　显微镜下观察到的现代植物淀粉颗粒

aa’粟；bb’薏苡；cc’小麦；dd’东北大米；ee’山药；ff’绿豆

的可能性较大。

（3）小麦族类型淀粉颗粒，如图二一五中c c’所示，该类型淀粉颗粒外形上表现为卵圆形或近圆形，轻轻敲动，使颗粒旋转后二维形态呈现出梭形；颗粒中部位置脐点闭合，有些可以隐约见到环绕脐点的层纹由中心处扩散开；颗粒分布状态主要为单粒；偏光下十字消光臂呈“X”形交叉。在对这一类型淀粉颗粒的观察中，发现在样品中同时存在着粒径在10μm左右或是更小的圆形或卵圆形淀粉颗粒，并多见成团出现，且数量较多。这一情况恰与现代植物中的小麦及小麦族淀粉粒颇为相似：如图二一六中c c’所示，小麦淀粉粒的生长因为淀粉体膜的缩溢会有单粒生长和复粒生长两种情况，因此其淀粉颗粒也包括粒径较大的和粒径较小的两种形态。通过粒径测量，这类大小两种粒径的淀粉颗粒分布在8.02～35.07μm范围内，而实验中对现代小麦淀粉粒的粒径测量其分布区间为6.39～34.62μm，两者具有广泛的重合区域，因为小麦淀粉粒与同族植物的淀粉粒也具有较大的相似性，故将该类型淀粉鉴定为小麦族类型淀粉颗粒，其种属来源为小麦或小麦族植物的可能性较大。

（4）稻族类型淀粉颗粒，如图二一五中d d’所示，该类型淀粉颗粒出现得并不

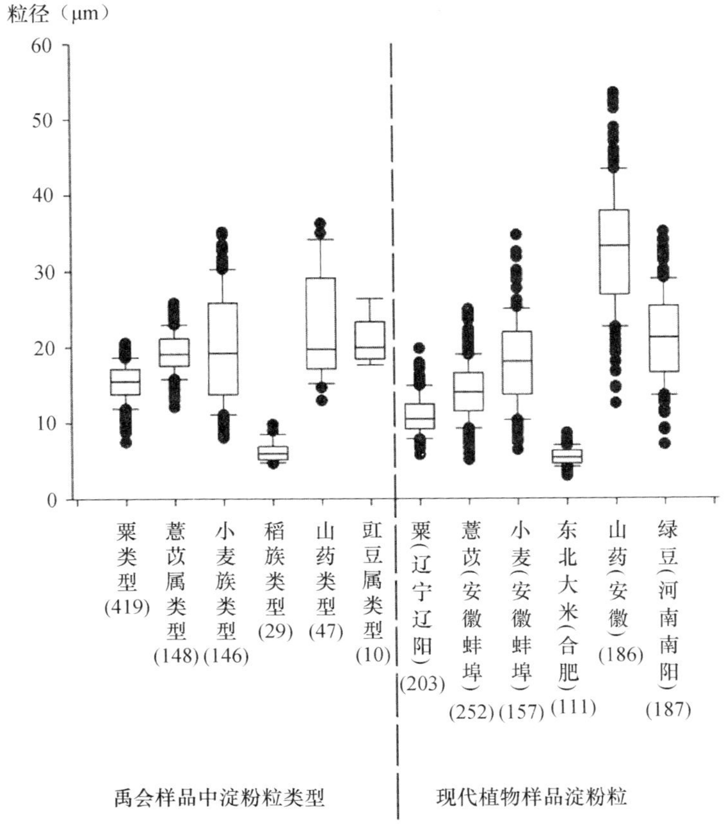

图二一七　古现代样品中植物淀粉颗粒的粒径统计箱线图

多，仅在三件样品中观察到，其形态特征也很特殊，单个颗粒外形上也表现为多面体，但边缘更为锐利；在本次实验样品中仅观察到呈团聚集分布，并且聚集体表现出良好的整体性；在十字消光下单个颗粒具有锐利的“X”形十字消光臂。对比现代植物淀粉粒，与水稻淀粉的淀粉体结构十分相近，如图二一六中d d’所示。因为水稻淀粉粒复粒生长过程中，淀粉体各颗粒间结合致密，因此淀粉体成熟后虽然淀粉体被膜解体，但其淀粉体形态仍可能得以维持。对此类型淀粉粒的粒径进行测量，其粒径分布在4.67～9.67μm，而对现代粳稻东北大米的淀粉粒径测量值为5.99～8.63μm，考虑到小粒径测量中的误差，认为两者的粒径范围基本吻合。由于水稻淀粉粒与同族植物如菰米的淀粉粒在形态粒径上都比较接近，故鉴定其为稻族类型植物淀粉粒，其种属来源是否为水稻可与植物硅酸体或大植物遗存证据进行对照分析。

（5）山药类型淀粉粒，如图二一五中e e’所示，该类型淀粉颗粒均为偏心类型，即脐点位置偏向颗粒一端，形状为椭圆形或矩圆形，加装DIC即微分干涉相差镜片观察，其层纹由脐点处向远端逐层扩散，间距逐渐扩大，非常明显。正交偏光下其消光臂交汇于颗粒一端，呈“X”形。对比现代植物淀粉粒，与常见的块茎植物山药的淀粉粒形态具有较大相似性，如图二一六中e e'所示。对其粒径进行测量统计，为12.95～36.19μm，处于现代植物山药粒径测量的12.53～53.36μm分布区间内，故鉴定其为山药类型淀粉粒，其种属应为块根块茎类植物，来源于山药的可能性较大。

（6）豇豆属类型淀粉粒，如图二一五中f f'所示，样品中该类型淀粉颗粒外形上多为肾形或扁卵形；颗粒表面贯穿有开放型长裂隙；正交偏光下消光臂有长“X”形和扁“十”字形；此类型淀粉颗粒特征比较明显，在现代植物淀粉中，与绿豆等豇豆属植物的淀粉颗粒形态相互吻合，如图二一六中f f'所示。因为本次实验样品中所观察到的颗粒数量有限，测其粒径为17.59～36.37μm，基本符合所测豇豆属植物绿豆的淀粉粒粒径7.09～35.01μm的分布范围。综上分析，将该类淀粉颗粒鉴定为豇豆属类型淀粉粒，其种属来源应为豇豆属植物，绿豆来源的可能性较大。

五、讨论与结论

本项研究通过对选取的17片泥质薄胎黑陶片内壁采集样品的淀粉粒残留物分析，显微镜下共观察到了838粒植物淀粉颗粒，经与现代植物淀粉粒的形态学对比，鉴定其包含有粟、薏苡、小麦族、水稻族、山药以及豇豆属六种类型的植物淀粉颗粒。

就淀粉粒分析方法的局限性而言，这里并不排除可能来源为以上几种植物或其亲缘种属的可能性。然而，结合中国社会科学院考古研究所尹达等人在对禹会村遗址出土大植物遗存所进行的浮选工作，因其已经发现有水稻、小麦、粟以及豆科植物的炭化种子，故可以基本确定禹会村遗址出土的泥质薄胎黑陶片在其先民使用过程中可能与这几种植物有过接触。

薏苡被中国先民所采食的历史也很悠久，浙江上山、跨湖桥、河姆渡等新石器时代早、中期遗址的发掘研究中都曾发现有薏苡的存在①。时至今日，薏苡这种植物在禹会村遗址附近的地区仍分布较多，蚌埠禹会村当地的妇女在农闲之时经常会利用采摘到的薏苡果实加工成串作为首饰，故而在禹会村遗址出土的薄胎黑陶表面发现有薏苡淀粉颗粒的存在，说明薏苡可能早在龙山时代已被这里的先民所利用。

山药作为中国原产的块茎类草本植物，分布很广，多见于山谷杂木及灌木草丛之中，既可作为主粮亦可作为蔬菜或入药，在对安徽濉溪石山子遗址的淀粉粒分析中也发现了较为丰富的山药类型淀粉粒，因此推测山药在安徽地区早期农业生活中可能也

① 刘莉，玖迪丝·菲尔德，爱丽森·韦斯克珀夫，等. 全新世早期中国长江下游地区橡子和水稻的开发利用. 人类学学报，2010，29（3）：317-336；杨晓燕，蒋乐平. 淀粉粒分析揭示浙江跨湖桥遗址人类的食物构成. 科学通报，2010，55（7）：596-602；河姆渡遗址考古队. 浙江河姆渡遗址第二期发掘的主要收获. 文物，1980（5）.

是人们广泛利用的野生植物之一。

综上所述，再结合禹会村遗址所处年代为龙山时代，在年代较早和与其接近的周边遗址研究中，均已发现了以上几种植物的大遗存或相关的淀粉粒研究证据，故而认为，实验过程中所提取到并经鉴定的六种类型淀粉颗粒应较为准确地反映了与泥质薄胎黑陶这类陶器使用相关的植物种属信息。

在基本确定淀粉粒分析结果所反映的植物种属信息之后，我们可以结合样品中不同淀粉粒的保存状况与数量组成，对植物与器物之间的潜在关系以及与人类行为活动之间的内在联系进行推测和讨论。首先，在显微镜下对淀粉粒提取物的观察过程中，我们注意到，禹会村样品中的植物淀粉粒相比之前所做过的新石器早期遗址出土的石器、陶器样品上的淀粉颗粒保存的状况要好很多，未见有糊化的淀粉颗粒，在正交偏光下观察，十字消光臂都非常清晰。另外值得注意的是，在实际接触面积都不超过4厘米×4厘米的17片陶器碎片上，发现总计800多粒淀粉，当然如果是现代器物，这个量绝对是微乎其微的，但是相比之前我们在国内其他遗址所做的淀粉粒分析，仅仅是这样小的碎陶片，其单位面积上的淀粉粒数量应该算是比较丰富的了。据此推断，这类陶器中的植物淀粉颗粒很可能并未受到过热损伤，与器物之间仅仅是常温接触，通俗而言，泥质薄胎黑陶所制成的陶器应为盛装之用，而非煮炊烹饪之用。在禹会村遗址发掘中所发现的泥质薄胎陶，制作工序复杂，可能具有礼器的性质，那么这样便可以从另一个方面解释为什么这批碎陶片上的淀粉粒可以保存较好的原因。虽然所取样的陶片量有限，但是值得注意的是7片来自祭祀坑的陶片上所发现淀粉粒的绝对数量为567粒，而其余10片来自灰坑和探方中的陶片表面发现的淀粉粒绝对数量之和为271粒，抛开3个灰坑中的陶片，在T2025出土的黑陶陶片上仅11粒小麦族类型的淀粉颗粒，不妨假设，会否泥质薄胎黑陶质地的器物是专为在祭祀过程中用以盛放粮食祭品的呢？

对禹会村遗址出土的泥质薄胎黑陶表面所提取到的植物淀粉的种类和数量进行分析时，我们发现，从淀粉粒的绝对数量上看，粟占有绝对优势，小麦和薏苡的淀粉数量也较多，山药、水稻、豇豆属淀粉粒的数量较少，如图二一八所示。尽管从目前的取样量来看，淀粉粒的绝对数量并不能准确反映出各类植物与泥质黑陶器物接触的频繁程度以及选择优势，但是至少可以说明，作为北方旱作植物的粟①与泥质黑陶器物接触几率较大。前面已经提到，禹会村遗址的文化内涵，兼有中原龙山时代文化以及黄河下游典型龙山文化等多地特点，同时在禹会村遗址的发掘中并未发现有大规模完整

---

① Xin yi Liu, Martin K. Jones, Zhi jun Zhao *et al*. The Earliest Evidence of Millet as a Staple Crop: New Light on Neolithic Foodways in North China. American Journal of Physical Anthropology, 2012, 149: 283-290.

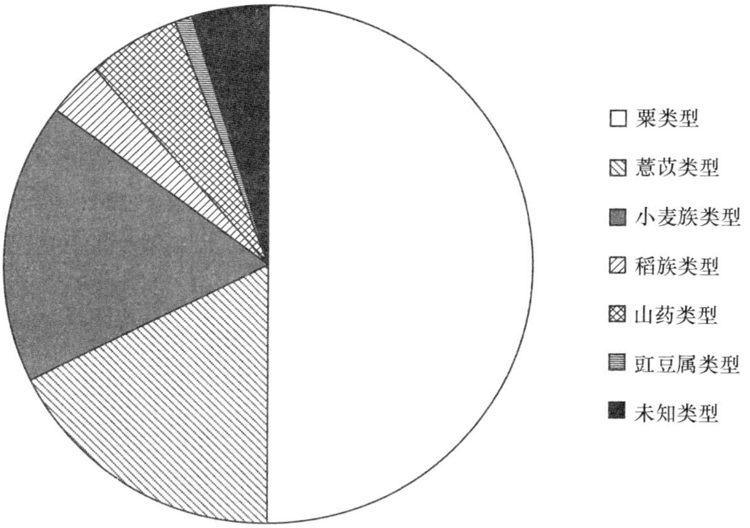

图二一八　禹会村样品中各类型植物淀粉粒绝对数量比例关系

的陶器制作场所，那么像泥质薄胎黑陶这种表面打磨光滑、器形规整、火候较高的陶器就有可能不是在禹会村加工制作，而是由外来的北方部落先民带入，那么随之而带来的可能还有饮食习惯以及祭祀习惯。对禹会村遗址ABYT2004探方剖面的多环境代用指标分析发现，在距今4500～4100年这个年代区间，禹会村遗址的出现与消失和淮河流域气候因素中的降水有很大的关系，在距今4600～4500年和距今4100年期间该地区发生过急剧的气候变化，指标显示这两个时期气候湿润，降雨量明显增加，导致淮河流域洪水泛滥成灾①。洪水可能就和禹会村遗址的祭祀活动有密切联系，那么，由北方龙山时代的先民携带着祭祀用的器具以及粮食聚集于此这一假设，或许就可解释为什么北方旱作农业的粟的淀粉粒在禹会村出土的泥质薄胎黑陶表面占有数量上的优势了。

致谢：感谢中国社会科学院考古研究所王吉怀老师以及蚌埠市博物馆在本研究取样工作中给予的支持与帮助，同时感谢中国社会科学院陈星灿老师、美国斯坦福大学刘莉老师以及中国社会科学院河南洛阳考古工作站为本研究工作提供的显微镜观察设备与实验室条件。

① 张广胜，朱诚，王吉怀，等. 安徽蚌埠禹会村遗址4.5-4.0 ka Bp龙山文化的环境考古，地理学报，2009，64（7）：817-827.

第十二节　禹会村遗址陶片矿物组成和化学成分的初步分析结果*

范安川[1]　金正耀[1]　河西学[2]　铃木稔[2]　王吉怀[3]　阎立峰[1]

（1. 中国科学技术大学科技考古实验室　2. 日本帝京大学
3. 中国社会科学院考古研究所）

一、前　　言

禹会村遗址位于蚌埠市西郊涂山旁。据古籍记载，这里是大禹治水时与诸侯集会的地点："禹会诸侯于涂山，执玉帛者万国"（《左传·哀公七年》）。"夏之兴也以涂山"（《史记》）。2007年，禹会村遗址被列为中国古代文明探源工程的重大科研项目，并于2007～2011年由中国社会科学院考古研究所主持发掘。经过五次总面积约50万平方米的规模性发掘，已经发现我国目前最大型的祭祀台基、祭祀沟、不同类型的祭祀坑、大型简易式工棚建筑以及反映不同地区文化风格的多种陶器①。遗址的发掘不仅填补了龙山文化研究的地域空白，而且对于研究中国古代两大文化体系——北方黄河流域和南方长江流域的文化在淮河地区的碰撞与交融过程有着重要的价值。根据遗址的文化特征和木炭标本的^{14}C年代（公元前2350～前2190年），禹会村遗址处于龙山时代晚期②。这个时期的区域性文化在各自地区发展的同时，活动范围逐渐扩大，与周边文化的交流增多。北方地区的山东龙山文化、河南龙山文化的南下和南方地区崧泽文化、良渚文化的北上，在江淮地区的地理分布上形成了交错复杂的现象③。这种多文化融汇的现象也反映在禹会村中出土陶器之中。基于出土陶器的器形特征，目前已在禹会村遗址中找到了与山东历城龙山镇、河南王油坊、上海松江广富林及江苏

* 本研究得到国家自然科学基金（项目编号41073004）支持.

① 王吉怀，赵兰会. 禹会村遗址的发掘收获及学术意义. 东南文化, 2008, 201（1）： 20-25；张莉，赵兰会，王吉怀. 禹会遗址2009-2010年发掘的新收获和对相关问题的思考. 中国社会科学院古代文明研究中心通讯，2010,（20）.

② 张广胜，朱诚，王吉怀，等. 安徽蚌埠禹会村遗址4.5-4.0 ka BP龙山文化的环境考古. 地理学报，2009，64（7）：817-827.

③ 王吉怀. 解读禹会村（上）. 中国文物报，2010年1月29日三版；王吉怀. 解读禹会村（下）. 中国文物报，2010年2月12日三版.

兴化南荡、高邮周邶墩、南京牛头岗等遗址有着相同或类似的形态特征的多种陶器①。这些具有不同地域造型特征的陶器，是不同文化在某个时空点上的工艺交汇（产地相同），抑或是器物的流通（产地不同）？解决这些问题，陶器产地的研究是关键。

陶器产地的研究主要是根据由陶土到陶器的烧制过程中主要化学成分不变的原理②，通过测定特定遗址古陶器的结构和成分特征，并与可能来源的陶器测量结果相比较，以推断其对应的产地。各个考古遗址出土陶器的理化特征研究，不仅是为了深入了解古代陶器的材料性质，准确划分陶器的类型和来源，更可以帮助我们探寻其背后包含的工艺交流和文化传播等重要的考古信息。禹会村遗址出土了多种具有不同地域文化造型特征的陶器。根据我们对烧制温度的初步测试结果，这些陶器多数为低温陶③，可以保存陶土中原有的大部分矿物晶体结构。本文采用了扫描电镜能谱分析结合矿物偏光显微分析的方法，对禹会村陶器的矿物组成特征和化学成分进行了初步研究。

二、研究方法

陶片及土壤样品的矿物组成采用地质学上常用的偏光显微镜薄片统计法，由日本帝京大学文化财研究所河西学完成。根据已经在中国科学技术大学完成的热膨胀实验结果，禹会村陶器以低温陶为主，烧制温度在550～700℃。陶器中的大部分矿物，包括石英、长石和云母等矿物不会发生变化，可以通过偏光显微镜来研究陶器的矿物组成。研究的陶片及土壤样品见表五一。制备薄片时先将陶器样品切割为4厘米×2.5厘米大小，剩余样品保存备用。切片样品用环氧树脂浸泡加固后沿垂直断面切为厚约3毫米的薄片，土壤样品的制备方式与陶器薄片相同。利用氢氟酸蒸汽蚀刻后再用染色剂——亚硝酸钴钠$Na_3Co(NO_2)_6$的饱和溶液将钾长石染为黄色。采用以下方法对矿物进行统计：在偏光显微镜下，用一个方格网点计数器鉴定出现于显微镜视野中的矿物种类。而后移动载物台，长边方向0.4毫米，短边方向0.3毫米，共测2000个点，统计各种矿物出现次数。岩石矿物颗粒的认定标准为直径0.05毫米以上的颗粒。

陶片样品的微观结构特征观察和照片拍摄在中国科学技术大学微尺度中心的SSX-550型扫描电子显微镜上完成，并结合SEDX-550型能谱仪进行微区成分分析，在获得所需陶器局部显微结构图像的同时得到不同元素的空间分布。扫描电子显微镜的特点是可以获得放大倍率高的显微结构，景深大，不需要平整的样品。配合能谱可以

① 王吉怀. 江淮之间地区区域性聚落考古研究的新进展——禹会村遗址发掘的学术意义. 中国社会科学院古代文明研究中心通讯，2008，（15）：13-16.

② 陈铁梅，王建平. 古陶瓷的成分测定，数据处理和考古解释. 文物保护与考古科学，2003，15（4）：50-56.

③ 王犂. 禹会遗址出土陶器烧成温度研究. 中国科学技术大学硕士论文，2012.

表五一　禹会村遗址陶片及土壤岩相分析样品描述

实验室编号	出土编号	器物名称	颜色	材质	特点	颜色	描述	取样部位
ZY-4052	JSK5	器盖残片	灰陶	夹砂陶	夹杂较多石英颗粒	暗灰色	质地坚硬，含有中颗粒至粗颗粒砂，磨圆度一般。主要由石英、长石等花岗岩类矿物组成。可见铁质矿物熔融的黑色斑点，表明烧成温度较高	口缘
ZY-4053	JSK3	缶残片	黑陶	夹炭陶	壁厚	黑色	通体为黑色。可见植物残余，表面有植物组织压痕和部分黄褐色植物残体，有待显微镜下进行确认。陶片含砂极少，主要为泥质块体，内部构造特殊	主体
ZY-4054	H44	缶残片	灰陶	泥质陶	外层青白色，中间为青灰色	内外表面为黄色，中层为灰色	细粒，坚硬。可见球状黑色熔融斑点，表明烧制温度高	主体
ZY-4056	H45	缶残片	红陶	夹砂陶	暗红色，气孔多	暗红色	样品全体分布有高温烧制而形成的气泡。空隙内有粗颗粒砂，表面为玻璃光泽，主要由石英、长石等花岗岩类矿物组成。可见黑色和红色的熔融斑点	口缘
ZY-4058	JSK2②	鼎足	红陶	夹砂陶	河南龙山文化特点	褐色	主要夹中粒到粗粒的砂，磨圆度差，主要有石英、长石、黑云母等矿物	足部
ZY-4059	JSK3	鼎足	红陶	泥质陶	山东龙山文化特点	表面褐色，内部灰色	材质较软。以泥质为主，夹少量砂，磨圆度较好。可见植物体遗存和小的压痕	口缘
土壤							当地所取土壤	

对样品局部进行元素分析，以确定物质的化学组成。对每个样品根据其镜下观察的均匀性，至少选取3个区域进行面扫描分析，取平均值作为该样品的成分。经过条件实验，测量时使用激发电压15kV，计数时间为60秒，可以有效测出C、O、Si、Al、Na、Mg、Ca、K、Fe等陶片含有的主要元素（图二一九）。

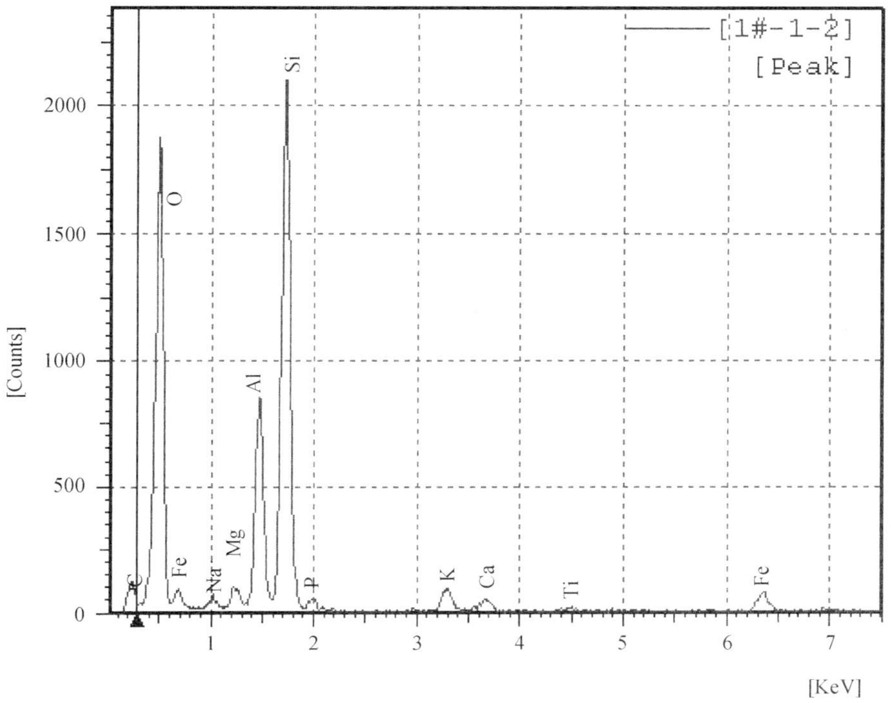

图二一九　禹会村遗址陶片扫描电镜能谱结果（ZY-4071，×23）

三、陶片及土壤样品的偏光矿物分析结果

根据偏光显微镜下观察统计的结果（图二二〇；表五二），大多数陶器（ZY-4052、ZY-4056、ZY-4058、ZY-4059）主要由石英、钾长石、斜长石等矿物组成。根据矿物组成特点估计，陶器物料的可能来源地区为蚌埠周围的太古界大别山群和太古的斑状花岗岩[①]，但也不排除来自类似地质背景的其他区域的可能。同时我们还对禹会村当地的现生土壤样品进行了分析，矿物组成主要为石英、长石、斜长石，此外还有少量黑云母、白云母、闪石、绿帘石（图二二〇）。除碳酸盐外，当地土壤与陶片样品具有相似的矿物组成。土壤样品中检测出的碳酸盐和类碳酸盐的矿物可能是由当代人类活动而羼入的。

① 中国地质科学研究院. 中华人民共和国地质图集. 1973.

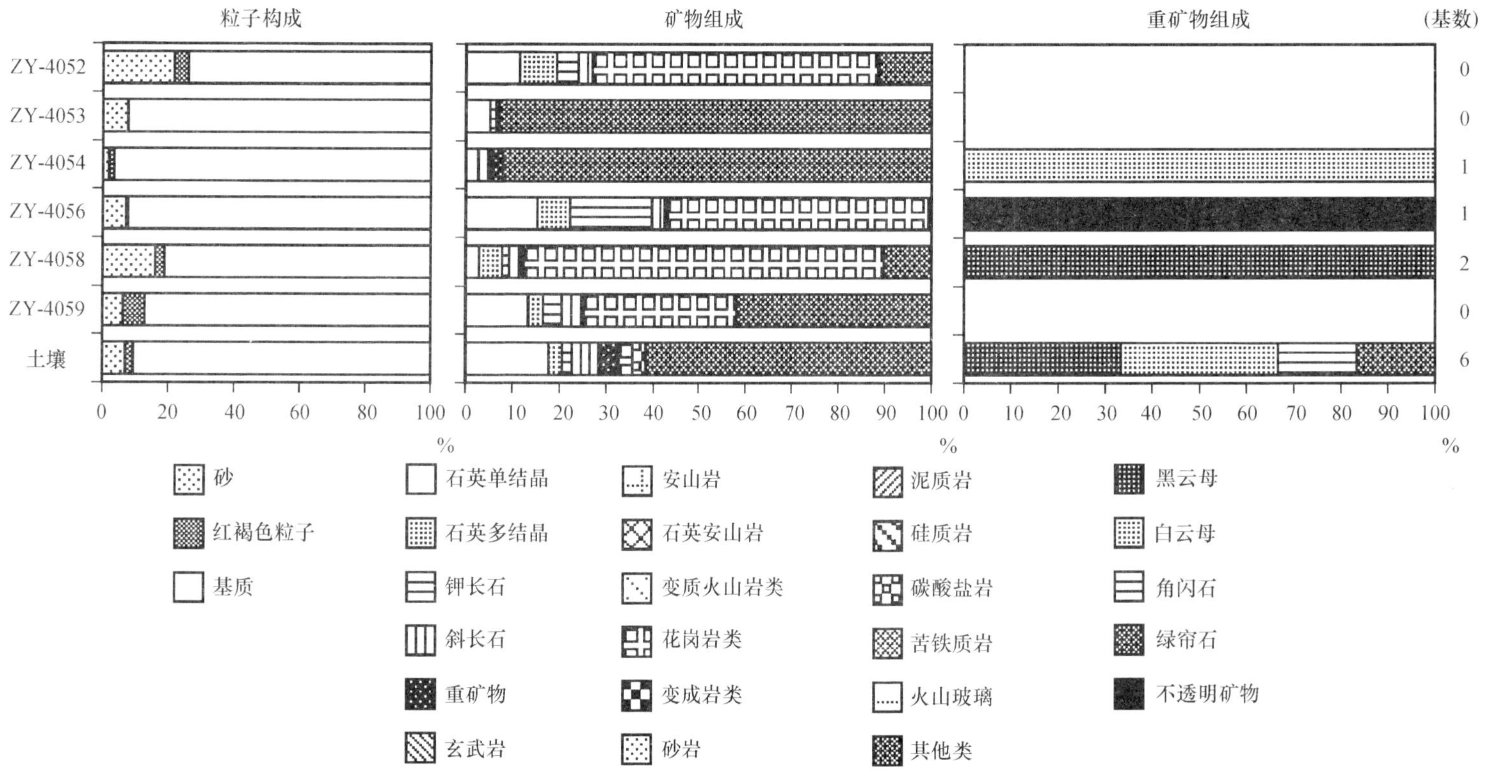

图二二〇 禹会村遗址陶片和土壤样品的矿物组成示意图

ZY-4053、ZY-4054的矿物组成中，“其他成分”占主导地位，主要为泥质块状构成，可以由肉眼观察得到。这些泥质块体，不同于泥质岩石如板岩、页岩、泥岩，其质地较软，固结度低，可以认为这些泥质块体与陶器原料的特性有关。泥质块体的形成可能是在陶器制作过程中往黏土中加水造成的结构。除样品ZY-4053和ZY-4054外，在ZY-4052、ZY-4058、ZY-4059和土壤样品中都发现了同样的泥块结构，这可以被认为是禹会遗址陶片的特征之一。

根据以上禹会村遗址陶片和土壤的矿物分析结果，可以看出：当地地质背景与出土陶片的矿物组成特征相一致，可以作为陶器物料来源的候选地点。但是邻近具有类似地质环境的区域还很多，因此，矿物特征判断还需要结合其他指示物料来源的指纹方法才有可能确切判断这些陶片是否来自当地。

表五二　禹会村遗址陶片和土壤样品的矿物组成

实验室编号	ZY-4052	ZY-4053	ZY-4054	ZY-4056	ZY-4058	ZY-4059	土壤
石英-单结晶	50	8	1	22	9	17	25
石英-β型							
石英-多结晶	34			10	16	4	4
钾长石	20	2		25	5	5	3
斜长石	13	1	1	4	8	6	8
黑云母					2		2
白云母			1				2
角闪石					+		1
绿帘石					+		
锆石							1
电气石			+		+		+
绿泥石	+				+	+	
不透明矿物	+			1			
玄武岩							
安山岩							
石英安山岩							
变质火山岩							
花岗岩类	267			81	249	42	4
砂岩							
泥岩	1						
硅质岩							
碳酸盐岩							4
火山玻璃-无色							

续表

实验室编号	ZY-4052	ZY-4053	ZY-4054	ZY-4056	ZY-4058	ZY-4059	土壤
火山玻璃-褐色	6	1				4	1
变质岩石	2						
变质矿物	41	143	35		31	49	82
泥质块体							
红褐色粒子	86	2	34	12	55	131	47
基质	1480	1843	1928	1844	1623	1742	1812
合计	2000	2000	2000	2000	2000	2000	2000
非计数区域							
石英波状消光	++	+	+	+	+	+	+
条纹长石	+				+	+	
微斜长石	+	+			+	+	
微斜条文长石						+	
花岗岩类矿物*	bi，opq				bi，mu，ho，ep	bi，opq	
蠕英石	+				+		
显微结构	+						
植硅体					+	+	+
植物遗存体		+++				+	

注：数字为对应矿物计数，+代表计数区域以外观察结果

*矿物：bi：黑云母；mu：无色云母；ho：角闪石；ep：绿帘石；opq：不透明矿物

四、陶片化学组成的扫描电镜能谱分析结果

对陶片化学成分的测定一般采用X射线荧光能谱（EDXRF）法或中子活化法。而扫描电镜能谱测量陶片化学成分的分辨率较高（可达10μm），为了保证测量结果的代表性，测量区域选择陶质均匀的基质部分，避开颗粒和孔洞。在观察样品ZY-4073和ZY-4080的微观结构时，发现其内外层有明显分界（约500μm）且表层有水平层理，因此对于表层和内层分别作了成分分析。在测量样品ZY-4079时，发现其表层（厚度约500～800μm）与内层相比，结构疏松，但并未发现明显分界面或水平层理。可能为后期沾染的浮土或表面的风化层，因此在能谱分析时测量了结构均匀的陶片内部。

从12组陶片化学成分的测量结果（表五三）可以看出，禹会村遗址中陶片的成分分布较分散，主要体现在Si和Al这2个主要元素上（图二二一）。但当地土壤样品

数据[①]分布也较分散，其中两个土壤样品与部分陶片样品的硅铝比（SiO_2/Al_2O_3）较接近，另外两个样品的硅铝比则与所测陶片样品差异较大。另外，陶片的铁含量在4.8%～19.9%之间，样品之间差异很大。与当地土壤的结果相比，只有5个样品的铁含量与当地土壤接近，其他7个样品的铁含量均高于当地土壤，有3个样品的铁含量超过10%（ZY-4073，ZY-4078和ZY-4080），可能是由于测量区域含氧化铁颗粒较多导致测得的铁含量出现异常值。在利用扫描电镜能谱对这种有不均匀矿物分布的陶片样品做微区分析时，该矿物（氧化铁）对应的元素含量波动较大。

表五三　禹会村陶片的化学组成

	C	Na_2O	MgO	Al_2O_3	SiO_2	P_2O_5	K_2O	CaO	TiO_2	Fe_2O_3
ZY-4071	15.2	1.3	1.9	18.2	49.7	2.3	2.2	1.5	0.6	7.2
ZY-4072	7.1	1.2	2.3	20.7	55.8	1.1	2.5	0.9	1.1	7.5
ZY-4073	7.4	1.1	1.9	18.3	46.2	0.9	2.0	1.2	1.0	19.9+
ZY-4074	8	1.3	2.2	20.1	56.0	1.0	2.5	0.9	0.9	7.1
ZY-4075	9.5	1.6	1.3	20.3	53.2	4.9	2.9	0.9	0.5	5.0
ZY-4076	14.7	1.1	2.3	19.9	50.4	0.5	3.1	0.9	1.0	6.0
ZY-4077	17.6	1.5	1.5	18.2	48.4	4.0	2.1	1.0	0.6	5.1
ZY-4078	16.2	0.9	1.5	22.1	40.1	4.4	1.7	1.0	1.0	11.1+
ZY-4079	20.9	0.9	2.2	19.7	43.5	1.1	2.0	0.9	1.2	7.6
ZY-4080	22	0.8	0.8	17.3	37.0	1.4	1.0	0.7	0.8	18.2+
ZY-4081	8.3	1.6	2.2	22.4	54.9	1.4	2.2	1.0	1.3	4.8
ZY-4082	25.9	1.1	1.9	18.3	42.7	1.8	1.9	0.9	0.9	4.7
ZY-4052*	—	—	5.6	18.0	65.5	—	2.2	0.6	0.8	6.9
ZY-4059*	—	—	3.9	22.2	66.3	—	1.6	1.0	0.9	3.9
土壤**	—	1.3	1.9	17.6	60.9	0.1	2.5	1.1	0.8	5.9

注：*数据来自王荦，采用XRF测量

**数据来自赵春燕

+可能由于分析的区域中含铁颗粒较多使铁含量高

样品ZY-4073和ZY-4080均发现其表层（500～1000μm）与内层有明显分界面（图二二二、图二二三）。内层与所测其他陶片样品具有类似的微观结构，但外层可见与陶片表面平行的纹理。随后对内外层分别进行的成分分析结果显示：ZY-4073陶片横截面的内层和外层的C、Na_2O、MgO、Al_2O_3、SiO_2、K_2O、CaO、Fe_2O_3明显不同（表五四），可能为两种不同成分的物料。ZY-4080陶片横截面的C和Fe_2O_3的含量随着与陶片表面的距离而发生变化：越接近表面，碳含量越高，铁含量越低，变化区间在

① 赵春燕. 安徽省蚌埠市禹会村遗址人工堆筑台迹土壤的科学分析，待刊.

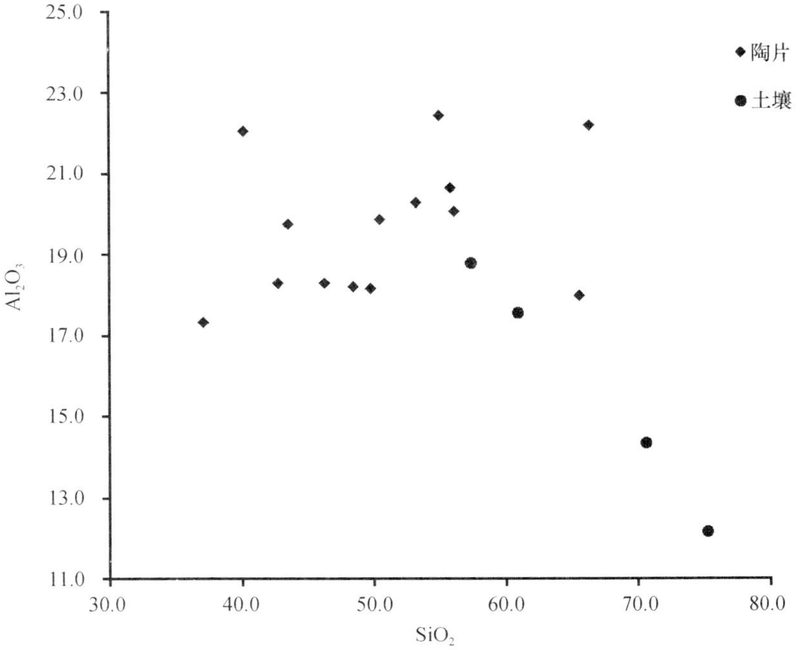

图二二一　禹会村陶片的Al_2O_3和SiO_2组成

图二二二　陶片ZY-4073截面的SEM图像

（a）陶片内层均匀结构　（b）陶片表层的纹理结构

500 ~ 1000μm表层范围内（图二二四），与显微镜下观察的微观结构分界面位置一致（图二二三左）。结合其化学成分的差异和表层特有的水平纹理推测，这两个陶片可能使用了表面涂层，即在做成的陶胎上抹上一种泥浆再烧制，以使陶器的表面尽可能的平整。而陶片表层的碳均含量高于陶片内部，则是烧制过程中碳由外向内渗入的差异所致。

表五四　ZY-4073内层（a）与外表层（b）的化学成分数据

成分	a（区域1）	a（区域2）	b
C	13.1	7.4	18.1
Na_2O	1.1	1.1	0.9
MgO	1.7	1.9	2.3
Al_2O_3	18.0	18.3	24.2
SiO_2	44.2	46.2	39.6
P_2O_5	0.7	0.9	0.9
K_2O	1.8	2.0	2.6
CaO	0.6	1.2	0.8
TiO_2	0.6	1.0	1.6
Fe_2O_3	18.2	19.9	9.0

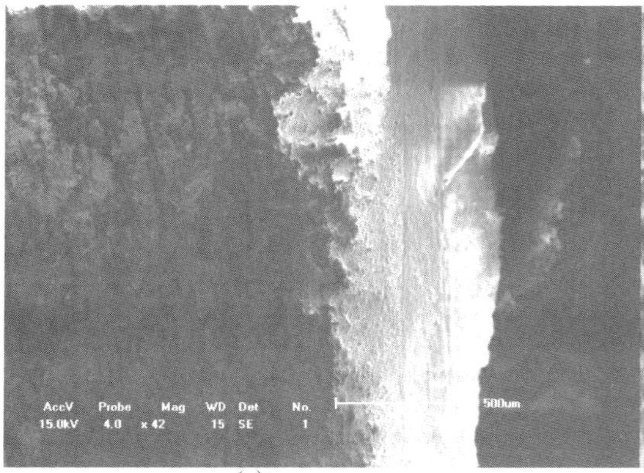

(a)

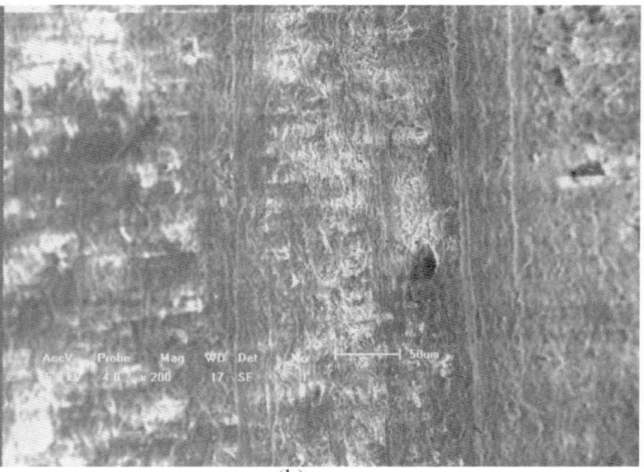

(b)

图二二三　陶片ZY-4080截面的SEM图像
（a）陶片内外层分界线（×42）　（b）放大的外层纹理结构（×200）

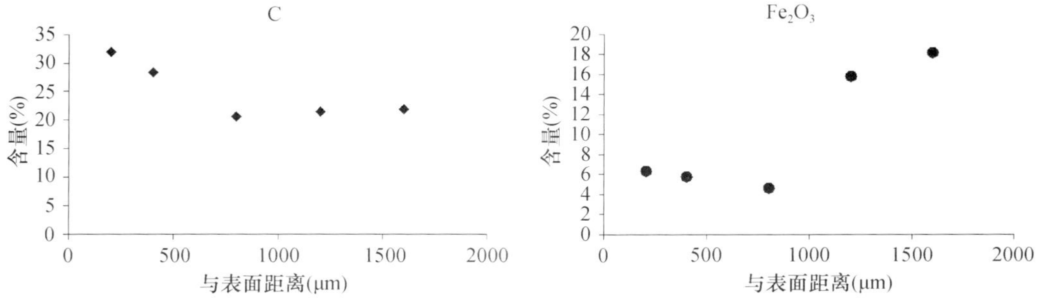

图二二四　陶片ZY-4080中的碳和铁含量及其与表面距离变化的关系

五、结果及讨论

本研究利用偏光显微镜和扫描电子显微镜能谱对陶片进行了矿物组成分析和微区成分测量。根据偏光显微镜下观察统计的结果，大多数陶器的矿物组成主要为石英、钾长石、斜长石，含有少量黑云母、白云母。所测的陶片样品与禹会村当地的现生土壤具有相似的矿物组成。

根据对12个陶片样品的初步测试结果，不同陶片样品间化学组成差异较大。但当地土壤的测试结果表明，不同土壤之间的化学组成也有较大差异。陶片的化学成分，尤其是反映陶器制作物料来源的主要化学组成——Al_2O_3和SiO_2的组成与当地土壤相比，有部分相似，但多数样品也存在一定区别。结合所测陶片样品和土壤样品的矿物组成和化学成分结果，禹会村遗址的陶片制作原料可能取自当地。部分陶片的化学组成和土壤样品之间存在较大差异，要判断二者之间是否存在联系，还需要更多的出土陶器测定结果及相关地区的土壤背景数据。

本研究探讨了扫描电镜能谱这一高分辨率仪器在分析陶片精细结构方面的应用，扫描电镜结合能谱可以对陶片的形态与微观结构进行分析、测定不同特征陶片对应的元素组成，得到高分辨率的陶片的组成与结构信息， 为深入研究陶片的原料、制作工艺和产地提供了证据。在测量的样品中发现了2个陶片样品（ZY-4073和ZY-4080）存在特殊的表层结构——水平纹理现象。经过对陶片不同结构区域的微区成分测定，获得了2个样品的内层铁含量高、碳含量低，而样品的外层铁含量低、碳含量高的结果。其中一个样品（ZY-4073）的其他主要成分，包括Na、Mg、Al、Si、K和Ca等元素在内外层也表现出明显的差异，结合其表层特有的水平纹理推测，这些陶片可能是在做成的陶胎表面抹上了一种泥浆进行烧制，以使陶器的表面尽可能平整。而陶片表层碳含量高于陶片内部，则是烧制过程中碳由表向内渗入所致。

第十三节　禹会村遗址祭祀彩石的多种谱学方法研究*

汪海港[1]　金正耀[1, 3]　谢　治[2]　范安川[1]　闫立峰[3, 1]
朱炳泉[4]　王吉怀[5]

（1. 中国科学技术大学科技考古实验室　2. 中国科学技术大学国家同步辐射实验室　3. 中国科学技术大学微尺度物质科学国家实验室　4. 中国科学院地球化学研究所　5. 中国社会科学院考古研究所）

一、引　　言

安徽省蚌埠市禹会村遗址为“中华文明探源工程”确定的在淮河流域唯一一处龙山文化遗址，^{14}C方法测定，年代距今4000年以上①。根据出土陶器特征，目前考古学界将其认定为短期形成的礼仪性祭祀遗址。该时期与大禹所处的年代相近，此时是社会发展史上大变革、大转折的时代，也是上古国家形成的关键时期，为“中华文明探源工程”以及淮河流域的龙山文化研究提供了宝贵的资料。

该遗址伴随祭祀陶器等遗物罕见地出土多量彩石，很多呈风化破碎状态。据不完全统计，其中较完整的有20余件，而集中在祭祀沟和祭祀坑的即有16件之多。颜色在人类进化和文明发育史上发生过重要作用。至迟从旧石器时代晚期开始，人们便开始崇尚红色，并赋予其某种神圣的意义。随着时代的发展，人们对颜色的信仰也扩展到包括黄色在内的其他颜色，甚至到了金属时代，人们也将颜色信仰体现在铸造技术当中②。但是，在新石器时代祭祀遗址中，像禹会村遗址一样，在各个发掘单位如灰坑、祭祀沟、祭祀坑中普遍随陶器出土一种红黄彩石，迄今为止还是首次发现的考古学现象。

肉眼观察这些彩石大部分具有红-黄色彩，应基本属于同一类“彩石”。这些彩

---

* 基金项目：国家自然科学基金（批准号：41073004）、矿床地球化学国家重点实验室开放基金（201003）共同资助。

① 王吉怀，赵兰会. 禹会村遗址的发掘收获及学术意义. 东南文化，2008，201（1）：20.

② Hosler D. World Archaeology, 1995, 27（1）：100.

石有着怎样的物质特性，是天然矿石还是人工制品，是认识相关考古学现象的首要问题。本实验工作选取该遗址3号祭祀坑（图二二五）中出土的1件“红-黄”彩石标本进行采样（图二二六）。采用的分析手段包括同步辐射X射线荧光（SR-XRF）、X射线衍射（XRD）、激光拉曼光谱（LRS）、电子探针（EPMA）和热释光光谱（TL）分析。其中，SR-XRF主要用于彩石表层及内部不同显色部位的线扫描、研细混匀的粉末样品的全元素含量分析；XRD分析不仅能准确鉴定样品中的矿物种类，还能提供部分矿物形成的地质条件等信息；LRS分析主要用于对XRD分析结果的验证，并对XRD分析中含量较低、峰强较弱的矿物进行鉴定和验证；EPMA用于对彩石内部光薄片样品的微区矿物元素组成的原位分析，可准确鉴定因含量低、荧光信号强而未能被XRD、LRS分析检测出的矿物。最后，利用本实验室建立的考古材料经热历史的热释光（TL）测定方法，研究这类彩石是否为人工制品。

运用多种光谱分析手段及电子探针检测技术，对该彩石表层红色和黄色部分，以及内层棕褐色矿物，进行了元素分析及矿物成分研究，目的是为揭示该类彩石的来源和用途提供必要的基础性科学信息。

图二二五　禹会村遗址部分发掘单位出土彩石（左）及3号祭祀坑彩石出土位置（右）

二、实验部分

（一）实验样品

该“红-黄”彩石出土编号JSK3①：21，外观大约一半呈鲜红色，一半呈亮黄色，近红色部位有少部分棕黄色矿物；内部呈棕褐色，中间夹杂亮黄色矿物，红、黄界面清晰，出土时红色部位朝下。本项工作对表层红、黄区域及内部棕色区域刮取少许粉末，进行同步辐射X射线荧光（SR-XRF）、X射线衍射（XRD）、激光拉曼光谱（LRS）测试；同时沿红-黄交界面区域取样，用于SR-XRF线扫及电子探针（EPMA）微区分析，在近表层部位刮去粉末提取石英颗粒进行热释光光谱（TL）分析。

图二二六　3号祭祀坑“红-黄”彩石取样位置
A：表层黄色区域；B：表层红色区域；C：内层棕色区域；D：红-黄交界区域

（二）实验方法

1. 同步辐射X射线荧光（SR-XRF）分析

仪器为上海同步辐射光源BL15U1硬X射线微聚焦及应用光束线站。入射光能量为16.4 keV，光斑大小100 μm × 100μm，能量分辨率小于2×10^{-4}。分别取红、黄、棕色粉末样品，进行元素全谱分析，信息采集时间3min。对包含红、黄颜色的样品进行树脂镶嵌，平行于截面抛光进行线扫，线扫时每点信息采集时间为3s。

2. X射线衍射（XRD）分析

仪器为中国科学技术大学理化实验中心MXPAHF 型18kW转靶X射线衍射仪（日本玛珂公司）。测试条件：Cu靶，Kα线，λ=1.5406 Å，石墨单色器，扫描速度为8°/min，扫描角度为10°～70°，发散狭缝1°，接收狭缝0.15mm，散射狭缝1°。

3. 激光拉曼光谱（LRS）分析

仪器为中国科学技术大学理化实验中心LABRAM-HR型激光共焦显微拉曼光谱仪（法国JY公司）。测试条件：以氩离子激光器为光源，波长514.5nm，输出功率1mW，物镜50×，光斑尺寸10μm，信号采集时间20～60s。

4. 电子探针（EPMA）微区分析

仪器为中国科学院地球化学研究所电子探针实验室EPMA—1600型电子探针仪（日本岛津公司）。测试条件：光薄片样品喷碳，仪器加速电压为15kV，电流为20mA，电子束束斑直径小于1μm。

5. 热释光光谱（TL）分析

仪器为中国科学技术大学科技考古实验室Risø TL/OSL DA-20型释光测量仪（丹麦Risø国家实验室）。测试条件：$^{90}Sr/^{90}Y$ β放射源；以5℃/s的速率升温至450℃。

三、结果与讨论

（一）SR-XRF分析结果与讨论

对红、黄、棕不同颜色部位的粉末样品进行SR-XRF全谱分析，并利用欧洲同步辐射装置（ESRF）开发的PyMCA软件进行无标样基本参数法（FP）定量分析[①]，由于选取的入射光能量较高，因此未对^{14}Si之前的元素进行定量分析。

由元素含量（见表五五）可以看出，三种不同颜色区域均以Fe为主量元素，Ca、K、Ti、Ba、As含量在100ppm以上，各区也均含有Cr、Mn、Zn、Ni、Cu、Kr、Bi、Rb、Sr等微量元素。在棕色区域检测到Ga元素，该元素在红、黄区未检测到。此外，棕色区域K、Mn元素的含量也比红、黄区的含量明显偏高。由元素组成可以推断，禹会遗址出土的红-黄彩石为富含多种微量元素的铁矿石。

由图二二七可知，红色近表层Mn、Ca、Zn含量较高。总体来看，红色区域各元素分布起伏不大，说明红色质地均匀；而黄色区域除Fe、Cr、Rb、Sr外，其他各元素含量起伏较大，可能是黄色区域包含较多的矿物颗粒，元素在局部分布不均所导致。

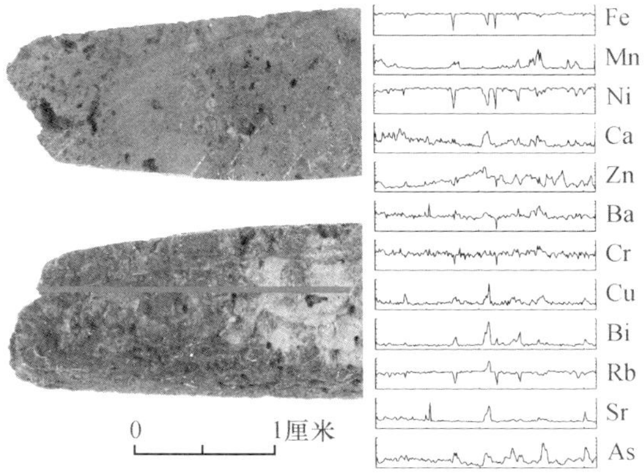

图二二七　红-黄交界处内层SR-XRF元素线扫含量图

图中照片为样品D的正反两侧，红线为扫描区域

---

① 张延乐，余笑寒. 上海光源BL15U1束线的SRXRF定量分析. 核技术, 2010, 33（5）：334.

表五五　SR-XRF基本参数法（FP）定量分析结果/（μg·g^{-1}）

	Fe	Ca	K	Ti	Ba	As	Cr	Mn	Zn
黄色部位	103600	36220	25560	4537	426.8	224	203.1	71.92	65.95
红色部位	102200	5001	15380	4558	534.2	106.9	83.6	1.245	73.46
棕色部位	66500	18060	113100	8416	1038	93.17	39.91	1128	97.93
	Ni	Kr	Bi	Rb	Br	Cu	Sr	Ga	
黄色部位	34.26	22.56	14.78	9.561	9.392	2.9	0.5592	—	
红色部位	18.82	33.42	8.062	12.72	1.606	0.216	0.05188	—	
棕色部位	35.02	9.071	3.119	66.68	4.269	18.28	76.37	15.27	

（二）XRD分析结果与讨论

由黄色粉末样品XRD图谱（图二二八）可知，该部分主要物相为针铁矿（α-FeOOH）及石英。值得注意的是，由于Al原子半径（0.53Å）小于Fe原子半径（0.64Å），因此针铁矿中Fe^{3+}容易被Al^{3+}代换，形成α-AlOOH[①]。通过对$d_{(110)}$、$d_{(111)}$、$d_{(130)}$、$d_{(140)}$值的偏移计算[②]，针铁矿中Fe的代换率约为3.5mol%。如此低的代换量，说明针铁矿应该是在酸度适中的水成土壤环境中形成的[③]。这对判断该矿石的来源提供了重要信息。

由红色粉末样品XRD图谱（图二二九）可知，该部分主要物相为氧化铁（α-Fe_2O_3）及石英，并含有少量的磁赤铁矿（γ-Fe_2O_3）。虽然赤铁矿（hematite）的主要成分也是氧化铁（α-Fe_2O_3），但是赤铁矿并无$d_{(113)}$衍射峰（2θ=41.181）。

由棕色粉末样品XRD图谱（图二三〇）可知，该部分物相包含石英、钠长石及多

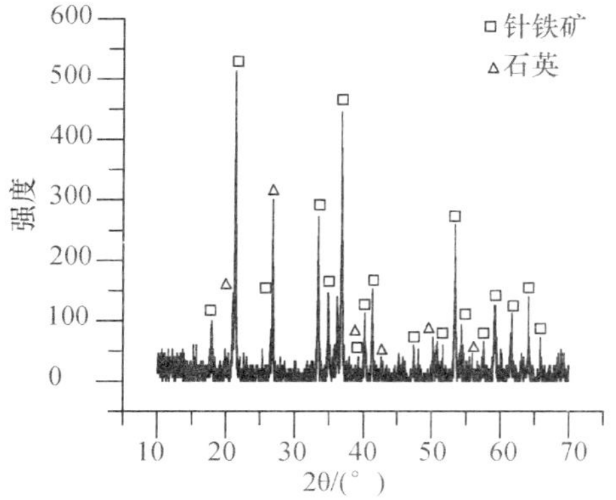

图二二八　黄色粉末样品XRD图谱

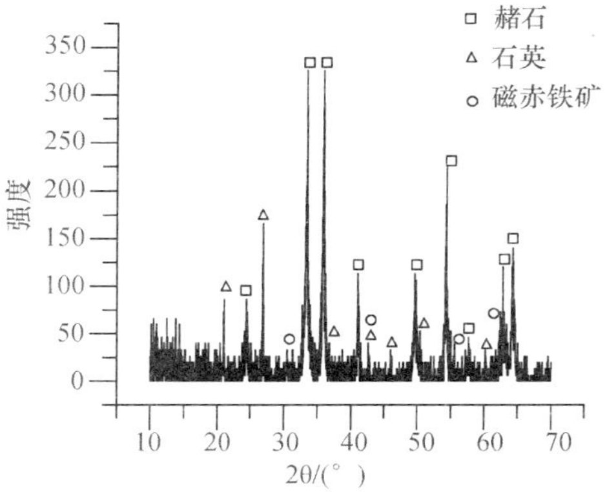

图二二九　红色粉末样品XRD图谱

① Thiel R. Magazine for Inorganic Chemistry, 1963,（326）：70.

② Thiel R. Magazine for Inorganic Chemistry, 1963,（326）：70; Fitzpatrick R W, Schwertmann U. Geoderma, 1982, 27：335.

③ Fitzpatrick R W, Schwertmann U. Geoderma, 1982, 27：335.

水高岭石，却并不见含铁矿物的衍射峰，推测该铁矿石内部区域中的铁主要以晶型较差的隐晶质针铁矿形态存在。

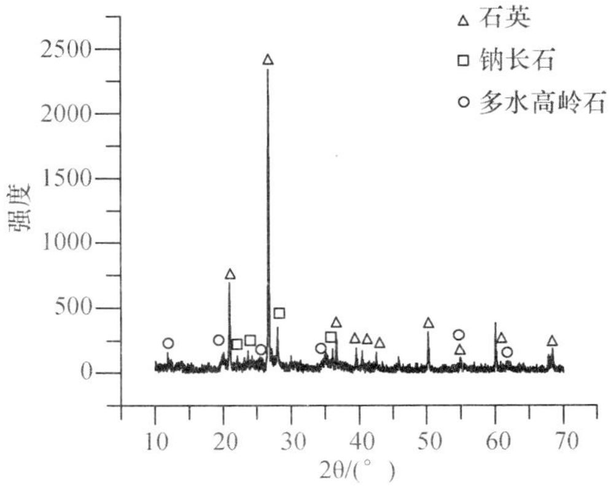

图二三〇　棕色粉末样品XRD图谱

（三）LRS分析结果与讨论

黄色样品的拉曼光谱见图二三一。由于自然环境中Al^{3+}会代换针铁矿（α-FeOOH）中的Fe^{3+}，根据代换量的不同（最高可达33mol%），晶胞参数及氢键键合强弱所受影响的程度不同，不同针铁矿的拉曼光谱数据也会有比较大的差异①。尽管其中有3.5mol%的Fe^{3+}被Al^{3+}代换，影响了拉曼光谱的峰位，并且荧光强度较大，但是216、299、399cm^{-1}三个峰位也可确定该黄色物质为针铁矿②。

红色样品的拉曼光谱见图二三二。该物质与纯净的氧化铁（α-Fe_2O_3）的峰位相比整体向低频区位移③，虽然激光输出功率过高时（7mW）会造成这种现象④，但是本项

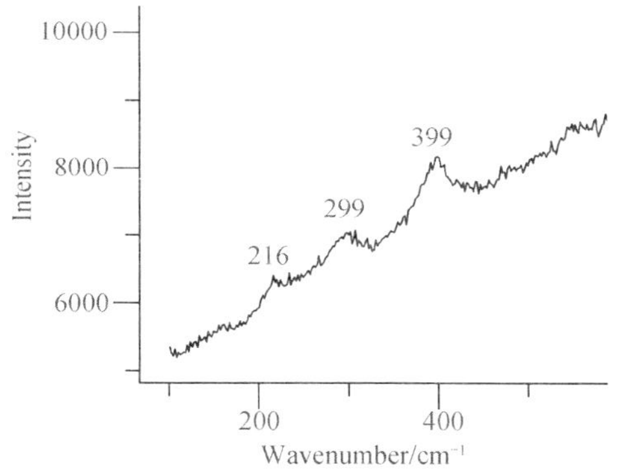

图二三一　黄色样品拉曼图谱

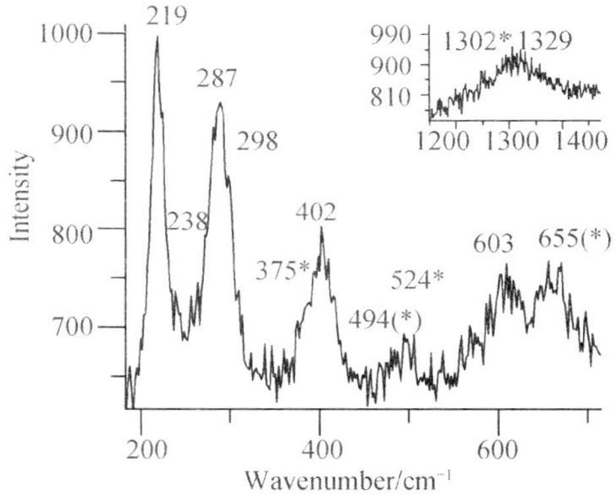

图二三二　红色样品拉曼光谱

表示纤铁矿的拉曼光谱峰位，（）表示赭石与纤铁矿共有的峰位

① Bouchard M, Smith D C. Spectrochimica Acta Part A, 2003, 59：2247.

② Kustova G N, Burgina E B, Sadykov V A, et al. Physics and Chemistry of Minerals, 1992, 18：379.

③ Bouchard M, Smith D C. Spectrochimica Acta Part A, 2003, 59：2247; Smith D C, Bouchard M, Lorblanchet M. Journal of Raman Spectroscopy. 1999, 30：347; Burgio L, Clark R J H. Spectrochimica Acta Part A, 2001, 57：1491.

④ Faria D L A D, Silva S V, Oliveira M T D. Journal of Raman Spectroscopy, 1997, 28：873.

工作所用功率≤1mW，因此可以排除这种可能。通过与前人数据比对[①]，该红色区域拉曼峰位（219、238、287、298、402、494、603、1329cm^{-1}）与赭石（α-Fe_2O_3+黏土+硅土）的峰位基本一致。655cm^{-1}的峰位，为磁赤铁矿（γ-Fe_2O_3）的特征峰峰位[②]，此外，1302，524，494，375cm^{-1}为纤铁矿（γ-FeOOH）特征峰[③]，表明其中还含有少部分纤铁矿（γ-FeOOH）。

棕色样品的荧光信号过强，无法进行拉曼光谱鉴定。

（四）EPMA分析结果与讨论

结果见表五六，可见，该矿石不仅含有氧化铁（α-Fe_2O_3）、针铁矿，还含有部分铬铁矿、氧化锰矿，以及重晶石和金属铋。

表五六　电子探针微区分析各元素氧化物百分含量（Wt%）

	SiO_2	P_2O_5	CaO	Cr_2O_3	MnO_2	FeO	Al_2O_3	BaO	SO_3	SrO	Bi
1	3.14	3.90	3.89	4.92	14.66	69.50	—	—	—	—	
2	4.48	3.29	1.14	2.27	1.55	86.97	0.31	—	—	—	
3	—	—	1.03	—	—	4.17	—	58.5	33.48	2.82	
4	—	—	—	—	—	<0.1	—	—	—	—	>99.9

（五）释光分析与彩石的热历史问题

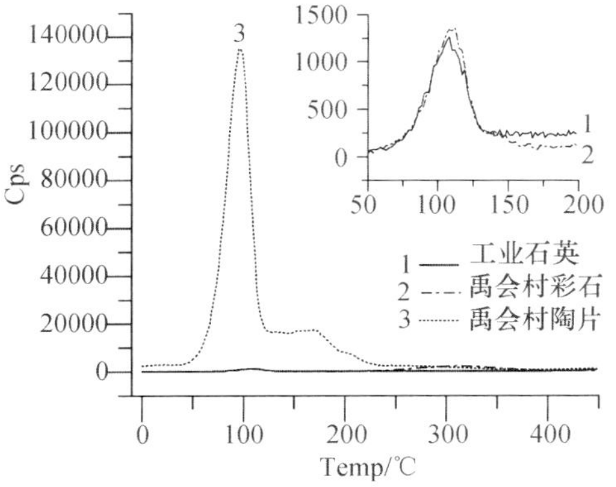

图二三三　不同受热历史样品再生热释光灵敏度比较（人工辐照剂量约为12Gy）

彩石是天然矿物还是先民利用不同矿物材料人工热熔合成？另外，在上古类似“燎祭”的仪式过程中有没有被投入过火中？为了解彩石与其经热事件有关的这些问题，利用本实验室已建立的考古材料经热事件的分析方法[④]，测定检验彩石是否有类似热熔或者火烧的经热历史。结果发现彩石样品中的石英颗粒释光信号很弱（图二三三），远小于同遗址内的陶片样品的释光信号，而与无受热历史的工业用地质石英样品信号类似，表明该彩石应该不曾有过经历高温加热的事

① Bell I M, Clark R J H, Gibbs P J. Spectrochimica Acta Part A, 1997, 53：2159.

② Kustova G N, Burgina E B, Sadykov V A, et al. Physics and Chemistry of Minerals, 1992, 18：379; Faria D L A D, Silva S V, Oliveira M T D. Journal of Raman Spectroscopy, 1997, 28：873.

③ Faria D L A D, Silva S V, Oliveira M T D. Journal of Raman Spectroscopy, 1997, 28：873.

④ Jin Z Y, Wu Y J, Li G, et al. Quaternary geochronology, 2012, 10：387.

件。因此，可以排除其在祭祀活动中曾经火烧受热的可能，也证明这些彩石不是由人工热熔不同矿物有意制作形成的。

（六）关于彩石的来源和用途

此矿石成分复杂，不同矿物可形成于完全不同的地质环境。针铁矿、锰矿是在风化条件下形成的，也可以因沉积作用而形成于海底或湖底。重晶石则形成于低温热液作用或沉积环境。然而铬铁矿形成于基性-超基性岩浆作用环境。但矿石看来不具有沉积岩特征，而具有风化壳氧化带特征。综合来看，该矿石是在内生铁矿化区地表氧化带，并受到低温热液作用而形成。针铁矿可作为黄赭颜料，不同价态的Cr 、Mn 均是产生各种颜色的元素成分。因此，这类矿石应该形成于某一特定地质环境，实验分析结果为进一步探寻其具体矿产地提供了基础性科学数据。

古人对于红色天然矿物如赤铁矿、赭石的认识和应用较早，如旧石器晚期山顶洞遗址（距今1.8万年）①、新石器时代中期南宁长塘遗址（距今8000～7000年）②，在墓葬中尸骨周围散布的赤铁矿粉粒，甘肃秦安大地湾二期（距今6500年）一处房址内铺有一层赤铁矿③。在新石器时代晚期及青铜时代早期，也有多处遗址发现赤铁矿或赭石颜料块，如半坡文化的宝鸡北首岭、临潼姜寨、玉门火烧沟等遗址④。其中很多被认为与原始信仰有关。赤铁矿和赭石作为红色矿物颜料在新石器时代彩陶文化中也得到广泛应用。

相对于红色，黄色无机矿物被人们认识和使用较晚。根据前人研究⑤，较早使用的黄色无机矿物可能为雌黄，始用于商代晚期的木棺彩绘；而针铁矿的使用最早可追溯至春秋中晚期，用于陶器彩绘⑥。虽然禹会村遗址出土的红-黄彩石色彩艳丽，但是没有发现彩陶或者彩绘文物，因此这些彩色矿石可能并非用作颜料。古人从某一特别矿山产地采取这些红-黄彩石，携带至江淮流域的禹会村地区，可能与某种原始信仰和特别祭祀活动有关。

---

① 吴新智. 山顶洞人的种族问题. 古脊椎动物与古人类，1960，2（2）：141.

② 广西壮族自治区文物考古训练班，广西壮族自治区文物工作队. 广西南宁地区新石器时代贝丘遗址. 考古，1975，（5）：295.

③ 甘肃省文物考古研究所. 甘肃秦安县大地湾遗址仰韶文化早期聚落发掘简报. 考古，2003，（6）：19.

④ 苏伯民，马清林，周广济，等. 甘肃玉门火烧沟遗址出土颜料分析. 敦煌研究，2002，（4）：19.

⑤ 王进玉. 中国少数民族科学技术史丛书・化学与化工卷. 南宁：广西科学技术出版社，2003：406；马清林，Berke H.甘肃玉门火烧沟遗址出土红-黄色混合颜料的再分析. 文物保护与考古科学，2006，18（1）：4.

⑥ 杨玉璋，张居中，左健，等“钟离君柏”墓出土彩绘陶器颜料的光谱分析. 光谱学与光谱分析，2010，30（4）：1130.

四、结　　论

经过对该矿石不同颜色区域的SR-XRF、XRD、LRS分析，结果表明该矿石主体为褐铁矿，表层黄色物质主要为针铁矿（α-FeOOH）和石英混合物，红色物质主要为赭石（α-Fe_2O_3+黏土+硅土），包含少量磁赤铁矿（γ-Fe_2O_3）和纤铁矿；内部主要是隐晶质针铁矿，并含有部分石英、钠长石和多水高岭石。EMPA微区分析结果表明，该铁矿石内部还有一定数量的铬铁矿、氧化锰矿，以及少量重晶石及金属铋。热释光分析结果表明该类彩石应该不曾有过经历高温加热的事件，该类矿石可能来自于地质环境较为复杂的某一地区。此外，此类矿物与大量陶器集中出现于禹会村遗址中的祭祀坑，应该是祭祀活动用品之一。

第十四节　禹会村遗址地层孢粉记录的环境和人类活动信息

马春梅[1*]　张广胜[2]　朱　诚[1]　王吉怀[3]　朱光耀[4]

（1. 南京大学地理与海洋科学学院　2. 皖西学院城市建设与环境系　3. 中国社会科学院考古研究所　4. 蚌埠学院人文社科部）

新石器时代遗址地层蕴含了丰富的人地相互作用复杂关系信息，是全新世研究中重要的研究材料之一①。近年来，我国学者在长江流域②、黄河流域③和珠江流

① 朱诚. 对长江流域新石器时代以来环境考古研究问题的思考. 自然科学进展，2005，15（2）：149-153；朱诚，郑朝贵，马春梅，等. 对长江三角洲和宁绍平原一万年来高海面问题的新认识. 科学通报, 2003, 48（23）： 2428-2438；1-4.

② 朱诚，郑朝贵，马春梅，等. 长江三峡库区中坝遗址地层古洪水沉积判别研究. 科学通报, 2005, 50（20）： 2240-2250；朱诚，宋建，尤坤元，等. 上海马桥遗址文化断层成因研究. 科学通报, 1996,41（2）： 148-152；张强，朱诚，姜逢清，等. 重庆巫山张家湾遗址2000 年来的环境考古. 地理学报, 2001, 56（3）： 353-362；张玉兰，张敏斌，宋建，等. 从广富林遗址中的植硅体组合特征看先民农耕发展. 科学通报, 2003,48（1）： 96-99；李春海，陈杰，王伟铭. 上海松江广富林遗址的孢粉记录，微体古生物学报，2006，23 （2） ：175 -- 181；肖家仪，吕海波，丁金龙，等. 江苏绰墩遗址马家浜文化期的孢粉组合和环境意义. 微体古生物学报，2006，23 （3） ：303-308.

③ 李小强，周新郢，张宏宾，等. 考古生物指标记录的中国西北地区5000 a BP 水稻遗存. 科学通报，2007，52（6）：673-678；刘全玉、鹿化煜、李小强，等. 利用孢粉和有机质碳同位素重建半坡人时期古环境再探. 考古与文物，2007，1，107-112.

域[1]新石器时代遗址地层揭示环境演变与人类活动方面做了大量的工作，但淮河流域稍显不足，只是对淮河文化发展的脉络和迁徙演化，特别是对淮河流域龙山文化兴衰环境背景的研究，开展了一定的研究工作[2]，而该流域新石器遗址地层的孢粉学研究方面更是薄弱。本文对安徽蚌埠禹会村遗址地层28个土样进行了孢粉分析，并结合磁化率、粒度等环境替代指标分析，主要揭示该区域龙山文化期间的植被状况和响应的气候环境变化信息。

一、位置、环境与遗址简介

淮河流域位于我国自然条件多重过渡地带，新石器时期文化发达、遗址数量众多、分布广泛，同黄河流域、长江流域一样是中华文明孕育和发展的重要地区之一。安徽淮河流域属于淮河中游地区，是淮河流域的主体和核心部分。研究区地势自南向北倾斜，新构造运动南升北降。北部为淮北平原，绝大部分均为由第四纪沉积组成的平原，属新构造运动沉降区，地势低平，大部分地区海拔在20～40米。

禹会村位于安徽省蚌埠市西郊涂山南麓的禹会村村南，往东与天河接壤，往西紧邻淮河（图二三四），地理坐标为北纬32°53′07.5″，东经117°11′50.6″,平均海拔32米，气候属暖温带半湿润季风气候区，年均气温15℃，年降雨量850毫米左右。禹会村遗址所在的淮河下游的涂山（338米）和荆山（258米），夹淮河而相对，岩性均为花岗岩。

禹会村遗址是“中华文明探源工程”在淮河流域确定的唯一一处重要的龙山文化时期遗址，遗址文化层较完整，为单一的龙山文化时期遗址。禹会村的村名以及涂山都与史书《左传》记载的“禹会诸侯于涂山，执玉帛者万国”和《史记》“夏之兴也以涂山”记载相吻合，当地也一直流传着大禹凿开涂山和荆山疏浚洪水的传说。遗址呈南北狭长形分布，总面积约50万平方米。

在国家科技支撑计划中华文明探源工程大课题的实施中，作为填补区域性文化研究的空白，禹会村遗址得到了学术界的高度重视，并在国家文物局的支持下，被列为中国古代文明探源工程重大科研项目。2007年4月，由中国社会科学院考古研究所主持的禹会村遗址考古发掘工作正式启动，2008年5月和2009年10月又对该遗址进行了大规模的考古发掘，出土了大量龙山文化时期的器物[3]。

---

① 杨士雄，郑卓，谭惠忠，等. 香港西贡壕涌新石器以来的环境演变及人类活动. 热带地理，2011，34（1）：339-345.

② 马春梅，朱诚，朱光耀，等. 安徽蒙城尉迟寺遗址地层的磁化率与元素地球化学记录研究. 地层学杂志，2006，30（2）：124-130；杨达源，王云飞. 近2000 年淮河流域地理环境的变化与洪灾：淮河中游的洪灾与洪泽湖的变化. 湖泊科学，1995，7（1）：1-7；黄润，朱诚，郑朝贵，等. 安徽淮河流域全新世环境演变对新石器遗址分布的影响. 地理学报，2005，60（9）：742-750.

③ 王吉怀，赵兰会. 禹会村遗址的发掘收获及学术意义. 东南文化，2008，201（1）：20-25.

图二三四　禹会村遗址位置遥感影像图

二、材料与方法

（一）剖面与采样

禹会村遗址ABYT2008探方南壁整个剖面（130厘米）可分为5层，自上而下可划分为：第1层灰色耕土层（厚20厘米）、第2层灰黄色扰土层（厚10厘米）、第3A层龙山文化上层（厚20厘米）、第3B层龙山文化下层（厚20厘米）和第4层褐色生土层（厚60厘米）。虽然是位于两个探方，但ABYT2008探方南壁和ABYT2004探方西壁①剖面具有很好的对比性（图二三五）。

野外现场按照5～10厘米采样间距，从下至上依次采样，共得到禹会村遗址ABYT2008探方地层样品16个用于孢粉分析（表五七）。另外为了对比分析，从ABYT2009探方自下而上采集孢粉样品12个，该剖面自上而下划分为灰黄色扰土层、灰色土层和褐色生土层，考古断代与ABYT2008剖面对应。

① 张广胜，朱诚，王吉怀，等. 安徽蚌埠禹会村遗址4.5-4.0 ka BP龙山文化的环境考古. 地理学报，2009，64（7）：817-827.

图二三五　ABYT2008探方南壁剖面照片

表五七　禹会村遗址地层孢粉样品清单

序号	样品编号	深度/cm	土样性质	考古断代
1	ABYT2008-1-4	5	灰色耕土层	近现代
2	ABYT2008-1-2	15	灰色耕土层	近现代
3	ABYT2008-2-5	24	灰黄色扰土层	晚于龙山文化
4	ABYT2008-2-2	30	灰黄色扰土层	晚于龙山文化
5	ABYT2008-3A-9	34	灰色土层	龙山文化上层
6	ABYT2008-3A-7	38	灰色土层	龙山文化上层
7	ABYT2008-3A-5	42	灰色土层	龙山文化上层
8	ABYT2008-3A-2	48	灰色土层	龙山文化上层
9	ABYT2008-3B-11	50	灰色土层	龙山文化下层
10	ABYT2008-3B-8	56	灰色土层	龙山文化下层
11	ABYT2008-3B-5	62	灰色土层	龙山文化下层
12	ABYT2008-3B-3	66	灰色土层	龙山文化下层
13	ABYT2008-3B-1	70	灰色土层	龙山文化下层
14	ABYT2008-4-30	72	褐色生土层	早于龙山文化
15	ABYT2008-4-26	80	褐色生土层	早于龙山文化
16	ABYT2008-4-12	108	褐色生土层	早于龙山文化

续表

序号	样品编号	深度/cm	土样性质	考古断代
17	ABYT2009-001	2	灰黄色扰土层	晚于龙山文化
18	ABYT2009-002	6	灰黄色扰土层	晚于龙山文化
19	ABYT2009-003	10	灰黄色扰土层	晚于龙山文化
20	ABYT2009-004	14	灰色土层	龙山文化上层
21	ABYT2009-005	18	灰色土层	龙山文化上层
22	ABYT2009-006	20	灰色土层	龙山文化上层
23	ABYT2009-007	24	灰色土层	龙山文化上层
24	ABYT2009-008	28	灰色土层	龙山文化下层
25	ABYT2009-009	32	灰色土层	龙山文化下层
26	ABYT2009-010	36	灰色土层	龙山文化下层
27	ABYT2009-011	40	灰色土层	龙山文化下层
28	ABYT2009-012	44	褐色生土层	早于龙山文化

（二）孢粉分析方法

样品前处理采用的是HF处理法，步骤为：根据样品特点，每块样品取30～40克，外加石松孢子27 637粒，分别加HCl（10%）、KOH（10%）和HF（36%）进行酸碱处理，分离洗水、离心集中，再进行冰醋酸和9∶1（醋酸酐和硫酸）混合液处理，进行超声波震荡，再过筛，加入分散剂，集中于试管中，最后制活动玻片，在显微镜下用高倍镜头进行观察、鉴定、统计，样品一般鉴定到200粒以上。孢粉总浓度根据此公式计算所得：样品中化石孢粉=（样品中外加花粉×鉴定的化石孢粉）/（鉴定的外加花粉×质量）。

（三）其他环境替代指标

为了对比分析，对ABYT2008探方南壁剖面以5厘米间距共61个样品进行了磁化率和粒度测试。磁化率测试方法为：将样品在室温下自然风干，然后在室内把每个样品分成若干份，在南京大学区域环境演变研究所环境磁学实验室利用捷克产KLY-3型卡帕桥磁化率仪测试了全样质量磁化率。粒度分析采用常规前处理方法在南京师范大学沉积学实验室进行。另外，使用了张广胜等人①的ABYT2004探方西壁粒度、磁化率和Rb/Sr进行对比研究。

---

① 张广胜，朱诚，王吉怀，等. 安徽蚌埠禹会村遗址4.5-4.0kaBp龙山文化的环境考古. 地理学报，2009，64（7）：817-827.

三、结果与分析

（一）年代

根据考古发掘出土文物的特点，禹会村遗址ABYT2008探方南壁和ABYT2009探方西壁出土物具有龙山文化时期器物的形态，也应该很好地包含了龙山文化的各个时期，大致跨越距今4500～4000年。特别应该指出的是，遗址中存在总面积约1500平方米、呈“甲”字形台状的大型堆筑遗迹，规模宏大，工艺考究，中部有红色红烧土遗迹层，明显是该处龙山文化晚期大型的聚会或祭祀场所。根据遗址地层^{14}C测年样品的采样和测试，一处该龙山晚期大型人工堆筑“甲”字形夯土台遗迹上采集的木炭样品，经中国社会科学院考古研究所^{14}C实验室测定（半衰期5568a）并经树轮校正，年代为：距今4140年±40年；另一处为ABYT2004探方西壁①龙山文化早期地层测年样品ABYT2004⑧，经中国科学院地球环境研究所西安加速器质谱中心的AMS^{14}C测年并经树轮校正（半衰期5568a），年代为：距今4380年±30年（表五八）。

表五八　禹会村遗址地层剖面年代测试结果

序号	样品编号	测年测试方法及材料	采样位置描述	校正年代（半衰期5568a）	测试单位
1	ABYT 2002	AMS^{14}C；炭屑	ABYT2002探方龙山文化晚期大型夯土台面	4140±40 cal.aBP	中国社会科学院考古研究所^{14}C实验室
2	ABYT 2004⑧	AMS^{14}C；炭屑	ABYT2004探方西壁深度为105cm的龙山文化早期地层	4380±30 cal.aBP	中国科学院西安加速器质谱中心

（二）孢粉分析结果

分析结果发现，本遗址地层孢粉含量及浓度较高，其所含植物科属也较丰富。所鉴定孢粉分属于38（科）属，反映出暖温带植被特点，具体如下：

裸子植物有*Pinus*（松属）、Cupressaceae（柏科）和*Larix*（落叶松）等。

被子乔木和灌木有*Quercus*（D）（落叶栎属）、*Betula*（桦属）、*Juglans*（胡桃属）、*Acer*（槭树属）、*Salix*（柳属）、*Celtis*（朴属）、*Ulmus*（榆属）、*Pterocarya*

① 张广胜，朱诚，王吉怀，等. 安徽蚌埠禹会村遗址4.5-4.0 ka BP龙山文化的环境考古. 地理学报，2009，64（7）：817-827.

（枫杨属）、Araliaceae（五加科）、Euphobiaceae（大戟科）、Berberidaceae（小檗科）、Elaeagnaceae（胡颓子科）、Malvaceae（锦葵科）、Rosaceae（蔷薇科）等。

草本植物有Gramineae（禾本科）、Compositae（ 菊科）、*Artemisia*（蒿属）、Umbelliferae（伞形科）、*Polygomun*（蓼属）、Chenopodiaceae（藜科）、Caryophyllaceae（石竹科）、Campanulaceae（桔梗科）、*Humulus*（葎草属）、Ranunculaceae（毛茛科）、Leguminosae（豆科）、*Typha*（香蒲属）、Cyperaceae（莎草科）、Liliaceae（百合科）等。

蕨类植物比较少，有*Lycopodium*（石松属）、*Polypodium*（水龙骨属）、*Lygodium*（海金沙属）等，还有一些未鉴定的单缝孢（Monolete spores）和三缝孢（Trilete spores）。

另外在ABYT2008最底部的一个样品中还发现10个Concentricytes（环纹藻属）。

根据各科属百分含量的变化，应用Tilia 1.7.16 软件①绘制了孢粉百分含量图谱（图二三六、图二三七）。由于我们侧重于考古遗址的植被研究，所有孢粉百分含量建立在所有的种属含量之上，包括水生植物和蕨类植物。

由孢粉百分比图谱（图二三六和图二三七）可以看出以下特点：

（1）龙山文化时期以前，孢粉浓度相对较低，区域植被以草本为主，占50%以上，以禾本科、伞形科等为最多。最底部样品中出现环纹藻，体现了湿生的环境。

（2）龙山文化时期，仍然以草本含量为最多（50%～86%），但木本植物含量增加（0～50%），其中松属、枫杨、落叶栎增加明显；草本中，禾本科占绝对优势，除此，出现葎草、菊科、莎草、石竹科等。可大致分为两个阶段：龙山文化前期，孢粉浓度较大，木本含量较多，蕨类植物也较多；而龙山文化后期孢粉浓度相对较小，木本含量较少，草本含量较多，蕨类植物很少。

（3）龙山文化之后的扰土地层中，在ABYT2008剖面深度30厘米处，木本含量增加明显（尤其落叶栎和榆属），占到69%，体现了温暖湿润的气候特点。之后，木本含量又减少，草本占优势。

（4）近现代的耕土层孢粉浓度相对最高，达2900～3800粒/克，蕨类孢子相对增加，但草本仍然占一半以上（以禾本科、菊科、藜科和莎草科等为多）；木本中以松属、榆属、落叶栎属为主。

（5）总体看，两个剖面中禾本科含量都很高，应该和人类活动（农作物栽培）有关，但在龙山文化前期到后期转换之间和龙山文化结束时有两次低谷，可能和气候环境变化相关。

① Grimm E, Tilia and Tiliagraph software 1.7.16. 2011,Illinois State Museum.

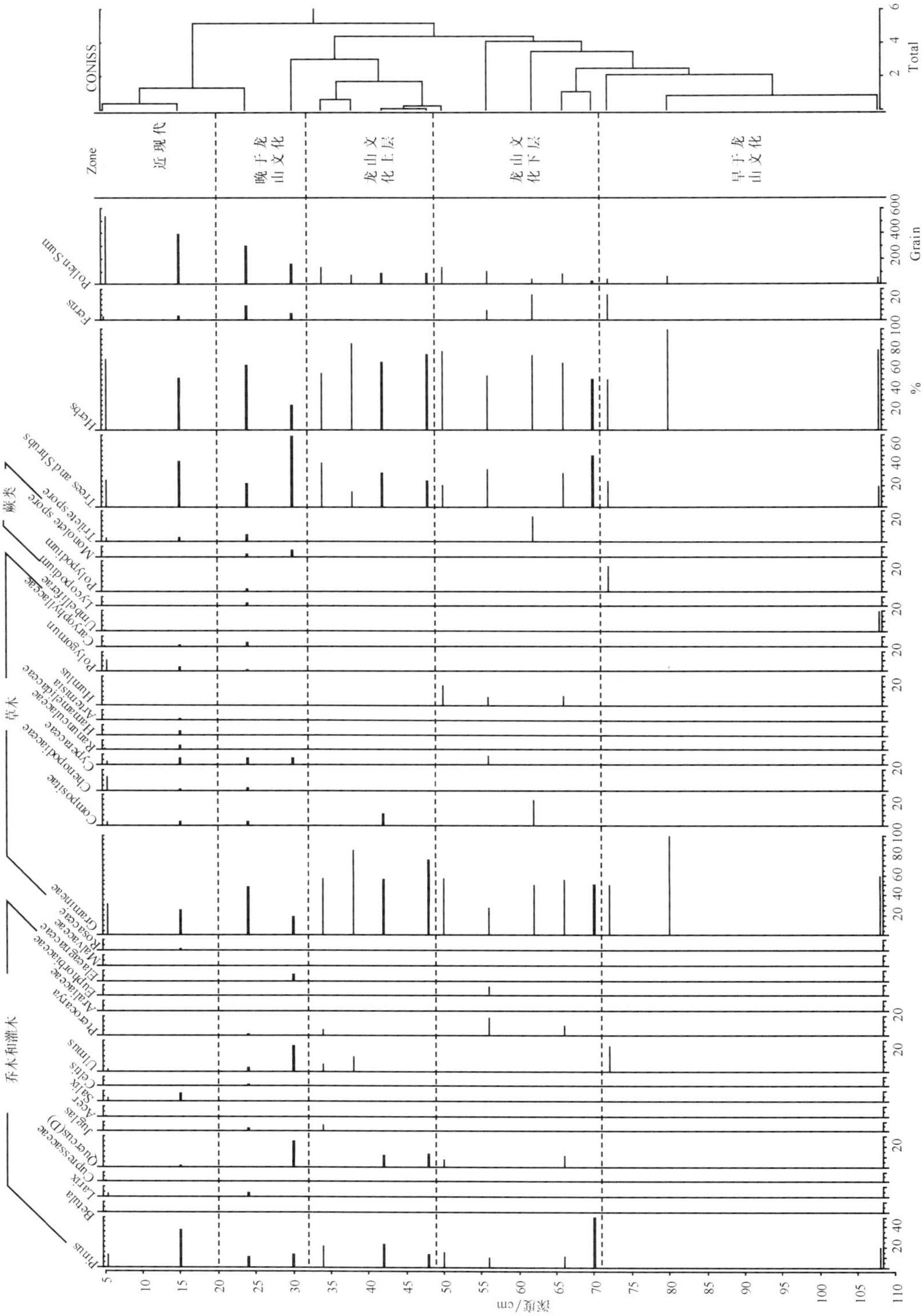

图二三六　ABYT2008探方南壁剖面孢粉百分比图谱

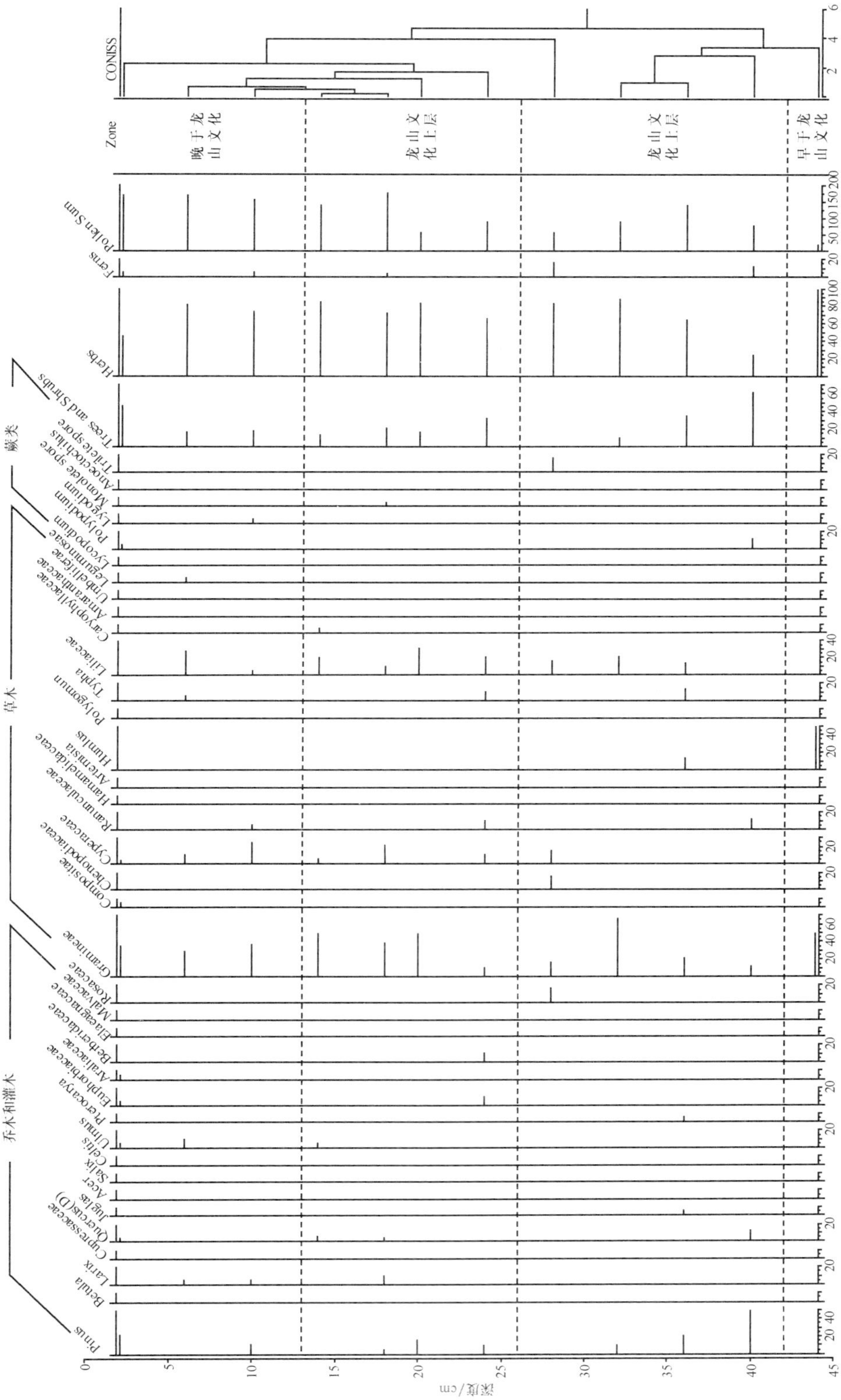

图二三七　ABYT2009探方孢粉百分比图谱

（三）其他环境替代指标分析结果

为了深入分析研究区域龙山文化时期植被和气候环境变化，图二三八给出了ABY2008探方孢粉数据和其他环境替代指标及ABYT2004探方环境替代指标的对比结果。可以看出，ABY2008探方孢粉数据结果和磁化率、粒度结果能够对应起来，和ABYT2004在阶段上也能对应，说明各项实验数据的可靠性。

ABYT2008探方和ABYT2004探方的磁化率、粒度和Rb/Sr曲线变化表明，在龙山文化产生以前，磁化率值低，粒度偏粗，但有波动，Rb/Sr值整体较高；此时孢粉浓度低，木本含量少，草本含量多，说明龙山文化产生前的气候环境也是凉干的。龙山文化时期孢粉浓度和磁化率值都相对增加，粒度相对变细，Rb/Sr相对变小，体现出温和干燥的气候环境特点。龙山文化之后的扰土和现代耕土，可能记录了近现代的环境，孢粉浓度大幅度增大，磁化率升高，粒度变粗，Rb/Sr较低，气候暖湿。

四、研究区域龙山文化时期的植被、气候环境与人类活动

从禹会村遗址地层孢粉记录看，在距今4500～4000年的龙山文化产生之前，研究区域以禾本科为主的草本占优势，总体体现出干凉的气候特点，但在剖面底部出现环纹藻，体现了阶段性的湿生环境。由于生土层无年代数据控制，无法判断其时期。在龙山文化时期，研究区域总体以草本占优势，同时生长着松属、落叶栎属、榆属、枫杨属、大戟科、禾本科、菊科、莎草科、葎草属等及少许蕨类，体现出温凉较干燥的气候条件，其中，龙山文化前期，孢粉浓度较大，木本含量较多，蕨类植物也较多，气候环境较温暖湿润；而龙山文化后期孢粉浓度相对较小，木本含量较少，草本含量较多，蕨类植物很少，气候条件较凉干。可以看出整个龙山文化期间有三次较明显的气候环境波动。

龙山时期总体温凉干燥的环境特点在淮河流域其他剖面记录中也有体现。河南洛阳寺河南剖面的孢粉分析显示淮河上游中全新世早期（距今4580～4125年）气候温和湿润，藜科花粉含量很少，蕨类孢子含量较高，有乔木花粉出现；中期（距今4125～3545年）气候变冷，阔叶树种消失①；而在同为淮河流域的山东沭河上游的孢粉分析表明②，龙山文化时期，气候变凉变干，针叶林面积有所扩大，但与现在相比

---

① 孙雄伟，夏正楷. 河南洛阳寺河南剖面中全新世以来的孢粉分析及环境变化. 北京大学学报（自然科学版），2005，41（2）：289-294.

② 齐乌云，梁中合，高立兵，等. 山东沭河上游史前文化人地关系研究. 第四纪研究，2006，26（4）：580-588.

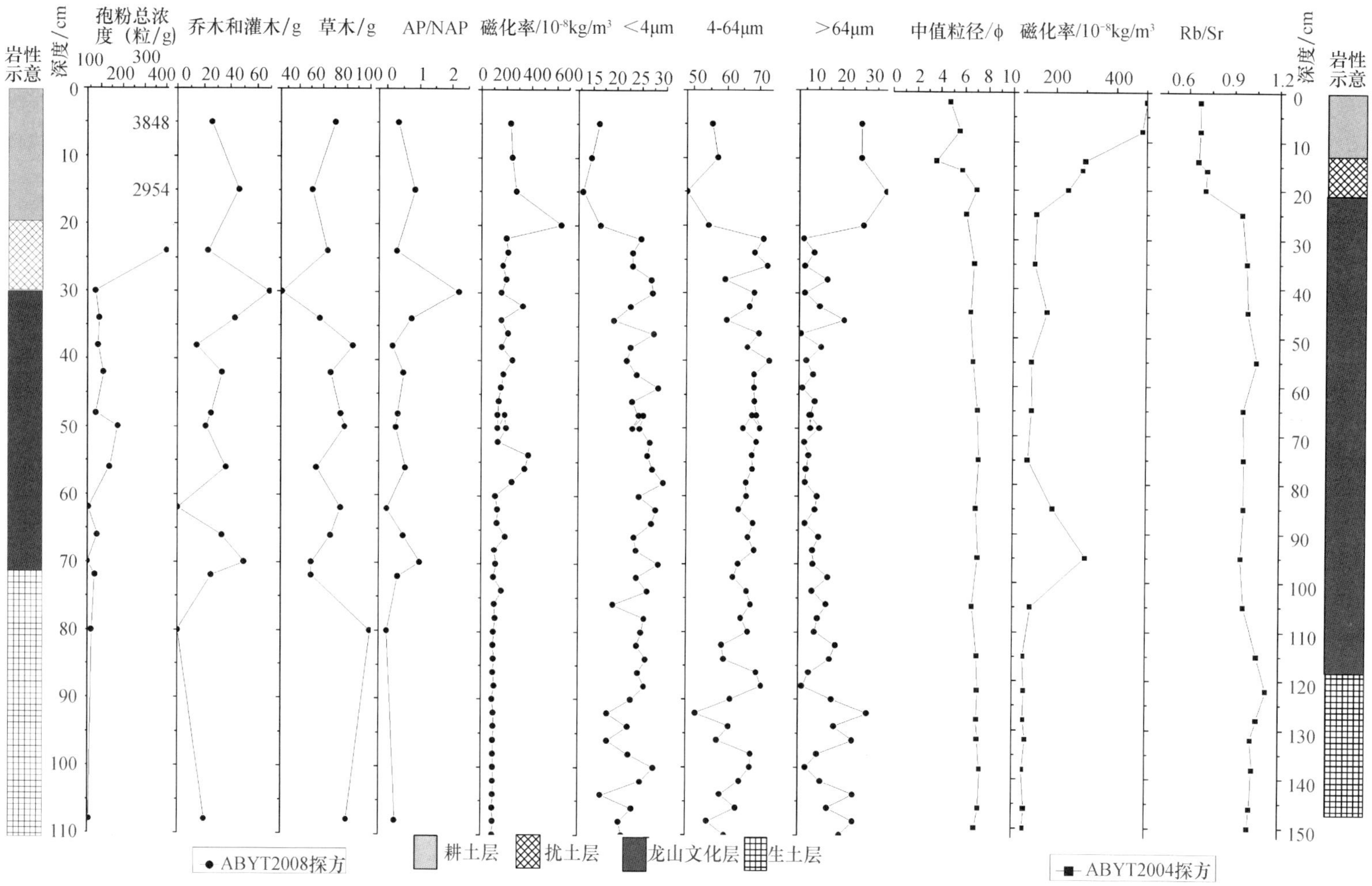

图二三八　ABYT2008探方南壁孢粉与其他环境代用指标及ABYT2004探方环境代用指标［据张广胜等 2010改绘］对比

（注：AP/NAP指木本/非木本；第1和2个样品的孢粉总浓度太大，为了看出下面数据的变化，两个样品数据直接标于图上）

仍温暖湿润。龙山文化的温凉偏湿气候结束时期出现了冷凉干旱气候条件下的森林草原植被。淮河上游主要支流双泊河北岸的河南新寨遗址区的孢粉记录①显示龙山时期为温和较干燥气候条件下生长有稀疏松树和落叶阔叶树的暖温带草原植被。可见，淮河流域龙山文化时期多个剖面孢粉记录的植被与环境特点有所不同，但总体具一致性。而淮河流域的龙山文化（距今4500～4000年）遗址的分布显示距今5000～4000年气候趋干，自然条件有利于人类生存，大汶口、龙山文化逐渐繁荣②。淮河下游流域的苏北遗址分布和海岸线关系分析也表明，龙山文化晚期阶段， 海水已东去，海岸线大致在连云港至阜宁一线的东侧， 南接东岗， 西连长江三角洲北岸河堤，苏北北部大部地区已成陆地， 人类活动空间扩大，遗址迅速发展③。对比自然档案记录可知，距今4500～4000年期间，中国东部气候环境发生了重大变化④，这在高分辨率的石笋⑤、泥炭⑥、湖泊沉积⑦等记录中都有体现，尤其在距今4200年前后，东部季风转型，气候由温暖的全新世适宜期转成整体干凉的晚全新世。禹会村遗址地层忠实记录了4500～4000年前的植被与气候环境信息，响应于中国东部季风区中晚全新世转型期间由暖湿转向温凉干燥的气候环境变化特点。

五、结　　论

对禹会村遗址ABYT2008探方和ABYT2009探方地层采集的28个土样进行了孢粉分析，结合磁化率、粒度、Rb/Sr等环境替代指标分析，结果表明：

（1）在4500～4000年前的龙山文化产生之前，研究区域以禾本科为主的草本占优势，总体体现出干凉的气候特点，但在剖面底部出现环纹藻，体现阶段性湿生环境。

---

① 夏正楷，王赞红，赵青春. 我国中原地区3500aBP前后的异常洪水事件及其气候背景. 中国科学（D），2003，33（9）：881-888.

② 黄润，朱诚，郑朝贵，等. 安徽淮河流域全新世环境演变对新石器遗址分布的影响. 地理学报，2005，60（9）：742-750.

③ 顾维玮，朱诚. 苏北地区新石器时代考古遗址分布特征及其与环境演变关系的研究. 地理科学，2005，25（2）：239-243.

④ Fenggui Liu, Zhaodong Feng, A dramatic climatic transition at ~4000 cal. yr BP and its cultural responses in Chinese cultural domains. The Holocene, 2012, 22（10）： 1181–1197.

⑤ Wang Y, Cheng H, Edwards R *et al*. The Holocene Asian monsoon： Links to solar changes and North Atlantic climate. Science, 2005, 308： 854–857.

⑥ Ma Chunmei, Zhu Cheng, Zheng Changui *et al*. Climate changes in East China Since the Late-glacial Inferred from high-resolution mountain peat humification. Sci China Ser D-Eearth Sci. 2009, 52(1)：118-131.

⑦ 王心源，张广胜，张恩楼，等. 巢湖湖泊沉积记录的早—中全世环境演化研究. 科学通报. 2008，53（增刊1）：132-138.

（2）研究区域龙山文化（距今4500～4000年）时期植被覆盖以禾本科等草本为主，乔木花粉以松属-落叶栎属-榆属等为主，其他还生长有枫杨属、大戟科、菊科、莎草科、葎草属等及少许蕨类，体现出温凉较干燥的气候条件，其中，龙山文化前期，孢粉浓度较大，木本含量较多，蕨类植物也较多，气候环境较温暖湿润；而龙山文化后期孢粉浓度相对较小，木本含量较少，草本含量较多，蕨类植物很少，气候条件较凉干，整个龙山文化时期有三次较明显的冷暖波动。

（3）禹会村遗址地层忠实记录了距今4500～4000年植被与气候环境变化信息，响应于中国东部季风区中晚全新世转型期间由暖湿转向温凉干燥的气候环境变化特点。

第十五节　禹会村遗址^{14}C测年

中国社会科学院考古研究所^{14}C实验室
中国科学院地球环境研究所西安加速器质谱中心

一、测年情况

禹会村遗址位于安徽省蚌埠市禹会区秦集镇禹会村，为龙山文化遗址，其经纬度为北纬30°53′07.5″，东经117°11′50.6″。2007～2011年期间进行发掘，出土器物有各类陶器、石器等。中国社会科学院考古研究所^{14}C实验室对于禹会村考古队提供的^{14}C测年样品做了年代测定工作。

测年工作分为两部分：第一部分是在2007年的测定工作，测定样品一个。样品号为：ZK-3287，样品物质为木炭。第二部分是在2008年期间的测定工作，测定样品6个。样品号为：ZK-8132，ZK-8134，ZK-8135，ZK-8136，ZK-8137，ZK-8138，样品物质为木炭。

2007年的测定工作所用方法为β计数的常规方法，由^{14}C实验室完成。2008年期间的工作为加速器质谱测年方法，由^{14}C实验室进行样品的前处理工作，中国科学院地球环境研究所西安加速器质谱中心进行制样和测定。

参加工作人员有^{14}C实验室的仇士华、张雪莲、钟建、黄晔；中国科学院地球环境研究所西安加速器质谱中心的卢雪峰。

二、几点说明

（1）^{14}C年代半衰期按5568年计算。

（2）校正年代所用程序为OxCal 3.10。

（3）所给年代误差范围分别为±1δ和±2δ，相应年代范围的概率分布为68.2%和95.4%。

（4）校正均按单一样品方式处理。

（5）数据均作^{13}C校正。

三、数据结果

（1）实验室编号：ZK-3287，原编号：2006ABYTG④，采集日期：2006年12月。

^{14}C年代：3822±40BP　（1872±40BC）

树轮校正年代：　1б：2350～2190BC（68.2%）

2б：2460～2190BC（87.9%）

2180～2140BC（ 7.5%）

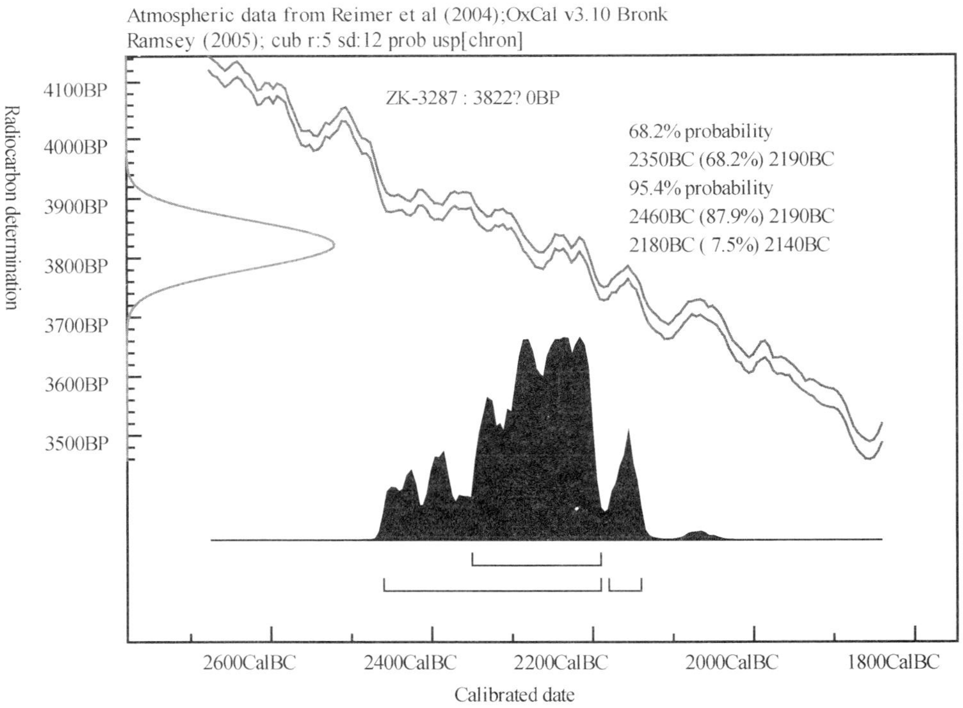

（2）实验室编号：ZK-8132，原编号：T1104③，采集日期：2007年。

^{14}C年代：3872±18BP　（1922±18BC）

树轮校正年代：1б：2460～2370BC（31.7%）

2350～2290BC（36.5%）

2б：2460～2290BC（95.4%）

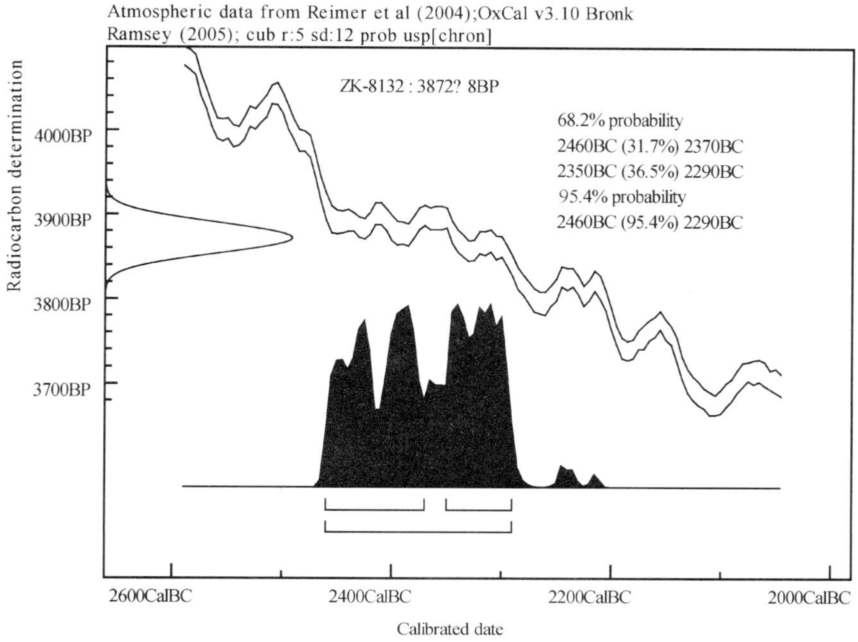

（3）实验室编号：ZK-8134，原编号：T1105，采集日期：2007年。

^{14}C年代：3899±18BP （1949±18BC）

树轮校正年代：1б：2470～2400BC（41.8%）

2390～2340BC（26.4%）

2б：2470～2300BC（95.4%）

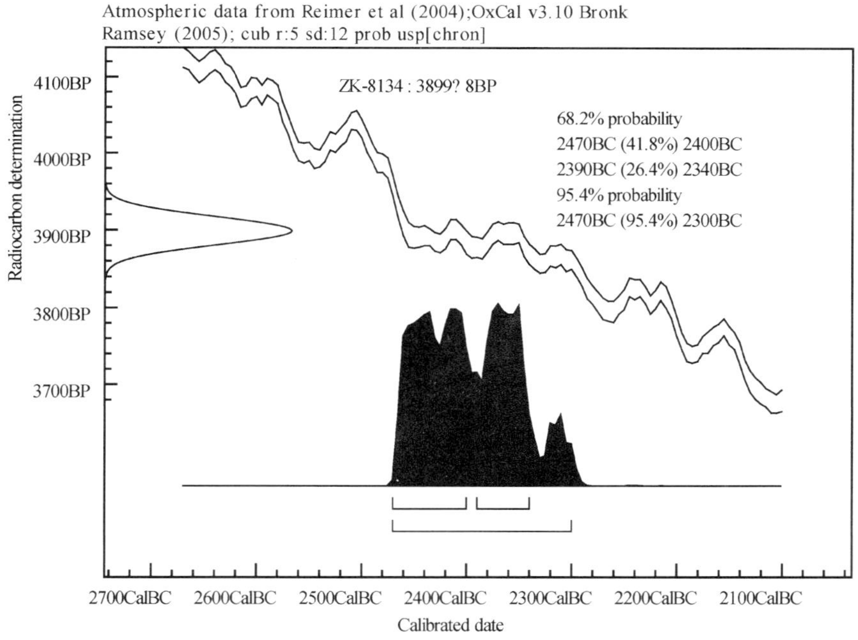

（4）实验室编号：ZK-8135，原编号：T2001③H1上层，采集日期：2007年。

^{14}C年代：3910 ± 18BP　（1960 ± 18BC）

树轮校正年代：1б：2470 ~ 2430BC（25.9%）

2420 ~ 2400BC（15.7%）

2380 ~ 2340BC（26.5%）

2б：2470 ~ 2330BC（95.4%）

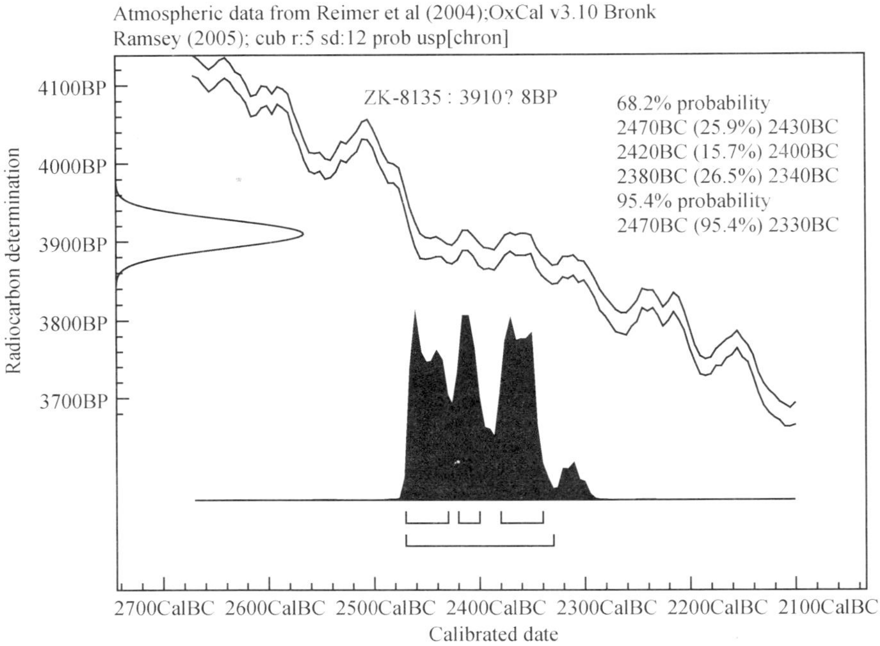

（5）实验室编号：ZK-8136，原编号：T2001③H1下层，采集日期：2007年。

^{14}C年代：3887 ± 20BP　（1937 ± 20BC）

树轮校正年代：1б：2460 ~ 2340BC（68.2%）

2б：2470 ~ 2290BC（95.4%）

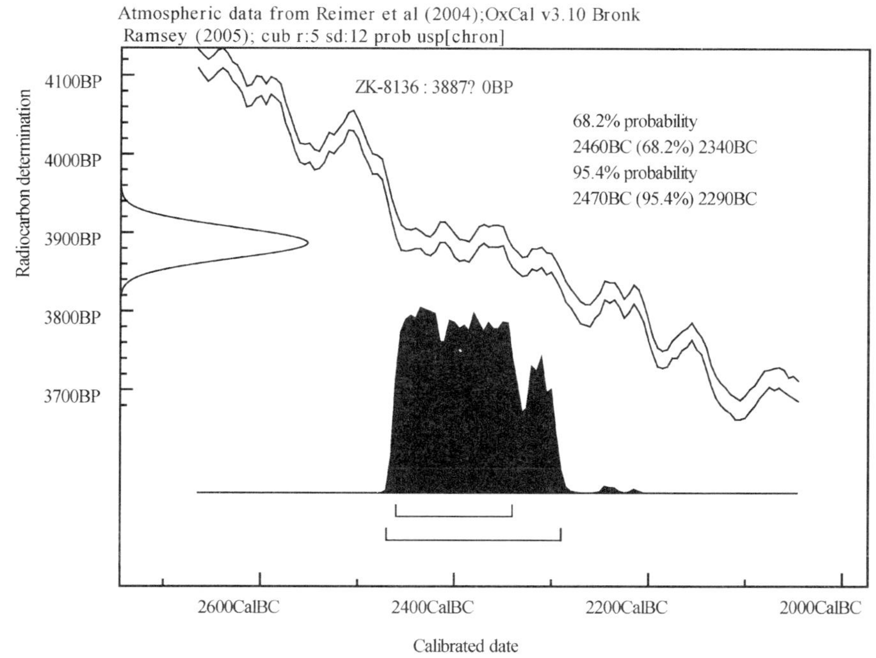

（6）实验室编号：ZK-8137，原编号：T2003③，采集日期：2007年。

^{14}C年代：3812 ± 19BP （1862 ± 19BC）

树轮校正年代：1б：2290 ~ 2270BC（15.7%）

2260 ~ 2205BC（52.5%）

2б：2340 ~ 2320BC（ 1.4%）

2310 ~ 2190BC（91.3%）

2170 ~ 2150BC（ 2.7%）

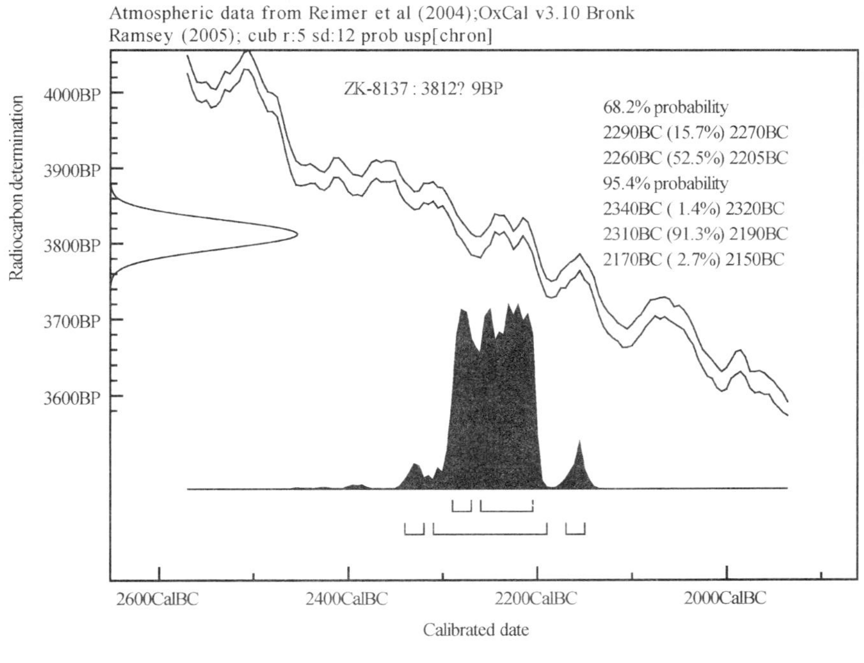

（7）实验室编号：ZK-8138，原编号：T2004③，160厘米×34厘米–77厘米，采集日期：2007年。

^{14}C年代：3880±18BP （1930±18BC）

树轮校正年代：1б：2460～2300BC（68.2%）

2б：2460～2290BC（95.4%）

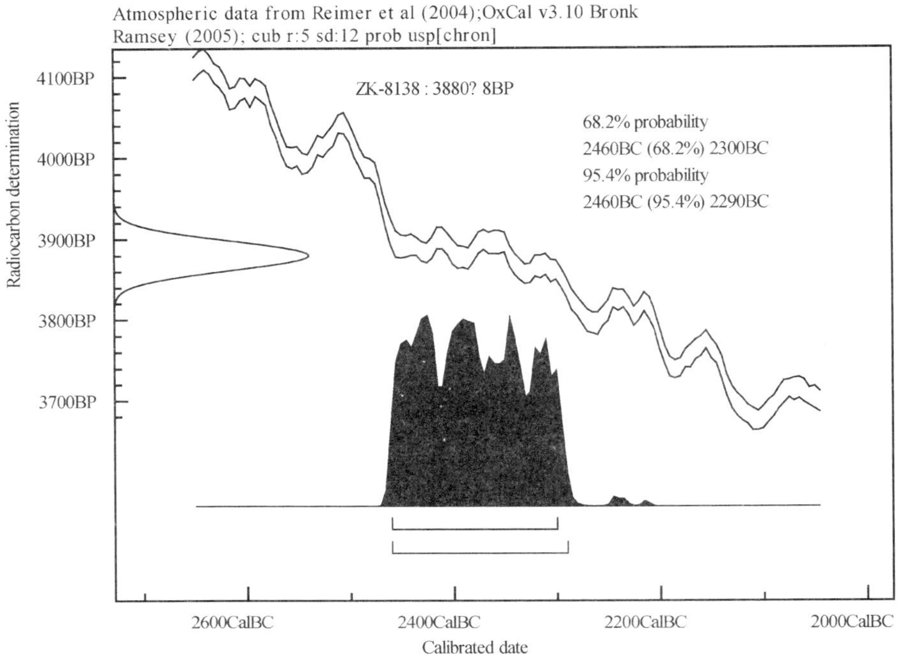

四、数据讨论

由上述结果可以看出，7个数据的年代范围为公元前2200～前2400年。其中样品号为ZK3287和ZK8137的年代分布主要处于公元前2200～前2300年前后，而其他5个数据的年代分布范围主要处于公元前2300年到公元前2400年前后。考虑到木炭样品有可能偏老的特点，若7个样品所出土的考古层位均比较接近的话，则样品号为ZK3287和ZK8137的数据结果应该更能够代表所取样品层位的年代。

第九章 结　　语

对禹会村遗址的认识，经过了考古钻探、发掘、资料整理、文化比较等不同的过程，尤其是在后期整理成文过程中，结合相关的文献记载又进行了一定的梳理，对理解禹会村遗址的文化现象和文化性质有很大的意义。

禹会村作为淮河流域一处大型的龙山文化遗址，与同类遗址相比具有它的独特性和复杂性，在全面认识遗址所反映的文化内涵方面，传统的考古学研究方法在某些方面难以诠释，所以，我们着重利用了自然科学的手段进行相关的测试和研究，并结合有关的文献记载去解读禹会村，以达到对遗址中复杂现象的逐步认识。

2007年第一次发掘时，我们对土样标本进行了传统式的水漂洗法浮选，尤其是2009年、2010年的第三、四次发掘，中国社会科学院考古研究所科技中心、南京大学、中国科学技术大学、蚌埠学院等单位，分别从环境学、气候学、植物学等方面采集地层土样，以多学科测试、研究的手段，获取禹会村遗址在环境气候变化、地层堆积特点、土壤植被类型、自然条件变迁等一系列成果信息，并从自然科学的角度对遗址进行了定量测量和研究分析（图版八一，1～6），探索了该地区文明起源进程中所具备的种种因素。这些自然科学的研究成果，不仅丰富了禹会村遗址考古的文化内涵，也印证了考古学研究的结论。

但也不能不承认，尽管遗址的分布范围大，但揭露的面积还不足1万平方米。只能说所获得的资料是遗址的主体部分，而相当大的面积已被河堤、公路、村庄叠压或已不复存在。因此，能够发掘的部位有限，在全面认识遗址的性质方面，还有许多疑难问题，需要进一步破解。尤其是遗物中的低温陶较多又不能全部复原，对器类的整体面貌和地域特征的排比无法作详细的统计。 同时，与人类生活相关的遗迹揭露较少，使我们不能准确探究在此活动的人群数量并复原当时的真正规模，如：工棚式建筑的分布规律、数量和总面积、临时性的生活设施的情况，等等，都是我们无法弥补的缺憾。

尽管如此，遗址中特殊的遗迹现象和复杂的文化内涵，已以最大的能量给学术界提供了探索的思路和研究空间，使我们得出了以下几点初步认识。

（一）禹会村是一处大型而单一的龙山文化遗址

自从学术界确立了黄淮地区的考古大课题以来，各级文物部门相继做了大量的工作，通过调查和发掘，在淮河流域原本空缺的地图上也逐渐标上了不同时代文化分布的地点。

实际上，淮河流域从较早阶段的新石器文化到龙山文化阶段，其发展框架是比较完整的。由于不同时期文化遗存的发现，学术界对淮河流域古文化原本模糊的轮廓也逐渐清晰起来。尤其是从大汶口文化至龙山文化阶段，各个领域的发展都达到了一定的程度。在我们调查的遗址中，多数都有两种文化的叠压现象，展现了两种文化或两种以上文化的密切关系，该类遗存的形成，说明了生活方式的稳固和不同阶段不同时期文化的传承。而单一的遗存，与相对短期的生活延续或与特殊的自然环境有着密切关系。像禹会村这样的单一龙山文化遗址，在淮河流域并不多见。一般都是两种或两种以上的文化（龙山、商周）相叠压。因此，就文明探源的课题来说，禹会村即为我们考证该地区的文明发展状况提供了极好的选择，这正是在文明探源工程中苦苦寻找的遗址。因为，文明探源中的一个重要问题，就是从时间范围来说，要把握在龙山文化中晚期范畴内，即公元前2500～前1500年，进行“中华文明形成与早期发展阶段的社会与精神文化研究”。

禹会村遗址的面积，也是淮河流域目前发现最大的一处，尽管与黄河、长江流域同类遗存相比不占面积上的优势，但处在特殊地理位置的禹会村遗址，能保存如此大的面积是非常难得的。尽管遗址因常年的治淮工程和农村基本建设受到了较大程度的破坏，但遗迹的分布范围至少还保存有50万平方米。应该说，遗址面积原本还有更大的可能。

遗址的面积大，而文化堆积薄，除了后期破坏的原因外，也说明当时有较多的人群在较短的时间内活动在较大的范围中。

（二）禹会村是一处大型的礼仪性建筑基址

禹会村遗址的特殊现象，就在于它不是一处一般的聚落遗址。首先表现的是遗迹现象特殊，其次表现的是文化内涵复杂。发掘期间，专家团曾多次现场考察，共同对禹会村遗址中的遗迹现象进行“会诊”和断代，给予了学术性定位：禹会村是一处大型的礼仪性建筑基址。

龙山文化阶段，祭祀遗迹的出现不为少数，但像禹会村这样大型的祭祀台基包括台基面上的相关祭祀设施，在同时代的遗址中还是非常罕见的。它具有面积大、相关设施复杂、形式特殊的特点。

这种现象引起了我们多方面的思考：①为什么在建造这处祭祀台基的时候要采用挖槽堆筑的方法，并用不同颜色的土分层堆筑和铺垫；②在用土方面，尤其是黄土、白土的用土量之大，其来源在哪里；③为什么在祭祀台基面的中轴线上又从北往南呈现有凸岭、凹槽、烧祭面、方土台、长排柱坑等相关设施；④为什么在这个区域举行大型的祭祀活动，祭祀的内容是什么；⑤能够组织或主持这种祭祀活动的人，一定会具有聚落霸主的地位，这个人又是谁；⑥遗址的地理位置和文化现象与古籍记载和民间传说事件相吻合，是否对考证历史事件有积极的意义。

祭祀台，是当时祭祀活动的中心场所，在禹会村遗址中占有举足轻重的分量，也可以说，由于该祭祀台的存在，才引发了与祭祀相关的各种迹象的出现，如祭祀沟、专属通道、祭祀坑、简易式工棚建筑等。

禹会村遗址的各种迹象无不与祭祀活动有关，其中，有一点不能不提及：遗址中各种具有祭祀性质和与之相关迹象的出现都具有以下共同特点。

第一，从Ⅰ区的大型祭祀台基到Ⅱ区的圆圈遗迹以及长达百余米的通道，都是经过了先挖槽，再用不同的土堆筑的过程，表现了与祭祀台基相同的思维方式和施工方法，这种现象，在实施前应该经过了统一的规划或设计。

第二，在祭祀沟、祭祀坑的包含物中，除含有陶器、陶器残片、磨石和草木灰烬外，还都有很多的被火烧过的动物碎骨，经中国社会科学院考古研究所科技中心袁靖先生鉴定，碎骨多为哺乳类动物骨骼，但由于被烧得过甚，骨块酥松碎小，无法作进一步的鉴定，仅有个别的牙齿部位保存尚好，可鉴定为猪和牛的遗骸。

同时，在遗迹的包含物中，更是显现了在同类遗址中的特殊之处。主要从以下几点可以看出。

（1）祭祀沟、祭祀坑等遗迹现象同出于一个层位，却不见与日常生活相关的居住址和生活遗迹，而简易式的工棚建筑，表现的则是短期的生活行为。

（2）器物的造型、种类等又多与不同地区的同时期文化有密切相关。其丰厚的文化内涵主要表现在具有明显的地域特征上。中原地区河南龙山文化的王油坊类型，在禹会村遗址中占据了相当大的比例，其中，鼎的造型特征最具时代和地域特色，扁体状长三角足，是禹会村遗址最常见的，尤其在足尖外侧施加按痕现象，是豫东龙山文化所具有的，同时，这种类型的鼎和大袋足陶鬶（盉），在苏北的滁河流域、上海松江的环太湖地区以及长江中下游的良渚文化中都有展现。黄河下游的山东龙山文化因素也在禹会村遗址中占有一定的比例，尤其是鬼脸式足的鼎和红陶鬶、黑陶鬶、白陶鬶等造型，是山东龙山文化最具特征的器物，应该说，禹会村遗址有其“汇聚”因素，也不排除有“辐射”的可能。

（3）每个遗迹单位中的包含物除都有草木灰、磨石和大量的陶器碎片外，还都有完整或较完整的器物，有的在一个遗迹单位中出现十多件相同的器形（如JSK4中的高柄器盖），应是一种罕见的现象。即使在其他遗址的同时期墓葬中也未曾见过。

（4）磨石的出土量大大高于同期文化的其他遗址，在133件磨石中，除一部分遗留在祭祀台基的烧祭面旁边，更多的则出土在祭祀沟和祭祀坑内。

一般认为，磨石即是用来磨制石器、骨器、蚌器或脱粒谷物的器具。如果磨石多，相应的磨制器具的数量也应该呈正比。而禹会村遗址中，磨制石器的出土量甚少，像石镞、石斧、石锛等生产活动类的器物共计不足70件，从磨石的使用现象来看，仅有个别磨石（JSG③：29）其磨面有似磨制石镞而形成的沟槽，少部分也有因使用原因形成的磨面下凹现象，多数为平滑、细腻的磨面，有的体形较小，正、背面及侧面均保留有较好的磨面，很难作为脱粒谷物的器具，被磨制过的骨器仅有1件，不见磨制蚌器。是什么原因在禹会村遗址中存在如此多的磨石，暂时无法作出回答。

当然，我们不排除由于磨石的破碎而出现数量的增多，因为所出土的磨石多为器物的局部残块，仅个别保存着完整的器形。但从不同的石质观察，从磨石残块的两面和侧面观察，从磨石的形状、厚度观察，又具有不同的质料和不同程度的使用情况，很难完全肯定地承认是因磨石的破碎而出现数量较多的可能。这种特殊的现象，有待于作进一步的测试、观察和研究。

还有一种现象值得提及，即在同一个遗迹单位的不同层位中或不同遗迹单位的陶器碎片中，却能复原出一个完整的器物。见表五九。

表五九 陶器拼合现象

现器物名称	现器物编号	修复成型前的出土层位或单位	
假腹簋	JSG②：14	JSG②层	JSG③层
鼓腹罐	JSG③：72	JSG③层	JSG②层
深腹罐	JSG②：5	JSG②层	JSG③层
盘	JSG③：5	JSG③层	JSG②层
罐	JSK4：10	JSK4	JSK5
甑	JSK4：7	JSK4	JSK5
磨盘	HG1：5	HG1	HG4

这说明，每个坑内包含物的堆积过程不存在较大的时间差异，同时，每个坑所形成的时间，更没有明显的时空跨度，或是同时，或是在较短的时间内经过人类的有意行为而形成。这种现象在其他地区的同类遗址中也是非常罕见的。

遗迹现象与当时的日常生活没有明显的关系，所表现的文化主题应是单纯的，仅从各种迹象来看，禹会村遗址的的确确表现的是一个富有浓厚文化色彩的礼仪性建筑基址。

巨大的祭祀台基面，尽管出土的遗物不多，但作为祭祀台基面上的各种独立的遗迹现象却蕴含着极为丰富的信息内容，这又使我们不能不思考以下几个问题。

1. 烧祭面问题

烧祭面是祭祀台面上的主要设施之一。该处烧祭面已经达到了100平方米的范围，从局部被火烧过的迹象表明，用火的时间、烧祭的次数和用火的规模都达到了一定的程度。从平整、光滑、坚硬的烧土面来看，这并非一日之功或在短期内烧祭所能达到的效果。充分显示了烧祭的规模和场面非同小可，应具有隆重的仪式和复杂的内容。同时，在烧祭面附近，也有多处经过长时间烧烤而形成的小面积圆形烧痕，构成了在大面积烧祭活动中又同时进行小范围燎祭的形式，类似的烧祭面在国内同类型遗址中尚属罕见。至于在烧祭面的西侧又铺设南北向的五条木棍，应该具有一定的含义，或者具有更为复杂的内容，值得我们作进一步的研究，而还遗留于烧祭面上的陶甗、陶杯、磨石等，应该是在祭祀过程中必用的器物。

2. 方土台问题

方土台的出现，给整个祭祀台基赋予了重要内涵，它既构成了整个祭祀台基面上的重要设施之一，又包含着特殊的功能和用途。由于方土台的顶部被破坏，使我们无法知道其本来的高度，但应该是一个呈平面、方形的固定设施。尽管该设施没有发现明显的夯迹，但依据方土台的高度和现状判断，如果只是利用堆筑的方法是很难达到如此的高度的，我们仅在底部边缘发现了个别地方有版筑的迹象，应该是通过版筑经夯而成。至于方土台的用图，在整个祭祀过程中是否扮演着神台的角色，是值得我们深思的问题。

3. 带柱洞的长方形土坑问题

长方形土坑的整体布局清楚，间隔距离相等，具有一定的规律性。仔细观察有一个特殊现象，长达50米的35个土坑，均匀地分布在祭祀台基面的中轴线上，但土坑自身的东西长度不一，就是说，坑的东部坑缘不在一条直线上，略有错位，但西部坑缘一致，同时，圆形柱洞也均位于土坑的西端，在整体上南北形成一条直线排列，柱洞的直径尺寸也大致相等。这种现象，其主要表现的应在柱洞的内容上，看来，柱子的位置和排列也是经过了统一的规划和设计的。长方形土坑的用途，应是为立柱而特意实施的一种前期设施，坑边西侧规则，柱洞南北排列整齐，显然是在统一规划下而设置的。而坑边东侧错落不齐，说明没有严格的规划，显示了挖坑时的随意性，这种现象可能是与从东端掀起木柱栽入地下有一定的关系，也由此可见，木柱应具有一定的高度。

柱洞的平面、剖面现象明显，洞内填土较纯净，底部不见铺垫物。一般情况下，柱洞的形成不外乎有以下几种原因：①在迹象废弃时，所栽入的木柱原地不动，天长日久木柱腐朽而形成柱洞，但这种现象应该在柱洞的填土内遗有炭化或腐朽的木痕；②在迹象废弃时，人类有意地拔掉了木柱，而柱洞内的填土应为自然淤积而形成，这种洞内的填土，应该具有细腻松软的特点；③在迹象废弃时，人类拔掉了木柱，又有意地掩埋柱坑而形成的柱洞，这种现象反映在柱洞内的填土土质应具有一定的杂性。根据现存的现象，该迹象中的柱洞应该属于第二种可能。柱洞底部不曾发现有作为柱础的铺垫物，说明该迹象具有临时性的因素。

一般而言，遗址中出现的柱洞或柱础，多与建筑有着密切的关系，通常情况下，作为一处建筑，无论是宫殿还是房屋，柱洞的排列应该具有或方形，或长方形，或圆形，或椭圆形的分布形式，但是，祭祀台基面上柱洞的排列呈一字形，且长达50米，这种现象，使我们无论如何都与建筑联系不起来，由于它分布在祭祀台基面南部的中轴线上，而立木柱的迹象是客观存在的，至于木柱之上是附有图腾标志还是另有其他物品，不得而知，但北部与方土台、烧祭面相呼应，这种现象，我们只能在“禹会诸侯于涂山，执玉帛者万国”的内容中寻找答案。

4. 凹槽及圆形圜底坑问题

凹槽及圆形圜底坑，均为低于祭祀台基面的一种迹象，在发掘清理的过程中，我们曾认为与后期的破坏或地层的塌陷有关。但是，后经探沟剖面地层观察和进一步考证，这种现象应该完全是人为的一种迹象，与破坏或塌陷无关。第一，如果是人为的破坏，就会有明显的打破地层的现象，致使坑壁会显露出铺垫层的剖面；第二，该祭祀台基面完全是经过人工堆筑铺垫而成，尽管夯的迹象不明显，但土层必定经过了人力的作用，应该不会形成塌陷现象。根据坑壁、坑底和槽壁、槽底的黄土、白土连接现象，我们有理由认为这是一种有意识的人为迹象。圆形圜底坑尽管分布于较集中的区域，但整体布局还看不出其规律性。凹槽的布局东西贯通祭祀台基面北部，宽窄有别，弯曲有度，就像一条河流的缩影，应该具有特定的含义。

5. 凸岭问题

凸岭现象，主要与相邻的凹槽作比较，显示出了该迹象高出的现象。实际上，在整个祭祀台基面上，从烧祭面到凸岭的部位均高于其他地方，加上凹槽的存在，就自然地显示出凸岭更为明显。遗憾的是，凸岭的西端被叠压在水泥路和民房建筑之下，无法揭露，因此，也不能复原凸岭的真实长度和本来面貌。清理暴露的凸岭，呈不规则交叉形布局，即东—西和东北—西南相交叉，整体呈不规则“X”状。凸岭的顶部较平，平均宽为1米许，又像纵横弯曲的道路。当地人自古就流传着一个说法：说古时候在祭祀台基部位的西侧有一条道路叫“跑马岭”，直通淮河，相传是大禹当年经常骑马巡视水情走过的地方。正好该凸岭的西侧尚未到尽头，是否会通到淮河？是否与传说有着内在的联系？这恐怕也与“禹会”地名的由来一样。

6. 祭祀沟问题

显而易见，祭祀沟即是在祭祀过程中对废弃物品的堆放点，之中蕴藏着大量的或全部的有关在此祭祀过程或祭祀形式的信息。根据沟内出土的遗物看，多为陶器碎片。而这些碎片与附近相关遗迹中的陶器大部分相同，多具有陶质酥松、火候低的特点，而且，器形多变形，这些数量之多的低温陶，显然不是生活中的实用器，应该是专为祭祀而特制的祭器。另外，完全不具备生活实用器功能的陶甓形器，均出自于祭祀沟内，看来，陶甓形器是祭祀过程中的特定器物，具有特殊的意义和用途。

沟内陶片破碎严重，以泥质陶为主，以红褐色占优势，胎壁厚、器形大成为显著特点。可想而知，这些器物是在祭祀过程中或祭祀活动后被打碎或直接丢弃于沟内的。又根据沟内的包含物中存在有相当多的木炭、灰屑、磨石和动物骨骼等遗物，从而又反射出了祭祀中的内容和形式。

沟内丰富的包含物和祭祀台基相呼应，反射出了活动的规模之庞大，成为目前国内龙山文化阶段最大、最具盛名的大型礼仪性遗址。

这处巨大工程。从台基面的成型和面上的种种迹象来看，显然经过了统一的规划、设计和施工，并明显地看出是分为几个步骤实施完成的，即：

第一步，根据事先的设计和规划，先在原地挖出相应的坑槽，然后用灰土（原地土）堆筑至坑沿；

第二步，沿坑沿的范围铺垫一层黄土；

第三步，又沿黄土的范围铺垫一层白土；

第四步，当大型的白土覆盖面形成以后，再逐步进行烧祭面的铺垫并附加其他设施，尤其是方土台和带有柱洞的长方形土坑，是在白土面之上又重新挖出坑槽，再进行相应设施的施工，待所有设施都完成后再进行祭祀活动。这处巨大的祭祀场所，必定要花费一定的人力、物力和时间，尤其是对不同土质的选择，也必定蕴藏着深刻的含义，为此，我们也将祭祀台基的不同土样标本进行了相关的测试（详见第八章第三节），从中看出对祭祀台基的选址、设计、施工等过程所付出的巨大代价。

祭祀台基是一个神圣的地方，在严格的组织下，有统一的进出场程序，从祭祀台基面西侧通往Ⅱ区的由人工挖槽、堆筑起来的专门通道，给我们再现了祭祀过程的神圣内容。通道的出现，与祭祀台基具有相同的建构程序，但对通道的堆筑和铺垫，比祭祀台基少了一层黄土，而最上层的白土也没有祭祀台基面的白土纯净，可能具有一定的思维模式。应该说，祭祀遗迹，涵盖了古人的宗教观、祭祀观、政治观和礼仪制度，它提供了丰富的形象物证，这是文献记载难以满足的。同时，准确的时代性，地域性，自然科学手段对地层的剖析，更为传世文献所不及。实际上，是遗迹现象提升了实物史料应有的价值。

不能不提及的是，祭祀台基的坐标位置，往北与4公里处的荆、涂二山之间的河口相对应（彩版二六，1），与古籍中所记载的“涂山在怀远县南八里，与荆山隔岸对峙而淮流其中，古涂山氏国于此”（《乾隆江南通志》）可能存在一定的内在联系。而在涂山之巅远眺禹会村遗址，两者即遥相呼应（彩版二六，2），这种对应现象如果不是偶然的巧合，则说明在对祭祀台基的选点和定位方面，是有特殊用意和考虑的。至今，当地人们还流传着：荆山、涂山，原为一座山，大禹治水时，为了疏通河道而劈山倒水，形成了今天的两壁对峙之势，洪水由此一泻千里，向下游流去，江河从此畅通。《水经注》载：“荆涂二山，相为一脉，禹以桐柏之流泛滥为害，乃凿山为二以通之。”而《怀远县志》引《图经》中也有类似的记载：“荆涂二山，本相连属，禹凿为二，以通淮流。”无论该说法有多大的可信度，但“以通淮流”的河口依然存在，况且禹会村遗址的祭祀台基与河口的南北对应，是否在选址方面蕴含着特殊的意义呢？

（三）禹会村不是一处单纯的居住遗址

在禹会村遗址的整个资料中，缺少与长期生活、居住有关的遗迹，用作生产活动的石器工具出土量极少，这与我们通常认为的以生产、生活为主要内容的聚落遗存相差甚远，这种现象正是说明了遗址本身具有短期行为，生产活动仅仅维持短期的生活所需而没有成为主要内容，而陶器的出土量非常丰富，但陶器资料又与龙山文化特点和时代特点具有极大的差异。

应该说，龙山文化的陶器，在我国有陶以来的发展中，在制陶的成型、烧制火候以及制作技巧方面已经达到了鼎盛时期。然而，禹会村遗址的陶器却表现得与时代反差极大。尽管器形的大小都符合生活中的实用器，但多数都不宜在生活中使用。

不把禹会村遗址作为单纯的居住遗址，主要考虑以下几个特殊现象：

（1）陶质火候低，陶质酥松。很多器物在原地清理时基本都能看出严重破碎后的形状和特征，但由于陶片酥松碎小，在清理后都难以起取，甚至取出后给修复带来了相当大的难度（彩版二七，1～6；图版八二，1～6）。相比之下，有些器物陶质略硬，但破碎后散落的现象较为严重，尽管如此，亦能看出散落后的个体，JSK2即属于这种现象。因此，禹会村遗迹中，修复成型的器物数量并不是遗迹单位的全部，或说达不到出土登记的器物数量。应该说，这种现象在龙山文化时期也是非常罕见的。

（2）器物变形。在同期其他的龙山遗址中，很少见到器物变形现象，这与随意性制陶和随意性烧制有很大的关系。这种特殊现象提醒我们应该关注陶器的产地问题，为此，中国科学技术大学为陶器产地问题特选择标本进行了测试，认为以上两点具备当地制作和当地烧制的特点。

（3）具有礼器性质的器形较为精致。蛋壳磨光黑陶（严格意义上，禹会村仅能称之为薄胎陶）是龙山文化的典型器物，这在同期的其他遗址中经常见到，禹会村遗址出土的蛋壳黑陶杯，形制多样，尽管复原成型者甚少，但均能看出制作精致，器形规整，火候高，陶质硬度大，是禹会村遗址器物中的精品。这种器物的出现，在随意制作和随意烧制的过程中是很难完成的，所以，这种带有礼器性质的器物不能不承认有不同地区的人群为了祭祀活动从不同地区带来的可能。为求证相关陶器的产地问题，中国科学技术大学科技史与科技考古系对安徽禹会村遗址出土陶器微量元素组成进行了测试分析，微量元素分析表明，禹会村遗址出土的普通陶器应是禹会村遗址本地所产，而薄胎黑陶有着不同的产地来源（详见第八章第十节）。

（4）房屋建筑也证实了禹会村遗址不是长久性的居住场所。从社会发展的角度而言，龙山文化时期，建造房屋已经达到了相当高的技术。从墙体到居住面都会经过刻意的加工和装饰，常见的有红烧土墙体，加工平整或经过烧烤的居住面，室内一般有与生活相关的灶址或生活用具，更多见的是涂有白灰面的居住面和墙体，有固定的门道等，显示了龙山文化时期在建造房屋时的高超技术。而禹会村遗址的建筑，多为柱坑槽和柱洞构成的一个仅能遮风挡雨的临时空间。房址的现状和布局，显然没有经过一定的规划和设计，没有坚固的墙体，没有加工的居住面，没有生活设施，同样表现了具有随意性的建筑形式。但每处房址的面积却很大，分布的区域也很广，显示了多人群居住，而又具有短期行为的格局，这应与遗址的性质密切相关。

禹会村遗址的大型祭祀台基面辐射出了当时礼仪性活动的一个宏大场面，祭祀台基面上的种种设施在祭祀过程中是不可分割的重要组成部分，宏大的场面和众多的迹象表明，其活动的内容相当隆重和复杂，同时，也具有一定的神秘性。

从祭祀台基面的施工和各种设施的完成，到祭祀活动的进行和过程，显然不是人们自发的行为，应是为了一个明确的目的，或是祭天、祭地、祭神灵而修建的“临时舞台”。这就给我们提出了一个需要思考的问题，对该项工程的实施，首先需要有一定向心力、凝聚力的人物去组织。其次，也应有同等地位的人物去主持这种大型的祭祀活动。

禹会村遗址的大型礼仪性遗址是社会发展到一定阶段的产物，该遗址的^{14}C年代为距今4100年，这个时期，正是龙山文化晚期，也是在淮河流域最昌盛的时期，而龙山文化时期与大禹的时期刚好相符，同时，又加上地理位置的吻合，因此，我们不能不考虑与“禹会诸侯”事件有关。

作为新石器时代晚期的龙山文化在淮河流域的出现，代表了一种新型的文化形态，它应是当时政治、经济和宗教活动的重要区域。从考古资料去考察当时的社会发展和演进，探索各个地区文明起源的进程以及后来如何汇聚、如何加速王朝国家的形成过程，禹会村遗址的发掘自然地显示出了很重要的意义。

发掘禹会村，是学术研究的需要，是多学科研究的需要，也是中华文明探源的需要，通过它，不仅能填补龙山文化地域的空白，也会对龙山文化的发展传播提供资料支撑，同时，对研究淮河流域中华文明的起源具有重大学术意义。

（四）禹会村遗址对考证涂山地望具有一定的意义

在我国，到处都有关于大禹的遗迹和传闻。在众多的史书记载中，只要提到涂山，就会与大禹治水的故事紧密相连，然而，我国拥有“涂山”的地名却是不在少数，如重庆、浙江的绍兴、安徽的蚌埠等。而拥有地上禹迹的地方更是比比皆是，如禹王宫、禹王庙等建筑，还有更多地方有为表达后世感其公德而塑起的大禹治水像，如，今属安徽蚌埠市西郊有禹墟和禹王宫，怀远县城有大禹像；陕西韩城县有禹门；山西河津县城有禹门口，山西芮城塑有大禹塑像，山西夏县中条山麓有禹王城址；河南开封市郊有禹王台，禹州城内有禹王锁蛟井，禹州市禹王大道与画圣路交汇处立有大禹像，河南洛阳更有大禹开凿龙门的传说等；湖北武汉龟山东端有禹功矶；湖南长沙岳麓山巅有禹王碑；江苏苏州太湖沿岸村落里都供奉着“水神”禹王的雕像，江苏最东端圆陀角风景区立有大禹像；四川南江县还建有禹王宫，四川汶川威州路口立有高达16米的大禹塑像，山东济南黄河景区立有大禹像，山东兖州有大禹像，山东有禹城；浙江绍兴的大禹陵有高达21米的大禹铜像，浙江余杭镇广场上有一座大禹像；甘肃兰州九州台森林文化公园立有大禹像；汉水流域旬阳县城东60公里外的山崖上刻了“禹穴”二字，关口镇也落成有大禹塑像；三峡大坝附近的黄陵庙供奉着治水英雄大禹的像；壶口瀑布立有大禹像。这些遍布中国的大禹遗迹，记刻着大禹的丰功和人们的思念。可见，大禹是我国古代人物中最受人们崇敬的一个，也说明大禹其人其事，在我国历史上举足轻重。由于现代考古学、先秦学、人类学、地质学及自然科学中各种测试手段的发达，对于洪荒时代的情况，也大概有一个近似的了解。

一直以来，学术界将涂山一带视为原始社会后期涂山氏聚居的地方，并确立了涂山重要的历史地位，这对考证涂山地望、考证大禹文化、考证淮河文明具有重要意义。但是，在以往的研究中，对涂山地望的考证众说纷纭。2001年，“涂山·淮河流域历史文明研讨会暨中国先秦史学会第七届年会”在蚌埠召开，与会专家在论证涂山的地望时，越来越趋于一致，有的认为，“今安徽蚌埠怀远县之涂山不仅是‘禹会诸侯’的涂山，也传说是涂山氏之聚居地”①。有的认为，“安徽怀远淮河与其支流涡河交会口附近，是禹治水可能达到的地方，也容易发生水患而必须治理的地方。由此，

① 孟世凯. 夏文化与涂山（中国先秦史学会论文丛书之五）. 蚌埠涂山，华夏文明. 合肥：黄山书社，2002：24.

最有理由认为，只有安徽怀远的涂山可能是禹娶涂山氏之女的涂山”①。

提到“禹会诸侯”，人们就会自然想到“涂山”，学术界熟悉而又有争议的“涂山氏国”到底在哪？便是大家最为关心的。然而，多少年来，不少省份和地区为了一个地名所困，只因为有不少地区都有“涂山”的存在，才对“涂山”地理位置之说持不同意见，也说明禹迹分布到了广阔的范围②。有学者认为，早在唐朝时期，就有人考证“涂山”之说存在四处：一在浙江会稽（绍兴），二在西南渝州（重庆），三在濠州（蚌埠怀远），四在当涂（马鞍山当涂）。因为各地都有传说中的大禹遗迹，又都能从史籍文献中找到一些出处，似乎都有一些道理。但自20世纪80年代以来，史学家经过认真论证，倾向于涂山就是现在蚌埠境内淮河南岸的涂山。理由是，根据大禹治水事件的发生并引发的大禹会诸侯事件，如在浙江绍兴则太偏东南，如在重庆则太偏西南，都不符合当时的历史情况，蚌埠涂山地理位置居中，最为合理。故有学者认为“大禹盟会地点选择在怀远涂山是合理可信的”③。尽管涂山所在有几种说法，“当以今安徽省怀远县淮河南岸的涂山为是，即《左传·哀公七年》：‘禹合诸侯于涂山，执玉帛者万国’”④。

中国先秦史学会会长李学勤先生在《涂山·淮河流域历史文明研讨会暨中国先秦史学会第七届年会开幕词》中讲到：“就夏代来说，记载禹会涂山，古书有明文注释，涂山在今天的蚌埠市怀远县。⑤”

发生在大禹身上的“禹娶”与“禹会”两件大事所涉及的地点应该一致，与涂山密切相关的“涂山氏国”也只能有一个。学者认为，处于淮河中游的涂山氏国在大禹治水时期已经是很有影响的部落，又是大禹成就治水大业的根据地，故有的学者直接认为，“禹娶涂山的四川巴县说、江南当涂说和浙江会稽说，均不足信据。唯一可信的，当是晋杜预的寿县东北说，即安徽蚌埠怀远县境说”⑥。所以，“禹娶”与“禹会诸侯”之涂山，应是蚌埠西郊淮河岸边的涂山。

从环境背景重建的角度来对禹会村遗址与“大禹治水”历史传说的渊源等问题进

---

① 刘宝才. 涂山氏说（中国先秦史学会论文丛书之五）. 蚌埠涂山，华夏文明. 合肥：黄山书社，2002：28.

② 顾颉刚. 古史辨. 上海：上海古籍出版社，1982：106.

③ 西汝泽. 大禹缘何于涂山盟会（中国先秦史学会论文丛书之五）. 蚌埠涂山，华夏文明之. 合肥：黄山书社，2002：188.

④ 李先登. 试论涂山氏在夏王朝建立中的重要地位（中国先秦史学会论文丛书之五）. 蚌埠涂山，华夏文明. 合肥：黄山书社，2002：56.

⑤ 李学勤. 涂山·淮河流域历史文明研讨会暨中国先秦史学会第七届年会开幕词（中国先秦史学会论文丛书之五）. 蚌埠涂山，华夏文明. 合肥：黄山书社，2002：2.

⑥ 陈平. 禹娶涂山氏女四议（中国先秦史学会论文丛书之五）. 蚌埠涂山，华夏文明. 合肥：黄山书社，2002：63.

行考证，应该是解决这一系列问题的根本途径。

大禹治水的神话故事在全国许多地方世代相传，而且许多名山大川也都被说成是受禹治理过的。其中有关大禹和其父鲧在今鲁南苏北黄淮泛区治水的传说也在华夏文化史上留下了浓墨重彩的一页。

关于大禹治水的事迹，曾在众多的先秦文献如《尚书·尧典》《皋陶谟》《禹贡》《立政》《吕刑》《洪范》《诗经·小雅·信南山》《大雅·韩奕》《大雅·文王有声》《商颂·殷武》《商颂·长发》《左传·襄公四年》《昭公元年》《昭公二十九年》《哀公元年》《国语·郑语》《周语下》《论语·泰伯》《墨子·兼爱中》《孟子·告子下》《孟子·滕文公上下》《荀子·成相》《庄子·天下》《吕氏春秋·爱类》《楚辞·天问》等等均有记载，商、周时期就肯定了大禹治水的其人其事，《论语·秦伯》中曾有孔子一段对大禹功绩的赞美之语，子曰："禹，吾无间然矣。菲饮食而致孝乎鬼神；恶衣服而致美乎黻冕；卑宫室而尽力乎沟洫。禹，吾无间然矣。"就是说，禹，我对于他没有什么可指责的了。饮食很菲薄，孝敬鬼神却很丰盛；穿着朴素，却把礼服做得很华美；住房低矮，却尽全力疏通沟渠。禹，我对于他没有什么可指责的了。《韩非子·五蠹篇》也中说禹："身执耒锸，以民为先。"都是对大禹的一种肯定。

上海复旦大学已故著名的历史地理学家谭其骧教授，1987年12月9日在上海接受蚌埠市博物馆、艺术研究会和电视台的采访时说，"我们对大禹应该尊重，应该对他的历史十分重视"，纪念、考证、研究大禹，"对于提高我们民族的自信心，对于我们的精神文明教育，都是很重要的"。他认为，"前人释涂山地望，众说纷纭，惟此今怀远县东南淮水南岸一说合于汉晋之旧，宜以为正。上举数条，即此说所本。又，唐柳宗元、宋苏轼之《涂山铭》与诗，亦指此山"①。

（五）禹会村遗址对考证"禹会诸侯"事件具有一定的意义

无论民间传说多么栩栩如生，文学描述多么细腻逼真，都比不上考古成果的充分展示。禹会村遗址的发掘，让我们品尝到了历史文化的盛宴。禹会村的考古资料，为我们考证曾经发生的历史事件具有一定的价值。

（1）禹会村遗址地名的由来，来源于与传说"禹会诸侯"事件有关的文献记载。

严格意义上说，传说和真正的历史是有区别的，因为，每个民族用文字记录下来的历史，总要晚于历史发生的时代，但不等于说在文字记载之前就没有历史。有文字记载的历史是可靠的历史，而没有文字记载的历史，也只有靠传说了。尽管我们不能

① 蚌埠市政协编. 中国的历史文化名山"涂山"（蚌埠文史资料选辑总第18辑），蚌埠：蚌埠市红旗印刷厂，1996：50.

把传说当做历史，但也不能否定传说所反映的历史部分的真实情况。特别是对于像“大禹治水”事件的发生，只有靠传说去了解当时的点点滴滴。考古中的实物证据，对考证历史传说和只言片语的记载，有着重要的价值。正像有的学者所认为的，“涂山山南的禹墟能否成为禹会天下诸侯之所，涂山氏国作为东道主，能够一次接待‘执玉帛者万国’前来朝拜，都不是偶然的。所有这些，足使我们把涂山说成是中华民族的历史和文化摇篮之一，并不为过”[①]。

（2）禹会村遗址的时代（龙山文化晚期）与传说事件中的大禹治水时代吻合。

世代相续的民间传说和有关的文献记载，都证实了大禹治水的时代即发生在龙山文化晚期，而自然科学对地层土样的测试，更进一步提供了事件和时代吻合的科学依据。

（3）禹会村遗址中发现的各种遗迹现象，与传说事件中“禹会诸侯”事件的背景相吻合。

遗址中的大型祭祀台基、祭祀沟、祭祀坑和简易性工棚式建筑等，都与隆重的盟会事件有着密切的关系。大禹在涂山大会天下诸侯，到会的是“万国”诸侯，禹，便成了众多部落联盟的首领，所以，涂山和涂山脚下的禹迹，对考证夏禹的传说是非常重要的。

（4）出土的器物特征和一部分祭祀用具，与传说事件中的“禹会诸侯”活动内容相吻合。

出土器物代表了中原地区、黄河下游、长江流域等地的文化特征。在一个遗址出现这种现象，只能说明一个问题，这些带有地域性特征的器物，即是来自不同地区的人们为在盟会期间所用而制作的。而祭祀用具的出现，大大超过了一般以居住为主的聚落遗址，这不能不说大型的盟会活动在当时所占的分量。

（5）专家团的现场考察，总结其为“大型的礼仪性建筑基址”，与“禹会诸侯”事件相吻合。

应该说，中华文明探源工程在淮河流域的实施，获得了可喜的成果，民间传说和文献记载中的历史事件，都逐步得到了考古发现的支持。

禹会村的种种迹象，让我们感到走近了大禹，作为“禹合诸侯于涂山，执玉帛者万国”的发生地，作为一处关键时期的关键遗址，对其的发掘和研究，是揭开淮河流域文明化进程的一把钥匙，同时，对江淮地区的文明探源，也起到重要的支撑作用。“禹会诸侯”之地，已在禹会村遗址露出端倪，同时，也有望证实淮河流域是中华文明重要起源地之一。

---

① 黄敬坤. 涂山文化初探. 中国的历史文化名山“涂山”（蚌埠文史资料选辑总第18辑）. 蚌埠：蚌埠市红旗印刷厂，1996. 102.

说到“禹会诸侯”事件，我们认为有两种意义：

第一，作为具有一定地位或威望的大禹，承担了其父没有完成的事业，鉴于他执著的精神和坚定的信念，在“洪水横流，泛滥于天下”《孟子·滕文公》，人民流离失所，无家可归的大环境下，才有“居外十三年、过家门而不入”，“禹立潮头，会同四海”的事迹。但在治理洪水的过程中，确实遇到了难以征服的水患，他便召会各国诸侯会聚于此，共商治水大计，为民造福。

第二，我们也不能排除其中的另一层意义，如果组织者是大禹，在实施过程中也无形地加强或扩大了自己的权势范围，实际上，在治水过程中，尤其在中原地区，大禹已经具备了初期的“天子之位”，后来才能在涂山召集上“万”个部落盟会，也才能更进一步提高自己的威望和地位。正像《淮南子·原道训》中所载：禹知天下之叛也……合诸侯于涂山，执玉帛者万国。就是说，涂山之会，是为确立禹在“万国”中的统治地位，为夏王朝的建立奠定了基础。

“禹会诸侯”是夏代立朝之前的一次大规模的盟约活动，祭祀形式或祭祀过程是必不可少的。自古以来，祭祀活动都是向神灵求福消灾的传统礼俗仪式。“祭祀”也意为敬神、求神和祭拜祖先。祭祀就是按着一定的仪式，向神灵致敬和献礼，以恭敬的动作膜拜它，请它帮助人们达成靠人力难以实现的愿望。禹会村为大型礼仪性建筑基址，是专家团多次现场考察给予的定性，这或许能为进一步考证“禹会诸侯”事件提供一定的理论依据。禹会村遗址的现象，只有在特定的时期内和特定的环境下，才能创造出来，也可以说，禹会村遗址大型礼仪性建筑基址，是原始社会向文明社会过渡过程中的一个重要环节，历史在这里定格。

（六）禹会村遗址在文明探源中的意义

2005年，中国启动的“中华文明探源工程”已经进入到了第二阶段，在前期的考古工作中，我国著名的黄河与长江两大流域及相关地区，处于十分活跃的状态，并取得了阶段性进展。然而，具有我国南北两方分界线之称的淮河流域还是如此的安静。主要原因是，中华文明探源工程的实施，是把公元前3500～前1500年之间的龙山时代作为考察、发掘、研究的重点，因为从龙山时代到夏、商、周时期，是中国古代文明起源与早期发展的时期，也是我国古代王权和国家产生和初步发展的时期。但淮河流域尽管史前遗址较多，但符合于文明探源的遗址却尚不清楚。

禹会村遗址是“中华文明探源工程”在淮河流域确定的唯一一处重要的龙山文化时期遗址。在“中华文明探源工程”大课题的实施中，作为填补区域性文化研究的空白，禹会村遗址得到了学术界的高度关注，并在国家文物局的支持下，被列入“中华文明探源工程”中的重大项目之一。丰富的文化内涵和复杂的文化现象，构成了禹会村遗址所特有的文化氛围。由于该遗址的年代与大禹治水年代相吻合，遗迹特征又表明该地点曾举行过大型集会和祭祀活动，这是一个令人振奋的发现。可以说，禹会村遗址的发掘，在同类遗址中获得了空前的学术成果。通过对考古新发现的重新审视，一些考古学文化类型源流问题得到了新的认识，并由此对淮河流域历史文明的地位得到新的确认。

禹会村遗址的重要意义主要包括：

（1）遗址的面积。据目前的资料，在淮河流域或江淮之间地区，通过考古调查，已知这里是文化古迹分布密集的地区之一，但是，多数遗址没有很好地保存下来，或已被破坏，或已被现代建筑所覆盖，或有多种文化共存。而禹会村遗址，是一处单纯的龙山文化遗址，分布的面积为南北长约2500米，东西宽约200米，总面积至少有50万平方米。如果与黄河流域或长江流域的同期遗址相比，并不占面积上的优势，但禹会村是目前淮河流域发现和经过发掘的最大最单纯的龙山文化遗址。为了解该地区龙山文化晚期发展状况具有重要意义。

如此大的遗址在这一地区还是首次发现，更重要的是，它的文化性质单纯，代表了公元前2000年前后，龙山文化在当地具有旺盛的发展势头，是文明探源研究不可忽视的内容之一。

（2）遗址的时代。中华文明探源工程第二阶段关于中华文明形成与早期发展阶段的社会与精神文化研究，限定于公元前3500～前1500年期间，这一阶段也正处于龙山文化从发展到衰落的时期，从考古资料去考察当时的社会发展和演进，禹会村遗址的考古发掘自然的显示出了很重要的意义。

从测试的年代和文化特征可以看出，禹会村遗址时处于原始社会末期的龙山文化时代，这个时期，是中国历史发展史上的关键时期，是建立华夏国家文明的时期，也是中国历史上第一次大分化、大改组和大动荡时期。从原始社会过渡到奴隶社会，这个将中国带入文明社会的转折是如何发生的？我们应该从这一阶段的考古资料中找出答案。龙山文化与大禹治水的时代吻合，所以，禹会村遗址的考古发掘，为揭开江淮之间地区文明化进展的程度提供了可考资料，是揭开封尘于地下千古之谜的一把钥匙。

（3）复杂的文化现象。主要表现在以祭祀为特点的各种遗迹和遗物上。我们已经定位于禹会村不是一处长久性居住的聚落，所表现的文化现象，是短期的，或是临时性的。尽管如此，所表现的行为又是高规格的，并具有严格、神秘、等级等因素构成短期行为的主体。

（4）丰富的文化内涵。禹会村遗址包含有中原地区龙山文化、黄河下游龙山文化、苏北地区龙山文化、长江中下游地区龙山文化诸多因素。在一个具有短期发展阶段的遗址中，同时汇聚了多地区的文化现象，我们只能从遗址的性质去思考，其中，当时社会中的重大历史事件，“禹会诸侯”应该是一个很好的切入点。

（5）特殊的地理位置。“禹会”来自于多部古籍的记载，“禹墟”来自于禹会村遗址的存在，涂山应与禹迹相联系，只有把禹迹和涂山构成一个不可分割的整体，才是发掘、考证历史事件的有利线索，可以此去考证大禹文化和博大精深的淮河古代文化。所以，特殊的地理位置无形地将禹会村遗址定位于中华文明探源中的关键时期的关键遗址。

尽管当年大禹活动的神话传说颇多，可真正属于并具考证的大禹遗迹或遗存甚少，但是，有禹会村遗址的客观存在，就需要我们通过考古的手段、自然科学的手段花大力气去寻找答案。

（七）环境考古学提供的信息

利用环境考古的手段去关注自然环境变化对人类活动的影响和人类活动对周围环境的作用，其结果也越来越清晰地反映出不同区域的古环境与人类文明发展的关系。同时，通过自然科学的手段去诠释禹会村遗址的文化现象，也是一种有效的途径。

为了对禹会村遗址探方剖面样品的磁化率、Rb/Sr、重矿（锆石晶体形态）和粒度等采用多环境代用指标的分析，采集了土样标本，提取了距今4500～4000年龙山文化的环境变化和人类活动信息，探讨了环境变迁对该区龙山文化发展的影响机制；通过沉积地层信息提取、地貌演变分析和文献资料考证等多种手段，对围绕禹会村与“大禹治水”史实的关系等从环境考古学的角度进行了普遍的取样考证（彩版二八，1～6）。

代用指标分析显示，该地区距今4500年以前、龙山文化出现到中期、龙山文化中期到晚期、距今4000年前后大致有四个阶段该地区的环境总体趋势经历了暖湿—冷干—暖湿—冷干的气候变化过程，其中有气候的波动和环境突变事件。这种突变事件我们不能不承认与洪水有关，自古以来，淮河就是以洪水泛滥或淮河难以治理而闻名天下。

禹会村遗址地层剖面样品的磁化率、Rb/Sr分析表明，该地点龙山文化的出现和消失是与淮河流域气候因素中的降水有很大关系的。这种反复的变化过程，与中国东部气温变化大体上一致，并在距今4600～4500年期间本区曾出现剧烈的气候变化，可能发生过极端气候事件。距今4000年前后的龙山文化晚期气候又开始向冷干过渡，河流水位下降，农业生产受到制约，龙山文化消失。

环境信息与史实信息相互印证，揭示了蚌埠禹会村与“大禹治水”的史实具有密切的联系；禹会村、涂山曾是大禹重要的治水及与之有关的活动地点，是“禹会诸侯于涂山”记载的发生地。可以说“大禹治水”成功，与客观上区域环境向着干旱变化的结果有关，而不完全是人力作用的结果（详见第八章第一节）。

同时，禹会村遗址文化层中正构烷烃的分布特征是，耕土层比值（1.45503）明显高于龙山晚期早段层的比值（1.18640），证明龙山晚期早段当地的植被中木本植物比例明显低于现代植被，且龙山晚期早段层中 δC_{27} 明显小于 δC_{29}，这说明当时的植被中落叶木本在木本植物中明显占优势。同时中等碳链长度的烷烃有相当的分布，C_{16}、C_{17}、C_{18}三峰的峰面积最大，指示古植被中有相当比例的苔藓类植物和水生大型植物（沉水和浮水植物）。文化层中正构烷烃的分布特征，为我们揭示出禹会村遗址龙山文化时期的自然环境与洪水有着密切的关系（详见第八章第四节）。

所以，我们在探索江淮地区文明起源的进程以及后来如何汇聚、如何加速王朝国家的形成过程中，禹会村遗址的考古发掘自然地显示出了很重要的意义。因为大禹与涂山紧密相连，涂山又与禹王会诸侯存在着内在的联系，由传说变为信史，禹会村遗址的考古资料已经提供了重要迹象，如果遗址不被破坏，定能够把它的面貌比较完整地揭露出来，对于研究中华文明起源是非常重要的材料。同时，遗址中存在的大型的人类堆筑遗迹，对考证“大禹治水”和“禹会诸侯”的历史，进而研究中国古代文明在江淮地区的起源和发展，都有着极其重要的学术价值。

应该说，禹会村遗址的考古资料，在江淮地区的文明探源研究中，起到了重要的学术支撑作用。

社会及学术界对发掘禹会村遗址寄予了沉甸甸的期望，随着考古成果的不断出现，埋藏于禹墟地下的诸多悬疑也逐步揭开，并将许多秘密奉献给了关注它的人们。考古发掘唤醒了沉睡的禹会村，揭开了封尘于地下的千古之谜，带领我们穿越时空走近大禹。这里是淮河流域的文明中心，华夏文化的发祥之地。古老文明在这里交融，历史风云在这里集会，灿烂文化在这里薪火相传。沉默的历史遗迹，是见证历史事件不可缺少的物证，深埋于地下的遗存，记录着许多不为人知的消息。遗址中复杂的文化现象，是先民留给我们沉重的时代符号。它不仅展示了这一阶段的文化昌盛，也缩短了我们与历史事件的距离，这些蕴含着深邃文化与厚重历史的远古神话、史书典籍、文物遗存，无不诉说着淮河古渡要津的沧桑与辉煌。

附　　表

附表一　JSG②层出土器物统计表

序号	器名	陶（石）质	颜色	制法	尺寸（厘米）	类型
1	假腹簋	夹砂陶	一半红褐色，一半黑灰色	手制，慢轮修整	口径：16；底径：12；高：27	A
2	鼓腹鼎	夹砂陶	红褐色	手制，慢轮修整	口径：16.5；高：17.8	AⅠ
3	大口罐	泥质陶	红色	手制，慢轮修整	口径：24.7；底径：10；高：23.8	B
4	深腹罐	泥质陶	灰色	手制，慢轮修整	口径：25.3；底径：8.7；高：27	B
5	深腹罐	夹砂陶	土黄色	手制，慢轮修整	口径：18.5；底径：7.6；高：26.9	AⅡ
6	钵	泥质陶	灰褐色	手制，慢轮修整	口径：19；底径：10；高：11.2	BⅢ
7	垂腹鼎	夹细砂陶	红色	手制，慢轮修整	口径：19；高：27.8	AⅡ
8	假腹簋	夹细砂陶	红色	手制，慢轮修整	口径：19.5；圈足径：12.7；高：21.2	BⅡ
9	磨石		黄褐色		长：23.4；宽：16.7；厚：3.8～8.2	A
10	杯（残）	夹砂陶	红色	手制，慢轮修整	底径：4；残高：8.4	A
11	大口罐	夹砂陶	红陶	手制，慢轮修整	口径：28.3；底径：9；高：27	AⅠ
12	缸	泥质陶	灰褐色	手制，慢轮修整	口径：48.2；底径：21；高：45.6	CⅠ
13	假腹簋	泥质陶	红色	手制，慢轮修整	口径：19.9；底径：14.4；高：22.9	BⅠ
14	假腹簋	夹细砂陶	红色	手制，慢轮修整	口径：18.7；底径：13.1；高：22.7	BⅡ

续表

序号	器名	陶（石）质	颜色	制法	尺寸（厘米）	类型
15	长颈壶	泥质陶	红褐色	手制，慢轮修整	口径：16.3；底径：9；高：30.1	B
16	垂腹鼎	夹砂陶	红色	手制，慢轮修整	口径：17.2；高：29.5	B
17	甑	夹砂陶	红色	手制，慢轮修整	口径：27.8；底径：6；高：24.3	AⅠ
18	鼎足	夹砂陶	红色	手制		
19	陶镞	泥质陶	红色	手制	直径：1.4；长：4.1	A
20	陶塑	泥质陶伴有夹细砂	红褐色	手制	长：7.7	
21	器盖	泥质陶	红褐色	手制	钮径：4.1；口径：11.8；高：5.4	AⅠ
22	石镞		灰色	磨制	残长：5.6	B
23	杯	泥质陶	红色	手制	口径：6.6；底径：4.6；高：11.7	B
24	钵	夹砂陶	红色	手制，慢轮修整	口径：17.6；底径：7.2；高12.2	BⅢ
25	磨石	砂岩	黄褐色			A
26	磨石		灰色泛红			A
27	深腹鼎	夹砂陶	红褐色	手制，慢轮修整	口径：17.8；高：27.5	AⅡ
28	磨石	砂岩	黄褐色			A
29	大口罐（残）	夹细砂	红褐色	手制，慢轮修整	口径：27	AⅠ
30	深腹罐（残）	夹细砂	灰褐色	手制，慢轮修整	口径：21.4；残高：8	BⅠ
31	瓮（残）	泥质	灰褐陶	手制，慢轮修整	口径：22.3；高：24.6	B
32	大口罐	泥质	灰陶	手制，慢轮修整	口径：28.6；残高：6.5	AⅠ
33	缸（残）	泥质	红陶，黑陶衣	手制，慢轮修整	口径：34；残高：13	CⅡ
34	大口罐（残）	泥质	红陶	手制，慢轮修整	口径：27；残高：5.4	AⅠ
35	敛口罐（残）	泥质	红陶	手制，慢轮修整	口径：22.8；残高：7.8	C
36	钵	夹砂	红陶	手制，慢轮修整	口径：18.5；底径：12.4；高：11	A
37	钵	夹砂	红陶	手制，慢轮修整	口径：16；底径：10；高：10.1	A
38	陶盉	泥质	红陶	手制	口径：21，仅存口部	BⅠ

续表

序号	器名	陶（石）质	颜色	制法	尺寸（厘米）	类型
39	鼓腹罐	夹砂	整体红褐，局部黑灰	手制	底径：8；残高：4.9	AⅠ
40	圈足器（残）	泥质	灰陶	手制，慢轮修整	底径：12；残高：5	
41	缸	夹砂	红陶	手制，慢轮修整	口径：35.5；残高：12.1	CⅡ
42	缸	夹砂	红褐	手制，慢轮修整	口径：46.4；残高：33	A
43	缸	泥质	灰陶	手制，慢轮修整	口径：54；残高：11.5	CⅡ

附表二　JSG③层出土器物统计表

序号	器名	陶（石）质	颜色	制法	尺寸（厘米）	类型
1	长颈壶	泥质	红陶	手制，慢轮修整	口径：14.8；底径：8；高：29.2	B
2	浅腹盆	泥质	灰陶	手制，慢轮修整	口径：35.5；底径：10；高：7.5	AⅠ
3	深腹鼎	夹砂	灰褐色	手制	口径：17.8；高：12.6	BⅡ
4	深腹鼎	夹砂	红陶	手制，慢轮修整	口径：20.4；高：27.7	BⅠ
5	平底盘	夹砂	红陶	手制，慢轮修整	口径：47；底径：40；高：6	A
6	圈足壶	泥质	灰褐陶	手制，慢轮修整	口径：16.8；圈足：16；高：40.2	BⅠ
7	石镞				残块	CⅡ
8	石坯料	石质（石英砂岩）			残块	
9	平底盘	泥质	灰色	轮制	口径：46；底径：37.8；高：5.2	B
10	器盖	泥质	红陶	手制，慢轮修整	钮径：7；口径：31.5；高：6.2	CⅠ
11	磨石	石质	青灰色			B
12	器盖	泥质	灰褐色	手制，慢轮修整	钮径：8；口径：37.5；高：12.6	CⅠ
13	深腹盆	夹砂	红陶	手制，慢轮修整	口径：39.2；底径：9.6；高：19	BⅠ
14	器盖	泥质	红褐	手制，慢轮修整	钮径：7；口径：36.2；高：10.6	CⅠ

续表

序号	器名	陶（石）质	颜色	制法	尺寸（厘米）	类型
15	器盖	夹细砂	灰陶	手制，慢轮修整	钮径：8.25；口径：25；高：8.5	CⅡ
16	石镞		深灰色		残长：5.8	B
17	石镞		深灰色		长：8.9	AⅡ
18	石凿		黑色		宽：2.2；长：6.5	A
19	器盖	泥质	灰陶	手制，慢轮修整	钮径：5.9；口径：25.6；高6.3	CⅠ
20	器盖	夹砂	土黄色	手制，慢轮修整	口径：30.4；残高：7	AⅠ
21	石镞		浅灰色		残长：6.8	AⅡ
22	器盖	泥质	灰褐	手制，慢轮修整	口径：29；残高：6.5	CⅠ
23	碗	夹砂	灰褐色伴有黑色	手制，慢轮修整	底径：5.6；残高：5.8	C
24	石镞		灰色		长：8.35	AⅠ
25	圈足壶	夹砂	红褐陶，伴有灰黑色氧化斑块	手制，慢轮修整	口径：12.3；底径：12.3；高：27.4	BⅡ
26	壶	泥质	红陶	手制	口径：5.4；肩径：11.3；底径：7.6；高：16.5	
27	假腹簋（残）	夹砂	土黄色	手制，慢轮修整	圈足径：10.75；残高：14.2	BⅠ
28	磨石	砂岩	黄褐色		长：14；残宽：8；厚：4	A
29	磨石	砂岩	黄褐色		长：9.2；宽：7	C
30	磨石	砂岩	黄褐色		长：6.9；宽：4.8；厚：2	B
31	磨石	细砂岩	黄褐色		长：29；宽：20；厚：15	A
32	磨石		灰白色泛红		长：7.5；宽：5.5；厚：4	A
33	石楔器		青灰色		残长：4；残宽：5；厚：6.2	A
34	石楔器		青灰色		残长：8.3；宽：6.1；厚4.5	A
35	深腹盆	夹砂	红陶	手制，慢轮修整	口径：54.5；底径：18.5；高：28	BⅠ
36	石镞		灰色		残长：6.7	AⅡ

续表

序号	器名	陶（石）质	颜色	制法	尺寸（厘米）	类型
37	陶支钉	泥质	红陶	手制	径：2.9；高：3.3	
38	大口罐	泥质	红褐陶	手制，慢轮修整	口径：28.6；残高：15	AⅠ
39	鼓腹罐	夹砂	红褐陶	手制，慢轮修整	口径：18.6；残高：13	BⅠ
40	鼓腹罐	夹砂	红褐陶	手制，慢轮修整	口径：24.6；残高：9.4	BⅠ
41	缸	夹砂	土黄色	手制，慢轮修整	口径：35.5；残高：12.1	CⅡ
42	深腹罐	夹细砂	红陶	手制，慢轮修整	口径：20.4；残高：13.6	BⅠ
43	圈足	泥质	灰陶	手制，慢轮修整	足径：19.8；残高：6.5；	
44	大口罐	夹砂	灰陶	手制，慢轮修整	口径：30.2；残高：5.4	AⅠ
45	缸	泥质	红褐陶	手制，慢轮修整	口径：27.4；残高：6.5	CⅠ
46	大口罐	泥质	红褐陶	手制，慢轮修整	口径：30；残高：9.8	B
47	大口罐	泥质	灰陶	手制，慢轮修整	口径：23.5；残高：9.5	E
48	深腹罐（残）	夹砂	红褐陶	手制，慢轮修整	口径：20；残高：10.6	BⅠ
49	深腹罐（残）	泥质	红褐陶	手制，慢轮修整	口径：13.6；残高：4	BⅠ
50	深腹罐	夹砂	灰陶	手制，慢轮修整	口径：16.2；残高：5	BⅠ
51	深腹罐	泥质	灰陶	手制，慢轮修整	口径：14.6；残高：5.4	AⅠ
52	鼓腹罐	夹细砂	红陶	手制，慢轮修整	口径：13.8；残高：6.6	AⅠ
53	高领罐（残）	夹细砂	红褐陶	手制，慢轮修整	口径：18.4；残高：5.4	A
54	鼓腹罐	泥质	红陶	手制，慢轮修整	口径：12.8；残高：4	AⅠ
55	鼓腹罐	夹细砂	红陶	手制，慢轮修整	口径：18.4；残高：7	AⅠ
56	陶璧形器	泥质	夹炭黑陶	手制，慢轮修整	直径：27.4；孔径：4.5	
57	陶璧形器	泥质	夹炭黑陶	手制，慢轮修整	直径：21.5；孔径：6.1	
58	陶璧形器	泥质	黑陶	手制	直径：16.8；孔径：4.7	
59	陶璧形器	泥质	夹炭黑陶	手制，慢轮修整	直径：22；孔径：5.2	
60	器盖	泥质	红胎黑皮陶	手制，慢轮修整	钮径：6.1；口径：26.4；高6.5	CⅠ
61	平底盘	夹砂	灰褐陶	手制，慢轮修整	口径：47；底径：38；高：5.6	B
62	器盖	泥质	灰陶	手制，慢轮修整	口径：22.8；残高：3.7	BⅠ
63	器盖	泥质	灰黑陶	手制，慢轮修整	口径：10.5；残高：4.5；最大径：13	AⅡ

续表

序号	器名	陶（石）质	颜色	制法	尺寸（厘米）	类型
64	器盖	夹砂	灰黑陶	手制，慢轮修整	口径：21；残高：4.8	C Ⅰ
65	敛口罐（残）	泥质	红褐陶	手制，慢轮修整	口径：10.7；残高：4.8	A
66	器盖	泥质	红褐陶	手制，慢轮修整	口径：24.25；残高：4.4	A Ⅰ
67	器盖	泥质	土黄色	手制，慢轮修整	口径：28；残高：4.6	B Ⅰ
68	敛口罐（残）	泥质	灰陶	手制，慢轮修整	口径：11；残高：12.3	A
69	器盖（残）	泥质	红褐陶	手制，慢轮修整	口径：27.8；残高：4.6	B Ⅰ
70	器盖	泥质	灰陶	手制，慢轮修整	钮径：8.6；残高：11	B Ⅰ
71	器盖	夹砂	红褐陶	手制，慢轮修整	口径：32；残高：6.7	C Ⅰ
72	鼓腹罐	夹砂	红褐陶	手制，慢轮修整	口径：15；底径：9.6；高：30	A Ⅰ
73	平底盘	夹砂	红陶	手制，慢轮修整	口径：46.6；底径：40；高：6	B

附表三　JSK1陶片统计表　　（陶片总计：479片）

类别	数　量（片）	总陶片百分比	类别	数　量（片）	百分比	纹饰	数　量（片）	百分比
夹砂红褐陶	154	32%	残片	130	84%	篮纹	11	8.5%
						绳纹	3	2.3%
						弦纹	3	2.3%
						素面	113	86.9%
			口沿	4	3%			
			器足	20	13%			
					100%			100%
泥质红陶	84	18%	残片	73	87%	弦纹	1	1.4%
						划纹	2	2.7%
						素面	66	90.4%
						篮纹	4	5.5%
			口沿	7	8%			
			器足	4	5%			
					100%			100%

续表

类别	数量（片）	总陶片百分比	类别	数量（片）	百分比	纹饰	数量（片）	百分比
泥质灰陶	57	12%	残片	52	91%	弦纹	1	2%
						素面	40	77%
						篮纹	11	21%
			口沿	4	7%			
			器足	1	2%			
					100%			100%
夹砂灰陶	49	10%	残片	43	88%	弦纹	1	2.3%
						素面	40	93%
						篮纹	2	4.7%
			口沿	5	10%			
			器足	1	2%			
					100%			100%
黑陶	135	28%	夹砂黑陶	43	32%	口沿	3	7%
						器底	2	5%
						残片	38	88%
								100%
			泥质黑陶	92	68%	器底	4	4.3%
						口沿	5	5.4%
						残片	83	90.3%
					100%			100%
总百分比		100%						

附表四　JSK2①层出土器物统计表

序号	器名	陶（石）质	颜色	制法	尺寸（厘米）	类型
1	鼓腹鼎	夹砂	红褐色	手制，慢轮修整	口径：20.8；高：26.9	C
2	鼓腹鼎	夹砂	红褐色	手制，慢轮修整	口径：17；高：22.8	AⅠ
3	垂腹罐	夹砂	红褐色	手制，慢轮修整	口径：16；底径：9.5；高：22.3	
4	鼓腹鼎	夹细砂	红陶	手制，慢轮修整	口径：20；高：25.3	AⅠ
5	器盖	泥质	红褐色	手制，慢轮修整	口径：26；残高：5.7	CⅢ

续表

序号	器名	陶（石）质	颜色	制法	尺寸（厘米）	类型
6	大口罐	泥质	灰陶近土黄色	手制，慢轮修整	口径：33.5；底径：11.8；高：28.3	AⅠ
7	鼓腹罐	泥质	灰陶	手制，慢轮修整	口径：20.5；底径：10.8；高：34.6	AⅠ
8	器盖	夹砂	灰褐色	手制，慢轮修整	口径：18；高：6.5	BⅠ
9	陶箅子	泥质	红陶	手制	口径：13.7；高：3.5	A
10	圈足罐（足）	泥质	红陶	手制，慢轮修整	底径：15.2；高：6.6	
11	鼓腹罐（口沿）	泥质	灰陶	手制，慢轮修整	口径：15.4；高：8.8	AⅠ
12	浅腹盆（残）	泥质	红褐色	手制，慢轮修整	口径：39.6；高：7	B
13	深腹罐（下部）	泥质	红褐色	手制，慢轮修整	底径：5.4；高：8.7	BⅠ
14	深腹盆（残）	夹细砂	灰陶	手制，慢轮修整	口径：29.6；高：10.5	BⅡ
15	深腹罐（残）	泥质	灰陶	手制，慢轮修整	底径：12.6；高：22.6	AⅡ
16	大口罐（口沿）	泥质	灰陶	手制，慢轮修整	口径：25.6；残高：6.5	E
17	高领罐（残）	夹细砂	灰陶	手制，慢轮修整	口径：29.6；高：17.2	A
18	高领罐（残）	泥质	灰陶	手制，慢轮修整	口径：14.6；高：12.2	B
19	鼓腹罐	夹细砂	灰陶	手制，慢轮修整	口径：10.8；底径：6.8；高：15.4	C
20	鼓腹罐（残）	夹细砂	红陶	手制，慢轮修整	口径：23.8；高：9.5	BⅠ
21	深腹鼎	夹砂	灰陶	手制，慢轮修整	口径：26.7；高：37	CⅠ
22	高柄杯座（残）	泥质	磨光黑陶	手制	底径：4.4；残高：3.5	AⅡ
23	鼓腹罐（残）	泥质	红褐色	手制，慢轮修整	口径：25.4；高：8.2	AⅠ
24	深腹罐（残）	夹砂	灰陶	手制，慢轮修整	口径：22.4；残高：14	AⅡ
25	磨石	砂岩		磨制	长：13；残宽：7.6；厚：4	A
26	磨石	砂岩		磨制	长：16；宽：13；厚：2～3	A
27	深腹罐（口沿）	夹砂	灰陶	手制，慢轮修整	口径：23.6；高：9.3	BⅠ
28	石坯料		青灰色		残块	
29	石刀（残）		青灰色		残长：6.4；宽：1.8；厚：0.45	

附表五　JSK2②层出土器物统计表

序号	器名	陶（石）质	颜色	制法	尺寸（厘米）	类型
1	器盖	夹砂	红陶，内壁青灰色	手制	钮径：5.7；口径：18.8～20.9；高：8.7	AⅠ
2	鼓腹鼎	夹砂	土黄色	手制，慢轮修整	口径：23.8；高：34.5	C
3	盉	泥质	红陶	手制	高：20.65	BⅠ
4	盉	泥质	红陶	手制	高：27.1	BⅡ
5	鼓腹鼎	夹砂	灰陶	手制	口径：26.2；高：34.2	BⅠ
6	双耳罐	夹砂	灰褐色	手制，慢轮修整	口径：17.6；底径：8；高：26.6	
7	碗	泥质	红陶	手制，慢轮修整	口径：21.1；底径：7.8；高：6.5	AⅠ
8	深腹盆	夹细砂	红色陶胎，黑皮陶	手制，慢轮修整	口径：28.2；底径：10.1；高：16	A
9	浅腹盆	泥质	灰陶	手制，慢轮修整	口径：32；底径：10.5；高：10.7	B
10	A型甗（足部）	夹砂	灰陶	手制	残高：20.5	
11	鋬手带流罐	夹砂	灰胎黑皮陶	手制，慢轮修整	口径：29；底径：9.2；高：24.7	A
12	鼓腹鼎	夹细砂	灰褐陶	手制，慢轮修整	口径：22；高：29.6	C
13	垂腹鼎	夹细砂	灰褐陶	手制，慢轮修整	口径：16.9；高：26.5	C
14	鼓腹鼎	夹砂	红褐陶	手制	口径：20.5；高：32	C
15	圈足壶	夹砂	红陶	手制，慢轮修整	残高：16.3	A
16	深腹鼎	夹砂	灰陶	手制	口径：22.2；高：35.5	CⅠ
17	鼓腹罐	泥质	红陶	手制，慢轮修整	口径：24；底径：13.5；高：38.6	AⅠ
18	器盖	泥质	黑陶	手制，慢轮修整	口径：18.8；残高：7	BⅡ
19	大口罐	夹砂	灰陶	手制	口径：13.7；残高：14.2	AⅠ
20	高柄器盖	夹砂	灰陶	手制	口径：17.4；钮径：5；钮长：8.3	D
21	高柄器盖	夹砂	灰褐色	手制	口径：17；钮径：5.5；高：17.85；钮长：8	D
22	碗	泥质	红陶	手制，慢轮修整	口径：22.2；底径：7.6；高：5.5	AⅠ

续表

序号	器名	陶（石）质	颜色	制法	尺寸（厘米）	类型
23	深腹罐	泥质	灰陶	手制，慢轮修整	口径：19.2；底径：13；高：38.8	AⅠ
24	浅腹盆	泥质	灰褐色	手制，慢轮修整	口径：35.6；底径：12.7；高：10.1	B
25	石斧	砂岩	红褐色	磨制	长：10.1；宽：4.4～7.1；厚：2.9	A
26	磨石	砂岩	灰白色	磨制	长：7；宽：4.7；厚：1.8	B
27	石镞		青灰色	磨制	长：6；径：1.1	CⅢ
28	石镞	凝岩	灰色	磨制	长：7.6；宽：1.5	D
29	骨笄	骨器		磨制	残长：5；径：0.7	
30	深腹罐	夹砂	灰陶	手制，慢轮修整	口径：20；底径：8.8；高：28.5	AⅡ
31	高柄杯	泥质	黑陶	手制	口径：5；底径：5.1；高：11.2	AⅠ
32	鼓腹罐	泥质	灰陶	手制，慢轮修整	口径：12.9；底径：7.8；高：17.8	AⅢ
33	B型甗（上部）	泥质	红陶	手制，慢轮修整	口径：41	
34	石凿	凝灰岩	青灰色	磨制	长：3.4；宽：2.1；厚：1.1	B
35	白陶鬶	夹砂	白色	手制	高：29.3	AⅡ
36	鼓腹罐（残）	泥质	灰陶	手制，慢轮修整	口径：14；残高：15.6	AⅠ
37	缸（残）	泥质	红褐色	手制，慢轮修整	口径：32；残高：12	CⅡ
38	盉	泥质	红陶	手制	高：29.7	BⅠ
39	陶箅子	泥质	红陶	手制，慢轮修整	口径：15.8；高：2.5	B
40	磨石			磨制	长：25；宽：20；厚：6.8	B
41	磨石	砂岩		磨制		B
42	石楔器	石灰岩		磨制	长：20.6；底径：7～9.2；厚：7.3	B
43	石坯料	石英岩				
44	深腹罐（残）	泥质	灰陶	手制	底径：4.6；高：6.8	BⅠ
45	高柄杯底座	泥质	红陶	手制，慢轮修整	底径：9.2；高：6.8	B

续表

序号	器名	陶（石）质	颜色	制法	尺寸（厘米）	类型
46	深腹罐	夹砂	红褐色	手制，慢轮修整	口径：21.4；底径：9；高：28.6	AⅡ
47	鼓腹罐（残）	泥质	红褐色	手制，慢轮修整	口径：11；残高：13	AⅠ
48	缸（残）	泥质	灰褐色	手制，慢轮修整	口径：36；残高：16	CⅡ
49	大口罐（残）	泥质	灰陶	手制，慢轮修整	口径：18；残高：12.5	AⅠ
50	大口罐	泥质	红陶	手制，慢轮修整	口径：35.9；底径：11.5；高：28.2	AⅠ
51	大口带鋬罐	夹砂	灰陶	手制，慢轮修整	口径：43.8；底径：13.1（残）；高：37.3	AⅡ
52	器座	泥质	黑陶	手制，慢轮修整	口径：14.5；底径：15.7；高：8.1	
53	豆盘（残）	夹细砂	红陶	手制，慢轮修整	口径：14；残高：3.6	B
54	深腹罐（残）	夹砂	灰陶	手制，慢轮修整	口径：20；高：13.5	BⅠ
55	鼓腹罐（残）	泥质	红褐色	手制，慢轮修整	底径：12；高：12.6	AⅠ
56	鼓腹罐（残）	夹砂	红褐色	手制，慢轮修整	口径：12.5；残高：12.6	AⅠ

附表六　JSK3出土器物统计表

序号	器名	陶（石）质	颜色	制法	尺寸（厘米）	类型
1	钵	泥质	红陶	手制，慢轮修整	口径：21.7；底径：9；高：10.2	BⅡ
2	深腹罐	泥质	红陶	手制，慢轮修整	口径：18.9；底径：11；高：26.5	BⅠ
3	鼓腹罐	泥质	红褐色	手制，慢轮修整	口径：19.9；底径：11；高：28.6	D
4	鬶	泥质	红褐色	手制	残高：17.15	AⅠ
5	石钺（残）		青灰色	磨制	残长：8.4；残宽：5.9；厚：1	

续表

序号	器名	陶（石）质	颜色	制法	尺寸（厘米）	类型
6	鼓腹鼎	夹砂	灰黑色	手制，慢轮修整	口径：20.9；高：29.64	C
7	鼓腹鼎	夹砂	红褐色，表面有黑陶皮	手制，慢轮修整	口径：20.1；高：30.9	C
8	鼓腹鼎	夹细砂	红褐色	手制，慢轮修整	口径：15.7；高：24.4	AⅡ
9	器盖	夹细砂	黑陶	手制，慢轮修整	钮径：6.1；口径：16；高：5.7	BⅠ
10	深腹罐（残）	泥质	黑陶	手制，慢轮修整	底径：13；残高：12.5	BⅡ
11	高领罐（口沿）	泥质	红褐色	手制，慢轮修整	口径：17.6；高：11	B
12	鼓腹鼎	夹细砂	灰褐色	手制，慢轮修整	口径：27.5；高：39.1	BⅡ
13	器盖	夹砂	灰褐色	手制，慢轮修整	钮径：4.7；口径：17.8；高：6.8	BⅠ
14	鼓腹鼎	夹砂	红褐色	手制，慢轮修整	口径：23；高：30.3	BⅠ
15	大口罐	夹砂	红褐色	手制，慢轮修整	口径：29.3；底径：8.5；高：25.1	CⅡ
16	深腹罐（残）	夹砂	灰褐色	手制，慢轮修整	口径：16.5；高：7.3	BⅡ
17	器盖	夹砂	红褐色	手制，慢轮修整	钮径：6.6；口径：19.7；高：6.2	BⅠ
18	浅腹盆	泥质	黄褐色	手制，慢轮修整	口径：34.7；底径：11.5；高：8.3	B
19	陶纺轮	泥质	红陶	手制	直径：3.2；厚：0.5	BⅠ
20	深腹罐	泥质	灰陶	手制，慢轮修整	口径：26.8；底径：12.5；高：37.8	AⅡ
21	大口罐（口沿）	夹砂	灰褐色	手制，慢轮修整	口径：28.5；高：8.7	AⅠ
22	深腹罐	泥质	灰陶	手制，慢轮修整	口径：28.9；底径：12.2；高：36.9	AⅡ
23	浅腹盆（残）	夹细砂	外表清灰色，内表红褐色	手制，慢轮修整	口径：34；高：7	B
24	鼓腹鼎	泥质	黑灰陶	手制	口径：11.7；高：14.5	AⅠ

续表

序号	器名	陶（石）质	颜色	制法	尺寸（厘米）	类型
25	瓮	泥质	黄褐色	手制，慢轮修整	口径：23.8；底径：8.3；高：38.5	AⅡ
26	垂腹鼎	夹细砂	红褐色	手制，慢轮修整	口径：14.6；高：19	AⅡ
27	鼓腹鼎	夹砂	红褐色	手制，慢轮修整	口径：22.2；高：32	BⅠ
28	鼓腹鼎	夹砂	红陶	手制，慢轮修整	口径：19.2；高：29.8	BⅠ
29	筒形罐	泥质	红褐色	手制，慢轮修整	口径：22；底径：12；高：30.9	A
30	深腹罐	泥质	红褐陶	手制，慢轮修整	口径：18.5；底径：10；高：22.8	BⅠ
31	甑	夹砂	红褐色	手制，慢轮修整	口径：35.6；底径：10.7；高：25	AⅡ
32	深腹罐（残）	夹砂	外表红褐色，内表灰黑色	手制，慢轮修整	底径：16.2；残高：14.8	BⅡ
33	深腹罐	夹砂	红褐色	手制，慢轮修整	口径：22；底径：12；高：32.9	BⅠ
34	假腹簋	夹砂	红陶	手制，慢轮修整	口径：13.2；底径：11.7；高：20.6	BⅠ
35	鼓腹鼎（残）	泥质	灰褐色	手制，慢轮修整	残高：6.5	C
36	石料		白色		长：15.5；宽：10；厚：6.8	
37	缸（残）	夹砂	灰陶	手制，慢轮修整	口径：53.8；残高：39.6	B
38	鼓腹罐	泥质	红褐色	手制，慢轮修整	口径：24.9；底径：11；高：36.6	BⅠ
39	甗（上部）	夹砂	灰褐色	手制，慢轮修整	残高：14	B
40	石料				残块	
41	磨石	砂岩	红色		残块	A
42	磨石	砂岩	黄褐色	磨制	长：10；宽：6；厚：4	A

附表七　JSK4 陶片统计表　　（陶片总计：105片）

类别	数量	总陶片百分比	类别	数量	单类百分比	纹饰	数量	百分比
夹砂红褐陶	13	12.4%	残片	6	46%	划纹	2	33.3%
						弦纹	2	33.3%
						素面	2	33.4%
			口沿	6	46%			
			鼎足	1	8%			
					100%			100%
泥质红陶	6	5.7%	残片	2	33.3%	绳纹	1	50%
						素面	1	50%
			口沿	4	66.7%			
					100%			100%
泥质灰陶	16	15.2%	残片	14	87%			
						素面	14	100%
			口沿	2	13%			
					100%			100%
夹砂灰陶	14	13.3%	残片	14	100%	绳纹		
						素面	14	100%
黑陶	56	53.4%	泥质黑陶	6	11%			
			黑皮陶	50	89%	绳纹	34	68%
						素面	16	32%
					100%			100%
总百分比		100%						

附表八　JSK4出土器物统计表

序号	器名	陶（石）质	颜色	制法	尺寸（厘米）	类型
1	器盖	夹砂	灰黑色	手制，慢轮修整	钮径：6.7；口径：22.6；高：7.3	BⅠ
2	鼓腹鼎	夹砂	灰陶	手制，慢轮修整	口径：19；高：25.6	AⅠ
3	碗	泥质	红褐色	手制，慢轮修整	口径：22.4；底径：6.2；高：9.9	AⅠ

续表

序号	器名	陶（石）质	颜色	制法	尺寸（厘米）	类型
4	大口罐	泥质	黑陶	手制	口径：14.2；高：10.3	CⅠ
5	磨石	砂岩	黄褐色	磨制		B
6	石斧		青灰色	磨制	长：7.6；宽：4.4；厚：3.1	B
7	甑	夹砂	红褐色	手制，慢轮修整	口径：29.6；底径：16.1；高：22	B
8	深腹鼎	夹砂	红灰褐色	手制，慢轮修整	口径：25.2；高：33.7	CⅠ
9	大口罐	泥质	红褐色	手制，慢轮修整	口径：33.3；残高：27.2	CⅠ
10	高领罐	泥质	黑陶	手制	口径：6.6；底径：4.7；高：10.6	C
11	磨石	砂岩	红褐色	磨制	长：9；宽：8；高：4	B

附表九　JSK5陶片统计表　　（陶片总计：150片）

类别	数量	总陶片百分比	类别	数量	单类百分比	纹饰	数量	百分比
夹砂红褐陶	27	18%	残片	12	44.4%	弦纹	2	17%
						素面	10	83%
			口沿	15	55.6%			
					100%			100%
泥质红陶	7	4.7%	残片	2	29%	素面	2	100%
			口沿	5	71%			
					100%			100%
泥质灰陶	40	26.7%	残片	36	90%	素面	36	100%
			口沿	4	10%			
					100%			100%
夹砂灰陶	41	27.3%	残片	32	78%	绳纹	15	47%
						弦纹	2	6%
						素面	15	47%

续表

类别	数量	总陶片百分比	类别	数量	单类百分比	纹饰	数量	百分比
夹砂灰陶	41	27.3%	口沿	6	15%			
			器底	3	7%			
					100%			100%
黑陶	35	23.3%	泥质黑陶	35	100%	素面	35	100%
总百分比		100%						

附表一〇　JSK5出土器物统计表

序号	器名	陶（石）质	颜色	制法	尺寸（厘米）	类型
1	盉	泥质	红陶	手制	高：35.5	AⅠ
2	高柄器盖	夹砂	红陶	手制	口径：16.5；高：11.8；钮径：5	D
3	高柄器盖	夹砂	灰褐色	手制	口径：15.8；高：13.3；钮径：5.1	D
4	高柄器盖	夹砂	红褐色	手制	口径：14.2；高：12.6；钮径：5.7	D
5	器盖	泥质	红褐色	手制	口径：13.2；残高：2.8	AⅠ
6	高柄器盖	夹砂	红褐色	手制	口径：15.4；高：11.1；钮径：6.1	D
7	磨石	砂岩	黄褐色		长：7.2；宽：6.6；厚：3.7	B
8	高柄器盖	夹砂	灰褐色	手制	口径：14.5；高：12.5；钮径：5.2	D
9	高柄器盖	夹砂	红褐色	手制	口径：17.7；高：13.9；钮径：5.2	D
10	磨石	砂岩	红褐色		长：8；宽：5.8；厚：3.8	A
11	高柄器盖	夹砂	红褐色	手制	口径：17.1；高：12.2；钮径：4.8 ~ 5.3	D
12	高柄器盖	夹砂	红褐色，内壁青灰色	手制	口径：13.6；残高：7.4	D
13	磨石	砂岩	黄褐色		长：4.5；宽：3.3；厚：1.2	A

续表

序号	器名	陶（石）质	颜色	制法	尺寸（厘米）	类型
14	鼓腹罐（口沿）	夹砂	红褐色	手制，慢轮修整	口径：15	A Ⅰ
15	器盖	泥质	灰陶	手制，慢轮修整	口径：22.6；残高：5.5	A Ⅰ
16	磨石	砂岩			残长：13；宽；10.1；高：6	B
17	高柄器盖	夹砂	红褐色	手制	口径：13～15.5；高：13.8；钮径：5.8～6.1	D
18	高柄器盖	夹砂	灰褐色	手制	口径：13.3；高：11.5；钮径：4.5	D
19	高柄器盖	夹砂	灰褐色	手制	口径：13.1～14.5；高：13.1；钮径：5.3	D
20	高柄器盖	夹砂	灰褐色	手制	口径：14.3；高：12.85；钮径：5.7	D
21	磨石	砂岩			长：4.5；宽：4；厚：1.1	A
22	磨石	砂岩			长：7.4；宽：5.5；厚：3.8	A
23	高柄器盖	夹砂	红褐色	手制	口径：15；高：12.85；钮径：4.8	D
24	大口罐	夹砂	红褐色	手制，慢轮修整	口径：19.6；底径：8.4；高：20.8	A Ⅰ
25	鼓腹罐	泥质	灰褐色	手制，慢轮修整	口径：16.5；残高：9.5	A Ⅰ
26	鼓腹罐（残）	泥质	灰褐色	手制，慢轮修整	口径：15.8；残高：11.5	A Ⅰ
27	鼓腹罐（残）	泥质	灰陶	手制，慢轮修整	口径：16.4；残高：19.3	A Ⅰ

附表一一　JSK6陶片统计表　（陶片总计：779片）

类别	数量	总陶片百分比	类别	数量	单类百分比	纹饰	数量	百分比
夹砂红褐陶	254	33%	残片	181	71%	绳纹	79	44%
						划纹	17	9%
						素面	85	47%

续表

类别	数量	总陶片百分比	类别	数量	单类百分比	纹饰	数量	百分比
夹砂红褐陶	254	33%	口沿	14	6%			
			器底	5	2%			
			鼎足	54	21%			
					100%			100%
泥质红陶	24	3%	残片	18	75%	绳纹	4	22%
						划纹	2	11%
						素面	12	67%
			口沿	3	13%			
			器底	1	4%			
			鼎足	2	8%			
					100%			100%
泥质灰陶	222	28%	残片	189	85%	绳纹	76	40%
						弦纹	30	16%
						素面	83	44%
			口沿	33	15%			
					100%			100%
夹砂灰陶	146	19%	残片	106	73%	绳纹	35	33%
						弦纹	12	11%
						划纹	12	11%
						素面	47	45%
			口沿	32	22%			
			器底	8	5%			
					100%			100%
黑陶	131	16.7%	泥质黑陶	27	21%			
			黑皮陶	104	79%			
					100%			
白陶	2	0.3%	残片	2	100%	素面	2	100%
总百分比		100%						

附表一二　JSK6出土器物统计表

序号	器名	陶（石）质	颜色	制法	尺寸（厘米）	类型
1	垂腹鼎	泥质	灰陶	手制，慢轮修整	口径：17.94；高：23.2	AⅡ
2	深腹鼎	泥质	灰褐色陶	手制，慢轮修整	口径：22.4；高：29.3	AⅠ
3	磨石	砂岩	灰色		长：2.3；宽：2；厚：5.5	B
4	深腹罐	泥质	灰褐色	手制，慢轮修整	口径：13.6；底径：7.6；高：26	AⅠ
5	磨石	砂岩	黄褐色		长：5.8；宽：3.5；厚：3	A
6	磨石	砂岩	红褐色		长：6；宽：5；厚：4	B
7	大口罐	泥质	灰褐色	手制，慢轮修整	口径：31.4；底径：10.5；高：28.8	AⅠ
8	磨石	砂岩	黄褐色		长：7；宽：4；厚：4	B
9	磨石	砂岩	褐色		长：5；宽：4.5；厚：2.4	B
10	磨石	砂岩	砂岩		长：5.2；宽：4；厚：2	B
11	磨石	砂岩	黄褐色		长：11；宽：9；厚：4.8	B
12	磨石	砂岩	灰色		长：4.7；宽：4.5；厚：2.4	B
13	石料	石英岩			长：5.2；宽：3.6；厚：1.6	
14	磨石	砂岩	灰色		长：4.1；宽：3.6；厚：4	B
15	鼓腹罐（残）	夹细砂	红褐色	手制，慢轮修整	口径：13.6；残高：9	AⅠ
16	器盖（残）	泥质	灰陶	手制，慢轮修整	口径：21；残高：4.1	AⅠ
17	磨石	砂岩	褐色		长：4.5；宽：3.2；厚：1.3	B
18	圈足（残）	泥质	红褐色	手制，慢轮修整	口径：12；底径：15.4；残高：15	
19	深腹罐（残）	泥质	灰陶	手制，慢轮修整	口径：22；底径：7.6	AⅡ
20	深腹罐（残）	夹砂	灰褐色	手制，慢轮修整	口径：23.3；残高：16	BⅠ
21	石料				残块	未加工的石料
22	石料				残块	
23	磨石	砂岩	深褐色		残块	B

附表一三　**JSK7 陶片统计表**　（陶片总计：911片）

类别	数量	总陶片百分比	类别	数量	单类百分比	纹饰	数量	百分比
夹砂红褐陶	600	66%	残片	428	71%	绳纹	121	28%
						弦纹	72	17%
						附加堆纹	43	10%
						素面	192	45%
			口沿	55	9%			
			器底	17	3%			
			鼎足	100	17%			
					100%			100%
泥质红陶	43	5.5%	残片	40	93%	素面	40	100%
			口沿	2	5%			
			器底	1	2%			
					100%			100%
泥质灰陶	12	1.3%	残片	9	76%	绳纹	4	44%
						弦纹	1	12%
						素面	4	44%
			口沿	2	17%			
			器底	1	7%			
					100%			100%
夹砂灰陶	104	11%	残片	82	79%	绳纹	32	39%
						划纹	3	4%
						素面	47	57%
			口沿	11	10.5%			
			器底	11	10.5%			
					100%			100%
黑陶	150	16%	泥质黑陶	22	15%	素面	22	100%
			黑皮陶	128	85%	素面	128	100%
					100%			
白陶	2	0.2%	残片	2	100%	素面	2	100%
总百分比		100%						

附表一四　JSK7出土器物统计表

序号	器名	陶（石）质	颜色	制法	尺寸（厘米）	类型
1	鼓腹罐	泥质	红陶	手制，慢轮修整	口径：12.8；底径：8.8；高：26	A Ⅰ
2	豆	泥质	红陶	手制，慢轮修整	口径：24.7；高：12	A
3	鼓腹鼎	泥质	红褐色近灰色	手制，慢轮修整	口径：24.6；高：34.4	A Ⅰ
4	浅腹盆	泥质	红褐色	手制，慢轮修整	口径：31.8；底径：10.8；高：8.8	C
5	圈足（残）	夹砂	红褐色	手制	残高：14	
6	鼓腹罐（残）	泥质	红褐色	手制，慢轮修整	口径：18.8；高：6.2	A Ⅰ
7	鼓腹罐（残）	泥质	红褐色	手制，慢轮修整	口径：16；残高：7.6	A Ⅰ
8	鼓腹罐（残）	夹细砂	红褐色	手制，慢轮修整	口径：14.8；残高：9.8	A Ⅰ
9	浅腹盆（残）	泥质	灰陶	手制，慢轮修整	口径：33；残高：7.6	A Ⅰ
10	鼓腹罐（残）	泥质	灰褐色	手制，慢轮修整	口径：15.4；残高：9	A Ⅰ
11	垂腹罐（残）	泥质	红褐色	手制，慢轮修整	口径：20.8；残高：9.2	
12	鼓腹罐（残）	泥质	灰陶	手制，慢轮修整	口径：25.4	A Ⅰ
13	大口罐（残）	夹细砂	红褐色	手制，慢轮修整	口径：23.8；残高：5.6	C Ⅰ
14	鼓腹罐（残）	夹砂	红陶	手制，慢轮修整	口径：19.21；残高：11.5	B Ⅰ
15	磨石	砂岩	黄褐色		长：12.4；宽：8；厚：4.8	A
16	磨石	砂岩	浅灰色		残块	A
17	磨石	砂岩	青灰色		长11；宽：7；厚：3	A
18	鼓腹罐（残）	泥质	灰褐色	手制，慢轮修整	底径：9.6；残高：6.8	A Ⅰ
19	石料				长：11；宽：3；厚：3.5	
20	磨石	细砂岩	黄褐色		长：7.6；宽：5.6；厚：4.3	A
21	石斧	石灰岩		磨制	残块	B

续表

序号	器名	陶（石）质	颜色	制法	尺寸（厘米）	类型
22	磨石	砂岩	黄褐色		长：17.6；宽：8.5；厚：6	A
23	石镞		青灰色	磨制	残长：6.1；厚：0.9	AⅡ
24	石镞		灰色	磨制	残长：5.5；厚：1	AⅡ
25	磨石	砂岩	黄褐色		长：5.5；宽：4；厚：1.6	A
26	磨石				长：6；宽：4.4；厚：4.8	A
27	磨石	砂岩	褐色		长：8；宽：7.6；厚：2.4	A
28	石镞		灰色	磨制	残长：5.8；厚：0.93	AⅢ
29	磨石	砂岩	浅灰色		长：7；宽：5.5；厚：1.5	B
30	磨石	细砂岩	黄褐色		长：8.5；宽：4.2；厚：2	A
31	磨石				长：8；宽：3.1；厚：2	A
32	磨石				长：4.5；宽：4；厚：3.3	B
33	磨石				长：6；宽：5.6；厚：4.8	B
34	石锛				长：6.2；宽：2.6；厚：2.2	B
35	磨石				残长：19；残宽：16；厚：6	B
36	磨石				长：7；宽：5；厚：4.5	B
37	磨石				长：6；宽：5.3；厚：3	B
38	石料				长：15；宽：12；厚：8	

附表一五　JSK8陶片统计表　　（陶片总计：896片）

类别	数量	总陶片百分比	类别	数量	单类百分比	纹饰	数量	百分比
夹砂红褐陶	482	54%	残片	351	73%	绳纹	173	49%
						弦纹	20	6%
						素面	158	45%
			口沿	72	15%			
			器底	23	5%			
			鼎足	36	7%			
					100%			100%
泥质红陶	101	11%	残片	88	87%	绳纹	23	26%
						弦纹	11	13%
						素面	54	61%
			口沿	7	7%			
			器底	6	6%			
					100%			100%

续表

类别	数量	总陶片百分比	类别	数量	单类百分比	纹饰	数量	百分比
泥质灰陶	16	1.8%	残片	12	75%	素面	12	100%
			口沿	2	12.5%			
			器底	2	12.5%			
					100%			100%
夹砂灰陶	40	4.2%	残片	35	88%	绳纹	11	31%
						素面	24	69%
			口沿	5	12%			
					100%			100%
黑陶	150	17%	泥质黑陶	17	11%	素面	17	100%
			黑皮陶	133	89%	素面	133	100%
					100%			
白陶	107	12%	残片	107	100%	素面	107	100%
					100%			100%
总百分比		100%						

附表一六　JSK8出土器物统计表

序号	器名	陶（石）质	颜色	制法	尺寸（厘米）	类型
1	豆	泥质	黑陶	手制，慢轮修整	口径：20.5；底径：9.6；高：10.1	A
2	石楔器	石灰岩		磨制	长：10.8；宽：6；厚：4	A
3	磨石	砂岩	黄褐色		残长：8.5；宽：6；厚：3	B
4	石料	砂岩	白色		长：9.5；宽：8；厚：0.6	
5	鼎足（鬼脸式）	夹细砂	红褐色	手制	长：12	
6	深腹罐底（残）	夹细砂	红陶		底径：18.2；高：4.4	BⅡ
7	深腹罐（残）	夹砂	灰陶	手制，慢轮修整	口径：20；残高：14.4	AⅡ

续表

序号	器名	陶（石）质	颜色	制法	尺寸（厘米）	类型
8	鼓腹罐（残）	泥质	红陶	手制，慢轮修整	口径：23；高：6	BⅠ
9	深腹盆（残）	泥质	红陶	手制，慢轮修整	口径：36.8；残高：11.5	BⅡ
10	鼓腹罐（残）	夹砂	红褐色	手制，慢轮修整	口径：18.6；残高：7	AⅠ

附表一七　房址柱洞统计表

房址号	墙体	柱洞序号	形状	直径（厘米）	深度（厘米）	备注
F1	北墙	D1	圆形	25	16	平底
		D2	圆形	24	23	平底
		D3	圆形	24	13	圜底
		D4	圆形	22 ~ 27	25	平底
		D5	圆形	34	28	平底
	东墙	D6	圆形	20	30	平底
		D7	椭圆形	24	35	圜底
		D8	圆形	18	23	圜底
		D9	圆形	23	13	圜底
	南墙	D10	圆形	20	25	平底
		D11	圆形	20	28	平底
		D12	圆形	22 ~ 30	30	圜底
	隔离墙	D13	圆形	15	40	圜底
F2	南墙	D1	圆形	50	20	平底
		D2	圆形	55	30	平底
		D3	圆形	48	30	平底
		D4	不规则圆形	30	25	平底
		D5	圆形	30	28	平底
		D6	椭圆形	26	30	圜底
	东墙	D7	圆形	22	22	圜底
		D8	椭圆形	30 ~ 38	20	平底
		D9	圆形	38	26	平底
		D10	圆形	20	20	平底
		D11	圆形	34	20	平底

续表

房址号	墙体	柱洞序号	形状	直径（厘米）	深度（厘米）	备注
F2	东墙	D12	椭圆形	39	20	平底
		D13	圆形	35	20	平底
		D14	圆形	23	28	圜底
		D15	圆形	45	20	圜底
	东南角墙外	D16	圆形	34	20	平底
	西墙	仅为墙基槽，没有柱洞				
F3	北墙	D1	椭圆形	34	35	圜底
		D2	长方形	22 ~ 46	32	平底
		D3	不规则圆形	36	42	圜底
		D4	椭圆形	36	30	平底
		D5	圆形	32	30	圜底
		D6	圆形	31	32	圜底
		D7	圆形	27	41	平底
		D8	圆形	29	40	平底
	南墙	D9	长方形	60 ~ 76	35	平底
		D10	长方形	47 ~ 60	35	圜底
		D11	方形	55	25	圜底
		D12	长方形	55 ~ 125	30 ~ 55	圜底

附表一八　HG2陶片统计表　　（陶片总计：735片）

类别	数量	总陶片百分比	类别	数量	单类百分比	纹饰	数量	百分比
夹砂红褐陶	220	30%	残片	186	84.5%	篮纹	7	3.8%
						弦纹	3	1.6%
						素面	176	94.6%
			口沿	11	5%			
			鼎足	22	10%			
			器底	1	0.5%			
					100%			100%
泥质红褐陶	2	0.3%	残片	2	100%	素面	2	100%
					100%			100%

续表

类别	数量	总陶片百分比	类别	数量	单类百分比	纹饰	数量	百分比
泥质灰陶	83	11%	残片	72	86.8%	弦纹	2	2.8%
						素面	55	76.4%
						篮纹	15	20.8%
			口沿	10	12%			
			器底	1	1.2%			
					100%			100%
夹砂灰陶	366	50%	残片	329	90%	素面	283	86%
						篮纹	36	11%
						弦纹	9	2.7%
						绳纹	1	0.3%
			口沿	26	7%			
			器底	1	0.3%			
			鼎足	10	2.7%			
					100%			100%
黑陶	64	8.7%	夹砂黑陶	11	17%	口沿	1	9%
						残片	10	91%
								100%
			泥质黑陶	53	83%	口沿	1	1.9%
						器底	1	1.9%
						残片	51	96.2%
					100%			100%
总百分比		100%						

附表一九　HG3陶片统计表　　（陶片总计：1092片）

类别	数量（片）	总陶片百分比	类别	数量（片）	单类百分比	纹饰	数量（片）	百分比
夹砂红褐陶	589	54%	残片	498	85%	绳纹	42	8%
						弦纹	11	2%
						附加堆纹	7	1.4%
						素面	436	88%
						方格纹	2	0.6%

续表

类别	数量（片）	总陶片百分比	类别	数量（片）	单类百分比	纹饰	数量（片）	百分比
夹砂红褐陶	589	54%	口沿	50	8%			
			鼎足	41	7%			
					100%			100%
泥质红陶	297	27%	残片	267	90%	划纹	4	1%
						素面	263	99%
			口沿	30	10%			
					100%			100%
泥质灰陶	41	4%	残片	37	90%	素面	37	100%
			口沿	4	10%			
					100%			100%
夹砂灰陶	129	12%	残片	116	90%	绳纹	20	16%
						弦纹	4	4%
						划纹	2	2%
						素面	90	78%
			口沿	10	8%			
			器底	3	2%			
					100%			100%
黑陶	36	3%	泥质黑陶	6	17%	素面	6	100%
			黑皮陶	30	83%	素面	30	100%
					100%			
总百分比		100%						

附表二〇　**HG4①层陶片统计表**　（陶片总计：1054片）

类别	数量（片）	总陶片百分比	类别	数量（片）	百分比	纹饰	数量（片）	百分比
夹砂红褐陶	370	35%	残片	255	69%	绳纹	56	22%
						弦纹	20	8%
						附加堆纹	4	1.3%
						素面	173	68%
						乳钉纹	2	0.7%
			口沿	69	19%			
			器底	4	1%			
			鼎足	42	11%			
					100%			100%
白陶	2	0.2%	残片	2	100%	素面	2	100%
泥质红陶	379	36%	残片	356	94%	绳纹	40	11%
						素面	316	89%
			口沿	20	5%			
			器底	3	1%			
					100%			100%
夹砂灰陶	82	7.8%	残片	77	94%	绳纹	11	14%
						弦纹	2	3%
						素面	64	83%
			口沿	4	5%			
			器底	1	1%			
					100%			100%
黑陶	165	16%	磨光黑陶	10	6%			
			泥质黑陶	65	39%			
			黑皮陶	90	55%			
					100%			
泥质灰陶	56	5%	残片	56	100%	素面	56	100%
总百分比		100%						

附表二一　**HG4②层陶片统计表**　（陶片总计：1541片）

类别	数量（片）	总陶片百分比	类别	数量（片）	百分比	纹饰	数量（片）	百分比
夹砂红褐陶	736	47.5%	残片	572	78%	绳纹	90	15 %
						弦纹	10	2%
						附加堆纹	5	1%
						划纹	12	2%
						素面	455	80%
			口沿	100	14%			
			器底	7	1%			
			鼎足	50	7%			
					100%			100%
泥质红陶	348	23%	残片	278	80%	绳纹	20	7%
						划纹	17	6%
						素面	241	87%
			口沿	70	20%			
					100%			100%
泥质灰陶	110	7%	残片	103	94%	素面	103	100%
			口沿	7	6%			
					100%			100%
夹砂灰陶	123	8%	残片	98	80%	绳纹	7	7%
						划纹	2	2%
						素面	89	91%
			口沿	23	19%			
			器底	2	1%			
					100%			100%
黑陶	224	14.5%	磨光黑陶	4	2%	素面	4	100%
			泥质黑陶	20	9%	素面	20	100%
			黑皮陶	200	89%	素面	200	100%
					100%			
总百分比		100%						

附表二二　HG4出土器物统计表

序号	器名	陶（石）质	颜色	制法	尺寸（厘米）	类型
1	器盖	泥质	灰褐色	手制，慢轮修整	钮径：5.3；口径：19.9；高：6.2	CⅡ
2	陶鬶	夹细砂	红陶	手制	高：33.6	B
3	器盖	泥质	黑陶	手制，慢轮修整	钮径：5.8；口径：17.1；高：6.9	BⅠ
4	器盖	夹砂	灰陶	手制，慢轮修整	钮径：7.5；口径：21.3；高：9.6	CⅡ
5	大口罐	夹砂	灰褐色	手制，慢轮修整	口径：17.5；底径：6.5；高：20	AⅠ
6	尊	泥质	灰陶	手制，慢轮修整	口径：14.2；底径：13；高：28	
7	圈足	泥质	黄褐色	手制，慢轮修整	底径：15.9；高：10	
8	缸（口沿）	夹细砂	灰褐色	手制，慢轮修整	口径：15.5；残高：8	CⅡ
9	鼓腹罐（残）	泥质	红褐色	手制，慢轮修整	底径：7.6；残高：5	AⅠ

附表二三　HG5陶片统计表　　（陶片总计：616片）

类别	数量	总陶片百分比	类别	数量	单类百分比	纹饰	数量	百分比
夹砂红褐陶	302	49%	残片	193	64%	篮纹	12	6%
						弦纹	18	9%
						绳纹	1	0.5%
						素面	161	84%
						划纹	1	0.5%
			口沿	35	11.5%			
			器耳	1	0.3%			
			器底	16	5.4%			
			鼎足	56	18.5%			
			圈足	1	0.3%			
					100%			100%
泥质红褐陶	63	10%	残片	29	46%	弦纹	4	14%
						素面	23	79%
						篮纹	2	7%

续表

类别	数量	总陶片百分比	类别	数量	单类百分比	纹饰	数量	百分比
泥质红褐陶	63	10%	口沿	21	33.3%			
			器底	1	1.6%			
			器柄	8	12.7			
			器足	3	4.8%			
			器盖	1	1.6%			
					100%			100%
泥质灰陶	30	5%.	残片	21	70%	弦纹	4	19%
						素面	14	67%
						篮纹	3	14%
			口沿	7	23%			
			器底	2	7%			
					100%			100%
夹砂灰陶	105	17%	残片	71	67.5%	素面	49	69%
						弦纹	17	24%
						篮纹	5	7%
			口沿	23	21.9%			
			器足	1	1%			
			器柄	1	1%			
			器底	9	8.6%			
					100%			
黑陶	116	19%	夹砂黑陶	95	82%	口沿	13	14%
						器底	21	22%
						残片	61	64%
								100%
			泥质黑陶	21	18%	口沿	3	14%
						残片	18	86%
					100%			100%
总百分比		100%						

附表二四　HG5出土器物统计表

序号	器名	陶（石）质	颜色	制法	尺寸（厘米）	类型
1	刻槽筒形罐	夹细砂	灰黑色	手制，慢轮修整	口径：15.7；底径：13；高：15.3	B
2	盉	泥质	红陶	手制	高：27.6	AⅡ
3	鼓腹鼎	泥质	灰褐色	手制，慢轮修整	口径：18.9；高：26.5	C
4	磨石	细砂岩	浅灰色		长：21；宽：16.5；厚：9	B
5	碗	泥质	灰陶	手制	口径：12.4；底径：4.4；高：6	B
6	大口灌	泥质	灰褐色	手制，慢轮修整	口径：22.3；底径：9.2；高：27.1	AⅠ
7	盉（残）	泥质	红陶	手制	残高：20.9	AⅡ
8	盉	夹细砂	红陶	手制	高：19.5	BⅡ
9	磨石	砂岩	黄褐色		长：37；宽：23；厚：24	A
10	瓮	泥质	灰褐色	手制，慢轮修整	口径：24.2；底径：11；高：46.5	AⅠ
11	大口罐	泥质	红陶	手制，慢轮修整	口径：27.4；底径：7；高：27	D
12	鼓腹鼎	夹砂	红褐色	手制，慢轮修整	口径：18.6；高：24.6	AⅠ
13	垂腹鼎	夹砂	黄褐色	手制，慢轮修整	口径：20.2；高：27.8	AⅡ
14	深腹罐	泥质	红陶	手制，慢轮修整	口径：20.3；底径：9.2；高：24.9	AⅡ
15	垂腹鼎	夹细砂	红褐色	手制，慢轮修整	口径：14.5；高：23.8	AⅠ
16	磨石					B
17	陶镞	夹砂	红褐色	手制	长：6；径：1.6	A
18	高领罐（残）	夹砂	红褐色	手制，慢轮修整	底径：7；残高：21.4	A
19	深腹罐	夹砂	黄褐色	手制，慢轮修整	口径：19.1；底径：7.5；高25.6	AⅡ
20	深腹罐	夹砂	灰褐色	手制，慢轮修整	口径：21.4；底径：8.5；高：25	AⅡ
21	浅腹盆	泥质	灰陶	手制，慢轮修整	口径：36.6；底径：7.8；高：8.5	B
22	豆	泥质	磨光黑陶	手制，慢轮修整	口径：18；底径：10；高：8	B

续表

序号	器名	陶（石）质	颜色	制法	尺寸（厘米）	类型
23	器盖（残）	泥质	红褐色	手制，慢轮修整	口径：36.7；残高：7.2	CⅠ
24	平底盘	泥质	红褐色	手制，慢轮修整	口径：21；底径：19.6；高：3.2	C
25	圈足	夹砂	灰陶	手制，慢轮修整	残件	
26	大口罐（残）	泥质	灰陶	手制，慢轮修整	口径：14；残高：5	AⅠ
27	鼓腹罐（残）	夹砂	灰褐色	手制，慢轮修整	口径：10；残高：11	AⅠ
28	高领罐（残）	泥质	灰黑色	手制，慢轮修整	口径：18；残高：14.3	A
29	鼓腹罐（残）	夹砂	红褐色	手制，慢轮修整	口径：13；残高：12.5	BⅠ
30	垂腹鼎	夹砂	红褐色	手制，慢轮修整	口径：16；高：28.7	AⅠ
31	缸	夹砂	红褐色	手制，慢轮修整	口径：60；残高：10.5	CⅡ

附表二五　H4陶片统计表　（陶片总计：115片）

类别	数量（片）	总陶片百分比	类别	数量（片）	百分比	纹饰	数量（片）	百分比
夹砂红褐陶	34	30%	残片	30	88%	弦纹	8	27%
						素面	22	73%
			口沿	2	6%			
			鼎足	2	6%			
					100%			100%
泥质红陶	26	23%	残片	19	73%	素面	19	100%
			口沿	4	15%			
			鬶足	3	12%			
					100%			100%
泥质灰陶	4	3%	残片	4	100%	弦纹	3	75%
						素面	1	25%
					100%			100%

续表

类别	数量（片）	总陶片百分比	类别	数量（片）	百分比	纹饰	数量（片）	百分比
夹砂灰陶	8	7%	残片	7	88%	弦纹	4	57%
						素面	3	43%
			器底	1	12%			
					100%			100%
黑陶	43	37%	泥质黑陶	27	63%	素面	27	100%
			黑皮陶	16	37%	素面	16	100%
					100%			
总百分比		100%						

附表二六　**H26陶片统计表**　　（陶片总计：141片）

类别	数量	总陶片百分比	类别	数量	单类百分比	纹饰	数量	百分比
夹砂红褐陶	30	21.3%	残片	25	83.3%	篮纹	7	28%
						弦纹	1	4%
						素面	17	68%
			口沿	5	16.7%			
					100%			100%
泥质红褐陶	27	19.1%	残片	18	66.7%	弦纹	2	11%
						素面	16	89%
			口沿	5	18.5%			
			器底	2	7.4%			
			鼎足	2	7.4%			
					100%			100%
夹砂灰陶	7	5%	残片	7	100%	素面	7	100%
					100%			100%
黑陶	77	54.6%	夹砂黑陶	43	55.8%	口沿	6	14%
						残片	37	86%
								100%

续表

类别	数量	总陶片百分比	类别	数量	单类百分比	纹饰	数量	百分比
黑陶	77	54.6%	泥质黑陶	34	44.2%	口沿	7	20.5%
						残片	27	79.5%
					100%			100%
总百分比		100%						

附表二七　H16陶片统计表　（陶片总计：74片）

类别	数量	总陶片百分比	类别	数量	单类百分比	纹饰	数量	百分比
夹砂红褐陶	45	60.8%	残片	29	64%	篮纹	3	10%
						弦纹	4	14%
						划纹	1	3%
						素面	21	73%
			口沿	7	16%			
			器足	8	18%			
			器底	1	2%			
					100%			100%
泥质红褐陶	4	5.5%	残片	2	50%	素面	2	100%
			口沿	1	25%			
			器耳	1	25%			
					100%			100%
泥质灰陶	7	9.5%	残片	4	57%	弦纹	4	100%
			口沿	3	43%			
					100%			100%
夹砂灰陶	5	6.8	残片	5	100%	素面	3	60%
					100%	弦纹	1	20%
						篮纹	1	20%
								100%
黑陶	13	17.4%	夹砂黑陶	4	31%	素面	4	100%
			泥质黑陶	9	69%	素面	9	100%
					100%			
总百分比		100%						

附表二八　H15陶片统计表　　（陶片总计：303片）

类别	数　量（片）	总陶片百分比	类别	数　量（片）	百分比	纹饰	数　量（片）	百分比
夹砂红褐陶	153	50%	残片	116	76%	篮纹	17	14.5%
						弦纹	7	6%
						划纹	17	14.5%
						素面	75	65%
			口沿	15	10%			
			器底	2	1%			
			鼎足	20	13%			
					100%			100%
泥质红陶	34	11%	残片	20	59%	弦纹	6	30%
						素面	11	55%
						篮纹	3	15%
			口沿	11	32%			
			器足	3	9%			
					100%			100%
泥质灰陶	38	13%	残片	31	82%	弦纹	11	35.5%
						划纹	2	6.5%
						素面	14	45%
						篮纹	4	13%
			口沿	5	13%			
			器底	2	5%			
					100%			100%
夹砂灰陶	37	12%	残片	30	81%	弦纹	4	13%
						素面	22	74%
						篮纹	4	13%
			口沿	5	14%			
			鼎足	2	5%			
					100%			100%
黑陶	41	14%	泥质黑陶	27	66%	素面	27	100%
			黑皮陶	14	34%	素面	14	100%
					100%			100%
总百分比		100%						

附表二九　**H39陶片统计表**　　（陶片总计：379片）

类别	数量	总陶片百分比	类别	数量	单类百分比	纹饰	数量	百分比
夹砂红褐陶	143	38%	残片	120	84%	绳纹	4	3%
						素面	116	97%
			口沿	3	2%			
			器底	4	3%			
			鼎足	16	11%			
					100%			100%
泥质红褐陶	55	15%	残片	50	91%	绳纹	2	4%
						素面	48	96%
			口沿	5	9%			
					100%			100%
夹砂灰陶	17	4%	残片	12	71%	绳纹	2	17%
						素面	10	83%
			鼎足	5	29%			
					100%			100%
泥质灰陶	8	2%	残片	7	88%	绳纹	1	14%
						素面	6	86%
			口沿	1	12%			
					100%			100%
夹砂黑陶	7	2%	残片	7	100%	篮纹	3	43%
						绳纹	4	57%
					100%			100%
泥质黑陶	70	18%	残片	66	94%	素面	66	100%
			口沿	4	6%			
					100%			
夹砂灰褐陶	30	8%	残片	21	70%	绳纹	3	14%
						素面	18	86%
			口沿	5	17%			
			器盖	3	10%			
			器耳	1	3%			
					100%			100%

续表

类别	数量	总陶片百分比	类别	数量	单类百分比	纹饰	数量	百分比
泥质灰褐陶	45	12%	残片	41	91%	绳纹	6	15%
						素面	35	85%
			口沿	4	9%			
					100%			100%
夹砂白陶	4	1%	残片	3	75%	素面	3	100%
			器耳	1	25%			
					100%			100%
总百分比		100%						

附表三〇　**H52陶片统计表**　　（陶片总计：183片）

类别	数量	总陶片百分比	类别	数量	单类百分比	纹饰	数量	百分比
泥质红褐陶	31	17%	残片	31	100%	篮纹	7	23%
						素面	24	77%
								100%
夹砂红陶	10	5.5%	残片	8	80%	素面	8	100%
			口沿	2	20%			
					100%			100%
泥质灰陶	8	4.5%	残片	7	87.5%	素面	6	86%
						弦纹	1	14%
			口沿	1	12.5%			
					100%			100%
泥质黑陶	118	64%	残片	108	91.6%	绳纹	3	2.8%
						弦纹	4	3.7%
						素面	101	93.5%
			口沿	8	6.8%			
			器底	1	0.8%			
			鼎足	1	0.8%			
					100%			100%

续表

类别	数量	总陶片百分比	类别	数量	单类百分比	纹饰	数量	百分比
夹砂灰褐陶	16	9%	残片	10	63%	素面	5	50%
						篮纹	5	50%
			口沿	4	25%			
			器底	1	6%			
			鼎足	1	6%			
					100%			100%
总百分比		100%						

附表三一　**H34陶片统计表**　（陶片总计：206片）

类别	数量	总陶片百分比	类别	数量	单类百分比	纹饰	数量	百分比
夹砂红褐陶	71	34.4%	残片	55	77%	篮纹	3	5.5%
						弦纹	4	7.2%
						素面	48	87.3
			口沿	3	4.2%			
			器耳	1	1.4%			
			器底	3	4.2%			
			鼎足	9	13%			
					100%			100%
泥质红褐陶	60	29%	残片	50	83.3%	弦纹	10	20%
						素面	40	80%
			口沿	2	3.3%			
			器底	3	5%			
			器足	5	8.4%			
					100%			100%
泥质灰陶	15	7.3%	残片	13	87%	素面	13	100%
			口沿	2	13%			
					100%			100%
夹砂灰陶	45	22%	残片	37	82%	素面	30	81%
						绳纹	4	11%
						篮纹	3	8%

续表

类别	数量	总陶片百分比	类别	数量	单类百分比	纹饰	数量	百分比
夹砂灰陶	45	22%	口沿	3	7%			
			器底	5	11%			
					100%			100%
黑陶	15	7.3%	泥质黑陶	15	100%	素面	15	100%
					100%			
总百分比		100%						

附表三二　H51陶片统计表　（陶片总计：229片）

类别	数量	总陶片百分比	类别	数量	单类百分比	纹饰	数量	百分比
夹砂红褐陶	102	44.5%	残片	82	80%	绳纹	22	26.8%
						弦纹	2	2.4%
						附加堆纹	1	1.2%
						划纹	1	1.2%
						素面	56	68.4%
			口沿	10	10%			
			器底	3	3%			
			鼎足	7	7%			
					100%			100%
泥质红陶	43	18.8%	残片	38	88%	素面	38	100%
			口沿	5	12%			
					100%			
泥质灰陶	22	9.6%	残片	18	82%	弦纹	3	17%
						素面	15	83%
			口沿	4	18%			
					100%			100%
黑陶	62	27.1%	泥质黑陶	32	53.3%	素面	32	100%
			黑皮陶	30	46.7%	素面	30	100%
					100%			
总百分比		100%						

附表三三　H44①层陶片统计表　（陶片总计：1870片）

类别	数量	总陶片百分比	类别	数量	单类百分比	纹饰	数量	百分比
夹砂红褐陶	1036	55.4%	残片	897	86.6%	绳纹	19	2.1%
						弦纹	5	0.6%
						附加堆纹	3	0.3%
						素面	870	97%
			口沿	48	4.6%			
			鼎足	91	8.8%			
					100%			100%
泥质红褐陶	174	9.3%	残片	150	86.2%	弦纹	4	2.7%
						素面	144	96%
						方格纹	2	1.3%
			口沿	8	4.6%			
			器底	7	4%			
			器耳	1	0.6%			
			器足	8	4.6%			
					100%			100%
泥质灰陶	110	5.9%	残片	101	91.8%	弦纹	4	4%
						素面	97	96%
			口沿	6	5.5%			
			器耳	3	2.7%			
					100%			100%
夹砂灰陶	32	1.7%	残片	16	50%	素面	16	100%
			口沿	7	22%			
			器底	6	19%			
			器耳	3	9%			
					100%			
黑陶	518	27.7%	磨光黑陶	3	0.6%	素面	3	100%
			泥质黑陶	78	15%	素面	78	100%
			黑皮陶	437	84.4%	素面	437	100%
					100%			
总百分比		100%						

附表三四　**H44②层陶片统计表**　　（陶片总计：2051片）

类别	数量	总陶片百分比	类别	数量	单类百分比	纹饰	数量	百分比
夹砂红褐陶	1045	51%	残片	941	91%	绳纹	21	2.3%
						弦纹	7	0.7%
						附加堆纹	2	0.2%
						素面	911	96.8%
			口沿	32	3%			
			器底	14	1%			
			器足	48	4%			
			器耳	10	1%			
					100%			100%
泥质红褐陶	204	10%	残片	194	95.1%	绳纹	15	7.7%
						波浪纹	1	0.5%
						素面	178	91.8%
			口沿	7	3.4%			
			器底	1	0.5%			
			器足	2	1%			
					100%			100%
泥质灰陶	186	9%	残片	164	88.5%	弦纹	8	4.9%
						绳纹	12	7.3%
						素面	141	86%
						篮纹	3	1.8%
			口沿	19	10%			
			器底	1	0.5%			
			器耳	2	1%			
					100%			100%
夹砂灰陶	120	6%	残片	110	91.7%	绳纹	29	26.4%
						弦纹	13	11.8%
						附加堆纹	1	0.9%
						素面	67	60.9%
			口沿	6	5%			
			器底	1	0.8%			
			器足	3	2.5%			
					100%			100%

续表

类别	数量	总陶片百分比	类别	数量	单类百分比	纹饰	数量	百分比
黑陶	496	24%	磨光黑陶	2	0.4%	素面	2	100%
			泥质黑陶	329	66.3%	素面	329	100%
			黑皮陶	165	33.3%	素面	165	100%
					100%			100%
总百分比		100%						

附表三五　H44③层陶片统计表　（陶片总计：712片）

类别	数量	总陶片百分比	类别	数量	单类百分比	纹饰	数量	百分比
夹砂红褐陶	226	31.7%	残片	214	94.7%	篮纹	3	1.4%
						绳纹	6	2.8%
						弦纹	12	5.6%
						素面	193	90.2%
			口沿	1	0.4%			
			器足	11	4.9%			
					100%			100%
泥质红褐陶	194	27.3%	残片	186	95.9%	弦纹	8	4.3%
						素面	174	93.5%
						篮纹	4	2.2%
			口沿	5	2.6%			
			器足	3	1.5%			
					100%			100%
泥质灰陶	61	8.6%	残片	56	91.8%	附加堆纹	1	1.8%
						弦纹	4	7.1%
						波浪纹	2	3.6%
						素面	47	83.9%
						篮纹	2	3.6%
			口沿	3	4.9%			
			器耳	2	3.3%			
					100%			100%

续表

类别	数量	总陶片百分比	类别	数量	单类百分比	纹饰	数量	百分比
夹砂灰陶	10	1.4%	残片	8	80%	绳纹	2	25%
						弦纹	3	37.5%
						素面	2	25%
						篮纹	1	12.5%
			口沿	2	20%			
					100%			100%
黑陶	221	31%	磨光黑陶	3	1.4%	素面	3	100%
			泥质黑陶	180	81.4%	素面	180	100%
			黑皮陶	38	17.2%	素面	38	100%
					100%			
总百分比		100%						

附表三六　**H44④层陶片统计表**　　（陶片总计：190片）

类别	数量	总陶片百分比	类别	数量	单类百分比	纹饰	数量	百分比
夹砂红褐陶	44	23.2%	残片	33	75%	篮纹	2	6.1%
						绳纹	5	15.2%
						素面	26	78.7%
			口沿	7	16%			
			器底	1	2.2%			
			器足	3	6.8%			
					100%			100%
泥质红褐陶	22	11.5%	残片	20	91%	素面	20	100%
			器底	2	9%			
					100%			100%
泥质灰陶	8	4.2%	残片	8	100%	素面	7	87.5%
						篮纹＋弦纹	1	12.5%
					100%			100%

续表

类别	数量	总陶片百分比	类别	数量	单类百分比	纹饰	数量	百分比
夹砂灰陶	52	27.4%	残片	40	77%	绳纹＋弦纹	4	10%
						素面	36	90%
			口沿	11	21%			
			器足	1	2%			
					100%			100%
黑陶	56	29.5%	泥质黑陶	26	46.4%	素面	26	100%
			黑皮陶	30	53.6%	素面	30	100%
					100%			
白陶	8	4.2%	残片	8	100%			
总百分比		100%						

附表三七　H44⑤层陶片统计表　（陶片总计：351片）

类别	数量	总陶片百分比	类别	数量	单类百分比	纹饰	数量	百分比
夹砂红褐陶	137	39%	残片	124	90.5%	篮纹	3	2.4%
						弦纹	3	2.4%
						素面	118	95.2%
			口沿	7	5.1%			
			器底	2	1.5%			
			器足	4	2.9%			
					100%			100%
泥质红褐陶	36	10.3%	残片	32	88.9%	绳纹	2	6.25%
						素面	30	93.75%
			口沿	1	2.8%			
			器足	3	8.3%			
					100%			100%
泥质灰陶	16	4.6%	残片	15	93.75%	弦纹	1	6.7%
						素面	11	73.3%
						篮纹	3	20%
			口沿	1	6.25%			
					100%			100%

续表

类别	数量	总陶片百分比	类别	数量	单类百分比	纹饰	数量	百分比
夹砂灰陶	53	15.1%	残片	49	92.4%	绳纹	2	4.2%
						附加堆纹	1	2%
						素面	45	91.8%
						篮纹	1	2%
			口沿	2	3.8%			
			器足	2	3.8%			
					100%			100%
黑陶	109	31%	泥质黑陶	45	41.3%	素面	45	100%
			黑皮陶	64	58.7%	素面	64	100%
					100%			
总百分比		100%						

附表三八 **H44出土器物统计表**

序号	器名	陶（石）质	颜色	制法	尺寸（厘米）	类型
1	圈足盘	泥质	红陶	手制，慢轮修整	口径：20；底径：13.2；高：3.8	B
2	圈足壶	泥质	红褐色	手制，慢轮修整	口径：9；底径：8.4；高：17.6	A
3	磨石	砂岩	灰色			B
4	刻槽盆	夹细砂	灰色	手制，慢轮修整	口径：35.2；底径：14.6；高：13.2	
5	磨石	砂岩	浅灰色			B
6	磨石	砂岩	青灰色			B
7	石锛	砂岩	青色	磨制		A
8	石料					
9	石镞		灰黑色	磨制	长：3.2；宽：0.9；厚：0.7	CⅢ
10	石镞	页岩	灰黑色	磨制	长：5.7；宽：2；厚：0.9	AⅡ
11	石镞		灰色	磨制	长：7.3；宽：1.7；厚：0.7	AⅡ
12	磨石	砂岩	红褐色		长：16；宽：9.5；厚：6.3	A

续表

序号	器名	陶（石）质	颜色	制法	尺寸（厘米）	类型
13	石锛（残）	石灰岩		磨制	残长：2.5；残宽：4	A
14	圈足豆座	泥质	黑陶	手制，慢轮修整	底径：10.6；残高：11.2	C
15	纺轮	泥质	红褐色	手制	直径：4；厚：0.5	A
16	磨石	砂岩	浅灰色		长：17.7；宽：11.6；厚：5.4	A
17	盉（残）	泥质	红褐色	手制	残高：22.6	C
18	磨石	砂岩	红褐色			B
19	纺轮	泥质	黑陶	手制	直径：3.4；厚：0.7	BⅡ
20	石楔器	石灰岩		磨制		A
21	磨石	砂岩	青灰色			B
22	石锛		青色		长：7.7；宽：4.7；厚：2.2	B
23	石镞		青灰色	磨制	长：7；宽：1.4；厚：0.7	CⅡ
24	陶镞	泥质	红褐色	手制	长：5；宽：1.3；厚：1.3	B
25	石锛		青灰色	磨制	长：5.1；宽：3.2；厚：1.5	B
26	磨石	砂岩	浅灰色			B
27	磨石	砂岩	青灰色			B
28	石斧		青灰色		长：4.3；宽：3；厚：1	B
29	石钺（残）			磨制		
30	磨石		灰褐色			B
31	石料					
32	盉（残）	泥质	黑陶	手制	残高：17.4	BⅡ
33	器盖	夹砂	红褐色	手制，慢轮修整	钮径：3.3；口径：15.6；高：6.3	BⅠ
34	器盖	泥质	灰陶	手制，慢轮修整	钮径：5.3；口径：19.4；高：4.4	CⅠ
35	高柄器盖	夹砂	灰陶	手制	钮径：4.4；口径：14.5；高：12.2	D
36	器盖	泥质	红陶	手制，慢轮修整	口径：16.4；高：4.8	BⅠ
37	器盖	夹砂	灰褐色	手制	钮径：6.2；口径：20.1；高：6.1	BⅠ
38	盉（残）	泥质	红褐色	手制	残高：13.1	AⅡ

续表

序号	器名	陶（石）质	颜色	制法	尺寸（厘米）	类型
39	盉（残）	泥质	红陶	手制	口径：9.6；残高：21.8	AⅡ
40	盉（残）	泥质	红褐色	手制	残高：13.25	AⅡ
41	盉（残）	泥质	红褐色	手制	残高：12.7	AⅠ
42	鬶（残）	夹砂	红褐色	手制	残高：19	AⅢ
43	甗（残）	夹砂	灰褐色	手制	残高：27	A
44	浅腹盆	夹砂	红褐色	手制，慢轮修整	口径：35.4；底径：13.8；高：10.3	AⅡ
45	鼓腹罐（底）	泥质	灰陶	手制，慢轮修整	残件	BⅠ
46	垂腹鼎	夹细砂	红褐色	手制，慢轮修整	口径：15.2；高：22.7	B
47	鬶（残）	夹砂	红陶	手制	残高：12.6	AⅢ
48	鼓腹鼎	泥质	红褐色	手制	口径：11.2；高：14.1	BⅠ
49	垂腹鼎	夹砂	红褐色	手制，慢轮修整	口径：17.5；高：25.6	C
50	深腹鼎	夹砂	红褐色	手制，慢轮修整	口径：23.8；高：34.3	CⅡ
51	深腹鼎	夹砂	灰褐色	手制，慢轮修整	口径：23.9；高：33	CⅡ
52	鼓腹罐	泥质	红褐色	手制，慢轮修整	口径：19.7；底径：11；高：27	BⅡ
53	深腹罐	夹砂	红陶	手制，慢轮修整	口径：23.5；底径：9.6；高：27.7	AⅡ
54	假腹簋	夹细砂	红陶	手制	口径：13；底径：10.4；高：12.3	BⅠ
55	深腹罐（残）	泥质	红褐色	手制	底径：14.3；残高：18.3	C
56	鼓腹罐	泥质	灰黑色	手制	口径：8.5；底径：4.6；高：8.6	BⅢ
57	钵	泥质	红陶	手制，慢轮修整	口径：13.5；底径：9.8；高：6.2	BⅠ
58	石镞（残）			磨制	残块	AⅡ
59	石钺（残）			磨制	残块	
60	鼓腹罐（残）	夹砂	红褐色	手制，慢轮修整	残件	AⅠ
61	鼓腹罐口沿	夹砂	红陶	手制	残件	AⅠ
62	鼓腹罐口沿	夹砂	红褐色	手制，慢轮修整	残件	AⅠ
63	鼓腹罐（底）	夹细砂	红褐色	手制	残件	BⅠ

续表

序号	器名	陶（石）质	颜色	制法	尺寸（厘米）	类型
64	高领罐（口沿）	泥质	红陶	手制，慢轮修整	残件	B
65	鼓腹罐口沿	夹砂	红陶	手制，慢轮修整	残件	AⅠ
66	敛口罐（口沿）	夹砂	红褐色	手制	残件	A
67	长颈壶（残）	夹砂	红褐色	手制，慢轮修整	残件	B
68	深腹罐（残）	夹细砂	红褐色	手制，慢轮修整	残件	BⅡ
69	大口罐（残）	泥质	灰陶	手制，慢轮修整	口径：24.3；高：16.3	B
70	深腹罐（残）	夹砂	灰陶	手制，慢轮修整	残件	BⅡ
71	缸（残）	夹砂	红褐色	手制，慢轮修整	口径：43；残高：12.9	A
72	器盖（残）	泥质	灰陶	手制，慢轮修整	口径：18.8；残高：3.8	AⅠ
73	深腹盆（残）	夹砂	灰褐色	手制，慢轮修整	口径：28.5；残高：8.3	C
74	鼓腹罐（残）	夹砂	灰陶	手制，慢轮修整	残件	AⅠ
75	垂腹罐（残）	夹砂	灰陶	手制，慢轮修整	残件	
76	深腹罐（残）	泥质	灰陶	手制，慢轮修整	口径：13.8；残高：13.6	AⅠ
77	缸（残）	夹细砂	灰陶	手制，慢轮修整	残件	CⅡ
78	器盖（残）	夹细砂	红陶	手制	残件	BⅠ

附表三九　H48陶片统计表　　（陶片总计：330片）

类别	数量（片）	总陶片百分比	类别	数量（片）	百分比	纹饰	数量（片）	百分比
夹砂红褐陶	211	63.9%	残片	206	97.6%	篮纹	11	5.3%
						弦纹	3	1.5%
						素面	192	93.2%
			口沿	4	1.9%			
			鼎足	1	0.5%			
					100%			100%
泥质红陶	35	10.6%	残片	34	97%	素面	34	100%
			口沿	1	3%			
					100%			100%
泥质灰陶	50	15.2%	残片	45	90%	素面	45	100%
			口沿	5	10%			
					100%			100%

续表

类别	数　量（片）	总陶片百分比	类别	数　量（片）	百分比	纹饰	数　量（片）	百分比
夹砂灰陶	8	2.4%	残片	3	37.5%%	素面	3	100%
			口沿	4	50%			
			器足	1	12.5%			
					100%			100%
黑陶	26	7.9%	夹砂黑陶	26	100%	绳纹	1	3.8%
						素面	25	96.2%
					100%			100%
总百分比		100%						

附表四〇　灰坑统计表

编号	所属探方	开口层位	形状	所属形制	尺寸（米）（长×宽—深）	出土器物
H1	T2001东北部	开口于3层，打破生土层	不规则圆形	A型	2.8×2.25—0.55	
H2	后编号为JSK2					
H3	T2025东南部，大部分在T2025东隔梁下	开口于3层，打破生土层	圆角长方形	C型	3.6×0.7—1	
H4	T3004东部	开口于3层	圆形	A型	1.45×1.35—1	
H5	T3004东南角	开口于3层	圆形	A型	1.04×1.02—0.5	B型浅腹盆，D型垂腹鼎
H6	T3008南部	开口于3层	圆形	A型	4×4—0.9	
H7	T2012南中部	开口于3层	不规则圆形	A型	2.5×0.9—0.45	
H8	T2013西北角，跨入T2022、T2024和T2011探方内	开口于3层，打破3A、3B文化层	不规则椭圆形	B型	4.15×1.85—0.7	

续表

编号	所属探方	开口层位	形状	所属形制	尺寸（米）（长×宽—深）	出土器物
H9	T2013东北部	开口于3层，打破3A、3B文化层	圆形	A型	1.72×1.32—0.6	
H10	T2006西中部	开口于3层，被扰坑和（汉）M12打破	椭圆形	B型	1.6×1.4—0.8	
H11	位于T2008西北部延伸到T2006、T2007内	开口于3层，被（汉）M11打破	长方形	C型	2.9×1.4—0.7	
H12	T2007东部，向东延伸到T2009探方内	开口于3A层下，打破3B文化层。灰坑中部被一汉墓打破	不规则圆形	A型	5×4.5—0.4	
H13	T2009的东北角	开口于3A层下，打破3B文化层	不规则三角形	D型	2.5×2—0.6	
H14	T2009东北角，大部分在隔梁下	开口于3A层下，打破3B层	不规则圆形	A型	5×4—0.65	
H15	T2013西南角	开口于3A层，打破3B层及4层	椭圆形	B型	2.92×2—0.82	
H16	T2013中部偏西	开口于3A层下，打破3B层	圆形	A型	1.3×1.3—0.3	
H17	T2015东南角	开口于3层	椭圆形	B型	1.3×0.9—0.35	
H18	T2016东南部	开口于3层	不规则椭圆形	B型	1.3×0.8—0.68	

续表

编号	所属探方	开口层位	形状	所属形制	尺寸（米）（长×宽—深）	出土器物
H19	T2020东部，部分压在东隔梁下	开口3层	圆形	A型	175×1.55—0.26	
H20	T2025西北角	开口于3层下	不规则圆形	A型	1.56×1.55—0.26	BⅢ式鼓腹罐，B型垂腹鼎
H21	T2025中东部	开口于3层下	椭圆形	B型	1.5×1.2—0.3	
H22	T2025东北角	开口于3层下	不规则椭圆形	B型	1.5×1.2—0.3	
H23	T2027中部	开口于3层，被H24打破	不规则圆形	A型	1.3× 0.3—0.64	AⅠ式深腹罐，石料
H24	T2027中部	开口于3层，打破H23	椭圆形	B型	1.5×1.45—0.88	
H25	T2025西中部	开口于3层下	圆角长方形	C型	1.03×0.59—0.24	
H26	T2026东南部	开口于3层	圆形	A型	1.2×1— 0.5	
H27	T2026南中部	开口于3层	长方形	C型	1.1×0.9— 0.3	
H28	T2025中部	开口于3层下	不规则椭圆形	B型	3.7×1.75—0.78	C型垂腹鼎，AⅡ式高柄杯柄，B型磨石
H29	T2028东南角	开口于3层下，打破4～6层	圆形	A型	1.1×0.6—0.45	B型磨石，石料
H30	T2027西中部	开口于3层下	圆形	A型	1.2×1.15—0.74	AⅡ式碗
H31	T2026东北部	开口于3层下	圆形	A型	1.65×1.53—1.4	A型石凿，A型磨石
H32	T2025北部	开口于3层下	圆角长方形	C型	2.0×1.6—0.44	
H33	T2025南中部，并向南延伸到T2026内	开口于3层下	不规则圆形	A型	5.5×1.2—1.7	

续表

编号	所属探方	开口层位	形状	所属形制	尺寸（米）（长×宽—深）	出土器物
H34	位于T2026西南角	开口于3层下	圆角长方形	C型	3.6×0.7—1	
H35	T2028南部	开口于3层下，打破4～6层	椭圆形	B型	3.5×1—1.2	
H36	T2027西部	开口于3层下	圆形	A型	2.4×1.8—1.39	
H37	T2028北部	开口于3层下，打破4～6层，东部被HG3打破	圆角长方形	C型	1.5×0.9—0.65	
H38	T2029东南部	开口于3层	圆形	A型	0.9×0.8—0.3	盆型鼎（鬼脸），B型带流罐
H39	T2039西南角，向西延伸到T2038内	开口于3层，打破生土层	不规则椭圆形	B型	5.5×2.5—0.4	石刀，A型石凿，石料，石块，石料
H40	T2038中北部	开口于3层，打破生土层	不规则圆形	A型	1.6×1.6—0.4	AⅠ式深腹罐，甗（残）
H41	T2037东北角，向北延伸到T2034内	开口于3层，打破生土层	不规则椭圆形	B型	7.5×4.5—0.8	B型磨石
H42	T2034的北部	开口于3层，打破文化层及生土层	不规则圆形	A型	2.5×2—0.4	
H43	T2035中部偏北	开口于3层下，打破生土层	圆形	A型	1.9×1.8—0.9	AⅠ式瓮

续表

编号	所属探方	开口层位	形状	所属形制	尺寸（米）（长×宽—深）	出土器物
H44	T2032探方内	开口于3层，打破文化层及生土层	不规则形	D型	10×6.8—1.6	A型磨石，B型石锛，B型陶镞，B型石斧，AⅠ式盉，AⅡ式石镞，AⅡ式盉，C型盉，刻槽盆，C型深腹盆，BⅠ式器盖，AⅠ式器盖，CⅠ式器盖，B型圈足盘，D型高柄器盖，A型缸，BⅠ式器盖，BⅡ式纺轮，A型圈足壶，C型圈足豆，AⅣ式鬶，BⅡ式鼓腹罐，B型大口罐，BⅠ式钵，AⅠ式深腹罐，AⅡ式石镞，AⅡ式浅腹盆，C型深腹罐，BⅡ式盉，BⅠ式假腹簋，BⅠ式鼓腹鼎，AⅢ式鬶，CⅡ式深腹鼎，AⅡ式深腹罐，A型甗，BⅢ式鼓腹罐，A型纺轮，CⅢ式石镞，CⅡ式石镞，B型垂腹鼎，C型垂腹鼎
H45	T2039探方东部中间	开口于3层，打破4层、生土层	不规则形	D型	1.4×0.4—0.4	C型垂腹鼎，AⅢ式浅腹盆，BⅠ式鼓腹罐（残），AⅠ式鼓腹罐（口沿），D型缸（残），A型圈足盘
H46	T2039东南部	开口于3层，打破生土层	不规则圆形	A型	1.7×1.3—0.75	AⅡ式鼓腹罐
H47	T2039西北部	开口于3层，打破生土层	不规则圆形	A型	1.8×1.2—0.3	
H48	T2030东北部	开口于3层，打破4层及生土层	不规则形	D型	4×3.85—1.2	A型磨石，AⅡ式大口罐，BⅠ式鼓腹罐（残）
H49	T2029的西部	开口于3层，打破生土层	不规则形	D型	1×0.5—1.1	
H50	T2035东隔梁下，向东延伸到T2036内	开口于3层，打破文化层及生土层	不规则椭圆形	B型	2.1×1.15—0.86	
H51	T2036中部	开口于3层，打破JSK5及生土层	不规则长方形	C型	3.2×1.6—0.22	A型陶箅子，A型高领罐，垂腹罐

续表

编号	所属探方	开口层位	形状	所属形制	尺寸（米）（长×宽—深）	出土器物
H52	位于T2039西部中间，中部被M19打破	开口于3层，打破生土层	不规则椭圆形	B型	3.6×2.4—0.4	BⅠ式器盖
H53	位于T2049东隔梁下，向东延伸到T2050内	开口于4层，打破生土层	圆形	A型	2.75×2.7—0.15	AⅠ式鼓腹罐（残）

编 后 记

禹会村遗址从2006年的初次钻探到2011年的第五次发掘结束，历时6年的野外工作。2012年，对发掘资料开始全面系统地整理和编写报告。

项目一开始，国家文物局就十分支持禹会村遗址的发掘工作。中国社会科学院考古研究所也将该项目先后列入了“中华文明探源工程”第二阶段的子课题和“创新工程”的项目之中，加强了支持的力度。发掘工作始终得到中国社会科学院考古研究所的重视，王巍所长多次莅临现场考察、指导。在2007年春、2008年春、2009年秋和2010年秋、冬季的发掘期间，考古所都安排组织了相关领域的专家到发掘现场进行考察、研讨，并对遗址的文化性质给予学术性的定位。

禹会村遗址的发掘工作由中国社会科学院考古研究所和蚌埠市博物馆合作进行，王吉怀主持；发掘过程中，得到了安徽省文物局、安徽省文物考古研究所的有力支持。蚌埠市市委、市政府，蚌埠市文化局，蚌埠广播电视台，自始至终都很重视、关心遗址的发掘工作。蚌埠博物馆在发掘、整理期间，提供了很大的方便条件，解决了工作中的实际难题，保证了工作的顺利进行。

禹会区区委、区政府、宣传部、文化广电新闻出版局，秦集镇党委，在工作过程中给予了热忱的关怀和支持，做了大量的协调工作，并随时为发掘工作排忧解难。同时，前郢村两委在每次发掘前和结束时，都组织锣鼓班子欢迎和欢送考古队，并在每次发掘期间及时解决工作中的困难，使发掘工作得以顺利进行。

特别要感谢禹会区前郢村宫元俊同志在回填时免费提供河沙，同时，还要感谢中国民主同盟蚌埠市委员会、蚌埠市路灯管理所、蚌埠市移动公司、金泰公司、江淮车轮公司、醉三秋酒业等单位对发掘工作的支持。

每季发掘后，考古队都及时对发掘资料进行阶段性整理并对出土器物进行修复，每季工作结束后即在《中国文物报》《中国社会科学院古代文明研究中心通讯》和《考古》等相关刊物报道阶段性成果。

陶器的室内修复工作主要由陕西技工刘喜林、郭会平和蒙城县文物局张莉、鹿鹏等完成。报告中的遗迹绘图、器物绘图由考古队毕道传完成，山东队杨结实和蒙城县文物局张莉完成了部分绘图工作，同时，张莉、鹿鹏均参加了资料的整理工作。器物拍摄由中国社会科学院考古研究所张亚斌完成。在此，还要感谢中国科学技术大学张居中教授和他的学生们、金正耀教授和他的学生们，南京大学朱诚教授、张广胜博士、马春梅博士，蚌埠学院朱光耀教授、王善友教授等对土样标本和石器标本的测试和研究。

报告的章节执笔者如下：

第一章　绪论：王吉怀

第二章　蚌埠历史沿革：钱仁发

第三章　蚌埠地区史前遗址的调查与勘探：赵兰会

第四章　禹会村遗址的发掘：王吉怀

第五章　遗迹

第一节　祭祀遗迹：钱仁发、赵兰会

第二节　建筑遗迹：张莉

第三节　其他遗迹：鹿鹏

第六章　出土遗物

第一节　陶器：钱仁发、赵兰会、王吉怀

第二节　石器：赵兰会、钱仁发、王吉怀

第三节　石料

第四节　骨器

第七章　综合研究：王吉怀

第八章　自然科学的测试和研究

第一节　禹会村遗址距今4500～4000年龙山文化的环境考古：张广胜、朱诚、朱光耀、马春梅、郑朝贵、赵兰会、李中轩、朱青、金爱春、王吉怀

第二节　禹会村遗址考古地层学特征研究：张广胜、朱诚、朱光耀、马春梅、吴立、王吉怀

第三节　禹会村遗址祭祀遗迹的科学分析：赵春燕、王吉怀

第四节　禹会村遗址文化层中正构烷烃分布特征及其意义：胡飞、崔品、张居中、王吉怀

第五节　禹会村遗址浮选结果分析报告：尹达

第六节　禹会村遗址出土木炭的鉴定与初步分析：王树芝、王吉怀

第七节　禹会村遗址出土陶容器内存积土样品的检测：赵春燕

第八节　禹会村遗址出土石器研究：王善友、朱光耀、孔广林、王吉怀

第九节　禹会村遗址出土陶器的烧成温度研究：王犇、金正耀、汪海港、吴又进、王吉怀

第十节　禹会村遗址出土陶器微量元素组成分析：崔炜、杨玉璋、张居中、

王吉怀

第十一节　禹会村遗址出土泥质薄胎黑陶表面淀粉粒残留物分析：姚凌、张居中、杨玉璋、董珍、崔炜、王吉怀

第十二节　禹会村遗址陶片矿物组成和化学成分的初步分析结果：范安川、金正耀、河西学、铃木稔、阎立峰、王吉怀

第十三节　禹会村遗址祭祀彩石的多种谱学方法研究：汪海港、金正耀、谢治、范安川、阎立峰、朱炳泉、王吉怀

第十四节　禹会村遗址地层孢粉记录的环境和人类活动信息：马春梅、张广胜、朱诚、王吉怀、朱光耀

第十五节　禹会村遗址^{14}C测年：范安川、金正耀、河西学、铃木稔、阎立峰、王吉怀

第九章　结语：王吉怀

其他章节　王吉怀

编后记　王吉怀

图　版

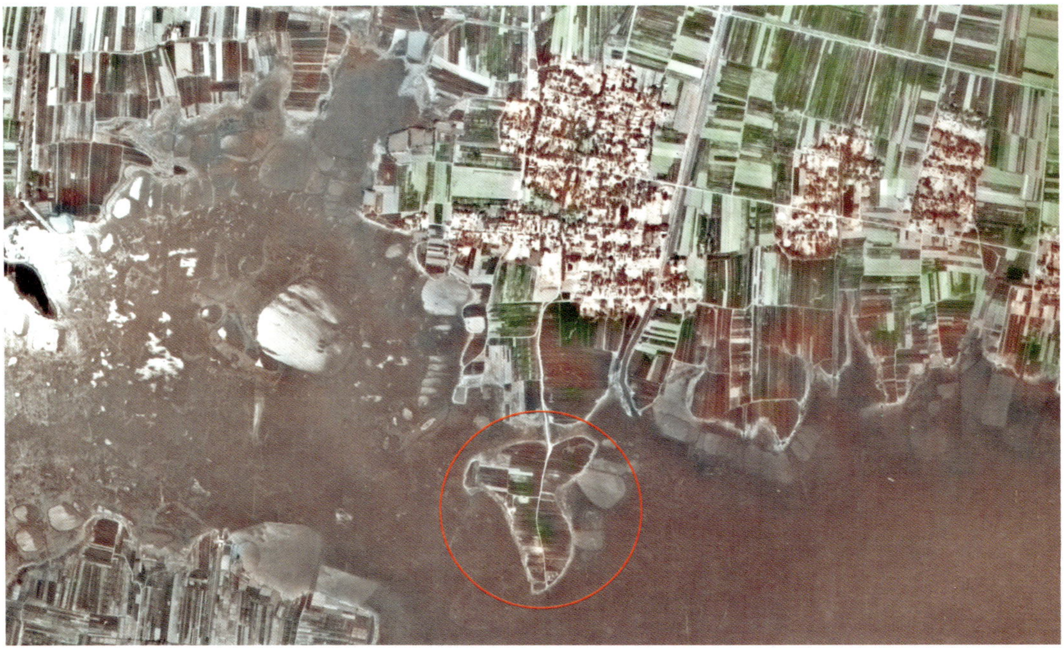

1. 卫星照片

2. 红烧土暴露现象

龙王庙遗址

1. 2010年Ⅱ区发掘现场（东—西）

2. 2011年Ⅱ区发掘现场（东—西）

发掘现场

祭祀台基

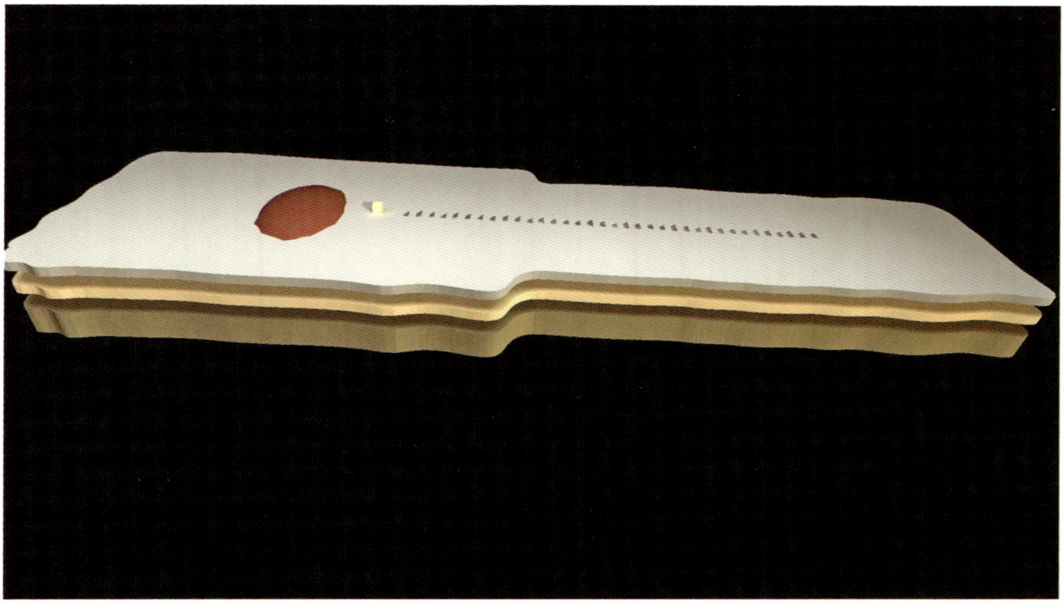

1. 祭祀台基3D图（蚌埠学院祝风江制作）

2. 清理白土面

祭祀台基现象

1. 祭祀台基北部剖面

2. 祭祀台基中部剖面

祭祀台基堆筑层剖面

1. 祭祀台基南部剖面

2. 烧祭面现象

祭祀台基堆筑层剖面及烧祭面

1. 烧祭面部位剖面

1. 烧祭面上的沟槽（北—南）

烧祭面剖面及烧祭面上的沟槽

1. 探方壁方土台暴露现象（西—东）

2. 方土台（西—东）

方土台现象

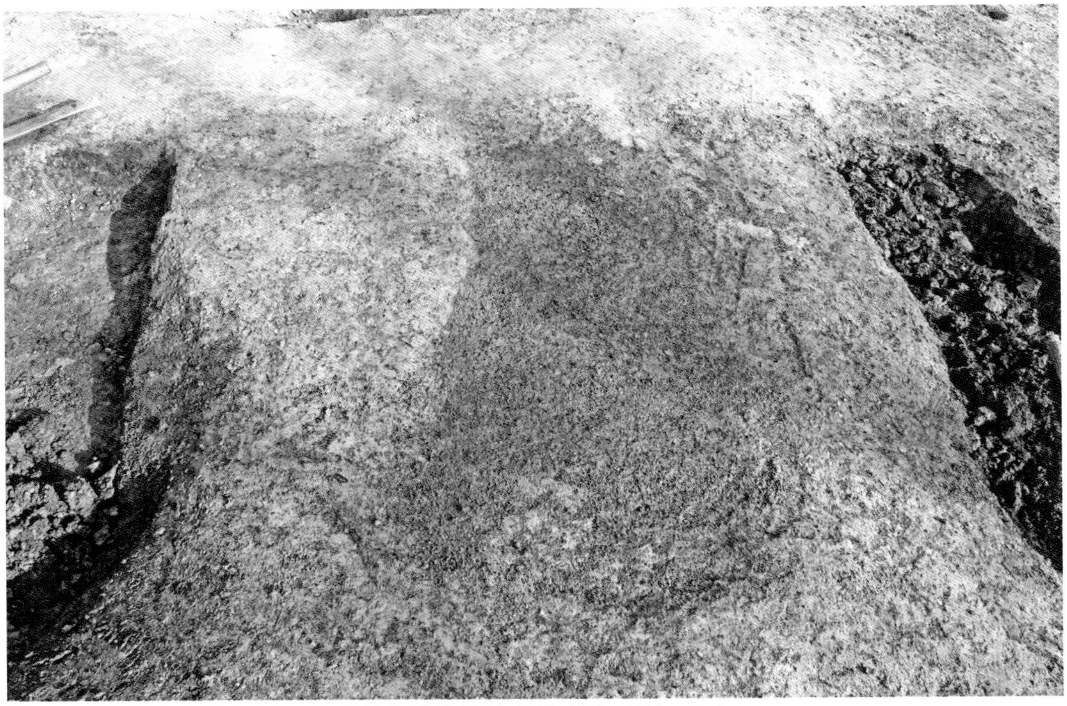

1. 长方形柱坑清理前现象（西—东）

2. 长排柱坑（西—东）

长方形柱坑

1. 清理祭祀沟

2. 祭祀沟内陶器破碎现象

祭祀沟发掘现场及沟内包含物

1. JSK2清理前现象

2. JSK2②层陶器破碎现象

JSK2现象

1. JSK3陶器埋藏现象

2. JSK3陶器现象

JSK3现象

1. Ⅱ区圆圈分布现象

2. 圆圈4剖面

圆圈分布及剖面

1. 房址墙基槽（西—东）

2. 房址布局（西南—东北）

房基现象

1.隔离墙暴露现象

2. 取土坑底部现象

隔离墙及取土坑

1. HG4

2. Ⅱ区灰坑、灰沟分布

灰沟及灰坑分布

1. JSK3：24

2. JSK7：3

3. JSK2①：4

4. JSK2①：2

5. HG5：12

6. JSK4：2

禹会村遗址出土AI式鼓腹鼎

1. B Ⅰ式鼓腹鼎（JSK3：28）

2. B型垂腹鼎（JSG②：16）

3. B型垂腹鼎（H20：2）

4. C型垂腹鼎（H45：1）

5. C型垂腹鼎（T2026④：1）

6. D型垂腹鼎（H5：2）

禹会村遗址出土陶鼎

1. 盆形鼎（H38：1）

2. 盆形鼎（T2013④：1）

3. BⅡ式深腹鼎（JSG③：3）

4. CⅡ式深腹鼎（H44：51）

5. AⅠ式深腹罐（JSK6：4）

6. AⅡ式深腹罐（HG5：20）

禹会村遗址出土陶器

1. AⅡ式深腹罐（T2046④：1）

2. AⅡ式深腹罐（T2003④：1）

3. BⅠ式深腹罐（JSK3：2）

4. AⅠ式大口罐（JSK5：24 ）

5. 尊（HG4：6）

6. 刻槽盆（H44：4）

禹会村遗址出土陶器

1. 壶（JSG③：26）

2. A型假腹簋（JSG②：1）

3. BⅡ式假腹簋（JSG②：13）

4. AⅠ式鬶（JSK1：2）

5. AⅡ式鬶（JSK2②：35）

6. AⅠ式高柄杯（JSK2②：31）

禹会村遗址出土陶器

1. AⅠ式甑（JSG②：17）

2. AⅠ式盉（JSK5：1）

3. BⅠ式盉（JSK2②：3）

4. BⅠ式盉（JSK2②：38）

5. 陶璧形器（JSG③：56）

6. AⅠ式器盖（JSK2②：1）

禹会村遗址出土陶器

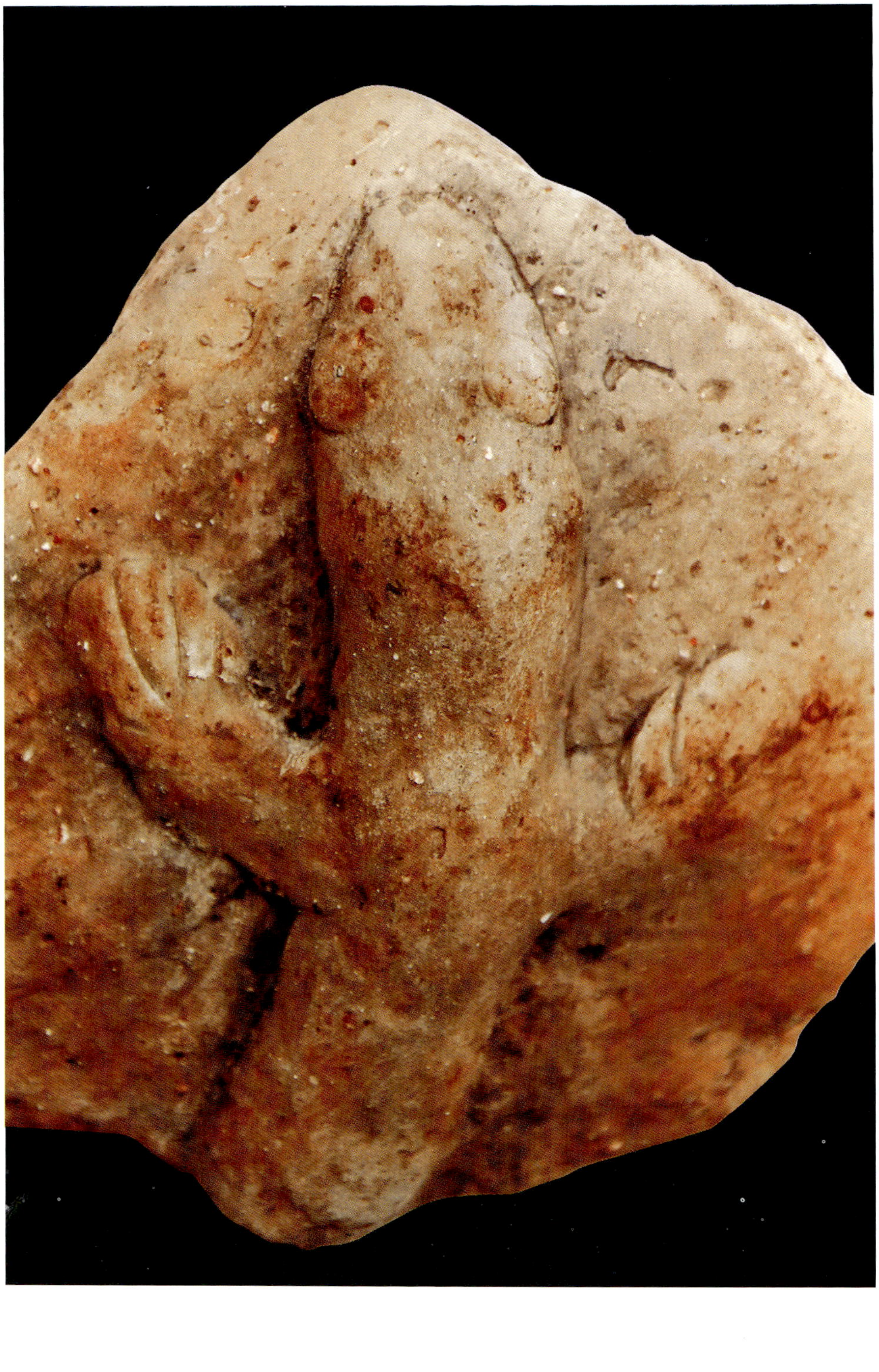

禹会村遗址出土陶塑（JSG②：20）

1. A型石斧（JSK2②：25）

2. B型石锛（H44：25）

3. 磨盘（HG1：5）

4. B型小石器（T2029④：2）

5. A型磨石（T2035④：3）

6. A型磨石（H44：16）

禹会村遗址出土石器

1. T2044③ 层出土

2. HG2 出土

3. JSG② 层出土

4. JSK3出土

5. JSK6 出土

6. JSK7 出土

禹会村遗址出土彩石

1. 祭祀台基与涂山对应效果图（南—北）

2. 禹会村遗址远眺（北—南）

祭祀台基示意图及禹会村遗址远景

1. B型深腹罐（JSG②：3）清理时现象

2. B型深腹罐（JSG②：3）修复后

3. AⅡ式深腹罐（T2046④：1）清理时现象

4. AⅡ式深腹罐（T2046④：1）修复后

5. CⅡ式大口罐（JSK3：15）清理时现象

6. CⅡ式大口罐（JSK3：15）修复后

低温陶修复前和修复后对比照片

1. 蚌埠学院采样分析

2. 中国科学技术大学采样分析

3. 南京大学取土作铷锶比分析

4.中国科学技术大学采样分析

5. 考古队用水洗法进行浮选

6. 中国社会科学院考古研究所科技中心作浮选

自然科学采样分析

1. 钻探

2. 电探

龙王庙遗址钻探、电探

1. 探沟1发掘现场

2. 探沟5发掘现场

龙王庙遗址发掘现场

1. 钻探

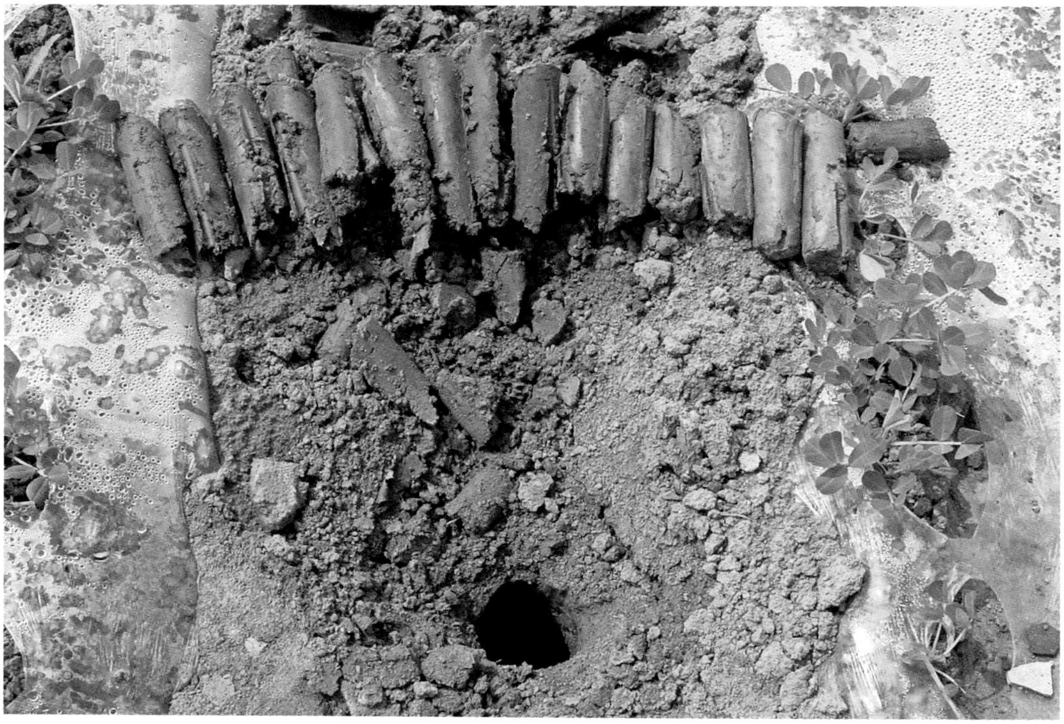

2. 围壕钻探情况

南城孜遗址钻探

图版四

1. 钓鱼台遗址钻探情况

2. 禹会村遗址航片

钓鱼台遗址钻探及禹会村遗址航片图

1. 2007年专家团现场考察

2. 专家团考察发掘现场

专家团考察发掘现场

图版六

1. 2009年发掘人员，前排左起：毕道传、张居中、周昱君、张兴香、黄凰、张莉、尹达、王吉怀、赵兰会；后排左起：贾世杰、程至杰、朱永健、张晓晨、胡飞、张永辉、方方、鹿鹏、吴传仁

2. 专家座谈会

专家团考察现场及座谈会

1. 2007年专家团考察发掘现场

2. 2008年专家团考察发掘现场

专家团考察禹会村遗址

1. 2007年专家团考察发掘现场

2. 2008年专家团考察发掘现场

专家团考察禹会村遗址

1. 专家考察出土标本

2. 专家考察出土标本

专家考察出土标本

1. 2009年Ⅰ区发掘现场（南—北）

2. 2009年Ⅲ区发掘现场（东—西）

禹会村遗址发掘现场

禹会村遗址考察与研讨（2009年）

1. 2010年Ⅱ区发掘现场（东—西）

2. 2011年Ⅱ区发掘现场（东—西）

禹会村遗址发掘现场

图版一二

1. 探沟发掘现场

2. 出土汉代下水道

瓦碴园遗址发掘情况

1. 白土面清理后的对比现象

2. 祭祀台基面北侧凹槽

清理白土面及凹槽现象

图版一四

1. 祭祀台基面上方土台

2. 土台底部起层现象

方土台现象

1. 祭祀台基面上的长排柱坑（西—东）

2. 祭祀台基面上的柱坑（南—北）

长排柱坑现象

图版一六

1. 柱坑清理前现象

2. 清理祭祀沟全景（南—北）

I 区迹象及发掘现场

1. 祭祀沟内堆积现象

2. 祭祀沟内陶器破碎现象

Ⅰ区祭祀沟现象

图版一八

1. JSK2清理后现象

2. JSK2坑壁现象

JSK2现象

1. JSK2坑壁人工挖制现象

2. JSK2②出土兽牙

JSK2现象

图版二〇

1. JSK2②层出土木炭

2. JSK2②层出土陶片

JSK2现象

1. JSK3全景（北—南）

2. JSK3器物破碎现象

JSK3现象

图版二二

1. JSK4全景

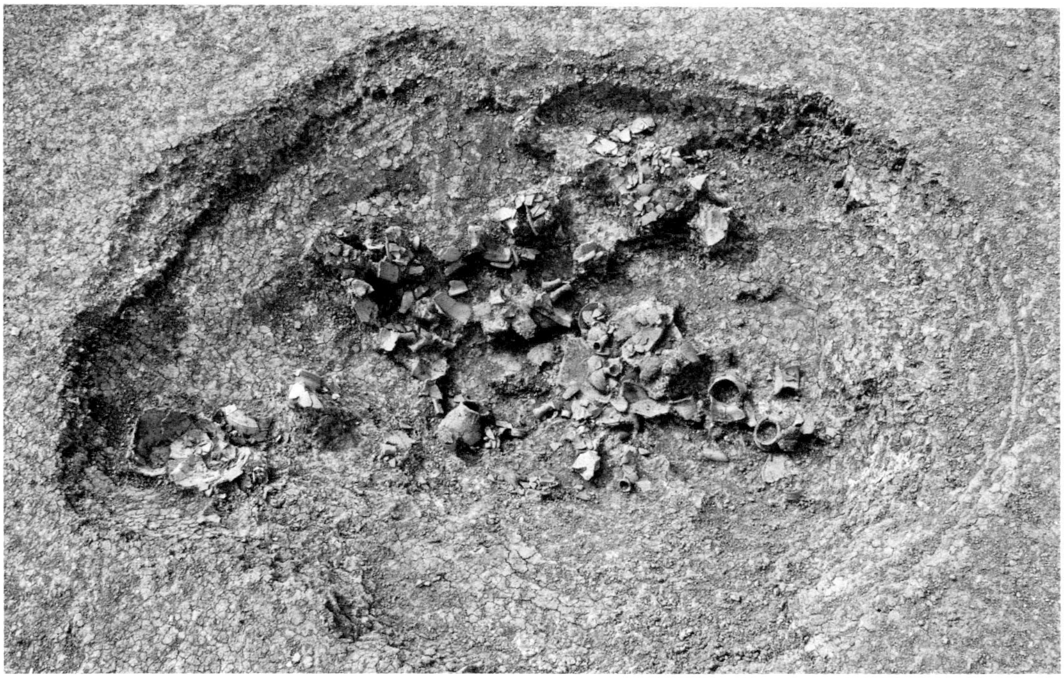

2. JSK5全景

JSK4、JSK5现象

1. JSK6全景

2. JSK7全景

JSK6、JSK7现象

图版二四

1. JSK8全景

2. 圆圈暴露现象

JSK8及圆圈现象

1. 墙基槽清理前现象

2. 墙基槽清理后现象

房基现象

图版二六

1. 隔离墙暴露现象

2. 隔离墙剖面现象

隔离墙现象

1. 取土坑底部现象

2. 通道平面现象

取土坑及通道现象

图版二八

1. 通道剖面现象

2. HG4

通道剖面及HG4

1. HG5

2. Ⅱ区灰坑、灰沟分布现象

Ⅱ区遗迹现象

1. H16动物牙齿

2. H39

H16动物牙齿及H39现象

1. H51

2. H45

H51、H45现象

图版三二

1. H44

2. H48

H44、H48现象

1. JSK3：24

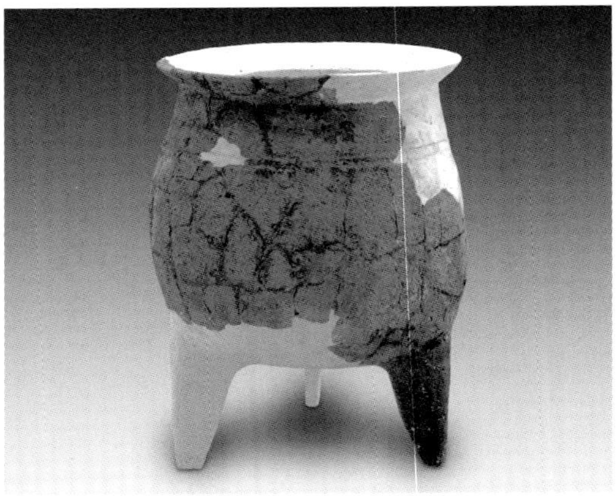
2. JSK7：3

3. JSK2①：4

4. JSK2①：2

5. HG5：12

6. JSK4：2

禹会村遗址出土AⅠ式鼓腹鼎

图版三四

1. AⅠ式（JSG②：2）

2. AⅡ式（JSK3：8）

3. AⅢ式（T2028④：1）

4. BⅠ式（JSK3：28）

5. BⅠ式（JSK3：27）

6. BⅠ式（JSK3：14）

禹会村遗址出土鼓腹鼎

1. BⅠ式（JSK2②：5）

2. BⅠ式（H44：48）

3. BⅡ式（JSK3：12）

4. C型（JSK2②：12）

5. C型（JSK2①：1）

6. C型（JSK2②：14）

禹会村遗址出土鼓腹鼎

图版三六

1. C型鼓腹鼎（JSK3：7）

2. C型鼓腹鼎（HG5：3）

3. C型鼓腹鼎（JSK2②：2）

4. C型鼓腹鼎（JSK3：6）

5. AⅠ式垂腹鼎（HG5：30）

6. AⅠ式垂腹鼎（HG5：15）

禹会村遗址出土陶鼎

1. AⅡ式（HG5：13）

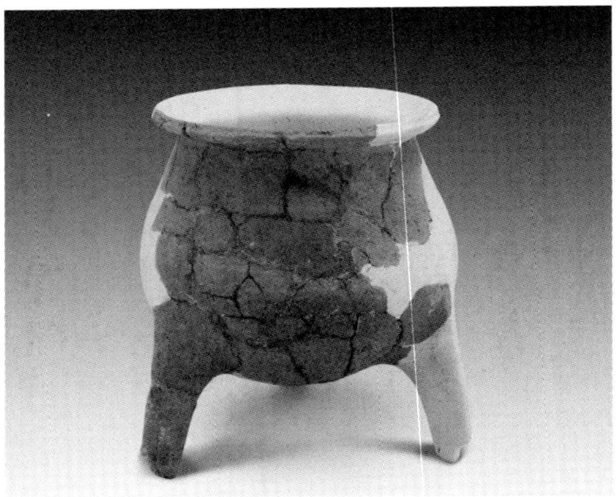

2. AⅡ式（JSK3：26）

3. AⅡ式（JSG②：7）

4. AⅡ式（JSK6：1）

5. B型（H44：46）

6. B型（JSG②：16）

禹会村遗址出土垂腹鼎

图版三八

1. B型（H20：2）

2. C型（H45：1）

3. C型（H44：49）

4. C型（T2026④：1）

5. C型（H28：1）

6. C型（JSK2②：13）

禹会村遗址出土垂腹鼎

图版三九

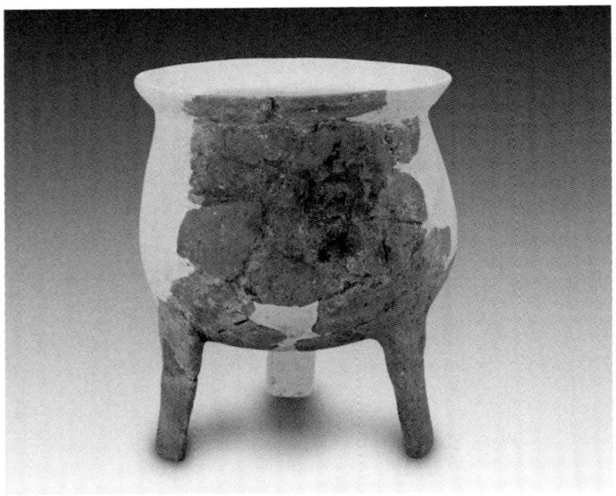

1. D型垂腹鼎（H5：2）

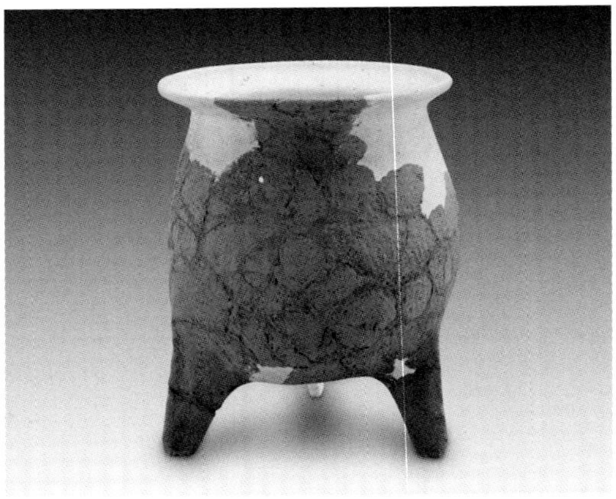

2. AⅠ式深腹鼎（JSK6：2）

3. 盆形鼎（H38：1）

4. 盆形鼎（T2013④：1）

5. AⅡ式深腹鼎（JSG②：27）

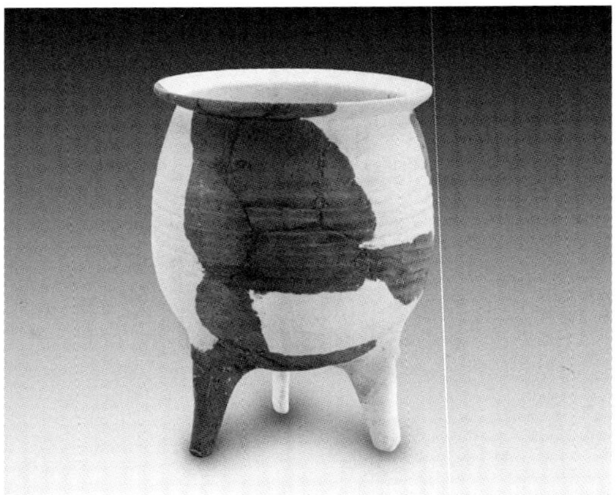

6. BⅠ式深腹鼎（JSG③：4）

禹会村遗址出土陶鼎

1. BⅡ式（JSG③：3）

2. CⅠ式（JSK2②：16）

3. CⅠ式（JSK2①：21）

4. CⅠ式（JSK4：8）

5. CⅡ式（H44：50）

6. CⅡ式（H44：51）

禹会村遗址出土深腹鼎

1. AⅠ式（H23：1）

2. AⅠ式（H40：1）

3. AⅠ式（JSK6：4）

4. AⅠ式（H44：76）

5. AⅡ式（HG5：20）

6. AⅡ式（JSK2②：46）

禹会村遗址出土深腹罐

图版四二

1. JSG②：5

2. T2046④：1

3. JSK3：20

4. T2003④：1

5. HG5：19

6. JSK2②：30

禹会村遗址出土AⅡ式深腹罐

1. BⅠ式深腹罐（JSK3：33）

2. BⅠ式深腹罐（JSK3：30）

3. BⅠ式深腹罐（JSK3：2）

4. C型深腹罐（H44：55）

5. A型高领罐（HG5：18）

6. A型高领罐（H51：2）

禹会村遗址出土陶罐

图版四四

1. B型高领罐（T2035④：2）

2. C型高领罐（JSK4：10）

3. 垂腹罐（JSK2①：3）

4. 垂腹罐（H51：3）

5. A型筒形罐（JSK3：29）

6. B型筒形罐（HG5：1）

禹会村遗址出土陶罐

1. A型敛口罐（JSG③：68）

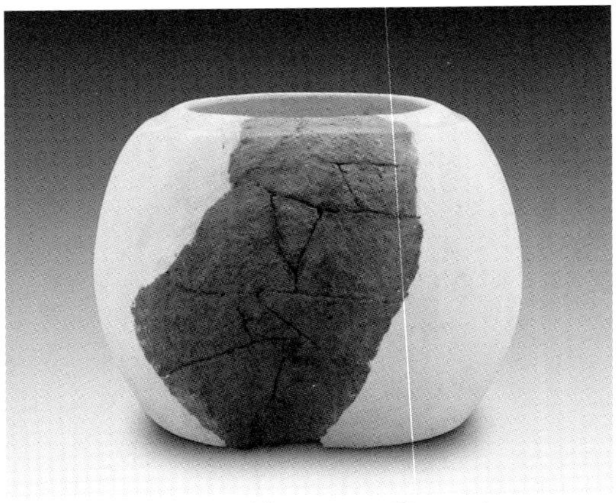

2. B型敛口罐（T2025③：13）

3. C型敛口罐（JSG②：35）

4. AⅠ式大口罐（HG4：5）

5. AⅠ式大口罐（HG5：6）

6. AⅠ式大口罐（JSG②：11）

禹会村遗址出土陶罐

图版四六

1. AⅠ式（JSK2②：50）

2. AⅠ式（JSK2①：6）

3. AⅠ式（JSK5：24）

4. AⅡ式（H48：2）

5. AⅡ式（JSK2②：51）

6. B型（JSG②：3）

禹会村遗址出土大口罐

1. B型大口罐（JSG②：4）

2. CⅠ式大口罐（JSK4：4）

3. CⅡ式大口罐（JSK3：15）

4. D型大口罐（HG5：11）

5. AⅠ式鼓腹罐（T2035④：1）

6. AⅠ式鼓腹罐（JSK1：1）

禹会村遗址出土陶罐

图版四八

1. AⅠ式（JSK2①：7）

2. AⅠ式（JSK2②：17）

3. AⅠ式（JSG③：72）

4. AⅠ式（JSK7：1）

5. AⅡ式（H46：1）

6. AⅢ式（JSK2②：32）

禹会村遗址出土鼓腹罐

1. BⅠ式（JSK3：38）

2. BⅡ式（H44：52）

3. BⅢ式（H44：56）

4. BⅢ式（H20：1）

5. C型（JSK2①：19）

6. D型（JSK3：3）

禹会村遗址出土鼓腹罐

1. A型甗（H44：43）

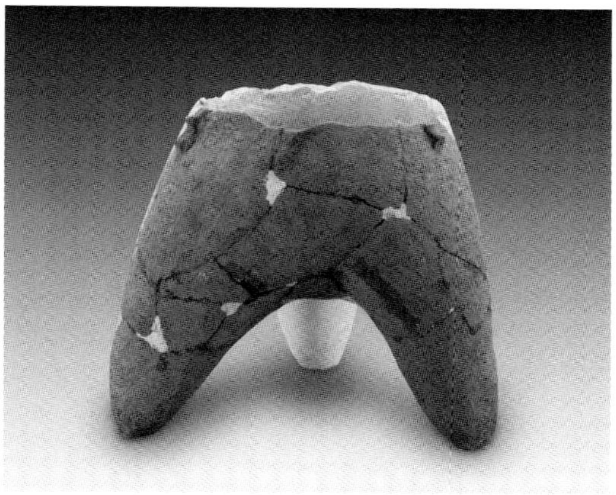

2. B型甗（H40：2）

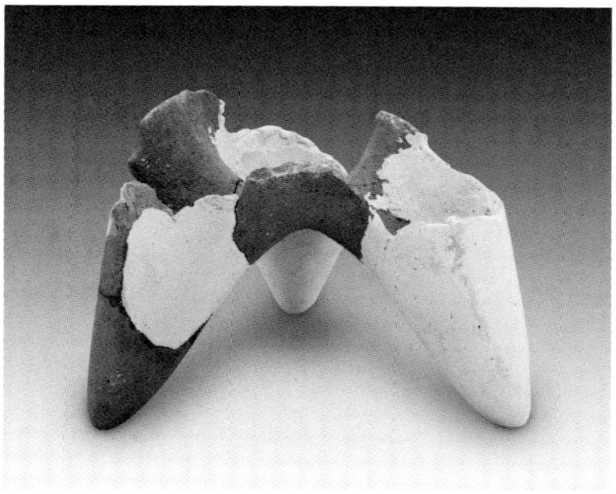

3. A型甗（JSK2②：10）

4. A型缸（JSG②：42）

5. A型缸（T2050④：2）

6. B型缸（T2026④：8）

禹会村遗址出土陶器

1. B型缸（JSK3：37）

2. CⅠ式缸（JSG②：12）

3. CⅡ式缸（JSG③：41）

4. 尊（HG4：6）

5. 刻槽盆（H44：4）

6. A型器座（T2026④：6）

禹会村遗址出土陶器

图版五二

1. B型器座（JSK2②：52）

2. 单耳罐（T2005④：1）

3. 双耳罐（JSK2②：6）

4. A型陶箅子（H51：1）

5. A型陶箅子（JSK2①：9）

6. B型陶箅子（JSK2②：39）

禹会村遗址出土陶器

1. A型杯（JSG②：10）

2. B型杯（JSG②：23）

3. 壶（JSG③：26）

4. A型长颈壶（T2009④：1）

5. B型长颈壶（JSG③：1）

6. B型长颈壶（JSG②：15）

禹会村遗址出土陶器

图版五四

1. A型圈足壶（H44：2）

2. A型圈足壶（JSK2②：15）

3. BⅠ式圈足壶（JSG③：6）

4. BⅡ式圈足壶（JSG③：25）

5. A型圈足盘（H45：6）

6. B型圈足盘（H44：1）

禹会村遗址出土陶器

1. A型平底盘（JSG③：5）

2. B型平底盘（JSG③：9）

3. B型平底盘（JSG③：61）

4. C型平底盘（HG5：24）

5. A型假腹簋（JSG②：1）

6. BⅠ式假腹簋（JSK3：34）

禹会村遗址出土陶器

图版五六

1. BⅠ式假腹簋（H44：54）

2. BⅡ式假腹簋（JSG②：13）

3. BⅡ式假腹簋（JSG②：8）

4. BⅡ式假腹簋（JSG②：14）

5. AⅠ式鬶（JSK1：2）

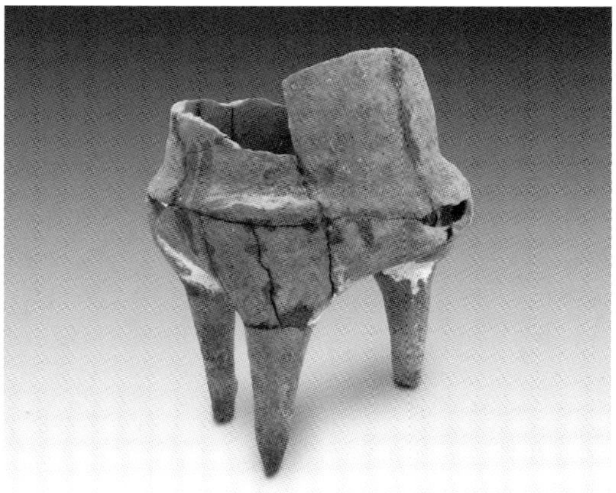

6. AⅠ式鬶（JSK3：4）

禹会村遗址出土陶器

1. AⅡ式鬶（JSK2②：35）

2. AⅢ式鬶（H44：47）

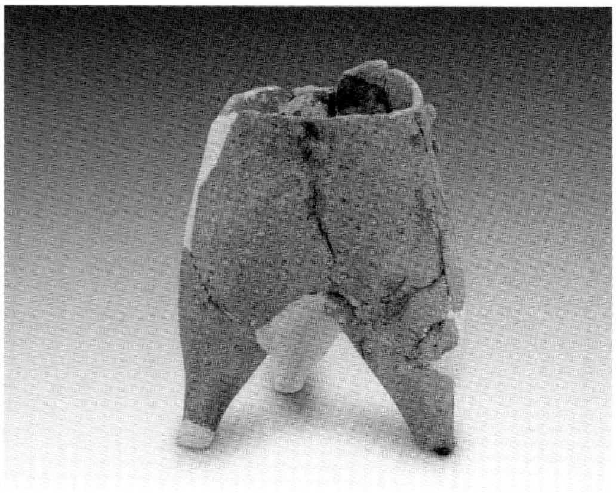

3. AⅣ式鬶（H44：42）

4. B型鬶（HG4：2）

5. AⅠ式碗（JSK4：3）

6. AⅠ式碗（JSK2②：7）

禹会村遗址出土陶器

图版五八

1. AⅠ式碗（JSK2②：22）

2. AⅡ式碗（H30：1）

3. B型碗（HG5：5）

4. C型碗（JSG③：23）

5. A型深腹盆（JSK2②：8）

6. BⅠ式深腹盆（JSG③：13）

禹会村遗址出土陶器

1. BⅠ式深腹盆（JSG③：35）

2. BⅡ式深腹盆（JSK8：9）

3. BⅡ式深腹盆（JSK2①：14）

4. C型深腹盆（H44：73）

5. AⅠ式浅腹盆（T2026④：9）

6. AⅠ式浅腹盆（JSG③：2）

禹会村遗址出土陶盆

图版六〇

1. AⅡ式（H44：44）

2. AⅢ式（H45：2）

3. B型（JSK2②：24）

4. B型（JSK2②：9）

5. B型（JSK3：18）

6. C型（JSK7：4）

禹会村遗址出土浅腹盆

1. A型圈足豆（T2030③：1）

2. A型圈足豆（JSK7：2）

3. A型圈足豆（JSK8：1）

4. B型圈足豆（HG5：22）

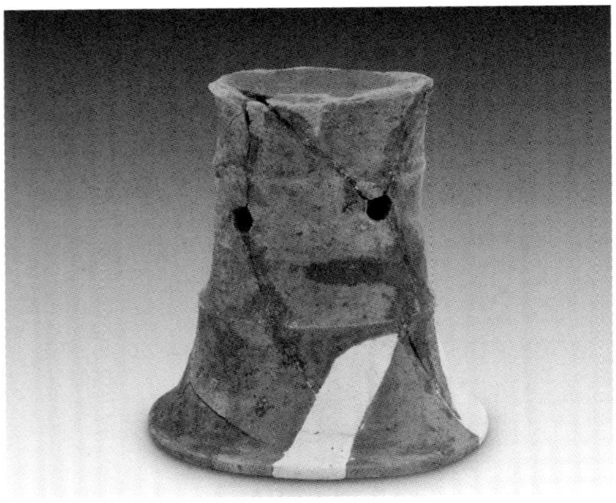

5. C型圈足豆（H44：14）

6. AⅠ式高柄杯（JSK2②：31）

禹会村遗址出土陶器

图版六二

1. AⅡ式高柄杯（JSK2①：22）

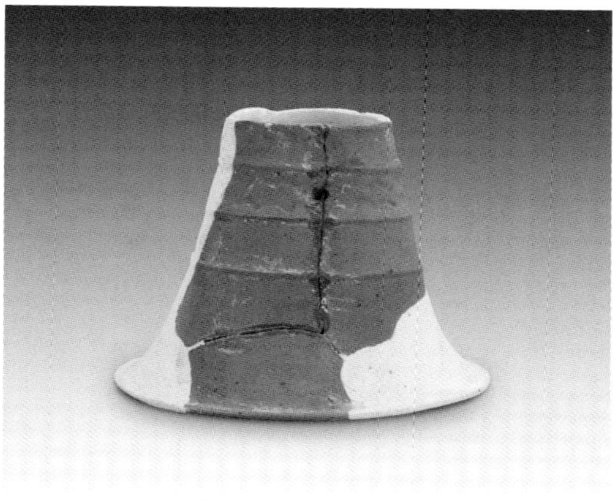

2. B型高柄杯（JSK2②：45）

3. AⅠ式瓮（H43：1）

4. AⅠ式瓮（HG5：10）

5. AⅡ式瓮（T2026④：7）

6. AⅡ式瓮（JSK3：25）

禹会村遗址出土陶器

1. AⅠ式甑（JSG②：17）

2. AⅠ式甑（T2035④：5）

3. AⅡ式甑（JSK3：31）

4. B型甑（JSK4：7）

5. A型带流罐（JSK2②：11）

6. B型带流罐（H38：2）

禹会村遗址出土陶器

图版六四

1. A型（JSG②：36）

2. A型（JSG②：37）

3. BⅠ式（H44：57）

4. BⅡ式（JSK3：1）

5. BⅢ式（JSG②：6）

6. BⅢ式（JSG②：24）

禹会村遗址出土陶钵

1. AⅠ式（JSK5：1）

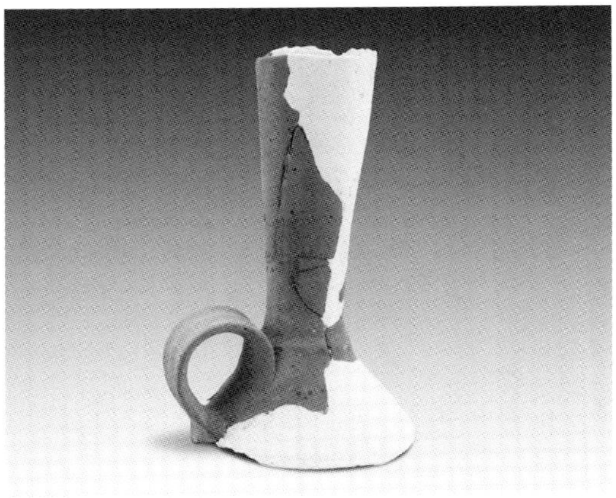

2. AⅠ式（T2025③：11）

3. AⅡ式（HG5：2）

4. AⅡ式（H44：40）

5. AⅡ式（H44：39）

6. AⅡ式（HG5：7）

禹会村遗址出土陶盉

图版六六

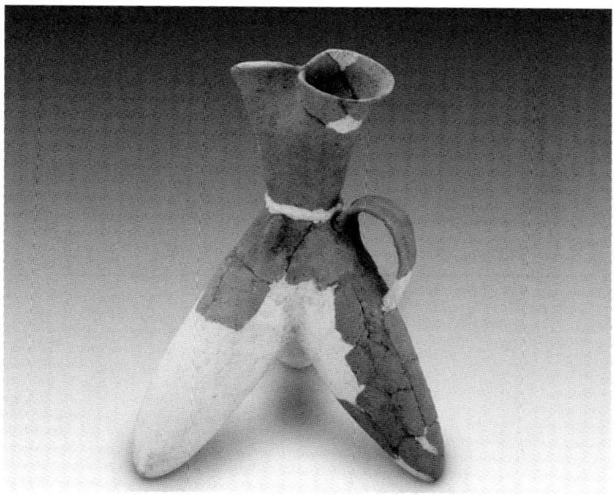

1. BⅠ式（JSK2②：38）

2. BⅠ式（JSK2②：3）

3. BⅡ式（HG5：8）

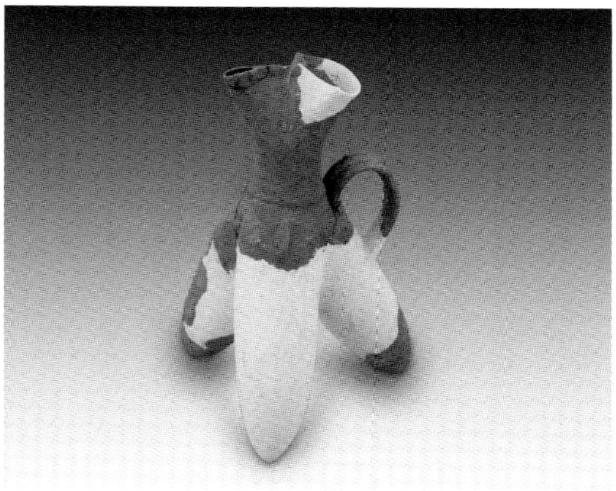

4. BⅡ式（JSK2②：4）

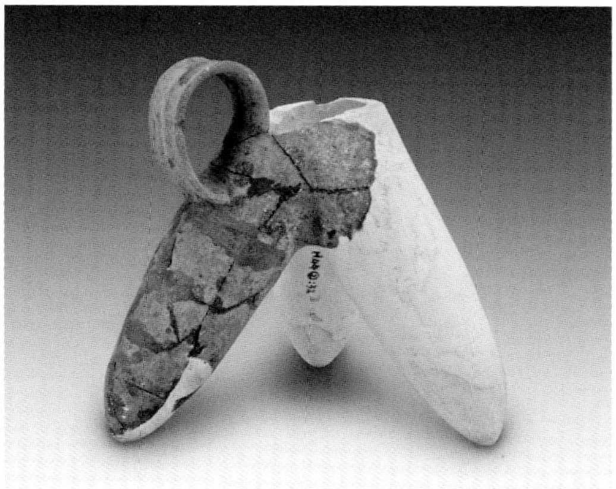

5. BⅡ式（H44：32）

6. C型（H44：17）

禹会村遗址出土陶盉

1. 陶璧形器（JSG③：57）

2. 陶璧形器（JSG③：56）

3. 陶璧形器（JSG③：58）

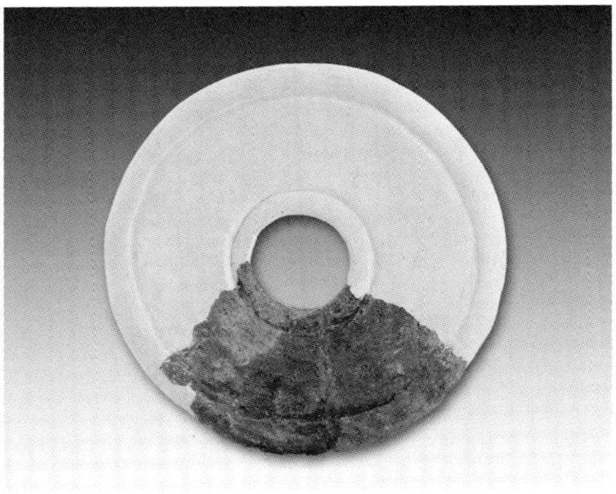

4. 陶璧形器（JSG③：59）

5. AⅠ式器盖（H44：72）

6. AⅠ式器盖（T2039③：1）

禹会村遗址出土陶璧形器和器盖

图版六八

1. AⅠ式（HG1：1）

2. AⅠ式（JSG②：21）

3. AⅠ式（JSK2②：1）

4. AⅡ式（JSG③：63）

5. BⅠ式（JSK4：1）

6. BⅠ式（H44：33）

禹会村遗址出土器盖

图版六九

1. BⅠ式（JSK3：9）

2. BⅠ式（JSK3：17）

3. BⅠ式（H44：37）

4. BⅡ式（JSK2②：18）

5. CⅠ式（JSG③：12）

6. CⅠ式（JSG③：14）

禹会村遗址出土器盖

图版七〇

1. CⅠ式（HG1：6）

2. CⅠ式（JSG③：60）

3. CⅡ式（HG4：1）

4. CⅡ式（HG4：4）

5. CⅡ式（JSG③：15）

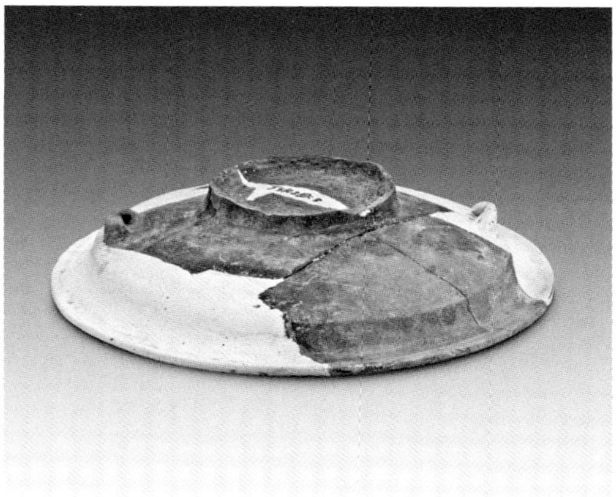

6. CⅢ式（JSK2①：5）

禹会村遗址出土器盖

1. H44：35

2. JSK2②：20

3. JSK5：11

4. JSK5：18

5. JSK5：8

6. JSK5：9

禹会村遗址出土D型器盖

图版七二

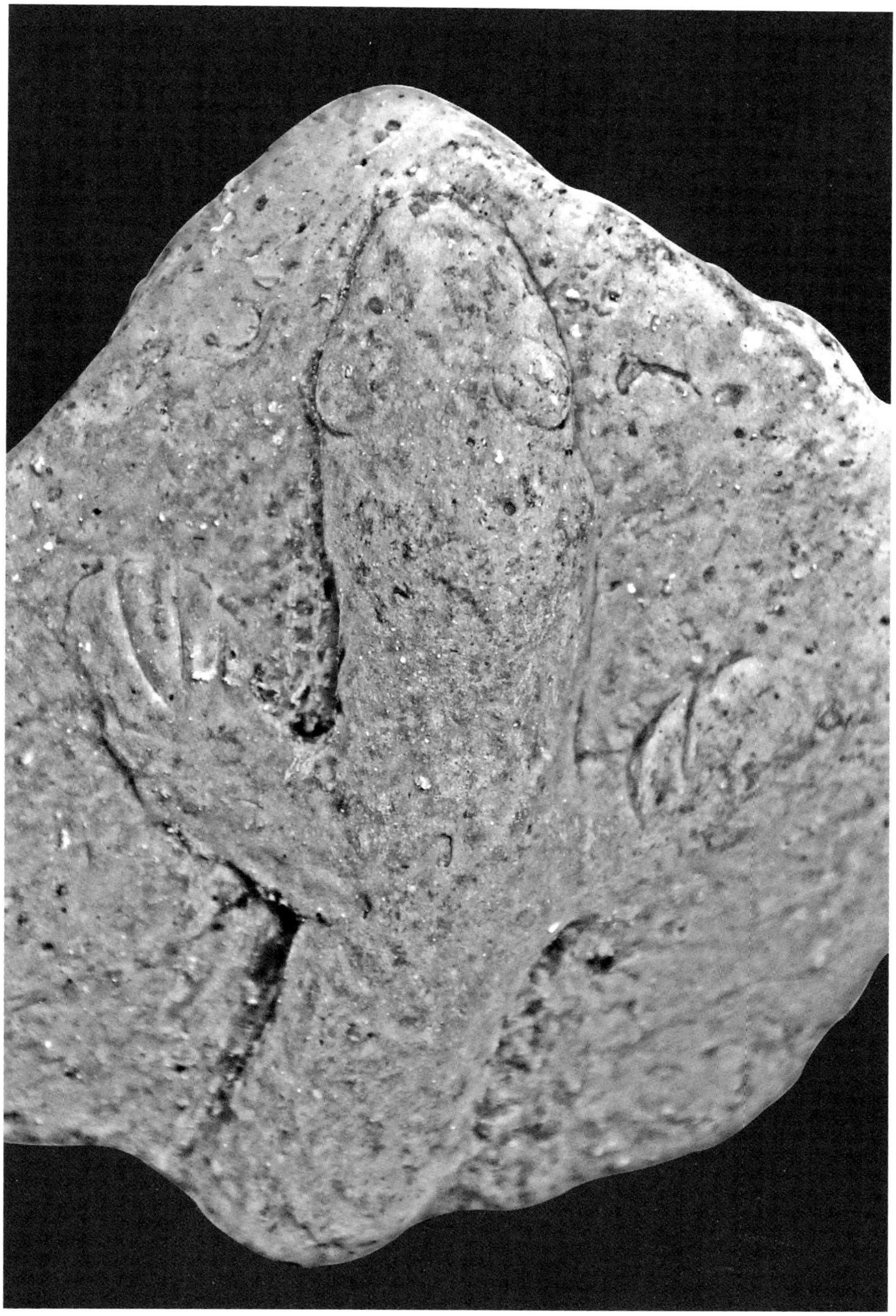

禹会村遗址出土陶塑（JSG②：20）

1. 支钉（JSG③：37）

2. A型纺轮（H44：15）

3. BⅠ式纺轮（JSK3：19）

4. BⅡ式纺轮（H44：19）

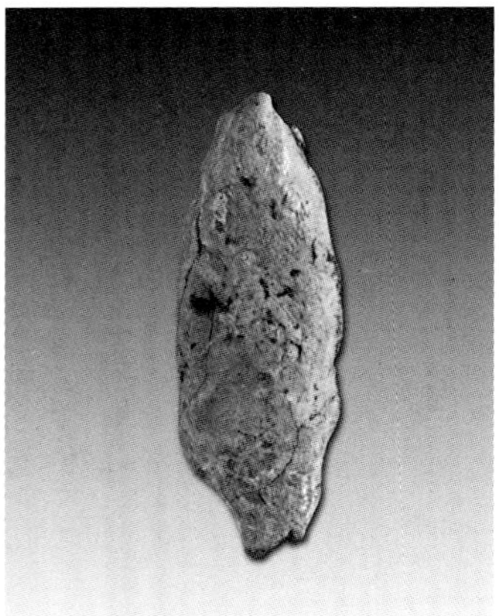

5. A型陶镞（JSG②：19）

6. A型陶镞（HG5：17）

7. B型陶镞（H44：24）

禹会村遗址出土陶器

图版七四

1. A型石斧（JSK2②：25）

2. A型石楔器（JSK8：2）

3. A型石楔器（JSG③：34）

4. B型石楔器（T2034③：1）

5. B型石楔器（JSK2②：42）

6. 石钺（T2021④：12）

禹会村遗址出土石器

1. 石钺（JSK3：5）

2. A型石锛（T2003④：14）

3. B型石锛（H44：22）

4. B型石锛（H44：25）

5. A型石凿（JSG③：18）

6. A型石凿（H39：2）

禹会村遗址出土石器

图版七六

1. A型石凿（H31：1）

2. B型石凿（T3004④：3）

3. B型石凿（JSK2②：34）

4. 磨盘（HG1：5）

5. 研磨器（T2040④：2）

6. 石球（T2031④：6）

禹会村遗址出土石器

图版七七

1. 小石器（T2029④：2）

2. 小石器（T2029④：1）

3. A型磨石（JSG②：9）

4. A型磨石（T2035④：3）

5. A型磨石（H44：12）

6. A型磨石（T2042③：7）

禹会村遗址出土石器

图版七八

1. A型（H31：2）

2. A型（H44：16）

3. B型（T2036③：1）

4. B型（JSK2②：40）

5. B型（H41：5）

6. C型（JSG③：29）

禹会村遗址出土磨石

1. AⅠ式（JSG③：24）

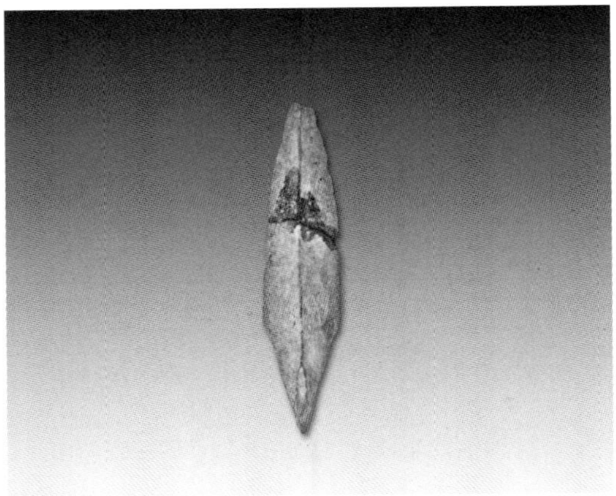

2. AⅡ式（H44：11）

3. AⅡ式（JSG③：17）

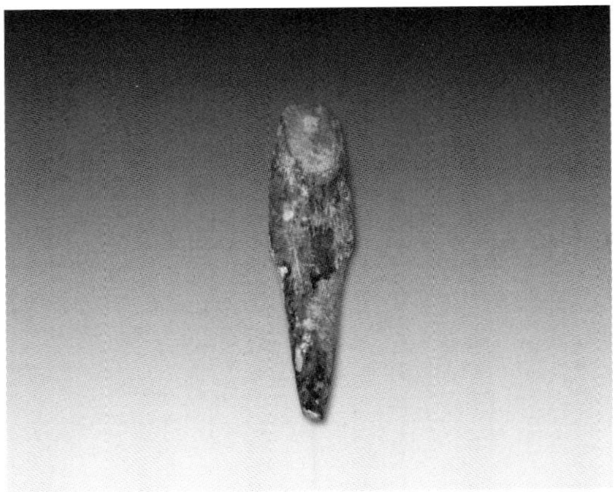

4. AⅡ式（T3004④：2）

5. AⅡ式（H44：10）

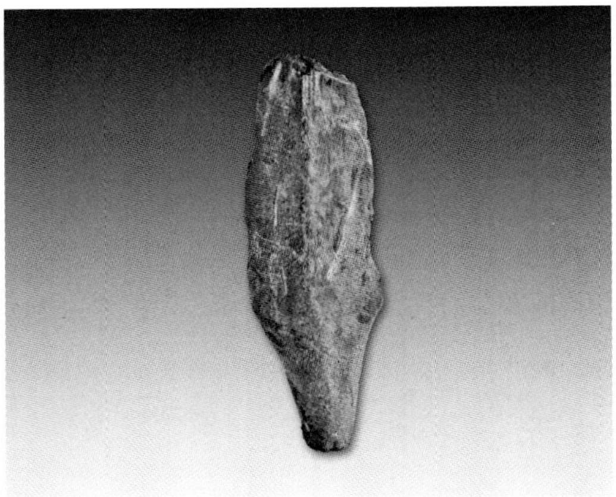

6. AⅢ式（JSK7：28）

禹会村遗址出土石镞

1. AⅣ式石镞（T2037③：2）

2. B型石镞（JSG③：16）

3. CⅠ式石镞（HG1：4）

4. CⅡ式石镞（H44：23）

5. CⅢ式石镞（JSK2②：27）

6. 骨镞（JSK2②：29）

禹会村遗址出土石镞、骨镞

图版八一

1. 南京大学取土作铷锶比分析

2. 中国科学技术大学采集地层土样标本

3. 中国科学技术大学采集土样标本

4. 蚌埠学院采集土样标本

5. 中国社会科学院考古研究所科技中心作土样浮选

6. 考古队用水洗法进行浮选

自然科学采样、浮选

图版八二

1. B型深腹罐（JSG②：3）清理时现象

2. B型深腹罐（JSG②：3）修复后

3. AⅡ式深腹罐（T2046④：1）清理时现象

4. AⅡ式深腹罐（T2046④：1）修复后

5. CⅡ式大口罐（JSK3：15）清理时现象

6. CⅡ式大口罐（JSK3：15）修复后

低温陶修复前和修复后对比照片

禹会村遗址考察与研讨（2009年）